JN411561

시의 황혼

1940년, 누가 시를 보았는가?

시의 황혼

1940년,
누가
시를
보았는가?

조영복 지음

한국문화사

▎서문

'황혼(黃昏)의 시학(詩學)'을 위하여

어둠 속의 별이 불꽃처럼 일어나고 입 속에 장미가시가 돋고 저 무덤이 일어나 먼 곳의 강물을 굽어보고 등곱새가 샘물을 찾아 물 한모금 마시고 거리로 내려오는, 그런 시대의 시를 읽었다. 일제말기, 그러니까 1940년 전후의 시들 · 시론들 · 시인들의 글을 읽었다. '하지 않으면 안 된다'로부터 '무엇을 할 것인가'의 술어의 전환이 필요했던 시대는, 신비롭게도, 그 어느 시기보다 능동적이고 역동적이며 유연하고도 유장하게 넘실거리는 그런 생명의 힘들이 있다. 저 어둠의 거리를 휘몰려 다니는 군중들의 얼굴에서 언뜻언뜻 빛이 어른거리는 시대는 '시의 시대'가 아닐 수 없다.

일제시대 신문 · 잡지를 읽는 것은 이미 '고전적인' 문헌연구에 속한다. 어쩌면 가장 아카데믹하고 고답적인 문헌연구에 속한다고 할 수 있는 학위취득용 연구의 주요대상들조차 1980년대의 문학으로 옮겨온 지 꽤 오래되었다. 근대문학 100년의 문학사적 토대에서 일제시대 문학은 지루하기도 하고 또 동어반복적인 가치를 재생산하는 영역으로 인식되기도 한다. 본인 스스로 '근(현)대문학전공자'라기 보다는 '고전문학연구자', 아니면 '근대문헌연구자'로서의 정체성을 다지고 있는 것을 새삼 깨닫게 된다. 우리에게는 중요한 정치적 사건들이 집약돼 있는 일제시대의 문학적 담론을 다루는 연구 자체가 타인들에게는 공소하기 그지없는 동어반복의 행위처럼 보이기도 한다는 것을 새삼 깨닫게 된다. 우리에게는 문학의 윤리적 태도로부터 벗어날 수 없는 시기의 문학적 주제들인데, 타인의 눈에는 그 연구가 오히려 비문학적이거나 또 비문학적이어서 비윤리적인 것으로 인식되는 것이다. 무용하고 공허한 동어반복이 연구자로서의 자존을 얼마나 떨어뜨리는지 본인 역시 모를 리 없다. 하지만 문학과 윤리, 시와 산문(담론)이 '안'과 '밖'의 문제로 서로 어긋나고 겹치면서 또 서로가 서로를 지우면서 각자 자신의 길을 달려나가는 시대의 힘이 이 시기의 문학에 있다. 이것만큼 인내의 시간을 붙들어 매는 것도 없다.

'일제말기'라는 범칭적인 용어를 되풀이한 것은 1940년 전후의 사회 · 정치적 환경이 고려된 때문인데, 이 연구는 우리말로 문학을 발표할 수 있는 매체의 소멸 시점, 그러니까 1940년 전후, 민간신문인 〈동아일보〉 · 〈조선일보〉 폐간 전후와, 〈문장〉 · 〈인문평론〉 등의 잡지의 폐간 전후에 나온 시들 및 문학적 담론들을 주 대상으로 했다. 어떻게 표현할 수 있는가, 모국어(조선어)로 시를 쓸 수 있는가, 시를 발표할 수 있는 매체가 존재하는가 등의 문제가 시인들에게 어떤 '윤리'를 강요하고 있었다면, 이 '윤리'란 정치적 · 산문적 윤리와는 다른 차원에 속하는 문제다.

이같은 상황에서 '시인들은 어떻게 말하는가'가 이 저서의 기본 출발점이다. '상징'을 새삼 끌고 온 것은 이 때문이다. 프랑스 상징주의 시의 유입 같은 문예사조사의 문제가 아니다. 불요불급하나 불가항력적인 말의 힘이 '상징'에 있고 그것이 일제말기의 시에 두드러지게 나타나는데, 그러다보니 시는 어느 때 보다 아름답고 숭고하고 빛나는 우리말의 성채를 담금질하고 있다. 장미의 가시를 입에 문 채 시인들은 언어의 칼을 달구면서 홀로 어둠 속에서 언뜻언뜻 비치는 역사의 맨얼굴을 본다. "이윽고 밤이 시작되었기 때문"이다.

어둠 속에 잠겨든 침묵의 문자를 읽는 것은 '상징'을 읽는 것이고, 시대의 '황혼녘'에서 우리시의 빛나는 목소리를 찾아내는 것이기도 했다. 임화의 일제말기 평론들이 주는 가치를 읽게 되었고, 1930년대 중후반기에 등단한 신진시인들의 언어적 · 문학적 관점이 갖는 힘들이 느껴졌다. '시단'만 이동한 것이 아니라 '말(언어)'이 이동하고 있었던 것이다. 여기 언급된 시인들은 임화, 김광균, 이용악, 오장환, 서정주, 윤곤강, 백석, 김기림 등이다. 윤동주, 이육사, 정지용, 임학수, 이찬, 조벽암, 김종한 등의 시와 논점이 여기에 한몫하고 있다. 기존의 문학사조적 관점이나 '모더니즘/리얼리즘 관점'으로는 포회되지 않는 조합인데, 그들은 한결같이 어둠 속에서 별무리처럼 얽혀있는 언어의 불꽃들을 친구 삼아 시를 썼다. 그것이 공부하는 내내 힘이 되었고 어쩌면 숭고했을 그들의 책무 앞에서 나 스스로 겸허해졌다. 한 철학자는 이 같은 시대의 심정을 '십자옥 앞에서 누구나 고민하는 정신'이라 썼는데, 철저하게 무신론적이고 비루하고도 속악한 것들에 집착하는 본인마저 무엇인가 종교적이고 경건한 '십자옥' 앞에 내던져진 감흥들을 어쩔 수 없었다. 따라서 이 저서에 다소 종교적인 용어나 개념들이 사용되었지만 기독교적인 맥락이나 종교적인 문맥으로 이해할 바는 아니다.

'고전문헌'이나 다름없는 텍스트들을 읽으면서 시간을 보낸 5년 가량의 시간은 시 공부하는 자로서의 재미를 붙이는 일이기도 했다. '윤리'나 '의무' 같은 그런 무거운 의식은 사실 애초에 없었는데도, 일제말기를 산 시인들의 '심정'에 가까이 다가가고자 하는 마음은 좀 어렵잖이 가질 수 있었다. 윤곤강이 말했듯, 어둠의 깊은 장막 속에서나 가슴에 불을 품고 별떼의 축제를 즐길 수 있는 법인데, 지금 본인은 너무 많은 말과 그 말에 비해 그다지 갖출 것 없는 요설을 풀어놓고 있다. 말이 이렇게 무성한 시대에 말을 줄이고 말을 절약하고, 말을 가슴의 불로, 장미로 키우는 훈련이 필요할 듯하다.

근대시사의 '판'을 바꾸는 노력이 필요하다는 생각도 새삼 한다. '어둠'과 '밤'을 '역사주의적인' 문맥으로 가르치는 시교육의 문제도 새삼 고민하게 된다. 양식론적인 관점에서 '시'와 '산문(담론)'과의 차이를 분명하게 이해시키고, 비유(상징)라는 시적 언어의 말법으로 시를 가르치는 것을 시교육의 근본으로 삼아야 한다. 개인의 목소리가 집단의 음성으로 터져 나오는 그런 '꽃씨가 터져나오는 밤'의 숭고한 목소리를 읽고 그것을 각자 자신의 것으로 이해해야 시가 재미있다. 일제시대의 시라면 말할 것도 없다.

1부는 총론격의 서술이며, 2부는 일제말기 시를 읽기 위한 전체적인 '구도'와 각각의 '개념'을 서술했다. 마지막 3부는 개별 시인론인데, 일정 정도 1부 · 2부의 글들과 겹치는 부분도 있다. 이 저서에 인용된 텍스트는 1940년 전후에 발간된 신문 · 잡지에서 온 것이지만, 부분적으로 사후 출간된 전집들에서 추출된 부분도 있다. 표지화의 작은 모티브들은 일제말기에 간행된 잡지의 컷 · 삽화에서 차용했다.

상품성도 상업성도 없는 연구서를 출간한다는 것은 출간을 의뢰하는 입장에서도 송구하기 그지없는 일이다. 출간해 주신 한국문화사와 편집진에게 깊은 감사를 드린다.

2019년 12월 마지막 날을 보내며,

저자 조 영 복

❙ 목차

Prologue

3부

Epilogue

프롤로그

피와 같이,

내 칼 끝에 적시어 오는 것.

숙아. 네 생각을 인제는 끊고
시퍼런 단도의 날을 닦는다.

— 서정주, 「밤이 깊으면」 중에서

Prologue

소극적 반동에서 능동적 의지로 '하지 않으면 안 된다'에서 '무엇을 할 것인가'로

'얼음'과 '불'의 시인, '장미'와 '가시'의 시

'시인의 나라'는 어디인가라는 질문은 근대시사에서 '시의 시대'는 언제인가라는 질문과 교통한다. 이 저서는 그 질문에 대한 답을 일단 '일제 말기'로 저장해둔다. '일제 암흑기'라는 시 · 공간적인 것을 포용하는 용어가 있지만 이 저서의 출발과 끝점은 '암흑기'라는 말의 관습적인 맥락에 끊임없이 저항하는데, 그래서 그 익숙한 용어는 일단 잊기로 한다. 말(조선어)로 말을 할 수 없는 시대, 말을 할 판(容器)이 부재했던 시대, 현실이 빛을 몰아내고 더욱 깊은 어둠으로 삶을 몰아갔던 시대, 어둠이 시인의 불칼이 되었던 시대, 이 시대는 정녕 시인의 시대이리라. 〈문장〉, 〈인문평론〉, 〈조광〉, 〈여성〉 등 당시 간행된 잡지의 지면들에는 '무슨 기대를 가지는지는 몰라도 시마다 모두 좋은 좌석을 차지하고' 있었다.[1] 시가 가장 좋은 자리를 차지했다니! 역설적이다. 그 '기대'란 무엇이었을까.

김광섭은 시 「시인의 윤리」(문장, 1940.2)에서 '시인의 입술에 가시가

1 김광섭, 「시단월평-5월 시단소감」, 〈인문평론〉, 1940.6.

나면 혓바닥에 장미가 피리라' 라고 읊었다. '가시로 뒤덮힌 시인의 입으로 피워올린 장미 한 송이'는 참혹하면서도 아름답다. 역설적이고 반어적이다. 아름다움은 가장 참혹한 것으로부터 기원한다. 김광섭은 그것을 '시인의 윤리'라 강변하는데, 시인의 어깨에 매달린 실존의 추의 무게가 새삼 느껴진다. 그런데 그것이 아름다움과 연대한다. 시는 형극 가운데 꽃을 피운다. 시인은 어둠 속에서 장미를 피워올리는 자이자 침묵함으로써 가장 가혹하고 열렬하게 말할 수 있는 자이다. 시인은 어둠 속의 씨앗을 보는 자(이용악)이며, 어둠 아래 흐르는 강물에 뛰노는 '꽃잎'(오장환)을 보는 자이며, 그러니까 '환영'을 보는 자이다. "아아, 20世紀에 불이나 붙어라"(김광섭, 「13行人生」)라는 비명 가운데 현실과 시가, 역사와 문장(文章)이 모순되게 서로를 반조하고 있다. 철(鐵)과 혈(血)과 장미와 불꽃이 하나임이 암묵적으로 공유되었고 그것들은 '어둠'을 말하는 상징부호였을 것이다. 김동환은 '鐵과 血은 우리에게 榮光을 約束하는 符號다'라고 비장하게 썼다.[2] '日光못보는 희생생활'을 위해 연애 · 식사 · 수학 등에 쓰는 시간의 배(培)를 써야한다는 투로 썼을 때, 그가 온갖 고투를 감행하면서 간행한 〈삼천리〉가 일종의 그런 희생생활의 하나라고 생각했을지 모른다.

어느 시대나 시에 대한 질곡이 강하면 강할수록 시정신은 보다 더 강렬하게 타오른다. 시는 망각된 말과 장소에 대한 기억이자 기록이다. '시 동인지 하나 나오지 않고 시의 발표기관이 유례없이 제한된 '오늘' 바로 이 시기'[3]는 시의 시대이며, 불과 칼을 가슴에 품은 시대의 시인들은 황혼의 거울 앞에서 자신의 '시인됨'의 운명을 비춘다. 실증주의와 환영주의

---

2 김동환, 「鐵과 血」, 〈삼천리〉, 1930.11.
3 윤곤강, 「詩壇時評-시정신의 低徊」, 〈인문평론〉, 1941.2.

의 모순 속에서 '황혼기의 시사'는 그렇게 시작된다.

일제말기 시인들이 본 '환영'은 저 '황혼'의 장막 속에 가려져 사라져버린 것일까. 그들의 글(말, 문학)은 불과 공간의 상실에 대한 기억이자 가슴 속에 불을 품은 자들이 전해온 '山의 전언'[4]이며 혹은 바닷물에 실려온 '만세소리'[5]는 아니었던가? 칼 끝에 적시어 오는 장미의 언어, 시퍼런 단도의 언어, 불의 언어란 '肉聲으로 부르는' 시인들의 노래가 아니었던가. 이 저서는 고증학이자 실증학이며 문헌해석학이자 텍스트 해석학을 지향하는데, 이들을 통틀어 한편으로는 시적 언어의 상징에 대한 해석학이라고도 할 것이다. 역사와 텍스트의 '미로'로 침투해 들어가 그 미로 속에서 헤매면서, 또 그 미로 속에서 신비한 '불의 목소리', 즉 시적 상징이 전하는 신비한 목소리를 발견할 것이다. 현실로부터 벗어나는 것이 아니라 그것에 더욱 깊이 침투함으로써, 그러니까 정밀한 문헌학적 해석과 시의 해설만이 시적 언어가 전하는 역사의 전언에 깊이 도달할 수 있다.

'상징'은 '황혼의 양식'이자 '최후의 양식(Lateness)'이다.[6] 가장 자연스럽고 가장 시의적절한 것은 시간의 자연적인 질서에 따라 말없이 순응하면서 흘러가는 것일 터인데 그렇다고 해도 그것은 오직 생명의 유한성과 필멸의 운명을 지닌 인간과 또 인간의 역사에 국한된다. 예술은 역사의 종언과 동시에 사멸하지는 않는다. 그것은 미적양식으로서 현실과 역사의 시간과 법칙에 끊임없이 저항한다. 해방 이후 시 한편 제대로 쓰지 못하던 정지용은 윤동주의 시집에 부쳐 이렇게 말했다.

---

4 신비주의학자 게르숌 숄렘의 용어로 '신비주의적 진실'을 뜻한다. 조르주 아감벤, 『불과 글』, 윤병언 옮김, 책세상, 2017, 15면.

5 서정주, 「밤이 깊으면」, 〈인문평론〉, 1940.5.

6 이 용어는 에드워드 사이드의 'Lateness'를 번역한 것이다. 이 개념과 관련한 내용은, 에드워드사이드 『말년의 양식에 관하여』, 장호연 옮김, 마티, 2012.

> 才操도 탕진하고 용기도 상실하고 8.15이후에 나는 부당하게도 늙어간다. 누가 있어서 "너는 一片의 정성까지도 잃었느냐?" 질타한다면 少許抗論이 없이 앉음을 고쳐 무릎꿇으리라. ―중략―내가 시인 윤동주를 몰랐기로서니 윤동주의 시가 바로 '시'고 보면, 그만 아니냐?[7]

'나 이제 늙어버렸다'는 이 피로와 쇄잔의 절멸감은 육신의 그것이 아니라 양식의 그것, 시의 그것에서 왔다. 김동석은 '정지용'이기보다는 정지용 '시'의 양식적 힘이 '침묵'이나 '완고'보다 더 강력한 것이었음을 회고하면서 시의 '순수정신'을 말하는데, 정지용이 윤동주의 시집에서 '시'를 본 것과 다르지 않은 논법이다.

> 내 손으로 내 목을 매달 듯 조선말을 말살하려던 작가와 평론가가 있는 이 땅에서 한평생 조선시를 부뜰고 느러질 수 있었다는 데는 지용 아니면 어려운 무엇이 있다. 碧初나 爲堂이나 安在鴻氏나 李克魯氏도 깨끗한듯 하되 결국은 입을 다물고 있던 것이 아니면 頑固ㅅ덩어리라는 것을 中央文化協會에서 出版으로 『解放記念詩集』이 雄辯으로 말하고 있지 아니한가. 일본제국주의의 강압 밑에서 가장 순수한 행동인이 누구였나 하는 것은 좀 더 두고보기로 하고 정지용 씨의 시는 가장 순수한 정신이었다.[8]

정지용의 절멸감은 이 '순수정신'의 결여와 부재를 견딜 수 없는 자의 것이었을지도 모른다. 조화롭게 흘러가는 시간의 질서에 따라 인간의 육

---

7 정지용, 「윤동주 시집 序」, 권영민 엮음, 『정지용 전집 2 산문』, 민음사, 2016, 401면.
8 김동석, 「詩를 위한 詩-鄭芝溶論」, 『생활과 예술』, 박문출판사, 1947, 48면.

신이나 정신이나 지혜가 자연스럽게 완숙해가는 것은 아니며, 양식은 인간의 육신과 현실의 시간과는 거의 상관없고 그러니 양식이 친절하게 인간에게 손을 내미는 것이 아니다. 시는 역사와 현실을 멀찌감치 따돌리고 저 홀로 미래로 나아간다.

이 논법은 '일제에 대한 저항'의 무기로 시를 선택한 것이라든가 하는 '문학의 반영론' 혹은 '현실비판론'의 문제와는 완전히 다른 것이다. '현실, 현실하는 현실에 사로잡힌 시'[9]를 말하고자 하는 것이 아니라 오히려 그 반대인데, 즉 미적 양식의 주권과 또 그 권리를 위한 양식 자체의 생명을 위한 투쟁에 관한 것이다. 사이드(E.Said)가 말한 '최후의 양식(Lateness)'이라는 개념에서, 인간의 죽음과 생명체의 유한성에 저항하면서 저 스스로 나아갈 길을 재촉하는 예술 양식 고유의 힘을 본다.

> 종국에 접어드는 것, 의식이 깨어있고 기억으로 넘치는 것, 그러면서도 현재를 대단히 예민하게(심지어 초자연적으로) 여기는 것[10]

팔레스타인 출신으로 팔레스타인 민족을 '메세지와 신호의 민족'이라 지칭한 사이드는 '양식은 양식이 말하지 않은 것은 무엇인가의 문제'라 쓴다. "제시된 것과 제시되지 않은 것, 명료하게 표현된 것과 침묵에 처해진 것"이라는 주제는 가장 특징적이고도 명료하게 시적 언어의 특징을 설명하는 방식과 동일하다. 그가 음악을 말하기 위해 가져온 '말없음', '암시적 침묵' 같은 용어들은 시의 '상징'을 특칭하는 방식과 다르지 않다. 시는 '기록'일 수 없으며 그러니 현실의 반영으로, 역사적 시간의 체현으로

---

9 좌담회 「明日의 朝鮮文學」, 〈동아일보〉, 1938.1.3.

10 에드워드 사이드, 『말년의 양식에 관하여』, 36면.

시의 언어를 해석하는 것으로는 시의 양식적 힘과 순수성에 도달할 수 없다. 시의 언어는 최후의 시간에 이르러 어떤 위안이나 낙관도 거부한 채 현실에, 역사에, 유한성에 끝없이 저항하면서 제 길을 나아간다.

일제말기, 1940년 전후의 시 텍스트, 시관련 자료들을 들여다본다. 마치 고증학자처럼, 문헌학자처럼 꼼꼼하게 텍스트를 읽고 고증하고 하는 것이 '실증'을 위한 작업을 넘어 '양식'을 통해 역사와 현실의 시간을 반조하는 작업임을, 그것을 기억하는 방법임을 확인한다. 시가 불과 공간을 상실한 시대의 기억이라면 그 기억의 편편을 소환하는 것은 산문의 언어, 산문의 논리가 아니라 역사와 현실을 침투해 들어가는 시적 논리의 저층 위에서 가능할 것이기 때문이다. 이는 무엇을 말하는 것인가?

> 역사는 결국 하나의 환영에 불과한 것으로 보일 수 있습니다. 하지만 그러한 환영없이 현실이라는 시간의 흐름 속에서 사물들의 본질에 침투해들어간다는 것은 불가능한 일입니다. 역사적 시간에 투영되자마자 자취를 감추기 시작하는 신비주의적 진실의 총체성은 오로지 정확한 해설과 문헌학적 비평의 거울틀 통해서만 우리의 눈앞에 드러낼 수 있습니다.[11]

'신비주의적 진실의 총체성'이라는 말은 '시적 언어'로, '시적 논리로 말한다'는 의미의 변용이다. 이것이 '현실'과 '역사'를 괄호치고 그것을 초월하겠다는 뜻이 아님은 '정확한 해설'과 '문헌학적 비평의 거울'을 통과함으로써 가능하다는 아감벤의 문맥이 증거해줄 것이다. '장미와 칼'은 '신비주의적 진실의 총체성'을 일컫는다. 그것은 시의 말로써 정확한 해석과

---

11 조르주 아감벤, 『불과 글』, 16면.

문헌학적 진실을 말한다는 뜻의 다른 표현이다.

역사적 시간과 양식의 존재론

이른바 '일제말기'로 통칭되는 1940년 전후의 시단(시 · 시인 · 시론 · 시사)을 우리는 어떻게 설명할 수 있을까. '암흑기, 국민문학기, 신체제기, 친일기, 전형기, 환멸기' 등의 시기적 구획이나 분할[12]은 문학의 질이 이미 선험적인 가치에 의해 결정되어 있음을 선언한다. 특이하게도 문학기와 그 문학기를 규정하는 가치적 판단이 결합되어 있는 것이 이 시기 문학을 규정하는 하나의 틀이다. '일제말 암흑기 문학', '친일 파시즘 문학', '일제말 친일문학' 같은 틀이 이 시기 문학의 질과 가치를 강력하게 구속하고 있다. 이 시기 시인의 태도를 규정하고 있는 '은둔 · 절필 · 친일' 등의 용어 역시 시인의 소명이란 어떤 윤리적인 결단에 종속되어 있음 혹은 그러해야함을 강하게 표상한다.

그런데 이 같은 문학사적 구분법이나 시인을 규정하는 그 술어적 맥락은 문학의 존재이유나 문인(시인)의 소명이 지극히 소극적이고 피동적인 것이라는 관점과 기묘하게 겹친다.[13] 문학은 존재하면 할수록, 그리고 시인은 살아가면 갈수록 더욱 그(것)를 둘러싼 환경이나 힘에 피동적으로 대응하면서 권력적 폭력 앞에 노출될 수밖에 없다. 이때 문학의 존재이유란 지극히 소극적인 저항 행위이거나 피동적으로 그러한 현실을 반영하는 것 정도에 머무른다. 문학은 언제나 그렇듯 단순 기록일 수는 없으

---

12 임종국, 『친일문학론』, 평화출판사, 1963.;김윤식, 『한국근대문예비평사연구』, 일지사, 1984. 이 시기 문학을 다루는 연구자들의 태도는 대체로 '시기'와 '판단'이 결합되어 있는 것이 특징적이다.

13 '피동성/능동성'의 개념에 대해서는, 들뢰즈, 『니체, 철학의 주사위』, 신범순 외 역, 인간사랑, 1993 참조.

며 '전달에 그치는' 예술행위로서의 시 역시 본질적인 시의 역할이 아니다.[14] 말로써 열광적으로 삶을 고발하나, 그 순간 그 삶은 저만치 초극되어있다.[15] '침묵하는 길'이 있지만 그것은 더 이상 언어행위의 밖에 있는 것이므로 이미 '문학의 존재이유'로부터 벗어난다.

문학이 공적인 담론 행위가 되는 이유는 공적인 발표의 장(매체)이 존재한다는 사실을 전제한다. 하지만 그런 공적인 장이 마련되지 않았거나 마련될 수 없는 상황이라면 문학의 공적 차원은 가능한가? 이 질문은 신문 · 잡지 지면이 더 이상 '쓰기'의 언어행위를 담보할 수 없게 된 역사적 '사건'과 명백하게 결부되어 있다. '내선일체' 노선에 따라 조선어 잡지가 더 이상 간행될 수 없는 상황은 '거대한 억압'이 된다. 정치적 맥락의 억압뿐 아니라 글쓰기의 욕망 그 자체를 억압하는 것이다. 이른바 '현실의 등화관제'가 곧 '정신의 등화관제'를 이끌 수 없음은 명백하지만 그보다 더 긴급한 것은 오직 시인으로서의 생존의 지속이다. 그렇다면 이렇게 말하는 것이 가장 리얼한 것이다. "위선 살자 그러고 난 뒤에 사색하자."[16] '산다'는 물통없이 어찌 생명의 물을 길을 수 있을 것인가? 이 철학자는 이렇게 진지하고도 냉혹하게 물었다. 문제는 거기에서 끝나지 않는다. 시인은 현실의 구속이 아무리 가혹하더라도, 아니, 가혹하면 할수록 그 구속에 저항하는 정신의 힘을 작동시키면서 '정신의 등화관제'를 불가항력적인 것으로 만들어버리는 것이다.

정지용의 유명한 회고를 인용하면 이렇다.

---

14 박남수, 「조선시의 출발점」, 〈문장〉, 1940.2.

15 니체, 『자라투스트라는 이렇게 말했다』, 최승자 역, 청하, 1984, 261면.

16 신남철, 「사색일기 荊棘의 冠-그날그날의 엑스타시스」, 〈인문평론〉, 1940.10.

> 친일도 배일도 못한 나는 山水에 숨지 못하고 들에서 호미도 잡지 못하였다. 그래도 버릴 수 없어 시를 이어 온 것인데 이 이상은 소위 〈國民文學〉에 협력하던지 그렇지 않고서는 조선시를 쓴다는 것만으로도 신변의 위협을 당하게 된 것이었다. —중략— 위축된 정신이나마 정신이 조선의 자연풍토와 조선인적 정서 감정과 최후로 언어문자를 고수하였던 것이요, 정치감각과 투쟁의욕을 시에 집중시키기에는 日警의 총검을 대항하여야 하였고 또 예술인 그 저신도 무력한 인텔리 소시민층이었던 까닭이다.[17]

'山水에 숨지 못하고 들에서 호미도 잡지 못하니 그래도 버릴 수 없어 시를 이어 온'것만이 문학적 논의의 대상이다. "詩와 神. 시가 마츰내 신과 자리를 같이한다"[18]고 조지훈이 단언할 수 있었던 것 또한 같다. 시없는 시대, 발표없는 시를 '침묵의 저항행위'라 말할 수는 없다. '침묵'은 수사학의 차원을 떠나면, 그것은 더 이상 언어행위가 아니므로 논의대상에서 '소외'될 수밖에 없다. '소외'라 지칭한 것은 문학 행위의 불가능성을 일종의 '저항행위'로 해석하고자 하는 욕망을 일정 긍정하면서도 또 부정하고 하는 맥락에서이다.

세 갈래 운명의 실타래를 잡고있는 신화 속 달의 여성 모이라(Moirae)의 이미지를 빌어오기로 한다. 일제말기 '문학하기'는 세 가지 갈림길에 놓인다. ① 직접 저항하기 ② 수사적으로 암시하기 ③ 일본어로 글쓰기 ①은 문학으로 현실의 참혹상을 반영 · 고발 · 폭로하는 일이다. 하지만 이것은 죽음을 불사하지 않고서는 불가하다. 상해에서 조선으로 귀국하면서 조선일보 사장으로 부임하던 신석우가 '不語, 不書의 他力排斥論'

17 정지용, 「조선시의 반성」, 김학동 편, 『정지용 전집-산문』, 민음사, 1995, 267면.
18 조지훈, 「西窗集」, 〈문장〉, 1940.11.

을 주창하면서 '하고싶은 말을 다 못하고 쓰고 싶은 말을 다못쓸바에 붓을 들면 무엇하오'라고 기세있게 말한 것은 진리이면서 진리가 아니다. '진리 되기에는 너무 조선의 현실을 무시한 것이고 진리가 아니되기에는 강직한 인격자가 취할 길이 못되기 때문'이다. 이미 일제말기 검열 및 출판시스템상 '진리'를 말하는 행위는 원천전으로 봉쇄당한다. 이 측면에서 ①은 더 이상의 논의가 불가능하다. '친일적인 글쓰기'의 범주에 속한 ③은 이 자리에서 논할 이유도 가치도 희박하다.

궁극적으로 남은 것은 ② 즉 '수사적 방식'이다. 현실 혹은 의식의 밑바닥에 깔려있는 것은 언어('쓰기')이며, 그것은 수사의 방식으로 의식과 혹은 현실과 교통한다. 시의 현존은 문자 그대로 현존성을 실현할 수 있는 환경을 근본조건으로 한다. 1940년 8월과 1941년 4월이 하나의 '계단'[19]이 된다. 전자는 〈동아일보〉·〈조선일보〉가 폐간되는 시점이며, 후자는 〈문장〉이 폐간되고, 〈인문평론〉은 〈국민문학〉으로 제호를 바꾸고, 〈조광〉·〈여성〉 등이 점차 '일본어가 중심인 잡지(일본어 텍스트의 잡지)'로서의 성격을 구축하게 되는 시점이다. 민간신문 폐간 뒤 그 뒤를 이어 〈신천지〉가 간행되다 폐간되고 〈춘추〉가 창간돼 '일본어화 잡지'가 되는 것도 같은 궤도 위에 있다. 그러니까 이 시점을 전후로 시인들이 선택한 시적 행위, 수사적 방식은 문제성을 띠게 된다. 우리는 이 문제에 집중한다. '일제말기'라는 시점은 이 저서에서 그러한 시기, 이러한 수사적 방식을 전제할 때 한정적으로 쓰는 개념이다. 이 저서가 이 시점을 전후에서

---

19 '계단'은 근대시의 문을 열었던 인물 중 하나인 박영희의 용어이다. 시사는 직선적인 지속이 아니라 결절적인 지속의 맥락 가운데 있다. 하나의 '계단'이 완성되고 또 다른 하나의 '계단'이 주어진다. '단계의 완성'을 통한 근대시사의 지속가능성을 설명한다는 점에서, 일원적이고 단일한 규준에서의 시(시간, 시인)의 가치를 규명하는 '절대성 가치규준'의 담론과는 차별된다.

해방 이전까지 간행된 〈동아일보〉, 〈조선일보〉, 〈문장〉, 〈인문평론〉, 〈조광〉, 〈여성〉, 〈춘추〉, 〈신세기〉 등에 실린 '조선어 시'를 주된 텍스트로 삼는 이유이다.[20]

문인들이 선택하는 방식은 결국 수사학의 차원이다. 이를 '시적인 것', '시적인 행위'라 이름붙여 본다. 역사가 한 개의 커다란 轉機에 임했다는 사실[21] 에서 전형기 · 모색기란 '황혼의 예배종을 조종으로 바꾼 것'이다. '급변하고 있는 사회적 압력'[22] 아래 시적 수사가 아니라면 무엇이 가능하겠는가. 그러니까 일제말기 조선어로 문학하기란 일종의 '시로 삶을 영위하는 방식'이 된다. 직접 말할 수 없거나, 혹은 침묵할 수밖에 없다면, 글쓰기 행위의 최전선에서는 '시적으로' 말하는 방법만이 가능할 수 있다. 시적 형식은 현존하는 것에 대한 현존(순수현존)이자 현실에 결코 환원되지 않는 현존의 영원성을 추구한다. 이 말은 다소 난해하게 시가 철학과 다른 점을 논변한 것이다. 바디우는 이렇게 풀어쓴다. '장소 바깥에서 또는 모든 장소를 벗어나서, 비어있는 것 가운데, 상위의 어떤 표면 위에서' 현존하는 것이라 수사적으로 말한다.[23] 시적 형식은 현실 '밖'에서 현실을 '영원'으로 되돌린다. 〈문장〉 창간호는 이를 '가까우면서 멀리 있는 것'이라 상징적으로 말한 바 있다. 철학은 시의 은유(동일성 미학)의 위세에서 벗어날 수 없다. 시나 철학 공히 '수사'에서 시작하지만 '수사'에서 서로 길이 엇갈리는 격이다.

---

20 활발한 시단활동이 이들 신문, 잡지 등의 매체와 연관된다. 「〈좌담회〉-문학의 제문제」, 〈문장〉, 1941.1;임학수, 「恥辱의 일년」, 〈문장〉, 1940.12.

21 임화, 「최근 10년간 문예비평의 주조와 변천」, 『임화문학예술전집 평론2』, 소명출판, 2009, 111면.

22 임화, 「진보적 시가의 작금」, 〈풍림〉, 1937.1.

23 알랭 바디우, 『조건들』, 이종영 옮김, 새물결, 2007, 127-139면.

〈인문평론〉의 열린 세계관 아래 전형기의 철학을 이어갔던 신남철은 전형기의 인간을 '明哲保身', '良志良能', '명랑한 희망' 이 세 덕목에 귀속시키면서 쇼펜하우어의 '민중형이상학'을 차용한다.

> 그들은 민중이기 때문에 지배되고 교육되고 격려되며 형이상학자기 때문에 회의하고 고민하는 것이다. 민중으로서 추종하고 신뢰하면 좋다고 생각하면서도 그 반면에 그들은 형이상학자로서 신화를 이야기하고 역설을 끌어내며, '「연이나」(Aver)'와 '「혹은(Oder)」'이라는 접속사로써 그들의 정신적 동요를 함축있게 표시한다. 그리하여 그들은 운명의 검은 심연에 부닥들인 전율을 느끼기도 하는 것이다.[24]

일제시대 지식인상의 공고한 형태였던 '창백한 인텔리'가 일제말기 들어 해체되면서 신남철은 그 자리에 전형기의 인간형, 그러니까 '잠언(箴言)을 저작(咀嚼)하는 인간형'을 들어앉힌다.[25] '잠언'이란 '구약성서 속의 솔로몬의 어록'을 가리키는 것이나 '이론상 실천상 또는 신앙상 역사적 경험에 의하여 무상의 권위를 가지게 된 준칙, 명제, 공리'에 준하는 것이다. '고요히 자기추구에 몰두하여 고민하면서도 새로 밝을 내일에 대한 희망을 淸澄한 마음으로 기다리는 희망에 찬 心懷'를 가진 이 '잠언을 저작하는 인간의 일'이란 정지용이 말한 '위축된 정신이나마 정신이 조선의 자연풍토와 조선인적 정서 감정을 최후로 언어문자를 고수하는 일'과 얼마나 다른 것인가. 철학의 잠언, 그러니까 일반론(원론)과 추상성에 기댄 철학의 수사는 일종의 위장술이어서 철학자는 그것으로 전형기를 견뎌낼 수 있으나 문학의 영역은 이와는 완전히 다른 것이다. 김윤식은 유

24 신남철, 「전환기의 인간」, 〈인문평론〉, 1940.3.
25 김윤식, 『임화와 신남철』, 역락, 2011, 73-86면.

진오의 표현을 빌어 '저 높은 지붕위에서 장대로 별을 따는 철학'과 '문학'은 완전히 다른 차원에 있다고 하고 문학의 일을 '구체성의 영역'이라고 불렀다. 언제나 '구체성'을 향해있지 않으면 문학은 존재하기 어렵다. '현실'이라 부르든, '핍진성'이라 부르든, 시 영역 내로 한정해 '표현', 혹은 심지어 '묘사' 부르든 문학은 어떤 구체성의 영역으로부터 출발하지 않으면 성립하기 어렵다. '수사'는 오직 그 '현실'의 구체성을 말하는 방법 가운데서만 존재할 수 있다. 요약하면 신남철의 주장과는 달리, 시인은 '잠언을 저작할 수 없는 자'인 것이다.

'시는 나사는 곳의 기록'이라 칭한 것은 오장환이다. 시는 생활이자 동경이며 구원이다. '암첨(암담)하던 한 시절 조선 안에 살고있던 조선사람의 내면생활을 그린 가장 정확한 기록'[26]이 시다. "인간 최하위의 생활을 하면서도, 아주 구할 수 없는 곳에까지 이르지 않았던 것은 천만다행으로 시를 영위하였기 때문"이다. 일제말기의 삶이란 결국 시작 행위를 통해, 시작 행위의 기록 가운데 흔적을 남기고 있다. 생활을 시적으로 기록하는 것, 이를 은유, 상징, 비유 등이라 부르고 이를 총칭해서 '수사'라 한다. 그 무엇으로 부른다 하더라도 이는 의식의 전면을 드러내는 방식이 아니라 그것을 감추면서 '거대한 억압' 앞의 실존을 드러내는 것이 되어야 한다. 감추면서 드러내는 것이 시의 본질이라면, 이를 수사적으로 '강물 아래 흐르는 것'이라 부를 수 있다. 두꺼운 얼음장 아래 흘러가는 강물에 오장환은 삶과 사랑과 고향의 심정을 실어보냈다. '나사는 곳'의 기록을 그는 시적 언어로 남겼다. '나 사는 곳'의 '생활의 기록'으로서의 시의 문제를 '황혼의 시학'이라는 관점으로 보다 집중해서 들여다보아야 할 이유가 오장환의 언급에 투영돼 있다.

---

26 오장환, 「『나 사는 곳』의 시절」, 김재용 엮음, 『오장환 전집』, 실천문학사, 2002.

시에서 말하는 '현실'이란 어떤 것인가. 임화는, '우리의 현실'이라는 것이 언제나 예술적 체험의 대상이라 말하고, 그러나 '추상적으로 생각되는 현실'과 '체험되는 현실'은 항상 다르다고 썼다. 임화 논지의 핵심은 그 다음에 서술된 문장, "시는 더 많이 내면적으로 체험된 현실에 대하여 이야기하는 예술이다" 라는 문맥에 있다.[27] 따라서 지극히 고통스런 현실 앞에서 시인들은 담론적인 언어행위를 하는 것이 아니라 시적인 언어행위를 선택하고 시인의 내부에서 새로운 현실을 재구성한다. 현실 '밖'에서 현실을 산다. 저 만주의 허허로운 광야를 떠 돌며 초인을 기다리는 심정으로 광복의 맨드라미 씨앗(「광야」)을 뿌리는 육사의 시적 태도를 이에 견줄 수 있을지 모르겠다. 시인의 '현재'는 '아직 오지않을 앞날'이며 시인은 '검은도취'로 그것을 불타오를 듯 열망하는 자이다.(『신세기』 창간호, 扉詩) 시인의 언어를 시의 언어로 해석하는 것, 이것만이 그 시대의 문학적 진실을 진정하게 말할 수 있다. 이는 지나치게 자명한 명제적 진술이다. 그런데도 우리는 자주 이 명제를 망각한다. 자명성으로 자명성을 위반한다.

임화는 일찍이 「暗黑의 精神」에서 '대지로부터 스며 오르는 생명인 봄의 수액을/청년의 가슴속에 자라나는 영웅의 정신을 죽음으로써 막겠는가'라고 읊었다. 어둠 속에서 부르는 시인의 노래는 후세의 청춘을 위한 노래가 된다. 과거의 회고에 갇혀 있지 않으며 현재의 영탄에 머물러있지도 않는다. 그것은 어둠의 시간을 뚫고 미래의 시간을 미리 흘러간다. 과거의 회고시도, 현재의 서정시도 아니며 미래의 묵시록이 된다. 오장환의 「FINALE」와 서정주의 「행진곡」과 정지용의 「저녁놀」 같은 시들이 〈조선일보〉의 폐간에 맞춰 준비되었다든가, 오장환의 「여정」이 〈문장〉

---

27 임화, 「시와 현실과의 교섭」, 〈인문평론〉, 1940.5.

마지막호를 장식하고 있는 것은 우연이 아니다. 기획된 의도 안에 시적 전략이 있고, 시적 전략 안에 미래가 있다.

먼 미래의 시간을 향해 움직이는 말들과 글자들은 정지돼 있는 기록물이기보다는 살아있는 정신의 행진이다. 가장 어둡고 암담했던 시기인 일제말기, 조선어로 문학행위를 할 수 있었던 최후의 시기, 그러니까 〈동아일보〉, 〈조선일보〉 등 민간신문의 폐간(1940.8.10)과 〈문장〉, 〈인문평론〉의 폐간(1941.4), 그리고 그 뒤 〈조광〉, 〈춘추〉, 〈신세기〉 등에서 조선어로 문학행위가 가능했던 시기를 주목하는 것은 이 때문이다. '황혼'이 몰고오는 어둠 속에서 시인들은 미래의 시간을 위한 묵시록을 썼다. 어둠이 짙어갈수록 생의 과실은 그 어둠 속에서 익어간다. 시는 그러한 시대가 남긴 생의 향훈(香薰)이다.

함석헌의 '해방은 도적처럼 왔다'는 선언은 바울의 사상(주님의 날은 밤에 도적처럼 찾아올 것이다.(데살로니카전서 5장 2절)에 기반한 것이다.[28] 그런데 '그날'은 예기치 않게 급작하게 시인들에게 도래해 있었다. 그 놀라움과 황홀이 오장환의 선언에 함축되어 있는데, 그것은 결국 "지금 여기('나 사는 곳')에서 그리고 영원히 어떤 신념이 계속될 수 있는가" 하는 문제였다. 그들의 신념은 무엇이었는가. '조선어로 문자행위를 하는 것'만큼 시인들을 빛나게 하는 것은 없었다. 조선일보 폐간 당시 『靑春茂盛』을 연재 중이었던 이태준은 이렇게 썼다.

> 김기림 씨가 선대(仙臺)서 나와 조선의 학예면 담당이 되며 첫 인사가 장편하나 준비해 달라는 것이다. 명실공히 '長篇匠'이가 되었다. '인제 신문소설은 안 쓰겠소'하고 뻣대였으니 몇 달 쉬이면 또 붓이

---

28 알랭 바디우, 『사도바울』, 현성환 옮김, 2008, 새물결, 214면.

근지러워지는 것도 사실이다. 이번에 신문은 끝났는데 소설은 끝나지 못하고 만게 곧 「青春茂盛」이다. 중앙에서 「黃眞伊」 때와 함께 두 번째다. ―중략―東亞, 朝鮮, 인제는 다 없어졌다. 식자공들은 활자나 만지지 않는다. 붓과 종이를 그대로 만지는 우리는 문득 문득 원고 졸리던 생각이 아쉽게 나군한다.[29]

이태준에게 「청춘무성」[30]의 미완은 〈조선중앙일보〉의 휴간으로 연재를 끝내지 못했던 「黃眞伊」[31]의 경우와는 또 다른 소회를 안겼던 것 같다. 일제시대 민간신문 검열과 민간신문사 '휴간'은 종래적인 것이었으니 그것 자체가 견딜 수 없던 것은 아니었다. 그런데 이제 일시적, 임시적, 변통적 '휴지(休止)'로서의 '휴간(休刊)'이 아니라 글쓰기의 '종언'이 현실화 된 '폐간'이 닥쳐와 있었던 것이다. 휴간이 되면 원래의 지면에서 다른 지면으로 옮겨가면 되었지만, 그러니까 원래 지면에서 소설을 다 끝내지 못하면 다른 지면으로 옮겨가면 그만이었지만, '폐간의 상황'은 달랐다. '동아, 조선 다 없어졌다는 것'은 소설을 실어줄 '발표기관'이 소멸되는 것이며 더 이상 글을 공적으로 발표할 기관이 부재한다는 뜻이기도 했다.

조선어로 소설을 쓸 기회가 다시 글쟁이들에게 주어질지, 글쟁이의 미래는 불투명했다. 이태준은 '원고 졸리던' 과거의 기억에서 쉽사리 떠나지 못했다. '붓과 종이를 그대로 만지는' 그 물질적이고 구체적인 감각만큼 '장편글쟁이' 이태준의 존재론적 감각을 충동시킨 것은 없었을 것이

29 이태준, 「「청춘무성」과 「화관」」, 『無序錄』, 서음출판사, 1988, 135면.

30 〈조선일보〉, 1940.3.12-8.10(127회 미완), 1940년 10월 '박문서관'에서 단행본으로 출간.

31 〈조선중앙일보〉, 1936.6.2-9.4(77회 미완), 1938년 2월 '동광당서점'에서 단행본으로 출간.

다.[32] 10년 동안 매일같이 신문, 잡지의 활자를 대하고 핏줄이 나도록 읽은 함대훈에게도 조선일보 폐간 이후 '모든 것이 별 것 없는' 그런 허무와 '가버린 연인'에 대한 향수가 가슴을 쳤다.[33]

'잡다한 인간'이 모여 좌담회를 벌이고 뭔가를 토론하고 발견하자고 하기에 '시대는 너무 심각한' 것이었다.[34] 특집과 좌담회가 유행했다. 한편으로는 환멸과 냉소가 그들을 찾아온 것이다. 어떤 것도 '현실'을 대신할 수 없었지만 그 현실을 대신할 수 있었던 것은 오직 '시'며 시가 '그들'에게 찾아왔다. 오직 시만이 '어둠 속에 흐르는 빛'을 노래할 수 있다면, 그 시대는 정녕 시인의 시대가 아닐 수 없다. 학예면의 문학란이 점차 축소되기 시작하고 문학의 저수지(貯水池)이자 신진과 문학지원자들의 발표기회와 실력양성을 보증해주는 매체가 사라져가는 상황에서 시동인지(貘, 詩建設, 詩人春秋, 雄鷄)가 겨우 그 水原을 보존하고 있다면[35], 이 시대는 정녕 '시인의 시대'가 아닐 수 없다. 임화의 『현대조선시인선집』, 이하윤의 『현대서정시집』이 시대와 역사를 통찰할 수 있게 해 준다면[36], 이 시대를 '시의 시대'라 말하는 것은 과장이 아니다. '청춘에게는 과거는 문제가 아니고 단지 미래만이 있'으며, 미래만이 과거로 되돌아가는 문이 된다.

그러니 시는 '만가(輓歌)'이되 '묵시록'이 되었다. 종교적 경건성이 역사의 장엄함과 마주치는 순간의 '황홀경'이 '輓歌'의 시편들에 내장돼 있다. 그것은 현재 '나'의 비애를 자위하는 것이 아니라 '후일의 청춘'을 위한 것이었다. 〈문장〉 마지막호에 실린 오장환의 「여정」은 '오래된 미래'를 부르

---

32 조영복, 『넘다보다듣다읽다』, 서울대출판문화원, 2013 참조.

33 함대훈, 「十年記」, 〈문장〉, 1940.12.

34 「求理知喝」, 〈인문평론〉, 1940.2.

35 玄人, 「同人誌評」, 〈인문평론〉, 1939.11.

36 김기림, 「시단의 동태」, 〈인문평론〉, 1939.12.

는 '迎歌'에 가깝다. '우수가 지나고 경칩이 지나 …… 강기슭 두터운 얼음장이 터지는 소리'가 나는 그 먼 미래에 시인은 '무엇이 제일 그리울 거냐'고 미래를 당겨 묻고 있다. 우리말과 글자로 된 발표기관이 사라진다는 것, 그것은 문인으로서의 존재이유가 소멸된다는 것일 뿐 아니라 시적인 삶을 상실하는 것이기도 하다. 그러니 시인들이 우는 것은 자명하지 않은가. 시인들은 '우리의 말과 글자로 우는 행위'가 얼마나 큰 울림을 가지고 있는지를 스스로 체득한다. 시인들은 '울음'으로 묵시록을 썼고 그것은 '오래된 미래'에 대한 기록이 되었다. 그러니 시인들은 시를 쓴 것이 아니며 또 시를 말한 것은 더더욱 아니며 그들은 오직 시에서 인간의 미래를 '본' 것이다. 이 저서의 부제로 누가 시를 '보았는가'라고 물은 이유이다.

자신이 쓰는 말과 글자와 자신이 사는 정신을 '전신까지는' 썩지않게 하는 최량의 방도가 이 '최후의 시쓰기'에 있다면 '최후'란 궁극적으로 영겁회귀의 맨 시작점을 의미한다. 원환적 회귀는 우로보로스 뱀의 귀환처럼 끝을 시작으로 되돌린다. 윤동주가 읊은 '최후의 아침을 기다리는 나'의 '최후의 인간'은 그 영겁회귀의 궤도에서 '최초의 인간'으로 탄생한다. '저녁' 속으로 걸어들어가는 인간은 언제나 '아침'을 몰고오는 자이다. 자라투스트라의 외침이 여기에 겹쳐진다. "이것이 나의 아침이다. 이제 낮이 시작된다. 자 솟아올라라. 솟아올라라, 그대 위대한 정오여!"[37] 최후의 인간은 어두운 산에서 솟아오르는 태양처럼 힘차게 위대한 아침을 향해 떠난다. 그때 시가 탄생한다. 인간의 시간과 질서에 최후까지 저항하면서 시는 저 스스로의 양식을 창안한다. 이것이 '최후의 양식'으로서의 시의 존재론이다. 이것이 일제말기 시의 존재이유이다.

---

37 니체, 『자라투스트라는 이렇게 말했다』, 371면.

1부

시와 불,
시인과 장미

밤이여 솟구치는 모든 샘물은 이제 더욱 커다랗게 이야기한다. 그리고 나의 영혼 또한 솟구치는 샘이다. 밤이다. 사랑하는 자들의 모든 노래가 이제 비로소 깨어난다. 그리고 나의 영혼 또한 사랑하는 자의 노래이다.

— 니체, 『자라투스트라는 이렇게 말했다』 중에서

라파엘적 인간형의 세 부류

일제말기는 우리가 그 이전까지 인식하지 못한 '시대적 윤리'가 요구되던 시기이다. 그 이전까지 정신적 삶을 지탱할 수 있었던 동력인 '민족주의'의 윤리는 대동아공영권과 신체제의 새로운 질서 아래에서 억압되고 있었다.

풍습이란 일종의 관습적인 행위방식이나 평가방식일 따름이며, 윤리나 도덕 의식이란 풍습에 대한 복종과 다름없으며 그 이상의 어떤 것도 아니다.[1] 니체는 연이어 다음과 같이 길게 서술한다. 삶이 관습을 통해 규정되는 일이 적으면 적을수록 윤리의 범위도 작아지기 마련이라는 것이다. 자유로운 인간은 관습이 아니라 자신에 의존하고자 함으로 비윤리적이다. '악하다'는 것은 근원적으로 '개인주의적이다', '자유롭다', '자의적이다', '길들지 않았다', '예측되지 않았다', '예측이 불가능하다'는 의미이다. 관습을 따르는 것은 그것이 유익해서가 아니라 오직 명령하기 때문이며,

1 니체, 『아침놀』, 박찬국 옮김, 책세상, 2004, 24-25면.

그 명령하는 힘이 가지고 있는 불명료한 힘에 대한 두려움 때문이다. 따라서 그런 '명령'에는 어떤 미신적인 힘이 숨겨져 있으며, 그 미신적이고 불가사의한 힘을 넘어설 수 있는 사람은 입법자, 마술사 혹은 반신(半神) 정도이다. 목숨을 걸고 저 스스로 법(관습)을 만드는 자가 되지 않는 한 관습을 따를 수밖에 없으며 윤리적인 인간 수준에서 길을 모색할 수밖에 없다.

풍습에 반하는 독창적이고 자유로운 정신의 소유자들을 '라파엘적 인간형'이라 부를 수 있는데, 그도 풍습의 윤리 안에서 양심의 가책을 느낀다. 이 사람들의 '하늘'은 그래서 필요이상으로 언제나 음울한 것이다. 이 라파엘적 인간형은 다시 세 가지 부류로 나눌 수 있다.[2] "어쩔 줄 모르고 괴로워하는 사람들, 혼란스럽게 꿈꾸는 사람들, 이 세상을 초월한 환희에 잠긴 사람들"이 그것이다. 이 세가지 등급의 인간은 '윤리'가 요구되는 시기에 '필요이상으로 언제나 음울한 하늘을 가진'다. 비윤리적이되 윤리 때문에 양심의 가책을 느끼는 이 라파엘적 인간인 그는 곧 '시인'이다. 시인의 언어를 산문과 논증의 언어로 번역하는 한, '시인이란 이토록 나약하고 왜소한 존재인 것일까?' 이런 의문 앞에 노출될 수밖에 없고 허무주의라는 좁은 틀 안으로 이들을 밀어넣을 수밖에 없을지 모른다. 그것은 하나의 대가(代價)를 필요로 하는데, 그 같은 틀에 기대면 기댈수록 일제 말기의 문학을 설명하고 이해하는 틀 역시 그만큼 협소하고 파편화될 것이다. 문학은 '암담한 현실'을 소극적으로 반영하는 한 단면만을 가진 '거울'이 되어서는 안된다. 어떤 '현실'이며 어떤 '반영'인가를 물어야 한다. 아니, 시의 '현실'은, 굳이 플라톤의 '시의 우상'을 말하지 않더라도, '현실 그자체'는 결코 될 수 없으며, 임화의 말대로, '산문의 현실'과는 다른 것

2 니체, 위의 책, 23면.

이다.

반영론적인 입장에서 문학행위는 수동적이거나 피동적이며 그것은 수사적으로 말하면 '좁고 나른한' '영토' 위에 내 던져져 있다. 인간은 유한하고 역사는 사라지게 마련이지만 시는 죽지 않는다. 시는 생물체가 아니어서 끝까지 살아남아 이념과 조직과 선언을 배반하면서 자신의 생을 지속한다. 시의 말은 '최후의 양식(Lateness)'으로서 인간의 삶에, 유한의 역사에 저항한다. 인생은 짧고 예술이 길다는 경구를 수용할 수 있는 것은 이 경우이다. '좁고 나른한 피동성의 영토'에서 시가 빠져나올 수 있는 길은 시의 자족적인 양식성을 수긍하는 것에 있다. 일제말기 시단을 점검하면서 임화의 '지나가는 길녘마다 모든 잡초를 다 꺾'으려고 들면 안 된다는 말을 돌이켜 본다. 임화의 이 수사적인 언급은, 피동적 · 소극적 · 부정적 관점에서 이 시기 시사를 바라보면 종국에는 '자기에 대한 의식없이 여행하는 사람들'처럼 '방황'으로 귀결될 것이라는 일종의 위험을 암시하고 있다. 임화의 '방황'이라는 언급에서 우리는 '암흑기, 국민문학기, 신체제기, 친일기, 전형기, 환멸기' 같은 용어로 특정지워지는 이 시기 시사를 불안한 심정으로 떠올리게 된다. 이 숱한 용어들은 1930년대 문학과 해방 이후의 문학이 이 시기를 경계로 단절된다는 어떤 선험적인 규정을 강화한다는 인상을 준다.

이 같은 피동적, 소극적 관점이 아니라면 도대체 무엇이 가능할 수 있을 것인가. 아무리 강력하고 거센 역사의 파도 앞에 맨몸으로 노출되어 있더라도 '삶은 지속된다'. 그러니까 문제는 힘의 표징들을 위계화 하고 윤리적이고 도덕적인 규준의 잣대로 삶을 측정하는 데 있는 것이 아니라 '지금 나사는 곳(Here & Now)'의 신념이, 그것의 가치가, 현재도 그리고 미래도 영원히 지속될 것인가 하는 점에 있다. 밀란 쿤데라의 냉담하면서도 강렬한 수사가 이 시기 문학을 보다 능동적이면서도 적극적으로 설명해줄 수 있을지 모르겠다. 그의 말이 언제나 '옳다'고 유머스럽게 말할 때, 유머는 '숭고'가 된다. 공산주의에 대한 희망을 소련의 체코 침공을 몸소 겪으면서 스스로 철회해야했던 이 유머주의자의 소설 문장 하나를 끌고 들어올 것까지도 없다. 웃음이, 희열이, 비규정이 '허위적 진지성'에 대항할 때, 시는 능동성의 양식이 되고 그 자체로 사회학적 저항이 된다. 양식이 저항하는 것이지 인간이 저항하는 것이 아니다. 일제말기 문학을 적극적으로 이해하고자 했던 당대의 문학비평가이자 문학사가가 엄숙하고 진지하게 우리에게 하나의 길을 제시하고 있다. 임화는 이렇게 말했다.

> '하지 아니하면 아니 된다'에서 '무엇을 할 것인가'란 명제가 우리의 면전에 출현해있다.[3]

임화의 목소리는 장엄하면서도 강력한 어떤 권력적 힘의 파토스로 가득차 있다. 그의 선언은 시대를 뚫고 나가는 시(시인)의 힘에 대한 신뢰가 요약된 것이다. '하지 아니하면 아니된다'의 이 나른하고 피로에 지친 시의 임무를 임화는 '무엇을 할 것인가'라는 적극적인 명제로 전환시킨다. 이 피동적 서술어, '하지 않으면 안된다'의 유형은 '어물어물주의의 변형태'에 지나지 않는다. 아마 당대에 이 서술어가 문제가 된 것은 문학인의 어떤 모럴을 표상하는 것으로 인식되었기 때문인 듯하다. 「구리지갈(求理之喝)」의 저자는 박영희의 논변식 문체를 비판하면서 이렇게 말했다. "全文을 통해서 「해야한다」 「하지 않으면 안된다」가 반듯이 붙어있으니 이 사실은 일반의 사태는 아직 氏가 말하는 정도로 성숙되지 않았

3 임화, 「창조적 비평」, 〈인문평론〉, 1940.10월 특대호.

다는 것을 의미한다." 그러니까 '하지 않으면 안 된다'는 현황의 핵심이 아니다. 그것보다는 적극적인 어떤 실제의 행동이 요구된다. '무엇을 할 것인가'로의 전환이 필요하다는 뜻이다. 문학의 적극적인 소명을 제시하는 윤리가 이 전환된 서술어에 요약되어 있다. 임화의 예언자적 목소리에서 우리는 '비극적 사유의 탄생'을 목도한다. 죽음과 같은 암흑의 시간에 인간은 찰나적으로 어떤 성스러운 것과 마주치는데 그것은 그의 삶의 모든 고통을 한없이 보상해 준다.

> 다가오는 모든 시대를 위한 궁극적인 목표가 인류 앞에 제시된다. 즉 인류가 하나의 공통된 것으로 증대되어, 하나의 전제로서, 목전에 놓여있는 몰락에 대한 비극적 심정으로 맞서고자 하는 목표말이다. 이 최고의 목표 속에 인간의 모든 고귀화가 포함되어 있다. 만약 이러한 목표를 최종적으로 거절하고자 한다면, 인도주의자가 떠올릴 수 있는 가장 임울한 모습이 생겨니게 될 것이다. 나는 그 점을 느끼게 된다. 인간적인 것의 미래에 대해서는 단 하나의 희망과 단 하나의 보증밖에 없는데, 그것은 비극적 심정은 사멸하지 않는다는 것이다.[4]

극도의 비극은 인류의 궁극적 목표를 위한 대속(代贖)이다. 몰락의 징후로부터 솟아나는 비극적 사유만이 인류를 죽음의 공포와 불안으로부터 구제할 수 있다. 시인은 그러한 어둠 속에서 스스로 눈멀고 귀먼 채 계시와 같은 한 줄기 빛을 제시한다. 일제말기 시의 장래를 둘러싼 여타의 논의들은 초개인적이고 보편적인 것이며 그것의 궁극적 목표는 미래를 위한 단 하나의 희망과 그것을 보증하는 데 맞춰질 수밖에 없다. 임화는 이용악의 시의 한 구절을 들어 '어둠 속에서 본 꽃씨의 세계'로 당대를 지

---

4 니체, 『바이로이트의 리하르트 바그너 유고』, 최문규 옮김, 책세상, 2005, 37면.

칭하는데, 그들이 共히 목격한 '어둠속의 꽃씨'란 생명의 지속성과 영원성에 대한 알레고리가 아니겠는가?[5] 다가오는 모든 시대를 품은 단 하나의 꽃씨를 품기 위해 시인은 비극을 견뎌낸다. 우리는 일제말기의 어둠을 뚫고 나오는 이 비극적 사상에 귀를 기울여야 한다.

울음과 신세대

임화의 목소리는 단지 일방적인 선언으로 그치지 않는다. 임화의 목소리는 김기림의 메아리로 되돌아 오고, 그 메아리에 신진시인 오장환이 자신의 목소리를 보탠다.

> 시는 어쨌든 적으나마 끊임없는 閃光이라야 하겠고 그러함으로써 새로운 시대의 전령일 수 있고 또한 다시 집단의 소유로 돌아갈 것이다.[6]

> 조선의 시단에서는 급기야, 춘기발동기(春期發動機)의 자연발생하는 최정시(催情詩)나 자기 쇠망의 영탄시나, 신변 장식에 그쳐버리고 영영히 집단적인 한 종족의 커다란 울음소리나 자랑을 노래하지 못할 것인가.[7]

시인은 존재하는 것이 아니라 발견되어야만 하고 우리는 그 발견된 시인을 통해 역사를 예감할 수 있다. 시는 개인의 것이 아니라 '집단'의 소

---

5 영원성의 현존에 대한 말라르메의 논의를 참고할 것. 알랭 바디우, 『조건들』, 204-205면.

6 김기림, 「시의 장래」, 〈조선일보〉, 1940.8.10.

7 오장환, 「방황하는 시정신」, 김재용 엮음, 『오장환 전집』, 231면.

유물이 된다. '누구'의 울음이 아니라 '누구나'의 울음이 곧 시가 된다. 창작방법론, 작가의 세계관, 문학과 정치의 관계 같은 그간 카프를 둘러싸고 벌여졌던 논란들을 잠재운 채 임화와 김기림의 시선은 문학의 장래와 그 임무를 부여받은 당대 신진시인들, 오장환, 이용악, 서정주, 윤곤강, 김광균 등의 시인들에게로 급격히 이동한다. 임화도, 김기림도, 그들은 그들이 발견한 신세대 시인들의 목소리에 자신들의 목소리를 겹쳐둔다. 김기림과 임화, 이 두 시단의 거장들이 신진시인들의 '울음'에서 묵시록적 예언의 목소리를 발견한다. 우리말과 글자로 된 매체가 사라진다는 것, 그것은 차마 하나의 '기관'이 흔적도 없이 소멸된다는 것과 같다. 그것은 문인으로서의 존재이유가 소멸되는 예증일 뿐 아니라 시적인 삶을 상실하는 것과 같다. 그러니 시인들의 '울음'은 자명한 것이다.

시대의 장엄하고 비극적인 종말론을 뚫고 나온 것이 시인의 울음이다. 울음은 시인들의 비극적 심정의 구체적 표현이다. 따라서 이 시대 시인들의 울음은 예언자의 그것이니 '카프-모더니즘-민족주의'의 삼분적 문단구조론은 이 목소리를 반향하기 어렵다. 일제말기의 시단은 '이동하고' 있었던 것이다. 우리는 이제 이 예언자들의 '시단 이동론'을 빌어 일제말기 시사, 1940년 전후의 시단을 새롭고 독창적인 관점으로 바라볼 수 있을 것이며, 한국근대시사의 통사적 흐름 속에 이 시기의 시학을 새롭게 재편할 수 있을 것이다.

임화가 언급한, 그리고 김기림이 임화의 목소리에 덧붙인 '시의 장래'란 술어는 역설적으로 시의 종언을 대체한 것이다. '울음'이라는 형식을 빌어 시인들은 세기적 전환을 넘어서고자 한다. 미래의 단 하나의 희망과 보증을 그 울음의 언어를 통해 탐색한다. 그것이 임화가 발견한 신세대 시인들의 시의 문법이자 은유의 문법의 핵심이다. 그래서 우리는 이 시기의 '신세대론'을 다시 읽어본다. 시의 '최후의 양식론'이라는 관점으로, '비극적 사유의 존재론'이라는 맥락으로, 이 시대 신세대의 목소리를 들여다 본다. 그것은 인간론이기보다는 양식론이자 '시학'이다. 임화같은 구시대 인물(시인)들뿐 아니라 신세대 시인 자신까지도 이 '신세대론'에 매달린 이유를 주목해야 한다.

집단 주체론

'지나온 길가에 핏방울 떨어뜨리고 온 젊은이들'은 가슴 속에 눈물을 삼킨다. 그 뜨거운 눈물은 가슴 속의 불칼이 된다. '불칼을 품은 시'는 이제 '집단의 소유로 돌아'간다. 시는 개별자로서 일반론에 동참한다. '집단적인 한 종족의 커다란 울음소리나 자랑을 노래하'는 시의 숭고한 임무에 대해 김기림은 '섬광과 같이'라는 수식구를 붙여두었다.

일제말기 시들의 아름다움은 '비극적 장관'을 이룬다. 이 풍경 속에서 김기림도, 임화도 각기 '다른 꿈'을 꾸지 않았다. 오장환, 서정주, 이용악, 김광균, 윤곤강, 백석 같은 이른바 신세대 시인들의 목소리는 선배시인들의 목소리를 반향하고 있다. 심지어 이상(李箱)을 평가하는 규준에서도 임화의 그것은 김기림이나 김광균의 그것과 다르지 않다. 그들은 동시에 같은 '지대', 조금 더 시적인 용어로는 '영토'에 서 있었던 것이다. 이 관점에서 조직론이나 문단 권력론은 의미를 잃는다. "그가 어떤 지대에 속해 있든 무슨 상관인가?" 더욱이 같은 풍경에서 같은 목소리로 노래한다면, 그가 누구든 무엇이 달라지는가? 푸코의 말대로, "누가 말하든 무슨 상관인가?" 누가 울든 무슨 상관이란 말인가? 그것이 모더니즘계든, 카프계든, 초현실주의계든, 전통서정파계든 무슨 상관이란 말인가?

임화와 김기림과 김광균이 이상의 「종생기」를 같이 읽고 공감할 수 있는 시대, 시의 장래를 걱정하면서 閃光같은 미래를 불러볼 수 있는 시대, 그들은 같은 지대에 있었던 것이다. 이것만이 진실이다. 임화는 '경향문학때는 전연 달렀지만 지금(1940.1)에는 서로 공통된 점이 있으니까'라고 당대의 '시대정신'이 시인의 목소리에서 한가지로 공명하고 있음을 깨닫는다. 시인을 구분하던 규준이 '사회의식'에서 '시대의식'으로 옮겨온 탓이다.[8] 시단의 시대적 전환은 가볍게 이루어진 것이 아니었고 그만큼 중요한 문제를 띤다. 임화의 문장으로는, '시단은 이동한다'. '현실을 경이롭게 발견한 자'들에게로 시단의 중심이 옮겨온 상황을 임화는 그렇게 말했다. '시단을 이동시킨 것'이 그 무엇이 되었든 무슨 상관인가. 누가 말하든 무슨 상관이며 누가 울든 무슨 소용인가. 기성시인이든 신진시인이든, 50대의 시인이든 20대 혹은 30대의 시인이든, 그들은 '시대의식'을 공유하고 있었고 그들의 울음은 이 시대의식(정신)의 상징이었으며 그들은 시대의 황혼녘에 비극적 사상으로 우뚝 서 있었다.

그럼으로 우리는 이제 본격적으로 '1930년대'와 '해방공간' 사이에 놓인 '일제말기'로 범칭(範稱)되는 '1940년 전후'의 시단의 맨얼굴을 마주하게 되었다. 이 '본격적인'이라는 말은 보다 시적인 논리, 시사적인 맥락에서의 검토의 필요성을 뜻한다.[9] 크게 세가지 범주에서 접근할 것이다.

① 누가 울든 무슨 상관인가—시인의 정체성('시인 존재론')이라는 관점에서
② 황혼녘에 부르는 노래의 시학—황혼의 시학('최후의 양식론')이라는 관점에서

---

8 「신춘좌담회-문학의 제문제」, 〈문장〉, 1940.1.
9 시, 산문, 담론의 차이에 대해서는, 옥타비오 파스, 『활과 리라』, 김홍근 외 옮김, 솔, 2001, 86-93면.

③ 비극적 사유와 시간—산문(현실)의 논리를 뛰어넘는 시적 논리, 언어의 내재성(주제론)이라는 관점에서

1940년, 하나의 '사건'

1940년 시단은 치욕스러웠다.[10] 그 해 '엄연한 역사적 事實'이 전개되었고 문인들은 이 '事實' 앞에 속수무책이었다. 표면적으로는 시단의 문제, '시의 침몰'이 문제되었다. 임학수는, 1939년에 출간된 시집에 비할 바 있는 출판물도 없었고, 잡지에 실린 시들도 대체로 자포자기적인 심정에서 오는 '주진홍등(酒肆紅燈)'을 예찬하거나, 값싼 허무감에서 오는 유령같은 비애를 읊고있다고 비판했다. 그런데 간명하고도 쉬운 임학수의 문장 안에는 숨겨진 문맥이 있다. 〈문장〉, 〈인문평론〉, 〈조광〉, 〈여성〉 등 '남겨진 잡지에 실린' '이백여편의 시들'의 '자포자기 · 허무감 · 비애'의 서정이란 곧 '남겨진 자의 서정'이며 시인들은 그 운명을 스스로 거스르지 못했다는 것이다. 왜 '남겨진 자들의 서정'이란 피동적인 그것(자포자기)이어야 하며, 값싼 허무감에서 오는 것이어야 하며, 그 비애조차 유령같이 실체가 없는 것인지 임학수는 분석하지 않았다. 그것은 그 '남겨진 자들'의 서정을 읽는 혹은 읽어야 하는 다음 세대의 몫이기 때문이다.

1940년! 도대체 무슨 일이 일어났는가? 1940년 8월 10일의 시점으로 우리의 시간을 되돌려본다. 1940년 8월 10일 〈동아일보〉, 〈조선일보〉 등 조선어 민간신문이 폐간되었고, 1941년 4월 〈문장〉이 폐간되었다. 〈문장〉과 함께 당대 잡지계를 양분했던 〈인문평론〉은 〈국민문학〉으로 개칭되면서 일본어 잡지로 계속 간행된다. 문장 폐간 이후 최소한의 조선어 문자행위는 〈신세기〉(1941. 6 폐간), 〈춘추〉(1944. 10 폐간), 〈조광〉

10 임학수, 「치욕의 1년」, 〈문장〉. 1940.12.

(1944.8 폐간) 등을 통해 지속될 수 있었는데, 그것마저 점차 불가해진다. 부분적으로 일본어 텍스트를 싣던 방침이 점차 일본어를 전면화 하는 단계로 변하면서 조선어 문자(문학)행위 자체가 불가해진 것이다.

그러니까 조선어 민간신문의 '폐간'이 갖는 함축성은 컸다. 그것은 우리말 문학의 터전이 사라진 것 못지않게 '민족'의 등치적 존재의 상실을 뜻하는 것이었다. 이 시기 민간신문이 하나의 '기관'으로서의 선명성을 가지고 호칭되었던 상황은 이 상실감의 크기와 상징성을 대변하고 있다. 앤더슨의 말을 빌자면, 언어란 '민족'으로 등치되는 것이며 '민족국가'를 상징하는 것이다.

〈조선일보〉 폐간호의 1면에 실린 '팔면봉'은 '폐간'을 '寂滅'보다는 '永劫回歸'에 견주고 있다.

> 비바람 격거서 二十春 二十秋 一日에 一喝, 이몸의 使命도 國策에 順應코 이날로 終焉. 豆太는 두드려 荒皮를 벗고 山葵는 찌어서 辛味를 내고 麥粉은 썩고죽어 吐芽를 하나니 이 몸의 죽음도 또 그러리라. 萬死를 疲涉後야 一生을어둡지오 一生에 就着은 萬死를 부릅지니 이몸의 生死觀 은 이 한마디. 凡衆은 死로서 『결론』을 삼되, 이 몸은 死로서 『前提』를 삼으리라. 결론의 뒤에는 寂滅이 기다리되 전제의 아페는 生生永劫이 있음에랴. ―중략― 그래도 가노라 이몸은 가노라 國策을 따라서 選然히 가노라, 前後規億萬讀者여, 萬福康寧하시라.[11]

'국책에 순응하기 위한 폐간'을 '종말'이 아닌 '영겁회귀'의 전제로 삼음으로써 미래의 시간을 열어두었다. '죽음'은 '결론(끝)'이 아니라 '전제(시

11 「팔면봉」, 〈조선일보〉, 1940.8.10.

작)'임을 강조하기 위해 특별히 두 어휘에 겹낫표(『』)를 부기해 두었을 정도로 '폐간의 상황'은 초극해야할 현실이었을 것이다. '한 알의 밀알이 땅에 떨어져 거름이 됨으로써 새로운 생명의 터전이 된다'는 이 숭고한 희생제의의 관념은 '폐간의 운명'을 넘어서는 일종의 역사철학이 된다. 신문을 인격화하고 여기에 생사관을 덧씌운 이유란 그것이 그토록 긴박한 생의 문제라는 데 있다.

총독부는 '戰時報國', '言論報國' 방침의 하나로 언론기관을 하나로 묶어 〈매일신보〉와 일원화 할 계획을 세우는데, 〈동아일보〉 역시 1940년 8월 10일(실제 11일) 지령 6819호로 폐간하게 된다, 당시 〈동아일보〉의 발행부수는 5만 5천부였다. '폐간사'는 정치부 기자 金漢周가 썼다.

> 당국의 언론통제의 대방침에 순응함에 본보는 뒤를 보아 한스러울 게 없고 또 앞을 보아 미련남을 것이 없는 오늘을 맞이하게 되었으니 –중략- 그러나 한 번 뿌려진 씨인지라 오늘 이후에도 싹 밑엔 또 새싹이 트고 꽃 위엔 또 새 꽃이 필 것을 믿어 의심치 않는 바이다.[12]

한번 뿌려진 씨앗은 썩는 법이 없고 그것은 거름이 되어 미래의 꽃을 피운다. 이용악이 말한 '꽃'이 될 '종자'가 한밤에 터져나오는 그런 장렬한 계시의 목소리가 폐간사에 건조하게 담겨있는 것이다. 폐간호 1면에는 엉겨붙은 포도송이 사진이 실렸는데, "葡萄송이처럼 情답게 서로 엉키라"는 사진 설명을 붙여두었다. '포도송이처럼 다시 뭉칠 날을 기대한다는 의미를 담았다'[13]는 해석 자체가 '의도적 오류'로 보이기는 하지만 한

12 동아일보 편, 『민족과 더불어 80년, 동아일보 1920-2000』, 동아일보사, 2000.4.
13 동아일보 편, 위의 책.

생명(포도 한 알)이 '집단(포도송이)'이 되는 알레고리적 수사가 주는 울림을 강조하는 맥락이 없지 않다 할 것이다.

〈동아일보 폐간호 '포도송이' 사진(1940.8.11)〉

〈인문평론〉 1940년 9월호는 "된다된다 하던 동아, 조선 두 신문이 필경 국책에 순응하여 폐간이 되었다. 삼십 幾年間 조선문학의 기반이 되었던 만큼 一朝에 없어지고보니" 작가, 평론가를 수용할 길이 없어 딱한 일이라 언급했다.[14] 조선어 신문의 폐간은 결정적으로 문인의 존재이유를 '소멸'시킨 계기가 된다.

〈동아〉, 〈조선〉이 폐간된 뒤 김광섭은 이 사태를 '현실의 燈火管制'에 빗대어 말했다.[15] 영국의 유명 시잡지 〈런던 머큐리〉와 〈크라이테리온〉의 폐간에 '독일이 있었다'고 쓰면서 폐간은 곧 '현실의 등화관제'이며 그것이 시인들의 자유롭고 순수한 시정신, 시감정을 어둡게 했다는 것이다. 그렇다면, 우리 시인들은 어떤가? 많은 시인들이 비애의 정서와 불행의 음성들을 부려놓았다. 영국 시인들에게 '영국'은 있으나 조선 시인들에게

14 「求理知喝」, 〈인문평론〉, 1940.9.

15 김광섭, 「시단월평-8·9월 시단인상」, 〈인문평론〉, 1940.10.

'조선'은 없었다. '독일'의 자리에 무엇이 대체되는지, '독일이 없'는 대신 시인의 시정신을 억압하는 조선의 등화관제는 무엇때문인지 편집자는 더 이상 묻지 않았다. 물을 수 없었기 때문이다. 이는 영국 작가의 현실보다 조선 작가의 그것이 훨씬 중대하고 심각한 위기에 처해 있음을 뜻한다. 전시 하 영국 작가의 임무나 영국 작가의 독서 리스트를 아무리 길게 소개해도[16] 그것은 공허한 메아리로 남았다.

동아일보에서 기자생활을 하던 홍효민은 폐간 이후의 심정을 '生과 死라는 불멸의 진리틈에 苦를 끼워논 것 같은 심정'이라 언급했다. 어떤 것에도 구속되지 않은 자유로운 몸이 되었지만 직업이 없다는 것이 새삼 실감이 되었다. 그에게 더욱 괴로운 일은 'D사의 폐간'에 대한 사람들의 관심과 그 일의 경과에 대한 추측어린 질문이었다.

> D사가 解散되기까지의 經過를 듣자는데는 딱질색이다. 『國策에 順應하야』하고 말을하랴치면 『그래도?』 하고 무슨 內幕이나 있지않나하고 다음을 캔다.[17]

'국책에 순응하는 것' 이외의 경과를 입에 올리기 꺼릴 정도로 '폐간'은 기억하기 싫은 집단적 트라우마였을 것이다. 이 과정이 얼마나 험난했는지는 '몇 週日동안 복때기던일을 생각하면 아득한 옛날같고, 灰色帳幕에 드리운 꿈같다'는 표현이 이미 요약하고 있다. '폐간'의 과정은 꿈같이 흘러갔다. 문득 정신을 차려보니 자유인이 된 그 앞에 실업으로 인한 가족의 생계, 더 이상 글을 쓸 수 없는 글쟁이로서의 실존적 상황이 놓여있었

16 「문화통신」, 〈인문평론〉, 1940.10.

17 홍효민, 「草煙心境」, 〈신세기〉, 1940.11.

다. 실업자가 된 이후 그가 할 일이란 산보하는 것. 교외로 산보를 나왔지만 그의 산보는 더 이상 ‘자유인’의 메타포도, ‘근대 문인’의 지성적 생산을 위한 시간도 될 수 없었다. 신문사 기자 생활을 하면서 오후 한나절 경성 거리를 활보하듯 산책한 김기림의 산보란 실업자 홍효민의 그것과 얼마나 차이가 있는가. 실직한 문인기자 홍효민의 ‘산보’란 조선일보사 앞 광화문 통을 완두색 더블 블레스트를 휘날리면서 걷던 백석의 보헤미안적이고 로맨틱한 산보의 품격과도 얼마나 차이가 있는가. ‘직업을 잃은 고뇌, 직업없는 고뇌’로 가득찬 홍효민의 눈 앞에 하루 해가 저물고 있었다. 그는 ‘黃昏이 깊어옴’을 느끼고 ‘며칠 동안의 憂鬱이 저윽히 오늘 하루로서 간신히 어느 程道로 溶解된 듯’한 생각에 안도했다. ‘황혼의 위안’이 그의 실업을, 생계의 압박을 일시적으로 해소해 주었다. ‘황혼의 위안’이란 무엇인가. 이 문제를 뒤에서 본격적으로 논하게 될 것이다.

〈신세기〉 1940년 11월호는 〈동아〉, 〈조선〉의 폐간 이후를 이렇게 소개한다.

朝鮮日報社篇

工場部隊

東亞·朝鮮 兩報의 廢刊后消息

東亞日報社篇

共信社

〈신세기(1940.11) 지면〉

흥미롭게도 〈신세기〉 지면의 수필란 필진은, 「규범의 탄식」을 쓴 金汶植을 제외하면, 〈동아〉, 〈조선〉에서 실직한 전기자(前記者)들로 채워졌다. '격렬한 역사의 진동' 한가운데 선 그들의 실직기는 개인고를 넘어 시대고를 향하고 있다. 글 마지막 괄호 안에 필자의 '현직'이 아니라 전직 직업이 소개된 것은 유례없는 것이다. 폐간과 동시에 그들은 실업자가 되었고 글을 쓸 수 있는 지면을 잃었다. 편석촌 김기림을 제외하고, 「교원생활십오일」을 쓴 최목랑은 '전조선일보사원, 현금천중학교교원'으로, 「草煙心境」을 쓴 홍효민은 '전조선일보사원'으로, 「실직기」를 쓴 계용묵은 '전조선일보사원'으로 부기되어있다. 폐간된 지 두 달이 지나지 않은 시점에서 그들은 '전직'의 소속을 달고 지면에 새로 등장한 것이다. '解職조차 機會를 만난 듯한' 충동이 창작의 붓끝을 자유롭게 구사하고 싶은 욕망을 불러일으켰고, '원고모으고 책을 제때 출간하고 기사를 쓰고 검열을 받는' 이런 종류의 출간에 따른 구속과 직업적 책무로부터 그들은 한순간 해방된 듯했다. 하지만 기자 생활을 하면서 겪게 된 그간의 '인신구속'으로부터 벗어나 새삼 맛보게 된 실존의 자유를 외치고 있다해도 그들은 실직의 고통으로부터 여유롭게 해방되기는 어려웠다. 생활인으로서의 고민이 새삼 제기되었고 창작의 붓끝은 생각만큼 원고지 위를 내달리지 않았던 것이다.

'황혼'을 준비하는 시인들

'폐간'이란 상징적인 사건이었다. '매체'의 종언이 곧 '문장(글)'의 종언이기 때문이다. 그것은 '최후의 양식(Lateness)'으로서의 시의 임무를 전면화 하는 것이기 때문이며, 시인들이 망명객으로 살아가야할 운명을 예고하는 것이기 때문이다. 그런데 '폐간'은 예기치 않게 갑작스럽게 결정된 것이 아니라 이미 예고된 것이었다. 학예면 담당자들이 폐간의 사실을 미리 접하고 역사적인 이정표가 될 폐간호를 준비하고 있었던 것은 여러 실증적 자료가 증언하고 있다.

임대섭과 함께 '방랑이나' 해보자 하고 어디로 한참 돌아다닌 후 귀향한 서정주를 맞이한 것이 바로 신문폐간 소식이었다. 서정주의 「행진곡」에 대해 뒤에서 보다 자세하게 설명하겠지만, 이 시는 서정주 개인이 마주한 광란과 탕란의 시대적 징후가 아니라 시의 종언을 장엄하게 알리는 서막과 같은 것이었다. '저 멀리서 난타하듯 들려오는 종소리'에 그 해답이 있다. '종소리'는 '장례식'의 '조종'이 아니라 숭고한 축제의 서막을 알리는 '행진곡'이 된다는 것이 문제적이다. '종소리'는 알레고리적 상징, '아침', '봄', '새날', '신년' 등 '새로운 시작'을 우의적으로 품고있어 총독부가 그토록 강경하게 이런 류의 시어가 있는 시들을 금지했다는 기록도 있다.[18] 물결은 밀려갔다 밀려오는 것이며, 그것은 괴로운 한낮을 보내고 마음 속의 밤을 부르는 소리이기도 하다(윤곤강, 「待夜抄」). 다시 밀려올 물결을 예감하며 축제의 마지막 커튼을 내리기는 하지만 그것으로 역사가 소멸되지는 않는다. '취해서 돌아가는 사람은 언젠가 돌아올 사람'이기 때문이다.

> 집에 돌아오니, 엽서 한 장과 전보 한 장이 나를 기다리고 있었다. 둘이 다 조선일보 학예부장 김기림이 한테서 온 건데, 엽서의 내용은 조선총독부에서 신문을 폐간하라고 하여 그 기념호를 내게 되었으니, 며칠까지 기념시를 한편 빨리 써 보내라는 것이고 전보는 그것을 다시 독촉하는 것이었다. 그러나 헤아려보니 그 기념호가 나온 날짜

18 정진석 편, 『일제시대 민족지 압수기사 모음』, LG상남언론재단, 1998, 691면.

는 이미 지났고, 나는 초청받고도 너무 늦게 가서 이미 끝난 잔치 자리에 혼자 불사른 재나 밟고 서 있는 꼴이 되어 있었다. 그래도 늦은 대로 나는 그걸 안쓰고는 있을 수가 없어 「행진곡」이라 제목으로 지어 보았다.[19]

폐간을 준비하면서 학예부장으로서 김기림이 얼마나 고군분투했는가를 서정주의 회고에서 확인할 수 있다. 왜 폐간을 '잔치'로 인식하고 있는가의 문제성이 서정주의 '그걸 안쓰고는 있을 수가 없는' 이 불꽃같은 열망에 투영되어 있다. 모든 불꽃이 다 사그라진 뒤 솟아나는 '재나 밟고 서 있는' 욕망이란 '재 위의 욕망'이며, 그 불씨가 언제 재를 뚫고 다시 피어날지 모른다는 점에서 그것은 '불꽃을 은닉한 자의' 욕망이다. 모든 언어는 망각된 말의 언어이며, 망각된 장소와 행위의 기억이며, 그 말과 장소와 행위를 기억한 붙타는 가슴의 언어이다. 시는 곧 가슴 속의 불꽃이다. 「행진곡」의 어쩌지 못하는 '서늘함' 이란 '냉정한 불'이 주는 숭고이자 경건성이다. '불'은 '얼음'처럼 불타오른다. 언어(시)가 몰락하는 순간을 서정주는 '비극적 심정'으로 마주하게 되었던 것이다. 서정주가 전한 이 상황에 대한 지극히 섬세한 이해없이 '폐간'의 문제성을 파악하기란 애초에 불가능할지 모르겠다.

〈문장〉 폐간호의 목차는 다음과 같다.

19 서정주, 『미당 자서전 2』, 민음사, 1994, 71면.

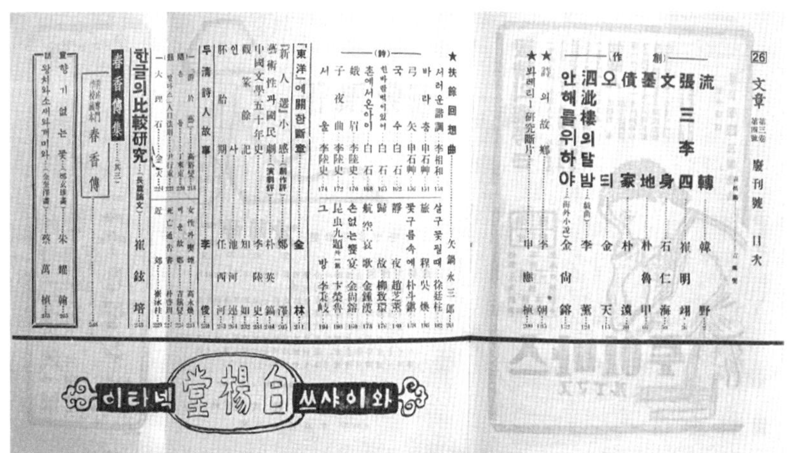

文章 第三卷 第四號 廢刊號 目次

〈문장 폐간호 목차〉

눈에 띄는 평론은, 이원조의 「시의 고향」, 김기림의 「『동양』에 관한 단장」이다. 이원조의 글은 김기림을 향해 '시의 고향'으로 돌아올 것을 촉구한 것(김기림론)'이며 그 유명한 구절, '우리 다같이 느끼는 심정의 세계'가 곧 시의 고향이며 그것이 「못」과 「공동묘지」임을 선언한 것이어서 일제말기 시의 상징적 코드를 읽을 수 있다는 점에서 주목된다. 김기림의 글은 '서양문화로부터 한 걸음 물러선' 김기림을 읽을 수 있는데, 명일(明日)의 근대문화의 방향성을 동양의 고대 중세로부터 발원하는 문학, 예술의 정신 가운데서 찾아야 한다는 주장을 담은 글이다. '근대주의자' 김기림이 아닌 일제말기 김기림의 근대문화의 방향성에 대한 고민이 묻어있다. 「시의 장래」, 「시인과 꿈」 등의 일제말기 쓰여진 시평들과 무관하지 않은 글이라 하겠다.

〈문장〉 폐간호에 시 「旅程」을 실었던 오장환은 신문 · 잡지가 폐간되는 그 날에 쓴 시를 이렇게 기억하고 있다.

편중의 일부분은 만가(輓歌)- 즉 『문장』이 폐간되던 그 호에, 『조선일보』가 폐간되던 그날에 — 이밖에는 우리의 모든 기관이 정지되어 지상에 발표라는 가망도 없을 때, 다만 암첨(暗瞻)하고 억눌리는 공기에도 나를 사랑하는 선배와 친지들을 보이기 위하여서만도 쓴 것이었다. 사랑하는 내 땅이여, 조선이여! 행동력이 없는 나는 그저 울기만 하면 후일을 위하여, 아니 만약에 후일이 있다면 그날의 청춘들을 위하여 우리의 말과 우리의 글자와 무력한 호소겠으나 전신까지는 썩지않으려고 얼마나 발버둥쳤는가를 알리려하였다[20]

오장환의 「旅程」 외에도, 〈문장〉 폐간호에 실린 시로는, 이상화의 「서러운 해조」, 신석초의 「바라춤」, 백석의 「힌 바람벽이 있어」, 「국수」, 「촌에서온 아이」, 이육사의 「아미」, 「자야곡」, 「서울」, 서정주의 「살구꽃필때」, 박두진의 「꽃구름 속에」 등인데, 일제말기 발표된 시들 중 현재에도 '명편'으로 평가받는 것들이 이 마지막 호에 대거 실렸음이 특징적이다. 이원조의 김기림 평문인 「시의 고향」이 시 지면 뒤를 장식하고 있다. 그런데 정작 조선일보가 폐간되는 날 지면에는 오장환의 시는 실려있지 않다. 다만 한 열흘 앞서 〈조선일보〉 1940년 8월 5일자 지면에 「FINALE」가 실려있다. 폐간을 준비하던 김기림의 요청이 있었을 것이다. 조선어 '언론(발표) 기관'들의 폐간은 곧 '발표라는 가망도 없는' 그러니까 시인으로서의 존재이유를 상실하는 것과 같았다. 그들이 부른 마지막 노래는 '輓歌'이지만 그것은 미래를 위한 '묵시록(黙示錄)'이 되었다.

신문 · 잡지의 폐간은 예정된 것이었는데, 이 불안하고 위태롭게 다가오는 폐간의 마지막 날을 학예면 기자들이 손놓고 기다리지만은 않았

20 오장환, 「『나사는 곳』의 시절」, 『오장환 전집』, 622-3면.

다.[21] 그들은 동분서주하면서 글을 모으고 편집을 했다. 미래를 위한 예언서(豫言書)이자 묵시록(默示錄)이 되기를 바랐지만 혹여 그러한 미래가 올지 예상조차 할 수 없었다. 후일 그 '미래'가 자신의 눈 앞에서 목도되자 오장환은 허무한(虛無恨)을 내뱉었다. '어이없다'라고 탄식했다. "『나사는 곳』이 이러할 줄이야"라는 한 문장이 그의 '허무한'을 요약하고 있다.

그렇다면, 실제로 〈조선일보〉 폐간호는 이 '불의 기록'을 어떻게 반영하고 있는가. '폐간일'은 1940년 8월 10일이었으나 마지막 호, 즉 실제 폐간호는 1941.8.11일자 신문(지령 6923호)이다. 8월 10일, 다음 날 신문(8월 11일자)을 마지막으로 편집, 인쇄했을 것이다. '폐간'을 알리는 사설, 사고 등은 8월 11일자에 실렸으나 '학예' 관련 글들은 대체로 8월 10일자 지면에 실려있다.

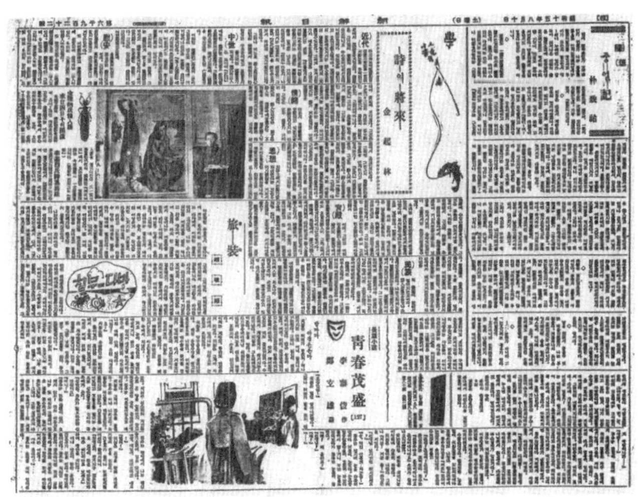
學藝

詩의 將來

金起林

靑春茂盛

〈조선일보 학예면 (1940. 8.10)〉

21 조선일보사 사료연구실, 『조선일보사람들-일제시대편』, 랜덤하우스 중앙, 2004, 569-582면.

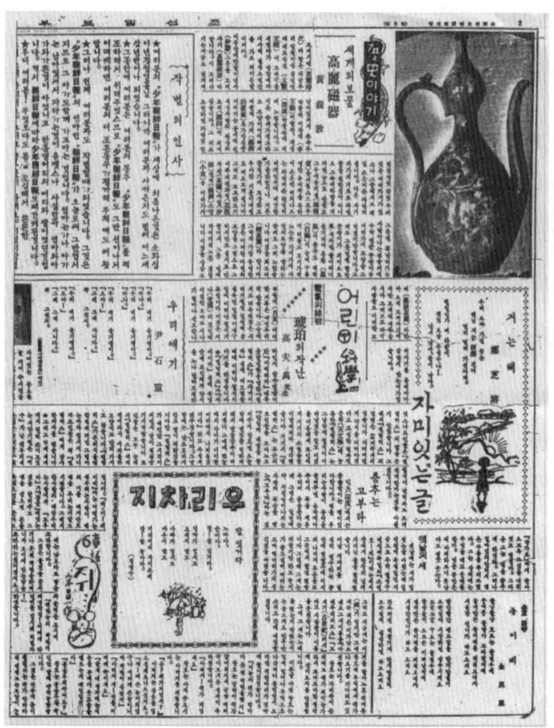

〈부록(소년조선일보)(1940. 8.10)〉

〈조선일보 8월 10일자 학예면〉

김기림, 「시의 장래」

박치우, 「중얼 記」

조경희, 「旅裝」

이태준, 「청춘무성」(연재물)

〈부록(소년조선일보)〉

황의돈, 「역사 이야기 세계의 보물 고려자기」

정지용, 「지는해」

윤석중, 「우리애기」

김영수, 「잘 잇거라」

김장봉, 「종이배」(동요)

소년조선일보 백, 「작별의 인사」(*편집자주)

최익선, 「동무의 의리」(소년소설)

배용윤, 「돈가방」(동화)

양의림, 「여름아침」(동요)

이 중 눈에 띄는 목록은 정지용의 「지는해」, 김영수의 「잘 잇거라」, 김기림의 「시의 장래」이다.[22]

> 우리 오빠 가신 곳은
> 해님 지는 西海 건너
> 멀리 멀리 가섯다네
> 웬일인가 저 하늘이
> 피ㅅ빛보담 무섭구나
> 난리낫나, 불이 낫다[23]
> (정지용, 「지는해」)

'일몰'의 시대적 징후가 정지용의 시에는 있다. 그런데 모든 것이 저 서편 하늘 너머로 사라졌다는 소멸과 죽음에 대한 불안보다 오히려 '피빛보다

---

22 〈조선일보〉, 1940.8.10. 「시의 장래」는, 「모더니즘의 역사적 위치」(인문평론, 1939.10), 「시단의 동태」(인문평론, 1939.12), 「시인의 세대적 한계」(조선일보, 1940.4.23), 「꿈과 시인」(신세기, 1940.11) 등 일제말기에 쓰인 시론과의 연장선상에서 읽어보아야 한다.

23 〈학조〉 1호, 1926.6. 원제목은 「서쪽 한울」. 정지용 시집에 수록되면서 「지는해」로 개제. 권영민, 『정지용 시 126편 다시 읽기』, 민음사, 2004, 401면 참조.

무섭게 타오르는 불'의 황홀이 '지는해'의 이미지에 겹쳐서 떠오른다. 한용운이 같은 제목의 시 「지는해」(삼천리, 1931.5)에서 '輓歌'를 부르면서 역사의 임종을 확인했던 것과 이 '불타는 난리'의 축제는 얼마나 다른가. 일제말기에 '황혼'의 시대적 열망이 더 강렬했음을 확인할 수 있다 하겠다.

> 지는해는
> 成功한 英雄의 末路갓치
> 아름답기도하고 슬프기도하다.
> X
> 蒼蒼한 남은빗치
> 놉흔山과 먼江을빗치여서
> 絢爛한最後를 裝飾한다.
> X
> 忽然히 열븐구름의 붉은소매로
> ㅅ두렷한얼골을 슬쩍가리며
> 訣別의微笑를 ㅅ듸운다.
> X
> 큰江의 비ㅅ긴그림자는 臨終의歷史를쓴다.
> (한용운, 「지는해」, 삼천리, 1931.5)

'지는해'에서 '영웅의 말로', '최후의 장식', '결별의 미소', '임종의 역사'를 보는 것은 그다지 놀랍지 않다. 수사적인 차원에서 생각해도 자연스런 아날로지이다. 한용운은 시를 쓴 것이기보다는 임종의 역사를 선언한 것이다. 미래도, 가능성도, 새로운 역사의 회귀도 소망할 수 없는 시대의 보고서를 쓴 것이다. 이 시기 한용운의 위치나 상황을 고려하면, 이 시는 시인 한용운이나 불교사상가 한용운보다 '사회운동가' 한용운의 시선으로 쓰여졌을 것이다. 〈삼천리〉 잡지 자체가 언론인, 사상가들의 사회사상운동의 보루로 기획되었던 것이 한용운의 시선을 이해하는 데 도움을 준다. 검열과 삭제, 사상운동의 피로 같은 시대적 절멸감이 이 시에 그대로 드러나 있다.

한편으로, 『학조』(1926)에 실렸다가 『정지용 시집』(1935)에 수록되어 있던 정지용의 「지는해」를 다시 세상 밖으로 소환한 것은 '민간신문 폐간'이라는 시대적 정황이었던 것 같다. 역설적이게도 더 절망스런 현실을 눈앞에 두고, 그러니까 진정 '황혼기'에야 비로소 시인들은 견자의 시선으로 '불의 시대'를 예감할 수 있었다. 이 역사적 사실을 전제하지 않고 「지는해」의 '복귀'를 온전하게 이해하기는 사실상 힘들다.

김영수의 「잘 잇거라」는 결별의 시간을 앞에 두고 아이의 시선으로 쓰인 동요이다.

> 노마야,
> 순이야,
> 잘—들 잇거라
> 엄마가 업서도
> 보채지 말고
>
> 아빠가 업서도
> 싸우지 말고
>
> 끼리끼리 사이조케
> 잘—들 놀아라
> (김영수, 「잘 잇거라」)

‘소년조선일보편집白’(일종의 ‘편집자주’)는 ‘이별’의 상황을 이렇게 전하고 있다.

> —전략— 그러나 인제 여러분과도 작별할 때가 되었습니다. 그것은 ‘소년조선일보’의 엄마인 ‘조선일보’가 오늘로써 그만업서지므로 그 아가도 함께 가고마는 것입니다. 엄마는가나 아가는 남아잇서서 자라가는 것이 올켓스나 사실인즉 엄마와아가와가튼 것이 아엇니고 한몸덩어리의 머리와 팔이엇던것입니다. 역시 조선일보에 따라소년조선일보도 폐간케된 것입니다. *부디 여러분! 무엇보다도 몸을 조심해서 튼튼한 소년소녀가되서요. 그리고 공부만히 하세요. 이것이작별케된여러동무에게드리는 마지막 간절한 부탁입니다.[24]

‘마지막 부탁’이 갖는 ‘간절함’을 김영수는 「잘 잇거라」에 담아내었다. “아가인 ‘소년조선일보’와 엄마인 ‘조선일보’가 오늘로써 그만업서지”는 상황에서 편집자는 이 ‘엄마와 아가’의 관계를 부정하고 사실은 “엄마와 아가와가튼 것이 아니었고 한몸덩어리의 머리와 팔이엇던것”이라 수정한다. 이 ‘몸’의 관계성의 수정은 폐간호에 실린 ‘영겁회귀’의 이념을 반조한다. 〈조선일보〉와 〈소년조선일보〉가 동시에 사라지는 현실을 마주하면서 ‘엄마는 가나 아가는 남아서 자라(야하)는’ 자연의 이치가 부정되는 모순상황에 부딪힌다. ‘엄마와 아가’의 관계성을 부정하고 유기체적 생명을 이루는 몸의 한 기관으로의 관계성을 그 자리에 대체해 넣어야 한다. 그래야만이 둘 다 소멸되는 이 난감하고 공포스런 상황을 합리적으로 설명할 수 있다. ‘엄마와 아가’ 각각의 개체로서가 아닌, 한 개체(생명체)를 이루는 각각의 기관이라는 관계. 한 유기체에서 기관 하나라도 소실되면

24 「작별의 인사」, 〈조선일보 부록 소년조선일보〉, 2-3면.

그것은 죽음에 처한다. 그러니까 이 두 '기관'의 소멸은 개체의 죽음, 즉 절멸을 뜻한다. 매체의 죽음이 곧 시의 죽임이었던 것이다. '잘—들 놀아라'의 이 마지막 행이 문자를 뚫고 나오는 힘을 지금으로서는 체감하기 쉽지 않지만, '간절한 부탁'의 작별 노래가 가능했던 이유가 이 마지막 '잘 놀아야'하는 독자의 소명에 있었는지 모르겠다. 이제 남은 것은 이 죽음 앞에서 무엇을 해야 하는가, 무엇을 할 수 있는가의 역사적 소명에 관한 문제, 그리고 시인의 실존적 생명의 문제로 옮겨온다.

시대가 산문정신에 기울어질수록, 인간생활에 절망적인 황혼이 드리워질수록 인간을 구원하는 것은 시라는 듯이 김광균은 역사의 황혼기에 선 인간의 구원을 문제삼는다.

> 시대가 산문정신에 기울어지고, 지성은 피로한 규성에 목쉬고, 과학은 정신적 태양을 죽이고 인간생활 위에 절망적인 황혼을 가져오면 가져올수록 영원히 피로를 모르는 격렬한 정조와 눈부신 꿈을 부어주고 건전한 문학의 정신을 부어주는 것은 시일 것이다.[25]

황혼의 부엉이는 미명에 이르러 저 나뭇가지 사이로 날아든다. 그는 '영원히 피로를 모르는 격렬한 정조와 눈부신 꿈을 부어주는' 구원의 새이다. '눈부신 꿈'의 새는 인간을 향해 날아와 생명을 부어주고 다시 저 아침의 태양을 향해 떠날 것이다.

시인이자 시이론가로서 김기림의 목소리가 장엄하게 빛을 발하고 사라진 것 또한 우연이 아니었다. 시의 과학을 주장하고, 비평의 학문적 기

25 김광균, 〈풍림〉 5집, 1937.4. 인용은, 오영식 엮음, 『김광균 문학전집』, 소명출판, 2014, 337면.

반을 고민했던 김기림에게 문학을 통한 공적인 담론화가 더 이상 불가능해진 시점이 도래했고 따라서 산문과 과학(담론)은 김기림의 궁극적 관심에서 사라진다. '눈부신 꿈을 부어주는' 계시로서의 '시'만이 '어둠을 노래하는 시'의 예언자적인 소명에 값할 수 있다. 김기림의 이 시기 글들이 장엄과 숭고의 미학을 담보하고 있음이 그 증거이다. 일제말기를 김기림은 시적 논리로 관통하고자 했던 것이다. 그것이 시의 장래에 대한 담론이었으며, 신세대론의 골자였다. 일제말기 글들에 내재된 장엄한 수사와 예언적 주장들은 이 숭고라는 미학적 이데올로기를 전제하지 않으면 이해하기 어렵다. 김기림의 숭고한 예언서의 시적 버전이 바로 「못」, 「공동묘지」 같은 시이다. '못(호수)'은 부동의 거울과도 같은 것이며, 신(神)으로서의 시인의 시선 안에 존재하는 그 모든 기억(태고적, 총체성)을 상징한다. '무덤'은, 와해 · 붕괴 · 죽음 등의 비극적 결말의 표상이자 붕괴와 그것을 뚫고 나오는 시원적 힘을 알레고리한 것이다.

이를 전제하고 폐간호에 실린 김기림의 「시의 장래」를 다시 들여다본다. 「시의 장래」는 '공동체의 붕괴'를 기록한 김기림식 예언서이다. 김기림은 '시대를 사는 사람의 역사적 자각과 통찰과 예감에 의하여 붙잡은 생존의 신념'으로 시의 장래를 모색한다. 김기림은 시의 역사적 종언과 시인의 위기를 논한다. 이 예언자적 음성은 이미 1935 · 6년 이후의 시단에 징후적으로 드러나고 있었다. 그 같은 음성은 1930년대 중반기 이후 김기림과, 그의 '맞수' 임화에게서뿐 아니라, 김광균, 윤곤강, 그리고 오장환, 이용악, 서정주 등의 신세대 시인들에게서도 포착된 것이었다. 김기림으로서는 '폐간'이라는 물리적, 현실적 강제력 앞에서 보다 강렬하고 내면적인 음성으로 반복한 것일 뿐이다.

적어도 김기림의 「시의 장래」는 '단 하나의 희망과 단 하나의 보증'을 위해 쓰여진다. 간절함의 비평적 행위가 곧 「시의 장래」이며, 따라서 이 글은 온전히 문자 텍스트 그 자체만으로 존재하기 어렵게 되었다. 신문 폐간이라는 역사적 사실을 목도한 지식인이자 시인으로서의 견자(voy-ant)적 목소리가 활자의 표면을 뚫고 나오고 있다.

> 현실의 사태가 각각으로 터트리는 벽력은 모든 지상의 주민의 정신에 수없는 균열을 남겼다. 그것은 조만간 메워져야 할 洞穴들이다. 이러한 정신의 形骸를 수습해서 그것에 균형을 주고 내일과 오늘 사이에 논리를 구성하여 거기서 생존의 이유와 보람을 찾아서 보여줄 수 있는 것만이 오늘 와서는 생존의 신념일 수 있다. —중략— 외부에서 시대가 시인에게 바라는 것은 시인을 통하여 역사를 예감하려는 일이다. 시인은 다시 연연하게 요망되고 있다. 그는 마치 중세가 바로 끝나려하고 또 근세가 시동할 즈음에 흥분에 쌓여서 등장한 것처럼 또 다시 근대의 종점, 새로운 세계의 未明 속에 서지나 않을까.[26]

'현실의 벽력'이 주는 충격 앞에서 오직 시인들만이 역사의 책무를 수행할 수 있다. 불의 칼을 지닌 시인들만이 '역사를 예감할 수 있'기 때문이다. 김기림은 그것의 예증을 중세의 몰락기와 근세의 여명기 그 사이에서 찾았다. 새로운 세계의 '未明'은 한 세계가 끝나가는 '정점'으로부터 솟아오른다. 현대의 시인은 소박한 정서에 의지할 수도, 기교의 세공에 의한 말초신경에 의지할 수도 없다. 현대의 시인은 운명적으로 '내일'을 발견해야 할 운명에 처한 비극적 존재라는 점에서 '최후의 인간'이자 '최초의 인간'이다. '황혼'의 언어는 그래서 '여명'의 언어이다. 역사가 종언하

---

26 김기림, 「시의 장래」, 〈조선일보〉, 1940.8.10. 인용은 『김기림 전집 2』, 심설당, 1988, 339-340면.

는 시점에 시는 최후의 양식론으로 인간에, 역사에, 그리고 현실에 저항한다. 양식론은 그래서 사회학이 된다.

仙倉洞天踏破記

무자리와꽃

李庸岳

廣告와宣傳

〈동아일보 폐간호(1940. 8.11)〉

〈동아일보〉 폐간호에서 가장 눈에 띄는 것은 이용악의 시 「무자리와 꽃」이다. 「해가 솟으면」의 '꽃씨가 터져나오는 밤'의 수사가 이 시에 그대로 잠재돼 있다.

> 가슴은 뫼풀 욱어진 벌판을 묻고
> 가슴은 어느 초라한 자리에 묻힐지라도
> 맛날것을
> 아득한 다음날 새로히 만나야할거슬

마음 그늘진 두던에 엎디어
함께 살아온 너
어디루 가니

불타는 꿈으로하야 자랑이던
이 길을 네게 나노자
흐린 생각을 밟고 너만 어디루 가니

눈을 감으면 너를 따라
자욱자욱 꽃을 드딘다
휘휘로운 마음에 꽃잎이 흩날린다.
(이용악, 「무자리와 꽃」, 동아일보,1940.8.11.)

흥미롭게도 이용악은 민간신문 폐간을 전후로 〈조선일보〉에 「당신의 소년은」(1940.8.5)에 이어 〈동아일보〉(1940.8.11)에 이 「무사리와 꽃」을 실었다. 함께 살아온 '너'가 어딘가로 떠나가고 '아득한 다음날 다시 만날 것'을 약속하기에 나는 꿈 속에서 혹은 몽상 속에서 너의 흔적을 따라 길을 나선다는, 다소 진술조와 사변조의 문체를 거느린 시다. '사변'이 필요하다는 것은 경계(警戒)의 말이 필요하다는 의미를 띤다. 할 말이 가슴에 차고 넘치는 까닭에 말은 저 스스로 길어지면서 진술조가 되고 경구화한다.

'너'가 떠난 길은 '불붙는 꿈으로 하여 자랑이던' 길이니, '너'가 떠난 뒤 너를 좇아 홀로 이 길을 가는 나에게 '꽃잎'이 축제의 팡파르처럼 흩날리고 있다. 자욱자욱 꽃을 딛는 나의 마음이 꽃잎처럼 휘휘롭다고 시인은 썼다. 「당신의 소년은」에서 보여주었던 것과 유사한 초월과 달관의 면모가 없지 않은데, '결별'과 '부재'의 상황에서도 축제적이면서도 황홀한 아우라가 짙게 풍긴다. '다음날 새로이 맞날 것'을 예징(例徵)하고 있기에 '결별'의 꽃잎이 허무하거나 무상하게 흩어지지는 않는다.

「오랑캐꽃」에서도 그러하듯, '너'도 '나도' 정착하지 못하고 언제나 떠나야 하는 운명을 지닌 것('무자리'의 존재)은 마찬가지인데, '초라한 자리에 묻힐지라도' '불타는 꿈'을 지니고 있기에 그들의 길에 휘황한 '꽃잎'이 놓여지는 것이다. '가슴속 불'은 곧 '어둠 속 꽃씨(종자)'이며, 그것이 불타올라 '꽃'이 되어 그 떠나는 길에 난만하게 뿌려지고 있다. '비늘'(「비늘하나」, 매일신보, 1941.7.30)-'꽃씨, 종자'(「해가 솟으면」, 인문평론, 1941.11)-'불'(「불」, 매일신보, 1942.4.5)의 이 아름답고 황홀한 이미지의 변용은 이용악만의 것인데[27], 「무자리와 꽃」이 〈동아일보〉 폐간호에 실렸다는 실증적 사실 자체가 일제말기 이용악의 시를 해석하는 하나의 규준이 된다 하겠다.

우리는 문득 여기서 윤동주와 임화의 목소리를 듣는다.

> 창(窓) 밖에 밤비가 속살거려
> 육첩방(六疊房)은 남의 나라,
> 시인(詩人)이란 슬픈 천명(天命)인 줄 알면서도
> 한 줄 시(詩)를 적어 볼까,
>
> 땀내와 사랑내 포근히 품긴
> 보내주신 학비(學費) 봉투(封套)를 받아
> 대학(大學) 노―트를 끼고
> 늙은 교수(敎授)의 강의(講義) 들으러 간다.

27 '3부 시인론'에서 논의될 것이다.

생각해 보면 어린때 동무를
하나, 둘, 죄다 잃어 버리고
나는 무얼 바라
나는 다만, 홀로 침전(沈澱)하는 것일까?
인생(人生)은 살기 어렵다는데
시(詩)가 이렇게 쉽게 씌어지는 것은
부끄러운 일이다.

육첩방(六疊房)은 남의 나라
창(窓)밖에 밤비가 속살거리는데,
등불을 밝혀 어둠을 조금 내몰고,
시대(時代)처럼 올 아침을 기다리는 최후(最後)의 나,

나는 나에게 적은 손을 내밀어
눈물과 위안(慰安)으로 잡는 최초(最初)의 악수(握手).
(윤동주, 「쉽게 씌여진 시」)

시대의 어둠을 뚫고 울려나오는 시의 계시적 임무를 윤동주는 예민하게 감지한다. 어둠의 빛을 알아차리는 데에는 기독교인이었던 그의 종교적 경건함이 한몫했을 것이다. 그는 어둠 속에서 아침을 읽고, 몰락 속에서 위안을 본다. 그러하기에 소멸하는 인간으로서의 최후의 '나'는 역사의 아침과 위안의 악수를 하는 '최초의 나'이다. 그는 죽음의 문을 마지막으로 닫는 자이자 역사의 처음으로 영겁회귀하는 최초의 '나'이다. 마치 신들이 몰락하고 '브륀힐데의 희생'으로 인간이 구원받는 그런 신들의 '황혼기'의 존재자처럼 윤동주는 시대 앞에 자신을 내던지고 있다. '이렇게 쉽게 시가 씌어져도 괜찮은 것일까?' 라는 부끄러움은 시인의 것이

아니라 시대의 것이며 그러니 그것은 얼마나 깊고 광활한 고통을 내재한 것인가. '최후의 나로서 시대의 아침을 몰고오는 최초의 나'를 발견한 그의 영혼의 섬세한 움직임은 또 얼마나 경이로운 것인가. 몰락의 징후를 읽고 또 그 몰락의 세계를 구원하는 것은 견자의 시선, 시인의 언어가 아닐 수 없다.

'어둠'과 '아침'의 경계선, 곧 황혼의 시간을 시인은 산다. 윤동주의 목소리에 비극적인 장엄함이 묻어있는 것은 유보되는 현재와 선취되는 미래의 시간의 동시성에 기인한다. '눈물'은 내일의 '시대'와 악수함으로써 그 비극성을 뛰어넘는다. 시대처럼 오는 내일은 '남의 나라'의 어둠을 뚫고 온다. 시인의 비극적 숙명은 몰락하는 현실의 어둠 속에서 서서히 떠오른다. 이것이 시의 약속이며 시인의 소명이다.

임화의 「昏光의 아들」에서 윤동주의 황혼의 목소리를 다시 듣게 되는데 시인의 날선 청춘의 언어가 '상징'의 문틈으로 진입하는 풍경이 이채롭다. 청춘을 말하기 위해 젊은 시인은 '황혼'의 언어를 빌어본다. 말미에 '薄暮의 시'라 붙여둔 것은 사족(蛇足)이자 이 시의 핵심이 아니겠는가. 날것이되 힘을 잃지 않은 그런 살아있는 말의 힘이 '황혼'의 청춘에 묻어있다.

> 시뻘겋구나—
> 眞紅! 大空의 燃燒
> 이것은 어둠에다 한 팔을 얹은
> 불타는 태양이
> 장래할 아침의 약속이 남긴
> 생명의 낙인이리라
> (임화, 「혼광의 아들」 부분)

'황혼'은 몰락기의 언어이기보다는 청춘의 언어이니 모순과 역설을 견디는 에너지가 '황혼'이라는 말에 숨어 있다. 젊은 시인은 이 불타는 태양을 가슴에 안고 장래할 아침을 기다리는 자이니, 윤동주가 읊은 최후의 아침을 기다리는 자와 다른 류의 인간일 수 없다. 인간 임화와 윤동주는 다른 류의 종족일 수 있으나 시인인 그들 사이에 '차이' 혹은 '간극'은 없다. 단지, 윤동주가 미래의 시간을 자신의 심혼 가운데서 찾고 있다면, 임화는 그것을 자신의 외부로 외화하고 있다는 점이 '차이'라면 '차이'일 것이다. 윤동주의 목소리는 '내부'에서 나와 또 한편으로는 '내부'로 향하지만, 임화의 목소리는 자신의 '내부'에서 터져나와 '외부'를 향해 웅변하고 있다. 시인 임화의 가슴에 장전된 채 폭발하는 시적 감수성, 곧 '불타는 태양'이 산문으로 말해야 할 '말'을 막아서고 있다.

'한 시대를 사는 사람의 역사적 자각과 통찰과 예감에 의하여 붙잡은 생존의 신념'으로 시인은 '내일'을 발견해야 했다. 김기림은 '내부'와 '외부'를 갈라서, 시인의 '내부'에서는 지성과 정의, 정신과 육체의 균형과 조화가 필요하며, '외부'에서는 역사를 예감해야 한다고 썼다. 이 '역사의 예감'이라는 징후 한가운데 '황혼'의 메시지가 날아든다.

김기림은 역사의 전기를 마련할 주체를 '민족'으로 설정한다. 일련의 어두운 노래, 절망의 노래, 암흑의 노래가 '집단의 체험'으로 심화되지 못하는 한 '격정의 센티멘탈리즘'에 그치고 말 것이라 진단한다. 그가 제시한 것은 ' 복잡기괴한 운무를 뚫고 나아가는 시'의 소명이다. 「시의 장래」 마지막 단락은 이렇게 끝난다.

> 시는 어쨌든 적으나마 끊임없는 閃光이라야 하겠고 그러함으로써 새로운 시대의 전령일 수 있고 또한 다시 집단의 소유로 돌아갈 것이

다.[28]

정신의 각성을 지속시키는 반역의 횃불처럼 시는 끊임없는 섬광으로 존재해야 한다는 것, 그것이 시대의 전령으로서의 시의 소명이라는 것, 이것이 조선일보 학예부 기자로서 폐간을 앞에 두고 있던 김기림이 마지막으로 남긴 말이었다.

시인과 꿈

시인의 임무와 시의 장래에 관한 글들은 마치 묵시록적 예언서와 같은 울림을 남긴다. 그들은 '씀으로써 말하'고자 했던 것이다. 문자는 죽어있지만 말의 음성은 후대에까지 그 울림을 생생하게 전한다.[29] 그것만으로도 그들은 '오늘을 사는 시인들'의 소명을 다하고자 했다. 그것은 시인의 운명과 시의 양식론을 설명하는 지침서라 할 것이다. 1940년을 전후로 남긴 이른바 '어두운 시, 암흑의 시'의 해석학적 지평을 우리는 이들의 글에서 구할 수 있을 것이다.

시간을 좀 더 뒤로 돌려 묵은 신문지면을 들여다 본다.

---

28 김기림, 「시의 장래」.

29 하인츠 슐라프, 『니체의 문체』, 변학수 역, 책세상, 2013, 39면.

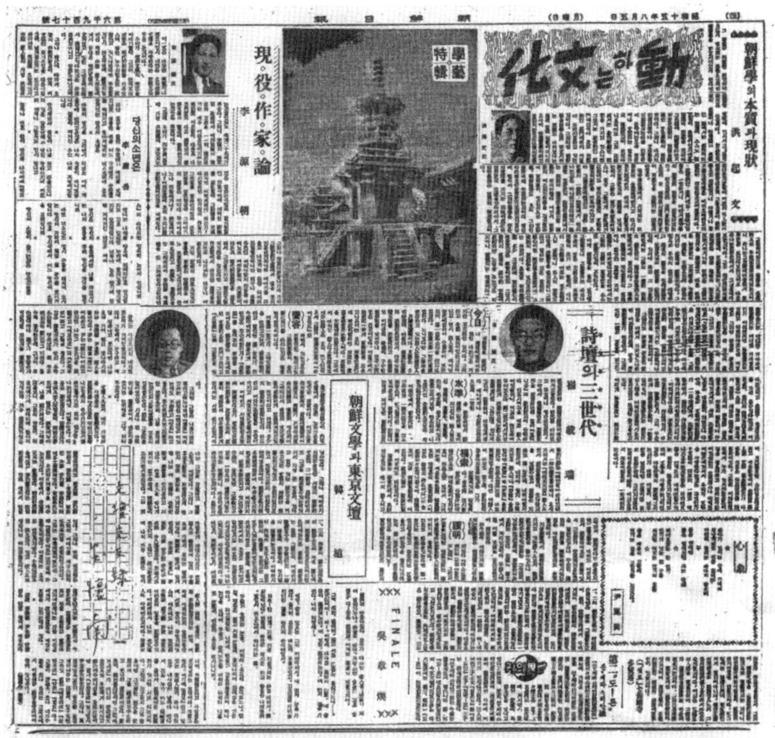

動하는文化

學藝特輯

朝鮮學의本質과現狀 洪起文

現役作家論 李源朝

詩壇의三世代 崔載瑞

朝鮮文學과東京文壇 韓植

FINALE 吳章煥

〈조선일보 1940년 8월 5일자 지면〉

김기림의 예견이 있기 5일 전 이미 현 문단의 상황을 점검하고 '내일'을 예언하는 문인들의 진단서가 신문 학예면을 장식하고 있었다. '動하는 文化' 제하의 학예특집으로 실린 글은 다음과 같다.

홍기문, 「조선학의 본질과 현상」
최재서, 「시단의 3세대」
한식, 「조선문학과 동경문단」
이원조, 「현역작가론」

오장환, 「FINALE」
이용악, 「당신의 소년은]
윤곤강, 「心象」
안회남, 「문단교우록」

당시 눈부시게 신진시단을 개척하고 있던 오장환, 이용악, 윤곤강이 시 지면을 점거하고 있다는 것이 흥미롭다. 임화도 이들 시인들을 줄곧 주목했던 것을 기억해야 할 것이다. 이들 시인이 발견한 것은 무엇인가? 이를 확인하기 위해 당시 신진시인들의 음성이 살아있는 시를 뒤적여본다. 윤곤강, 오장환, 이용악의 글들을 보고자 하는데, 그것들은 문자이자 말이다. 계시적 음성언어이다.

먼저, 이용악의 「당신의 소년은」을 읽어보자.

> 하얀 포장을 들린 두말배기 마차를 보내고 난 듯 설룽한 마음 어느 구석엔가 숱한 별들 떨어지고 쏟아져내리는 빗소리에 포옥 잠겨 있는 당신의 소년은
>
> 아득히 당신을 그리면서 미로운 이여 개울창에 버리고 온 것은 나의 슬픔이 아니였습니다. 갈가리 찢어진 우산 나의 자랑이었습니다
>
> 당신께로의 불길이 나를 싸고 타올라도 나의 길은 캄캄한 채로 닫힌 쌍바라지에 이르러 언제나 그림자도 없이 끝나고
> 얼마나 많은 밤이 당신과 나 사이에 테로스의 바다처럼 엄숙히 놓여져 있습니까
> 빗나는 나래를 땅우에 쉬이지안흔 당신일지도 고흔 맘씨만 누리에 흐터노흔 당신일지도 모르겠습니다 너무나 노픈 향기에 함빡 저저게신 미로운

이여

당신은 당신의 슬픔에서만 나를 찾았고 나는 나의 슬픔을 통해 당신을 만났을 뿐입니까

아모 뉘우침도 업시 수풀을 헤치며 오시는 당신의 자락이 훠얼 훨 눈아플 흐리게 합니다 만은 당신 속에서 어느 당신이 소년을 부르십니까

당신의 소년이 즐기는 것은 당신의 슬픔
(이용악, 「당신의 소년은」, 조선일보, 1940.8.5)

이용악은 '당신의 소년'을 부른다. 마치 오장환이 미래의 청춘을 위한 '만가'를 부르노라 외쳤듯이 말이다. 그 소년은 '당신 속'에 있다. 이 구절은 흥미롭다. '아모 뉘우침도 업시 수풀을 헤치며 오시는 당신의 자락'에서 어떤 초월과 달관의 면모가 느껴진다. 이용악의 일제말기 시에 초월과 달관의 '초인적인 서정'의 정신이 깊숙하게 살아있다. 어떤 윤리가 요구되는 시대에 아무리 자유로운 영혼을 가진 '라파엘적 인간'이라도 그들은 스스로 일어서기보다는 그들의 초월적인 하늘에 기댄다.

윤곤강은 무엇을 보았는가?

바다가 보이는 창에 기대어
성냥개비로 휘를 휘비면
아련히 들리는 바다의 숨소리

불을 켜대면
붉은 열매처럼 타는 담배

피어오르는 흰 연기
연기가 낫는 흰 구름
새처럼 떠도는 연기의 흘음

슬픈 마음의 고랑에
연기는 검은 그림자를 노코간다
(윤곤강, 「心象」, 조선일보, 1940. 8. 5)

아련하고 몽환적인 '심상'을 그리던 시인의 마음에 검은 그림자가 떠돌지만 그는 쉽게 그 흔적을 지우지는 못할 것 같다. 바다의 숨소리는 아련하다. 밀려나간 파도는 윤곤강에게는 다시 밀려오지 못할 것이다. 숨소리조차 아련히 들린다는 투로 시인은 말하지 않는가. 파도를 불러오는 서정주의 '종소리'도, 김광균의 '공작새'도 윤곤강에게는 없는 것이다. 담배 연기와 함께 떠오르는 상념들이 흰 구름처럼, 새처럼 하늘로 떠올라간다. 연기가 차마 거두어가지 못하는 것은 마음의 고랑에 심어진 비애이다. 몽환적인 이미지조차 어둠에 잠겨있다. 다만 자신의 가슴 깊이 숨겨둔 불타는 칼을 들여다보는 시인의 깊은 시선은 짐작할 수 있다.

이 대목을 두고 폐간을 앞에 둔 상황에서 문자적 행위의 시대적 운명을 의미한 것이라 읽는다면 이는 지나친 '의도적 오류'로 생각되지만, 인간이 아닌 시의 음성으로, 인간의 현실이 아닌 시의 양식으로 읽으면 그것 또한 가능한 독법이 아닌가. 폐간되던 그날의 기록을 '만가'이자 미래의 청춘을 위한 것이었음을 선명하게 기록했던 오장환을 떠올리면 이해되는 대목인 것이다.

오장환의 시 「FINALE」를 다시 읽어본다. 폐간을 앞둔 시점인 8월 5일자 학예면에 실렸다는 것이 핵심인데, 오장환이 이 시를 '폐간호' 지면에

싣었다고 회고한 것[30]은 착오이다. '폐간'의 상황은 시인들의 시간을 정지시켰을 정도로 엄숙한 것이었다.

> 驚異는 아름다웠다. 모두가 다스한 숨결. 비둘기 되어 날아가누나. 하늘과 바다. 자랑스런 슬픔도 고운 슬픔도. 다 — 삭은 이정표. 이제는 무수한 비둘기 되어.
>
> 그대 섰는 발밑에. 넓고 설운 강물은 흘러가느니…… 사화산이여! 아. 이 땅에 다다른 윈 처음의 산맥. 내 슬픔이 임종하노라. 내 보람 임종하노라. 내 먼저 눈을 다 가린다. 나의 피앙세 –
> 영영. 숨을 모으는 그의 머리맡에서, 내 먼저 눈을 가린다. 즐거이 부르던 네 노래 부를 수 없고. 고운 얼굴 가리울 희디흰 장미 한 가지 손 앞에 업서.
>
> 자욱–한 안개. 지즐 지즐거리는 하늘 밑에서. 학처럼 떠난다. 외롬에 하잔히 적시운 희고 쓸쓸한 나래를 펴, 말없이 카오스에서 떠나가는 학.
>
> 두 줄기 흐르는 눈물. 어찌라, 옷깃에 숨여드느냐. 한척 뗏목은 넓고 서른 강물에 흘러나리어 위태로운 기슭마다. 차고 깨끗한 니마에 한 줄기 고운 피 흘리며 떠나는 님을 보내며 두 줄기 숨이는 눈물. 어찌라 어찌라 나 홀로 고향에 머물러 옷깃을 적시나니까.
> (「FINALE」, 조선일보, 1940.8.5)

'영영 숨을 모으는 그'는 임종을 눈앞에 두고 있다. 그는 더 이상 노래를 부를 수 없다. 더 이상 노래하지 못하는 '그'의 실존이 이 시의 핵심이다. 마지막 임종의 시간에 무수한 비둘기가 날아오른다. 이 장렬한 소멸

---

30 오장환, 「『나사는 곳』의 시절」, 『오장환 전집』, 622-623면.

의 광휘를 어떻게 이해할 수 있을 것인가? 시원의 땅에서 처음 물길을 튼 역사의 강물 앞에 슬픔과 보람마저 임종하고 끝내 눈마저 가려버려야 하는 폐착의 내면을 우리는 읽는다. 희디 흰 장미 한 송이, 희고 쓸쓸한 날개를 단 학이 이 카오스적인 시대의 운명을 건져낼 수 있을 것인가? 이 시는 그러한 불안의 현실과 불확실한 운명을 그리고 있다. '고운 피 흘리는 님', '떠나는 님' 같은 데서 김기림이 발견한 민족적 체험의 단서를 짚어낼 수 있을지도 모른다. 무엇보다 완전한 문장체 종결어미가 아닌 미완성의 문장체, '되어.', '피앙세—.', '업서.', '학.', '나니까.' 등의 시행 종결법은 마지막의 단말마적인 비명이 더 이상 외부로 흩어져나가는 수선스러움을 차단하는 듯하다. '폐간호에 실었다'는 그의 착오를 상기한다면, 이 시가 갖는 '최후적인 울림'은 충분히 감지된다.

절제와 건조가 이 긴장력있는 마지막 말을 위해 준비되었다. '위태로운 기슭'에서도 마치 순교자의 그것처럼 이마는 차고 깨끗하고 눈부시다. 마지막 되돌아오는 물결처럼, 축제의 행진을 되돌리는 종소리처럼, 떠나간 학은 되돌아올 것인가. 시인은 여전히 홀로 고향에 머물러 옷깃을 적시는 지속적인 슬픔의 한가운데 내던져져 있다. 유토파아적 미래의 현시가 불가능하다는 인식에서 오는 슬픔 탓인지, 시대의 고랑에 내던져진 시인들은 혼돈과 비애로 가득찬 질문을 스스로에게 던지면서 '시의 장래'로 가는 길의 방향을 물었던 것이다.

'울음'이라는 주체, 생명의 원리로서의 '밤'

이 무렵 쏟아진 '시(시단, 시인)의 장래'를 둘러싼 질문과 이에 대한 시인들의 다양한 진단은 그들의 시인으로서의 정체성에 대한 성찰을 견인하고 있다. 현실을 바라보는 시인들의 시선에서 임화는 '울음'을 읽었다.

울음이나 비탄은 전형기의 '명랑한 공기'의 반대편에 있다. 국책과 문인정신과 신체제 건설의 '명랑성'을 강조하는 논리의 대척점에서 시인의 울음과 비애와 환멸이 부상한다. '암흑(어둠)'은 결코 명랑하지 않다. '당국이 요청하는 문학의 건설적 기분'에 부합하지 않은 '불미스런 것'[31]이 이것이다. 따라서 이 '울음'은 억압이나 비탄의 수동적 서정성의 표상이 아니며 단순히 개인적인 '회감'의 그것도 아니다. 개인을 넘어선 시대와 공동체의 목소리이자 집단 전체가 공유하는 정신이 된다는 점에서 '울음'은 '새로운 서정정신'의 표상이다. 시인은 시대의 자동기계가 아니다.[32] 수사적으로, 시를 쓴 것은 '시인'이 아니라 '울음'이라는 '언어'라고 말할 수 있다. 시의 주체는 시인이 아니라 언어라는 뜻이다. '상상된 민족'이 '언어'라면, 시인의 울음은 전체 공동체의 '묵시록적 침묵' 가운데 공감되고 공유된다.

여기서 우리는 두 가지 질문을 던진다. 하나는, 시인이란 무엇인가, 독창적인 미학의 실현자로서의 '저자'는 존재할 수 있는가라는 질문. 다른 하나는 이 울음의 미학적 이념, 곧 숭고미의 이데올로기란 무엇인가, 숭고의 가치란 무엇인가라는 질문.

이것이 일제말기와 무슨 상관인가? '시인의 사라짐' 그러니까 저자-주체의 소멸은 일종의 아포리즘인데, 이는 저자가 존재하지 않는다는 것이 아니라 '개별 시인-주체'의 존재론적 조건에 대한 질문과 연계되어 있다.

---

31 「문학정신대」, 「작품의 명랑화」, 〈인문평론, 1941.1; 「문학에 生氣動하다」, 〈인문평론〉, 1941.2; 「문화부에 望함」, 〈인문평론〉, 1941.3.

32 이는 문인이 '자동적이고 의식적이 아니어서는 안된다'에서 차용했다. '문화국민은 스스로 일어나서 제한, 통일, 유도 같은 통제의 국가정책에 적합하도록 자기자신의 조직을 변경하고 지도원리를 창건한다.' 「권두언-전환의 자주성과 자각성」, 〈인문평론〉, 1941.3.

그것은 시인은 어떻게 떠오르고 사라지는가라는, 담론의 전체 질서 속에서의 시인의 조건과 양태에 대한 질문이다.[33] 푸코의 용어로는 '담론성의 설립자'로서의 저자, 양식의 최종 책임자로서의 시인의 가능성에 대한 질문인 것이다. 베케트의 말을 인용해 푸코는 "누가 말하건 무슨 상관인가?, 누가 말하건 무슨 상관인가?"라고 되내어 읊는다.[34] '저자는 사라지고 있다'는 푸코의 유명한 '주체 담론'의 유행어를 이 저서가 다시 반복할 생각은 없고, 대신 개별자로서의 시인 개인, 당파성, 경향성 혹은 유파의 한 주체로서의 시인을 대체하는 개념으로 이 개념을 이해하기로 한다. 개별자로서 존재하면서 동시에 또 그것을 지우고 일반자로서 존재하는 시인을 말하고자 하는 것이다. 작품의 모든 원천이자 독창적 글쓰기의 주체인 저자의 소멸은 동시에 '저자-기능'의 실행을 현실화한다고 푸코는 말한 바 있다.

집단(공동체)을 대신해 시인들은 '최후의 말'을 했던 것뿐이다. 이른바 일제말기 시의 특징으로 간주되는 '내성(내면성)'이란 무엇인가? 임화는 이 '내성'이 현저히 개인적인 성질을 뭍한 것이고 개인적 자기반성 일반으로 비탄한 것이라 요약한다.[35] 임화는 '자기라는 한계를 벗어나지 못하고 따라서 예술적 시야라는 것이 한껏 좁아진 것'이라 해석한다. '내성'이란 시인의 고도의 개성적이고 주관적인 언어를 독창적으로 표현했다는 뜻도, 그것이 내면화되었다는 뜻도 아니다. 그것을 넘어선 이해가 필요하다. 시인들은 자기 자신의 것이 아닌 것들은 더 이상 감당할 능력이 없

---

33 조르주 아감벤, 『세속화 예찬』, 김상운 옮김, 난장, 2010, 89-95면.

34 미셸 푸코, 『미셸푸코의 문학비평』, 장진영 옮김, 문학과지성사, 1989. 이 구절은 Samuel Beckett, "Texts for Nothing," *The Complete Short Prose, 1929-1989*, (ed.)S.E.Gontarski, New York:Grove Press, 1995를 참조.

35 임화, 「진보적 시가의 작금」, 〈풍림〉, 1937.1.

다는 점을 요약한 것[36]이다. 임화는 '내성으로 노래의 중심을 돌리게 한' 요인에 대해 다음과 같이 암시적으로 밝혀놓았다.

> 암흑한 제야에 위대한 도정에서 넘어지는 비극에 찬 웅대한 낭만적 비가, 또 모든 곤란 가운데서 오히려 굳건히 전진하는 히로이즘, 그리고 그 가운데서 느끼는 높은 감정, 그것이 우리의 감정시의 최대의 내용이다. 부자유한 입을 가지고 오히려 종횡의 기지, 은유를 가지고 명확히 소쇄될 대상을 풍자하는 것도 우리의 시가만 가질 수 있는 물건이다.[37]

세계의 운명은 더 이상 개체에 달려있지 않다. 시인들은 개별적인 언어로 이 황혼기를 감당할 수 없다. 왜인가? '이윽고 밤이 되기 때문'이다. 임화는 '암흑한 제야에 위대한 도정'이라 언급했다. '비극에 찬 웅대한 낭만적 비가, 굳건히 전진하는 히로이즘' 가운데 느끼는 높은 감정, 그것을 '숭고'라 부를 수 있다. 부자유한 입으로 기지와 은유를 말하는 것이 시의 고유성이다. '시 동인지 하나 나오지 못하고 시의 발표기관이 제한된 현실'[38]에서 '오늘'이라는 이 시기를 어떻게 시인들은 타고 넘을 것인가. 시인들이 부르는 노래가 '우리의 감정시의 최대의 내용'인 것이 오히려 이 '암흑한 제야'의 노래에 꼭 합치된다. 생명의 근본 원리로부터 떨어져 나온 개체로서의 자아는 밤의 어둠을 통해 다시 생명의 원리로 회귀한다. 그것이 생명의 원리이자 힘의 원리이며 진리의 법칙이다. 부러진 노래,

36 아도르노, 『말러, 음악적 인상학』, 이정하 옮김, 책세상, 2004, 314-315면.

37 임화, 위의 글, 742면.

38 윤곤강, 「詩壇時評-시정신의 低徊」, 〈인문평론〉, 1941.2.

깨어진 개체성, 부자유한 입은 '진리'의 필적이다.[39] 시인들은 '우리'를 대신해 집단의 울음을 울었다. '부자유한 입을 가지고' 시인들은 '우리'를 대신해 말했던 것이다. '패배자의 발라드(서정시)'는 이윽고 밤이 된다는 것을 의미하며, 암흑 가운데서 자유로움이, 진리가 드러날 것이라는 점을 시인들은 요약해서 말했다.

따라서 카프 서기장을 지낸 임화, '현해탄의 시인'으로서의 임화, 경향시 이론가로서의 임화, 카프 주동인물로서의 임화를 넘어 임화는 존재한다. 모더니즘 이론가로서의 김기림, '오전의 시론'의 저자로서의 김기림, '기교주의 논쟁'에서 임화의 맞수로서의 김기림, 모더니즘 비평가로서의 김기림을 김기림 스스로 넘어선다. 이 두 인물을 꼭지점에 두고 유파의 대결을 펼치고 세계관의 선명성을 판별하는 그런 이항대립적 문단 조직론의 구도를 시인들은 넘어간다.

1930년대 중반기 넘어 조선문단의 미래에 대한 낙관론, 비관론이 성성한 가운데 특히 조선말과 글의 운명이 미래를 결정짓는 것으로 인식된다. 문인들의 생계를 직접 좌우하는 원고료 문제나 문학의 질과 연관된 문학의 상품화의 문제 등은 사소한 것으로 치부될 만큼 그것은 폭발성을 갖고 있었다.[40] 육당, 춘원 외에 요한, 안서, 파인, 노작, 서해, 팔봉, 민초 등 좌우 문단의 구분없이 이들 인물들의 문학사적 공적이 새삼 언급된 이유는 조선어(말)의 운명에 문단의 미래가 걸려있었기 때문이다. 문단의 침체가 시의 침체라면 그것은 '특수정치의 헤게모니로 인한 언론 부자유의 상황에서' 점차 시를 발표할 기관이 없어지는 현상과 무관하지 않고, 시인은 시적 인간으로서 산문시대를 증언하는 역설적 운명을 헤쳐나

39 아도르노, 『말러, 음악적 인상학』, 314-315면.
40 「평양문인좌담회」, 〈백광〉, 1937.1.

가지 않으면 안 된다. 시인의 이 고달픈 운명을 정서적인 문제라 칭한다면 '비극적 세계관'이란 그것의 형이상학적, 역사철학적 질문이다. 다시 말하거니와 이 저서는 '시'를 논할 것이다. '시의 황혼'을 말할 것이다. '황혼기'의 '말의 운명'을 들여다볼 것이다. '시인'을 들여다볼 것이며 그들 '인간 전체'를 들여다볼 것이다.

일제말기, 그러니까 '시대 상황'이 악화되면서 '유파, 경향, 조직'의 이 이항대립적 시사 구도는 거의 퇴색된다. 이를 증명하는 물증들이 있다면 그것은 신세대 시인들이다. 그들의 시다. 그들의 시를 바라보는 임화의 시선이다. 임화의 말을 경청하는 김기림의 시선이다. 그들의 시선에 공통적으로 내재한 것이 있다면 그것이 바로 '울음'이다. 시인은 울고 비평가들은 그 울음에서 자신의 동일자적 자아를 발견하고 있었다.

'임화와 김광균의 대담'은 이 논의에 일정한 규준점을 제시한다.[41] 그들은 1940년 조선 시단에서 '고유한 책'의 저자(주체) 곧 시인이라는 존재는 살아있는가라는 질문을 던진다. 시인의 고유한 존재론의 상실을 김광균은 알레고리한다. 임화는 시인들이 '십자로 위에 서 있다'고 수사적으로 말한다. 임화의 진단은 임화만의 것이 아니라 김기림의 것이며 김광균의 것이기도 했다. 그들은 시대와 현실 앞에서 이들 신세대 시인들의 시를 앞에 두고 공감의 대화를 나눈다. 거기엔 '카프파-모더니즘파-전통파', '경향파-기교파-중간파', '형식-내용' 등의 구분이나 경계는 무화된다. 심지어 '구세대-신세대'의 구분법도 무용한 지경이 된다. '울음'과 '황혼'의 언어를 마주하면서 그들은 시대를 함께 읽고 서로 공감하고 동시에 소통한다. 이 소통과 공감의 언어를 '공동체의 언어'라고 번역했던 그

41 김광균, 임화, 「시단의 현상과 희망—경향파와 모더니즘」, 〈조선일보〉, 1940. 1.13-1.17.

들의 미시적 시선을 기억해야 할 것이다. "혼령있는 하눌이여. 피가 잘 도라…//아무病도 없으면, 가시내야, 슬픈일좀 슬픈일좀, 있어야겠다" (「봄」, 〈인문평론〉, 1939.11)라고 말할 때, 병이 없어도, 아니 없으니, 시인은 울어야 한다. 시인의 일, 곧 '슬픔'은 하늘의 것이니 개인의 주관과 추상성을 넘어선다. 울음이 필요한 시대의 '슬픔'은 '급변하고 있는 사회적 압력'[42]에 대응하는 시인의 일의 최대한의 가능성임을 시인들은 알았다.

따라서 '누가 우는가?' 사실 이 질문은 가능하지 않다. '울고 있다'는 사실 그 자체가 중요하다. 그러니까 누가 울건 무슨 상관이란 말인가? 이 단호한 질문은 개인의 자리를 대체한 양식의 설립자로서의 시인을 말하고자 한 것이다. 시인의 자리를 대체한 '울음'만이 일제말기의 시의 운명을, 그 시가 개척할 미래를 선지적으로 알려줄 수 있었다.

시인, 번역자, 계시자, 조력자

살과 뼈를 가진 완전한 개인으로서의 주체, 그것은 바로 한 개인이 사라진 자리에 '울음'이 들어 선 형국이다. 그러니까 '울음'이라는 담론 한가운데 시인이, 시단이 존재했던 것이다. '1940년의 울음'이라는 담론의 질서를 구축하는 조건과 기능이 무엇인가를 묻는 물음으로 이 저서는 되돌아간다. 그곳에서 김광균과 임화, 김기림과 임화의 전도된 시사적 자리를 발견하게 된다. 김기림이 변한 것도, 김광균이 중간파인 것도, 임화가 경향파인 것도 아닌 그 무엇의 자리, 이들을 '울음'과 '황혼'의 담론의 자리에 함께 세우는 것이 1940년의 '공간'[43]이라고 할 수 있겠다.

---

42 임화, 「진보적 시가의 작금」, 〈풍림〉, 1937.1

43 푸코의 개념이다. 시대적인 물리적인 개념보다는 저자-기능의 관점에서 담론을

시인이자 시이론가이며 또 비평가로서 문단의 한 시대를 살았던 김기림은 폐간을 앞두고 「시의 장래」를 썼고, 「무덤」, 「못」, 「전별」 등의 시에 묵시록적인 음성을 남겨 두었다. 그는 우리들은 '신을 갖지 못했다'고 썼다. 밀턴과 단테로 이어지는 계보, 그러니까 신의 계시를 인간의 언어로 번역해 내는 번역가로서의 임무를 당시 시인들은 부여받지 못했다는 것이다. 카톨리시즘이 약간 그 책무를 떠안은 듯했지만 우리의 시인들은 서구처럼 기독교(카톨릭)의 정신적 지반을 공유하지 못했다.[44] 시의 부재는 시인의 부재를 의미한다. 그럼에도 그들은 마치 신의 대리인인 듯 파국의 징조와 갱신의 예언 사이에서 흔들리면서 견자로서의 시인의 운명을 감당하고자 한다. 아감벤이 말했던 바로 그 '망각되었으나 기억해야만 하는 노래'를 그들은 '울음'으로 말했다. 주먹 한 줌도 되지 않는 시는 '시'를 초과한다. 시를 쓴 것은 시인이 아니라 '울음'이다. '울음'이 시적 주체로 서 있는 시대, 그러한 황혼기의 시인은 '울음'을 '언어'로 번역해 내는 일종의 언어 번역자 내지 계시의 일꾼들, 조력자들인 것이다.

> 곱사등이, 난쟁이, 뒤틀린 삶의 기생물은 어린아이와 같다. 그 뒤틀린 것들은 종말이 오면 그들에게 희망이 주어질 것이다. 불완전한 것, 뒤틀린 것들은 우리들이 신국에 있지 않다는 것의 보증이다. 책상 아래로 포노그라피를 건네준 동료나, 우리에게 자신의 맨몸(나체)를 보여준 친구는 조수들이다 그들은 우리의 충족되지 않은 욕망이며 스스로에게 고백하지 않은 욕망이다. 군림한다는 것은 모든 것을 다 성취한다는 뜻이 아니라 여전히 성취하지 못한 것이 남아있다는 뜻이다. 망각된 노래는 우리가 기억하고 의식하고 있는 한 줌의 그것을 크

구축하는 조건과 기능에 가까운 것이라 할 수 있다. 푸코, 앞의 책.

44 김기림, 「시의 장래」.

게 초과한다.[45]

역사의 파국에 대한 두려움과 내일의 갱신과 발견에 대한 기대 사이에 놓인 시인의 정신은 생존의 절박함을 방패삼아 내일의 역사와 통찰이라는 시인의 책무로 정향된다. 흔히 경향파와 모더니즘의 통합으로 '전체성'을, 정신과 육체가 통합된 인간형으로 '전체적 인간'을 김기림이 내세웠다 하고, 이를 형식주의적 통합이라 지적하지만, 이것은 편견에 가깝다. 김기림 스스로 이를 형이상학적 가설, 요소심리학적 개념으로 규정하고 있기 때문이다. 그는 근대의 종점에서 새로운 세계의 未明을 보고자 했던 것이다. 생활조차 던져버릴 수 있는 '생존의 신념'이라는 김기림의 고백에서 그 장엄한 역사적 책무를 공감하게 된다.

> 시인은 자신을 위해서, 세계를 위해서도 [내일]을 발견해야 했다. 그것은 다름아닌 한 시대를 사는 사람의 역사적 자각과 통찰과 예감에 의하여 붙잡은 생존의 신념이다. —중략— 현실의 사태가 각각으로 터뜨리는 벽력은 모든 지상의 주민의 정신에 수없는 균열을 남겼다. 그것은 조만간 메워야할 洞穴들이다.

붕괴되어 가는 세계의 긴박감과 공포 앞에서 '신의 조력자들'은 암흑기에 나타나 망각된 그러나 언젠가는 기억해야 할 노래를 부른다. 이 모든 지상에 발붙이고 사는 주민의 정신에 남긴 균열, 곧 '洞穴'을 메울 책임이 시인들에게 부여되어 있다. 일제말기 모국어(조선어) 글쓰기의 어떤 가능성들이 사라지는 시점에서 시인들은 기꺼이 이 사라져가는 세계, 기억

45 아감벤, 『세속화 예찬』, 49-52면.

되어야 할 절대성의 세계를 대리하는 '대리인'이 되었던 것이다. 그러기에 개별적 인간, 개인으로서의 시인(저자)는 종말을 고한다. 거기에 우뚝 솟아나는 것은 '집단의 참여'로 열리는 시의 운명이라는 테제였다. 시의 장래란 '민족의 체험에 의해 열어지는 것'이라고 김기림은 썼다. 그래서 개체적 인간으로서의 시인은 사라져도 좋았다. 김기림은 이를 완곡하게

> 시인의 고립은 끝나 좋을 때가 온 듯하다.[46]

라는 묵시록적 목소리를 남겼다. 그런데 어두운 노래, 황혼의 노래가 주를 이루는 시단의 딜레탕티즘에 대해서도 김기림은 경계를 늦추지 않았다. 암흑때문에 애완되는 딜레탄티즘이 집단의 체험으로 심화되지 못한다면 절망조차 연모되어 무감해져버릴 것이라 경계했다.

조선일보 폐간 이후 더 이상 자신이 재직하던 매체에 글을 쓸 수 없게 된 김기림은 〈신세계〉 지면을 빌어 다시 '집단'에 대해 말한다. '법'이 침범할 수 없는 '私密한 세계'를 그는 '양심'과 그리고 더 상위의 '꿈'에서 찾았다.

> 實生活에서 얻지못하는 것을 사람들은 할수없이 꿈으로써 補充한다. 그들은 거기 캄캄한 暗室 속에 혼자서만 檢閱되지 않은『스크린』을 즐긴다. 꿈이 크고 적을 때 이 患者를 大體, 우리는 어째야 될까? 『플라톤』이 그 共和國에서 詩人을 좇아낸 것은 이러한 患者를 斷種하기 위함이었을까?[47]

46 김기림, 「시의 장래」.
47 김기림, 「꿈과 시인」, 〈신세기〉, 1940. 11.

실생활에서 얻지 못하는 상황에 서 있는 사람들은 그것을 보충하기 위해 꿈을 꾼다. 어두운 암실에서 그가 꾼 꿈은 '검열되지 않은 스크린'에 자유롭게 펼쳐진다. 이 '낭만적인 꿈'의 풍경은 '김기림'이라는 인물의 상징적 마크처럼 알려진 '낭만주의 비판'의 선언들을 단번에 날려보낸다. '신의 국가'에 버금가는 압도적 힘으로 봉쇄당한 글(문학)판의 공간을 넘어, 꿈의 스크린에서 그는 '어두우나 아름다운 私密'을 가질 수 있었다. '남의 눈초리를 신경쓰지 않아도 되고 마음의 행복'을 누릴 수 있는 공간이 그는 개인뿐 아니라 집단 전체에 주어져야 한다고 선언한다. 이를 그는 만하임의 용어를 빌어 '꿈'이라 지칭하고 그 반대편에 '이데올로기'를 설정한다. 영국사람들이 가진 것은 '이데올로기'지만, 그들의 이웃 백성들이 그것을 취하게 되면 '유토피아'가 된다.

이제 꿈은 개인의 차원을 넘어 집단 전체를 향한다.

> 私密을 지키는 것은 마음과 꿈의 特權일 것이다. 그러나 文學에 향해서만은 사람들은 作者나 詩人의 꿈을 보여주기를 要求할權利가있다. 사람들은 제 時代의 文學속에서 그集團의 꿈을 意識하고 혹은 發見하는 까닭이다. 激烈한 歷史의 震動中일수록 사람들이 文學속에서 기대하는 것은 個人個人의 꿈이 아니고 實로 한 개의 共通한 運命을 걸머진 한 集團全體의 꿈인 것이다.[48]

문학자는, 더 좁혀서 말하면, 시인은 내밀한 사인으로서의 임무를 그치고 집단 전체가 꾸는 꿈을 보여줄 의무가 있다. 역시가 진동 중일 때 문학의 꿈은 개인의 소유가 아니라 '한 개의 공통한 운명을 걸머진 집단 전

---

48 片石村, 「꿈과 詩人」.

체'의 것이다. 이 점이 핵심이다. 이른바 '암흑기, 국민문학기, 신체제기, 전형기, 환멸기' 등의 문학사적 구분법으로는 이 시기의 시적 담론을 설명하기 어렵다. '조선어의 절멸'을 곧 '민족의 절멸'과 등치시키는 '언어민족주의' 관점 역시 마찬가지다. 시인들에게 '폐간'이란 단순히 물리적, 정치적 '폐옥(閉獄)'을 뜻하는 것만은 아니었다. 바로 말과 글의 사망, 시인의 실존적 죽음을 뜻하는 것이었다. 시인으로서의 '생존의 절박함'이란 역설적으로 시인이란 무엇인가, 시인으로서 무엇을 할 것인가, 시란 무엇인가라는 근본적인 질문에 수렴되는 것이며, 균열과 붕괴의 '동혈'을 메우는 정신의 문제로 귀결되는 것이었다. "뼈부러진 자들은 진리의 흔적이며, 그것이 가능한 것은 이제 곧 밤이기 때문"이다.[49] 이 밤의 노래는 섬세한 귀를 가진 , 고귀한 귀를 가진 자를 위한 것이다. "깊은 한밤은 무엇을 말하고 있는가"[50] 이 이야기는 어쩐지 종교적 경건성이 묻어난다. 진정한 사건들은 비둘기의 발걸음으로 다가오다 가장 결정적인 순간에 불쑥 나타나며, '주님의 날'은 밤에 도둑처럼 찾아올 것이다.(데살로니카 전서, 5장 2절)[51]

새로운 시대의 시를 예언하는 김기림의 시 비평은 이로써 한동안 종말을 고한다. 그가 이후 남긴 글은 〈공동묘지〉, 〈못〉 같은 예언자적인 계시를 담은 시 몇 편이다. 파국으로부터 기원하는 갱생의 종교적인 울림이 그의 일제말기 글에는 묻어있다. 김기림에게 시의 신국(神國)은 도래하지 않았다. 결국 그는 신의 계시를 번역하는 번역가는 될 수 없었다. 이후 그는 잘 알려진 대로 고향인 함북 경성에서 선생노릇을 하게 된다.

---

49 아도르노, 『말러, 음악적 인상학』, 315면.

50 니체, 『자라투스트라는 이렇게 말했다』, 363면.

51 알랭 바디우, 『사도 바울』, 214면.

일제말기 시인들의 예언자적 음성을 간과한 채 '시(단)의 암흑기'를 논의한다는 것은 문학의 존재론을 망각한 이후에야 가능할 것이다. 다소 오래된 방식이기는 하지만, '문단/유파/조직론' 중심의 연구는 해방 이후 일련의 문인들의 행위를 모더니즘의 리얼리즘적 사회성과의 종합 혹은 카프로부터의 전향으로 읽어낸다. 그것을 월북의 동기로 환원시키는 경우도 허다하다. 하지만, 인간 행위를 일목요연한 논리성, 기계적 환원주의로 이해할 수 있는 지점은 거의 없다.

일제말기까지 문인들은 내재적으로도 여전히 고립/투쟁 중이었던가? 아니면, 모더니즘에서 사회성을 결합해, 혹은 그 역도 마찬가지로, 서로 변증법적으로 지양 · 발전 중이었는가? 아니면 그 완강한 이항대립적 문단 구도가 여전히 지속되고 있었던가? 김기림은 함흥 고향에서 영어교사 노릇을, 정지용은 한라산에서 은둔을, 임화는 폐병 때문에 요양을, 김영랑은 고향 강진으로 낙향을 했고, 심지어 한설야까지도 고향에 돌아가서 다른 길을 모색하고 있었음이 최소한 확인된다. 그러니까 '문단의 이분법적 구도'는 적어도 카프 해산 이후로는 잊혀져야 할 권리가 있는 셈이다.

'모더니즘/카프'의 '이원적 구도'를 정치적으로 끌고 가고자 하는 것은 연구자들 자신의 명제가 아니겠는가? 이른바 '내면성'이라는 그 모호하고 추상적인 담론에 기대어 일제말기를 해석하고자 하는 시도도 거의 유사한 결론에 이를 것이다. 어찌되었던 일제말기 시인들은 '최후의 양식론'으로 '울음'의 시학이자 '황혼'의 시학으로 소통 · 공감 중이었다. 그들 가운데 김광균, 서정주, 오장환, 이용악, 윤곤강, 백석 같은 신진시인들이 있었다. 심지어 죽은 이상까지도 그들 곁에 있었다.

'견자로서의 시인(poète voyant)'의 책무와 시적 존엄에 대한 질문은 시의 '황혼기'에 비로소 떠올랐다. 소극적 · 피동적인 '사실 수리'의 관점이 아니라 '비극적 능동성'의 관점에서 이 시기 시적 담론을 이해할 필요가 있다. 시인들이 서 있던 자리 바로 거기에서, 그들의 생생한 목소리 그것 바로 그대로 말이다.

2부

황혼과 양식

가까워야 할 것이 늘 멀게 생각되고, 사실 먼 거리를 가지고 나가기 쉬운 것이 文筆人과 現實이라 하겠다.

—「권두에- 시국과 문필인」, 〈문장〉, 1939.2

1. '최후의 양식(Lateness)'으로서의 상징

(1) 황혼기에 시는 어떻게 오는가

'황혼'은 어떻게 '상징'과 만나는가

'침묵'이 최고의 언어적 가치라는 뜻은 시적 경험은 현실의 언어로 환원불가하다는 의미일 터이지만 그래도 그 경험을 표현할 수 있는 길은 말(언어)밖에 없다는 일종의 '언어적 가능성'에 대한 지고한 이상과 또 그것의 절대적 체념을 동시에 뜻한다. 이른바 말로써 말할 수 없는 모순! 존재하기 위해서는 표현할 수 밖에 없고 표현하기에는 무엇인가 결핍될 수 밖에 없는 언어에 대한 운명감이 시에 있다. 시는 그러니까 '침묵'에 맞서기 위한 절망스런 투쟁이다.[1] 시는 가장 짧고 단호하게 말하는 언어이니, 언어의 극단에 있거나 최후까지 존재하는 언어가 아닐 수 없다. 말하지

1 옥타비오 파스, 『활과 리라』, 146면.

않기 위해 말할 수 밖에 없는 이 절망적 · 극한적 상황을 빗대어 김춘수는 '나뭇가지 끝에서 아슬아슬하게 매달려 있는 것'이라 시를 정의한 바 있고 김광섭은 '13행 인생'이라 시의 임무를 요약한 바 있다.

'결여'와 '부재'로 시의 언어를 정의한 것은 동 · 서양 공히 오래된 관습이다. 시의 언어는 언어 기호가 표상하는 것 이상의 의미를 함축하고 있다는 점에서 그것은 근본적으로 비어있다. 시는 언어가 말하는(의미하는) 것 이상의 의미를 함축한다. 함축적일수록 그 비어있는 공간이 커진다는 점에서 시로 말한다는 것은 모순의 상황에 스스로 던져져 있음을 자백하는 것과 같다. 달아나는 것은 가까워오는 것이며 올라가기 위해 더 깊이 내려가야 한다. 역설과 모순의 언어를 '나무의 언어'라 할 때, 위로 상승하기 위해 '나무'는 그 뿌리를 더 깊이 아래로 내리꽂아야 한다. 인간이 고안해 낸 언어 가운데 시가 '나무'의 언어에 가장 가깝고, 시의 기술 중 최고의 것이 '상징'인 이유는 이 때문이다.

'상징'의 언어를 이해하는 것은 그만큼 말해지지 않은 의미의 범주를 적극적으로 탐색해야한다는 점에서 수고로운 작업이다. 역설과 모순의 언어로서의 시를 우주의 시 · 공간으로 환원해 본다. 솟아오르면서 동시에 뉘엿뉘엿 넘어가는 빛, 그것을 우리는 '황혼'이라 부르는데, 시의 언어는 근본적으로 이 황혼의 시간에 대응된다. '황혼'은 낮과 밤 사이에 존재한다. 빛이 사라지면서 밤은 더 깊고 명료해지며 밤은 어두울수록 깊어진다. 모순을 은닉할 수 있는 것은, 아니 모순을 모순 그대로 설명할 수 있는 것은 그래서 황혼 뿐[2]이며, '황혼'이 '퇴폐의 정신'으로 올라설 수 있는 것은 '인간 생활의 조화와 통일에 대한 깊은 표현'으로서[3] 말해질 때이

2 미셸 슈나이더, 『슈만, 내면의 풍경』, 김남주 옮김, 그 책, 2017, 21면.

3 임화, 「시단은 이동한다」, 〈매일신보〉, 1940.12.9-12.16.

다. 그러니 '퇴폐'는 '퇴폐'가 아니다.

그렇다면, 문득 '황혼의 시간'으로 역사를 꿰뚫어본 시대가 있다면 언제인가 생각해 본다. 일제말기 수주(樹州) 변영로는 '황혼'은 꿈이며, '꿈'은 "아츰에는 안개요, 낮에는 아즈랑이이며, 해 질 무렵에는 노을 구슬을 하는 것"[4]이라 말했다. 시적인 표현이다. 그는 현실을 말하는 것이 아니라 시를 말하고 있다. 시는 '꿈'과 '센티멘탈리즘'과 동의어이고 그 반대편에 '현실', '현재', '이데올로기' 그리고 '현대'가 있다. '진보', '변혁', '개척'을 강조하면서 '센티멘탈리즘'을 '무용(無用)의 장식시(粧飾視)' 하는 시대, 이 환한 '대낮의 시대'인 '현대'에 '꿈' 없는 삶은 '殺父殺子도 可也요, 無間地獄의 고초를 미리 닦는 것'과 같다고 그는 썼다. '꿈'없는 삶은 '心', '魂'을 함께 상실한 삶이며, '현실', '현대', '이념'을 강조할수록 '꿈'은 우리의 심혼으로부터 멀어진다는 것이다. '낮'에 대응된 '밤', '명랑성'에 대응된 '우울' · '고통'의 가치가 분명하게 드러난다. 수주의 이 말은 그가 근대문학의 초창시대 시를 맞이한 순간에 말했던 것과 똑같이 겹친다. 이른바 상징주의시대를 열었던 〈薔薇村〉(1921.3)의 권두언 류의 글에서 수주가 했던 말은 일제말기 들어 다시 '장미의 말'로 되돌아왔던 것이다.

> 物質界난有限하나精神界난無限하야, 언제인지난모르나, 이世界에난 大變化-안니最後의末日이오리라! 모든團結은朽繩과갓치끈어지고, 모든組織은砂丘와갓치무너지며, 모든道德, 流儀난煤煙과갓치스러지고말니라. 하나精神界의生命은久遠하다-精神界의住民은過去의追憶에살며, 現在의愛에살며, 未來의 預感에산다. 그러한過去, 現在, 未來를 통하야살수잇난生命이야말노, 우리가살녀하고, 쏘사라

4 樹州, 「귤쪽을 씹으며」, 〈문장〉, 1941.3.

> 야할 宿命生命이다.
>
> 그러면우리난, 적어도 精進한巡禮者의敬虔한心情과, 詩人의적도갓흔精神과, 哲人의電光갓흔理智로, 「沈黙의海」와 「孤獨의森林」을헤매이면서라고, 그精神界-卽詩의王國容智의圓-안니「薔薇村을차저나가지안니하면안될 것이다. 아兄弟들이여! 누이들이여! 예전에圓卓騎士가 Holy Grail(基督이마즈막으로마섯든聖杯)를차저가듯키, 이스라엘族屬이伽南의神地를차저가듯키, 우리난精神의世界오詩의王國인薔薇의 村을차저가자![5]

시인들에게 왜 '장미의 말'이 필요했던가. 기독이 마셨던 성배를 찾아가는 것과 이스라엘민족이 가나안을 찾아가는 것과 시의 장미촌을 찾아가는 것이 왜 동격인가? 수주는 그 이유를 오직 '정신의 세계'를 시가 품고 있는 탓이란 투로 말하고 이를 '장미촌의 세계'라 지칭했다. 일제말기 들어 다시 '장미촌'을 찾는 작업이 필요했는데 놀랍게도 일제말기의 시의 '장미촌'은 1920년대의 그것보다 더 신비적인 공간인 듯하고 그것을 말하는 시인의 언어는 보다 암시적이다.

극도로 빈곤한 인간의 영혼이 찾아가는 곳은 정신의 은둔소이며, 그래서 인간의 의식과 감각은 볼 수 없고 들을 수 없고 맡을 수 없는 세계를 향해 나아간다. 모든 조직과 단결이 무너진 것으로부터 '내일'을 도모할 수 있고 그것은 과거와 현재에 이어져 있다는 점에서 오직 생명의 흐름을 내재한다. 시인의 숙명은 종교적 순례자와 철인의 이지와 같은 류의 것인데, 시인은 순례자가 성배를 찾아가는 심정으로 시의 왕국, 장미촌을 건설하지 않으면 안된다. 이른바 볼 수 없고 들을 수 없고 맡을 수 없는 세계, 그것은 실재적인 것이 아니라 먼 미래에 놓여있는 것이고 오직

5 卞榮魯, 「薔薇村」, 〈薔薇村〉, 1921.5.

그 미래를 보며 현재를 정진하지 않으면 안된다.

모든 것이 무너져가는 세계에서 탐색되었던 상징주의가 일제말기 다시 대두하는 것은 이 '물질계'의 극도의 困憊한 상황과 무관치 않다. 일제말기의 상징주의는 초창기 상징주의와는 차이가 있는데, 극도의 무너짐의 세계를 경험한 시인들에 의해 묵시록적인 목소리를 잠재하고 나타난다는 점에서 그러하고, 견자적인 시선과 의지적인 목소리로 타올랐다는 점에서 또 그러하다. 현실로부터 삶이 위무되지 않고 언어에 기대어 삶을 건사할 수 없다면 오직 언어를 위반하거나 거스름으로써 삶에 대응할 수 있다. 인간을 배반한 삶이 가혹할수록 시인의 언어는 심혼으로부터 '장미의 불'처럼 타오른다. 언어가 인간의 삶(현실)과 평행하지 못한 현실에서 시는 현실(삶)을 배반하면서 그렇게 인간의 심혼에서부터 불타오른다. 일반언어학 개설에도 미치지 못하는 이 지루한 '언어론'을 서두에 꺼낸 것은 일제말기의 시의 언어를 어떻게 해석할 것인가에 대한 고민과 그 고민이 준 두려움을 벗어나야 한다는 책무 때문이다.

냉전시대 이후 19세기와 20세기 제국주의 시대 제국들의 영광과 치부가 동시에 저장된 정보의 곳간이 최근 풀리면서 많은 근대 자료들이 공개되고 있다. 특히 독립운동이 불타오르던 19세기 말부터 일제말기까지의 동북아시아와 관련된 필름 자료들이 대거 공개되면서 당시 조선인들의 유이민사도 새롭게 조명되고 있다. 거기에는 조선을 떠난 혹은 떠나는 자들이 겪는 공포스러울만치 가혹한 삶의 고난이 투영되어 있고 그들이 처절하게 부르는 '망국의 노래'가 함께 실려있다. 기록 필름은 날것 그대로의 상황을 가시화한다는 점에서 은닉하고 축약하는 시의 언어와는 층위가 다르다. 무슨 말인가?

이용악이 「전라도 가시내」에서 "네 두만강을 건너왔다는 석달 전이면/

단풍이 물들어 철리 철리 또 철리 산마다 불탔을 겐데/그래두 외로워서 슬퍼서 초마폭으로 얼굴을 가렸더냐/두 낮 두 밤을 두루미처럼 울어 울어/불술기 구름속을 달리는 양 유리창이 흐리더냐"라고 읊었을 때, 감성적이고 어쩌면 낭만적이기까지한 서정성 때문에 그 속에 무엇이 숨어있는지 명징하게 보여주지 못한다. 하지만 이 단락 하나로도 감수성 예민하고 영민한 독자라면 연민과 동정을 넘어 추운 겨울날 두만강을 건너온 '전라도 가시내'의 모든 참루하고 고통스런 길에 무엇이 놓여있었는지를 안다. 그러니까 시적 상황이란 현실적 상황에 대한 반영이 아니라 축약되고 알레고리화된 어떤 것이다. 그 문장 하나가 축약한 '현실'은 너무나 광대하고 무겁다는 것이다. 이 말은 그 문장이 포함하고 있는 사실(事實)의 이면을 섬세하고 민감하게 포착할 필요가 있다는 뜻이다. 그런 비참하고 고통스런 현실을 직접 적나라하게 말하지 못한다면, 혹은 말하지 않고 있다면, 그렇다면 그것은 '시대상황' 때문인가? 물론 그러하다. 이는 상식적인 결론이어서 더 이상의 논의는 불필요할 것이다. 일반적으로 '암울한 시대상황', '폭압적 검열' 같은 낯익은 담론은 더 이상 나갈 길을 찾을 필요가 없다는 점에서 시를 읽을 이유도 새삼 찾기 어렵게 한다. 시보다는 기록 필름이나 그 당시를 생생하게 보여주는 산문이나 신문의 사설이나 담론을 읽는 것이 오히려 낫다. 그런데 그것이 그 시대를 읽고 보는 우리의 심혼을 보다 깊고 풍부하게 하는가?

우리는 좀 다른 각도에서 이 문제를 논해야 한다. 우리가 시대와 역사의 등을 타고 미끄러져 들어가는 곳은 시의 영토이자 시의 양식론이다. 시는 직접 말하는 '물건'이 아니다. 어둠 속에서 구원을 노래하고 미래의 시간을 견인하는 '황혼의 언어'라면 더욱 그러하다. 이를 놓친 채 오장환의 「전라도 가시내」를, 백석의 「팔원」을, 김기림의 「공동묘지」를 논할 수는 없다. 이 시들은, 시의 언어의 의미의 겉면에 흐르는 비참과 고통, 연민과 분노, 결의와 다짐 같은 것들보다 훨씬 크고 깊은 당대의 문제들을 등기시켜두고 있다. 그것은 '머리'를 겨누는 것이 아니라 우리의 '가슴'을 겨눈다. 심장에 등기된 암호들은 담론과 산문의 논리가 아니라 시적인 논리로 포장되어 있다. 그것을 풀어내는 것은 순전히 독자 혹은 연구자의 몫이다. 우리는 그동안 이 등기된 암호들을 '일제-어둠'의 등가성으로 단순화시켜왔다. 혹은, 필름이 보여주는 적극성과 가시성에 비해 너무 '내면화된 것'으로 축소시켜 규정하거나, 그것도 아니라면 '전형기 · 일제강점기' 등의 시대에 예속시켜 시 특유의 언어적 기능과 가치를 배제했다. 현실에 종속된 문학은 저항으로서의 가치, 가치로서의 가치, 문학으로서의 가치, '생명'으로서의 가치를 지속하기 어렵게 한다.

여기서 '상징'의 문제가 제기된다. '상징'은 고답적인 물건이 아니라 숭고한 양식이자 수사이다. 상징은 개인의 천재적 표현 능력을 보장하기보다는 당대적 코드를 공유하는 어법이다. 문자가 죽은 꽃이며 시의 해석이 그 꽃을 피워올리는 작업이라면, 당대적 코드를 공유하면서 '상징하는 것들'의 지평 가운데로 시의 언어를 되돌려놓는 것이 시를 이해하는 방법이다. 말하지 말라는데 말할 수는 없는 법 아닌가? 침묵하라는데 발성할 수 없는 것 아닌가? 그럼에도 무엇인가 말해야 한다면 죽지 않을 만큼, 금제를 피할 만큼의 '다르게 말하는 법'을 배워야 한다. 당대에 소통되는 공유코드를 설정해야 한다. 그러니 일제말기의 시란 '당신들의 코드'를 읽어내는 것이지 '현재 우리의 말법'으로 당대의 언어를 환원해 내는 것이 아니다.

일제말기 시인들은 상징으로 말하고 소통했다. 상징은 일종의 소셜 미디어가 된다. 이원조의 수사처럼 '다같이 느끼는 심정의 세계'가 바로 일제말기, 황혼기의 시적 상징에 녹아있다. 내가 빛이라면 내가 빛을 두르고 있는 것이며, 내가 어두움이라면 나는 얼마나 빛의 젖가슴을 빨았을 것인가!라고 자라투스트라는 외쳤다.[6] 시의 언어란 이 탄원 가운데, 빛과 어둠이 모순 교차하는 바로 이 역설의 상황에서 피어올랐다. 이것이 시적 논리이며 이를 한마디로 '황혼의 시학'이라 부를 수 있을 것이다.

'황혼의 시학이란 무엇인가'를 논하기 위해 난삽하고 고루한 서두를 제시한 점이 없지 않다. 이제 우리는 구체적으로 당시 자료들을 토대로 '황혼기의 시간'과 '상징의 언어'를 살펴보도록 할 것이다. 이 개념들을 에워싸고 있는 중요 맥락들을 살펴보기로 한다.

(2) 황혼의 역사철학적 해석—황혼과 비극적 세계관

황혼녘에 捕縛된 독수리

다가오는 모든 시대를 위한 궁극적인 목표가 인류 앞에 제시된다. 니체의 글을 다시 읽어본다.

> 인류가 하나의 공통된 것으로 증대되어, 하나의 전제로서, 목전에 놓여있는 몰락에 대한 비극적 심정으로 맞서고자 하는 목표 말이다. 이 최고의 목표 속에 인간의 모든 고귀화가 포함되어 있다. 만약 이러한 목표를 최종적으로 거절하고자 한다면, 인도주의자가 떠올릴 수 있는 가장 암울한 모습이 생겨나게 될 것이다. 나는 그 점을 느끼게 된다. 인간적인 것의 미래에 대해서는 단 하나의 희망과 단 하나의 보증밖에 없는데, 그것은 비극적 심정은 사멸하지 않는다는 것이다.[7]

6 니체, 『자라투스트라는 이렇게 말했다』, 146면.

7 니체, 『바이로이트의 리하르트 바그너』, 최문규 옮김, 책세상, 2005, 37면.

니체가 말한 '황혼'의 개념은 인간의 숙명인 '비극적으로 사유되어 있음'을 전제한다. 인류가 언젠가는 죽음의 시간을 맞이할 수밖에 없다면, 이 비극적 결말 앞에서 인간은 무시무시한 불안감을 잊기 위해 초개인적인 것에 헌신해야한다. 개체의 인간은 자신의 인생행로의 가장 짧은 순간에, 가장 작은 원자에서 어떤 성스러운 것과 마주칠 수 있게 되며 그것은 지나온 모든 싸움과 모든 고난을 한없이 보상해준다. 한 고독한 개체가 무엇을 할 수 있는가? 개체가 전체가 되고 개인의 목소리가 집단의 목소리가 되는 이 '밤'의 순간에야 개체의 부러진 뼛조각 하나라도 '진리'에 필적한다. 죽음이 필연적인 운명이라면, 다가오는 모든 시대를 위한 궁극적인 목표가 하나의 공통된 전체로써 인류 앞에 제시될 수 있어야 한다. 목전에 몰락이 분명하게 놓여있고 그것을 비극적 심정으로 맞서고자 한다면, 인류가 제시한 최고의 목표 안에 이미 인간의 모든 고귀화가 포함되어있어야 한다. '숭고'의 미학이 황혼의 역사철학적 맥락과 깊이 연결되어 있음을 여기서 확인한다.

비극적 사상은 궁극적으로 신과 인간의 대립으로부터 기인한다. 그것은 상(傷)함이 없는 신과 상함이 있는 인간(시인)의 대립이라 말할 수 있다. 따라서 이 비극은 상징적이고 운명애적이다.[8] 몰락하는 인간이 구원되는 단 하나의 조건이 마치 '사멸하지 않는 비극적 심정'인 듯하다. '인간적인 것의 미래'는 몰락하는 밤의 정신, 비극적인 심정에 달려있으니, 바로 이것만이 희망과 미래를 위한 보증이 된다. '최후의 것'은 '최고의 것'이자 '최초의 것'이니 사멸하지 않는 생명의 정신이 그 비극성에 깃들어 있다.

'황혼녘의 심정'이란 어떤 것인가. 〈문장〉 폐간 직전호에 발표된, 임학수의 시 「체포된 독수리」를 읽어본다.

---

8 김기림, 「감각, 육체, 리듬」, 〈인문평론〉, 1940.2.

덜그덕,
黃昏의 漫步를 마치고
쇠사슬이
絶望의 深海에 닫을 나린다.

어깨를 쭝긋
獰猛한 발톱으로
마침내 집 웅 欄干에
-化石하는 독수리여!

이제 巖壁을 나려 쏘친 黑風이
자욱이 街燈을 휩쓰를 지음

저 太陽 잿빛 하늘에는
燦然한 星群이 얼크러지더니

오, 별 별
燦爛한 눈초리의 달리는 곳-
저 구름 넘어
검은 숲 그림자와 萬年雪!

아, 그러나,

다시는
모진 憤怒에 타오르는 일도 없고
날려다 떠러져
그 칼날같은 주둥뿌리로

> 스스로의 발목을 끊으려하지도 않었다
>
> 이윽고 또 날이 새면
> 一片의 腐肉과
> 아해들의 돌맹이질에 몸을 마끼려는
> 이 다만 醜한 猛獸일 뿐
> (임학수, 「捕縛된 독수리」, 문장, 1940.5)

어둠의 시간이 다가온다. 절망의 심연에 한 마리 황혼의 독수리가 등장한다. 독수리는 쇠사슬에 묶인 채 덜그덕 거리며 땅 위에 내려앉는다. 독수리는 포박되었다. 지붕 난간에 몸을 내린 순간, 그의 비상의 의지도 맹수로서의 분노도 사라졌다. 독수리는 이미 화석이 되어가고 있다. 그는 한 조각 '腐肉'에 구차한 생명을 부지하면서 아이들 돌멩이질을 몸소 감수하는 '추한 맹수'에 지나지 않게 되었다. 저 현란한 뉴초리가 달리는 그 곳, 별과 숲과 만년설은 더 이상 그가 누릴 수 없는 세계에 속한 것인가. 그것은 오직 죽어가는 독수리의 한 편의 환영에 지나지 않는 것인가. 순간 암흑의 하늘이 다가온다. 하늘은 잿빛으로 물들고 찬연하던 별무리들은 길을 잃고 얼크러진다. 대재앙이다. 흑풍처럼 휩쓰는 이 절망의 심연을 임학수는 '腐肉'과 '돌맹이질'에 스스로 몸을 맡기는 피동적인 존재이자 연민 가득한 존재로서의 독수리로 묘사하고 '醜獸'의 이미지로 요약했다. 어떤 생명도 불러올 수 없고 어떤 구원도 존재할 수 없다는 듯이, 황혼녘 독수리의 신화는 그렇게 절망의 심연 속으로 사그러지는 것처럼 보인다.

그런데 시인이 구하고자 한 궁극적 말은 "아, 그러나," 이후에 있는 듯 보인다. 그것은 최후의 말로써 마지막 그 '이후'를 예견하는 말이 된다.

'아, 그러나,' 의 문장 부호(쉼표)에는 얼마나 많은 말이 생략되어 있는가. 시는 최후까지 쉼표 하나 접속사 하나에 말의 숨결을 불어넣는다. '이것이 나의 최후이다'는 '나의 때가 되었다'는 의미이다.[9] "자 때가 되었다. 우리 이제 밤 속을 방랑하자꾸나!" 독수리는 다시 날카로운 '주둥뿌리'로 절망의 줄을 끊고 한 밤의 시간을 비상할 준비를 하고 있다. '주둥뿌리'라는 단어에 말의 근원적인 뿌리와 말의 심연에 깃든 시인의 말의 의지가 녹아있다. 시인은 이를 말하고자 한 것이다. "아, 그러나,"의 이 깊은 한숨, 이 독립된 한 행과 문장 부호(,)에 숨겨둔 것은 황혼의 산보를 마친 독수리의 비상의 의지, 그러니까 황혼녘에 선 시인의 최후의 말에 다름 아니다.

정지용은 '날을 氣息도 없이 창에 부딪혀오는 한 마리 나비'의 환상을 통해 이 황혼의 절정을 예감한 바 있다. 「나비」는 〈문장〉(1941.1)에 처음 실린 것으로 알려져 있으나 실상은 〈신세기〉(1941.1)에 동시에 실렸다. 당시 〈신세기〉(1939.1-1941.6)는 〈동아일보〉, 〈조선일보〉가 폐간된 뒤 그것을 대체하는 발표지면의 역할을 하고 있었다. 비슷한 시기 〈신세기〉(1940.11)에는 서정주의 「행진곡」이 실린 바 있다.

「나비」는 '해발 오천척'의 까마득한 산정에서 체험한 극한의 죽음충동을 그린 것이다. 그것은 죽음의 공포와 그 죽음을 감싸는 어떤 역설적인 열기로 들떠있는 비오는 밤에 이루어진다. 自在하다면 초월해야 하는 것 아닌가. 그런데 시인의 호흡은 가파르고 육신은 추위에 들떠있다. 시인은 '이상스런 季節'이라고 이 아이러닉한 상황을 요약했다. '열리지 않는 창', '찢어진 날개', '유리에 부서지는 구름', '휩쓸려가는 별'이 이 이상한 '절정의 계절'을 감당하고 있다. 검고 희며, 차고 열에 들떠있으며, 자유로

---

9 니체, 『자라투스트라는 이렇게 말했다』, 148면.

우면서 닫힌 그런 감각이 '절정의 계절'을 맞이하고 있다. '절정'은 극한이자 모순이며 아이러니인 시의 말을 요약한다.

'황혼'은 극한의 것으로부터 어정거리면서 온다. '희부옇게 어정거리는 절정'이 곧 '부유스름하기 黃昏같은 밤'이다. 희고도 검은, 어슴프레하면서도 명확한 '황혼녘'에 인간의 영혼은 올빼미의 눈과 같이 번뜩인다.[10] 나무 끝자락에 안긴 독수리의 흰알이 무한한 명일을 향한 생명의 알처럼 신비하고도 명징하게 빛나고 있다. '황혼'이 '부유수럼하거나 희부연한' 것은 그것이 '꿈과 현실 사이에서 갇힌' '그림자'로서의 자아인식과 연관이 있다.[11] '이상과 현실의 분수령' 앞에서 시인들은 '황혼'을 느낀다.

어떤 화해나 위안도 거부하면서 시인들은 황혼의 장엄을 노래한다. '황혼'이 단지 미적인 감상에 대한 센티멘탈리즘에 그치지 않는 이유이다. '황혼의 빈 들판의 산책'[12] 이후에야 인간은 현실을 보다 정교하게 들여다볼 수 있다. 멸해가는 것은 아름다울지언정 결코 그것은 '퇴폐의 표현'이 될 수 없다. 어떤 생명도 완전하지 않고 그것이 부정되기 전에는 어떤 존재도 완성되지 않는다. '과거적인 것'만이 완성되고 부정되는 것만이 완전해진다.[13] '황혼'은 모순을 은닉한 채 모순을 드러낸다. '황혼'은 어둠과 밝음 그 '사이'에서 언제나 '이즈러져 가는 세기'와 함께 현실을 건너오는 것이다. 어디로 갈지 막막하고 또 그것이 무엇인지 불명확하지만 '그것이 온다'는 것은 명확하게 말할 수 있다.

그런데 '황혼'이 내뿜는 이 '희부연 그림자'의 정체를 늘 알지 못하는 것

---

10 정지용, 「素描(4) 밤」, 김학동 편, 『정지용전집- 산문』, 20면.

11 이헌구의 산문 「호반에서-고원통신」(문장, 1940.11)의 '그림자' 이미지 참조.

12 이는 박태원의 「방란장 주인」의 한 구절에서 왔다. 김윤식, 『기하학을 위해 죽은 이상의 글쓰기론』, 역락, 2010, 148면.

13 임화, 「고전의 세계」, 〈조광〉, 1940.12.

은 아니다. 조벽암이 1933년 발표한 「八月의 黃昏街」를 주목한다. 1933년에 발표되었다는 점이 중요하다. 그것은 아직 몰락의 시기가 아니며 '대낮처럼'은 아니되 그 전망을 내다볼 수 없을 정도로 시야가 갇혀있었던 상황도 아니었다. 그때 조벽암은 '분노와 기만'을 일으키는 대상이 누구인지 혹은 무엇인자를 분명하게 알 수 있었다.

> 불 대리미로 문지르는 팔월에도
> 주름살 한번 펴보지 못하고 설익는 마음
> 때 낀 현실의 구겨진 과녁을
> 기아를 무릅쓰고 겨누라니 괴로웁네
>
> 우거진 수풀에도 바람끼 한 점 없고
> 미꾸라지 같은 요염한 얼굴에도 졸음이 잠겼나니
> 이 이즈러져 가는 세기의 고민과 발악에는
> 녹슬은 열쇠꾸러미를 만지적 만지적 쓰디쓴 침묵에 젖네
>
> 어둠과 밝음의 새벽녘은 지금이러니
> 이상과 현실의 분수령엔 희생과 오직 사기뿐 –
> 이날도 저물어 엷은 황혼을 밟는 그림자는
> 정밀한 꿈도 찾을 길 없이 가슴 저민 분노만이 타네.
> (조벽암, 「팔월의 黃昏街」 부분, 신동아, 1933.8)

구겨진 현실과 그것을 바로 펴고자 하는 것 사이에, 즉 현실과 이상 사이에 '황혼'이 있다는 투로 조벽암은 썼다. 조벽암은 '희생과 오직 사기뿐'인 현실 앞에서 '정밀한 꿈을 찾을 수 없어' 분노한다. 특이하게도 그는 황혼의 그림자에 자신의 우울한 초상을 투영하지 않고 대신 정확하게 '현실

의 구겨진 과녁'을 겨누며 '가슴 저민 분노'를 태울 수 있었다. 문제는 '상실된 꿈'과 '되찾아야 할 꿈' 사이에 있는 '그 무엇'이 아니라, 조벽암의 경우, 보다 디테일한 바로 그 '정밀한 꿈'이 문제였던 것이다. 이 '디테일한 감각'은 '이즈러져 가는 세기'의 한 가운데, 곧 카프 해산기에 그가 발딛고 있던 세계의 현실감각이었을 것이다. 이때까지만 해도 그는 희부연 그림자의 정체를 알 수 있다는 투로 썼다.

그런데 1930년대 후반기에 들어서면 조벽암이 그리는 '황혼'의 빛은 「팔월의 황혼가」에서 보여주던 그런 것이 아니다. 조벽암에게 '황혼의 언어'는 존재하지 않는 듯 보인다. 1933년의 「팔월의 황혼가」를 1939년의 「우울한 묘혈」, 「희망」과 비교함으로써 우리는 이 '황혼녘'의 시인의 심정이 무엇인지 보다 분명하게 파악할 수 있다. 황혼기의 시인의 언어인 '침묵'과 '죽음'의 언어를 수사적으로 이해할 수 있는 징표를 이로써 확인하게 된다.

조벽암의 「희망」은 처음 〈동아일보〉(1939, 1.22)에 실렸다가 시집 『지열』(아문각, 1948,7)에 실릴 때 「실망」으로 개제(改題)되었다. 이 정확하게 대립되는 題名이 흥미롭다. 이 반칙, 이 반어, 이 역설은 얼마나 강력한 메시지를 전달하고 있는가. 시의 고유한 문법, 이 말법으로 시는 현실의 파국에 저항한다. 이것이 시 양식의 고유성이다.

> 마음은 멀리 바다에 헤매이되
> 몸은 이미 지지리 해협에 껴돌고
> 따쩌꾸리 마냥 썩는 전통은 쪼되
> 얻음은 없이 쓸쓸히 허황함이여
>
> 고비를 더듬어 허리를 펴면

그곳도 산에 끼눌려 해협에 고달프고
또한 고대를 감돌아 허덕여도
그곳도 또한 어리석게 속은 슬픔일러라

생은 실없이 이처럼 고달피 흐르고
뜻만 외로이 샛별처럼 끔벅이는 판도

훨적 터져올 바다 새날의 여명을
바랬던 넋은 텅-빈 침실이냥 서글프더라
(조벽암, 「희망」, 『조벽암시전집』)

동일한 작품에 전혀 상반된 의미의 제목을 다시 붙이는 시인의 심정에 다가가 본다. 이것이 시적인 논리가 아니라면 무엇이라 해석할 수 있는가. 바다도 아니고 해협도 아닌 삶, 그가 이상과 현실의 분수령이라 불렀던 그 시각이 여전히 드러나 있지만, 분노는 사라지고 구겨진 현실을 다리미로 펼 의지도 사라진 그런 허무하고 적막한 심사가 어른거린다. '생은 실없이 이처럼 고달피 흐르고 뜻만 외로이 샛별처럼 끔벅이는 것'인데 '새날의 여명을 바랬던 넋은' 공허하고 서글프다. '훨적 터져올 바다'가 한순간 '텅빈 침실'이 되는 이 공허하고 적막한 비애가 황혼기의 시인을 내리누른다. '바다'를 꿈꿀 수 없다는 것[14]이며, 해협을 꿈꿀 수 없다는 것[15]은, 또 돌아올 물결을 상상할 수 없다는 것[16]이다. 이것이 문제다. '실망'이라 개제한 이유가 여기에 있을지도 모른다. 그런 무겁고 어두운 마음

---

14 백철, 『문학자서전-진리와 현실(후편)』, 박영사, 1976, 288- 293면.
15 임화, 「해협의 로맨티시즘」에서 빌어온 것이다.
16 서정주, 「행진곡」에서 빌어온 것이다.

이 허황한 저녁을 맴돈다. 고달픈 현실의 생을 피해 그는 고대를 감돌아 흐르는 어떤 뜻을 찾아 헤매고 있었다.

정착할 수도 분노할 수도 없는 심사를 달래며 조벽암은 유적이나 전통을 돌아보면서 '정밀한 꿈'을 찾아보려는 계획을 세웠으리라. 「와편(瓦片)」, 「고분(古墳)」, 「석모(夕暮)[17]」 같은 낙랑 지역을 돌아보고 쓴 '樂浪三懷(동아일보, 1936.1.22.-24)'에서는 역사의 허무와 비애가 깊다. '생은 고달파도' '바다는 새날 여명의 순간에 터져나오리라'는 샛별같은 꿈을 그는 고독하게 품었을 것인데, 1936년 경에는 이같은 '희망'을 꿈꿀 수 있었으나 그 '희망'이 물거품 사라지는 해방공간에서 그는 '절망'을 보았던 것이다. '절망'의 씨앗을 이미 〈동아일보〉에 발표할 때 품고 있었음이 이로써 반증된다. 다가올 시대의 꿈을 이 시에서 발견할 수 없는 이유가 이것이다.

'황혼'이란 시간이자 공간이며 그것을 넘어 양식이자 실존이다. 어떤 특정 시기에 특성화되는 개념으로 이것이 가리키는 것은 현실의 '안'이 아니라 바깥, 언어의 표면이 아니라 심연이며, 시인의 생애가 아니라 그것을 넘어 진군하는 시적 양식이다. 시인의 심연에 깃든 '황혼'의 무게감은 역사관이자 세계관의 저울추에 의해 결정된다. '황혼'의 양식은 비극적 세계관으로부터 기원한다.

모윤숙은 그 '황혼'이라는 것이 '이것도 저것도 아닌 것'으로, 그래서 '어느 쪽도 확실히 선택할 수 없게 하는 존재'라 읽었다.

> 이것도 아니고 저것도 아닌 가장 애매한 형체다. 광명에는 물론, 암흑에도 가입할 수 없는 불안과 미완성속에 산다.[18]

---

17 시집 『鄕愁』에 「모혼(暮昏)」으로 개제.

18 모윤숙, 「황혼기」, 〈인문평론〉, 1940.9.

'황혼'의 언어는 임학수, 정지용 등 몇 시인들에게만 주어진 것은 아니었다. '이것도 저것도 아닌 존재'로서의 황혼(기)을 관통하면서 시인은 직관적으로 당대가 광명에도 암흑에도 가입할 수 없는 시대임을 간취한다. '불안과 미완성의 존재'로서의 자신을 규정하는 것과 낮도 아니고 밤도 아닌 '황혼'을 연모하는 것은 유사한 것이라 인식되었을 것이다. 모윤숙은 조화되지 않은 동경에 초조해하고 법칙 없는 행복을 꿈꾸었으며 생명 없는 공상에 젖어 헤맸다고 썼다. 공상이 아니라면 무엇을 할 것인가.

김영랑은 '毒을 차는 것'에 실존의 저울추를 달아본다. 그러나 그것은 허무한 것이다. '허무한 듸!',(「毒을 차고」, 문장, 1939.11). 이 구어체적 어투와 느낌표 속에 진한 허무와 비애의 심정이 녹아있다. 김영랑은 깊은 허무감을 고도로 문자화한 이 스크립트, 이 문장부호를 통해 드러내고자 했다. 그 깊이란 단순히 문자를 읽는 것으로, 의미를 해독하는 것으로는 간취되지 않는다. 후대까지 전해질 목소리로 그는 독백하듯 말했던 것이다. 쓰면서 말하는 방식이다.

'독없이 사는 길'이란 '누억천만 세대가 잠자코 흘러가버리는' 것이어서 존재를 역사적 무위로 되돌리는 길이다. 존재는 시간의 부식 속에서 '모래알'처럼 흩어지거나, 승냥이 떼에게 산채로 찢기거나 하는데 그것은 궁극적으로 '무'로 돌아가버린다. '무'는 비극적 세계관의 '영도(0도)'를 가리킨다. 비극적 운명감을 구원하는 단 하나의 목표란 '깨끗한 마음을 건지는 것'이며 이 단 하나의 목표만이 '毒을 차는' 이 칼같이 예리하고 선명한 행위를 위로할 수 있다. '불안과 미완성의 집에 안주하는' 것과는 다른 이 '독을 차는 삶'이란 다른 말로 '높은 계재에 오르는 사상'이다. '높은 사상'은 당대의 시와 사상을 읽는 하나의 척도가 된다. '독을 차는 것', 그것은 이육사가 '매운 채찍에 갈겨' 쫓겨온 '서릿발 칼날 진 고원'의 사상이며,

백석이 말한 '높고도 귀한 혼'의 사상이다. 마치 신을 예정하는 '조수'(카프카)의 존재마냥 시인은 자신의 운명을 황혼기의 '높은 사상'에 맡긴 채 '역사의 종언'으로부터 되돌아앉는다.

명랑성과 윗트, 기지를 다른 말로 반감상주의, 반센티멘탈리즘이라 한다면, 그것은 '대낮의 사상'이다. 이는 일제말기에도 여전히 유효할 수 있는가? 김기림이 '모더니즘의 역사적 위치'를 재점검할 수밖에 없었던 것은 일제말기 들어 이 '대낮의 사상'이 더 이상 유효하지 않은 것에 대한 자각때문이었을 것이다. 이윽고 밤이, 밤의 얼굴이 서서히 드러나고 있었다. 자라투스트라의 권력의지의 음성과도 방불한 황혼기의 목소리가 일제말기 시단에 거대한 공명을 남겼다. 시인은 현실을 지시하지도 철학적 경구를 흉내내지도 않는다. 시가 철학담론을 흉내낸들 그것이 사상의 깊이로 육박해 들어갈 수 없다면 한갓 형이상학의 겉옷을 걸친 '乾燥平坦의 허장성세'가 될 가능성이 높다.[19] 더욱이 시를 '평탄'으로부터 구해낼 수 있는 것은 오직 '의미의 굴절'이다. '현실의 압력으로부터 보호받을 수 있고, 산문과 담론의 논리로부터 벽을 쌓을 수 있다는 뜻이 이 '의미의 굴절'이라는 말 속에 숨어 있다. 현실과 산문과 담론의 논리(의미)로부터 훼절당하면서 저 스스로 의미를 반역하는 언어란 시의 언어이다. 그때 시인들을 찾아오는 것이 '상징'이다. 그러니 시인이 어떤 길을 택할 것인가는 자명한 것 아닌가.

더 깊은 어둠 속에서 발견한 '황혼-밤'의 세계

누구나 마음 속에는 시인과 산문가가 함께 살고 있다.[20] 현실에서 얻은

---

19 김기림, 「감각, 육체, 리듬」, 〈인문평론〉 2권 2호, 1940.2.

20 이효석, 「산협의 시-산에 부침」, 〈조선일보〉, 1940.7.30.

얼크러지고 더렵혀진 산문의 페이지를 피서지 그늘에서 씻어 버리거나 헤어버릴 능력자가 시라면, 시인은 황혼기일수록 산문의 현실을 더 '보람있게' 보여줄 수 있는 시적 혜안을 가진다. '보람'은 김영랑이 이미 증명했듯, 시적인 언어이다. 시가 '보람있게' 나설 수 있는 것은 산문의 현실이 가리키는 것 너머 시가 향하는 방향에 있다. 이효석은 이렇게 수사적으로 말했다.

> 道理의 아편굴이 얼마나 무더울 것과 같이 동해의 물결이 얼마나 푸르며 산협의 白樺와 백양은 얼마나 깨끗할 것인가 지금.[21]

'생활이 主라 하니까 도리어 시를 찾을 수 있고 찾아야 함'이라는 명제는 '리얼리즘이니 현실이니 생활이니'의 부질없는 담론이 횡행하는 상황과 무관하지 않다.[22] '시대'를 '아편굴'로 이미지화 한 것은 알레고리적인 것인데 그런 시대에 시가 온다는 것이다. 조영출이 「유리의 방」에서 '세기의 멜랑콜리'가 '아편을 먹었다'고 쓴 것과 유사한 울림이 있다.

> 행길은 四方에 있고
> 빛은 四面에 騷亂코
> (조영출, 「琉璃의 房」 부분, 인문평론, 1940.5)

길이 뚫렸으나 어디를 갈지 방향을 알지 못하는 심정, 빛은 사면에 있으나 천지사면의 빛 때문에 앞을 내달릴 수 없는 상황을 시인은 '유리방'의 이미지에 그려두었다. 그 투명한 벽너머에 '후랑스 영사관'이 있는 풍

---

21 이효석, 「산협의 시-산에 부침」.

22 이효석, 「시를 찾는 마음」, 〈조선문학〉, 1937.6.

경이란 길은 있으되 길이 없는, 끝없는 갈림길의 미로에 갇혀 영원히 출구를 빠져나오지 못한 테세우스의 운명을 가리킨다. 이효석이 말한 '일종의 무한 세계로 통하는 문과 같은 희고 투명한 거울세계'와 조영출의 '유리방의 세계'는 '신비주의의 몰입' 정도의 차이 외에는 유사하게 '산문의 시대'를 사는 시인들의 운명감을 가리킨다. 거울(면경)을 들여다보다 방을 뛰쳐나와 네거리(광장)에 서게 되는 김광균의 '골방으로부터의 탈출'의 모티프는 이들과 유사하지만 또 다르다. 거울 밖의 세계와의 단절(이효석), 사방팔방으로 열려있는 듯 보이나 출구를 확정할 수 없는 유리방의 운명감(조벽암)과는 달리, 김광균의 「광장」이 가리키는 것은 '출구'의 가능성이다.

그래서인지 김광균은 시의 황혼과 몰락의 시대가 접합되고 산문(현실)과 시(꿈)가 한 자리에서 미래를 이야기할 수 있는 시대가 도래했다고 본다. 김광균은 '황혼의 시'가 시대적 징후와 깊은 관련이 있음을 지적하면서, '시대가 절망적인 황혼을 가져오면 가져올수록 영원히 피로를 모르는 격렬한 정조와 눈부신 꿈을 부어주'는 문학(시)의 정신을 이야기한다.

> 시대가 산문정신에 기울어지고, 지성은 피로한 규성에 목쉬고, 과학은 정신적 태양을 죽이고 인간생활 위에 절망적인 황혼을 가져오면 가져올수록 영원히 피로를 모르는 격렬한 정조와 눈부신 꿈을 부어주고 건전한 문학의 정신을 부어주는 것은 시일 것이다.[23]

황혼의 지대에서 비극의 사상은 싹을 틔운다. 일제말기 시인들이 발견한 '울음'과 '황혼'의 언어를 이 '비극적 사상'의 거울에 비추어 본다. 임화

---

23 김광균, 〈풍림〉, 1937.4.

는 이 울음에서 한 시대의 종말을 읽는다. 그가 1930년대 중반기에 백철을 비판하면서 언급했던 '인생의 복음서의 사상' 혹은 '어둠의 문화의 복지론'[24]은 일제말기 들어 구체화 되는데 그것은 굳이 백철만의 것도 아니었다. '한 시대는 이미 종언했다.'[25] 한 시대로부터 떠나가는 이의 심정은 상실된 것들을 떠올리는 복고의 심정과 동일한 것이다. 이찬의 『焚香』, 윤곤강의 『輓歌』는 곧 조벽암의 『鄕愁』, 김광섭의 『동경』, 김상용의 『망향』과 같다. 죽음의 장송곡은 추억의 노스텔지어와 다르지 않다.

몰락기의 언어로서 '황혼'은 역광으로 파국의 장관을 드러낸다. '황혼'은 '밤'을 관통하면서 더욱 깊은 어둠의 세계로 침잠한다. '황혼'은 한 시대의 종말을 예고하는 시그널이자 시의 종언을 포고하는 선언문이다. 한 시대의 종말은 한 세계의 몰락을 의미하는 것이며 시인은 그 몰락의 징후를 '황혼'의 언어로 번역해 낸다. 허무가 시인을 아편처럼 감싼다. 아편처럼 번지는 시인의 허무에 아폴론이 촉수를 들이밀지만, 허무는 오히려 아폴론의 손길 끝에서 더욱 불타오른다.

그런데 임화는 복고, 그런 상실, 그런 추억들에 새로운 개념을 부여한다. 모윤숙이 말한 '이것도 아니고 저것도 아닌' '황혼'은 임화의 명명으로 새로운 개념을 부여받는다. 임화는 자신의 『玄海灘』까지를 포함해 이들 시인들의 제경향을 '낡은 시대의 아들들이 새 시대에서 제 영토를 발견하려는 의욕이자 구시대를 연장하려는 희망의 반영'이라 요약했던 것이다.

닫힌 미로와 열린 미로 사이, 데카당과 질주 사이, 허무와 비극적 세계관 사이, 빛과 어둠 사이, 끝과 시작 사이, 파국의 절망과 구원의 가능성 사이, 바로 이 숱한 '사이'에 일제말기의 '황혼'의 시학이 존재한다.

24 〈조선문학〉, 1936.11.

25 임화, 「시단의 신세대-교체되는 시대조류」, 〈조선일보〉, 1939.8.18-26.

임화에게 '황혼'은 '종말' 뒤에 무엇이 올 것인가를 묻는 물음으로 다가온다.

> —전략—
> 불길은 바람의 멱살을 잡고
> 암흑인 하늘의 가슴을 한껏 두드리고 있지 않는가?
> 교목(喬木)들은 어깨를 비비며 불길을 일으키고,
> 시들은 풀숲은 불길에 그 몸을 던지며,
> 나뭇가지는 하늘 높이 오색의 불꽃을 내뽑지 않는가
> 그리고 삼림은!
> 커다란 불길의 날개로 거인인 산악을 그 품에 덥석 끼고,
> 믿음직한 근육(筋肉)인 토양과 철(鐵)의 골격인 암석을 시벌겋게 달구면서
> 백척의 장검인 화주(火柱)를 두르며, 고원한 정신의 뇌명(雷鳴)과 함께 암흑의 세계와 격투(格鬪)하고 있다.
> — 진실로 영웅인 작열(灼熱)한 진산(全山)을 그 가운데 태우면서……
>
> 오오! 새여! 그대 창백한 새여!
> 노래를 잊은 피리여!
> 너는 햄릿이냐? 파우스트냐? 오네긴이냐?
> 그렇지 않으면 유리제(製)의 양심이냐?
>
> 오오 이 미친 무질서의 광란 가운데서
> 주검의 운명을 우리들의 얼굴에 메다치는 암흑 가운데서
> 너는 보는가? 못 보는가?
>
> 이 불길이 가져오는 생명의 향기를
> 이 장렬한 격투(格鬪)가 전하는 봄의 아름다움을

만산(滿山)의 초화(草花)와 우거진 녹음, 그리고 황금색 실과(實果)의 단
그 맛[味]을

이 암흑, 폭풍, 뇌명의 거대한 고통이
밀집한 교목의 대오와 그 한 개 한 개의 영웅인 청년, 수목의 육체 가운데
굵고 검은 한데의 연륜을 더 들려주고 가는 것을!

너는 두려워하느냐?
사는 것을……
너는 아파하느냐?
청년인 우리들이 생존하고 성장하는 도표인 '나이'가 하나 둘
늘어가는 것을!

영리한 새여! 아직도 양심의 불씨가 꺼지지 않은 조그만 심장이여!
불룩 내민 그 귀여운 가슴을 두드리면서
이렇게 소리쳐라!

"오라! 어둠이여! 울어라! 폭풍이여
노호(怒呼)하라! 사와 암흑의 마르세이유여!"

그렇지 않은가!
누구가 대지로부터 스며 오르는 생명인 봄의 수액을
누구가 청년의 가슴속에 자라나는 영웅의 정신을 죽음으로써 막겠는가
암흑인가? 폭풍인가? 뇌명인가?
(임화, 「암흑의 정신」 부분, 청년조선, 1934.10)

'마르세이유 찬가'를 합창하는 프랑스 혁명기의 청년들의 목소리를 임

화는 '암흑의 정신'에 실어두었다. 암흑의 정신은 청년의 정신이자 영웅의 정신이며 또 생명의 정신이자 봄의 정신이다. '양심의 불씨가 꺼지지 않은 조그만 심장을 가진 새'의 육체에서, '밀집한 교목의 대오와 그 한 개 한 개의 수목'의 육체에서 청년의 정신은 자란다. '어둠'과 '폭풍'을 부르짖는 청년들의 노호(怒呼)는 결코 절멸하지 않는 청년들의 의지이다. 1934년 경 임화는 여전히 '전투'에의 강렬한 의지를 꺾지 않았던 것처럼 보인다. '이 미친 무질서의 광란 가운데서/ 주검의 운명을 우리들의 얼굴에 메다치는 암흑 가운데서' 임화는 장렬하고도 감격적인 목소리로 '전산을 호령하는' 자라투스트라의 목소리를 빌어온다. 산 정상에 홀로 서서 '진실로 영웅인 작열(灼熱)한 전산(全山)을 그 가운데 태우'는, 고독한 초인(超人) 자라투스트라에게서 그는 영웅의 정신을 본다. 그러나 그것은 저 멀리 있는 '마르세이유 찬가'만큼이나 얼마나 멀리 있는 것인가. 그러기에 그 낭만적인 목소리는 금세 어둠 속에 묻혀져 메아리조차 반향하지 않는다. 일제말기까지 '어둠'은 더 깊어져야 했던 것이다.

깊은 한밤은 무엇을 말하고 있는가?[26]

'어둠'을 불러오는 '황혼'은 몰락의 징후를 보여준다는 점에서 더 비관적이고 멜랑콜리하다. 오장환, 김광균, 이육사, 윤곤강 등 신진시인들뿐 아니라 김기림 등의 기성시인들 역시 '황혼'을 노래한다. 그러니까 '황혼'은 신진시인들만의 전유물은 아니었다. 시인들은 한 목소리로 '황혼'을 노래한다. 그것은 개별자의 목소리가 아니라 집단 전체의 목소리를 대변한다. 독창이 아니라 합창인 것! '집단적 개성화'[27]의 음성이 '황혼'의 목소

---

26 니체, 『자라투스트라는 이렇게 말했다』, 363면.

27 C.G. 융, 『꿈에 나타난 개성화 과정의 상징』, 융 저작번역회 옮김, 솔출판사, 2002

리에 녹아있다. 누가 말한들 무슨 상관인가? 푸코의 이 말이 김기림의 '청동 놋그릇'에서 반향하고 있다.

> 녹슬은 靑銅그릇 하나
> 어두운 빛을 허리에 감고
> 현란한 世紀의 골목에 물러앉아
> 흡사 여러 歷史역사를 산듯하다
> (김기림, 「청동」 부분, 춘추, 1942.5)

그 깊은 어둠을 끌어안고 있는 청동그릇 하나를 상상하면서 김기림은 '역사의 회귀'에 대해 생각한다. 역사의 회귀는 삶에 대한 처절한 두려움이자 그것을 새롭게 회복하는 힘의 근원이다. 역사가 한 번만으로 그친다는 것은 모든 지배자들의 권력적 야망을 극대화시켜 역사를 비참과 종말로 끌고 간다. 역사가 직선적인 궤도에 놓인다면, 우리는 역사를, 삶을 두려워할 이유가 없다. 그것으로 역사는 끝이기 때문이다. 단 한 번으로 이 세계가 종결된다면, 누가 죽음 뒤의 삶을 두려워하겠는가. 누가 이 생의 삶 뒤에 이어질 '다른' 시간을 두려워하겠는가. 그런데 원환회귀하는 시간의 궤도에 서면, 역사는 무겁고 두렵다. 내 뒤의 삶이 나를, 나의 흔적을 좇고 나의 도덕을 역사의 천칭 위에 올려두고 그 무게를 책망할 것이기 때문이다. 그러니 이(번) 생을 산다는 것, 그것은 내일을 위한 보증서이자 약속이다.

김기림은 '역사의 회귀'를 생각하면서 미래의 시간을 약속할 수 있다고 믿었던 듯하다. 그래서 그는 시간의 때에 결코 오염되지 않는 숭고하

참조.

고 장엄한 '청동그릇' 하나를 품어안을 수 있었다. 그것은 '현란한 세기'로부터 한 걸음 혹은 한 공간을 물러서 앉은 바로 그 곳, 역사의 뒷골목, 세기의 어두운 골목에서 가능했다. '세기'는 현란하나 거칠기 그지없고, 역사를 뒤돌아본 자의 시선은 날카롭고 예지적이다. 이 상황을 상징적으로 '못'과 '무덤'의 세계라 김기림은 호명했다.

김기림은 어두운 '밤'의 세계를 격정의 센티멘탈리즘 속으로 몰아넣는 데카다니즘을 용서하기는 어려웠다. 그는 '민족의 체험'이라는 집단체험의 가상 세계를 끌고 들어오면서 '밤'을 대속(代贖)하고자 한다. 오히려 '딜레탄티즘'의 필요악을 언급한 임화의 글이 표면상 모더니즘적인 것에 대한 옹호와 더 가까워 보이는데, 이것과 '딜레탄티즘을 경계해야 한다'고 언급한 김기림의 세계관 사이에 미묘한 차이가 느껴지지 않은가. 김기림보다 임화가 밤의 명상 속에서 더 깊은 센티멘탈리즘에 빠져있는 것처럼 보이는 것이다. 어찌되었든 종교적인 것과 유사한, 파국의 어떤 기묘한 기대감이랄까, 갱생에 대한 의지 같은 것들이 그들의 말 속에 숨어있다. '예술가들에게서 최후의 작품은 늘 파국'이라 선언했던 아도르노의 말[28]은 '파국'이란 무한한 영속성을 보전하기 위해 현실로부터 이탈해 타오르는 불꽃의 의식임을 증거한다. 붕괴 직전의 세계에서 품게 되는 어떤 숭고함이 '파국의 기대'에 묻어있는 것이다.

이 기묘한 '밤'에 대한 임화의 '기대'는, 그가 1920년대 〈백조〉 전후의 퇴폐주의적 경향의 시를 부르주아적 '낭만주의' 시로 규정하면서 미네르바의 부엉이는 일몰이 되면 날기 시작한다는 게르만 명언을 '과거를 향한 집착'이라 언급했던 것[29]과 거의 반대편에 서 있다. 카프 해산 전까지 견

---

28 에드워드 사이드, 『말년의 양식에 관하여』, 36면.

29 임화, 「33년을 통하여 본 현대 조선의 시문학」, 〈조선중앙일보〉, 1934.1.1-1.12.

지되었던 임화의 그 혈기, 대낮의 목소리는 도대체 어디로 가버린 것인가?

'황혼의 시학'은 '암흑기'라는 술어가 갖는 부정적 맥락과는 이제 거의 상관없게 되었다. 우리는 산문의 논리, 담론의 논리가 아니라 시의 언어로 시를 말하기 위해 이 개념을 점검했다. 다시 한번 이렇게 질문해 보자. 일제말기는 '암흑기'인가? 임화는 이 질문에 시적 언어로 대답한다. 이용악의 시 「해가 솟으면」의 "숱한 꽃씨가 가슴에서 튀어나는 깊은 밤이면"의 구절을 들어 '밤'은 '모든 시가 들어앉을 수 있는 세계이며 근년의 시단이 이동하면서 발견한 첫째의 세계'라고 임화는 읽는다. 부정과 절망과 단절과 과거의 맥락이 아니라 능동과 깊이와 구원과 미래의 맥락에서 '암흑(기)'이라는 말은 옳다. 오직 능동의 정신에서, 오직 미래적인 정신으로서 '어둠'과 '밤'을 말하는 그 술어는 '참(眞理, truth)'이다.

'밤'의 언어와 시의 숭고

당대 시인이 마주한 현실은 '기름 칠한 구리 쇠기둥에 올라가 앉은'[30] 형국이며, 이 현실이 '수사'를 넘어서는 지점은 위기와 모순 속에 처한 시인의 실존을 말하는 순간이다. 평범, 조화, 안이를 전적으로 부정하고 생리화 한 슬픔과 모순을 생활의 형극처럼 지니는 것이 시인이라면 시인은 '시대의 이단아'이다. 시인이란 가장 늦게 위안받는 자이며 역사의 최종 시간에 화해하는 자임을 고백했던 윤동주는 최초의 인간이자, 최후의 인간, 바로 시인이었던 것이다. 시는 그러니까 현실을 향해 화해와 용서를 마지막까지 허락하지 않는 양식인 것이다.

이병각은 시인의 자기 절제의 필요성과 엄격한 시 정신의 회복을 주장

---

30 이병각, 「봉수대-시와 생활」, 〈조선일보〉, 1939.5.14.

하면서 시의 본질과 시인의 존재론적인 의무에 대해 질문한다.[31] 시인이란 종로나 본정(本井)의 장사치들과는 다르다. 그들과 다르지 않다면 어떻게 '범인의 상이 이르지 못하는 이미지의 세계가 있으며 남이 부르지 않는 노래를 부를 수가 있는가?' 시인은 끝까지 '저속함에 대한 부정과 반항'을 시도해야 하며 중용을 거부하고 '전인미답의 깊이를 가진 일상성 속에서 준엄한 자기를 발견'해야 한다. '기름 칠한 구리 쇠기둥에 앉은' 참루한 희생제의가 시인에게 요구된다는 것이다. 시인의 숭고한 의무는 어떤 상징적인 제의, '죽음의식' 가운데 놓여있다. '시의 종언'이 곧 '시의 장래'이다. 시의 마지막 장면은 언제나 파국이며 그래서 시는 '숭고의 양식'임을 이병각은 재확인한다.

김기림은 '암흑기'라는 이 닉네임을 '역사적 이름'이라 불렀다. 이 이름을 누가 거부하는가? '황혼'의 비애와 애상은 '신체제 국민생활'에 적당치 않고, '암흑면의 노출'은 '당국이 요청하는 문학의 건설적 기분'에 부합하지 않은 '불미스런 것'이다. 그런데 김기림은 이 부정한 '암흑'이라는 술어를 누구나 사용하고 싶어하고 연모한다는 투로 썼다. '암흑은 암흑인 때문에 애완되고 절망조차가 연모되는 듯하였다'고 김기림은 논평했다. 어두운 센티멘탈리즘이 집단의 심화된 열망이 되는 한 그 예언은 역사이자 현실이라는 대목을 그는 뒤에 덧붙였다. 그것은 '암흑'이 갖는 시대적 공감력과 상징성을 충분히 공유하고 있었다는 뜻으로 읽힌다. 놀랍지 않은가.

김기림은 '암흑의 정신'에서 역사를 '뒤집어서' 읽고 싶은 열망을 내보인다. 이 파국과 몰락의 징후 앞에서 그가 의지할 수 있는 것이란 '뒤집어' 읽기가 갖는 이 강렬한 전복, 도무지 설명할 길 없는 숭고함으로 무장

31 夢駒生, 「鍊金機-시와 일상 생활」, 〈조선일보〉, 1937.9.25.

한 어떤 비극적 사상이었을 것이다. 시인의 이름으로, 시의 언어로 말할 수 있었던 '최후의 임무'를 김기림은 '암흑의 정신' 가운데서 찾았다. 그러니까 김기림은 민족이든, 인류든 집단이 공통적으로 추구해야 할 목표, 전체로서의 세계를 제시하고자 했다. 모든 일상적이고 세속적인 언어들로부터 출발해 그것들을 통일한 한 '전체적 인간'이야말로 '시의 궁전'이라는 장엄하고 숭고한 수사의 거주자가 될 수 있다는 투로 그는 말했다.

임학수는 '밤'을 언어의 꽃을 발견하는 길이며 가슴의 불을 찾아가는 길이라 썼다. 시인들은 왜 황혼에서 밤을 거쳐 미명에 이르는가를 그는 말하고자 했다.

> 밤이어— 너는
> 印度諸侯의 보다도
> 喜望峰의 金剛石 보다도
> 비—너스의 微笑 보다도
> 아름다웁다!
>
> 내 아득한 記憶 속에서
> 뒷山 앞山을 에워싼 數萬의 횃불도
> 내 新婦의 얇은 臙脂가
> 고요한 燭불 앞에서 두근거리던것도
> 밤이다.
>
> 낮—그는 騷音의 도간이다.
> 黃塵萬丈의 蒙古風
> 南海, 쪽빛 섬을 헤치고 온 季節風, 東南風
> 그들이 와 휘여잡고 쓰러가는

異國種 街路樹와 六層 삘딩
소리치고 내닫는 電力車와 蒸氣汽罐
파우더 브러쉬를 담은 핸드빽과 스카―트......
오, 탈과 罪惡과 勝利와 요사스런 웃음이
끓고 기고 얼키고 꼬리를 치는―

밤―그는
이윽고 올 生命의 胎兒다.
트러논채로 잠든 어느집 門깐의 受信機에서
와르쇼의 南京의 뉴―욕의 로―마의
때로는 먼 西쪽 섬나라의 電波가 부디친다.
자리에 누어 나는 듣는다.
바로 머리 우에서 퍼덕이는 날개를.
찢는듯 大空으로 솟겨오르는 소리를.
오, 나는 본다
北漢 옛바위에 오독 쪼그린 독수리를!

地下室 까스 써취라일 싸이렌
펌프 마스크 트럭......
아니, 꽃車를 달리며 祝盃를 처들며
휘황한 불과 흥분의 바다를 이룰것도
밤―이 밤일것이다!
(임학수, 「밤」, 인문평론, 1940.1)

도시의 온갖 이국적 풍경과 소음의 도가니로 가득 찬 대낮을 뒤로하고 밤은 환상처럼 온다. '먼 서쪽 섬나라의 전파'를 타고 세상 소식이 전해지고 시인의 모든 귀는 세상을 향해 열려있다. 시인은 꿈속에서 듣는 것마냥 독수리의 비상을 듣는다. 밤의 모든 생명들이 '꽃차를 달리며 축배를 쳐'든다. 그것이 밤이기에, 밤에만 이 생명의 태아들이 자라나기에 그러하다. 밤에야 비로소 시인의 가슴엔 밤의 불꽃이 생명처럼 타올랐다. '聖杯를 쳐들며' 꽃차를 달리는 질주의 정신은 밤에 비로소 타오른다. 휘황한 불이 저 바다를 밀어 올려 삶을 춤추게 한다. 시인은 '휘황한 불과 흥분의 바다를 이룰 것도/밤—이 밤일것이다!'고 썼다. 시인의 가슴을 지피는 장미의 불이 시인의 '밤'의 황홀이 이 느낌표('!') 하나에 축약되어 있다.

여상현은 같은 호 지면에서 밤의 분노를 잠재우는 '불의 희생제의'를 상징적으로 읊었다. 시인은 '밤은 땅이자 영원'이라 썼다.

> —전략—
> 우리는 모두발로 뛰어
> 하늘에 솟아 웃음을 털고
> 따에 나려 永遠을 심는다.
>
> 來日아침 太陽이 솟지않는데도 좋다
> 손꾸락에 불을 켜고 이밤을 延長하는게
> 오히려 우리의 즐거움일라.
> (여상현, 「地鎭際」 부분, 인문평론, 1940.1)

'밤'을 노래할 수 있다면 손가락에 불을 키는 희생제를 통해서이다. 시인의 생명의식은 밤을 통해서, '밤'의 어둡고 습기 가득한 동굴 속에서 지속된다. 태양이 솟지 않아도 좋을 만큼 이 絶島의 죽음의식은 극한적인데, '地鎭際'에서 보듯 땅을 눌러 하늘에 튀어오르는 그런 생의 약동이 '永遠'을 부른다. '밤'이 없다면 어떻게 태양의 나라로 갈 수 있을 것인가. 노천명의 '하늘에 불이 났다/가슴의 장미를 뜯어버려야 한다'(「사슴처럼」)는, 이 극도의 절멸감과 황홀한 죽음의식 역시 다르지 않다. 밤은 절멸이자 황홀이며 꽃이자 칼이며 불이자 얼음이다. 흥미롭게도 「신생의 노래」까지 포함해 같은 호(인문평론, 1940.1) 지면에서 시인들은 가슴의 불을 통해 '밤'에 이르렀다. 비극적이고도 숭고하게 시인들은 '불의 죽음의식'을 거행했던 것이니 그것은 신화적 의례를 통해 삶에 이르는 제의적 과정을 닮아있다. 밤을 통해 새벽을 맞고 죽음을 통해 삶에 이르는 신화적 서사를 시인들은 묵시록적인 음성에 담아내고 있다. 자기 손가락에 불을 켜는 참혹한 희생제의를 치르고서 말이다.

'밤'의 철학, '밤'의 미학

모든 시가 들어앉을 수 있는 '이 깊고 황홀한 밤의 세계'는 계몽과 빛을 근대성의 인자로 환원시키는 이른바 '근대성 담론'의 시각으로는 접근하기 어려운 영역이다. '힘있고 아름답고 사랑스러운 것이 어떻게 쓰러지는가'를 말하는 것은 '어두운 밤의 시대'를 숙고하고 사유하면서 살아가는 방법이다. '큰 문제'로 다루기 어렵다는 뜻이다. 그러니까 '거대담론'으로 말할 수 없다면, '시대의 혈관에 흐르는 대원리' 속으로 들어가야 한다.[32] 밤이 어둡고 깊을수록 세계는 모성적이고 근본적인 상태로 회귀한다. 신의 황혼기에 인간은 여성적 힘으로 구원된다. 이것이 '밤'의 원리다. '밤(어둠)'은 '숭고'와 교통한다. '숭고'는 붕괴 직전의 세계에서 도달할 수 있는 최고의 미학적 가치이다.

철학자들 · 미학자들이 얽은 '밤의 얼굴'을 지젝, 니체, 아도르노의 글에

32 김광섭, 「일생에 한 卷쯤」, 〈인문평론〉, 1940.3.

서 인용해본다.

'밤'의 숭고한 정신세계를 그려낸 모차르트의 오페라 〈마술피리〉 대본을 수정하던 괴테는 이렇게 말했다고 한다.

> 진리가 더 이상 이 땅 위에서 아름다운 명징함의 상태로 널리 퍼지진 않을 것이다. 이제 당신의 숭고한 발걸음이 이루어졌다. 하지만 깊은 밤이 우리를 감싸고 있구나.[33]

이성의 신화는 근대와 빛이 결합되는 순간 열광적으로 타오른다. 그러나 〈마술피리〉에서 최종적 승리는 '빛'에 속하지 않는다. 모차르트는 기묘하게도 빛과 어둠, 선과 악마의 싸움에서 그 어떤 쪽의 승리도 명시하지 않았다. 오히려 근대성은 빛의 승리가 이전에 몰아낸 것보다 더 깊고 근본적인 어둠 속으로 우리를 밀어넣었다는 것을 깨닫는 순간 시작된다는 것이다. 지젝은 헤겔의 『예나체계』를 인용한다.

> 인간은 이러한 밤이며 모든 것, 즉 무한히 다양한 표상들과 상들의 풍부함을 자신의 단순성 속에 포함하고 있는 공허한 무이다. —중략— 환영으로 가득찬 표상들 속에서 상은 밤 주변을 맴도는데, 여기에서는 핏빛의 얼굴이 갑자가 나타났다가 사라지고 저기에서는 또 다른 하얀 형태가 갑자기 나타났다가 사라지곤 한다. 그러나 우리가(순수자아를 지닌) 인간을 주시하고 무시무시한 밤 속을 주시하게 되면 우리는 이 밤의 정체를 간파하게 된다. 이 밤 속에서 존재자는 복귀된 상태에 있게 된다.[34]

---

33 지젝 & 돌라르, 『오페라의 두 번째 죽음』, 이성민 옮김, 민음사, 2010, 169-170면.
34 지젝 & 돌라르, 위의 책, 169면.

밤에야 모든 상들의 풍부함이 드러난다. 순수자아를 지닌 인간으로 복귀하는 것도 이때이다. 의식의 표면에 떠오른 상(像)들의 저 건너편에서 무의식의 깊은 심연이 인간 본연의 자아를 되돌려준다. 인간의 얼굴에 투영된 빛과 그림자를 통해 삶의 신비와 비밀을 탐색하고자 한 다빈치에게서 밤과 어둠의 주제를 읽을 수 있다. 날씨가 어두침침한 날, 밤이 시작될 무렵에야 인간의 우아하고 고귀한 얼굴이 드러난다는 것이고, 어두운 집의 문간에 앉아있는 인간의 얼굴에서 그림자와 빛의 엄청난 매력을 느낄 수 있다는 것이다. "구경꾼의 눈길은, 그림자 속에 있는 얼굴의 부분이 집의 어둠 속에 파묻히고 빛을 받고 있는 얼굴 부분이 하늘의 빛에서 온 광채를 받고있는 모습에 머무른다."[35] 우리는 어둠 속으로 깊이 들어갈수록 제 본연의 순수한 얼굴과 만난다. 그것이 근대성이다. '밤'의 목소리에 자신의 자아를 비춰보는 것 없이 어떻게 우리가 우리 자신에 이를 수 있는가?

또 다른 목소리도 있다. 니체는 『자라투스트라는 이렇게 말했다』에서 밤과 빛을 이야기한다.

> 폭풍처럼 태양들은 자신의 궤도를 날아간다. 그것이 태양들의 운행이다. 그들은 그들의 가차없는 의지에 따른다. 그것이 태양들의 차가움이다. 오, 너희 어두운 자들, 너희 밤인 자들, 너희만이 비로소, 빛을 비춰주는 자로부터 따스한 열기를 창조해내는 것이다. 오, 너희만이 비로소 빛의 젖가슴으로부터 젖고 위안을 마시는 것이다.
>
> —중략—
>
> 밤이다. 사랑하는 자들의 모든 노래가 이제 비로소 깨어난다. 그리

35 마이클 화이트, 『레오나르도 다빈치 최초의 과학자』, 안인희 옮김, 사이언스북스, 2003, 429면.

> 고 나의 영혼 또한 사랑하는 자의 노래이다.
>
> —중략—
>
> 그대들보다 높은 인간들이여, 한 밤이 다가온다. 그러므로 나는 그대들의 귓속에다 뭔가 말해주리라. 저 오래된 종이 내 귓 속에 예기해주는 대로.
>
> —중략—
>
> 저 종은 이미, 그대들의 선조들의 고통스런 심장의 고통소리를 낱낱이 헤아렸었다. 아! 아! 얼마나 탄식하는가! 꿈 속에서 얼마나 웃는가! 늙은, 깊은 한밤은![36]

밤에야 비로소 사랑하는 자들의 노래가 깨어난다. 그러한 자들은 밤의 존재들일 것이다. 가차없이 자신의 의지로 자신의 궤도를 도는 자들은 태양으로부터 빛을, 열기를 창조해낸다. 그런 차가운 태양을 가진 존재만이 태양으로부터, 태양의 빛과 열기로부터 젖과 위안을 얻는다. 그런데 인간은 태양으로부터 빛과 열기를 얻지만 한편으로 저 스스로 냉혹한 얼음의 궤도를 창안해야 한다. 태양의 열기는 '나'의 얼음과 교환된다. 자신의 밤을 가진 자, 밤의 노래를 가진 냉혹한 자만이 저 스스로 태양의 열기를 창조해낼 수 있다.

아도르노는 말러의 음악을 해석하면서 '밤'에 대해 이야기한다. 그 밤 한 가운데 중간인들, 조수들, 불구자들, 소외된 자들이 일어선다.

> 낙오되어 짓밟힌 사람들, 실종된 전답 관리인들, 아름다운 트럼펫 소리가 들리는 곳에 묻힌 사내, 불쌍한 소년 고수(鼓手), 완전히 부자유한 사람들, 이런 사람들이 말러에게는 자유의 聖肉身들이다. 무엇

36 니체, 『자라투스트라는 이렇게 말했다』, 146-147면, 263면, 362면.

> 하나 해주겠다는 약속도 없이, 그의 교향곡들은 패배자의 발라드이니, 이는 "이제 곧 밤이기" 때문이다.[37]

이 소수(the minolity)의 존재들, 주변인들의 말은 최후의 말이며 누구에게도 들리지 않는 말, 단지 '말해질 뿐인 말'이다. 세계의 운명은 개체에 달려있지 않으며 개체는 자기자신의 것이 아닌 한 그 어떤 것도 감당하지 못한다. 자연의 어머니(전체)로부터 떨어져나온 그 순간부터 이미 개체화의 소외와 배제의 고통이 시작된 것과 같다.[38] 스스로 '밤'의 무게를 감당함으로써 시인은 원래의 '전체'로 귀속되고 그럼으로써 비로소 소외와 배제의 고통을 온전히 극복할 수 있다. 시인은 자신의 개성적 말을 멈추고 밤의 열기 가운데 '연무(煙霧)'처럼 '집단' 속으로 스며들어간다. 그러니 누가 운들 무슨 상관인가? 개별자로서의 시인이기를 멈추고 시인의 말은 집단 전체의 목소리가 된다. 집단에, 조직에, 현실에 저항하고 또 개별자로서의 자신의 목소리를 포기하지 않으면서 시인은 '전체'에 귀속된다.

중간인들, 조수들, 주변인들, 소외된 자들은 '성육신(聖肉身)'이며 그들에겐 오직 '뼈부러'진 흔적들, 삶의 상처와 고통들이 자리한다. 개인(시인)에게 남겨진 바로 그 '뼈 부러진 자리'는 그래서 '진리의 필적(筆跡)이 된다'고 아도르노는 덧붙인다.[39] 그렇다면, "이제 곧 밤이기 때문이다"는 이제 "이슥고 밤이 된 것이다"로 변환할 수 있다. 원인과 결과의 문제가 아니라 능동과 계기의 의미로 말이다.

---

37 아도르노, 『말러, 음악적 인상학』, 315면.

38 승계호, 『철학으로 읽는 니체와 바그너』, 석기용 옮김, 반니, 2006, 511면.

39 아도르노, 『말러, 음악적 인상학』, 313-320면.

황혼녘의 회상

시인은 빛이고 밤이며 그들은 빛을 두르고 있고 빛의 젖가슴으로부터 젖과 위안을 마시는 자다.[40] 앞에서 인용한 이 명민한 철학자들이 내건 빛과 어둠의 테제들에 임화의 그윽한 음성이 겹쳐있다. 어둠 속에서 시인들은 오히려 순수하게 떠오르는 밤(어둠)의 정체를 간파할 수 있었다. 윤곤강은 빛을 몰아내는 어둠에 대해 말하기 보다는, 침묵 속에서 빛과 어둠이 조우하는 장관을 '빛은 말도 없이 어둠과 손잡고(「夜景」)'라는 한 구절로 황홀하게 요약한다. 이 회상 속에 그의 '황혼녘의 회상'(「memorie」)이, 황혼의 사상이 무르익는다.

> 땅밑에서 솟아나 어둠이
> 뭉치고 뭉치어 밤이 된다
>
> 가시처럼 뻗친 찬 정기
> 푸른 별떼를 불러오고
>
> 마음 절로 미처
> 밤길 가벼히 들에 나리면
>
> 빛은 말도없이 어둠과 손잡고
> 밤의 숨결 아슬되어 귀에 젖다
>
> 숲기슭에 번지는 도깨비불처럼
> 호올로 어둠속에 서글피 웃는 밤

---

40 니체, 『자라투스트라는 이렇게 말했다』, 147면.

(윤곤강, 「夜景」, 『氷華』, 1940)

땅 밑에서 솟아난 어둠은 힘과 생명력을 가지고 있고 저 은하수의 별 무리를 불러모을 수 있다. '낮'은 어둠을 통해 비로소 강력한 우주만물의 생명의 원리가 된다. 니체의 자라투스트라는 개별적 자아로부터 '어둠(밤)'의 우주적 자아로 옮겨오면서 완성된다는 해석도 있다.[41] '가시처럼 뻗친 찬 정기'에서 역동성과 생명력이 느껴진다. 어둠은 그러한 생명의 역동성을 가진 것이다. 하늘과 대지가 어떻게 이어져있는지, 그것들이 생명의 은하수를 어떻게 가꾸는지를 시적 이미지로 이토록 날카롭게 드러낸 시도 흔하지 않다. 마음은 광란으로 분출할 수밖에 없는 것 아닌가. 그러니 시인은 '미처 밤길 가벼히' 들에 나서게 되는 것이다. 대지가 하늘에 이어지고 어둠이 별을 불러모으듯 빛은 말도 없이 어둠과 손잡는다. 어둠은 그렇게 빛과 조우한다. 어둠을 불러모으는 '황혼'이 고독과 애수로 낭비될 수 없고, 그러니 슬픔에 젖어 방황하는 영혼은 황혼 속에서 다시 빛을 기다릴 수 있다.

시인들은 비명(悲鳴)을 질렀다. 그러나 그 비명은 절제되고 축약된 '울음'이었다. 어떤 가성(假聲)도 섞여들지 않은 시인들의 목소리가 터져나왔다. '황혼'은 그러한 밤으로의 이동을 예고하는 입구였으며, '울음'은 이 밤의 근본적인 표상들을 읽고 있던 시인들의 육성이었다. 많은 시인들이 이 황혼과 어둠의 축제를 소리내서 읊었다. 황혼의 축제를 숭고하게 집행했다. 그것은 억압이라는 이름으로, 검열이라는 강제로도 제압할 수 없는 정신의 유목지대를 관통한다. 시가 현실의 억압을 담아내는 도구이거나 혹은 그러한 기능적 역할에 머문다면, 현실의 재현에 머문다면, 비

---

41 승계호, 『철학으로 읽는 니체와 바그너』, 486면.

유도, 알레고리도, 상징도 시의 양식으로는 불필요할 것이며, 미래를 읽는 자(見者, le voyant)로서의 시인이라는 이 '별칭' 역시 포기되어야 한다.

니체의 황혼

'몰락'과 '황혼'의 기본 개념들을 추출한 것은 니체이다. 그것은 바그너 오페라(악극)에서의 '음악'의 존재이유와 가치를 설명하는 것과 동시적인 것이었는데, 바그너 음악의 서사가 절정의 웅장한 장관을 이루며 최종적 순간을 향해 나아가는 것과 무관하지 않다. 우리의 현실이 우발적인 역사때문에 비참하다는 믿음에서 어떻게 현실 그 자체가 비참한가에 대한 자각이, 그리고 참된 구원은 '현실'로부터 '세상의 밤'의 심연 속으로 물러나는 데 있다는 심오한 통찰이 '바그너'에 존재한다는 것이다.[42] 니체는 바그너의 음악극은 그 어떤 것도 '읽도록' 규정되어 있지 않다고 말한다. 그것은 바그너의 작업이 개념이나 명제로써 말해지지 않고 숭고한 내면성의 언어로 말해지고 있다는 전제로부터 출발한다. '숭고'라는 언어 그 자체는 이미 몰락의 징후이며, 개념과 주장이 무성한 시대를 뚫고 솟아나는 '내면성'은 이미 그 자체로 비극적으로 사유되어 있음을 뜻한다는 것이다.

바그너의 오페라에는 몰락과 황혼에 맞선 신들, 영웅들의 이야기가 펼쳐지는데, 그들 영웅들과 신들의 서사는 사랑의 힘과 권력의 힘, 배신과 구원, 죽음과 사랑 같은 이항대립적 갈등을 통해 '전체성'의 결론에 이르게 된다. 이때 '전체성'이란 '신의 황혼'과 '인간의 구원'이라는 주제와 연관된다. '신들의 황혼'기에 비로소 영웅은 한 여성의 가련한 희생과 절대

42 알랭 바디우, 『바그너는 위험한가』, 김성호 역, 북인더갭, 2010, 270-279면.

적 사랑을 통해서 구원된다는 것이다. 황혼기에 이르러서야 비로소 성애적인 것은 숭고한 것이 되고, 천상적인 영광은 지상의 고통으로 변하면서 지고한 삶이 되며, 죽음을 통해 기만과 배신은 속죄된다. 〈니벨룽겐의 반지(이하, '반지')〉 4부작을 필두로 〈방황하는 네델란드인〉, 〈탄호이저〉, 〈로엔그린〉, 〈트리스탄과 이졸데〉, 〈파르지팔〉 등 바그너 오페라의 대부분은 사랑과 죽음과 구원의 주제를 제시하고 있다. 특히 〈트리스탄과 이졸데〉, 〈반지〉의 2부 〈발퀴레의 죽음〉, 〈파르지팔〉이 이 주제를 깊이있게 드러낸다.

바그너의 불세출의 오페라 〈니벨룽겐의 반지〉를 통해 우리는 '황혼'과 운명애와 비극적 사상에 대한 논의를 좀 더 끌고가 보기로 한다. 이 오페라는 서곡을 포함해 총 4부작으로 구성되어 있다. 비극적 영웅 지그프리드에 대한 브륀힐데의 사랑이 억압과 통치의 권력적 힘을 누르고 궁극적으로 승리한다는 것이 기본 줄거리이다. 지그프리드는 최후의 신이자 영웅이며 브륀힐데는 지그프리드와 함께 장작용 불 위에서 불태워짐으로써 존재의 가장 궁극적인 상태인 어머니 자연으로 되돌아간다.[43] 실제 오페라 공연에서도 이 장면의 황홀경은 압도적이다. 모든 신들의 종말과 황혼에 대한 공포 앞에서 인간을 자유롭게 하는 것은 브륀힐테의 여성적 사랑이다. 신은 사랑의 힘 때문에 스스로 몰락하며 이로써 신의 저주로부터 세계는 구원되고 세계는 깨끗하게 정화된다.[44]

결말 부분의 '사랑을 통한 구원'이라는 주제는 많은 철학가, 사상가들에게 사유의 근거를 제공하는데, 인간적 사랑의 군림(포이에르바흐), 구세계의 혁명적 파괴(바쿠닌), 세상의 체념과 그로부터의 물러남(쇼펜하

---

43 승계호, 『철학으로 읽는 니체와 바그너』, 515면.
44 니체, 『바이로이트의 리하르트바그너』, 105면.

우어)의 해석이 대표적이라고 한다.[45] 바그너는 이들의 입장을 재수용하면서 변화를 보이는데, 초기의 '혁명적 바그너'에서 '성숙한 쇼펜하우어적 바그너'로의 변화는 기존 사회의 혁명적 변화가능성을 휴머니즘적 믿음에 대한 통찰로 이행한 것이라 지젝은 해석하고 있다.[46] '우리 역사는 우발적인 조건적 이유들 때문에 비참하다는 인식 → 어떻게 현실 그 자체가 비참한가에 대한 인식 → 유일하게 참된 구원은 현실로부터 '세상의 밤의 심연' 속으로의 물러남'이라는 이행 단계를 거치면서 바그너의 통찰은 보다 깊어지고 성숙해진다는 것이다. 바그너의 이 같은 '쇼펜하우어적 결말'을 두고 '우발적인 역사적 장애물'을 '선 초월론적 한계로 격상시키는 작업'이라고 비난하는 논변도 있다. 바그너의 일반화한 강령적 선언을 액면 그대로 받아들이는 것이 아니라 세밀한 분석이 필요하다는 투로 알랭 바디우가 말할 때, 우리는 역사적 몰락기의 인간 문제, 즉 황혼기의 인간과 역사의 문제를 보다 시적인 논리, 심오한 인식론적 통찰 가운데서 다루어야 할 필요성을 느낀다. 근대란 빛의 발견 그 자체가 핵심이 아니다. 어둠의 심연 가운데 인간 스스로를 내던지고 육신을 불태움으로써 구원의 불을 밝히고 빛이 혹 가져다줄지도 모르는 미혹의 덩어리를 정화함으로써 근대는 종결된다. '근대'는 '어둠'을 통해 완결된다. 따라서 '어둠'이라는 주제는 '대낮의 의식'으로부터 탈주하고 근대의 빛의 계몽으로부터 이탈함으로써 스스로를 지켜내는 미학적 양식들의 '권리장전' 같은 것이다.

바그너 '최후의 음악극'인 〈파르지팔〉에서 '모든 떠나가는 사람들은 다시 돌아올 사람들'이라는 주제와 마주치게 된다. 성배전설이나 기독교 사

45 승계호, 『철학으로 읽는 니체와 바그너』.
46 알랭 바디우, 『바그너는 위험한가』, 274-275면.

상을 바탕에 깔고 있으면서도 열반사상 등의 불교적인 관념이 내재돼 있고, 〈반지〉에서 보여준 여성적 사랑과 인간의 구원이라는 주제가 계승되어 있다.[47] '무대신성축제극(Bühnenweihfestspiel)'이라는 별칭이 붙어있는 것으로 보아, 늙고 피로한 바그너는 이 최후의 악극을 통해 세속의 무대에서 구원과 사랑이라는 종교적 관념을 펼쳐보이고자 한 것으로 보인다. 잘 늙었고 늙을수록 정리되고 성숙한 오페라 양식을 창안했다는 바그너에 대한 평가와는 달리, 〈파르지팔〉은 한편으로는 불명료하고 비현실적이면서도 퇴영적이라는 평가도 있다. 엄숙하고 장엄한 바그너 특유의 양식적 특성은 〈파르지팔〉에서 더욱 공고해진 측면이 있는데, 이는 '떠나가는 것'이 곧 '돌아오는 것'이라는 주제를 바그너 말년의 양식이 떠받치고 있는 것과 무관하지 않다.

창에 찔린 임포르타스 왕의 고통도, 오랫동안 성배의식을 치르지 못해 허약해진 성배기사들의 신음도 이해하지 못했던 파르지팔은 2막에서 쿤드리로부터 '어머니'를 느끼면서 임포르타스를 기억해내고 또 자신의 임무를 깨닫게 된다. 그것은 '타인'들에 대한 '연민'을 알게 되는 것과 동시적인 것인데, 모성적 사랑으로부터 싹튼 숭고와 공동체 감각이 인간을 구원한다는 〈반지〉의 주제를 공명하는 것처럼 보인다. 파르지팔은 쿤드리에게 '너는 나를 어디서 다시 만날 수 있는지 알고 있다'라는 말을 남기고 떠나간다. 파르지팔이 임포르타스 왕을 구하기 위해 성창(聖槍)을 들고 떠나는 2막의 마지막 장면은 3막의 극적인 해결과 화해의 장면보다 더 비극적이면서도 숭고한 아름다움이 있다. 그것은 파르지팔이 언젠가 다시 올 것임을 암시하고, 임포르타스왕을 구하기 위해 다시 돌아올 것임을 예언하기 때문이다. '떠나가는 자'는 언젠가 다시 '돌아올 자'이다.

---

47 음악지우사 편, 『바그너』, 김홍언, 홍승연 옮김, 음악세계, 2008, 166-167면.

그렇다면 이렇게 요약할 수 있지 않을까. 떠나는 것은 돌아오기 위한 것이고, 그러니 '황혼'은 '여명'이며 '파국'은 '구원'이고 '종언'은 '시작'이라는 것. '최후의 양식'으로서 시가 숭고와 장엄의 불길에 저 스스로의 몸을 불살라 빛을 내는 것은 이 때문이다. '황혼의 시학'을 '숭고의 양식'이자 '비극적 사유의 표상'이라 말한 것도 같은 이유이다.

모든 정신의 세계가 무너진 뒤에야 새로운 정신에 눈뜨는 비극적 사상이 시인의 애수와 퇴폐를 부르는 법이며 그것을 동경과 에로스의 정신이라 해석한 것은 서인식이다.[48] 이 땅의 특수한 '정치적 생애'가 회환없이 애수 없이 삶을 노래할 수 없고 환영 없이 현재를 돌아볼 수 없고 추억 없이 과거를 회고할 수 없다면, 비장한 정신적 고뇌의 표징인 퇴폐와 애수는 이 땅에서 해소되지 않는다. 신을 버리지 않을 수 없으면서도 신을 사모(思慕)하지 않을 수 없는 것, 동경하고 갈망하면서도 부정할 수밖에 없는 것, 이 아이러니에서 인간이 다가갈 수 있는 유일한 길이 회한, 퇴폐, 애수의 情意的인 세계이다. 지상의 그 어떤 권력도 이 정의(情意)의 세계만은 침범할 수 없다. 퇴폐, 애수, 회한, 센티멘탈리즘을 서인식은 일종의 '비극적 사상'이라 요약한다.

황혼녘의 향수

쓰러져가는 전통세계에 대한 '愛撫의 旅情'을 그린 이태준, 지성인으로서 지나간 청춘시절과 함께 결별한 정신적 고향에 대한 애수를 그린 임화, 그 어떤 정신적 고향도 갖지 못한 자의 동경을 그린 오장환 등은 공통적으로 이 무너진 것, 부재한 것들에 대한 향수의 정의(情意)를 그리고 있다. 그것은 '인류의 後事'를 준비하는 자의 표식이자 고도의 미적 세계

48 서인식, 「애수와 퇴폐의 미」, 〈인문평론〉, 1940.1.

관의 顯示이다. 현실과 타협할 수 없는 '비장한 정신'이 곧 숭고의 정신이며 이것이 단순한 퇴폐나 애수와는 다른 점이다. 이는 황혼의 언어가 숭고와 종교성을 거느리는 이유이기도 한데, '퇴폐의 향수'는 한편으로 '十字屋을 찾아가는' 심정인 것이다. 시인들의 비극적 음성에 왜 숭고의 어조와 묵시록적 세계관이 담겨있는가를 '십자옥을 찾아가는' 바로 이 시인들의 '심정(정의)'에서 확인한다.

일제말기 이효석의 즐거움은 신약(新約), 특히 막달라마리아의 사적(史蹟)을 읽는 것에 있었다.[49] '한 인간의 소중한 기록' 그 너머의 무엇이 이효석의 흥미를 끌었던 것일까. 그것을 황혼기에 인간이 느끼는 사랑과 숭고의 사상이라 할 수는 없을까. 몰락(붕괴)의 순간에 인간이 가질 수 있는 최고의 숭고함이란 주제가 이효석의 심정을 읽는 데 도움이 될 수 있을 것이다.

'떠나기 위해 돌아온다'는 쿤드리의 목소리에 무엇인가 낯익은 목소리가 공명된다. 서정주의 명민함은 시적인 예지력에서 기인한다. 서정주의 절창은 시적인 예지력에서 온 것임을 부정할 수 없다.

> 결국은 조금씩 취해 가지고
> 우리 모두 다 돌아가는 사람들
> (서정주, 「행진곡」 부분, 신세기, 1940. 11)

'우리 모두 다 돌아가'지만 이 말을 액면 그대로 믿을 수는 없다. 그(서정주)가 돌아갈 곳은 그가 출발한 곳이기 때문이다. 결국은 또 다시 조금씩 취해 가지고 떠났던 그곳으로 모두 다 돌아올 사람들이 '우리 모두 다

---

49 이효석, 「마리아막달라」, 〈매일신보〉, 1939.8.3.

돌아가는 사람들'이다. 그것은 마치 뇌옥(牢獄) 속에서의 질주와 같은 것이다. 가는 것이 오는 것이고 뛰는 것이 멀어지는 것이다.[50]

임화가 서정주의 「행진곡」을 들어 '돌아가는 자는 언젠가 다시 돌아올 자'라고 언급한 것에서 비극적인 숭고함이 묻어난다. 임화의 예지력과 명민함이 읽히는 대목이다. '가는 것이 오는 것이고 뛰는 것이 멀어지는' 이 비양립성(incompatibility)의 기묘한 원근법은 〈문장〉 창간호의 '가까워야 할 것이 늘 멀게 생각되고, 사실 먼 거리를 가지고 나가기 쉬운 것이 文筆人과 現實이라 하겠다'라는 선언과도 얼마나 가까이 있는가. '신비적인 변증법', '낭만적 비극의 철학' 같은 논의나 관념적인 인간론들이 일말의 회의론에도 불구하고 긴 여운으로 당대인들에게 받아들여졌다. 니체적인 인간론이 '불가불 深長한 의미를 갖지않을 수 없'었던 것[51]도 같은 이유이다. '귀환을 위한 출발'은 그렇게 묵시록적인 '어둠의 사상'이 된다. 그들의 묵시록은 그들의 말을 실어나르는 소셜 미디어의 상징코드가 된 것이다.

김기림은 벌거벗은 신들의 황혼에서 새로 일어서는 건강한 영웅들의 목소리를 기대한다. 별빛 하나 없고 장미 한 송이 피지 않은 하늘 아래 그의 벗은 오직 절망뿐이었다고 고백한다.

> —전략—
> 바람이 떼를 지어 江가에서 우짖는 밤은
> 절망이 혼자 밤새도록 내 친한 벗이었습니다.
> 마지막별이 흘러가도 아무도 소름치지도 않습니다.
> 집마다 새벽을 믿지않는 頑固한 窓들이 잠겨있습니다.

50 임화, 「현대의 서정정신」, 〈신세기〉, 1941.1.
51 임화, 「조선문화와 신휴머니즘론」, 〈비판〉, 1939.4.

> 六天年 메마른 思想의 沙漠에서는 오늘밤도
> 히미한 神話의 불길들이
> 음산한 懷疑의 바람이 불려 깜박어림니다.
> 그러나 四月이 오면 나도 이 추근추근한 季節과도 작별해야 하겠습니다.
> 濕地에 자란 검은 생각의 雜草들을 불살라버리고
> 太陽이 있는 바다까로 나려가겠습니다.
> 거기에 벌거벗은 神들과 健康한 英雄들을 만나겠습니다.
> (김기림, 「겨울의 노래」, 문장, 1939.12)

'육천년 메마른 사상'의 신화조차 꺼져가는 밤이다. '마지막 별이 흘러가도 아무도 소름치지' 않고 '집마다 새벽을 믿지않'고 창들은 '완고하게 잠겨있'는 절멸의 시간이다. 신화를 지키던 마지막 별이 흘러가버려도 아무도 소름치지 않고 그러니 그 신국(神國)의 시민들은 누구도 새벽을 믿지 않는다. 황혼 너머 어둠이 오고 그 어둠 뒤에 새벽이 오는 그런 황혼과 밤은 없다. 세계의 절멸과 몰락을 김기림은 '완고한 창들이 잠겨있다'라는 문장으로 암시했다.

이 절멸을 건너뛰어 기대할 수 있는 것은 저 육천년 시간의 몰락과 그 시간 이후에 불러올 '4월의 바람'이다. 시인은 '추근추근한 계절과 작별하고 습지에 자란 검은 잡초의 생각을 불사르겠다'고 쓴다. '4월의 바람'은 아마도 신화적 구원의 불길일 것이다. 태양신의 제단 주위에 서성이는 신들과 영웅들을 불러모으는 정신일 것이다. 고독하고 고단한 몰락의 세계 너머로 새로운 세계를 여는 신들이 다가온다. '벌거벗은' 신들이자 '건강한' 신들이며 최초의 신이자 구원의 신에 대한 기대가 이 시의 마지막을 장식한다. 메말랐던 신들의 육신이 마지막 연에서 영웅적이고 건강한 초인적 신의 이미지로 변모된다.

'어둠 속의 통찰'이라는 주제는 역사적 전환기에 선 인간이 맞닥뜨린 삶의 비참과, 역사적 장애물을 넘어서려는 인간의 세계의지(인식)를 다루는 문제이다. 혁명적인 동시에 선험적인 것이며, 현실적인 문제인 동시에 낭만적인 동경의 문제이며, 따라서 현실의 중심을 이루면서 다른 한편으로 현실로부터 물러남이라는 결말을 공유한다. 보다 적극적인 삶의 통찰이라는 문제의 틀 내에서 '어둠'을 이해할 수 있는 근거를 여기서 읽는다.

비극적 세계관과 암흑의 정신

임화의 '암흑의 정신'은 '황혼의 언어'를 임화 식으로 번역한 것이다. 시간상 황혼은 암흑으로 넘어가는 중간 단계이거나 암흑을 불러오는 선지자(先知者) 역할을 하는 것이니 이 '황혼'에 이미 비극적 세계관이 함축돼 있다. 몰락의 징후로부터 솟아나는 이 비극적 사유만이 인류를 죽음의 공포와 불안으로부터 구제할 수 있다. 일제말기를 '암흑기'라 읽을 수 있다면, 이 '암흑'이 '죽음의식'과 같은 시간의 선취적(先取的) 사유로부터 태어난다는 데 있다. 그 순간 인간은 찰나적으로 어떤 성스러운 것과 마주치는데 그때 인류는 비로소 자신의 삶의 모든 고통을 한없이 보상받을 수 있다.

'광명은 암흑에서!'의 선언은 미래를 어둠으로부터 견인하는 비극적 세계관을 표상한다. 임화는 "'비관주의'란 묘사할 때는 자연주의이며 정감으로는 감상주의, 낭만주의"라 하고 이들을 묶어 '비관적 낭만주의'라는 개념으로 요약한다. 일제말기의 비관적, 감상적, 낭만주의적인 시적 경향을 보인 시들을 임화는 '암흑의 노래'라 부른다. 이찬, 박세영, 그리고 몇 신인들이 이 흐름에 가세했고, 자신도 그 말류에 서 있음을 고백한다. 이는 낡은 문학 이론의 비판과 새로운 창작 방법의 탐구라는 소란한 현실 가운데서 생겨난 것이니 '비관적 낭만주의'란 소설양식에서의 단순한 재현적 리얼리즘의 방향과 더불어 시에 나타난 주도적 경향이라 본다. 여기서 그 유명한 '낭만주의 재론(再論)' 같은 1930년대 후반 활발하게 논의된 카프 비평론을 상기할 수 있겠지만, 비평담론이나 산문담론과는 다른 방향에서 이 논의를 끌고 가야 할 필요가 있다. 우리는 지금 이 자리에서 시적 논리, 밤의 논리, 황혼의 언어를 말하고 있기 때문이다.

'비관적 낭만주의'를 비판하면서도 임화 스스로 이 비관적이고 감상적인 시정신의 말류, 즉 '암흑의 정신'으로부터 벗어날 수 없었다는 것은 흥미로운 대목이다.

> 우리 시인들은 이 1년 동안 목청을 높여서 암흑의 노래를 불렀다. 나 자신도 「암흑의 정신」 이후 10여편을 이러한 것을 노래해 보았는데, 처음 생각과는 딴판으로 곤란한 결과를 얻고 방금 딱한 중이다. 잠시 나 개인의 경험의 술회를 용서한다면, 위선 이러한 제재가 우리의 시에 들어온 것은 한 개의 개연성이 있다. 즉 우리들에게 이러한 감정을 갖게 할 외계의 사건이 수년래에 핍박하였다. —중략— 자연적 리얼리즘을 미워하면서도 그들과 같이 암담한 현실로부터 도피하는 대신 나는 그 속으로 뛰어들어갈 결심을 했다. 나는 그러면서도 '광명은 암흑에서'라는 신념을 가지고 희망을 잃지 않으려 했다. 그리하여 가증할 현실의 어둠을 그대로 노래하는 것으로 곧 광명, 희망으로 통하는 길을 독자가 찾으리라 믿기도 했다.[52]

'광명은 암흑에서'라는 선언을 내걸고 임화는 '암흑의 노래'를 부를 수

---

52 임화, 「그 뒤의 창작노선」, 〈비판〉, 1936.4.

밖에 없는 시정신의 당위성을 설명하고자 한다. '암흑의 노래'를 부른 것은 역사적 개연성이 있으며 암흑 속으로 뛰어든 것은 거기서 광명으로, 또 희망으로 통하는 길을 찾을 수 있다는 신념 때문이었다고 임화는 고백한다. 임화의 회고는 현실 도피가 아니라 현실 속으로 뛰어드는 자의 긴박감과 그러한 현실의 직접성으로부터 벗어나 다른 곳에서 빛을 찾는 자의 고독감이 묻어있다. 이 긴박감과 고독감이 그가 1년 동안 목청을 높여 불렀다는 「암흑의 노래」 10여 편에 그대로 내재되어 있다.

> 깊은 낙엽송의 밀림과 두터운 안개에 쌓인/ 저 험한 계곡 아래, /지금 이 여윈 창백한 새는 날개를 퍼득이며,/숨소리조차 죽은 미지근한 가슴 위에 두 손을 얹고,/어둠의 공포 절망의 탄식에 떨고 있다./—아무 곳으로도 길이 열리지 않는 암흑한 계곡에서.
> (임화, 「암흑의 정신」 부분)

무성한 풀숲은 청년의 정신이며, 아름드리 교목은 진리의 의지이며 거인같은 삼림은 정신이자 혼이다. 새는 그러한 혼이자 정신과 완벽하게 동일시된 대상일 것이다. 그러나 이 새는 '빈사의 창백한' 새이다. 그런데 아무 곳에도 길이 열리지 않는 암흑한 계곡에서 어둠의 공포, 절망의 탄식에 떨고 있던 새는 암흑한 계곡 그 단애(斷崖) 끝에서 비로소 생명의 봄의 기운을 본다. 암흑의 계곡에 바람의 멱살을 잡고 암흑의 하늘의 가슴을 찢으며 생명의 불길이 타오른다. 단애에서만이, 어둠 속에서만이 생명을 말할 수 있다는 듯 그 장엄과 숭고의 순간을 임화는 불꽃과 교목의 장렬한 언어로 그렸다.

> 교목들은 어깨를 비비며 불길을 일으키고,/시들은 풀숲은 불길에 그 몸을

> 던지며,/나무 가지는 하늘 높이 오색의 불꽃을 내뿜지 않는가./그리고 삼림은!/커다란 불길의 날개로 거인인 산악을 그 품에 덤석 끼고,/믿음직한 근육인 토양과 철의 골격인 암석을 시뻘겋게 달구면서/백척의 장검인 화주(火柱)를 두르며, 고원(高遠)한 정신의 뇌명(雷鳴)과 함께 암흑의 세계와 격투하고 있다./진실로 영웅인 작열한 전신을 그 가운데 태우면서 –
> (임화, 「암흑의 정신」 부분)

임화의 '교목'은, 이육사의 '교목'이 차고 냉혹하며 고독한 데 비해, 열과 함성에 들떠있다. 여기에는 개인의 성격과 특성도 한몫하고 있으리라. 무엇이든 어떠랴? 열이든 얼음이든 그것들은 '광명(빛)'을 말하고 있다. 임화는 '암흑'에서 솟아나는 어떤 힘들에 대해 쓴다. 그것은 마치 사티로스의 죽음의 힘이 시간의 신인 크로노스와 손잡고 태초의 우주를 생성하는 것과 같다. 불이 기계적인 근육과 강철같은 육신에 아날로지되고 있음을 주목할 일이다. 밤의 불길은 장미처럼 아름다우나 그것은 강철과 기계의 정신을 가진다. "믿음직한 근육인 토양과 철의 골격인 암석을 시뻘겋게 달구면서/백척의 장검인 화주(火柱)를 두르며, 고원(高遠)한 정신의 뇌명(雷鳴)과 함께 암흑의 세계와 격투하고 있다" 교목은 생명의 거대한 불길을 일으키고 '거인인 산악'을 품는 우주목처럼 그려진다. 암흑의 세계와 격투하는 것은 고원한 정신의 뇌명이며 그것은 영웅의 작렬하는 몸(全身) 그 자체이다. '교목'은 대지의 영웅인 제우스이자 그 스스로 모든 물질의 근원인 메르쿠리우스(Mercurius)이다. 그 스스로 암흑의 세계와 격투하는 자이자 암흑으로부터 세계를 창안하는 정신이다.

그런데 이 세계수로서의 '암흑의 정신'은 흥미롭게도 프랑스 혁명의 불기운을 아날로지한 것이다.

> 오라 어둠이여! 울어라! 폭풍이여!
> 노호하라! 사와 암흑의 '마르세이유'여!
> (임화, 「암흑의 정신」 부분)

사(死)와 암흑을 뚫고 일어나는 것은 청년의 가슴 속에 자라나는 영웅의 정신이며 죽음을 무릅쓴 자의 비장한 의지에서 나온 것이니 암흑의 정신은 비극적 세계를 뚫고 스스로 전진한다. '가증할 현실의 어둠을 그대로 노래하는 것으로 곧 광명, 희망으로 통하는 길을 독자가 찾으리라'는 믿음에서 출발한 비관적 낭만주의는 프랑스 혁명에 깃든 낭만주의의 장엄한 목소리를 바탕에 깐 것이었다. 그럼에도 기계적 육체성 때문에 애상 · 퇴폐의 낭만적 노스텔지어를 거세할 수 있었고 이것이 비극적 세계관을 단단하게 지속할 수 있는 동력이 된다.

하지만 임화는 이 격한 울분과 정제되지 않은 외침의 공허함을 인정하지 않을 수 없었다. '광명은 암흑에서!'라는 신념으로 뛰어든 비관적 낭만주의는 시적 대상의 제한, 소재의 고갈을 피할 수 없었다고 임화 스스로 자평하고 있다.

> 높은 희망의 열화를 가지고 노래하려고 할 때 시가 대상의 현실성으로부터 비상하려고 할 때, 급히 묘사적인 지상으로 내려왔다. 이때 생긴 것이 「버러지」 같은 트리비얼한 사실성과 감상주의가 혼합된 타기할 작품이 되었다.[53]

임화는 자신의 시 「버러지」를 빌어 '지엽적 사실성'과 '없는 곳에서 일

53 임화, 「그 뒤의 창작 노선」, 〈비판〉, 1936.4.

부러 상정된 희망 내의 감상주의'가 혼류되는 것의 문제성을 지적한다. 밟아도 한번 꿈틀하지 못하는 벌레와 다를 바 없는 자신의 처지를 자책하는 이 시에서 미래의 광명이나 '희망으로 통하는 길'을 찾기는 어렵다. 이름없는 벌레와 자신을 동일시하는 나약한 감상주의가 사변적으로 서술되어 있다는 것이다.

한편, 이찬의 「月夜」, 「귀향」 등을 언급하면서 임화는 이 시들 역시 과거를 회상하는 가운데 얻어진 '희망에의 역도, 소극화'에서 더 나아가지 못했다고 진단한다. 특히 「月夜」는 시인을 위해 국수장사, 개정장사에 이어 급기야 술장사로 호구지책을 마련하고 있는 어머니에 대한 안쓰러움과 자신의 무능함에 대한 좌절과 자책을 담고 있는데 현실에 대한 분노나 희망에 대한 열의보다는 개인적 좌절과 과거의 회고가 주된 정조를 이루고 있다.[54]

> 이 모래벌을 자성녘부터 오로 우로 가로 세로 여태 취한 듯이 비틀거리며 지향없이 헤매는 나
>
> 집에 간들 잠이 오랴 졸음인들 오랴
>
> ―중략―
>
> 아 내 그만 삼년이나 세상 밖에 신세져, 그간 주는 손 느는 빚에 이리 나날의 호구조차 어렵게 되었거니

54 감상성이 짙고 산문적 진술성이 농후하다고 판단했기 때문인지 1947년 시집 「승리의 기록」에 「달밤」으로 개작해 실었다. 사변적 진술이 줄어들고 압축적이고 간결한 구성과 문장으로 변화했다. 자신의 아픔이 개인적 경험에 그치지 않고 당대 보편적인 경험이라는 문제의식을 메마른 어조와 간결한 문장으로 전달하고 있다. 마지막 두 연은 이렇게 수정 보충되었다. "―(전략)―/오, 비웃는가 꾸짖는가/대낮 같은 밤이여,/정겨운 고향의 산천이여/너만이 그런 어머니를 가지고 있느냐고,// 그렇다 그리 쳐 봐도/어이하랴 뼈살을 에이는 이 아픔을,/이 밤도 이렇게 끝내 이렇게 새우려냐." 이동순, 박승희 편, 『이찬전집』, 소명출판, 2003, 516-517면.

> 한없는 내 걱정 근심에 쪼들대로 쪼들고 비길 데 없는 낙망 헤아릴 수 없는 고생에 말대로
> 여지없이 메말라오시는 어머니
> (「달밤」(月夜) 부분)

잠은커녕 졸음도 없이 온 밤을, 거리를 헤매는 청년의 절망은 '어머니'로부터 왔다. 가난과 이 가난 앞에 노출되어 있는 어머니를 구제할 길 없는 청년의 절망과 비관은 쉽게 소멸할 것 같지 않다. 이 시는 이렇게 마무리된다.

> 오오 비웃는가 욕하는가 거울같은 달이여 구슬같은 모래여 대낮같은 밤이여[55]
> (「달밤」(月夜) 부분)

가난과 절망은 거울만큼 투명하며, 삶의 고통과 어둠은 대낮만큼 명백하다. 이 투명함과 명백함이 오히려 '미래의 희망' 운운을 쉽게 허락하지 않을 것이다. 현실에 대한 분노와 미래의 희망을 사변적으로 조작해 낸 듯한 임화의 '낙관적 전망'과는 정반대의 방향('희망에의 역도')에서 빚어진 비관적 감상주의(일종의 '절망')를 읽어내고 임화는 이찬의 이 시를 자신의 것과 유사한 것이라 평가했다. 임화는 이 같은 경향을 프로시단의 '탁류'적 경향이라 규정하고 이 '시시한 고민'보다는 더 많은 희망을 가질 의무가 문학에 있다고 결론지었다. 시의 언어가 상징의 품을 떠날 때 그것은 더 이상 시의 힘을 기대하기 어렵다. 감정의 포화가 시적 전망을 흐

55 이동순 외 편, 『이찬전집』, 52-53면.

리게 한다. 직설은 요설이 되고 요설은 트리비얼한 '사실'이 된다. 낭만의 과잉을 가진 '가슴'보다 건조하고 메마른 '손'이 이때 필요하다. 이것이 상징의 언어이자 황혼의 시학이다. 황혼의 언어는 상징의 품 안에서 양육되면서 세계를 품어 안는다. 그것이 시적 논리이며 비극적 세계관의 핵심이다.

임화가 말한 '비관적 낭만주의'의 시적 경향은 오히려 1930년대 말기 신진시인들에 의해 보다 '전진된 문학(시)'의 형태로 다시 나타나게 된다. '미래의 객관적 현실 과정'을 강박처럼 노래하기보다는 폭풍, 뇌우가 불러온 암흑의 지대에서 숭고하게 미래를 예견하는 묵시록적 목소리가 보다 리얼한 현실을 투영해 낸다고 신진시인들은 믿었을 것이다. 현실을 미학적으로 재구성하는 것은 '희망에의 열의'를 보다 예지적이면서도 적극적으로 노래하는 길이었다. '시적으로 현실을 읽어내는 방법' 곧 시적 적확성으로 현실을 파악하는 방법만이 '시의 장래'를 선언할 수 있었다.

침묵과 공동(空洞)

정지용 시의 간결성과 건조성은 어쩌면 '밤'의 비극성과 운명감으로부터 비롯되었을 것이다.

> 밤은 울기 전 울음의 鄕愁요 움지기기 전의 몸짓의 森林이오 입술을 열기 전 말의 풍부한 곳집이외다.[56]

'밤'은 곧 '울음'이며, 그것은 정지된 '몸짓'이며 그러니 '밤'의 말은 '침묵'의 언어임을 정지용은 예리하게 간파한다. '밤이 지구를 따를' 정도로 인

56 정지용, 「소묘(4) 밤」, 김학동 편, 『정지용 전집 2 산문』, 민음사, 1995, 20면.

간에게 밤은 운명적이며 비극적인 것이니 그것은 '거대한 문자가 뽑히어 나가는 것'과 같은 '空洞'의 의식을 부른다. 그때 '비극을 받아들이는' 시인의 태도는 종교적인 순교와 같은 절제를 필요로 한다. 정지용은 '비극은 실로 默하다' 고 썼다. '비극은 반드시 울어야하지 않고 사연하거나 흐느껴야 하는 것이 아니'라는 것이다.

비극적 세계관을 담은 장엄한 시인의 목소리는, 역설적으로, 시인의 침묵하는 소리에 대응된다. '장엄한 목소리'는 시인의 침묵 가운데 찾아들기 시작한다. 묵시록적 잠언의 목소리가 포효하는 시인의 목소리를 대신한다. 시인들은 전환기의 거대한 파도 위에 올라타고 오히려 '침묵'과 '空洞'을 말한다. 시인들은 침묵함으로써 '시대'라는 거인의 어깨에 올라탄 난장이가 된다. '침묵'이 말 그대로 침묵인 것은 적게 말하고 축약해서 말하는 것, 상징으로 말하는 것을 의미한다. 침묵이 가장 온전한 시적 언어의 형태라면 말하지 않는 것이 최고의 표현인데, 말하지 않으면 의미할 수 없고 표현하지 않으면 존재할 수 없다. 그러니 '침묵'은 수사적인 말이자 시적 언어의 '사상'이다. 그러니 '침묵'과 '공동'은 비어있다는 점에서 동형성을 갖는 시의 말을 표상하는 개념이 된다.

〈인문평론〉 1940년 2월호에 실린 이찬의 「空洞」은 인류의 황금시대를 추억하는 시인의 비극적인 심정을 감동적으로 그리고 있다. 이 시가 오장환의 「방황하는 시정신」, 김광균의 「서정시의 문제」 등이 실린 '신세대 특집'호의 권두언 바로 다음에 실렸다는 바로 그 점이 일종의 상징적인 '사건'이라 말할 수 있는 근거가 된다.

> 여기 아무일도 있지않았든양
> 여기 또한 아무것도 있지않도다

> 太古然히 비-ㄴ 空洞
> 陰風만이 휘도려....
> 山짐생도 敬遠하는 외론歲月을
> 愁愁히 生의圈外에 국척한者여
>
> 虛妄한年輪이 거츠러히 아로색인 凄滄한 이끼밑
> 빛나든 네靑春의 이마를 어듸가 찾으리
>
> 일즉 人類의 華麗한꽃이 黃金의수레를 몰든날
> 火花같이 불타든 네가슴의情熱을 나는 아노라
>
> 그한시절 蠻한 濁浪과 臂力을 겨눌 때
> 즐겨 存亡을 내걸든 壯한 네氣槪도 나는 아노라
>
> 다―반 보르노니 그뒤에 온것
> 말하라 空洞이여 그뒤에 온것
>
> 오호 묵어운 沈黙이여 永遠한 悲痛이여
> 울자쿠나 나와함께 千年을 萬年을 소리없이 울자쿠나.
> (「空洞」, 인문평론, 1940.2)

시간은 無로 되돌려진다. 역사는 비어있다. '空洞'이다. '여기 아무일도 없었고, 아무것도 있지 않다.' 시인은 '침묵'과 '비통'을 말하면서 시대와 역사를 '무'로 돌려놓았다. 그가 시대의 등(파고) 위에서 본 것은 '인류의 화려한 꿈이 황금의 수레바퀴를 몰던' 인류의 황금시절이다. 그는 이 찬란한 태고의 시간 뒤에 무엇이 오는지 모른다. 천년 뒤에 초인이 백마를 타고 오는 이육사의 그것과 이는 얼마나 다른가. 이찬이 할 수 있는 것은 울음을 우는 것뿐이다. 그런데 그 울음이 '천년을, 만년을' 견딘 그런 장구한 세월을 견뎌낸 울음이니 영원의 울음이다. 영원한 것은 기원의 것이자 원형의 것이니 언제나 텅 비어있다. 최후의 시간 너머 무엇이 올지 모르나 그 시간을 위해 견디고 인고해야 한다. '공동'은 그러한 천년을 만년을 인고하는 울음의 시공간이자, 영원회귀하는 것들을 위한 태초의 시공간이다. 근원으로 원점회귀함으로써 역사의 시간은 중지된다. '그 뒤에 온것'은 무(無)이자 공동(空洞)이며 태고인 것이다. 비극적 심정, 비극적 세계관이 '空洞'의 이미지에 있다.

침묵과 울음은 영원성을 표상하는 목소리의 이미지이며 그것은 시인의 '정신적 태도'(임화)를 표상한다. 시인의 비극적 사유가 청각적 이미지로 표상된 것이다. 이찬이 「황혼비낀 대관정(大觀亭)에서」 읊은 두 주먹을 불끈 쥐고 부르르 떨던 분노와 결의의 목소리와, 이 울음과 침묵의 목소리는 얼마나 다른가. 시인들은 분노보다는 울음을, 웅변보다는 침묵을 택하고 있다. 일제말기 시인들의 태도는 그러니까 그 전 시대와는, 그 이전 시대정신과는 확연히 다른 것이었고, 그래서 일제말기 '황혼'의 시는 그 이전에도, 혹은 그 이후의 어떤 것과도 다른 언어로 쓰여졌다고 할 것이다.

닥쳐 올 시대(미래)의 '무엇'은 '종자 혹은 꽃씨'(이용악, 「해가 솟으면」)이다. 그것만이 '모든 시가 들어앉아 있을 수 있는 세계'이다. '꽃씨'는 찬란한 생명의 종자이자 영원을 품은 씨앗이니 그것은 물질이자 정신이며 기원의 표상이자 관념의 '개성화'이니, '황금의 수레바퀴' 만큼이나 절대적인 원형의 세계에 속한 것이다. 무엇으로 대체할 수 없고 무엇으로 환원할 수 없는 것 바로 그것이다.

잠잠이 흘려 내리는
개울을 딸아
마음 싫도록 추잡한 거리로 가리

날이 갈수록 새로히 닫히는
무거운 문을 밀어제치고.............

조고마한 자랑을 만날지라도
함부로 푸른 하늘을 대할지라도
내사
모자를 벗어 반갑게 흔들어주리라

숫한 꽃씨가 가슴에서 튀여나는 깊은 밤이면
손뼉소리 아스랗게 들니는 손뼉소리...........

멀어진 모一든 사람들의
이름을 부르며 호올로 거리로 가리

욕된 나날이 정영 숨가뿐
등곱새는 등곱새는
엎디여 이마를 적실 샘물도 없어
(「해가솟으면」, 인문평론, 1940.11)

'등곱새의 운명'은 역사를 다한 세계의 종말론적인 관념을 드러낸다. 이용악은 역사의 무거운 문 앞에서 '욕된 나날이 숨가쁘다'고 썼다. 날이 갈수록 새로운 '문'이 열리는 것이 아니라, 그 반대로, 문은 닫혀버렸다.

그것도 무겁게 닫혀 버렸다. 그 앞에 서있는 막막한 심정을 이용악은 토로한다. 무거운 역사의 문 앞에서 인간은 직립하지 못한다. 무거운 문 앞에서 인간은 등이 굽었다. 역사 앞에 선 인간은 등이 굽었다. 이마를 적실 샘물도 하나 없는 그런 막막한 '등곱새'의 운명이 시인에게 오버랩된다. 기형적 존재로서의 인간은 '중간인적' 존재, '조수로서의 인간'(카프카)의 이미지가 아닐 수 없다. 이 유형의 인간은 역사에 맞서기보다는 그 역사의 파고를 타고 그 역사를 넘어간다. 비극적이고 초월적인 이미지가 생겨나는 것은 이 때문이다. 임화가 말한 '비극적 세계'의 이미지를 이 '등곱새'의 운명에서 본다.

비극적인 것 가운데 새로운 세계가 열린다. 임화는, 새로운 세계는 '아름다운 밤에 대한 사모가 면면'한 데서 비롯된다고 썼다.[57] 서정주가 「행진곡」에서 염원했던 것처럼 그런 종소리, 박수소리의 청각적 환영 속에서 이용악은 '모—든 사람들'을 발견한다. 무거운 역사의 문을 밀어제치는 동력을 발견할 수 있었던 것은 적요한 개인의 내면에서 나와 추잡한 거리로 나서면서 가능했던 것 같다. 그러니 이 시기의 시를 '내면성의 시학'이라 명명하는 것은 얼마나 수동적이고 소극적인 발상인가. 시인은 '모—든 사람들'이라고 긴 호흡으로 말하고 있다. 이 하나의 간단한 문장부호('모—든')안에 얼마나 강력하고 리얼한 생명이 숨어있는가. 이용악은 비로소 어둠 속의 꽃씨를 발견한다. '집단('모—든')'의 이름에서 말이다. 그는 이를 '숫한 꽃씨'라고 썼다. 그 꽃씨 속에 모든 사람들의 이름이 있다. 사람들의 박수소리, 환영의 몸짓들('모자를 흔들어주리라')은 꽃씨가 되어 터져나온다. 한 밤 내 가슴속에 품고 있던 먼 곳을 향한 낭만적 판타지처럼 그렇게 시인의 가슴에서 튀

57 임화, 「시단은 이동한다」, 〈매일신보〉, 1940. 12.9-16.

어나온다. 시각적인 것이 청각적인 것으로 변환되는 이 축제적 음성, 집단의 목소리가 '꽃씨'의 생명성, 역사의 영원회귀를 약속한다.

임화는 이용악 시의 한 구절, "숫한 꽃씨가 가슴에서 튀여나오는 깊은 밤이면/손뼉소리 아스랗게 들니는 손뼉소리"에서 시대정신의 절정을 보았다. 그런 축제, 그런 환희는 깊은 어둠 속에서나 볼 수 있었다. 그것이, 「술에 잠긴 세인트 헬레나」(인문평론, 1940.3)에서 보듯, 비록 페시미즘으로 끝나버렸을지라도 말이다. 이 쇄락, 이런 절멸로부터 싹튼 비관적 세계인식이 오히려 역사의 새로운 문을 밀칠 의지이자 생의 역동성이다. 생명을 다한 새(제비, 독수리, 까마귀)가 샘물 한 모금 얻어 새생명을 얻듯 시인은 역사의 새로운 어떤 시작을 염원했던 것이다.

> 강물 아래로 강물 아래로
> 한줄기 어두운 이 강물 아래로
> 깊은밤이 흐른다
> 銀河水가 흐른다
>
> 낡은밤에 숨막키는 나도 흐르고,
> 銀河水에 빠진 푸른 별이 흐른다.
>
> 강물 아래로 강물 아래로
> 못견디게 어두운 이 강물 아래로
> 빛나는 太陽이
> 다다를 무렵,
>
> 이 강물 어느 支流에 彫刻처럼 서서,
> 나는 다시 푸른 하늘을 우러러 보리

(신석정, 「어느 支流에 서서」, 문장, 1941.3)

신석정의 시는 오장환이나 이용악에 비해 직설적이다. '푸른 하늘', '빛나는 태양'의 모티프는 끌리쉐적일 정도로 낡아 보인다. 하지만, '한 줄기 어두운 강물 아래 흐르는 은하수'는 '꽃씨가 튀어 오르는 밤'만큼 '밤의 사상'에 녹아있다. 이용악의 꽃씨, 오장환의 桃花, 신석정의 '푸른별'이 다 같이 깊은 강물 아래 떠가고 있다. 어둠 속에서 이 꽃씨를, 도화를, 푸른 별을 볼 수 있고, 어둠에 익은 사상만이 '강물'이 이것들의 또 다른 '하나의 한울'임을 투시할 수 있다. 개별자('지류')로서 시인은 다시 '큰 강'의 원류(原流)로 합치되는 미래를 꿈꾸고 있다. 그 '못견디게 어두운' 강물 앞에 선 견자는 강물 아래 떠가는 도화를, 강물 아래로 흐르는 하늘을, 하늘 가운데 떠 있는 별을, 하늘 한 가운데를 가로질러 흐르는 은하수를 본다. '못 견디게 어두운 강물 아래 떠 있는 것은 태양'이니 '하늘'은 또 다른 강물이며 강물은 또 다른 한울이다. '푸른 하늘'을 우러러보는 것이나 강물 아래 빛나는 태양을 보는 것이나 시인의 시선은 언제나 미래의 시간을 투시하고 있다. 그것은 이미 인간이 속한 시간의 질서에 있지 않고 하늘의 운성(隕星)의 질서에 속하는 그런 '장엄의 장식'[58] 가운데 감싸여 있다.

김기림은 오장환의 「신생의 노래」(인문평론, 1940.1)를 두고 '정신의 비극을 육체로써 체험함으로써' 시대의 거대한 旋風에 힘껏 박력할 수 있다고 보았다.[59] 첩첩이 눈 쌓인 고원의 적막감과 몰려다니는 겨울 짐승들, 이리떼들의 이미지가 장작처럼 벌겋게 타오르는 시인의 가슴에서 데워져 녹아내린다. 마음속에서 솟아난 보리 이삭이 산등성이를 눈부시게 밝

58 서정주, 「창피한 이야기들」, 『전집 7』, 160면.
59 김기림, 「감각, 육체, 리듬」, 〈인문평론〉, 1940.2.

히고 있다.

시인은 스스로를 황혼의 시간에 스스로 눈멀고 귀먼 채 계시와 같은 한 줄기 빛을 제시하는 존재로 인식한다. 따라서 몰락의 징후와 함께 대두된 '시의 종언'이라는 담론은 사실 시의 영원회귀적 갱생, 곧 영원한 생명이라는 영원성의 철학을 대신한다. '시의 종언'은 궁극적으로 '시의 장래'인 것이다. 이 점은 신세대 시인들이 '시의 장래'를 모색하고 시의 새로운 방향성을 고민하면서 역설적으로 왜 그토록 '황혼'의 이미지에 몰입해 있었는가를 설명해준다. 일제말기 시의 장래를 둘러싼 여타의 논의들은 초개인적이고 보편적인 것이다. '황혼'의 언어는 미래를 위한 단 하나의 희망과 그것을 보증한다. 임화가 어둠 속에서 본 '꽃씨의 세계'는 생명의 지속성과 영원성에 대한 알레고리가 아닐 것인가. 안개같이 불명확한 시대를 마주한 선 시의 현존이 '시의 종언'이라는 이 비극적 담론을 만든 것이라면, 우리는 일제말기의 어둠을 뚫고 나오는 비극적 사상에 귀를 기울여야 한다. 이 관점에서 일제말기 '황혼'의 언어는 수사학이 아니라 역사철학적인 맥락을 품은 일종의 '사상'이 아닐 수 없다. 시로 철학을 말하는 순간이 이것이다.

2. 황혼과 상징

(1) 황혼, 꿈과 외롬 '사이'에 있는 것

전환기 혹은 역사의 종언

많은 시인들이 일제말기 '황혼'을 말했다. 비극적 사상은 황혼녘에 비로소 인류를 찾아온다. '일제말기'를 사는 시인들이 '황혼의 비극'을 토해

내는 것은 자연스러운 '몸짓'(루카치, 『영혼과 형식』)이다. 정지용이 '움직이기 전의 몸짓'이라 언급했던 것을 상기해 본다. 시인들은 황혼기를 어떻게 해석하고 있는가? 차례로 확인해보기로 한다.

樹州 변영로는 시인의 초상을 '꿈과 외롬 사이 태어나서 외롬과 꿈 사이 숨진다'라는 문장으로 요약했다.[60] 마치 〈문장〉이 창간호를 만들면서 그 첫 발성으로 "가까워야 할 것이 늘 멀게 생각되고, 사실 먼 거리를 가지고 나가기 쉬운 것이 文筆人과 現實이라 하겠다"[61]를 반복하고 있다는 인상을 준다. 시인은 원래 고독하게 태어나는데, 그것은 꿈꾸기 위해서이고, 죽을 때도 그는 외롭게 죽어간다. 꿈이 너무나 멀리 있기 때문이다. 시인의 운명은 가까운 듯하면서 먼, '꿈의 夢幻鏡'만큼이나 가혹하다.

'시의 쇠멸'에 대한 담론들을 마주하면서 비평가에게 '해석'이 아닌 '판단'의 문제가 현실적으로 주어졌고, 시인들은 황혼의 십자로에서 길을 잃고 있었다. 어디로 갈 것인가? 시는 이대로 소멸할 것인가? 이 소멸론의 중심에는 시인의 비극적 운명감에 대한 숙고가 자리하고 있다. '사랑도 행복도 민족도 주검도 이제는 한낱 異國 方言'이라 김동명이 썼던 것[62]은, 어떤 삶(행복, 사랑)도 소유하지 못한 채 그저 삶으로부터도 물러나 있는 심정을 말하고자 한 데 있다. 삶은 비참할 뿐 비참한 삶은 회복되지 않을 뿐 아니라 초월되지도 않는다. 민족이라는 집단적 방언도, 주검이라는 초월도 저만치 물러나 있다. 김동명은 절멸이나 체념이나 우울을 말하고자 한 것일까.

유치환은 거대한 시대의 종언을 '絶島'의 이미지에 실어 보냈다. 그것

---

60 樹州, 「失題」, 〈문장〉, 1939.10.
61 「권두에- 시국과 문필인」, 〈문장 〉, 1939.2.
62 김동명, 「하늘」, 〈문장〉, 1939.8.

은 역사에 대한 무거운 책임의식이 잠재된 것이다.

> 허구한 歲月이
> 曠野는 외로워 絶島이오
> 새빨간 夕陽이 물들은
> 세상의 끝같은 北쪽 依支없는 마을
>
> 머언 벌까 兵營에서
> 어둠을 불러 喇叭소리 량량히 울며
>
> 큰악한 終焉인양
> 曠野의 하로는 또 지오
> (「絶島」, 인문평론, 1940.11)

유치환은 시원(始原)에서 종언(終焉)을, 근원에서 결핍을, 시간에서 부재를 발견한다. 그것들의 정도를 시인은 애써 '끝없고 큰악한'이라는 형용사를 써서 확인한다. 태초의 광야는 시원(始原)의 대양이 아닐 수 없고 인간은 거기에 떠 있는 외로운 절도(絶島)이다. '새빨간 석양이 물든' 황혼녘에 시인은 어떤 극한적인 공간, '세상의 끝같은' , '의지없는 마을'에서 이 존재론적인 질문을 던져본다. '북쪽 의지없는 공간(마을)'은 세상의 극단이며, '새빨간 석양이 불들은' 시간은 시간의 극단이다. 나팔소리는 '어둠을 불러' 시대의 종언을 고하지만, 그것이 먼 미래를 예언하는 초인의 목소리인지는 분명하지 않다. 시인은 '광야의 지는 하루'를 지켜보지만 그것이 미래의 시간으로 회귀할지는 아직 예견할 수 없었을 것이다.

유치환이 비극적으로 읊은 이 '큰악한 終焉'을 임화는 한 개의 커다란

轉機에 임했다[63]고 번역해 쓴다. 이를 누가 부정할 것인가? 이른바 '전형기', '모색기'인 것이다. 이 말은 비경향문학파인 정인섭 등의 해외문학파를 겨냥한 것이기는 하지만, 임화는 비유적으로 이 시기(전형기)를 '황혼(기)'으로 번역했다.[64] '예배종'이냐 '조종'이냐의 명철한 판단 문제가 문단에 놓여있다고 임화가 쓴 것은 시인의 실존이 구원과 절망 사이, 갱생과 죽음 사이에 있음을 암시한 것이다.

임화는 황혼의 십자로 위에 선 시인들을 향해 '십자로 위의 인간정신의 문제'를 제기했다.[65] 그런데 시의 쇠멸이 소설과의 산술적이고 계량적인 비교 우위나 열위에서 그 합당한 근거를 갖는 것은 아니다. 마치 '시집의 홍수'가 '시의 르네상스'라 볼 수는 없는 것과 마찬가지다. 인쇄되기 위해 시가 씌어지는 것 같은 상황을 들어 '시집의 홍수시대'라 불렀는데 이 같은 '시집의 홍수'가 곧 '시의 르네상스'를 증거하는 것은 아니었다.[66] 소설집이 천 부 인쇄되는 마당에 시집은 겨우 백 권 인쇄된다는 것인데, 그렇다고 해서 이것을 또 시의 쇠멸을 증거하는 지표로 삼을 수는 없는 것이다.[67] 문제는, 황혼기의 커다란 선풍(旋風)에 힘껏 부딪힌 시인의 양심의 소리가 아닐 수 없다.

「와사등」, 「공지」, 「광장」의 세계가 임화의 시선을 사로잡았다. 임화는 김광균의 시집 『와사등』을 읽고 시인의 심혼의 숨결과 그것을 감싸고 있는 투명하고 유리알 같은 언어를 주목한다. 「와사등」에서는 시인이 던진 難問의 위험성을, 「공지」에서는 회한(悔恨)의 열염(熱炎)을 읽었다. 그

63 임화, 「최근 10년간 문예비평의 주조와 변천」, 〈비판〉, 1939. 5-6.
64 임화, 위의 글.
65 임화, 「조선문화와 신휴머니즘」, 〈비판〉, 1937.4.
66 김기림, 「감상에의 반역」, 〈인문평론〉, 1939.11.
67 김기림, 「성벽을 읽고」, 〈조선일보〉, 1937.9.18.

리고 「광장」에서는 '暮色'에 젖어 '황혼'을 향해 내달리는 시인의 질주를 읽었다.

> 비인 방에 호올로
> 대낮에 體鏡을 대하여 앉다
>
> 슬픈 都市엔 日沒이 오고
> 時計店 지붕 우에 靑銅 비둘기
> 바람이 부는 날은 구구 울었다
> 늘어선 高層 우에 서걱이는 갈대밭
> 열없은 標木 되어 조으는 街燈
> 소리도 없이 暮色에 젖어
>
> 엷은 베옷에 바람이 차다
> 마음 한구석에 벌레가 운다
>
> 황혼을 쫓아 네거리에 달음질치다
> 모자도 없이 廣場에 서다
> (「廣場」, 비판, 1938.9)

「광장」이라는 시의 제목에 이미 '자유'와 '질주'의 말이 숨어있다. 그러나 '광장'에서 인간은 길을 잃는다. 어디로 갈 것인지, 길의 방향을 갖지 못한 자들에게 광장은 이미 미로의 중심일 뿐이니, 그것은 질주가 아니라 헤매임을 예고하는 것이며 외부가 아니라 심연이며 자유가 아니라 혼돈을 가리킬 뿐이다. 「광장」을 인용하면서 임화는 이렇게 썼다.

> 그는 틀림없이 십자로 상에 나온 것이다. 방향의 결정이 그의 박두의 운명이 아닐까? 심연으론가? 광장으론가? 그것은 아무도 모르는 비밀이다. 이 비밀을 위태로이 위태로이 곱게 싼 시 1편이 김군의 가작으로의 최후에 실린 설야(雪夜)리라.[68]

임화는 '십자로 상'에서 시인의 운명은 그 방향을 결정하는 것에 있다는 투로 썼다. 심연으로 갈 것인가? 아니면 광장으로 향할 것인가? 이 두 가지 길 가운데 어떤 것을 선택할지 결정해야 하는 임무가 시인에게 주어졌고 그것이 곧 시인의 '박두한 운명'이다.

'광장'에서 시인의 운명을 읊은 시인은 김광균만이 아니다. 운명의 '십자로'란 열려있기보다 막혀있기 더 쉽고 그러니 이찬은 막힌 십자로 앞에서 생각지 않을 수 없는 것의 서러움을 읊었다. '모든 길은 항구로 끝나 또 다시 이르른 십자로에서 나는 지금 생각지 않을 수 없는 것이 서럽다'(「港夜」, 조광, 1940.4)라고 썼다. 십자로가 막혀 있는 것이다. '항구마다 항구는 있으되 항구는 없다' 이 반어적인 현실 앞에서 시인은 '船票는 갈 방향을 잃었기에 찟겨졌다'고 썼다. 내일 바다 날씨를 그래서 믿을 수 없는 것 아닌가? 그가 구토를 일으킨 것은 이 십자로 위에 선 자의 실존적 반응이었을 것이다. 그는 황혼의 세기에 서 있는 낯선 자신을 발견하고 실존의 구토를 느꼈던 것이니, '구토'는 육신의 반응이 아니라 영혼의 반응, 영혼의 낯설음에서 온 것이다.

윤곤강은 '황혼'을 목격하고 운명감에 사로잡혔던 것 같다. 화살처럼 스러지는 별 빛 앞에서 생각은 점점 깊고 어둔 장막 속으로 침잠해간다. 시인에게 정열이 없는 것이 아니고 그의 분노가 존재하지 않는 것이 아

68 임화, 「시단의 신세대」, 〈조선일보〉, 1939.8.18-26.

닌데 이상하게도 그 정열과 분노는 마을의 풍경들과 그 풍경이 거느리는 몽환적인 이미지에 의해 가려져 있다.

> 한낮의 꿈이 꺼질 때 바람과 황혼은
> 길 저쪽에서 소리없이 오는것이었다
>
> 목화꽃 희게 희게 핀 밭고랑에서
> 삽사리는 종이쪽처럼 암탉을 쫓고있었다
>
> 숲이 얄궂게 손을 저어 저녁을 부리면
> 가느디 가는 모기우름이 오양간쪽에서 들리는것이었다
>
> 하늘에는 별떼가 은빛 우슴을 얽어놓고
> 은하는 북으로 북으로 기울어지는것이었다
> (「마을」 부분, 조광, 1940.7)

> 별이 허나 소리없이 흘러
> 화살처럼 흘러 슬어젓다
>
> 검고 기픈 어둠의 장막 속으로
> 나의 가슴에 피는 불꽃처럼
> (「별이 흐르는 밤」 부분, 매일신보, 1941.8.5)

> 어둠을 타고 일어나는 버(?)릇이
> 별빛마저 넘보는 음한 삶을 빗는다
> (「박쥐」 부분, 매일신보, 1941.5.6)

시인은 '불꽃'이기에 어둠 속에서도 잠들지 못한다. "검고 기픈 어둠의 장막 속으로/니의 가슴에 피는 불꽃처럼"(「벌이 흐르는 빔」) "어둠을 타고 일어나는 버(?)릇이 별빛마저 넘보는 음한 꿈을 빗는다"(「박쥐」)고 썼다. 그의 피는 불꽃처럼 타오르는데 멀리 어둠을 걷어내며 꿈은 어둠을 넘어 별빛마저 넘어서 간다. 황혼기의 비극이 여기서는 어떤 '정밀한 꿈'을 찾아 길을 재촉하는 듯이 느껴진다. 그러니까 몰락의 징후 앞에서 유일한 희망이란 '비극적 심정'은 결코 사멸하지 않는 것이며, 그 점에서 시인의 비극적 울음은 역설적으로 몰락의 시간 앞에 선 인간의 유일한 희망이 아닐 수 없다. '검고 기픈 어둠의 장막 속으로' 더욱 침잠할수록 시인은 더 영롱한 별빛을, 가슴속 더 깊은 곳의 불꽃을 발견할 것이다.

황혼의 그림자

우울과 절망이 교직되고, 고독과 퇴폐가 황혼의 거리를 뒤덮었다. 그것은 한편으로는 가난하고 비루한 삶의 풍경들에서 오기도 하고, 조선소, 정미공장, 고무공장 같은 도시에 하나 둘 늘어가는 근대문명의 금속성 짙은 이질감으로부터 오는 것이기도 했을 것이다. 김광균은 '퇴폐한 인생의 애도같이 이 동리의 황혼은 어둡다'라고 썼다. 김광균은 언제나 황혼이 깔리는 교외의 성당 근처를 어른거렸다. 황혼을 뒤로하고 공장에서 퇴근하는 노동자들, 부두와 조선소·정미공장과 고무공장으로 이어지는 냄새나는 작은 골목들, 어린이의 아우성 소리로 혼잡한 빈민지대가 이 동리의 황혼을 더욱 물들이고 있는데, 가혹한 생계의 피로 때문에 아내와 남편은 창백하고 음울한 표정을 씻지 못한다. 이 캄캄한 골목에 청년들의 거친 구두소리가 사라진 지 오래다. '청년들의 거친 구두소리'는 의지를 불러모으고 새로운 생을 다짐하는 것이지 않았겠는가. 그런데 그것이 사라졌다는 것이다. 가난한 삶의 풍경들은 퇴폐한 인생이며 그것은 황혼처럼 시들어 간다. 시인이 쓴 문장은 마지막에 이렇게 끝난다.

> 그러나 둔율리의 현실은 지나간 감상과 회억만에 그치지 않는다. 둔율리는 다시 벌써 어느 방향으로 움직이기 시작한 까닭이다.[69]

'둔율리는 벌써 어느 다른 방향으로 움직인다!' 이 마지막 문장에서 우리는 황혼의 언어가 어떻게 삶의 형식들을 헤치고 다른 방향을 향해 방향키를 트는지를 목도하게 된다. 시인의 말은 상징적이고 암시적이다. '황혼'이 비록 퇴폐한 인생의 한오라기 증거물처럼 印章찍힌다 해도, 직관적으로 시인들은 황혼녘에서 그 황혼의 빛을 등진 채 움직이는 어떤 그림자, 역동적인 삶의 방향성 같은 것들을 읽을 수 있었던 것이다. 움직이기 전에 이미 그 움직임을 예견할 수 있었던 것이다.

조벽암의 1933년경의 '황혼'은 시간 개념과 가치론적인 이념이 결합된 것이다. '어둠과 밝음', '이상과 현실'의 '분수령'이 그의 '황혼이 된다. '이즈러져가는 세기'는 '황혼'의 시간일진데, 시인이 가진 녹슨 열쇠로는 새로운 세기의 문을 열 수 없고 그래서 오직 열쇠꾸러미를 만지작거리며 침묵에 젖을 뿐이다. 그러니 꿈은 찾기 어렵고 가슴은 분노로 가득 찬다.

> 불 대리미로 문지르는 팔월에도
> 주름살 한번 펴보지 못하고 설익는 마음
> 때 낀 현실의 구겨진 과녁을
> 기아를 무릅쓰고 겨누라니 괴로웁네

69 김광균, 「인생의 애도」, 『김광균 문학전집』, 소명출판, 2014, 330면.

> 우거진 수풀에도 바람끼 한 점 없고
> 미꾸라지 같은 요염한 얼굴에도 졸음이 잠겼나니
> 이 이즈러져 가는 세기의 고민과 발악에는
> 녹슬은 열쇠꾸러미를 만지적 만지적 쓰디쓴 침묵에 젖네
>
> 어둠과 밝음의 새벽녘은 지금이러니
> 이상과 현실의 분수령엔 희생과 오직 사기뿐—
> 이날도 저물어 얇은 황혼을 밟는 그림자는
> 정밀한 꿈도 찾을 길 없이 가슴 저민 분노만이 타네.
> (「팔월의 黃昏街」, 부분, 신동아, 1933.8)

'때낀 현실의 구리과녁'은 무디고 둔탁하며 중심이 확인되지 않는다는 뜻이리라. 황혼을 밟는 시인에게 남은 것은 오직 분노뿐이다. 구겨진 현실과 그것을 바로 펴고자 하는 것 사이, 현실과 이상 사이에는 여전히 희생과 사기만이 있을 뿐이라는 것이다. 시인은 황혼의 그림자를 이리저리 끌고 다니며 그의 분노를 삭혀보고자 했을 것이다. 그에게 필요한 것은 '정밀한 꿈'이었다. 그는 꿈과 현실 사이에서 갇혔고 그래서 정밀한 꿈을 설계할 수 없었으며, 현실에서의 분노조차 표출할 수 없어 침묵했던 것이다. 시인은 황혼이 끌고 가는 자신의 그림자를 내면의 거울에서처럼 들여다 본다. 그의 침묵은 그의 그림자만큼이나 무겁고 괴로운 것이다. 일제말기의 '황혼'과의 차이가 확인된다 하겠다.

이 시점에서 '황혼의 언어'가 부재하는 시는 어떤 방식을 취하는가 확인하기로 한다.

'황혼'이 문제적인 것은 '황혼'의 상징성이 사라진 시는 산문적일 수밖에 없다는 사실을 말하기 위한 것인데, 이는 산문적이고 직설적인 언어

로는 굳이 시의 완고한 정체성을 증명할 이유도 또 필요도 없음을 의미한다.

> 生活의날에
> 日沒은 있고
>
> 日沒은 人間破産의
> 始初요 終末이다
> 그것은 不渡手形
> (누가 일즉 約束額面의 支拂을 새날에 받았는가)
>
> 永遠한 猶豫로 時時를 彌縫하는
> 한개 狡猾한 장사치 歲月이여
>
> 오늘도 거리에
> 수다한 人間廢業者 準廢業者!
> (이찬, 「日沒」, 조선일보, 1940.8)

시와 산문의 경계가 사라진 시다. 시가 아니라 차라리 담론(구호, 선언)에 가깝다. '일몰'은 '인간폐업'의 현실을 가볍게 알레고리하는데, 시인의 계몽적인 말을 전면화하는 한자어가 쓰일 수밖에 없었던 이유를 확인할 수 있다. 이른바 개행(改行)을 하지 않으면 굳이 시로 존재할 필요도 없다. '공허한 활자나열'로 '상식, 사상을 노출하는 데 머문' 정도의 시라는 당대의 평가는 이 시에도 해당된다.[70] '황혼'은 말하지 않으면서 말하

---

70 윤곤강, 「丙子詩壇의 回顧와 展望」, 303면, 「寸語集」, 329면, 『윤곤강 전집 2』,

고, 또 어둠 속에서 스스로 빛을 내는 시의 말법인데 그러니 이 같은 직설적인 말법을 시가 감당할 이유는 없다.

'황혼' 은 '어둠과 밝음 사이에' 있고 그 점에서 '황혼'은 '새벽녘'이기도 하다. 하지만, 황혼이 항상 찬란한 여명을 몰고 오지 않음을 이미 조벽암의 「희망(절망)」에서 확인했었다. 일제말기의 '황혼'의 중요성을 우리는 여기서 다시 확인하게 된다.

(2) 상징과 계시, 상징주의 재론

청년기의 언어

'황혼'을 '상징시학'과 연관해서 이야기하고자 한다.

'상징'은 청년의 언어이다. 시는 '청년들이 운동경기'(모리스 블랑쇼)이고 시 언어의 핵심이 '상징'에 있다면, 이 명제는 성립한다. 시사적으로 '상징'이 문제가 된 것은 언제나 '(새로운)시작(Begining)'이 문제될 때였다. 근대초기 상징주의시가 수용되는 시기의 시사가 그러하고 묵시록적 기대가 미래의 시간을 견인하던 일제말기의 시사가 그러하고 새 날이, 새 시대가 문제되던 해방공간의 시사가 또 그러하다. '상징'은 고답적인 물건이 아니라 '시작(始作)'을 시도하는 자들의 '청춘의 감정을 비추는 거울'[71]이다.

오장환은, 블랑쇼의 명제와 유사하게, 시는 한낱 '청춘기의 오류'라고 말하고 '피맺힌 발로 白沙地를 헤매는' 시인 청년들의 심정을 '선인장의

다운샘, 2005.

71 오장환, 「소월시의 특성」, 『전집』, 522면.

빨간 꽃송이'에서 빌어온다.[72] 가시 돋우고 몇 년씩 시간을 저울질하다 피는 선인장 꽃이 피맺힌 발로 무연한 백사장을 헤매는 이 극한의 상황에 처한 청년들의 이미지에 겹쳐진다. '선인장'이든 '백사장'이든, 그것은 시인의 초상이기도 한데, 자신까지도 믿을 수 없는 기력 속에서 절망에 빠지지 않기 위해 시를 쓴다고 시인은 고백한다. '빠알간 선인장 꽃'은 시인의 불(가슴)이며 시의 혼이다. 그것은 또한 시인의 꿈이며 시인의 언어이다. 상징이라는 시의 꽃이다.

타락한 세기에 인간은 고향을 잃고 불안 속에 병들어 있으며 인간의 언어 역시 창백하고 병적인 상태로 세계에 내던져져 있다. 일상의 언어가 병들고 타락했다면 산문의 언어는 타락한 세계를 구제할 수 있는 좋은 방편은 되지 못한다. '산문의 언어'는 고통받고 있는 사람들의 삶을 더 이상 그려내지 못하게 되며 따라서 자신의 존재이유를 상실한다.[73] '문장보국(文章報國)'의 '현실'에 어떻게 '언어'가 등가적으로 맞설 수 있겠는가? 현실과 언어는 이미 '0도'의 균형점을 상실한 지 오래다. 일제시대 전반이 그러했지만, 일제말기 들어 언어는 더욱 분명한 규율과 강제의 현실에 예속된다. 권구현의 「새날」(동아일보, 1930.3.2.)이 압수된 것에서 확인되듯, 총독부는 아침, 봄, 새날, 신년, 종소리 등 '새로운 시작'을 우의적으로 품고있는 시들은 대부분 압수했다.[74] 현실은 순수성을 상실했으며 산문의 언어는 그 타락한 현실을 온전하게 그려낼 수 없다.

타락한 삶에 맞설 수 있는 것은 고도로 우회된 언어, 상징의 언어이다. 몰락의 시대에 시적 언어는 세계와 소통할 수 있는 언어이다. 몰락의 징

72 오장환, 「방황하는 시정신」, 〈인문평론〉, 1940.2.

73 니체, 『바이로이트의 리하르트 바그너』, 39면.

74 정진석 편, 『일제시대 민족지 압수기사 모음』, LG상남언론재단, 1998, 691면.

후 앞에서 시인의 언어는 현재를 반영하거나 현재 그가 속한 대지에 속해있는 것이 아니라 미래의 시간과 미래의 영토를 향해 있기 때문이다. 시인의 언어만이 황혼과 몰락을 넘어 미래의 총체적 행복을 예언할 수 있다. 시(인)의 장래와 미래의 시간은 상징하는 언어의 스펙트럼을 통과하면서 계시이자 예언서가 된다. 그러니까 '상징-계시-숭고'는 황혼기의 언어에 삼투해 그 지평에서 움직인다.

종교적 숭고함에 기댄 상징의 발견

황혼기의 시가 상징성과 종교성을 띤다는 것은 폴 리쾨르(Paul Ricoeur)의 논의가 설명해준다. 그는 시의 비유만이 시적 기능을 갖는 것은 아니며 성서에 나오는 다양한 형태의 담화 양식들이 '시적 기능'이라는 공통적인 특징을 가지고 있다고 했다. 시적기능이란 은유적 기능을 의미하며, 따라서 성서언어의 특징은 은유적이다.

은유적인 특징을 갖는 성서의 언어는 삶 속에서의 경험을 진술함으로써 우리가 사물들의 새로운 연관관계를 포착할 수 있게 하고, 역사 안에서 신의 현존의 자취를 해독할 수 있게 한다. 리쾨르가 말하는 성서의 언어는 '신의 언어'를 계시하는 데 멈추는 것이 아니라 그것이 독자의 실제적 삶과 밀접하게 연결되어 있음을 보여준다. 이를 '저자와 독자'의 관계로 유추하면, 자자와 독자는 시공간적 '거리'로 떨어져 있지만, 오히려 시공간적 그물망이 존재하기 때문에 텍스트 혹은 작가의 '지금-여기'는 독자의 '지금-여기'를 암묵적으로 지시하게 된다.[75] 마치 거미가 거미줄을 통해 몸을 움직여가듯이, 독자는 저자의 시공간대로 이리저리 몸을 움직여 저자의 시공간대와 공감의 일치를 이루게 된다는 것이다.

75 폴 리쾨르, 『해석학과 인문사회과학』, 윤철호 옮김, 서광사, 2003, 2부.

인간에게는 선과 악이 공존하며 저 스스로 악을 행할 뿐 아니라 수많은 오류 가능성을 저 스스로 안고 있다.[76] 그러나 이를 자신의 경험 안에서 인지하기는 어렵고 오직 언어를 통해서 그것에 접근할 수 있다. '자백의 언어'는 신을 향한 악의 고백이며 그것은 가장 원초적인 언어의 표현이기도 하다. 이는 간접적이고 비유적인 방식으로 죄책을 말한다는 점에서 상징적이며 따라서 그 언어는 '해석'을 요구한다. 상징의 언어는 그 이면에 감추어진 '태초의 말'을 밝혀내는 '해석'의 작업을 필수불가결하게 거느린다는 것이다. '태초의 말'은 불과 얼음의 말이자 염원(계시, 동경, 기원)의 말이다. 그러니까 모든 '상징'은 태초의 말에 대한 기억을 간직한 언어이다.

상징은 사고(思考)를 요하는 말법이다. 상징해석학은 철학적 반성을 요구하면서 동시에 상징적 의미가 지시하는 바를 따라감으로써 인간 실존에 대한 깊이있는 이해에 도달한다. 일반언어학 이론이 말해주듯 인간의 언어는 기본적으로 관념적 의미(ideal sense), 무엇을 말하는 것(to say something)과 실재적 지시체(real reference), 무엇에 관해 말하는 것(to say it about something) 양자를 모두 갖는다고 볼 수 있지만,[77] '상징적 언어'란 전자를 통해 후자를 반향하는 말법이다. '밤'의 상징은 지시체로서의 '밤'을 넘어 '밤'의 원초적 맥락, 그러니까 '관념적 의미'로 관통해 들어간다. 그것은 현실을 가리키기보다는 언어 그 자체의 말, 시 언어의 주권을 가리킨다. 이 같은 관점에서 일제말기 황혼의 언어를 '상징'의 맥락에서 해석하는 것이 의미를 갖는다.

시대는 산문정신에 기울어졌다. 시의 쇠퇴는 필연적이니 '현대시의 황

76 폴 리꾀르, 『해석학과 인문사회과학』, 28면.

77 폴 리꾀르, 위의 책.

혼'이라는 은유가 실감되는 것은 지극히 온당한 것이다. '시의 쇠퇴가 오늘 세계적인 현상인 것만은 틀림없'는데, 김광균은 '시의 황혼'을 상징적인 문맥으로 치환한 바 있다.[78] 김광균은 '절망적인 황혼을 가져오면 가져올수록 영원히 피로를 모르는 격렬한 정조와 눈부신 꿈을 부어주'는 문학(시)의 정신을 이야기 하면서 시양식이 보다 음악적인 양식으로 옮겨갈 것을 제안한다. 그 목적이 그의 시에서조차 실현되었는지는 의문이지만, 그가 현대 시정신을 탐구하면서 시양식에 대한 근본적인 질문을 제기한 것은 주목할 일이다. 그는 주지주의시를 주창한 김기림은 물론이고 사상(내용, 의미)에 치중한 이상과도 악수하지 않겠다는 관점을 분명하게 피력하지만 이상하게도 그의 문맥은 김기림이 「시의 장래」에서 보여준 묵시적인 진술과 유사한 분위기가 있다.

> 문단의 大道를 素雜한 소설의 大部隊가 혼자 횡보하고, 그들의 오만한 표정과 악취가 출판물의 전부를 차지하고 있는 이때, 오늘 시가 받고있는 학대는 그것이 몇 가지 자기 모순을 가지고 있는 것이라고는 하나 불행한 일과 속에만 固息되어 있는 것은 추측하기 어려운 일이다. 시는 영구히 이렇게 어두운 숙명 속에서 슬픈 임종을 맞아야 옳을는지 모르지만 그럴수록 시에 대한 우리의 신앙은 한층 더 창백한 불꽃을 일으킬 것이고, 일찍이 우리들의 시에 대한 '에스프리'도 퇴색한 기억을 가지지 못하였다. —중략— 시는 그가 가진 음악적 일면을 신앙하고 흥분한 열정을 노래하는 카나리아가 되어도 좋을 것이다. 실증적인 건실과 정신을 껴안아야 할 것이다. 십자로에서 고개를 들고 모든 것에 관심을 높이하고, 그 '렌즈' 철필에 힘을 주어 시의 본질적 기능의 발휘와 영토의 확대에 좀 더 야심적인 노력을 지불하여

---

78 김광균, 〈풍림〉, 1937.4.

> 도 좋을 것이다. 문제는 노력 여하에 있으나 완벽한 시의 궁전은 운무(雲霧) 저 쪽에 확실히 우리를 기다리고 있다.[79]

완벽한 시의 궁전은 雲霧 저쪽에서 시인을 기다리고 있다는 것이다. '완벽한 시의 궁전'에 다다르기 위해 황혼의 십자로에 선 시인은 '모든 것에 관심을 높이하고 그 '렌즈' 철필에 힘을 주어 시의 영토를 확대해야 한다. 시의 궁전은 운무 저편에 있다는 이 묵시록적인 기대는 김기림의 「시의 장래」를 반향할 뿐 아니라 '신앙에 가까우리만치 종교적인 풍모'가 있다. 마치 김기림이 동북제대 시절 들었던 포화의 소리에 실려온 성가 〈안드레나스〉처럼 종교적인 색조를 띠고 있는 것이다.

상징과 꿈의 언어

'종소리'의 묵시록적 의미가 일제시대에 얼마나 예민하게 반향되었는지는 총독부의 검열 방침에서 이미 확인한 바 있다. '새날'과 같이 '해방'을 뜻하는 알레고리적 기호였다는 것인데, 이를 여기서 강조할 필요는 없을 것이다. 김광균 시의 한 구절 '겨울 하늘을 날카롭게 쯔르고 서 있는 성당 첨탑의 빼빼마른 종루에서 황혼이면 들려오는 종소리'에서 종루는 지극히 건조하고 결핍된 육체적 형상을 하고 있는데, 시인은 이 종교적 상징물의 오히려 결핍된 육체에서 풍요롭고도 경건한 종교적 심성을 발견한다.

김광균의 유명한 시의 일절 '분수처럼 흩어지는 종소리'가 여기서 왔음은 말할 나위가 없다. 이른바 모더니즘의 최고 감각으로 평가되는 이 '공감각적 심상'이 명랑하기 그지없는 모더니즘의 기술이거나 그것의 과잉

79 김광균, 「김기림론-현대시의 황혼」, 『전집』, 336-337면.

된 포즈라 말하기는 어쩐지 빈약하고 공허하다. 황혼녘에 선 시인의 '종교의 假裝'[80]으로서의 위안이 거기에는 있다. 흩어지는 종소리가 굳이 '희망'을 보증하지는 않았을 테지만, 시인은 그 반복적인 종소리를 통해 구원의 심정에 다가갔을 것이다. 고독하고 창백한 시인은 '종교의 假裝'으로 '절망의 축복'을 이루어낼 수 있었을 것이다.

'상징'이 다시 관심의 중심에 서게 된 것은 시대의 산문성을 뛰어넘고자 하는 어떤 경건한 열망과 연결돼 있다. 시양식을 고구하는 담론들은 초월적이고 비의적인 측면이 있고 그러다보니 상징적이고 암시적인 문맥들이 널리 사용되는데 그것 자체가 문헌학적인 고유성을 갖게 되는 것이다.[81] 시는 감각적이고 비평은 관념적이다라는, 장르일반의 개념적 정의를 부정하고 시는 오직 '精神의 記錄'으로 정의내리고자 하는 태도는 '내 자신의 태양을 측정하여 마음 속에 그것을 保持하는 것'이라는 구절로 설명된다. '내 가슴 속의 불과 얼음'으로 시인의 자아는 形成된다[82]고 한식은 썼다. 이 구절은 신비하고 상징적이다. 모든 글과 문학은 불의 상실에 대한 기억이라는 신비주의적 전통에 이어진 문학의 전통을 떠올리게 한다. 역사와 현실 속으로 침투해들어가면서도 또 거기에 함몰되지 않는 말(글, 문학)의 신비로움, 그것을 카발라주의자 솔렘이 '산(山)의 전언'이라 요약한 것과 다르지 않다. '상징'이 '기록'이고, 문헌학이 미학이 되는 격이다.

'상징'이라 부르는, 바로 그 '시적 언어' 가운데, '눈에 보이지 않는 최소한의 움직임' 속에 역사의 불이 있다. '일제말기'라는 역사의 궤도 위에 서

80 김광균, 「풍물일기」, 〈고려시보〉, 1937. 2.1.
81 아감벤, 『불과 글』, 윤병언 옮김, 책세상, 2017, 9-18면.
82 韓植, 「시와 비평과」, 〈문장〉, 1940. 11.

서 역사의 불을 발견한 시인들의 환영(신비)을 읽을 수 있어야 한다. 텍스트의 정밀한 실증에 참여할수록 그만큼 더 그것으로부터 달아나려는, 그 현실이 지시하는 기표를 향한 헤매임 같은 것이 필요하다는 의미일 것이다. 그것은 문학을 '현실'로 환원하는 것이 아니라 '산에서 들려오는 깊은 전언을 발견하는 것'[83]이니, 태양 주위를 도는 자들은 얼음으로 자신의 궤도를 도는 자이며 태양의 빛을 구하는 자이다. 문헌학의 한 가운데 불과 얼음이 동시에 있다. 뜨겁고 또 냉정한 것이 '상징의 언어'인 것이다.

이헌구는 '밤'을 현실의 나와 꿈 속의 그림자가 이루어나가는 신비와 꿈의 세계라고 규정했다. 숨막히는 어둠과 고적 속에서 오직 슬픔에 내던져진 시인은 촛불을 밝혀 랭보의 「오필리아」를 읽거나 혹은 한 편의 시를 쓰면서 고독과 幽寂의 문을 잠글 수 있을 뿐이다. 랭보의 「오필리아」는 햄릿의 연인 '오필리아(Ophilia)'를 두고 쓴 시인데, 강물 위로 떠내려가는 오필리아의 이미지는 숱한 시인들의 신비롭고 몽상적인 사유를 끊임없이 자극해왔다. 그 이미지 자체가 '금빛 별에서 내려오는 신비로운 노래'가 되었다. 강물에 떠내려가는 오필리아의 주검은 광기의 삶이 몰고 온 인간의 비탄과, 대자연의 품에 깃든 이후에야 휴식을 얻은 인간의 아름다운 육체와, 인정스럽고 부드러운 인간의 영혼을 이야기한다. 그것은 '천년의 세월을 넘어' 존재하는 '끔찍한 무한'에 대한 경이이자 두려움이다.

랭보의 시는 3연에서 이렇게 마무리된다.

> ―그리하여 시인은 말한다. 밤이면 별빛따라,

---

83 아감벤, 『불과 글』.

> 네 손으로 꺾어두었던 꽃들을 네가 찾아 나선다고,
> 물 위에, 긴 베일 두르고 누워, 한 송이 큰 백합처럼,
> 떠내려가는 하얀 오필리아를 제가 보았노라고.
> (랭보, 「오필리아」, 황현산 옮김)

오필리아의 주검은 밤의 별빛을 따라 깨어난다. 그 이미지가 시인의 노래를 충동하는 것인데, "물 위에, 긴 베일 두르고 누워, 한 송이 큰 백합처럼,/떠내려가는 하얀 오필리아"는 얼마나 신비하고 몽상적이며 아름다운가. 랭보의 몽상 가운데 떠올려진 오필리아를 읽으며 밤의 휴식을 얻은 이헌구의 말은 이렇게 이어진다.

> 그러나 나는 실로 이 산장의 하룻밤이 나에게 더 많은 꿈을 가져오기를 무한히 지지하여 마지않았다. 두고 두고 잊을 수 없는 꿈이 이 한밤 내 차고도 슬픈 넋을 어루만져 줄 수는 없을 것인가? —여기 밤의 어둠 속에 삼켜지는 運命的 未完成의 一片을 지워바리고 말리라.[84]

오필리아를 향한 몽상 속에서 이헌구는 '내 차고 슬픈 넋'을 바라본다. 시인들은 밤의 어둠 속에서 '운명적 미완성'의 얼음을 심장에 새길 수 있었던 것이다. 적어도 세 시인의 이름이 떠오른다. 윤동주 · 신석정 · 정지용이다. 차라리 한 칸 방에 촛불을 밝혀 시를 읽고 시를 쓰는 것이 마음의 어둠을 걷어내는 일이라는 깨달음을 우리는 윤동주(「쉽게 씌어진 시」)에게서, 또 신석정(「아직 촛불을 켤 때가 아닙니다.」)에게서 낯익게 발견한 것이고, 더불어서 이 고독한 시인의 일이란 차고도 슬픈 밤을 오롯이 견

84 이헌구, 「호반에서」, 〈문장〉, 1940.11.

디는 것임(「나비」, 「장수산」)을 이미 정지용에게서 목격한 바 있다. 시인들은 '차고 슬픈' 혼의 상태로 밤의 거대한 입구로 빨려들어가는 그런 운명을 '미완성의 그것'이라 불렀고, 스스로 그 동굴의 운명을 지워버리지 않으면 안 되었다. '꿈'이 그 미완성의 운명을 벗어나게 할지 모른다고 생각했을 것이니, 두고두고 잊을 수 없는 꿈을 위해 그들은 '상징'의 깊이 속으로 들어갔다. '죽을 수도 살 수도 없는 또는 도망하랴도 도망할 수 없는 悲愁'를 가진 '詩人的 詩人'들은 상징의 숲에서 시를 찾고 있었던 것이다.[85]

'상징'이 '상징주의'의 대체 술어로 쓰이면서 '상징'이 갖는 본래적 시적 가치보다는 문예사조상의 경향성으로 이해되는 측면이 강한데 그 부분을 지적해본다. '상징'이 문학사적으로 처음, 그리고 본격적으로 등장하는 시기는 '백조' 시대이다. 흥미롭게도 1940년의 '前史'로서 1920년대의 '백조시대'를 겹쳐두고 이 두 시기를 같은 류의 '문학의 계절'이라 지칭한 것은 〈문장〉(조풍연)이다.[86] 조풍연은 이태준의 뒤를 이어 〈문장〉 편집을 하면서 예리하고 통찰력 있게 시대를 진단한다. 그는 '시대가 혼란하다는 것은 곧 문학적이라는 것'이라고 썼다. 혼란한 시대일수록 문학은 더욱 더 '문학적인 것'에 기울어지며 따라서 혼란한 시대를 뚫고 나가는 언어는 상징임을 그는 나도향의 유고를 게재하면서 새삼 깨우쳤던 것이다.

한식은 '리얼리즘의 정신'을 새롭게 반성하는 차원에서 상징주의를 주목한다. 그가 제시한 '상징의 길'은, '생활의 단순한 묘사가 아닌 생명의 형성에서 진정히 바라볼 수 있는 고차의 정신'이 가리키는 방향이다. 문학정신의 극치와 예지의 結晶인 상징에 대한 이해가 깊어지지 않으면 안

85 안서, 「프란스 詩壇」, 〈태서문예신보〉, 1918.12.7-12.14.

86 「餘墨」, 〈문장〉, 1940. 12.

된다는 것이다. 자연주의와 사소설적인 객관묘사의 한계를 상징의 깊이로 뚫고 나가면서 새로운 성격(인물)을 창조하고자 한 이 논의는 흥미롭게도 시적 언어인 '상징'에 대한 깊은 이해의 필요성을 강조하는 방향으로 나아간다.

> 작자의 慧智에 의하야 생활 중의 생활로써 생명 중의 생명으로써 상징되는 미래에의 핵심으로서만 포착되는 것이 아닌가. —중략— 상징적 타입이란 과거로부터 장래에 引繼되는 일관성을 갖인 정신을 말하는 것이다. 생명이란 본래 상징적의 것이니 개성이 강한 사람뿐이 상징을 할 수 있다는 것은 이 사이의 소식을 전하는 것이다.[87]

상징은 생명의 것이며 미래적인 것이라는 것이 핵심이다. 상징적인 것은 과거로부터 미래로 인계되는 것이니 생명성을 갖는다. 개성이 강한 사람만이 상징을 말할 수 있다. 이 요약된 문장에 '상징'의 시대정신이 놓여있다. 낭만주의는 비루해지고 리얼리즘은 매너리즘에 빠지고 세태 묘사는 트리비얼리즘에 함몰되고, 그렇다면, 이 이후 문학은 무엇을 지향해야 하는가? 한식은 거기에 '상징적인 것'을 대체했는데 상징적인 것만이 무한한 영속성을 담보할 수 있다는 뜻으로 들린다. 생명의 상징은 고차적인 정신의 문제이며, 문학정신의 극치이며, 지혜의 결정에 다름 아니니, 이는 소설양식상 인물의 형상화에 기여한다기보다는 소설의 고답적이고 시적인 성격화를 견인하는 데 기여한다.

---

87 한식, 「상징의 길-문예시평」, 〈인문평론〉 특대호, 1940.10.

상징과 세대론

신인론이 미래의 시의 방향성을 둘러싼 세대론의 일종으로 제기되면서 '상징적인 것'은 구세대 혹은 중견시인들의 경기가 아니라 젊은이들, 청년 시인들의 '운동경기'(블랑쇼)가 된다. 청춘이 없는 곳에는 시도 없다.[88] 오장환은 김소월로부터 '상징'의 시대적 소명을 읽어내고 '상징의 유산'을 '조선의 청춘의 감정을 비치인 거울'[89]이라 규정한 바 있다. '상징(주의)'은 '생명(주의)'으로 전환된다. 김기림 류의 모더니즘으로부터 '젊은 인생시인들'이 분리되면서 '생에 대한 구경적 의욕'을 찾고자 했던 유치환, 서정주, 오장환, 함형수 등의 '생명주의' 시인들이 주목되었던 것도 크게 보면 상징이 갖는 시대정신의 분출 때문이라 할 것이다. 그들이 생명파인 것도, 보들레르나 니체를 사숙한 것도 사실일 테지만, 그것보다는 본질적으로 상징의 시대정신이 그들을 불러모았다고 말하는 것이 보다 시사적이고 시학적인 설명이 된다. '충분히 선명한 자기의 언어를 가지면서도 스사로 개척하야 나갈 시시적 先見과 정력이 요청되는 것'이 공통적으로 그들에게 인식되었고 청년의 정신과 언어에 대한 감수성이 그들에게 관통하고 있었기 때문이다. 김종한의 시인 절대주의는 이렇게 탄생된다.

> 늙어서 一如한 비평가가 되지 못한 시인의 시란 후세의 사람들은 안심하고는 읽어주지 않을 것이다. 젊어서 시인이 아니었든 비평가에게는 독창적인 비평은 기대할 수 없을 것이다.[90]

---

88 김종한, 「시단시평」, 〈문장〉, 1941.1.

89 오장환, 「소월시의 특성-시집 『진달래꽃』의 연구」, 〈조선춘추〉, 1947.12.

90 김종한, 「시단시평」, 〈문장〉, 1941.1.

궁극적으로 모든 시대를 관통하는 것은 시인데 그것은 젊은이의 정신을 기원으로 하기 때문이다. 그것만이 영속한다. 젊어서 시인이 아니었다면 늙어서 비평가다운 독창성은 발휘하기 어렵다. 모든 언어는 시인의 언어로부터 온다는 것인데 그것은 시의 언어가 청년의 것이자 상징 바로 그것이기 때문이다. 일제시대를 통틀어 문학청년들의 에너지가 그 어떤 시대보다도 강력하게 분출되던 1920년대 초기, 그리고 일제말기가 서로 관통되고 있다. 그러니까 이도 저도 아닌 지대, 밤도 아니고 새벽도 아닌 황혼녘의 시간의 십자로에서 '생명'을 고구하던 이 시대, 이 양 시대는 결국 끝물결을 밀어 당기고 앞물결을 밀어 보내면서 역사적으로 만나고 있었다. 흥미롭지 않은가.

> 그들은 어느덧 그들의 발 앞에 가로놓인 것의 깊이에 대하여 눈치챘다. 그들은 이 세기적 심연 속에, 영겁을 매장할지언정 〈재담〉이나 〈세공〉이나 〈기계〉와 타협할 수 없음을 깨달았다. 그들은 비교적 여유있게, 또 용감하게 이 심연을 지키려하였다.[91]

일상의 명랑화(재담), 장식화(세공), 외화(기계)에 어떤 두려움없이, 하나의 의문도 없이 맞서는 것이 심연(깊이)이다. 즉, 상징이다. 서두를 이유도 없다. 그것은 깊고 묵직하기 때문이다. '세기의 심연'이라는 이 어구는 '상징'의 깊이와 무게를 얼마나 강렬하게 반조하고 있는가. 상징은 '재담', '세공', '기계'와 타협할 수도 그것으로 대체될 수도 없는 것이니, 외적으로 명랑하거나 건강한 것이 아니고 인위적이고 작위적으로 가다듬어진 것도 아니며 결정적이고 실정적인 지표로 환원되지도 않는다. '상징'

---

91 김동리, 「자연의 발견-三家 시인론」, 『문학과 인간』, 민음사, 1999, 48면.

은 심연에서 '영겁'을 구하는 것이니 무한한 시공간을 가지며 , 그러니 그 '깊이'를 측량할 수조차 없다. 상징은 '무한'의 심연에 위치한 생명의 자궁과 같다. 그것은 영원히 재귀하면서 생을 지속한다. '상징'과 '영겁'과 '생명주의'는 그렇게 서로 끈을 잇고 있다. 문장보국, 문필보국의 산문적 담론을 뚫고 나갈 수 있는 것으로 이 상징(주의)만큼 신비로우면서도 날카로운 것은 찾기 어렵다. 그것은 생명의 정신이자 영원회귀의 정신이며 청년의 정신이다.

이한직의 '상징' 논의는 보다 구체적으로 김기림에 대한 비판으로 정향되는데, 전(前) 시대의 '기계와 인공과 기교'의 시로 부터 '자연과 정신과 영혼'의 시로 옮겨가야 한다는 점에서는 김동리의 '주지주의'에 대한 비판과 맥을 함께 한다. 김기림의 『기상도』에 초점을 맞춘 듯 이한직은 '측후소의 기상예보같은 시집을 활자화함으로써 자위하던 시인'이라 김기림을 비판한다.[92] 김기림의 시는 이지(理智)와 의식의 과잉이자 그러니 '활자작난'일 뿐이며 이 점에서 주지주의는 리얼리즘과 동류라는 것이다.

이한직의 비판은 1930년대 유행을 이루었던 모더니즘시와 프로시에 이어져 있다. 이한직의 비판의 맥락이 단지 서구 및 일본을 통해 들여온 문예사조의 수용과 적용에 있지 않고 시의 본래적 양식 논의에 이어져 있다는 점은 일제말기 '상징의 정신'을 이해하는 핵심이 된다. 이한직의 논의가 시양식론을 중심으로 전개되고 있다는 점이 중요하며, '신세대론' 역시 단지 '인류 보편적 세대론'의 성격을 벗어나 있다는 점이 핵심이다. '상징'은 양식론이자 세대론이며 시의 실존에 관한 논의이다. 논의는 일제말기 시의 시대가 왜 '상징'으로 열리고 '상징'으로 닫히는가를 질문한다. 상징은 실재하는 것과 그것이 말하고자 하는 것을 통해 인간 실존에

92 이한직, 「翰」, 〈문장〉, 1939.9.; 「翰」, 〈문장〉, 1940.12.

대한 문제를 고구하는 말법이다. 짧고 간단한 약호로 크고 무한한 것을 말할 수 있는 시적 언어의 권위이자 권력이다.

김종한은, '산문에 요구할 사상성과 시의 그것은 다르다, 시의 목적은 사상의 도구가 아니다, 시의 究極은 크로포트킨의 명연설문 「청년에게 주노라」에 있지 않다'고 주장한다. 그래서 '주제를 가진 길다란 시'는 시적 언어에 미치지 못하며, 기림의 『기상도』가 지용의 「伐木丁丁」에 미치지 못한다고 쓴다. 시인은 찰나의 순간, 최고의 순간의 인상의 기록을 배열하면 그만이고 그래서 시는 '적은 형태'를 가질 수밖에 없다. 이 '적은형태'가 저절로 시의 축약과 암시와 배열과 조화를 이룬다. 시의 양식적 성격이 시 그 자체의 완전성의 미학을 이루는 조건이라는 것이다. 1920년대 초반의 형태성과 음악성이 중시되던 근대시의 기획이 어떻게 1930년대 후반기에 와서 반복되는가는 흥미로운 주제인데, 이것이 김기림과 정지용을 선배로 둔 신진시인들에게 재고(再考)된다는 것이 중요한 논점이다.[93]

이한직은 이지와 의식의 과잉시대(산문시대)의 주류가 리얼리즘이자 주지주의임을 선언하고, 그렇다고 과거(낭만주의)로 되돌아갈 수 없는 시대가 되었다고 말한다. 투기사, 기술사, 요술사란 말로 이 리얼리즘, 주지주의의 대가들을 공격한 뒤, 스스로 이 시대의 피로한 '요설'에서 자중해야한다고 썼다.[94] 이한직의 논점은 백석의 '요설비판'과도 겹치고 김광균의 '시의 정신'과도 겹친다. '상징'은 요약과 함축과 비의를 지향하는 짧은 언어이지만 깊은 심연을 건드리는 언어이다. 산문의 현실에 대항에 버틸 수 있는 것은 시이며, 시적 상징이다.

---

93 김종한, 「시에 요구할 사상성」, 〈문장〉, 1939.9.

94 이한직, 「翰」, 〈문장〉, 1939.9.

상징주의의 재귀, 그러나…

그런데 일제말기 시인들의 '심정'은 1920년대 초입에 들어 유행한 퇴폐와 데카당스, 그리고 병적 낭만주의로 선언되는 그 시대 문학의 주류적 경향의 회귀로 정향될 수는 없다. 복사(複寫)가 아닌 것이다. 1920년대 초입의 '상징'과는 다른 일제말기의 '상징'을 '감정'과 '감정의 감정'이라는 개념에 각각 대응시킨 것은 윤곤강이다. '심연'에서 뽑어져나오는 '상징'의 언어는 1930년대 성숙해진 우리말 시의 언어에 대한 정교하고 치밀한 탐구, 우리말 구어체의 자연스런 문장화가 그 바탕이 되었음은 말할 필요도 없다. 그래서 일제말기 '상징'의 깊이는 정지용 같은 시인들의 성과 이후에나 가능했던 문학사적인 '사건'이 되는 것이다.

'낡은 상징주의'와 '상징언어(예술적 언어)'를 분명하게 구분하고 있는 임화가 일제말기 들어 문학사가(文學史家)의 관점에서 상징주의를 다시 평가하고 있는 장면은 흥미롭다.[95] 1920년대 '백조파' 전후의 상징주의를 설명하는 대목에서 그의 태도는 '카프'의 주도적 이론가로서 보여준 것과는 차이가 있다. 신경향파 문학의 역사적 의의를 강조하고 그것의 발전과정을 이론적으로 재구성하기 위해 의도적으로 상징주의 시를 '사실적 경향의 시가'에 이어본다.

> 자연주의가 공헌한 커다란 업적에 대하여 정당한 평가를 경의와 함께 던져야 할 것이다. 자연주의는 소설에서뿐만 아니라 시가에 있어서도 김석송, 주요한, 김소월, 춘원, 김억 등의 사업 위에 강한 영향을 주어 언문일치의 구어시의 언어적 음률적 개척을 보게 하였으며 근대시상에 사실적 경향을 발전케 한 것이다.[96]

95 조영복, 「기교파라는 권력과 기교파이지 않을 권리」, 『상허학보』 47(2016.6) 참조.
96 임화, 「조선신문학사론서설」, 『임화전집-문학사』, 412면.

이 논의에서 핵심적인 것은 '언문일치의 구어시의 언어적 음률적 개척'이라는 구절이다. 경향시 혹은 시의 '사실적 경향'의 계보를 설정하는 것이 임화에게 중요했다고 하더라도 '언문일치 구어시의 언어적 음률적 개척'이라는 맥락은 우리말 문장법과 시의 음악성이 일치됨으로써 우리말 시의 낭영적 가치가 구축되는 근대시사의 궁극적 목표와 무관하지 않다. 임화는 자연주의소설과 '사실적 경향의 시가'와의 관계를 이어주는 고리를 김석송, 안서, 주요한, 춘원, 김억 등의 민요체형, 정형시체에서 찾는데 이들 시의 '언문일치 구어시의 언어적 · 음률적 개척'은 곧 자연주의 소설의 우리말 구어적 문장의 발전과 평행한 것이라 보고 있다.

월탄의 「흑방비곡」, 김억의 「오뇌의 무도」, 이상화의 「나의 침실로」를 '최량의 것'으로 평가할 수 있었던 것은 이들 시들이 보여주는 우리말 구어적 문장의 시적 재현이 아닐 수 없다. 자연스런 우리말 구어체 문장에서 자연스런 우리말 문장의 리듬이 살아나는 것은 당연지사인데, 임화는 근대시의 생존과 장래가 동시에 우려되는 상황에서 상징주의시의 가치를 재발견한다. 데카당한 보헤미안들의 병적인 성향의 재현이자 소부르조아적 가치를 실현하는 시로 부정적인 관점에서 상징주의시를 평가하던 관점에서 벗어나 근대시사에서 우리말 구어체 문장의 완숙한 구축을 위한 출발점으로 상징주의시의 가치를 재인식하기에 이른 것이다.

김억, 소월, 월탄 등 '(小)부르조아시인'들의 '기교'를 '문단적 관점'에서 비판하면서도 임화는 신문학사의 거대한 통사적 기획에서 이들의 '언어적 기술'을 고평할 수 있었다. 임화는 이들 시의 세 경향을 평가하는데 이 모두가 '리듬'의 구현에 있다는 것이 흥미롭다.

① 언문일치의 구어시의 언어적 음률적 개척

② 긴 시를 조금도 리듬의 저조, 이완에 빠짐이 없이 강한 열정을 표현한 시어 개척
③ 격렬한 열정과 그에 맞는 낭만적 리듬 구현

①에 김석송, 주요한, 김소월, 김억 ②에 이상화 ③에 박월탄 등의 '백조파' 시인들이 배치된다면, 근대문학의 발전적 전개과정 속에서 시적 전통을 고구하고 그 연속선상에서 프롤레타리아 시를 등재하고자 하는 임화의 의도는 어찌되었든 실현된 셈이다. 언문일치의 사실적 경향을 시의 구어체적 언어 운용에 대입하고 상징주의시의 낭만적 열정을 조선어의 격렬한 리듬으로 대체한 임화는 여기에 경향시의 전통을 덧붙일 수 있었다. 프롤레타리아 시의 공적을 '백조파'로부터 '힘의 예술'을 간취하면서 민중적 구어체를 발견한 데 둔 것이다. '조선어 언문일치 구어시의 언어적 · 음률적 계승'이라는 구도에서 김억과 박월탄과 이상화는 한 자리에 배치될 수 있으며, 이로써 '시의 언문일치와 조선어 구어의 음률적 실행'이라는 근대시의 기획은 영속적이고 통시적인 성격을 부여받게 된다. 문학사가로서 임화는 '상징'을 문학사적으로 근대시의 기원과 근대시의 영속성을 보증하면서 당대를 뚫고 나가는 이론적 · 정신적 지표로 삼았다.

신세대 시인으로 화려하게 등장한 윤곤강은 '상징주의'로 호도된 '감상주의'를 부정하면서 '感情을 感情하다'는 논리로 시의 언어가 보다 정밀하고 강고하게 될 필요가 있음을 주장한다. '반감정주의'라는 점에서는 김기림의 시선과 유사하나, 실상은 김기림과 거의 반대편에서 시의 언어 문제를 고찰한다. 자유시의 양식상의 문제, 시어(조선어 구어)의 문제 그리고 기법상의 문제로 일제말기 시단이 처한 문제를 통괄해서 지적한다. 자유시의 반성 자체가 말을 질서화하고 조직하는 시적 언어의 상징성 문

제와 결합되어 있음을 윤곤강은 확인한다.

> 자유시가 자아의 막다른 골목에 다다러 여러 가지 형태로 전전하며 방황하게 되자 시의 세계는 무서웁게 破綻되여, 어떤 자는 서정의 원시림 속에 흘리고 온 꽃다발을 주어들고 시드른 향내를 되맡어보고, 어떤 자는 생경한 관념의 탕크를 타고 방향도 모를 暗夜의 황야를 헤매었고 어떤 자는 언어의 奇術師 의 간판을 걸머쥐고 저도 모르는 잠고대를 放賣한 것이었다.[97]

'시의 破綻'은 '자유시의 파탄'인데 그것은 서정시에도, 관념시(사상시)에도, 기교시에도 동시에 해당된다. 윤곤강은 그것을 시대나 환경의 탓으로 돌리기보다는 무엇보다 언어의 문제, 우리말 문장법의 문제로 진단한다. 그는 '方法의 固定化, 概念의 文句化'를 비판하고,[98] '셀-러판스한 시의 가치를 넘어 평범한 내용을 특수한 언어로 무리하게 짜내는 데에 현학과 奇習뿐'[99]이라 기성 시단을 평가한다. 누구나 말할 수 있고 누구나 쓸 수 있는 글자를 늘어놓기에 우리의 감성은 너무나 피곤하다고 진단한다.[100] 시는 피로한 감정의 산물이 아니며 시의 언어는 빛을 잃은 산문의 과잉도 아니라는 것이다. 이는 '상징'이 이마주의 強度와 말의 함축으로부터 온다는 생각과 연관되어 있는데,[101] '상징'은 축약과 절제의 정신이며 이를 통해 생명을 나르는 정신이 아닐 수 없다는 것이다.

---

97 윤곤강, 「권환 시집 "自畵像"의 인상-書評」, 〈조광〉, 1943.10.

98 윤곤강, 「시와 고전」, 〈맥〉, 1938.12.

99 윤곤강, 「寸語集」, 〈시학〉, 1939.8.

100 윤곤강, 『전집 2』, 327면.

101 윤곤강, 「분향을 읽다」, 〈조선일보〉, 1938.9.6.;윤곤강, 「시와 고전」, 〈맥〉, 1938.12.

근대시사 초창기와 일제말기에 동시적으로 대두한 '상징'은 그 구체적인 표상과 해석학적 층위에서 차이가 있다는 점을 굳이 강조할 필요는 없다. 더불어 이 '상징'의 문제가 기성시인과 신세대시인 간의 시의 언어 운용을 둘러싼 '차이'를 내재하고 있다는 점도 기억해야 한다. 앞의 이한직, 윤곤강, 김종한 등의 시각과, 이들의 선배시인 김기림, 임화의 그것을 비교해 볼 수 있을 것이다. 선배시인들이 자신의 언어를 '상징'의 문맥으로 포회할 수 있었던 것은 근본적으로 신인들의 시 세계를 '상징'의 문맥 속에서 발견할 수 있었던 것과도 무관하지 않다. 그들은 타인의 시를 읽으면서 '상징'을 재학습하고 있었던 것이 아닐까.

김기림이 1930년대에 어떻게 '상징'을 발견하는지 확인해본다.

'반감상주의'의 기치를 올렸던 김기림에게 '눈물'이란 마땅히 타기해야 할 대상이었다. 이 문제는 시사적인 것이다. 전통시가와 그 뒤를 잇는 신문학 초창기의 로맨티시즘을 '눈물의 감상성'으로 규정했던 김기림은 그의 1930년대를 그 '눈물'을 우리시에서 제거하는 임무에 바쳤다. 마치 '황혼(석양)의 애상'이 우리 시가 보다 근대적인 것으로 나아가는 방해물인 듯 김기림의 언어는 보다 선명하고 보다 회화적이며 지적인 통어력으로 그 감상을 배제하는 데 바쳐졌던 것이다. 그래서 김기림은 애상의 노래가, 우리시의 음악적 율조가, 마음에 들지 않았고 그에게 탈로맨티시즘은 곧 탈음악성의 길로 나아가는 길이기도 했다.

> 시인이란 눈물이 많은 인종인 까닭으로, 시란 달달한 눈물이다라는 생각이 유행하던 시대가 있었다. 시 안에 있어서 눈물을 합리화시킨것은 로맨티시즘의 미파나 데카단의 고맙지 않은 공적의 하나다. 유래, 불행한 환경에 있는 민족이나 개인이나 우는 일을 좋아한다는 것은 심리적으로 필연성이 있다. 그러나 우는 것은 불과 □의 부정이

며 정신적으로는 허무로 통한다.

우리들은, 오늘날 많은 시인의 감성주의가 완전히 청산되지 않은 것을 본다. 또한 고풍적인 센티멘탈 로맨티시즘을 다분히 그 혈액안에 유지하고 있는 많은 시인들을 본다. 그리고 그들은 시는 선천적으로 매사에 대해 민감하도록 운명지어졌다. 뛰어난 감성의 소유자인 것이다. 특성의 천재적인 영감에 의해 만들어지는 것이라고 하는 신념을 갖고있는듯하다.

그렇기 때문에 우리들이 읽도록 강요받고 있는 시는 많은 경우 점잔 빼는 영감의 □에 넘쳐나는 것이거나 그렇지도 않다면 미지근한 눈물에 적셔져 있는 것이다.[102]

'눈물'을 주조로 한다는 점에서 1920년대의 낭만주의와 상징주의는 상통한다. 1920년대 상징주의가 '눈물의 사도(使徒)'가 된 것은 '눈물'에서 시의 서정성과 은유(비유)를 발견할 수 있었기 때문인데, 이는 신문학 초창기의 계몽주의와 산문성을 뛰어넘기 위해, 그리고 우리말 시의 구어체적 서정성을 확보하기 위해 필요한 것이었다. 최남선의 시와, 김안서의 시 그리고 박영희 · 홍사용 등의 시 사이에 '눈물'의 범람한 강이 놓여있다. 그러니까 이 '눈물의 강'은 최남선을 넘기 위한 '레테의 강'이었다.

근대시가 전통시가의 노래체 양식을 계승하고 조선어 구어체시의 정형체적 양식을 정립하는 임무에 완고하게 정향되어 있었다면, 최남선은 전자에, 김안서는 후자에 보다 기울어져 있었고, 김안서는, 최남선과는 달리, 짙은 감상성을 소설양식의 '산문적 기능'이 따라올 수 없는 시 고유

102 김기림, 「시의 경우의 모더니즘」 〈대판매일신문〉(조선판). '半島新人集'(1934.7.1-10.28. 32명이 98회에 걸쳐 연재)의 연재물 가운데 한편으로 김기림은 글은 1934.7.29-30, 양일(兩日)에 걸쳐 연재되었다.

의 자질, 즉 개성적 자질[103]로 보았을 것이다. 이것이 안서가 조선어 구어체시의 정형률(조)을 모색하면서 감상성에 짙게 물든 베를렌의 시에 깊이 경도된 이유일 것이다. 그 이후 세대인 박영희, 홍사용 등 이른바 '퇴폐적 상징주의파 시인들'에게 각인된 시양식은 본질적으로 '은유'를 말하는 것이어야 했다. 이른바 이들 '백조파'는 정형적인 율조로부터 탈피한 점에서는 최남선과 김안서와는 차이가 있고, '은유'를 말하고자 한 점에서는 노래의 시를 계승한 김안서와 차이가 있으며, 감상성을 시의 고유한 자질로 본 것은 김안서의 시각과 다르지 않았다. '눈물'의 정도가 김억과 박영희 사이에 놓여있었다.

김기림의 시각은 최남선의 방식과도 달랐고, 당연히 안서의 방식과는 더욱 멀어졌다. 아니 멀어져야 했다. 그것은 당위이자 필연이었다. 김기림이 노래 · 감상을 지극히 반대했던 것은 이같은 시사적인 문제에 걸쳐져있는 것인데, 이는 옛 풍습의 '상징'과 자신의 '상징'을 분리하는 데서도 확인된다.

김기림은 '건강하고 명랑한 표정'에서 '상징되어지는 다른 세계'를 들여다보는 창으로서이기보다는 '상징하는 그 자체의 아름다움'이나 '시 그 자체의 가치를 구성하는 요소'로서 인정할 수 있다는 투로 썼다.

> 또 심볼(상징)이라는 단어를 우리들은 사랑하지 않게 되었다. 왜냐하면 상징이라는 단어 또한 시 그 자체와 그것이 상징하는 다른 의미의 세계를 분리하여 시 그 자체보다도 상징되어지는 다른 세계를 존중하는 옛 풍습의 산물이기 때문이다. 상징주의의 시에 있어서는 그 의미가 중요한 목적이고 시는 단순히 상징의 세계로 —한 방법으로

---

103 김안서, 「시형의 음률과 호흡」, 〈태서문예신보〉, 1919.1.13.

> 생각되는 것이었다.
>
> 그렇기 때문에 우리들은 심볼이라는 것을 시에 있어서 인정해도 상징하는 의미를 추구한다기 보다 상징하는 그 자체의 아름다움을 인정하는 것뿐이다. 그리고 우리들은 이미지(영상)이나 메타포아(비유)라는 단어를 시론이나 시평 안에서 즐겨쓰게 되었다. 그것은 모두 시 그 자체의 가치를 구성하는 요소이기 때문이다.[104]

김기림에게 '상징'은 시의 본질적 요소로 궁극적으로 추구해야 할 대상이지만, 그것이 의고적(고풍적)이고 감상적이고 데카당한 허무주의를 품고있다는 점에서는 타기해야 할 대상이기도 했다. 김기림의 1930년대는 1920년대의 '눈물'을 주조로한 '상징주의'에 대한 비판으로 집약되는데, '건강하고 명랑한 모더니즘'이 김기림 시론의 핵심이 된 이유가 김소월류의 감상적 낭만주의에 비견되는 '상징주의'의 '눈물' 때문이기도 했을 것이다. 김기림은 '비애'와 '상징'의 내용을 분리하지 않고 있는 것이다.

시 그 자체와 그것 너머의 '다른 의미의 세계'란 리꾀르의 '그것에 대해 말하는 것'과 '그것이 의미하는 것'에 비견된다. 김기림이 시 그 자체보다도 상징되어지는 다른 세계를 존중하는 옛 풍습의 산물로 '상징'을 본 것은 '상징주의'의 본질적 고답성을 지적한 것이다. 그래서 김기림은 '상징'을 '이미지'나 '메타포어'와 같은 일종의 시적 기술로, 그러니까 '상징 그 자체의 아름다움'이라는 한정된 문맥 내에서 인정할 수밖에 없었다. 김기림의 관점에서 고답적 세계의 암시적 문맥들을 살피기에 근대시는 보다 긴급하게 자신의 임무를 완수해야 했으며 그래서 시인은 시의 깊은 심연을 탐색하기를 버리고 새로운 시의 시간을 조급하게 재촉할 의무를 떠안아

---

104 김기림, 「시의 경우의 모더니즘」.

야 한다는 것이다.

1940년 전후 '상징'이 다시 떠오른 이유를 돌이켜보면 역설적으로 '언어 그 자체'와 '그것이 상징하는 다른 의미의 세계'를 분리할 수 없었던 데 기인하는 듯 보인다. 더 정확하게 말하면 상징을 통해 '다른 의미의 세계'를 묵시록적으로 견인할 수밖에 없었다는 뜻이다. '상징'을 통해 시인들은 산문의 언어로는 침묵할 수 밖에 없던 '말'을 말할 수 있었다. 그것에 대해 직접 말할 수 없다면 침묵하는 기표 너머에 있는 '상징'의 문맥 안으로 틈입해 들어갈 수밖에 없다. 그것이 시적인 언어의 운명이다. '상징'은 고답적인 정신의 표현이 아니라 생명의 정신이자 생명있는 것들의 '마지막 말(양식)'이 된다. '황혼의 언어'가 '상징'과 만나는 지점이 이것이다.

상징과 신세대의 서정정신

'황혼의 언어'는 몰락기의 말이라는 점에서는 '비애'와 분리될 수 없지만, 이때 '상징'은 1920년대의 상징(주의)과는 차이가 있다. 황혼기의 상징은 특히 신세대들에게, 신세대 시인들에게 요구되는 새로운 서정정신이자 시대정신을 담은 것으로 인식된다. '황혼의 상징'이 그토록 장엄하고 경건했던 이유이다. '1930년대 초기에 아직 상징이 현단계에서 중요한 파트를 못가지고 그 상징의 詩境을 유지할 길도 없다는' 박용철의 회감은, 일제말기 다시 '상징'이 중요한 '파트'가 되는 것과 정확하게 대응된다.[105] '상징'은 오히려 '황혼'의 詩境 위로 서서히 떠오르고 있었던 것이다.

---

105 박용철의 김영랑에게 보낸 편지글, 1930.9.15. 『전집』, 328면. 「떠나가는 배」를 '상징의 본격'으로 써 봤지만 현단계에서는 상징을 추대할 바가 못된다는 것이다. 박용철은 '失野의 詩學'과 아더 시몬즈와 보들레르와 베를렌느까지 동원하면서 '상징'을 표현하고자 한다. 죽음을 목전에 두고 '구원의 시학'으로서의 상징이 필요했을 것이다.

일제말기 김기림이 선택한 '상징의 세계'를 정확하게 읽어낸 이는 임화이다. 임화는 '상징'을 '시적으로 체험된 현실'에 투사된 음화로 읽어낸다. 김기림의 「힌 장미같이 잠이 드시다」(인문평론, 1940.4)를 평가하면서 임화는 "김기림에게는 무척 이상한 전통, 우리에게는 평범할 만치 단순한 세계, 그것은 바로 '동양적 세계'가 갖는 '幽玄한 세계'가 있다"고 썼다.[106] '모더니즘'의 소란한 구호와 명랑성을 뒤로 하고 김기림은 동양적 세계로 진입하고 있었는데, 이를 임화는 김기림이 발견한 '우리의 현실'이라 지칭했다. '상징'은 그러한 유현한 세계, 애매하고 난삽하고 무엇인가 조탁된 언어로 우리의 체험된 현실을 발견하는 언어로 당대에 떠오르고 있었다. 김기림은 정작 자신의 시에서는 자신이 부정한 바로 그 '상징', 즉 '언어 너머의 의미'를 찾는 '상징'에 다가갔던 것이다. 시의 운명과 인간의 운명은 평행하지 않으며 그것들은 서로 갈라지고 어긋나면서 각자 자신의 길을 간다. 예술이 '최후의 양식(Lateness)'으로서 생명을 지속하는 이유이자 저 스스로 자신의 주권을 고수하는 방법이다. '현실과 유리된 채 저 현실 너머의 것을 그리는 옛풍습'이라 요약하면서 그것을 부정했던 김기림이 '상징'을 보는 시선이 오히려 일제말기 '황혼의 상징시학'이 가능했던 이유를 설명하고 있다. '부정'을 통해 '긍정'을 간취한 것이다. 김기림 스스로 '상징' 의 양식적 독립성을 간취하지 못할 정도로, 시는 그에게 가깝지만 저 멀리 존재하는 양식이었던 셈이다. 〈문장〉이 말한 바로 그 '문필인의 운명'이라는 것이 이 점을 말하는 것 아닐까.

'상징'이 항상 그윽하고 깊은 언어로 당대의 현실을 그려내는 데 성공한 것은 아니다. 김광섭의 「명상」, 권환의 「아침의 출발」, 임학수의 「종려수」, 오장환의 「향토망경시」를 일일이 언급하면서 임화는 '언어를 살리

106 임화, 「시와 현실과의 교섭」, 〈인문평론〉, 1940.5.

는' '상징'의 깊이에 대해 언급한다.[107] 권환과 임학수의 시에 대해 임화는 '산만하고 서술적인 표현 가운데 아직 있어야 할 그 무엇을 찾지 못한' 것들이라 평가한다. '아직 있어야 할 그 무엇'은 괴꾀르의 '현실 저 너머의 것', '다른 의미의 세계'인 '상징'을 뜻한다.

> 아침의 출발 아침이다! 무겁고 부―현 안개의 막을 뚫고 태양의 누런 금가루가 구름처럼 반짝인다 고요한 어두움 속에 곤하게 자던 도회 어느덧 힘찬 기지개를 부드득 켠다 아름다운 아침 소음의 멜로디! ― 늙은 두부 장수의 외치는 소리 ― 털그덕 털그덕 구루마의 굴러가는 소리 ― 더르르 더르르 아세틸렌 자동차의 달아가는 소리 이것은 마치 농촌의 참새 소리와 같은 도회 아침의 힘찬 규호(叫號)다 하루 밤 동안 쉬고 난 나의 억센 팔도 뜨거운 피가 다시 물결처럼 뛴다 자! 출발이다! 낡은 캡을 귀밑까지 눌러쓰고 김치, 깍두기에 누른 잡곡밥을 눌러 담은 알루미늄 벤또를 옆구리에 차고 이것은 오전 9시부터 오후 7시까지의 오늘 하루 전장에 필요한 군량이다 내 손엔 금장식한 굵은 단장도 없다 커다란 악어가죽 손가방도 그리고 수달피 털붙인 푹신한 외투도 그러나 내 코와 입으로 드나드는 굵은 호흡은 몇 배나 억세고 힘차지 않나? 명주실 같이 가느다란 그들의 소리보다
>
> 나의 검고 붉은 얼굴은 태양과 같은 희망이 차있지 않나? 우울을 담뿍 쓰고 있는 그들의 하―얀 얼굴보다 멀리서 뚜― 하는 아침 신호 힘차게 흔들린다 호수같은 하늘이 나는 두 주먹 불끈 쥐고 바삐 걸었다 대지를 터벅터벅 울리면서 태양과 빙글빙글 웃으면서
>
> (권환, 「아침의 출발」, 조광, 1940.4)

서술적이고 산문적이다. 임화의 말을 빌자면, 시인이 시에 있어야 할

---

107 임화, 「시와 현실과의 교섭」.

'그 무엇'을 찾지 못한 탓이다. '그 무엇'이란 시적 언어의 깊이, 상징의 언어인 말의 심연에서 우러나오는 '유현한' 의미라고 말할 수 있겠다. 반면, 오장환의 「鄕土望景詩」에 대한 임화의 평가는 권환과 임학수의 시편들에 대한 그것과는 차이가 있다.

> 解土하는 내음새
> 江ㅅ 바람은
> 山김승의 우는소릴 불러
> 다 녹지 않은 어름짱, 울틀거리며 떠나려간다.
>
> 진 종일
> 나룻가에 서성 거리다
> 行人의 손을쥐면 따듯하리라.
>
> 故鄕가차운 주막에 들려
> 누구와 함께 지난날의 꿈을 이야기하랴
> 양구비 끓여다놓고,
> 주인집늙은이는 고연히 눈물지운다
>
> 간간이 잣내비우는 山기슭에는
> 아즉도, 무덤속에 祖上이 잠자고
> 설레이는 바람이 가랑닢을 휩쓰러간다
>
> 예 제 로 떠도는 장꾼들이어!
> 商賈하며 오가는 길에
> 혹여나 보셨나이까,

전나무 욱어진 마을
집집마다 누룩을 듸듸는소리, 누룩이 뜨는 내음새
(「鄕土望景詩」, 인문평론, 1940.4)

임화는 "진 종일/나룻가에 서성 거리다/行人의 손을쥐면 따듯하리라"의 3행 속에 '오장환 시에서 맛볼 수 있는 감미로운 애수와 슬픔'이 들어있다고 평가한다. '눈물철철흐르는 듯하면서 후줄근한 느낌을 주는 비애'와 '눈물 흐르지 않고 느낌이 움직이지 않고 몸과 정신이 착 굳어버리는' '石像같이 응고해버리는' 단정한 정신 사이에 '상징'의 본격이 놓여있다고 할 것이다. 오장환은 이 상징의 양극 사이에서 서성이고 있는 것이다.[108]

오장환에 이어 임화는 장만영을 뛰어난 신진시인의 목록에 올렸다. 소설에 비해 시에서 신진들의 역할이 뚜렷하게 나타나지 않는 점을 지적하면서도 오장환, 장만영 등 신진시인들의 시는 뛰어나다는 것이다. [109] 장만영의 시에는 '이 계절에 즐거이 읽을 수 있는 '리리컬 포엠'이 존재한다는 것인데, '상징'이 '서정'을 버리고 홀로 질주하는 것은 아니라는 뜻이다.

봄, 비는 시름 시름 나려를 오고
봄, 녹스른 마음이 창에 기대여 서글퍼하고 있다.

太陽은 가 버리고… 저기 삘띵과삘띵 사이로 보이는 하늘에 - 달이 떴다. 달같은 나의感傷. 나는 저 鄕愁의 노래가 들닌다. 어두운 창 밖에 그리고 창 안에. 나는 담배를 피운다. 나는 담배를 피우며 생각한다. 우리가 살든 그마

108 박용철, 『전집 2』, 328면.
109 「신춘좌담회-문학의 제문제」, 〈문장〉, 1940.1.

을에 어느듯 꽃은 피었을까. 羊치는 머슴과 그의안해처럼 그때 우리는 아무 슬픔을 모르고 살든것을－. 우리가 사랑은하고, 그랬길래 우리에게 괴롭든 마을…… 記憶은 한줄 연기처럼 슬픔으로 피여…… 피여오르는 슬픔속에 마을의風景이 퍼어러니 떨닌다. 아아 맑은하늘, 푸른하늘, 따슷한 하늘에 구름은 바람에 쫒기여 도라다니고. 보리종달새 우짖고. 어딜가나 꽃향기 풀향기 숨매키게 품기는 곳. 그곳을 이제 우리, 찾아가리라.

봄, 녹스른 마음이 창에 기대여 서글퍼 하고
봄, 비는 시름 시름 나려를 온다.
(「抒情歌」, 조광, 1940.4)

구어체 시로서의 품격을 놓지 않으면서도 종지부호를 일일이 달아 비애가 분출하고 감정이 과잉되는 것을 단호하게 금지하는 '신진' 장만영의 자의식이 임화의 평가에 반영되어 있다. 마을의 기억을 길게 서술하던 시인은 그 질주를 멈추고 한숨처럼 '그곳을 이제 우리, 찾아가리라'라고 내뱉는다. 질주를 마치고 휴식을 얻듯 그렇게 기억을 마무리한다. 앞의 두 행과 마지막 두 행에서 시인은 '서글픔과 시름'의 심정을 굳이 가리려하지는 않지만, 가운데 배치된 본단락에는 그런 서글픔이나 슬픔은 시인이 아득하게 떠올리는 과거의 기억에 묻혀 가물가물하다('한줄 연기처럼, 퍼어러니 떨리면서'). 과거의 기억이란 맑고 푸르고 따스하고 자유자재한 것이지만 그것은 아득하면서도 몽롱하게 사라지는 잔혹한 신기루와 같다. 그러니 '그곳을 찾아'가는 여정은 불확실하다. 불명확하고 불확실한데도 의지되는 그런 '마음'을 임화는 '리리컬 포엠'의 서정이라 읽었던 것이다.

1930년대 중반기까지 시단을 지배했던 시의 장식성(기교주의)이 사라지고 시가 오히려 단순성으로 돌아가려는 경향은 신세대 시인들이 이룬 일종의 공적이었다.[110] 그들은 언어를 외부에서 치장(장식)하거나 관념적으로 선언하지 않고도 '깊이 말하기'를 원했는데, 그들은 시적 언어의 '상징'이 갖는 힘을 알았다. '단순하게 말하되 깊이 있게 숨는 것'이 신세대 시인들이 추구하고자 했던 말법이었다. 그것의 성공여부를 차치하고라도 말이다.

모윤숙의 「하수로 간다」를 읽어본다.

> 孤獨은 드디어 言語를 잃고
> 깊은 숲에 잠들다.
> 지나가는 바람도,
> 흘러 내리는 달빛도,
> 그얼굴에 검은 沈默을 깃드릴 뿐.
>
> 수많은 가지새로,
> 휘뿌리는 별빛도,
> 이밤엔 오직 한적하여,
> 그리움은 마음에서 숨진다.
>
> 벼개에 지친 疲困
> 갈하여 타오를제
> 스며오는 물소리 물소리
> 멀고 기인 골작이로
> 저혼자 흘러가는 물소리

110 「求理知喝」, 〈인문평론〉, 창간호, 1939.10.

눈 감으면 이 마음 고요한 품에
안기어 지나는 듯 가까운 그소리

나는 문득 깨어
아무도 없는 河水로 간다.

가시덤불 어두운 숲으로
나는 달려달려 새벽으로 간다.

물은 맑을지도 모르고
물은 흐린지도 모르고
나는 마음의슬픈 장미를 살리려
물가로 달리노라, 아무도 모르게.
(「河水로 간다」, 문장, 1940.4)

「海愁」(삼천리, 1940.4)를 두고 '상징적 안경'을 벗기 시작했다고 평가한 임화는, 「하수로 간다」의 구태의연함을 지적하면서 시인의 다른 한쪽 눈을 가리던 (상징)안경마저 벗어버려야 한다고 썼다.[111] 임화의 평가는 김광섭의 「명상」을 평가하면서 "동경도 믿을 수 없는 애수의 눈이 지친 정으로 환상의 열을 따라가느니" 의 구절을 '낡은 상징주의 수법'이라 비판한 대목에 이어져 있다. '추상적 언어'의 形骸한 수법에서 벗어나지 못하는 언어는 '예술의 언어'가 아니라고 임화는 평가한다. 새롭게 발견되어야 할 '우리의 현실'을 보여주는 데 실패한 낡은 상징주의의 재귀를 임화가 기대한 것은 아니었다는 것이다. 평범한 단어에 의미를 과잉되게

111 임화, 「시단월평-시와 현실과의 교섭」, 〈인문평론〉, 1940.5.

부여하면서 관념을 쥐어짜는 작시술은 언어의 생목숨을 끊는 것이니 낡고 형해한 언어를 '상징'이라 볼 수는 없다는 것이다. 낡은 상징주의 수법은 추상적이고 관념적인 1920년대 상징주의와 한 끈이 닿아있는 것으로 보이는데, '산만하고 서술적인 표현'은 '상징'에도 이르지 못하고 '예술의 언어'에도 미치지 못한다.

'우리의 현실'을 산만하고 서술적인 방식이 아니라 '예술적 언어'로 살려내야 한다는 것이 '상징'의 소명이다. 시의 언어가 산문의 언어와 갈라지는 지점이 여기이다. '우리의 현실'이라는 것은 '집단 전체의 공유된 코드'를 통해 '상징이' 해석된다는 점이 전제된 것이며, '산만하고 서술적인 표현'이 아니라는 것은 '시적인 표현'을 전제한다는 뜻이다. 이것이 바로 일제말기 '상징'의 시대적 요청이다. 오장환이나 장만영의 시가 떠나온 고향에 대한 비애를 깊이 드리우고 있으면서도 귀환에 대한 의지와 동경을 놓지 않은 점을 임화는 평가한다. 상징의 언어는 '고향'을 둘러싼 '우리의 현실' 그러니까 집단 전체가 공유한 정서를, 언어적 밀도를 강렬하게 내뿜었다.

비극적 세계관 그 너머에 있는 미래의 시간을 임화는 눈여겨 보았을 것이며, 상징의 언어가 품은 강력한 에너지가 현재와 미래의 '교섭'을 수행할 것으로 생각했는지 모른다. '상징'은 그렇게 개인과 집단을, 현재와 미래를, 현실과 예술을 이어주는 집단 전체의 공감과 공유의 코드가 된다. '내적으로나 외적으로도 다 같이 유기적 질서 가운데 존재'하는 것은 '공유(공감)된 코드'와 '예술적 언어'로서의 시적 언어의 존재론이며, 그럼으로써 그것은 지속성과 영속성을 갖는다. '고향'은 '찾아가야' 하는 곳이기에 되돌이킬 수 없는 과거의 '사건'이 아니라 미래의 시간이자 질서에 속한다. 그러니 그것은 닫힌 것이 아니라 열려있는 것이며 '시간'이자 '공간'의 상징인 것이다.

'상징'은 오직 파국의 시대, 전환의 시대, 미래를 예견하는 시대의 집단 전체의 언어가 된다. 정지용도, 김기림도 그 외 여타 신진들에게도 이 문제는 열려있었다.

상징과 시대의 역설

〈문장〉 폐간호가 나올 무렵, 그리고 자신의 시집 『白鹿潭』이 나올 무렵의 고통을 회상하면서 정지용은 '상징이 필요한 시대의 역설'을 이렇게 설명한다.

> 당시 비정치성의 예술파가 적극적으로 무슨 크고 놀라운 일을 한 것이 아니라 소극적이나마 어찌할 수 없는 위축된 업적을 남긴 것이니 문학사에서 이것을 수용하기에 구태어 인색히 굴 까닭은 없을까 한다.
>
> 그러나 그것이 조선시의 悠遠한 기준이 되어야 한다든지 신축성없는 시적 모형을 다음 세대에까지 유습시켜야 하는 것은 아니다. 그래야한다면 그것은 일제 중압하의 조선시의 상속일 뿐이요, 조선시의 선수권은 언제든지 소시민층이 보유한다는 것이 된다.[112]

'소시민층'의 시적 미학의 정수인 '상징'의 시대적 소명을 이 글에서 유추할 수 있다. "『백록담』을 파인의 『情怨集』과 함께 이것들이 '사회의식'에서 '시대의식'으로 시인을 구별하는 규준이 바뀐 시대의 시집"이라 진단한 것은 당대(1940.1)의 '상징'의 '시대적' 요청을 약속한 것이다.[113] '천

112 정지용, 「조선시의 반성」, 김학동 편, 『전집 2 산문』, 267면.
113 「신춘좌담회-문학의 제문제」, 〈문장〉, 1940.1.

상의 별들이 지상으로 내려와 꽃(花紋)이 되는 그 황홀하고도 신비한 정신의 절정감'[114]이 시 「백록담」의 지배적 요소라 할 것인데, 이 상징에 깃든 정신주의를 당대 문인들은 '시대의식'으로 이해했다. '상징'이 모든 시대를 관통하는 시의 '주체'는 아니며 또 자신의 선수권을 영속적으로 주장할 수도 없다. 아니 그렇게 되어서는 안 된다. 정지용은 '일제 중압하의 선수권'이 '상징'에 부여되어있다는 투로 썼다. 이 유한성과 우연성만이 상징의 고유성을, 상징의 시대적 소명을 역설적으로 증언한다.

해방 이후 '상징'의 필요성에 대한 문제가 신진시인들에 의해 다시 제기되었을 때,[115] 선배시인 김기림이 이를 그토록 단호하게 부정할 수 있었던 것도 '상징'이 더 이상 고유성과 독자성을 주장할 수 없게 된 '생활 환경'의 변화 때문이었다. 해방공간의 혼란한 틈을 비집고 '언론출판에 대한 악질적 무법박해'를 일삼는 상황에서 '이러한 강압을 되도록 회피하기 위한 수단으로써 상징기술이 재등장해도 무방한지'에 대해 김기림은 '시의 기술로 옛적 상징적 수법을 다시 채용해서는 안 된다. 새로운 시는 더욱 명확, 단순, 소박해야 한다'[116]는 뜻을 분명하게 전한다. '새날'이 갖는 갖는 그 의심할 바 없이 명확한 시대정신을 시의 새로운 기술만이 밀고 나갈 수 있다는 것이니, '옛적 수법'안 '상징'은 이 책무를 감당할 수 없다는 뜻이다.

그러니까 해방 이후 '상징 불용설'이 확고하게 제시된 것은 '상징'이 더 이상 필요치 않게 된 '단계'의 역사적 현실과 무관하지 않다. 김기림과 이병철의 서면 대담에 '상징'의 시대적 소명이 구체화되어 나타나 있다. 일

114 조영복, 『원형도상의 언어적 기원과 현대시의 심연』, 소명출판, 2012, 286면.
115 이병철, 「김기림씨께 드리는 편지」, 〈예술신문〉, 1947.5.5.
116 김기림, 「이병철 군 서한에의 회답」, 〈예술신문〉, 1947.5.5.

종의 '세대론'의 표정을 띠고 있지만 그것은 당시 시의 기능과 시인의 운명을 대리한 질문이자 그것에 대한 답이다. 길지만 인용하기로 한다.

> **선생에게**
>
> 김기림씨께 드리는 편지
> — 시작에 상징기술□용은 고하(苦何)
>
> 식소사분격(食少事奔格)으로 아무것도 하는일없이 바쁘게 사느니라고 봄이온줄도 몰랐습니다. 거지 추위가 덜해졌다는정도의 피부감각을통해서 머지않아 봄이올것이다고만 생각하고있었는데 오늘 마츰 찗의 황황한 이거리에서 우연히진달래꽃을 한아람안고 지나가는 한 소녀를 보고서야 비로소 봄이온 것을 알았습니다.「胡地에 無花草하니 春來不似春이라」는 옛시를 되푸리해보았습니다. 그러나 생의 경우는 그와정반대인 것을 깨닫고 짐짓 서글펐습니다. 틀림없이 봄은 왔것만 꽃을보지못해서 봄이온것도 모르고사는 덧없음을 그냥 웃어버렸습니다.
>
> 선생님은 꽃 구경을 하셨는지요. 꽃과함께 봄이온 것을 어떻게 알아셨는지요.
>
> 화절(花節)마디에 홍역이 범람해진다는 상례를 미루어 택내에 미□의 아동은 없는지요.
>
> 두루 구구한말씀 많습니다만 접어두기로 하고 선생님께 꼭아뢸말이 있는데 들어주실는지?『다름아니라 이사이 언론출판에대한 □질적무□박해를 자꼬염담알 받게됨으로해서 시인작가들이 그작품활동에 있어 □ 이러한강□을 되도록 회피하려고 퍽들□력을하는 모양들인데 그 수단방법으로써 상징기술이(심보미즘)재등장해도 무방할는

> 지요. 그것이 만약 무방하다고한다면 문학의 대중화문제에도 무방할 것인지 그렇지도않다면 어떻게 표현을 통해서 내용을 형상할수있을는지요.』―자조작품월평같은것으로라도 좋으니 구체적으로 좀 소상히 말씀해주섯으면 퍽이나 감사하겠습니다. ―지면관계로 미친놈 널뛰듯 □음을 아하(雅下?)에눌러주시기를바래면서―
>
> 1947. 4. 이병철 드림

1946-1947년 미군정기의 언론출판상황의 혼란을 고려하고 읽어야 할 대목이다.[117] 미군정기 초기에는 신문발행에 있어 '등기제'를 실시했으나 당시 좌익신문이었던 〈해방일보〉, 〈현대일보〉 등이 개입된 '정판사위조지폐사건'을 전후로 '허가제'로 방침이 전환된다. 신탁통치를 둘러싼 찬반의견의 대립 및 격화, 좌우익 언론의 난립, 언론에 대한 테러, 언론의 허위보도 등 사회혼란의 중심에 언론이 있다는 것이 중요한 이유였다. 1946년 조선정판사 위조지폐사건으로 보다 임격해진 인론출판통제는 1947년 신탁통치 찬반을 둘러싸고 더욱 강력하게 발휘되었다. 해방 이후 언론출판 상황이 경직된 가운데 이 경직성을 돌파하기 위한 전략으로 '상징' 논의가 재개된 것이다. '상징'이 검열과 억압 가운데 더욱 활성화된다는 것은 상징이 일종의 '소셜미디어적 말법'[118]으로 기능한다는 뜻이기도 하다.

이병철의 서신에서 언론, 출판 검열이 강화돼 작가들이 이를 해결하기 위한 수단을 강구했던 것을 확인할 수 있는데, 이병철은 세 가지 문제를 지적하고 있다. 하나는 상징기술의 재등장 가능성, 두 번째는 상징이 대

117 정진석, 『전쟁기의 언론과 문학』, 소명출판, 2012, 59-79면.

118 톰 스탠디지, 『소셜 미디어 2000년-파피루스에서 페이스북까지』, 노승영 옮김, 열린책들, 2013, 108면.

중화 방향에 미칠 영향, 세 번째는 상징이 아니라면 어떤 표현기술이 필요한가의 문제 등이 그것이다. 역으로 추론해보면 '상징'이 출판 검열 상황에서 효과적인 표현방법으로 쓰였다는 것, 이는 이른바 '일제 암흑기'의 시적 상징에 대한 평가와 해석을 되돌아보게 한다. '암흑기'라는 술어에 이미 '상징'의 깊은 심연이 함축되어 있다.

해방공간에서 이른바 '나라만들기'의 구호 아래 시의 임무와 기능은 그 이전, 혹은 일제말기와는 비교가 안될 정도로 달랐을 것이다. 더 이상 '상징의 동굴'에 언어의 몸을 은닉한 채 황혼의 울음을 울 필요가 없었던 것이다. '새나라만들기'의 구호 만들기와 선전이 시인의 역할이자 시의 임무라면 그것은 대중화 방향에 대한 고민과 직접 연결된다. 상징이 아니라면 도데체 시는 어떻게 말할 수 있는가? 그러니까 또 다른 검열의 억압에서 상징이 아닌 시의 언어란 어떤 것이어야 하는가? 조선어 자체가 불용이자 금기이던 일제말기 조선어의 위치와 해방 이후 그것의 위치는 근본적으로 달라져 있었다. 여전히 검열의 억압적 상황이 도래했지만 '조선어의 자유'는 이미 소여된 것, 행사할 수 있는 것이었다. 대중을 향한 노래와 계몽과 설득이 필요했는데, 그것은 산문이 아니라 시여야 한다는 조건이 이들 시인들의 운명을 붙잡고 있었다는 뜻이다. 말의 자유가 주어진 곳에서 '상징'은 여전히 필요한가? 이병철의 질문은 이로부터 출발하는데, 해방기 시인의 운명은 현실의 자유와 양식적 구속 바로 이 경계에서 흔들리고 있었던 것이다.

김기림이 대답한다.

후진에게

이병철군 서한에의 회답
— 새로운 시는 명□단순소박하게

주신글월고맙습니다. 피차에 봄신세 그리입지못하나봅니다. 『넥타이』하나가라매지못하고있군요. 꽃구경—글세 이렇게 빌러서진달래꽃구경이나 가기로합시다. 팔당(八堂)—우수(雨水)—그리가좋겠지요. 해방조선꽃노리를 기름번지르르한 벚꽃밑에서 하고싶지는않습니다. 하지만 여기저기흩어진 그리운벗들을 제쳐놓고 어떻게 꽃노리를합니까? 덕분에 이런것들은 □부고리분얘기지만 안해의 『각□』아래서 시굴서들 별탈없이 지난다고 이격소문을통해서 듣고있을따름입니다. 물어주서 매우고맙습니다. 시의 기술로 옛적 상징적수법을 다시 □용하는 것은 生은반대입니다. 새로운 시는더욱 명□하고단순하고소박하여야 할 것이라고합니나. 새로운경지를예술의 세계에서□탁해나간다고하는 것은 매우어려운일일것입니다. 그러니까 자칫하면 우리는 무슨 핑계를대고 옛날의 쑥한수법으로 돌아가서 쉽고 한번들어가면 그만거기 다리를 벋어버리기쉬운 것이 인정입니다. 곤□한 정세에서도 □□□□하고 혼매(昏昧)한옛수법괴에 차리리 딴것을찾어내야할것이라믿읍니다.

일간 한번 종용하맛나뵈었으면합니다. 우선이만총히끝입니다. 늘 시작에 건필을 휘두루시기빕니다. 김기림

핵심은 '새로운 시는 명료, 단순, 소박하게'이다. 해방 이후 시의 세계는 '새로운 경지'에 들어섰고 그 환경에서 옛날의 수법으로 되돌아갈 수는 없다는 것이 김기림의 판단이다. '옛 수법', 곧 '상징'이란 '예술의 세계

에서 조탁하는 것'이자 '난삽하고 혼매'한 것이니, 이같은 곤란한 정세에서 그것은 불필요하고 시인은 '새로운 시의 세계'를 위해 '딴 것'을 모색해야 한다. 상징은 명료, 단순, 소박과는 층위가 다른 난삽, 혼탁, 조탁하는 것에 가까운 기술이니 열린 해방공간에서 상징은 더 이상 '불용한 것'이 된다. '말해지는 의미'에서 더 나아가 '그 의미가 가리키는 보다 본원적인 것'이 고답적이면서도 본래적인 상징의 역할이다. 해방 이후 '새나라 만들기'의 선언과 구호가 난무한 상황에서 '상징'이 어떻게 필요할 수 있겠는가. 단순, 명확, 명료하게 말해야 하는 것이 시대적 소명이라는 것이다. 해방공간에 쓰인 김기림의 시들, 「새나라송」, 「길」, 「우리들의 악수」, 「새해앞에 잔을 들고」 등의 시들은 직설적이고 명료하다. 더 이상 '상징'이 필요없게 된 시대, 김기림은 '탈상징'을 선언함으로써 1930년대 그가 주장했던 시학의 길로 되돌아간다. '난삽과 조탁'의 상징어법은 사라지고 '오전의 시론'의 명랑성과도 다름없는 노래의 단순성이 김기림을 맞이했다. 이는 일제말기 김기림 자신이 '상징'의 깊은 심연으로 들어갔던 것과는 정반대의 방향이다.

'상징'의 언어는 ① '강압을 되도록 회피하려는' 의도에서 비롯된 것이거나, ② 사회로부터의 절대적이고 총체적인 배제와 그로부터의 고독과 침묵의 반영이다. ①이 수동적이라면 ②는 오히려 능동적이고, ①이 대중적인 것에 가깝고 ②는 지성적인 것에 가깝다. 일제시대 통틀어 시인의 언어가 ①에 집중되어 있다고 생각할 수 있겠지만, 실은 ②에 보다 근접해 있다. 난해시 문제가 이 시기 본격적으로 등장하게 된 것도 일종의 '몽롱체'[119]로 인식된 '상징언어'의 광범위한 사용과 연관이 있을 것이다. 시적 언어의 기능을 고구함으로써 또 미학적, 철학적 관점에서 시의 언

---

119 이는 현철의 「所謂 新詩形과 朦朧體」(개벽, 1921.2)에서 따온 용어이다.

어를 설명함으로써 '상징'의 사회적 효용성 혹은 '상징의 말과 집단적 공감'의 문제에 보다 심층적으로 접근할 수 있을 듯하다.

(3) '밤'의 언어 — '상징'의 소셜미디어(Social Media)적 가치

침묵하는 말, 계시하는 문자

'상징'은 원본적인 뜻(원형성)을 품은 언어이니 그 자체로 신비와 암시를 거느린다. 시적 언어에서 최고의 음악이 완성되기를 꿈꾼 상징주의자들의 '상징'을 우리말의 '구어체적 율조'로 완성하고자 한 안서의 시각은 분명하게 이 문제와 결부되어 있다. 그에 반해 박영희는 근대시란 직접 진술의 언어가 아니라 '상징'을 통한 원형적, 집단적 인간의 관념을 표상하는 것, 그러니까 '은유하는 말'에 있음을 지속적으로 보여준다. 일제말기 시들의 '상징'은 이 양 흐름을 원구법적으로 잇고 있다. 안서적인 것 아니면 박영희적인 것에 편향적으로 가까이 가기도 하지만, 잘 다듬어진 상징시들은 이 양자가 잘 조화되어 있다. 우리말 구어체 시의 미학(음악성)과 관념성(상징성)이 잘 조화된 시와 그 시를 우리말 시의 궁극적 모범으로 이해한 신세대 시인들의 시에서 이것이 확인된다.

'상징'의 신비와 암시는 근본적으로 계시적인 음성과 교통한다. 일제말기 시들의 상징어법은 근본적으로 시적 언어의 본질에 다가가면서 또 한편으로는 '시대적인 것'의 '체현(incarnation)'이라 하겠다. '박영희적인 것'에 계시적인 음성이 부가될 때, 시는 두 방향으로 나아간다. '상징'의 시는 점차 노래하는 말과 리듬이 사라지고 계시하는 목소리와 진술(陳述)의 문자가 부상한다. 언어는 점점 경구화, 잠언화 되어간다. 시의 경역을 넘어 산문화되지 않기 위한 다른 방법은 '노래'를 고수하는 것인데, 그러다보니 '노래'도 아니고 '산문(진술)'도 아닌 '잠언적 노래체'가 성행하며 이는 바로 '-의 노래'라는 제목의 시들이 숱하게 쓰여지는 현상과 무관하지 않다. '노래'는 '-노라체'[120]를 지향할 수 밖에 없는데 '노라체'로 시(노래)의 영역을 지켜내야 하기 때문이다. '노라체'는 '글로써 말(노래)하는' 방식이다. 임화, 오장환의 일제말기 시들의 제목에 '-의 노래'가 많은 이유이다. '-노라'로써 노래(시)의 영역을 지켜내는 것. 그 영역을 넘어가는 순간 시는 계시의 음성을 실은 '진술'이 된다. 경구, 에피그람, 묵시록의 산문적 진술이 '시의 음악'을 대체한다. 시는 길어지거나 더욱 계몽적인 말이 되고 직설적인 어법의 말이 암시나 상징을 대체한다. 역설적이다.

'계시적인 말'의 역설은 이찬의 시에서 확인할 수 있다. 말할 수 없으니 침묵해야 하지만, 역설적으로 시는 더 길어졌다. '침묵이 영원'임을 증언하기 위해 시인들은 더욱 산문적인 어법으로 진술해야 하는 것이다.

> 여기 아무일도 있지않었든양
> 여기 또한 아무것도 있지않도다
>
> 太古然 히 비-ㄴ 空洞
> 陰風만이 휘도러…….
> 山짐생도 敬遠하는 의론歲月을
> 愁愁히 生의圈外에 跼蹐한者여
>
> 虛妄한 年輪이 거츠러히 아로색인 凄蒼한 이끼밑
> 빛나든 네靑春의 이마를 어듸가 찾으리

120 '-노라체'(이하, '노라체')는 p. 219에서 재론된다.

일즉 人類의 華麗한꿈이 黃金의수레를 몰든날
火花같이 불타든 네가슴의情熱을 나는 아노라

그한시절 蠻한 濁浪과 臂力을 겨눌 때
즐겨 存亡을 내걸든 壯한 네氣槪도 나는 아노라

다-만 모르노니 그뒤에 온것
말하라 空洞이여 그뒤에 온 것

오호 묵어운 沈黙이여 永遠한 悲痛이여
울자쿠나 나와함께 千年을 萬年을 소리없이 울자쿠나
(「空洞」, 인문평론, 1940.2)

상징성(관념성)과 한자어의 결합이 박영희적인 것에 이어져 있는데, '生의 圈外에 躊躇한' 같은 우리말 문장과는 거리가 있는 한자문맥의 진술이 눈에 띈다. 허무와 비애가 '상징'의 옷을 입고 짙게 깔려있다는 점은 박영희 시의 '상징'과 유사하지만, '상징'이 가리키는 구체적인 방향이 있다는 것이 차이점이다. 시인의 계시적이고 미래적인 말이 숨겨져 있는 것이다. '네' 속에 인류 태초의 정열이라 할 정도의 근원적인 생명력과 꿈이 불타고 있다. '너'는 '黃金의수레를 몰든' 태고의 꿈을 가진 자이니 그의 가슴은 '火花같이' 불타 올랐을 것이며 그러니 모든 짐승들이 그를 경원했을 것은 자명할 것 아닌가. 청춘의 이마는 식고 그 시절의 광포한('蠻'한) 탁랑과 비력과 기개가 다 사라져버린 지금, 모든 것들이 '공동화'(부재)되고 무로 되돌아갔다. 그렇다고 해서 생이 종식되는 것은 아니다. '그뒤에 온것'이라는 말의 대답을 시인은 '오호'라는 영탄 뒤에 숨겨

두었다. 시인은 침묵을, 공동을, 부재를 말하고 싶었던 것이다. 그것들 안에 '친넌 · 민넌'의 영원이 소리없이 숨쉬고 있다. '침묵'은 '비통'이니 그것은 '소리없는 울음'이라 집약할 수 있다. '천년(만년)의 울음'은 무겁고도 장엄하게 영원을 지속하는 것이며 시인은 '소리없이 천년을 울자'고 집단의 울음을 요청하고 있는 것이다. 석경이 '판타지와 판타지 속에 침잠된 정열'[121]이라 말한 것은 이 '공동의 영원성', '침묵의 존재성'을 의미한 것인데, 그러니 집단의 울음은 침묵의 말이면서 또 영원을 사는 시의 말인 것이다.

당대의 신인이었던 김광섭은 '침묵한 말에서 한사람의 맑은 몸이라도 뛰쳐나오는' 염원을 실어보낸다.

> 밤 子正으로 넘어가며 世上을 재우는 잠조차
> 나의 마음의눈에만은 安息한 그늘을 주지못하나니
> 아름다웠고 사랑스러웠든 모든것이
> 이제 어느 魔女의 손길을 빌어
> 나의 눈속에 잠없는 별을 따서 떠려 트렸드냐
>
> 憧憬도 미들수없는 哀愁의눈이
> 지친情으로 幻想의列을 따라가느니
> 이 幻想의속에서 沈黙한말을 듯고
> 한사람의 맑은 몸이라도 뛰여나왔으면
> 지나간 슬픔들이 모혀서 얼마나 고흔옷을 입피랴
>
> 世上이 끝나는날 마지막 視線을 돌려

121 石耕, 「所感이것저것」, 〈인문평론〉, 1940.3.

> 사랑을 보며 눈감는것이 神聖한 幸福이라면
> 나는 盲目하지못했든 戀人의꽃을 무덤우에 피우리니
> 새벽 이슬을 먹음고 꽃은 울며
> 아츰해에 다시 눈물을 씻스리라.
> (「瞑想」, 인문평론, 1940.4)

이용악이 읊은 '꽃씨라도 튀여나오는 밤'과 같은 암시적이면서도 경쾌한 이미지를 이 시에서 찾기는 어렵다. 오히려 '세상이 끝나는 날', '마지막 시선' 같은 '황혼의 절멸감'이 두드러지는데, '동경도 믿을 수 없고 지친 몸으로 환상을 좇는다'고 시인은 그 절멸감을 토로한다. 환상 가운데 '침묵한 말'이 있고 그 말을 듣고서야 '맑은 몸'이 생명을 얻고 지나간 슬픔은 그 몸에 고운 옷 입혀주는 임무를 부여받는 것이다. 절멸의 시선을 거두는 시인을 목격할 수 있는 대목은 '꽃이 울며 아침해에 눈물을 씻는'이다. 역사의 임종에 느끼는 절멸의식이 연인을 향한 사랑에도 존재하는 것이어서 주검을 가리키던 무덤은 꽃의 대지가 되고 꽃의 눈물은 아침해에 씻겨져 씨앗이 될 것이니, 세상이 끝나는 날은 눈물의 꽃이 다시 피는 날이다. 죽음의 시간에 이르러서야 까마귀는 저 뜨거운 태양에까지 다가가 새 생명을 얻고 죽음 직전에야 새는 옹달샘에 이르러 한 줌 물로 목을 축이고 새날을 시작하는 법이다. 꽃이 튀어나오는 것은 이렇듯 언제나 밤이며 세상 끝나는 어둠 가운데인 것이다. 침묵 가운데서 슬픔 가운데서 주검 가운데서 시인의 신성한 행복이 자리한다. 그러한 '꽃씨를 터뜨리는 밤'을 위한 침묵은 '마치 諦觀이나 한 듯이 말없이 고요히 시드는'(임학수, 「棕櫚樹」, 인문평론, 1940.4) '陰沈'과는 다른 것이다. 침묵은 말이며 상징이며 계시이다. 그러나 그것을 말하기 위해 시인의 말은 더 길어져야 하고 더 반시적(反詩的)인 상황으로 가야 한다. '상징'은 더 길어지려는 시인의 말을 붙들고 오히려 '침묵'이 더 긴 말이며 또 시가 더 나아갈 수 있는 길임을 설득한다.

상징이 일제시대를 위해 준비된 것이라면 그것의 효용은 계시적인 것에 있다. 상징의 언어가 선호된 것은 이 언어가 함축성을 띤다는 바로 그 사실에 기인한다기보다는 그 함축성이 계시적인 말과 밀약해 미래의 말을 대신한다는 데 있다. 일제말기 '상징'이, 1920년대 초기와는 달리, 종교적이고 장중한 아우라를 갖는 것은 이 '종교성'과 연관된다. 일제말기 '상징시'는 일종의 '묵시(apocalyptic)문학'의 성격을 강하게 띠게 된다.

'묵시문학'은 우화적이고 알레고릭한 것이다. 일반적으로 '묵시사상(apocalypticism)'은 '우주론적 대파국이자 세계의 종말을 암시하는 것'으로 문학적인 비평이 본격화되기 이전 성서해석에 근거한 것으로 알려져 있다.[122] 그러나 최근 '묵시문학'의 관점은 이 성서 자료들을 '문학적으로' 접근하면서 여기에 표현된 내용은 '세계'의 종말이 아니라 '제국'의 종말'이며, '대파국' 이 아니라 '새로운 세계의 도래'를 담고있다는 데 초점을 맞춘다. '역사에는 희망이 없고 역사는 악한 세력의 지배 하에 있으며 역사는 절망적이다'라는 대중화된 메세지를 '역사는 절망적이지 않고 이 세상은 파괴되는 것이 아니라 새롭게 되는 것이다'라는 계시로 전환시킨다는 것이다. '묵시문학'이란 그러니까 종말론적이고 파멸적인 사상의 체현이 아니라 새로운 세계에 대한 희망과 가능성을 암시한다.

이 같은 '파국'에서 '희망'으로의 '전환'은 '묵시문학'이 갖는 은유와 과장 곧 '상징'의 언어 기능에 대한 깊은 천착에서 온 것 같다. 성서기록자들

122 리처드 A. 호슬리, 『서기관들의 반란-저항과 묵시문학의 기원』, 박경미 옮김, 한국기독교연구소, 2016, 364-374면. 이후 서술되는 '묵시문학'에 대한 관점은 이 책을 기반으로 한 것이다.

(서기관들)이 기록해둔 과장되고 한편으로는 난삽하고 알레고릭한 언어는 '저항'과 '계시'를 동시에 품는다. (로마) 제국의 지배 하에서 '묵시록'을 기록했던 서기관들의 행위는 쓴다는 행위가 영속성과 불가역성을 지닌다는 점에서 결정적인 '저항'의 의미를 갖는 것이었다. 서기관들이 기록한 것은 '당대'가 아니라 '미래'이며 '미래의 완성'의 범주는 미래의 온 세상의 회복에 맞춰진다. 그들의 '저항의 언어'는 은유와 알레고리의 코드를 그들이 공유함으로써 가능한 것이었다는 점에서 '소셜 미디어'로서의 기능을 가졌다고 볼 수 있다.

일종의 묵시록으로서 '상징'은 그것을 공유하는 사람들 사이에서는 일종의 미디어로서 기능한다.[123] '상징코드'를 사용하는 사람들 사이에서 그 내포된 의미(관념)가 공유될 때, 즉 '공유된 코드'가 작동할 때 시의 상징은 '저항의 소셜 미디어'로서 기능하게 된다. '사랑'의 말조차 그것이 공유된 상징 코드가 작동할 때 더 이상 남녀 사이의 관능적이고 에로스적인 표현으로 존재하기를 그치고 사적인 담론이 아니라 고발과 저항의 메세지를 담은 공적인 코드가 된다.

'소셜 미디어로서의 시'의 기능에 대한 흥미로운 예는 튜더(Tudor)왕조시대 궁정의 '사랑놀이'에서 찾을 수 있다. 튜더시대 궁정에서 시를 읽고 쓰는 기술은 당대 일어나는 사건들을 코드화된 암호로 주변 사람들과 교통할 수 있는 필수적인 능력이었다. 시가 남녀 사이의 보편적 정서-사랑의 상실, 배신, 운명의 장난 등을 읊었다 하더라도 그것은 그 당시 일어난 구체적인 사건을 대응시켜 표현한 경우가 많아 결국 시를 읽는다는 것은 그 언어 이면에 숨겨진 의미를 찾는 게임이 되었다. 시를 돌려보는 것은 궁정 생활의 표면적 형식주의와 엄격성 뒤에서 풍문을 전하는 뒷구

123 톰 스탠디지, 『소셜 미디어 2000년-파피루스에서 페이스북까지』, 101-118면.

멍이자 애매한 표현으로 정치적 의견을 제시하는 간편한 수단으로 기능했다는 것이다.[124]

소월의 시로부터 '청춘의 시대적 거울'을 찾고자 했던 오장환은 시가 독자에게 주는 것은 '의미'가 아니라 '애절한 공감'이자 '무언의 부르짖음'이며 '느낌'이자 '한때의 사람으로서 어떠한 공통성을 갖는' 것이라 강조한다. 오장환은 소월의 「초혼」, 「무덤」 등에서 시의 메시지 즉 단순한 '의미'가 아니라 '비유로 떨어지지 않으면서 우수한 예술적 표현'을 담은 소월의 미학적 연륜을 보고, '한결같은 심정에 있어 그 애절함에 있어 그 모든 것을 기울이고도 남는 정열에 있어 아름'답기 그지없는 언어의 결을 본다. 오장환의 말은 마치 시의 언어적 기능, 곧 '상징'에 대한 다른 표현으로 보이는데, 오장환은 소월시를 이 땅에 생을 타고난 사람들이 느끼는 운명감과 당면한 현실감의 언어적 체현으로 이해하고 있다.

오장환은 소월의 '언어적 연륜'을 '이 땅의 사람들이 공통으로 느끼는 것'으로 확장하면서 이를 '위치'라는 말로 바꾸어 쓴다.

> 우리가 시를 받아들일 때 피할 수 없는 것은 그 위치이다. 우리는 어떠한 사소한 감정과 정서를 통하여서도 가장 중요한 위치를 돌아보지 않을 수 없다. 더욱이 시인들의 입에는 무형의 재갈이 물리고 그들의 붓끝에는 소리없는 수갑이 채워져 있을 때, 적어도 그들을 통하여 무엇을 다시금 느끼고 찾으려 하는, 이 땅의 독자들에게 있어서는 저절로 어떠한 상징의 세계를 구하지 않을 수 없다.[125]

오장환이 「무덤」과 「초혼」을 '상징의 깊이'라는 관점에서 읽어내고자

124 톰 스탠디지, 『소셜 미디어 2000년-파피루스에서 페이스북까지』, 101-118면.
125 오장환, 「조선시에 있어서의 상징」, 〈신천지〉, 1947.1.

한 것은 '의미'가 아니다. '의미'는 각자 '자기 깜냥대로' 찾으면 된다. 오히려 독자들은 재갈 물려진 언어, 상징의 코드 아래 '자기 위치'를 되돌아본다. 그리고 어떤 기분, 어떤 심정을 공통적으로 느낀다. '민족성에서 오는 크나큰 공감'이란 이원조가 김기림의 「공동묘지」를 인용하면서 언급한 '다같이 느끼는 심정의 세계'와 동일한 맥락이다.

종소리, 꽃씨, 물결

억압과 검열의 환경에서 '詩欄에 대한 독자들의 空前의 찬사'가 쏟아진[126] 상황을 어떻게 이해할 수 있는가. 이는 예컨대 조금씩 취해 천막을 걷고 돌아가는 시점에서 울려대는 종소리의 잔향을 서정주와 김기림이 공유하는 문제, 물결이 밀려오고 밀려가는 사정을 오장환과 서정주가 공유하는 문제, 밤의 꽃씨가 피어나는 사정을 임화와 이용악이 공유하는 문제, 데카다니즘의 처절한 질주를 이상과 서정주와 임화가 공유하는 문제, 데카다니즘의 시대정신을 임화와 김광균이 공유하는 문제 등을 논의할 수 있는 길을 터준다. 그리고 당대의 독자들의 언어 코드 또한 그 범주 내에 있었음을 알려준다. 집단의 언어로서 상징의 위험성을 총독부는 '검열제도'를 통해 통제하려 했고 '종소리', '새날', '봄', '새벽', '북' 등 시간과 계절과 어떤 축제의 공동체적 기운을 나타내는 기호들을 담은 시에 그토록 민감하게 반응했던 것이다. 몽롱하나 명확하고 한 개인의 주관성을 띠나 초주관적인 아름다움을 보여주는 것, 그것이 상징의 집단적 공유코드로서의 사회적 가치였던 것이다.

그런데 그(일제말기) 시대로부터 우리의 언어는 너무 멀리 떠나왔으며 그런 까닭에 그때 그들이 함께 공유했던 코드로부터 그 시대를 읽고 해석

126 「편집후기」, 〈인문평론〉, 1940.2.

하는 틀은 상징의 언어만큼이나 불투명해졌다. 역설적이게도 우리의 언어 혹은 담론의 환경은 매우 논리적이거나 지나치게 명료해졌기 때문이다. 그러다보니 상징을 단지 '그것에 대해 말하는 것'으로 이해하는 데 그친다. 난삽과 모호가 더 이상 필요 없는 시대에 그 난삽과 불투명, 모호와 암시가 주도적이고 절대적이었던 시대의 시를 읽고 있는 것이니, '지시하는 그 너머에 있는' 것, 그것을 통한 인간실존의 이해와 철학적 탐구가 어려울 수밖에 없는 것이다. 글렌굴드(Glenn H. Gould)가 말한 것처럼, 상징의 세계에 살면서도 상징을 명백한 사실로 생각[127]하는 그것이 더욱 문제인 것이다. '산문'과 '담론'의 언어코드로 시의 언어를 읽는 데 익숙한 탓에, '상징'이 지시하는 그 너머의 세계에 무엇이 있는지 깊이 생각할 여유를 갖기 어렵게 된 것이다.

상징의 언어를 일제말기의 당대적 언어, 당대적 맥락에서 읽어야 할 절실한 이유를 여기서 문득 깨닫게 된다. '그들의 시대'를 우리의 그것으로 환원할 수는 없다. 보다 당대적인 것이 보다 시적인 것이다. 일제말기에 쓰인 한 비유를 빌어오고자 한다. 현실과 형식의 관계를 논하면서 '산문양식에서는 진주와 바다가 혼동될 수 없다'는 명제로 기술되었는데, 이때 '바다'는 현실로, '진주'는 형식에 유추될 수 있다.[128] 이 비유는 현실과 유리된 '문장주의'를 경계하는 맥락에서 쓰인 것이다. 그런데 시양식에서는 '바다'와 '진주'가 혼동되어야, 더욱 정확하게는, 융합되어 화학적으로 혼합되어야 더욱 시적인 것이 된다. 시적 논리를 통한 접근만이 난잡하고 모호한 은유와 알레고리로 가득한 묵시문학의 상징들을 비로소 깊이

127 브뤼노 몽생종, 『글렌굴드- 나는 결코 괴짜가 아니다』, 임동현 옮김, 모노폴리, 2009, 107면.

128 「求理知喝」, 〈인문평론〉, 1941.1.

있고 온전하게 읽을 수 있고 그 '저항'의 맥락들을 간취할 수 있다.

이제 우리는 당대, 일제말기의 언어 한가운데로 더 깊이 들어가야 할 필요가 있음을 느낀다. '어둠', '암흑', '밤'을 어떤 특정한 시공간을 암유한 것으로 읽는 것은 얼마나 일차원적인가. 그것을 일제시대의 '암울한 상황'을 유비한 것으로 읽어내는 '해석의 지평'은 또 얼마나 낡고 상투적인가.

시인들은 좁고 적게 말함으로써 더 많은 것을 말의 이면에 감춰두고 더 넓은 미래를 꿈꿀 수 있다. 보르헤스는 이를 시적인 언어의 특성으로 짚어내면서 '마법적 적확성'이라고 요약했다. '짧고 간명하나 그 깊이를 헤아리기 어려울 정도로 넓어서 설득적인 것'을 보르헤스는 시의 언어적 특질로 내세웠다. 암시 · 유현 · 초탈 같은 것이야말로 존재할 수도 있고 존재할 수도 없는 그러나 시에 있어서는 요긴한 '가능성'의 한 표시이다.[129] 더 많은 말을 하고 더 강하게 웅변하나 결코 시의 설득력에는 미치지 못하는 것을 에머슨은 "논증(argument)은 아무도 납득시키지 못한다"라는 경구로 요약했는데 이는 시적 언어가 갖는 신비하고 강력한 마술적 힘을 역으로 설명한 것이다.[130]

앞에서 언급했듯, 김기림이 조선일보 폐간호에 실은 「시의 장래」는 논설적 담론이기보다는 일종의 묵시록적 시론이다. 몰락의 시대를 진술한 산문이기보다는 산문으로 묵시록을 썼다고 비유적으로 말할 수 있을지 모르겠다. 이 글의 화자는 김기림이기보다는 황혼의 황야에 선 예언자가 아닐 수 없다. 그는 '이르는 곳마다 있는 것은 갈라지고 흐트러진 개인뿐이다'는 비장과 장엄의 목소리를 들려준다. 김기림은 그 화자의 '밖'에 서서 몰락해가는 세계의 풍경을 지켜보는 듯하다. 세계는 병들었다. 시인

129 신석초, 「멋설」, 〈문장〉, 1941.3.

130 보르헤스, 『문학을 말하다』. 박거용 옮김, 르네상스, 2002, 47면.

은 집단과 중심으로부터 소외된 채 세계가 몰락해가는 풍경을 고독하고 장엄하게 지켜 보는 것이다.

> 현대 시인들이 조화할 수 없었던 근대라는 세계는 실로 바로 우리의 눈앞에서 드디어 파국에 부딪쳤다. 그것은 근대 그것의 내부에 부분적인 어느 시대의 국부의 파탄이라든지 그런 것이 아니다. 실로 근대 그것의 전부를 한데 묶어서 역사는 그것을 한 결정적인 시련 속에 던졌다. 세계사는 更新되어야 하겠다는 것, 또 갱신의 첫 징조는 벌써 보이고 있다는 것은 오늘 와서는 한낱 예언이 아니고 엄숙하게 진행하는 현실이다. 시대는 시가 게으르게도 어떤 단조로운 정서라든지 말초신경에 지지되고 있는 것을 허락할 성싶지는 않다. 그것은 모두 환자가 가지는 징후다.[131]

소박하고 단순한 감상이나 감정에 의지해 독자 대중에게 위안을 제공하는 시는 더 이상 소용이 없게 되었다. 독자를 흥분시키는 기교의 세공은 낡아버렸다. 피로와 몰락의 조짐이 모든 것으로부터 발산돼 나온다.

'파국'의 징조가 이미 나타났다고 선언하는 김기림의 격정적인 목소리는 '전부', '한데', '결정적인', 같은 '절대성'을 강조하는 부사어가 유독 강조되는 것과도 무관하지 않다. '근대의 파국'을 목격하면서도 새로운 세계의 도래에 대한 희망, 갱신에 대한 의지를 버릴 수 없음을 그의 격정적인 목소리에서 읽게 된다. "세계사는 更新되어야 하겠다는 것, 또 갱신의 첫 징조는 벌써 보이고 있다는 것은 오늘 와서는 한낱 예언이 아니고 엄숙하게 진행하는 현실이다"라는 대목은 임화가 '하지 않으면 안된다'의 부정성과 소극성을 '해야만 한다'의 적극성과 능동성으로 전이시키면서 세

131 김기림, 「시의 장래」, 『전집 2』, 339면.

계를 해석한 문맥과 정확하게 일치하고 있다. 김기림은 '예언이 아니고 현실'이라고 씀으로써 '미래'의 시간을 앞당겨 둔다. 시인만이 파국에서 세계를 구원할 수 있고, 시인의 언어만이 인류 앞에 세계를 전체적으로 제시할 수 있다. 김기림은 시인을 향해 이렇게 선언한다.

> 시는 그 어느 하나에만 의존하지 않는다. 바로 그것들을 통일한 한 전체적 인간이야말로 시의 궁전이다. 그리고 이러한 전체적 인간이 시대의 격류 속에서 한 전체로서 체득하는 균형—그것이 바로 오늘의 시인이 그의 내부에서 열렬하게 찾아마지 않는 일이다.[132]

'시인이 전체로써 바라본 세계'라는 궁극적 이념에 근거하면 '세계'(김기림은 이 대목에서 '외부'라는 중립적인 단어를 사용한다)가 시인에게 바라는 것은 시인을 통해 시대를, 역사를 예감하는 일이 된다. 시인은 그래서 '전체적 인간'이다. '전체적 인간'을 논리 형식주의나 이념의 종합이라는 관점에서 바라볼 수 없는 이유가 여기에 있다. '전체적 인간'이란 '시인'을 말한다. 개별적 자아로서의 시인이 아니라 '유적(類的) 존재'로서의 시인을 이름한다. 역사를 예감하는 일이란 미래를 구하고자 하는 것이 아니라 그 미래를 이야기함으로써 현재를 구하고자 하는 것이다.

시대와 역사에 대한 비극적 의식이 김기림식 장엄함의 수사를 낳았다. 그는 '시의 궁전'이라고 시에 절대적 가치를 부여하는 수사를 썼다. 이 글 마지막 문장은 '이 전환기의 복잡괴기한 운무를 뚫고 시는 어쨌든 적으나마 끊임없는 閃光이라야 하겠고 그러함으로써 새로운 시대의 전령일 수 있고 또한 집단의 소유로 돌아갈 것이다'로 끝난다. 김기림의 이 글이 김

132 김기림, 「시의 장래」, 『전집 2』, 340면.

기림 특유의 형식적 분석주의나, 제문단의 통합을 위한 절충적 이념으로 해석될 수는 없을 것이다. 일제말기, 그것도 조선일보 '폐간호'에 실렸다는 것, 바로 그 몰락과 파국의 시간을 정면에서 마주하고 쓰인 글이라는 점에서 더욱 그러하다.

신들의 황혼, 시의 구원

김기림은 이미 신석정의 시집 『촛불』(1939)을 들어 '신들의 우울에 찬 황혼이 아닌 인류사적인 향수'를 담은 '우리 신시사를 밝힐 횃불'이라고 말했다. 이 수사에 '신들의 황혼'에 대한 '바그너적 명상'이 자리잡고 있다.

> 고요한 시간을 가질 적마다 「메소포타미아」이 어느 풀 숲 속에 우리들의 어머니와 청춘과 꿈을 두고 온 것처럼 문득 생각하곤 하는 것은 현대에 사는 사람들의 공통된 향수인 듯하다. 夕汀의 시가우리에게 다닥쳐 오는 것은 이 인류사적이라고도 할 현대인의 향수를 노래한 까닭이 아닐까. 얼른 보아서는 구약성서에서라도 뛰어나올 듯한 「이마쥬」들인데, 만약 그것들이 무슨 신비의 보자기라도 뒤집어쓰고 나온다면 한낱 망쳐놓은 「메테르링크」밖에 될 것이 없다. 그러나 夕汀의 세계는 신들의 우울한 기억에 찬 황혼이 아니다. 다만 건강하고 원시적인 말하자면 어린아이의 세계다.[133]

'夕汀'이라는 이름에서 이미 '황혼'의 그림자가 느껴진다. 김기림은 과거('메소포타미아', '향수')를 인용했지만 실은 미래를 말하고 있다. '구약성서'가 필요했던 것은 너무 험한 '天候'의 시대에 선 시인의 임무와 미래에 대한 묵시적인 기대를 말하고자 했기 때문이다. 일종의 예언적 기다

133 김기림, 「촛불을 켜놓고-신석정 시집 독후감」, 〈조선일보〉, 1939.12.25.

림이 '운무', '천후' 같은 단어에서 느껴진다. 그는 '운문의 때가 다닥다닥 붙은 배우의 말'이 아니라 '자못 소박하고 자연스러운 회화의 리듬'을 신석정에게서 구하면서 험한 天候를 넘어서고자 했을 것이다. 그래서 김기림은 '황혼의 비극적 사상'을 '어린아이의 세계'로 변용하면서 원시적 명랑성을 애써 구하고자 한다. 그것은 그가 경성 한복판에서 도회적 감수성으로 '오전의 시론'을 말했던 바로 그 '명랑성'과는 결이 다르다. 비극적 사유가 깊이 드리워져 있는 것이다.

한 시대가 저물고 있었고 그 황혼녘에 서서 김기림은 '황혼기에 선 인류사적인 거대한 임무'를 시의 말에서, 시인의 음성에서 찾고자 했다. 황혼'을 말하면서 김기림은 새로운 시의 계시를, 예언자의 목소리를 찾고자 했던 것이다. 김기림이 동북제대에서 들은 '안젤라스송'의 묵시적 환청, 「공동묘지」의 '입을 벌리고 선 무덤들의 묵시적 기대' 같은 이미지들이 여기에 덧붙여져 있음은 말할 것도 없다. 김기림의 일제말기 시가 '상징'의 깊은 심연에서 장엄한 울림을 낳고있는 것 또한 김기림의 '시의 장래'에 대한 묵시록적이고 계시적인 기대와 분리될 수 없다.

(4) 예언의 말, 침묵의 노래—'-노라'와 묵시체

노래의 '-노라체'

여기서 '노라체'의 묵시적 음성에 대해 좀 더 길게 이야기할 필요를 느낀다. 화자와 시점(視點)에 밀접하게 연결된 소설 문체와는 달리, 시의 문체는 어조의 문제에 집중된다. 시는 근본적으로 노래(낭영적 가능성)의 양식인 까닭에 '노라체' 양식으로 근대시의 문을 연 것은 의문의 여지가 없을 정도로 필연성을 띤 것인지 모른다. 〈태서문예신보〉를 주재하면서 스스로 '언문쓰기'를 완고하게 고수하고자 했고, 시양식과 산문양식의 차이를 '노라체'에서 찾고자 했던 안서의 근대시 기획에 '노래양식'의 지속성에 대한 신념이 내포되어 있다.

'노라체'가 다시 집중적으로 대두하는 것은 1930년대 중후반 들어서이다. 일제말기의 '노라체'는 '묵시록적 예언체'이자 '집단음성'의 구현체이다. 미래에 대한 예언적 투사와 묵시록적 기대를 담은 이 '노라체'는 '황혼시학'의 양식론의 성격을 구현한다. 두 가지 방향에서 설명할 수 있는데, 하나는 '노래'의 '노라체', 다른 하나는 경구체의 '노라체'. 둘 다 시의 말과 시 '밖'의 말과의 경계에 있는 말이다. 전자는 안서의 이념을 계승한 것으로 특히 일제말기에는 '노래'와 '문자시'의 경계선상에 있던 시가양식이 '노래(낭영체)'의 경계를 넘어가지 않기 위한 마지막 선택이며, 후자는, 안서의 시대와는 달라진 것으로, 시 '밖'의 말(사변의 말, 장엄의 말, 묵시론적 예언의 말)로 시를 삼고자 하는 말의 선택, 그러니까 경구와 시의 경계선상에 있는 말의 선택이라 하겠다.

먼저, '노래'의 '노라체'. 여기에는 '-(하)리라', '-하자' 등의 종결체는 물론 '-이여' 같은 감탄격 조사가 쓰인 영탄적 수사를 포함시켜야 할 것이다. 이 문체는 시사적으로는 조선어 구어체 시가의 음악성이 계승된 것으로 신세대 시인들의 조선어감각(구어체 감각)과 연관된다. 전통적으로 쓰였던 '-하여라', '-있어라' 같은 영탄조의 시가체가 근대시를 기획했던 안서에서까지 완고하게 쓰이고 있었다는 것은 시사적으로 중요한 관점을 부여한다. '시가체'의 양식적 특성은 쉽게 망각될 수 없는, 몸에 각인된 리듬 곧 호흡의 문제이기 때문이다.[134]

안서의 '노라체'와 관련한 김동인의 예지적인 시각과 안서가 노라체를

134 안서, 「시형의 음률과 호흡」, 〈태서문예신보〉, 1919.1.13.

포기하는 과정은 우리 근대시의 노래체의 소멸과 문자시의 정착과정과 관계가 깊다.[135] '현재 발화자와 상대하고 있는 청자를 전제한 문체'로서의 '노라체'의 특성에서 '현재'라는 대목은 섬세한 논의를 필요로 한다. 그것은 연행성(낭영체적 특성)뿐 아니라 미래의 독자와의 대화적 상황, 커뮤니케이션의 맥락을 전제한다는 뜻이다. 시인은 미래의 독자 앞에서 자신의 시를 노래하는 것이며 그것은 노래의 영속성과 생명력에 대한 깊은 자각을 내포한 개념이다. 문자적 양식의 전승이 '죽은 꽃'을 살려내는 '독자'의 읽기를 전제한 개념이라면, 노래의 욕망은 '시인'의 목소리를 영원히 지속시키고자 하는 강고하고 대체불가능한 불멸성에 대한 욕망에 다름 아니다. 그러니까 '노라체' 시가의 본질은, 니체식으로 말하자면, '쓰면서 말하고자' 한다는 것인데, 문자로써 노래하고자 하는 문체라는 뜻으로 해석할 수 있겠다. 노래의 완고성과 영원성을 생각한다면, 그 완고함과 강렬함의 권위는 내재적으로 문자적인 것에 앞선다.

그런데, 안서의 '노라체'에서 주요한의 '-다체'로 다시 정지용의 '-다체'로 이어지는 근대시사의 전개과정은 시의 양식적 특성과 문체적 특성을 이해하는 중요한 지렛대가 된다는 점은 강조할 필요가 있다. 1930년대 언어의식의 최정점을 이룬 시인으로 정지용을 평가할 때 '다체'의 정립을 그 중요한 공적으로 지적한 김기림의 안목이 새삼 주목된다.

> (정지용은;논자)안서 등이 성하게 써오던 「하여라」, 「있어라」로써 끝나는 시행들에서부터 오는 부자연하고 기계적인 리듬의 구속을 아낌없이 깨어버리고 일상 대화의 어법을 그대로 시에 이끌어 넣어서

135 조영복, 「노래와 '-노라체'— 조선어 구어의 파롤적 실현과 시가양식의 종결체에 대하여」, 『한국시학연구』 52호, 2017. 11.

생기있고 자연스러운 내적 리듬을 창조하였다.[136]

실상 이 '일상대화의 어법'의 핵심은 '생기있고 자연스러운 내적 리듬을 창조하'는 데 있다. 그 기원이 주요한의 「불노리」에 있음은 김동인의 선지적 논의에서 이미 간파된 바 있고, 1930년대 들어 신세대 시인들이 자신의 '문청시대'를 회고하면서 언급했던, '주요한의 「불노리」에서 조선말 감수성의 극치를 맛보았다'는 기록으로써 증명된다. '다체'가 자연스런 조선어 리듬을 창조하는 문체로 인식된 것인데, 그 정점이 정지용에 있다는 것이다. 정지용에 와서 '음악의 시'가 점차 소멸하면서 '문자시' 형태로 정교화되고 또 조선어 구어의 문학어(시어)로서의 가능성이 확고하게 열린 것이다. 정지용 시에서 언어미학을 논할 수 있게 된 이유도 바로 우리말의 구어체적 완전성을 정지용이 그 누구보다 확고하게 다져놓은 데 있다.

정지용은 '다체'를 음악적으로 실현하면서 또 시적 이미지의 아름다움을 최대한으로 끌어올린다. 정지용의 언어감각과 시적 자질은 우리말 구어체의 음악적 리듬과 시적 이미지의 함축성을 동시에 극대화한 데서 찾아질 것이다. 시에는 '음악적 시적 미, 영상적 시적 미, 이론적 시적 미', 이 셋 중 어느 한 가지는 있기 마련이라면,[137] 정지용 시에는 적어도 앞의 두 가지는 이미 확보된 셈이다. 그것도 '다체'로 말이다. 1930년대 대거 등장하는 신진시인들의 조선어 의식의 저변에 정지용, 김기림 등의 선대적 성과가 자리잡고 있다. 이미 '여깃말을 가지고, 여깃 살림을 가지고 작고 들 英, 美, 德, 法式 꿈들만꾸면 어찌하는가?'[138]라는 문제의식이 기성과

---

136 김기림, 「1933년 시단의 회고와 반성」, 『전집』 2』, 63면.

137 장만영, 「그리운 날에」, 장만영전집간행회 엮음, 『장만영 전집 3』, 국학자료원, 2014, 718면.

138 이태준, 「餘墨」, 〈문장〉, 1940.2.

신진 시인들을 불문하고 싹텄다. 장만영 또한 '구어체 조선어를 자연스럽게 구사'한 선배시인으로 정지용, 김기림을 든 바 있다.[139]

조선어 구어체의 자질을 시에서 보여준 것과 마찬가지로 김기림 스스로 이 문제에 열정적인 관심을 보인다. 신석정의 『촛불』(인문사, 1939)을 두고 김기림은 '운문의 때가 다닥다닥 붙은 배우의 말이 아니라 자못 소박하고 자연스러운 會話의 「리듬」을 가지고 우리들의 곁에서 말을 건네는' 형식이라 평가한다.[140] 신석정의 고전탐색이 '우울한 신들의 황혼'을 기억하기위한 것이 아니라 '건강한 어린아이의 세계를 찾아가는 것'이어서 목가적이고 계시적인 풍모를 띠고, '습니다체'의 우리 곁에서 조곤조곤하게 말을 건네는 방식은 '우리곁의 말', 구어체 말의 효과를 보여준 것이며 이로써 새로운 시의 길을 열었다는 것이다. 바로 이 점에서 이 시집은 우리시단의 '촛불'이 아니라 '횃불'이 되었다. 종결체가 시의 중요한 양식적 자질이 된 정도로 우리말에 대한 감수성과 구어체적 감각이 자라나고 있음을 확인할 수 있는 것이다.

'노라체'의 점차적인 소멸과 '다체'의 정착 과정은 우리 근대시사의 전개방향과 평행을 이룬다. '노라체'가 견지하고자 했던 발음적(발성적) 상황,[141] 곧 구어체적 상황[142]에서의 음조미의 실현은 더 이상 표면화되지 못한다. 근대인쇄술이 가져온 대중적 묵독적 읽기의 시대에 시는 더 이상 낭영되지 않으며, 시의 목소리는 문자 뒤에 은닉된 채 잠재적으로만 그 실현의 가능성을 담보한다. 탈로맨티시즘, 탈음악성을 내건 김기림의 근

139 장만영, 「내가 좋아한 시인군」, 『전집 3』, 457면.

140 김기림, 「촛불을 켜놓고-辛夕汀 詩集 讀後感」, 〈조선일보〉, 1939.12.25.

141 '발음'에 대한 안서의 시각은, 「誤謬의 戲劇-「漢詩에 대하여」의 필자에게」, 〈동아일보〉, 1925.2.23.

142 '조선어 구어체'의 시각에 대해서는, 임화, 「신문학사론서설」, 『전집-문학사』 참조.

대시 기획, 즉 주지주의 시의 사변성과 이미지즘 시의 회화성 강조가 여기에 큰 역할을 한다. 김기림의 방향은 이미지즘적인 것, 주지주의적인 것에 정향되었고, '음악에서 회화로'라는 선언은 시사의 논리를 뛰어넘는 프로파간다적인 내파성을 가진 것이었다. '의미'와 '해석' 중심의 문자시 전통이 김기림에 이르러 강고한 테제로 자리잡았으며 김기림의 '탈음악성', '탈로맨티시즘'의 선언이 이후 한국근대시사 및 시연구사에 끼친 영향력은 지대하다. '-노라체'로부터 '-다체'로의 이형질적(異形質的)인 계승이 자유시 곧 문자시의 정착과정이라 할 것이다.[143]

경구형 '-노라체'

일제말기 '노라체'의 한 유형은 묵시적이고 계시적인 음성을 구현한다. 임화, 박두진, 오장환 등에게서 경구형 노라체의 핵심적 요건을 추출할 수 있다.

먼저, 임화. '노라체'는 자기 내면의 청자를 포함한 '잠재적 청자'를 향한 낭영적 고백체이다. 카프의 대중화전략으로 시도된 슈프레히콜[144]이 연극성과 연행성과 시극성을 동시에 견지한 장르라는 점과 이것과 임화의 청자의식이 발현된 시들, '노라체' 시의 종결체 문제와의 상관성을 해명하는 것은 근대시사의 시양식의 본질을 이해하는 데 중요하다. 임화는 문학사가였지만 또한 시인이었다는 사실이 임화의 경구형 노라체 시를 이해하는 핵심이다. 안서 시대의 역할을 '언문일치 구어시의 언어적 · 음률적 개척'으로 평가한[145] 임화가 그 자신 또한 시인으로서 '노라체'를 어

143 조영복, 「노래와 '노라체'」 참조.

144 박영정, 「슈프레히콜 연구」, 『한국극예술연구 제4집』, 1994.6.

145 임화, 「조선신문학사론서설」,『전집 2 문학사』, 412면.

떻게 계승하고 있는지 확인하는 것은 흥미롭다.

임화는 '노라체'로 산문이나 비평담론이 다가갈 수 없는, 바로 그 '금제의 영역'에 접촉한다. 장엄과 수사를 넘어 매너리즘의 장식성이 느껴질 정도로 그는 이 '노라' 예언체에 시인의 마지막 운명을 걸고 있는데 마치 낭만주의 후기의 미학적 데카당의 후예처럼 보일 정도다. 인간의 시간을 넘어 저 스스로 나아가는 것이 양식의 시간이라면, 카프의 조직과 해체의 시간을 뒤로하고 혹은 카프시의 목적의식적 전략에 한발 비켜서서 시는 '전체'의 목소리를 담아내면서 저 스스로 하나의 양식을 만들어 낸다. '노라체'가 '비관적 낭만주의'에 함몰될 위험이 있는데도 불구하고 외부압력에 대응하는 오직 하나의 양식일 수 있었던 이유가 이 양식 특유의 계시적 목소리와 울림에 있었던 것 같다.

> —전략—
>
> 오오, 사랑하는 영원한 청춘 세월이여.
> 너의 그 아름다운 커다란 푸른빛 눈을 크게 뜨고,
> 오오, 대지의 세계를 둘러보라!
> 누구가 정말 너의 계획의 계획자이며!
> 누구가 정말 너의 의지의 실행자인가?
> 오오, 한 초 한 분
> 온 세계 위에 긴 날개를 펼치고 날아드는 한 해여!
> 우리는 너에게 온 세계를 요구한다.
> 낡은 것과 새로운 것의 불닿는 말썽 가운데서
> 우리는 요구한다.
> 좋을 것을, 더 좋은 것을,

....

....

....

(오직 우리들만이
세월이여! 이것은 미래인 너에게 요구할 수 있고
한 눈 깜박할 새 천만 리 달아나는 너의 팔을 잡고
즐거운 미래를 향하여 달음칠 수가 있다

네가 알듯이 오직 우리들만이—그리하여
우리들이 한 번 그 가슴을 찌를 때
우리들이 한 번 돌부리를 차고 피를 흘리며 넘어질 때
우리들이 또 한 번 두 다리를 건너고 들쳐일어나 앞을 향하여 고함을 지르고 내달을 제
세월이여! 너는 손뼉을 치며 우리들의 품으로 달려들어라!

오 - ㄴ 세계를 네 품에 가득 부둥켜안고)
오오! 감히 어떤 바람이 있어, 어떤 힘이 있어,
물결이여, 돌아서라! 하상이여, 일어나라! 고 손짓할 것이며,
세월이여, 퇴거하라! 미래여, 물러가거라! 고 소리치겠는가?

미래여! 사랑하는 영원이여!
세계의 모든 것과 함께 너는 영원히 젊은 우리들의 것이다.
(임화, 「세월」 부분)

회고적 센티멘탈리즘과 낭만적 감수성을 배제하고 이 시를 읽기는 어렵다. 흥미롭게도 그가 스스로 '문제'라 지적한 '비관적 낭만주의'가 짙고

'관념'으로 '구체성'을 대신한 혐의도 지울 수 없다. 미래의 시간을 '관념적으로' 견인해 '영원한 청춘'과 '우리들의 시간'을 노래하고 있는 것이다. '사랑하는 영원한 청춘 세월이여' 이 시행 한 줄에 그의 모든 말이 함축되어 있다. 임화는 스스로 「세월」과 「만경벌」을 '시가상의 현상이 급변하고 있는 사회적 압력의 일반영'[146]이라 자평했음을 기억해야 할 것이다.

'낭만적 감성'이 문제가 되는 것은 그것이 낭만적이라는 데 있는 것이 아니라 그 낭만을 사변적, 서술적으로 설명하고 강제한다는 데 있다. 상징을 깊이 있게 천착한 시들과의 차이가 이것이다. 울음은 질척거리고 낭만은 과잉된다. 주머니에 손을 넣고 울음이 터져나오지 않도록 단단하게 심장을 단련하는 것이 아니라 눈물을 사변조 음성에 실어 독자들에게 떠나보낸 격이다. '눈물'의 책임이 독자에게 있다는 듯이 말이다. '오오!', '-이여', '-노라', '-아(-어)'가 계속 반복되고 있다는 점이 임화 시가 '현실성'으로부터 '사변성'과 '관념성'으로 이동하고 있음을 증언한다. '노라체'에 더 깊이 들어갈수록 그의 감수성은 이른바 '눈물'의 감수성에 더 가까워지고, 산문이나 비평에서 스스로 경계한 '부르쥬아적 낭만성'에서 벗어나기 어려워졌고 시의 어조는 보다 계몽적이면서 산문적으로 된다. 이 관념성의 가면을 위해 그리고 낭만성의 심장을 가리기 위해 그의 이성은 '노라체'의 묵시록적 음성을 가져와야 했던 것이다.

임화 시의 제목에서 임화의 의도가 보다 분명하게 드러난다. 시의 제목 자체가 '-노라', '-도다', '-구나', '-느냐', '-구나', '-군-', '-네', '-어라', '-아라', '-로다', '-도다', '-로군', '-로구나' 등의 종결체 군(群)의 하나를 품고 있다. 「내 청춘에 바치노라」, 「나는 못믿겠노라」, 「다 없어졌는가」, 「봄이 오는구나」, 「주리라 네 탐내는 모든 것을」, 「그 고향이여! 한층 더 아름다워

146 임화, 「진보적 시가의 작금」, 〈풍림〉, 1937.1.

라」, 「바람이여 전하라」, 「박헌영 선생이시어 우리에게로 오시라」, 「너 어느 곳에 있느냐」, 「행복은 이디 있었느냐」 등이 같은 계열의 시다. 미치 오장환이 제목을 '-의 노래'라 붙여두고 묵시록의 말을 시에 실어 보내고자 한 것과 다르지 않다.

'노라체'는 '대상'을 향해 말을 건네는 어체(어조)이자 노래의 어체이다. 전통시가에서 '노라체'는 청자를 향한 감탄과 청유, 그리고 '기원(祈願)'과 '탄원'의 어조를 띠는데, 발화의 방향이 시인 자신을 향할 때 그것은 내면적 결의이자 결의에 대한 기대가 된다.[147] 일종의 영탄법적 표현이자 낭영시적인 표현에 가까우며 '기원(祈願)'과 '탄원'의 고백적 어조를 띤다는 점에서 '노래'와 그 기원(起源)을 공유한다. 지하의 신 하데스를 굴복시키고 죽은 자를 깨어나게 할 정도로 탄원의 노래는 강력한 힘을 가진다. 신성(神性)보다 더 강력한 것이 노래이다.[148] '노라체'는 곧 '노래체'이니, 임화의 이 시기 '탄원'과 '기원'의 욕망이 얼마나 강력했던 것인가를 암시한다 할 것이다.

'노라체'가 극적으로 드러난 임화의 시 「암흑의 정신」을 인용한다.

> 대양(大洋)과 같이 푸른 잎새를,
> 그 젊은 수호졸(守護卒) 만산(滿山)의 초화(草花)를,
> 돌바위 굳은 땅속에 파묻은 바람은,
> 이제 고아(孤兒)인 벌거벗은 가지 위에 소리치고 있다.
> 청춘에 빛나던 저 여름 저녁 하늘의 금빛 별들도
> 유명(幽冥)의 하늘 저쪽에 흩어지고,
> 손톱같이 여윈 단 한 개의 초승달,

147 조영복, 「노래와 '-노라체'」 참조.

148 지젝&돌라르, 『오페라의 두 번째 죽음』, 28면.

그것조차 지금은 '레테'의 물속에서 신음하고 있는가?
동 서 남 북 네 곳에 어디를 둘러보아도,
두 활개를 쩍 벌려 대공(大空)을 휘저어보아도,
목청을 돋워 소리 높이 외쳐보아도,

오오, 오오,
암흑의 끝없는 동혈(洞穴),
추위에 떠는 나뭇가지의 호읍(號泣),
뇌명(雷鳴)과 같은 폭풍(暴風), 거암(巨巖)을 뒤흔드는 노호(怒呼),

오오, 이제는 없는가? 암흑의 이외에!
오오, 드디어 폭풍이 우주의 지배자인가?

생명의 즐거움인 삼월의 꽃들이여,
청년의 정신인 무성한 풀숲이여,
진리의 의지인 아름드리 교목(喬木)이여,
그리고 거인인 삼림의 혼이여?
새 싹 위에 나부끼던 보드라운 바람,
풍족한 샘[泉], 빛나는 태양,
그리고 불멸의 정신인 산악 창공은,
하늘에 떠도는 한 조각 시의(猜疑)의 구름과
사(死)의 암흑 멸망의 바람만을 남기고,
자취도 없이 터울도 없이 스러졌는가?

깊은 낙엽송의 밀림과 두터운 안개에 쌓인
저 험한 계곡 아래,
지금 이 여윈 창백한 새는 날개를 퍼덕이며,

숨소리조차 죽은 미지근한 가슴 위에 두 손을 얹고,
어둠의 공포 절망의 탄식에 떨고 있다.
―아무 곳으로도 길이 열리지 않는 암흑한 계곡에서.

우수수! 딱! 꽝! 우르르!
암벽이 무너지는 소리, 천세(千歲)의 거수(巨樹)가 허리를 꺾고 넘어지는 소리,
사멸의 하늘에 야수가 전율하는 소리,
끝없는 어둠 침묵한 암흑,
오오! 만유(萬有)로부터 질서는 물러가는가?

이 무변(無邊)의 대공(大空)을 흐르는 운명의 강 두 짝 기슭
생과 사, 전진과 퇴각, 패배와 승리,
화해할 수 없는 양 언덕에 너는 두 다리를 걸치고,
회의에 흐득이는 심장으로 말미암아 전신을 떨고 있지 않으냐

그러나 빈사(瀕死)의 새여! 낡은 심장이여! 떨리는 사지(四肢)여!
안 보이는가 안 들리는가
그렇지 않으면 이젠 아무 것도 모르는가

불길은 바람의 멱살을 잡고
암흑인 하늘의 가슴을 한껏 두드리고 있지 않는가?
교목(喬木)들은 어깨를 비비며 불길을 일으키고,
시들은 풀숲은 불길에 그 몸을 던지며,
나뭇가지는 하늘 높이 오색의 불꽃을 내뽑지 않는가
그리고 삼림은!
커다란 불길의 날개로 거인인 산악을 그 품에 덥석 끼고,

믿음직한 근육(筋肉)인 토양과 철(鐵)의 골격인 암석을 시뻘겋게 달구면서 백척의 장검인 화주(火柱)를 두르며, 고원한 정신의 뇌명(雷鳴)과 함께 암흑의 세계와 격투(格鬪)하고 있다.

— 진실로 영웅인 작열(灼熱)한 전산(全山)을 그 가운데 태우면서……

오오! 새여! 그대 창백한 새여!
노래를 잊은 피리여!
너는 햄릿이냐? '파우스트'냐? '오네긴'이냐?
그렇지 않으면 유리제(製)의 양심이냐?

오오 이 미친 무질서의 광란 가운데서
주검의 운명을 우리들의 얼골에 메다치는 암흑 가운데서
너는 보는가? 못 보는가?

이 불길이 가져오는 생명의 향기를
이 장렬한 격투(格鬪)가 전하는 봄의 아름다움을
만산(滿山)의 초화(草花)와 우거진 녹음, 그러고 황금색 실과(實果)의 단 그 맛[味]을

이 암흑, 폭풍, 뇌명의 거대한 고통이
밀집한 교목의 대오와 그 한개 한개의 영웅인 청년, 수목의 육체 가운데
굵고 검은 한데의 연륜을 더 둘러주고 가는 것을!

너는 두려워하느냐?
사는 것을……
너는 아파하느냐?
청년인 우리들이 생존하고 성장하는 도표(道標)인 '나이'가 하나 둘

> 늘어가는 것을!
> 영리한 새여— 아직도 양심의 불씨가 꺼지지 않은 조그만 심장이여!
> 불룩 내민 그 귀여운 가슴을 두드리면서
> 이렇게 소리쳐라!
>
> "오라! 어둠이여! 울어라! 폭풍이여
> 노호(怒呼)하라! 사와 암흑의 '마르세이유'여!"
>
> 그렇지 않은가!
> 누구가 대지로부터 스며 오르는 생명인 봄의 수액을
> 누구가 청년의 가슴 속에 자라나는 영웅의 정신을 죽엄으로써 막겠는가
> 암흑인가? 폭풍인가? 뇌명인가?
> (임화, 「암흑의 정신」, 『임화전집-시』)

임화의 말은 '쓰여진 것'이 아니라 '말해진 것'이다. 아니 노래된 것이다. "영리한 새여! 아직도 양심의 불씨가 꺼지지 않은 조그만 심장이여!"라든가, "오라! 어둠이여! 울어라! 폭풍이여/ 노호(怒呼)하라! 사와 암흑의 마르세이유여!"는 시인의 살아있는, 현재진행형의 목소리다. 영탄법과 설의법은 '잠재적 독자'를 향한 것이지 서정적 자기고백의 테두리 내에 갇혀있지 않다. '잠재적 독자'를 설정함으로써 시인은 자신의 목소리가 후대에 기억되기를 바란다. '청년의 가슴속에 자라나는 영웅의 정신'이 사멸하지 않고 미래에까지 계승되기를 바란다. '목소리'는 살아서 영속함으로써 미래의 시간을 보증한다. '노라체'로 말함으로써 임화는 시대의 아포리즘을 제시하고 그것을 후대(미래)에까지 영속시키고자 한다.

'-노라' 등 감탄형 종결어미가 쓰인 시들은 기본적으로 서사시의 낭영적

향유에 대한 기억을 잠재적으로 가진다. 예컨대 「주리라 탐내는 모든 것을」에서 '-는가', '-이여', '-리라', '-하라' 같은 종결어미가 문장의 끝을, '-아아, -오오, -이어!' 같은 감탄사 및 조사가 시행 서두를 차지하고 있다. 단편서사시가 낭송을 전제로 한 것이라는 점은 '(단편)서사시'라는 장르(종)명칭에서 이미 드러나며, 이것이 대중화론의 전략 가운데 실천된 것이라는 점에서도 확인된다. 카프의 낭송시적 경향에 대해서는 슈프레히콜이나 '라디오시' 등의 실험적 시도가 잘 보여주는 것이니만큼 재론의 여지가 별로 없는 듯하다. 이같은 카프시 자체의 '전략적 문제'보다는 시의 시대정신이 요구하는 시양식의 내적 필요성이 '노라체'의 운명을 부른다.

임화는 일제말기에 가까울수록 '문자성'이 아닌 '목소리성', '의미'가 아닌 '음악(음조)', '문자시'가 아닌 '낭영시'의 차원에서 시의 양식적 특성을 살려나간다. 그것은 그가 점차 집단음성의 구현체로서 시의 양식적 특성을 내화하고 있었다는 증거이다. 임화는 시를 통해 계시적 목소리를 '말하고자/듣고자' 하며 임화 스스로 시의 양식적 실천을 이 계시적 시의 가능성에서 찾은 것처럼 보인다. 이는 임화가 평자로서 혹은 문학사가로서 오장환, 서정주, 윤곤강, 이용악 등 신진시인들에게서 견자적 시인의 임무를 찾고자 했던 논지와도 부합한다. 강물 위에 떠가는 그것은 낭만적인 것이 아니라 계시적인 것이다.

박두진의 시가 '노라체'를 특징적으로 구현하는 것은 그가 기독교 시인으로 침묵 속에서 '계시'의 언어를 읽고자 했다는 점에서 자연스럽다. 시인의 목소리가 타자를 향할 때 '-하자'와 같은 청유형, '-거라'와 같은 의도적 명령형, '-리라'와 같은 미래형 종결체가 두드러지게 나타나기도 한다. 이들 종결체는 '집단음성'의 구현체로서 '노라체'의 묵시록적 음성을 대체한다.

해를 보아라. 이글대며 솟아 오는 해를 보아라. 새로 해가 산 넘어 솟아 오르면, 싱싱한 향기로운 풀 밭을 기지.
눈 부신 아침 길을 해에게로 가자.

어둠은 가거라.
우름 우는 짐승같은 어둠은 가거라. 짐승같이 떼로 몰려 벼랑으로 가거라.

보라. 쏘는듯 향기로히 피는 저 산꽃들을, 춤 추듯 너훌대는 푸른 저 낮은 나뭇잎을. 영롱히 구슬 빛듯 우짖는 새소리를. 줄줄줄 내려 닫는 골 푸른 물소리를…… 아, 온 산 모두 다 새로 일어나, 일제히 수런 수런 빛을 받는 소리들.
푸른 잎 풀잎에선 풀이 치는 풀잎소리, 너울대는 나무에선 잎이 치는 소리, 맑은물 시내 속엔 은어새끼 떼소리…
던져 있는 돌에선 돌이 치는 소리……―자벌레는 가지에서, 돌찐아빈 밑둥에서, 여어이 잇! 볕 함빡 받아 입고 질러보는 만세소리… 온 산 푸른 것, 온 산 생명들의, 은은히, 또, 아, 일제히 울려 오는 압도하는 노랫소리…

산이여! 너훌대는 나뭇 잎 푸른 산이여! 햇볕살 새로 퍼져 뛰는 아침은, 너희 새로 치는 소리들에 귀가 열린다, 너희 새로 받는 햇살들에 눈이 밝는다,
―피가 새로 돈다, 울울울 올라갈듯 온 몸이 울린다, 새 처럼 가볍는다,…… 나는 푸른 아침 길을 가면서…… 새로 솟는 해의 품 해를 향해 가면서.....
(박두진, 「해의 품으로」)

김동리는 '자연에서 동양적 세계를 구현하려는 시인들'과는 달리 박두진이 '어떤 별개의 기적과 메시아를 찾고 있다'라고 평가한다.[149] 박두진

149 김동리, 「자연의 발견」, 『문학과 인간』, 민음사, 1997, 55-57면.

이 그리는 미래는 '메시아의 재림이나 기다려서야 바라봄직한 지상의 천국같은 것을 의미한다'는 것이다. 김동리의 이 평가가 다소 과장된 듯이 들리기는 하지만 그것은 그만큼 박두진 시가 묵시록적인 내향성을 가지고 있음을 뜻하는 것이기도 하다. 김동리는 박두진의 시의 묵시록적이고 계시적인 성격을 말하고자 했을 것이다.

실제 박두진의 시는 친근하고 자연친화적이어서 그가 소환하는 대상들은 우리 삶 가까이에, 일상의 테두리 내에 있다. 그럼에도 박두진은 거기에 계시의 목소리를 중층적으로 깔아둔다. 그때 중요한 말법의 하나가 '노라체'이다. '이글대며 솟아 오는 해를 보아라'라는 외침에 이 계시의 장엄한 음성이 실려있다. 말줄임표(……)는 미래의 시간을 침묵함으로써 선취한 것이며 그래서 더 강력한 울림을 내재화한다. 더 이상 말하지 않아도 그 울림은 지속된다는 듯이, '침묵'이 가장 강력한 계시라는 듯이 말이다.

이 시를 불규칙적인 7·5조로 평가한 이는 장만영이다.[150] 그는 이 시에서 '-거라, -아라' 같은 명령형 종결체, '-가자' 같은 청유형 종결체를 지목하고 이것이 '리듬'과 '음악성'과 관련된다는 통찰을 보여준다. '7·5조의 음악적인 억양'에서 오는 도취와 함께 완전한 하나의 '꿈꾸는 세계'를 재현한다는 것이다. 이 산문적 배치에서 7·5의 리듬을 찾아내는 장만영의 안목이 새삼 주목되는데 지면에서 강박적으로 글자수를 배치한 것이 아닌데도 장만영은 7·5의 리듬을 간취하고 있다. 이 강박적 글자 맞추기가 오직 '쓰기'를 위한 것이라면 몰라도 읽기를 전제한 시라면 지면 배치상의 글자맞춤은 큰 의미가 없다. 호흡법에 따라 리듬의 단위는 늘어나기도 축약되기도 하는데, 악보상 이음줄과 붙임줄의 역할을 하는 기호들을

150 장만영, 「현대시의 이해와 감상」, 『전집 3』, 153면.

최남선이 초창기 시가에서 사용한 것은 '노래'임을 지면에서도 강박증적으로 확인하고자 하는 의도였다.

강박증적으로 글자를 맞추지 않더라도 리듬의 길이나 속도의 완급은 조절된다. 우리말 구어체 문장은 그 자체의 자연스런 읽기가 규칙적인 리듬의 효과를 발현한다. 안서가 말한 '물흐르듯 자연스럽게 흘러가는 음조미'란 구어체 문장의 음악적 리듬을 말한 것이다. 통사적으로도 자연스럽고 의미론상으로도 자유로우면서도 음향과 음악과 리듬이 살아난다. 구어체란 물흐르는 듯한 자연스러운 읽기, 유동적이면서도 규칙적인 말의 호흡에 있다. 이것은 '쓰기'를 위한 것이 아니라 '읽기'를 위한 것이다. 장만영은 그런 우리말 시의 음악성을 박두진 시의 불규칙적인 글자맞춤, 자연스런 구어체 문장에서 찾았다. 이들 신세대 시인들의 우리말 감각이 그만큼 섬세하고 깊어진 것이다. 격조적이면서 강박적인 배단 · 배치법이 아니더라도 충분히 우리말 시가의 리듬을 음악적으로 살려내는 방식을 신진시인들은 발견했던 것이다. 미학적 형식성에 골몰한 김억의 음악성의 추구와 신진시인들의 그것과의 차이가 여기에 있다. 이는 한문맥(漢文脈)의 규율적 영향력에 갇혀 있었던 김억의 시대로부터 그만큼 벗어난 세대의 언어감각일 것이다. 정지용, 김기림의 우리말 감각의 시가 신진시인들에게 끼친 영향을 간과할 수 없음은 물론이다.

신진시인들은 시에서 음악적 도취를 발견해내고 시를 통해 하나의 완전한 세계를 구현할 수 있다고 믿었던 듯하다. 박두진은 이 상징의 언어에, 이 소박한 7 · 5조 리듬의 종결체에 집단의 꿈을 실었고 미래의 시간을 공유했다. 음악적 말이 모든 말의 최종 양식이며 음악적인 것만이 신성에, 불멸에, 죽음에 도달할 수 있음[151]을 증거하기라도 할 듯이 말이다.

---

151 지젝 & 돌라르, 『오페라의 두 번째 죽음』, 27-61면.

오장환의 시 중 제목에서 이미 '(-의) 노래'라는 형식을 갖춘 시들을 주목한다. 「船夫의 노래」(조선일보, 1937.6.13) 「船夫의 노래」(자오선, 1937.11), 「小夜의 노래」(사해공론, 1938.10), 「불길한 노래」(헌사, 1939.7), 「신생의 노래」(인문평론, 1940.1), 「구름과 눈물의 노래」(문장, 1940.3), 「귀향의 노래」(춘추, 1941.10), 「旅中의 노래」(1943.3), 「정상의 노래」(춘추, 1943.6)

오장환의 시에 구원과 갱생에 대한 종교적 상징이 두드러진 것과 '노라체'는 연관이 있다. 오장환의 「咏唱」(춘추, 1941.10)은 제목 자체에서 이미 이 시가 '노래체'임을 암시해 두었다. 문자적인 미디어를 통해서보다는 음성적인 미디어를 통해 실현되어야 한다는 점을 제목에 이미 표명해 두었는데 따라서 이 시가 계시적인 음성을 내재하는 것은 필연적이다.

> 어슴프레힌 저녁때까지
> 하늘은 보랏빛
> 내 흰 옷마저 왼통 보랏빛으로 물들을 때
> ―중략―
> 멀고 먼 고향에서 오는 소식은
> 세 밤 전에 시집갔다는 눈멀은 누이의 편지 하늘은 노상 보랏빛
> 아, 나는 그때까지 스러지는 구름 속에
> 천사들의 발자취를 그리었노라.
> (「咏唱」 부분, 춘추, 1941.10)

시인의 '황혼'은 보랏빛에 물들어 있다. '황혼'은 '제 몸에 고향을 둔(「牟花」)' 자의 것이다. 시인은 스러지는 구름 속에서 천사들의 발자취를 그려본다. 소멸하는 것 가운데 무엇인가 구원의 실마리가 있다. '그리었노

라'에는 소멸하는 것 가운데 환각처럼 나타나는 구원의 목소리가 담겨있다. '노래'는 구원의 가능성이자 구원의 형식이다. 노래만이 영혼을 구원한다. 사랑을 찾아 명부로 떠난 오르페우스는 사랑찾기에 결국 실패하지만 그의 완전한 실패는 노래를 통해 구원받도록 예정되어 있다. 몬테베르디(C.Monteverdi)의 오페라 〈오르페오〉에 이런 대목이 있다.

> 나는 음악이라네, 달콤한 목소리로 괴로운 가슴을 달래주지.
> 지금은 고귀한 분노로 또 지금은 사랑으로 얼어붙은 마음에 불을 지피지 [152]

그러니까 노래란 기본적으로 절대적인 사랑의 상실조차 견디게 하는 것, 그래서 자아를 잃고 영혼을 잃은 자의 유일한 안식처가 된다. 우리의 시가의 기원이 연인의 상실과 그 상실을 노래에 실어 달래고 있는 태곳적 노래 「황조가」에 있다는 것은 우연일 수 없다.

굳이 '-의 노래'라는 제목을 즐겨 고수한 오장환의 의도와 연관해서 흥미로운 점을 추적할 수 있다. 「고향앞에서」의 『인문평론』 발표시 원제목은 「鄕土望景詩」이다. 이 시 역시 '-노라'로 '염원'과 '동경'을 담고 있다.

> —전략—
> 진종일
> 나룻가에 서성거리다
> 행인의 손을 쥐면 따뜻하리라
> —중략—

152 지젝 & 돌라르, 『오페라의 두번째 죽음』, 30면.

> 예제로 떠도는 장꾼들이어!
> 商賈하며 오가는 길에
> 혹여나 보셨나이까,
>
> 전나무 욱어진 마을
> 집집마다 누룩을 듸듸는 소리, 누룩이 뜨는 내음새
> (「향토망경시」 부분, 人文評論, 1940.4)

얼음장 아래로 강물은 흘러간다. 얼음장 아래에는 꽃도 떠간다. 역사의 시간은 중지하는 법이 없다. 언젠가 누군가와 따뜻하게 손 맞잡고 지난 날의 꿈을 이야기 할 수 있을 것이라는 염원이 그런 시간을 약속하기 때문이다. 그러니 '따뜻하리라' 같은 영탄법은 얼마나 짙은 염원을 담고 있는가.

그런데 마지막 연 "예 제로 떠도는 ~ -혹여나 보셨나이까?"를 두고 이를 '언역성서문체의 기원을 가진 것'이라고 평가한[153] 임화의 논평은 두가지 측면에서 흥미롭다. 하나는 노래체 양식의 계승이라는 점, 다른 하나는 기원과 염원을 담았다는 점을 지적한 것처럼 보이는데 그 두 측면이 오장환에 와서 흥미롭게도 통합되어 있다는 인상을 준다. 성서번역체라 비판한 임화의 의도는 오장환 시의 어투의 상투성을 비판하고자 한 것인데, 이는 문학사가로서 '창가체'의 전근대성에 대한 비판에 이어져 있을 것이다. 신을 향한 호소(기도, 기원)의 어조를 담고있는 성서번역 문체는 전통적인 민요조 3 · 3 · 5조의 음률에 기반하고 있고 원칙적으로 '-노라' 종결체를 유지한다는 점에서 전통적인 시가 낭영체의 어조를 계승한다.

153 임화, 「시와 현실과의 교섭」, 〈인문평론〉, 1940.5.

'-이여!', '-도다', '-리라', '-니까?', '-는가' 는 신을 부르고 신에게 묻고 신에게 기원하는 어조를 담은 종결제들이다. 전영택이 언급한 성서의 구절에서 인용해본다.

> 볼지어다그 날이니르리니
> 향세는 뜨거운 풀무와같고
> 교만한자와 행악하는자는
> 초개같어서 다 살오와
> 뿌리와 가지를 남기지아니하되
> 너이에게는 반다시 외로운 해가 돋으려니
> 너희가 나가서 뛰기를
> 굴레벗은 송아지처럼 하리라
> (말라기 4장 9절)[154]

'雅歌', '詩篇', 욥기', '말라기'의 성서문체는 굳이 전영택의 언급, "내 문필 생활, 문장 생활에 있어서... 다른 어떤 문학보다도 신구약성서에서 더욱 많은 가르침과 영향을 받았다"를 인용하지 않더라도 기독교신자였던 문인들뿐 아니라 근대문인들에게 깊은 영향을 끼쳤다. '창가'의 變調가 서양찬송가로부터 왔다는 사실도 잘 알려져 있고 언문일치체의 '쓰기'가 성서와 찬송가 번역체로부터 왔다는 것도 확인된다. 근대시사상 초창시대 '최고의 언문일치체'를 선보인 「불노리」가 일찍이 기독교를 받아들이고 성서와 찬송가의 '읽기'에 익숙했던 주요한에 의해 쓰였다는 것은 우연이 아니다. '기원이자 희망'으로서의 미래를 견인하는 시인의 말이 성서문체에 함축되어 있다. 이 문체가 일제말기 묵시록의 음성을 내향하는

154 전영택, 「성서와 문장」, 〈문장〉, 1939.4.

상징적인 문체로 인용되고 있다는 것이 중요하다.

오장환의 '-노래' 시편들에서 이 성서번역체의 문체적 특질과 어조가 다시 소환되고 있다는 것을 주목한다. 일제말기 오장환의 시들은 어둠 속에서 눈부신 미래를 내다보며 쓴 일종의 예언서와 다르지 않다. 미래의 시간을 예언하는 견자의 시선이 성서번역체의 양식적 특성을 빌어오지 않을 수 없었던 것이고 또 '노래'를 제목으로 삼지 않을 수 없게 했던 것이다. 그것은 시대의 음성이자 '최후의 양식'으로서의 시양식의 미학적 전략이 아닐 수 없다. 일제말기 시의 종결체가 '노라체'인 것은 중요한 시사적 흐름을 반영한다. 안서의 민요적 낭영체의 전통을 잇고 카프시 계열의 장엄체의 어조를 이어가면서 또 '기원'으로서의 종결체이자 '상징'의 깊이를 담보하는 종결체로서의 가치를 획득해나가게 되는 것이다.

'성서번역체'와 '노라체'의 상관성은 '강물을 노래한 시'들의 묵시록적 성격에서 확인된다. 그것은 「강을 건너」, 「강물을 따라」 등 '강물'을 제목으로 삼은 것들 외에 「신생의 노래」처럼 '노래'를 제목으로 삼은 시들에서 공통적으로 확인된다. 석경은 「강을 건너」(문장, 1940.7)를 두고, "이 시인이 자꾸 강에서 취재하는 것은 퍽 흥미로운 일이다. —중략— 이 시를 「신생의 노래」(인문평론, 1940. 1)와 맞부처볼 때 우리는 무엇이나 느끼고 수긍할 수 있다"고 썼다.[155] 강물 따라, 혹은 강물과 같이 흐르는 것은 '역사'의 알레고리를 나타내며, 강물 '아래' 흐르는 것은 계시적인 것에 대한 알레고리이다. 석경은 그 점을 간파한다. 석경의 평가에 반해 김종한은 "강물에 취재한 시들은 추구할 것을 추구하지 못한 지점에서 에스프리를 혼탁화한 작품, 「라스트 트레인」의 투명성을 잃은 것이어서 애석

155 석경, 「시의 목적-7월 시단평」, 〈인문평론〉, 1940.8.

한 일"이라 평가하기도 한다.[156] '강물 따라 흐르는 것'의 중요성을 인지한다면, 석경의 논의에 맞춰 「신생의 노래」를 주목할 수 있다.

> —전략—
> 눈보라 휘날리는 벌판에
> 통나무 장작을 벌겋게 집히나
> 아 일찌기 지난날의 사랑만은 다스하지 아니하도다.
>
> 배랑에는 한줌의 보리이삭
> 쓸쓸한 마음만이 오로지 追憶의 이슬을 받아마시나
> 눈부시게 훤—한 山줄기를 나려다 보며
> 홀로히 돌아올날의 기꺼움을 孕胎했노라.
>
> 눈 속에 쌓인 골작이
> 사람모를 바위틈엔 맑은 샘물이 솟아나오고
> 안윽한 응달력에 눈을 헤치면
> 그속에 고요히 잠자는 토끼와 病든 사스미
>
> 힌겨울 나린눈은 高原에 쌓여
> 나의 夢想은 連山으로 벋어나가고
> 어디쯤 나직한 溪谷밑으로
> 한적한 村落이 하나
> 온—겨울, 아니 온—季節
> 내가 바란것은 오로지 다스한 사랑.

---

156 김종한, 「詩壇時評」, 〈문장〉, 1941.1.

> 한동안 꿈 속에 고흔 흙 한줌
> 내마음에는 보리이삭이 솟아났노라.
> (「신생의 노래」 부분, 인문평론, 1940.1)

이 시에는 두 가지 핵심적인 것이 있다. 하나는 생명을 얻는 것, 다른 하나는 미래를 내다보는 것. '운명감'에 속하는 것이기에[157] 그것은 비극성을 간직하며 그렇기에 그것은 콕토의 機智나 보들레르의 퇴폐미와는 다르다. '사람 모를 바위틈엔 맑은 샘이 솟아나고' '아늑한 응달력' 눈 아래 '고요히 잠자는' 토끼와 사슴이 있다. 바위 틈에 솟아나는 샘은 생명수다. 청춘을 찾기 위해 뱀은 좁고 나른한 바위 틈 사이를 통과하며 허물을 벗어던지고, 늙은 까마귀는 생명의 샘을 찾아 늙어 흐려진 눈을 밝힌다. 잠자는 토끼나 병든 사슴이 이 물을 얻어 새 생명을 찾을 것이다. 눈보라 휘날리는 세상의 쌓인 눈을 헤치면 거기 생명들이 서로 체온을 나누며 웅크려 있다. '따스한 사랑'만이 이 겨울의 추위를 이겨내고, 이 병든 사슴을 살려낼 수 있다. 계곡 밑으로 흐르는 것은 그러니 생명이자 사랑이다. 사랑의 샘물이자 생명의 체온이다. 한 겨울 온 세상에 눈이 내려도 그 눈을 헤치고 '나'의 꿈은 뻗어나간다. 폭설이 절정의 정신을 단련하는 것이다. 그러니 '내' 가슴 속에 미래의 보리를 싹 틔울 따뜻한 흙 한 줌 간직하는 것 아니겠는가. 이 추운 겨울에 따스한 생명을 간직하는 것, 이것을 시인은 꿈이라, 또 신생이라 부른다.

어둠 속에 잠긴 산 꼭대기에서 내려다보면 거기 '훤한 山줄기'가 뻗어 있고 그것은 '홀로이 돌아올 날의 기꺼움'을 담은 몸가짐(자세)이다. 산 정상에서 세계를 내려다보는 눈, 그것은 견자의 시선이자 견자의 삶을

157 김기림, 「감각, 육체, 리듬」, 〈인문평론〉, 1940.2.

대하는 태도가 아닌가. 휜한 빛으로 눈부시게 서 있는 산줄기는 홀로 돌아오는 날의 기꺼움을 담은 '초인'의 등신대가 된다. 김동리가 오장환을 들어 왜 종교적 감정이 윤리적 광분이라 말했는지 짐작할 수 있는 대목이다. 김기림은 오장환의 「신생의 노래」를 두고 '정신의 비극을 육체로써 체험함으로써' 시대의 거대한 旋風에 힘껏 박력할 수 있다고 보았다.[158] '乾燥平坦의 허장성세'를 구해낸 것이 '상징'의 깊이이다. 어둠 속에서도 시인은 장렬히 밀려갔다 언젠가 되돌아올 미래의 시간을 보고 있다. 이 시의 제목이 '신생의 노래'인 것은 시인이 현재를 말하지 않고 내일을 말했기 때문이며 상징의 언어로 한겨울을 견뎌내는 생명 있는 것들의 의지와 힘을 말하고 있기 때문이다.

독특한 것은 종결 부분이다. 오장환은 시행을 서술어로 종결하지 않고 명사로 종결한다. 그렇지 않은 경우에는 '노라체'를 사용한다. 이 종결 형식은「강을 건너」나 「연화시편」 등에서도 확인되는데, 석경의 논의가 이 문제를 이해하는 데 도움을 줄 것이다. 석경은 「강을 건너」의 첫구와 종구를 문제삼았다.

> 모닥불. 모닥불. 은은히 붉은 속. 차차 흙 밑에는 冷氣가 솟고. 재되어 스러지는 태(胎).
>
> —중략—
>
> 두꺼운 어름짱밑에 숨어 흐르는 우리네 슬픔을 건너. 보았느니. 보았느니. 말없이 흐르는 모든 江물에. 松花. 松花. 송애까루가가 흥근—히 떠나려가는 것. 十日平野에 뿌리를 박고. 엇지사 울을거시냐.꽃기루여.꽃수염이여.
>
> (「江을 건너」 부분, 문장, 1940. 7)

158 김기림, 「감각, 육체, 리듬」, 〈인문평론〉, 1940.2.

모닥불 붉은 기운에 은은히 생명이 싹트고 있다. 생명을 이어주던 태는 모닥불 속에 재로 남았다. 흙 밑에는 냉기가 솟으니 생명을 보전할 대지가 없다. 얼음장 밑에는 우리의 슬픔이 숨어있지만, 슬픔은 송화가루가 되어 강물을 따라 흥건히 떠내려가고 있다. 얼음장 밑에서 숨어 흐르던 슬픔은 '울음'이 아니라 꽃이 된다. '비극적 세계'의 황홀이 '꽃'에 숨어 있다. 송화꽃가루가 되고 꽃수염이 되어 슬픔은 강을 건너고 있다. 송화가루의 이미지가 아름다운 것은 그것이 '모든 강물에 흥건히 떠내려가고 있는' 이 군집성, 이 폭발성, 이원조의 용어를 빌면, '여러 사람이 함께 느끼는' 이 심정의 세계에 닿아있기 때문이다.

오장환은 여기서 종지부호로 더 이상의 감정분출을 막았다. 종지부호가 지시하는 이 '단절'은 극도의 긴장과 초절정의 비약을 말한다. 안서는 "자유시인데도 새길을 발견한 표현방식"이라 평가하고 "가다가다 거듭 식혀놋는것가튼 것은 대단이 자미있다"고 썼다. "짤막짤막 簡潔이 찍어 노흐면서도 한 節은 한절로의 全體는 全體로의 조화를 용하게도 보존해" 놓은 것을 '자유시형의 필수적인 조건'이라고까지 평가했다.[159]

비애를 더 이상 늘이지 않는 감정적 절제가 센티멘탈리즘의 과잉과 흥건한 눈물을 제거한다. 오장환은 이를 '고독의 황량한 광야에 있으면서도 능히 귀족적인 냉대를 잃지않는' 광기라 불렀다.[160] 이 극도의 건조주의, '귀족적 냉대'가 고독한 현실의 강을 건너는 자의 지성을 놓지 않는다. 석경은 「강을 건너」와 함께 「신생의 노래」를 읽을 때 '우리는 무엇이나 느끼고 수긍한다'고 썼다. 얼음장 밑에서 슬픔은 흐르고 있으나 시인은 끝내 울지 않는다. 얼음장이 녹듯 역사의 시간은 훤한 등성이를 드러내며

159 안서, 「7월의 시단」, 〈조선일보〉, 1940.7.24.

160 오장환, 「제 7의 고독」, 『전집』, 224면.

시인의 눈 앞에서 황홀하게 빛나고 있다. 시인의 노래는 종교적 경건성을 불러오고 그것은 숭고를 얻는다.

산문적 진술체의 중간적인 말

'노래체'와는 다른 방향에서 구어체 문장의 완미성을 구하는 방식은 서사시적 양식, 산문적 양식에서 찾아진다. 산문적인 '진술체'로써 시적인 측면을 살려내는 방식이다. 예컨대 이용악의 「바람 속에서」(삼천리, 1940.6)의 경우를 보기로 한다.

> 몰아치는 바람을 안고 어디루 가면
> 눈길을 밟어 어디루 향하면
> 당신을 뵈올수 있습니까
>
> 성구비나 어득꾸레한 술가가나
> 어디서나
> 당신을 만나면 당신 가슴에서 나는
> 슬프디 슬픈 밤을 나눠드리겠습니다
>
> 멀리서래도 손을 저어주십시오
> 아편에 부은 당신은 얼음짱에 볼을 붙이고
> 얼음짱과 똑 같이 식어갈때
> 기어 기어서 일어서고저 땅을 허비어도
> 당신을 싸고 영원한 어둠이 내려앉을때
>
> 그곳 뽀구라니-츠나야의 밤이
> 꺼지는 나그네의 두 눈에

소리없이 갈안쳐준것은 무엇이엿습니까

당신이 더듬어간
벌판과 고개와 골짝을 당신의,
모두가 들어있다는 고그마한 궤짝만 돌아올 때
당신의 상여 비인 상여가
바닥가로 바닷가로 바삐 걸어갈 때

당신은 어머니의 사랑하는 아들이였을 뿐입니까

타나남은 나무뿌리도 돌맹이도
내게로 굴러 옵니다
없어진듯한 발길속에서 당신과 나는
울면서 다시 만나지 않으렵니까
멀리서래도 손을 저어주십시오
(「바람 속에서」, 삼천리, 1940.6)

이 시에는 '나와 함께 어머니의 아들이었던 당신, 뽀구라니- 츠나야의 길바닥에 엎디여 기리 돌아가신 나의 형이여'라는 부제가 붙어있다. 진술조와 이야기조의 산문양식의 특성과 독백적 서정양식의 특성이 혼종된 시다. '타다남은 나무뿌리도, 돌멩이도 내게 굴러오듯', '사라져가는 당신과도 언젠가는 만나리라'는 서사적 내용이 문제가 아니다. 석경은, '긴 이야기의 한토막'이며 단시로 형상화하기에는 곤란한 것이다. 시로서 성공했다고 볼 수는 없으나 시 전체를 통하여 '굽이치는 氣魄은 있다'[161]고 평

161 석경, 「시의 목적, 7월의 시단」, 〈인문평론〉, 1940.8.

가한다. '-노라체'를 대체한 '-습니다'체에서 '굽이치는 氣魄'의 서사적이면서도 장엄한 기운을 석경이 알아챈 것이다. 신문은 명징성을 얻기 위해 말투를 보다 인위적으로 길들이는 법[162]인데, 그것이 바로 일반적인 산문종결체인 '-다체'라 한다면 이용악은 그런 인위적인 산문조로부터 자유롭기 위해 '-습니다'체를 택하면서 또 '-노라체'에 상응하는 방식을 선택한 것이다. 진술조와 고백투를 결합한 이유가 이것이다.

시양식에서 '사변조의 말', '설명조의 진술'은 마치 오페라의 저 레치타티보마냥 '어중간한 것('중간적인 말')'에 가깝다고 하겠다. 시도 아니고 산문(담론)도 아닌 것, 그것은 오히려 경구형 진술에 가깝지만 경구처럼 아포리즘으로 진격하지는 않는다. 그것은 시적인 말과 시밖의 말(일상의 말, 평조의 대화) 사이를 아슬아슬하게 오가며 이 양 교각에 걸쳐있는 방식이다.

윤곤강의 「밤車」나 백석의 「힌 바람벽이 있어」(문장, 1941.3) 등에서 이 중간적인 문체를 확인할 수 있다.

> 다만 두줄기 무쇠길을 밟으며
> 검은 밤의 앙가슴을 뚫고
> 지금 나는 들을 달리고있다
>
> 나의 품에 얹혀가는 가지가지 사람들
> 남에서 북에서 오고가는 사람들
> —누가 좋아서만 가고 온다드냐?
>
> 양초마냥 야위여 돌아오는 가시내

162 자크 바전, 『새벽에서 황혼까지』, 이희재 옮김, 민음사, 2006, 452면.

술취한 마음으로 집을 나선 사내
　대체 그게 모두 어쩄단 말이냐?

나는 모른다 캄캄한 나의 앞길에
무엇이 기다리는지 누가 쓸어져있는지
수없이 많은 나의 발길의 망서림!

나에겐 비바람 눈보라의 맘낮이 따로 없다
먹구벵이같은 몸둥이를 뒤틀며 뒤틀며 나는
달려야한다 논과 밭 내와 언덕 산과 굴속…………
(윤곤강, 「밤車」, 문장, 1941.3)

흥미롭게도 윤곤강은 '시의 말'과 '시인의 말'을 구분하는 표식을 해 두었는데, 후자는 마치 시의 '밖'에서 전자의 시의 말을 촌평하고 주석하는 듯한 역할을 한다. 2연에서는 "누가 좋와서만 가고 온다드냐?" 앞에 줄표(—)를 표식해 앞의 두 행과 구분했고, 3연에서는 "대체 그게 모두 어쩄단 말이냐?"를 들여쓰기를 해 앞의 두 행과 구분했다. 「우러러 바뜰 하늘」에서는 "어머니! 우러러 바뜰 나의 하눌은 없습니까?"라고 시의 말미에 괄호를 쳐두고 설명조의 질문을 붙였다. 시인은 할 말이 있었던 것이다. 절실했기 때문이다.

시인의 촌평은 시의 말은 아니다. 시 앞부분의 모든 이미지와 정서와 리듬의 신호는 이 설명조의 말 때문에 단절된다. 시인이 정작 하고 싶은 말은 시의 '밖'에 있었던 것이다. 시인은 '고통없는 하늘, 우러러 받들 하늘'을 꿈꾸었지만, 그것이 시(서정시)의 '안'에서는 다 말해지지 않다고 느꼈던 것이다. 직설적인 말이 차고 넘쳐서 그것은 시를 뚫고 나왔고 '상징'의 숲에서 벗어나고자 했다. "달려야 한다"(「밤차」)는 이 책무는 '밤차'의 의지가 아니라 그것을 뚫고 나온 시인의 의지다. '질주해야 한다'는 이 긴박감이 시인의 서두름을, 의욕을 더욱 부추겼고 그것이 시인이 설명조의 말을 부가해 둔 이유다.

시의 말 '밖'으로 튀어나오려는 말, 직설적인 말을 보다 침착하고 냉정하게 다듬고 정제하는 백석의 의지는 어쩌면 만주에서 헐벗고 가난하고 적막한 삶의 한 가운데서 얻어진 것인지 모른다.

> 오늘저녁 이 좁다란 방의 흰 바람벽에
> 어쩐지 쓸쓸한것만이 오고 간다
> 이 흰 바람벽에
> 희미한 十五燭전등이 지치운 불빛을 내어던지고
> 때글은 다낡은 무명샷쯔가 어두운 그림자를 쉬이고
> 그리고 또 달디단 따끈한 감주나 한잔 먹고싶다고 생각하는 내 가지가지 외로운 생각이 헤매인다.
> 그런데 이것은 또 어언일인가
> 이 흰 바람벽에
> 내 가난한 늙은 어머니가 있다
> 내 가난한 늙은 어머니가
> 이렇게 시퍼러둥둥하니 추운날인데 차디찬 물에 손은 담그고 무이며 배추를 씻고있다
> 또 내 사랑하는 사람이 있다
> 내 사랑하는 어여쁜 사람이
> 어늬 먼 앞대 조용한 개포가의 나즈막한 집에서
> 그의 지아비와 마조 앉어 대구국을 끓여 놓고 저녁을 먹는다
> 벌서 어린것도 생겨서 옆에 끼고 저녁을 먹는다

그런데 또 이즈막하야 어늬사이엔가
이 힌 바람벽엔
내 쓸쓸한 얼골을 쳐다보며
이러한 글자들이 지나간다
- 나는 이 세상에서 가난하고 외롭고 높고 쓸쓸하니 살어가도록 태어났다
그리고 이세상을 살어가는데
내 가슴은 너무도 많이 뜨거운것으로 호젓한것으로 사랑으로 슬픔으로 가득찬다
그리고 이번에는 나를 위로하는듯이 나를 울력하는듯이
눈질을 하며 주먹질을 하며 이런 글자들이 지나간다
- 하늘이 이세상을 내일적에 그가 가장 귀해하고 사랑하는것들은 모두
가난하고 외롭고 높고 쓸쓸하니 그리고 언제나 넘치는 사랑과 슬픔속에 살도록 만드신것이다
초생달과 바구지꽃과 짝새와 당나귀가 그러하듯이
그리고 또 「프랑시쓰 잼」과 陶淵明과 「라이넬 마리아 릴케」가 그러하듯이

(「힌 바람벽이 있어」, 문장, 1941.4)

글자들의 이동극장, 글자들의 '시네마천국'을 향한 황홀한 상상이 현실의 비극성을 뚫고 숭고한 '나'의 존엄을 뒤돌아보게 한다. '글자들의 시네마'는 차고 쓸쓸한 겨울 밤에 홀로 흰 바람벽을 마주한 '나'의 기억의 환등기인 것이다. '나'의 모든 절망과 희망이 이 벽 한 공간에 있고, '나'의 모든 과거와 기억이 스크린 구실을 하는 이 '힌 바람벽 위'에 있으니 마치 인생이 환등기처럼 벽을 타고 시간을 건너오는 듯하다. '힌 바람벽'은 그러니까 '나'의 모든 인생 타큐멘터리를 상영하는 인생극장인 것이다. 공

간이자 시간이며 찰나이자 영원인 것이다. 그런 벽 앞의 회한이란 '나'의 모든 삶을 허무에 저당잡힌 자의 처절한 자기고백이자 자기 치유를 위한 것이니, '나'에게는 시의 마지막에 이르러 모든 후회와 절망을 초극하는 단 한 마디 말만이 필요했을 것이다. 그것이 줄표(—)의 역할이다. 그것 없이는 '나'는 더 이상 자신의 생을 지속할 수 없다는 듯 말이다.

백석은 이렇게 자기 삶을 요약한다. 자기 삶을 해석하고 자기 삶을 설명한다. '나는 본래 태어날 때부터 가난하고 외롭고 또 높고 쓸쓸하게 살도록 운명지워졌다!' 이 한 문장으로 앞의 시행들을 요약하는데 시인은 '줄표(—)'로 기존 시행으로부터 요약문을 분리시킨다. 시를 시 '밖'의 말과 분리시킨다. '단독 1인칭 화자(시인)의 자기 목소리로 자기 서정을 고백하는' 서정시 양식의 본질을 훼손하지 않으면서 자연스럽게 자기진술을 마무리한다. 나의 과거는 나의 선택이나 잘못에 기인하지 않으며 그것은 하늘이 준 것이니 무염하고 순결하다. 하늘은 고귀하고 착한 사람들에게 그 같은 인생 고뇌의 운명을 주신다. 백석은 마치 주석가처럼 자기 말을 직접 전하고 싶었던 것이다. 그때 줄표가 쓰인다. 그럼 왜 하늘은 그런 역설의 자비를 베푸는가? 백석은 또 거기에 답함으로써 자기진술의 명료함과 논리성을 세우고자 한다. 다시 줄표가 쓰인다. 핵심은 이것이다.

> –하늘이 이세상을 내일적에 그가 가장 귀해하고 사랑하는것들은 모두
> 가난하고 외롭고 높고 쓸쓸하니 그리고 언제나 넘치는 사랑과 슬픔속에
> 살도록 만드신 것이다
> (백석, 「흰 바람벽이 있어」 부분)

시인은 다시 구구절절하게 그 이유를 설명한다. 시는 침묵의 리얼리티

다. 축약하지 못한다면 시는 산문에, 담화에 맞설 수 없다. 분량으로는 결코 그 장문의 논리와 진술에 대응할 수 없는 것이다. 시인은 그래서 시의 말과 시 밖의 말을 분리한다. 그때 줄표(—)가 쓰였다. 노래와 말 사이에 레치타티보가 있듯, 창(노래)과 말 사이에 아니리가 있듯, 그렇게 시인은 서정적인 고백(말)과 사변의 설명조의 말을 분리한다. 줄표는 그래서 공간적 간극이자 시간적 간극이며 또 서로 다른 말을 분리하는 말의 간극이자 서정적 간극이기도 하다. 그래서 시인은 서정적인 고백으로 다 채우지 못한 말을 이 줄표(—) 하나로 시차를 두고 해결한다. 그러면서 시를 넘어서지 않으면서 시의 양식을 끝까지 고수하고자 한다. 산문조 진술의 말, 사설처럼 길어지는 사변조 시들이 유행하는 시대의 운명 앞에서 백석은 끝까지 '시'를 지켜낸다.

(5) 황혼과 세대론-신세대 시인과 상징 코드

신진시인의 비애

1930년 후반기부터 1941년 신년까지 조선문단을 달군 최대의 토픽은 '신세대론'이다. 이 '신세대론'이 '조선문단 10년來의 선풍적 토피크'로 규정된 것인데, 이 논제는 '민족주의문학', '경향주의문학'에 필적하는 압도적인 힘으로 1940년 조선문단을 휩쓸게 된다.[163] '신세대론'은 시의 새로운 서정정신이 시인들의 비극적 세계관을 자양삼아 구축된 것임을 증언한다. 신진시인들의 반역의 운명과 모반의 정신은 외부로의 출구를 갖지 못한 채 철저하게 자기 자신에게 귀속되고 있다는 임화의 진단은 당대 시인들의 비극적 사유의 핵심을 건드린다. 시인은 죽이지 아니하고 살인

---

163 〈신세기〉, 1941.1.

죄가 되니, 저지르지 않고 죄인이 되고, 체포되지 않고 囹圄의 人이 된다. 스스로 행하지 않았는데 그 결과의 책임을 혼자 짊어져야 하는 필연성의 운명이 신세대 서정정신이 가진 비극적인 것의 핵심이다. '세대론' 가운데 '황혼의 시학'이 잠겨있는 것이다.

따라서 여기서 다루는 '세대론'은 '세대론' 그 자체가 아니다. 세대론이 계급론도, 연령론도, 문단 출발의 시점론도 아님은 〈문장〉 1940년 좌담[164]에서 드러나는데, 많은 신진시인들이 '지용이즘'의 사도가 되고 정지용의 '에피고넨'이 되기를 주저하지 않는 상황에서도 정지용은 냉소적으로 '실력과 사상력'은 '정신내과에 축적되는 것이지 입에 달고 다니는 것이 아니다'라고 요약했다. 기회와 情實이 발표의 길을 일찍 열었기로소니 20대의 고민과 불행에 그렇게 장중할 이유가 무엇인지, 우습다고 했다.[165] 20대, 30대 年齒로 세대를 가르는 것의 작의성과 인위성을 비판한 것이다. 〈문장〉을 통해 시인들이 일찍 문단에 들어선 것에 대한 비판을 다시 비판하면서도 '실력과 사상력'의 구비는 세대론적인 문제가 아니라 항구적인 것임을 강조한 것이다. 1940년 전후 발표 지면이 제약된 상황에서 〈문장〉이 신인들의 발표기회를 열어준 것에 대한 기성문인들의 비판이 '신세대론'에 한몫했음을 엿볼 수 있는 대목이다.

발표지면이 극도로 제약된 상황에서 창간(1939.1)돼 문인들에게 발표의 길을 새로 터준 것은 〈신세기〉이다. 1941년 1월 『신세기』는 신년 첫호에서 「신세대론은 어데로?」라는 특집을 내세웠다. 최재서가 규정한 '신세대론'은 단순한 '세대론'이기보다는 문학사적인 배경을 가진 것인데, 그는 이 '신세대론은 근대문학 1세대인 40대의 '민족주의문학시대'와 2세대

164 「신춘좌담회-문학의 제문제」, 〈문장〉, 1940.1.
165 「시선후」, 〈문장〉, 1940.1.

인 '경향문학시대'를 잇는 '3세대 문학론'의 성격을 가질 만큼 압도적인 것이라 언급한다. 예컨대 4-50대인 춘원시대(1세대), 30대인 김기림, 임화 시대(2세대)를 잇는 20대 신진세대(3세대)의 문학적 정신의 문제이자 정신적 지표 탐구의 문제로 제기되었다는 것이다. 이 과정에서 계급의 차이냐, 연령의 차이냐 등에 관한 격론이 벌어졌지만, '세대의 차이'를 무엇 혹은 어디에 둘 것인지는 불분명했다.[166]

최재서는 1940년에 발표된 '신세대론' 가운데 핵심적인 것을 다음과 같이 꼽았다.

> 1월 〈조선일보〉 정의호-「신세대의 정신」-조선일보 현상모집당선논문
> 2월 〈인문평론〉 신세대특집(창작 4편, 평론 2편, 시론 2편)-신세대론의 피리어드
> 〈동아일보〉 강병택-「신세대론의 최후」
> 4월 〈조선일보〉 김기림-「시인의 세대적 한계」
> 〈조광〉 김오성-「신세대의 문제」
> 〈문장〉 김동리-「신세대의 정신」
> 6월 〈조선일보〉 이국전, 김남천, 채만식, 김광섭-「명일에 기대되는 인간타입」[167]

최재서는 〈인문평론〉의 '신세대특집'을 '신세대론의 피리어드'로 규정하고 그것의 가치를 고평했는데 이 특집에서 평론으로는 김오성의 「신세대의 서정적 지표」, 김남천의 「신진소설가의 작품세계」, 시론으로는 오장환의 「방황하는 시정신」, 김광균의 「서정시의 문제」 등이었고 '권두언'

166 「신춘좌담회-문학의 제문제」, 〈문장〉, 1940.1.
167 최재서, 「신세대론그후」, 〈신세기〉, 1941.1.

은 「신세대론의 眞義」였다. 오장환, 김광균의 글에는 특별히 '나의 시론'이라는 타이틀이 부쳐졌나. 오장환은, 시인의 자기성찰과 시단의 정리 문제가 일본으로부터 유입된 '자유시', 최정시(催情詩), 영탄시, 신변시 등에 대한 비판으로부터 시작되어 산문시, 連詩, 서사시의 개혁 문제로 확대되고 있음을 언급하고 있다. '입장이 대단히 불리한 오늘'의 현실에서 오장환은 '전신상흔의 알몸뚱이로 어떤 시의 방향을 당하여야 할 것인지 고민해야 한다'고 쓴다.[168] 그는 시의 새로운 가능성을 '荊冠'을 머리에 쓴 청년 예언자, 시인들에게서 찾는다. 신세대 시인들의 존재가 '새로움'의 여부보다 비극적 희생제의에 맞춰져 있다는 것이 흥미롭다. 신진시인들은 그들의 언어로 '요새 향가'를 쓰고 있다는 것이다.[169] 그들은 안서와도 달랐고 정지용의 에피고넨이기도 거부한 것이다.

특별히 '신세대특집'이라는 이름을 건 '창작란'에는 박노갑의 「霧街」, 정비석의 「三代」, 김동리의 「昏衢」, 김영수의 「밤」이 실렸다. 당호 '편집후기'에서도 이 특집이 '작년이래 各人各說이든 신세대론의 피리어드를 찍어놓은 것'이라 내세울 정도로 야심찬 기획이었음이 확인되는데, 〈인문평론〉을 주관했던 최재서 스스로 유사한 평가를 〈신세기〉에서 반복하고 있는 것이다.

'신세대론'이 개념론이든 일반론이든 혹은 신세대의 '정신'을 고구하는 논의든 간에 그 핵심적인 것은 민족주의문학과 경향문학 이후의 세대인 제 '3세대'가 추구해야할 그 '무엇' 혹은 그 '3세대'를 구성하는 그 '무엇'을 규정할 필요성에 의해 '신세대론'이 대두되었다는 점이다. 그것은 문단 내적인 문제가 아니라 '하나의 시대를 결정하는 가장 본질적인 정신문제

168 오장환, 「방황하는 시정신」, 〈인문평론〉, 1940.2.
169 「신춘좌담회-문학의 제문제」, 〈문장〉, 1940.1.

에 속하는 것'으로, 세대론이란 그러니까 어떻게 살 것인가의 문제로 각인된 것이었다. 구세대로서는 '대망론'으로, '신세대'로서는 '자기주장을 담은 것'인 이 논의는 궁극적으로 현재를 사는 문제인 동시에 미래를 구하는 문제가 된다.

최재서는 조선시단에 구주대전의 영향이 미칠 것임을 지적하면서 이 같이 위급한 시기에 정지용, 김기림, 임화와 같은 중견 시인들의 침묵을 이미 우려한 바 있었다.[170] 최재서의 「시단의 3세대」가 민간신문 폐간(1940.8.10) 직전 씌어진 것임을 감안하면, 당대 문인이 마주한 위기의식의 정도를 짐작하기란 어렵지 않다. 중견시인들은 어떻든 '현실'을 항상 문제삼고 있었던 것인 만큼, 1세대 시인처럼 시로부터의 도피도 불가능하고 신세대 시인들처럼 새로운 시정신에 바탕한 시쓰기도 가능하지 않았던 탓에 '현실'을 타개할 방책이 쉽지 않았으므로 그들의 침묵은 '속수무책'의 이면이었을 것이다. 임화, 김기림으로 대표되는 중견 시인들의 '속수무책'은 사회적인 경향과 문학적인 경향의 양 경계선에서 시 정신을 모색하던 1930년대 말기 시단의 자기 모색의 불투명성 그것이기도 했다.[171] 존엄한 자로서의 시인의 정결성을 주장한 이병각[172] 등의 신진시인들의 시각과는 달리, 최재서, 이원조 등 선배 비평가들은 그들이 당면한 현실에 대해 시가 어떻게 대처해 나갈 것인가의 문제를 고민하지 않을 수 없었다.

최재서의 글이 실린 〈신세기〉의 같은 호(1941.1) 지면에는 임화의 「현대의 서정정신」이 실려있는데 부제를 '서정주 斷片'이라 붙인 만큼 이 평

170 최재서, 「시단의 3세대」, 〈조선일보〉, 1940.8.5.

171 이에 대한 시인 김기림의 태도는 「시의 장래」, 〈조선일보〉, 1940.8.10.

172 이병각, 「봉수대-시와 생활」, 〈조선일보〉, 1939.5.14.

론은 '서정주론'이며 그 논의의 핵심에 있는 것은 「행진곡」이다.[173] 이 평론은 임화의 '시의 신세대론'으로서 '신진시인론'의 핵심을 관통하고 있고 또 그 깊이가 탁월하다는 점에서 주목된다. 임화는, 최재서의 기준에 비춘다면, 연령상으로도 이데올로기적으로도 2세대(30대, 경향주의문학세대)이다. 임화의 머릿 속에 '신세대'에 속하는 일류시인으로는 서정주, 오장환, 이용악, 김광균 등이 있었는데, 그들의 실존은 임화 자신의 세대와도, 그리고 1세대 선배시인들의 그것과도 차이가 있다고 본 것이다. 서정주가 되었든 오장환이 되었든 '그들은 청춘을 회상하지 않는다. 뉘우칠 과거가 없다는 것'이 유일한 실존이다. 안용만과 다른 점이 이것이라 임화는 쓴다.

과거의 유산도 미래의 길도 보이지 않은 곳에 서 있는 시인, 그는 신의 어떤 부름도 없이 세상에 떨어진 생명이며 그러니 그 자체가 신의 의지의 거역이라는 운명을 타고난다. 그런 생명의 번뇌에 대한 물음이 자신에게밖에 그 출구를 찾지 못할 때 고독은 비참하기 그지없는데, 그러한 비참과 모순을 이 신진시인들은 '모반과 반역'의 정신으로 넘어선다는 것이다. 임화의 견해의 탁월성은, '죽이지 않고 살인자가 되는 것', '허물없는 죄', '체포되지 않고 囹圄의 몸이 되는 것', '뇌옥 속의 질주', '뛰는 것이 떨어지는 것', '가는 것이 노는 것' 등의 형이상학적 주제가 이들 신진시인들의 시에 내재돼 있으며 그것이 이들 시의 깊이이자 가치임을 평가한 대목에서 드러난다. 이를 '유폐의 정신', '절망의 도주'로 다시 개념화하면서 임화는 이것이 '우리 현대서정시의 가장 의의깊은 곳'에 도달한 것이라 평가한다.

임화의 '신세대론'은 「소설과 신세대의 성격」(조선일보, 1939.6.29-

173 임화, 「현대의 서정정신」, 〈신세기〉, 1941.1.

7.2),「시단의 신세대-교체되는 시대조류」(조선일보, 1939.8.18-26)에서 본격화된다. 최재서는 후자에 대해 임화가 '자기를 터러놓고 말하는 데서 오는 성실과 감격'이 있지만, 궁극적으로는 '자기 제네리이슌에 대한 긍지는 엄숙히 유보한 것'이라 비판하기도 한다.[174] 임화가 세대론을 설파하면서 자기세대(2세대)보다는 다음 세대인 3세대에 거의 모든 지면을 할애하고 있는 것이 흥미로운데 최재서는 그 점을 비판한 것이다. 그러니까 임화는 '어떻게 살 것인가'에 대한 임화 자신이 자신에게 질문한 문제에 대한 해답을 신세대들에게서 구하고자 했던 것이다.

'황혼과 탕란과 암흑'이 시대정신을 가리킨다면, 임화는 그 시대정신의 스펙트럼에서 '회귀'의 정신을 구하고자 한다. '회귀'는 임화에게는 계시와 같았다. 그것은 근대문학사를 전통과 이식의 이분법적 사유로부터 어떻게 구할 것인가 하는 문제와도 연결되어 있었으며, 일제말기의 낭만주의(센티멘탈리즘)를 현대의 서정정신으로 어떻게 해석할 것인가 하는 문제 곧 데카당의 '회귀'를 일제말기에 재배치하는 문제이기도 했다. '데카당(퇴폐)의 귀환'을 '현실의 재발견'이라는 문맥으로 해석하고 이를 '현대 서정정신'의 관점으로 재평가할 수 있다고 본 것이다. 불안과 혼돈의 시대에서 신인들은 그로부터 달아나기보다는 거기에 접근한다.[175] '현실을 더 발가벗겨 볼 필요성'이 신진시인들 가운데서 싹텄다.

임화는 서정주의 '광란과 탕란의 언어'를 '질주'의 개념으로 이해하는데, 서정주 시의 낭만성과 역동성이 이 개념을 강고하게 떠받쳐준다. '광란', '탕란', '질주' 등의 개념으로 아우를 수 있는 시적 경향이 있고 그것이

174 「求理知喝」, 〈인문평론〉, 1939.10. 필자는 "임화는 이 글에서 얼마나 我를 버렸는가?"라고 질문하는데, 임화의 '자기애'의 정도를 추측할 수 있다.

175 이한직, 「翰」, 〈문장〉, 1940.12.

일제말기 시단의 중요한 흐름임을 주목할 필요가 있다는 뜻이다.[176]

> 그것은 마치 뇌옥 속에서의 질주와 같은 것이다. 가는 것이 오는 것이고 뛰는 것이 떨어지는 것이다.[177]

시인 서정주는 귓전을 난타하는 종소리를 들었지만 임화는 악마적인 이 '뇌옥 속의 질주'가 장엄한 행진곡이 되는 순간을 포착한다. '종소리의 행진곡에는 마왕 루시퍼의 교의가 더 많이 울려있다'는 임화의 평가에는 임화의 경이로울만큼 날카로운 예민함이 묻어난다. 암흑과 빛, 선과 악, 출발과 목적지가 동일한 것이라면, 지금 떠나는 것은 돌아오기 위한 것이다. 이 시가 반어 · 역설의 수사적 곤란에도 '본격적'이면서 '투명하'게 인식되었다[178]는 점이 서정주의 시적 예민함 아니었을까. 귀향을 예정한 여정이기에 어떤 미래의 약속이 섬광처럼 임화의 시선을 사로잡았을 것이다. 그러기에 이 시는 미래의 시간을 선취한다. 과거는 망각되는 것이 아니라 기억해야 할 한 줌의 가치, 아니 그것보다 더 많은 가능성을 가진 것이다. 미래를 예감하고 있기에 이 시는 장엄한 아름다움이 있다. 니체가 '데카당'이라고 비판한[179] 바그너적 죽음의 명상과 절멸의 축제 비슷한 그런 것들이 서정주 시 한편에 고스란히 살아남아 있다. 파르지팔도, 지크문트도 그들의 여정 앞에 어떤 모험이 놓여있는지 알지 못한 채 비극적인 상황에 던져지지만 그들은 결국 되돌아올 것이며 되돌아와야 한다.

---

176 이상(李箱)을 재평가하는 작업의 일환이기도 했다. 김광균 · 임화, 「시단의 현상과 희망—경향파와 모더니즘」, 〈조선일보〉, 1940.1.13-1.17.

177 임화, 「현대의 서정정신 서정주 斷片」, 〈신세기〉, 1941.1.

178 김종한, 「시단시평」, 〈문장〉, 1941.1.

179 니체, 『바그너에 대하여』.

모든 영웅들의 출발이 비극적이면서도 장엄한 것은 그들의 출발 그 자체가 곧 귀환의 약속을 의미하기 때문이다.

임화는 "그 음향의 높이로써, 그 색채의 농심(濃深)으로써, 또한 그 인상의 선명과 박력의 긴급을 겸"하고 있다고 서정주를 평가했다. 서정주의 이 뇌옥 속의 질주와 겨눌 수 있는 것은 오직 '화미(華美)한 통곡'을 보여주는 오장환의 『헌사』, '애절한 리리시즘'의 김광균의 『와사등』, 그 중에서도 특히 「설야(雪夜)」, '소박한 엘레지'를 보여주는 이용악의 『분수령』이 있을 뿐이라고 단언한다. 젊은 시단의 제 일류의 시인들이 내지르는 통곡과 리리시즘을 임화는 최고의 '신세대적인 것'이라 규정한다.[180]

신진시인들의 생리적인 고독과 비애는 육체적인 어조를 띤다. 그것이 '울음'이다. 그런데 이 '울음'이 개체적인 것이기보다는 집단성을 띤다는 것이 핵심이다. 집단의 목소리로서의 '울음'은 그 이전 세대의 '울음', 그러니까 1920년대 백조파류의 관념적 비탄(상징주의)도 아니고, 민요시인들의 센티멘탈로맨티시즘과도 다르다. 왜 새삼 그들은 '울음'이 필요했던가. 무엇 때문에 그들은 울고 있는가? 임화가 여기에 답한다. 신진시인들은 선배 경향시인들이나 모더니즘 시인들처럼 과거로는 돌아갈 수 없다. 그들 선배시인들처럼 마음의 고향을 갖지 않았기 때문이라는 것이다. 이 담론은 필연적으로 '세대론'에 귀결된다. 임화는 "민족정신은 유전되고 시대정신은 습득되고 세대정신은 체험된다"는 만하임의 문장 한 줄을 인용하고 '신세대가 현대에서 물러서 있는 것이 자신의 체험을 하나의 정신에까지 조직하지 못한 것'이라 평가했다.[181] 철학자 서인식은 임화의 이 논의와 유사하게 "인제 구세대는 갈 데로 갔다. 그들은 불가피적으로 현

180 이 문제는 3부 '시인론'에서 보다 상세하게 다루기로 한다.

181 임화·김광균, 「시단의 현상과 희망」, 〈조선일보〉, 1940.1.13-17.

대를 낡은 입장에서 생각하게 된다"고 썼다.

'외부'를 향한 출구가 봉쇄되고 '체험'할 시대정신도 존재하지 않은 상황에서 신진시인들에게 최후에 남겨진 것 중의 하나가 '동경'이다. 오장환이 '카인을 만나면 목놓아울리라'고 통곡한 것, 서정주가 '멀리 서 있는 바닷물에선 난타하여 떨어지는 종소리'라 말한 것에 '구원의 동경'이 숨어있다. 이 청년 신세대 시인들의 '세대정신'이란 미래를 예감하는 일에 바쳐진 것처럼 보인다. 미래에 대한 '대망'과 '예감'으로 현재를 사는 것이니, 현재의 고통과 고난이 극한적인 것일수록 온전한 미래는 더욱 가까이 다가온다. 그들의 '울음'은 미래를 위한 것이다.

신세대 시인의 우리말 감수성 및 조선어 구어체 미학

신진시인들이 기성세대들과 달랐던 점은 이 세대정신을 '황혼'의 언어에 실어 보내면서 특유의 시적 감수성과 시학을 추구해 나갔다는 점이다. 구체적으로 ① 공유된 언어 코드를 통한 구어체 우리말 시의 완성. ② '황혼'의 비극성을 상징의 언어에 예민하게 담아냈다는 것.

김종한의 '신세대정신'은 전통시 형식의 계승과 '조선말 시'에 대한 감수성과 연결되어 있다. 그는 산문, 시적 산문, 시를 분명하게 구분하고 시는 오직 형태에 기반한 양식임을 주장한다. 시는 내용이 형태에 內屬하는 것이므로 언어 자체의 미를 떠나서는 어떤 내용(시상, 사상)도 공허한 개념에 지나지 않는다는 것이다. 이는 분명 신세대 시인들의 언어와 형태미에 대한 날카로운 감수성과 연결된 것이다. 이것이 임화와, 혹은 현실 혹은 내용(주제)에 강박되어 있던 선배시인들과 다른 점이다. 김종한의 이 글은 임화의 「시단의 신세대」(조선일보, 1939.8.18-16)를 비판한 것인데, 이효석의 「메밀꽃 필 무렵」 같은 '시적 산문'에 비교할 때 '줄을 끊어 쓴 산문' 같은 시가 이효석의 소설과 다른 점이 무엇인가 질문한다. 단순히 '줄을 끊어 쓴 것'을 두고 시로서의 독자성과 자율성을 어떻게 주장할 수 있나고 반문한 것이다.[182]

궁극적으로 김종한의 논의는 '조선말 시'에 대한 관심으로 직결된다. "신세대의 시인들은 시조나 정형시를 새삼스럽게 모방할 필요는 없지만, 다만 그러한 전통에서 출발하야 「조선말 詩」에 대한 본격적인 비판을 가지지 못하고서는 예술적인 참의 신세대의 시는 창작할 수가 없다는 것"이라 주장한다. 미래파, 입체파, 초현실파 같은 최첨단의 아방가르드 예술조차 그것은 결국 그들의 전통인 희랍문화와 중세기독교문화에 귀속되듯이 '전통'의 문제를 간과할 수 없다고 본 것이다. 전통에서 출발한 시문학사의 계보를 구축하고 그것을 이어나가는 문제에 보다 집중하게 되면 강조점이 찍히는 곳은 본질적으로 '조선말 시'로 어떻게 쓸 것인가의 문제에 부딪히지 않을 수 없게 되기 때문이다.

'조선말 시' 그 자체의 독창성 그것을 김종한은 '음악성', '회화성' 등을 실현하는 메카니즘('기계성')이라 개념화하고 있는데, '음악성', '회화성'은 우리말 구어체 시가 전통을 잇고 미학적 독창성을 얻기 위한 실천적 · 개념적 요소이다. 김억, 김기림, 임화, 정지용 등의 면모가 이들 개념 위로 겹쳐지지 않은가? '조선말 시'에 대한 언어적 감수성은 모방이나 답습이 아니라 전통으로부터 출발해 독창성으로 나아가기 위한 시의 근본 근거이다. 그러니까 '시단의 신세대론'의 핵심은, 다른 맥락에서, 신세대 우리말 구어체 시양식에 대한 신진시인들의 감수성과 그것을 '상징'을 통해 양식화 하는 미학적 의지(자의식)와 연결된다는 데 있다. 역사의 절멸기에 시는 저 스스로 나아간다. '황혼의 시학'은 '황혼의 미학'이며 그것은

182 김종한, 「시문학의 正道」, 〈문장〉, 1939.10.

인간의 역사와 무관하게 저 스스로 생명의 불꽃을 피워 장미꽃을 피워올리고 생명을 지속시킨다. 장만영 등 신진시인들은 시의 감상이란 그 시를 읽고 이해하는 것인데, 이때 '이해'란 법조문이나 시사를 이해하는 것과는 달라서 한편의 시가 풍기는 그 사상을 장미꽃 향기처럼 감각하는 것이라고 썼다. "사상을 장미꽃처럼 감각시키는 것"이라는 구절은 엘리엇의 말을 인용한 것이다.[183] 적어도 '황혼'의 언어란 장미꽃 같은 것, 감각시키는 것, 상징적인 것이었고, 그것이 '신세대'를 표상하는 시적 장치이기도 했으며 신세대 시인들의 우리말 감수성의 핵심이기도 했다.

〈문장〉 추천으로 갓 등단한 박목월은 '침묵, 여백' 같은 이미지에 '황혼'의 상징성을 덧붙여 두었다. 그는 이 어지러운 정세는 난생 처음 겪는 일임을 고백하고 '사진없는 필름만이 돌아가는 희멀건 여백'의 시대로 1940년을 기록한다. 그때까지 시골에 자처한 것을 일종의 자랑으로 여겼던 박목월은 문득 절절한 '상경(上京)의 욕망'을 주체할 길이 없었는데, 그것은 복잡한 정세를 마주한 자의 불안과 공포이자 그것에 대한 심리적 저항의 표출이었을 것이다. '상경'의 욕망을 대체한 것은 '황혼의 노래'를 짓는 것이다.

> 조용한 「黃昏의 노래」나 열편이나 스므편이나 쓰고 혹은 포플라의 노래 몇 편에 자장가나 두어편 쓰고 삼십 안짝에 또는 삼십 넘어서 예순 안짝에 혹은 여든 안짝에 죽으리라.[184]

〈동아일보〉, 〈조선일보〉가 폐간된 지 두 달 정도가 지난 시점이다. 〈문

183 장만영, 「나는 이렇게 시를 쓴다」, 『전집 3』, 703면.
184 박목월, 「여백」, 〈문장〉, 1940.10.

장〉을 가꾸던 이태준의 손길도 이 10월호를 마지막으로 멈추게 되었던 시간이다.[185] 복잡기괴한 운무 한가운데, 희멀건 여백 한가운데서 '꿩하니 처한 심정'을 시인들은 '황혼의 노래'에 실어 보내고자 했다. 막막한 심정으로 부르는 황혼가나 자장가나 다 진혼곡일 따름인 것이다. 등단 1년도 안된, 겨우 25살의 청년이 '죽음'을 이야기한다. 박목월은 '자라서 늙었다', '새벽꿈이나 달그림자처럼 젊음과 보람이 멀리 갔다'라고 읊는다.[186] 그의 죽음의 욕망은 '너무 빨리 죽었다'가 아니라 '너무 늦게 죽었다' 사이에서 요동치고 있는 듯하다. 막 추천을 앞둔, '젊어서 늙어버린' 시인은 이 조로(早老)의 심정, 삶의 피로를 '年輪'이라 우기고 있는 것이다.

시인은 죽음을 미래의 시간에 놓지 않고 현재의 시간으로 이끌고 온다. 하늘 끝까지 차오르는 포플라 나무의 이미지가 죽음의 불안을 예언자적 구원의 목소리로 되돌려 놓는다. 그러기에 이 황혼가(자장가)는 삶을 부정하는 절멸의 노래가 아니라 삶을 불러오는 숭고하고 고귀한 생명의 노래가 된다. '진혼곡'으로 귀환의 노래를 대체하고 있는 것이다.

이 시기 쏟아지던 일련의 '어두운 노래'가 퇴폐적일 뿐 아니라 근대초기 백조파 류의 센티멘탈리즘의 재생이라는 혐의도 있지만, 다른 한편으로는 이 땅의 특수한 정치사적 생애와 연결된 것이기에 특수한 色調를 띠고 있다고 평가되기도 한다.[187] 주요한은 자신의 애송시 목록에 소월의 감상적 소박과 만해의 신비주의적 트릭과 함께 파인의 백조적 비장을 든다.[188] 감상 · 신비 · 비장이 황혼의 안개를 뚫고 다시 되돌아왔던 것이다. 끊임없이 나타나다 또 사라지는 이 땅의 시인들에게 '우울 · 고독 · 분

---

185 「餘墨」, 〈문장〉, 1940.10, 232면. 조풍년이 11월호부터 맡게 된 것으로 보인다.
186 박목월, 「그것은 年輪이다」, 〈문장〉, 1939.9.
187 서인식, 「애수와 퇴폐의 미」, 〈인문평론〉, 1940.1.
188 주요한, 「나의 애송시」, 〈문장〉, 1939.5.

노 · 애수' 외에 무엇을 더 볼 수 있는가? 라고 오장환은 물었다. 오장환 스스로도 눈물과 묘지와 비석과 황무지 외에는 자신의 노래에서 찾을 것이 없다고 절규했다.[189]

여기에 비판이 가해지지 않은 것은 아니다. 혹 그런 시들은 시대에 절망한 시인들의 언어일 수 있다. '익지않은 개살구를 씹는 듯한 표정'[190]은 누구나 다 지을 수 있는 것이다. 하지만 그것은 시로 스포츠하는 것이지 시 그 자체는 아니다.

윤곤강은 이미 1935, 6년경부터 조선시단의 通性이 '풍자시와 불안의 시의 유행'이라 언급한 바 있다.

> 나날이 몰아치는 눈보라속에 비굴한 붓대를 움츠리고 꼬작 생각하야 빚어내인 것이 어느문단의 흉내를 『풍자시』의 유행이오 『불안의 시』가 아니었든가?[191]

을해년, 병자년에 걸쳐 시단의 침체는 유래없는 것이었다. 활자나열(連累)에 그친 자유시, 패배와 비굴의 독주를 마시고 그것을 소박하게 '那落의 엘레지'를 감상적으로 읊는 시, 초콜렛을 씹는 듯한 소비심리와 유희적 감각에 빠진 시, 이런 시들이 범람했다. 시인도 증가하고 시집 출간도 늘어났으나 시단은 여전히 시정신의 빈곤과 표현의 몰락을 거부하기 어려웠다. 한편으로는 니힐의 독주를 마신 시인들이 고뇌, 자조, 비참, 애조, 창백, 암울의 감상에서 벗어나지 못했다.

윤곤강이 '무서운 싸움'이 필요하다고 말할 때, 거기에는 의지적이고

189 오장환, 「제 7의 고독」, 『전집』, 224-225면.

190 김종한, 「詩壇時評」, 〈문장〉, 1940.11.

191 윤곤강, 「병자시단의 회고와 전망」, 〈비판〉, 1937.2.

정열적인 파토스가 있고 언젠가는 시양식의 대개조(大改造)가 분투하듯 일어날 듯한 예지가 번득인다.

> 자아의 야수꺼운 習性과 앙탈을 끊어버리는 苦惱! 그리고 자아의 정신과 육체를 相合식히는 무서운 싸음, 신음하는 시혼과 범람하는 니힐을 抑壓하는 불붙는 의지, 통곡하며 찔그러진 시형의 개조[192]

창백한 인텔리의 고뇌와 피를 토하는 것 같은 애조와 니힐의 굴레를 쓴 心魂의 褪色된 沈淪 같은 경향들에 대해 윤곤강은 '곰팡내 나는 시문학'이라 규정하고 젊은 시인들에게 이를 부숴버릴 강렬한 의욕이 요구되고 있다고 썼다. 윤곤강은 사이비 독일풍의 임화와 사이비 영국풍의 김기림을 비판한 바 있는데,[193] 윤곤강의 비판은 '지성과 철학의 관념의 성좌에서 스스로 오그라든 시인들'인 김기림, 임화 등 선배시인들의 시적 경향을 답습하고 있는 젊은 시인들을 향한 각성과 성찰의 요구서이기도 했다. 어떻게 살 것인가의 문제가 시양식에 대한 근본적인 성찰로 이어졌다는 것은 일제말기의 시단, 그리고 해방 이후 우리 시단의 미래적 방향을 위해서도 긴요한 문제였던 것이다. 그것은 우리말 감수성이 가득한 구어체 문장으로 상징의 시학을 빚어낸 일제말기 시의 미학적 형식에 대한 성찰이기도 했다. 이를 고려하지 않고 윤곤강의 「마을」을, 백석의 「힌 바람벽이 있어」를, 장만영의 「愁夜」의 양식적 전통을 이해하는 것은 무리이다.

여기에 '중견시인 몰락론'[194]은, 한편으로는, '황혼의 양식론'의 관점에

192 윤곤강, 「시와 현실의 상극」, 〈조선문학〉, 1937.8.
193 윤곤강, 「임화론」, 〈풍림〉, 1937.3.
194 김종한, 「詩壇時評」, 〈문장〉, 1941.1.

서 해석될 수 있다. '현시단'의 특징으로 김종한은 무엇보다 '중견의 不振落'을 꼽았나. 김종한이 최재서, 김기림, 이상, 임화 등을 비판하고 있는 이유란 뚜렷하다.[195] 노대가들, 그러니까 안서, 월탄, 요한, 파인 등의 부활이 가늠되지 않은 상황에서 기대할 곳이 중견시인들인데, '중견'으로서의 지위를 뚜렷이 보장하고 있는 것은 정지용의 '자연유기체설적인 순수성'과 백석의 '조선색이 풍부한 잠미즘(Jansenism)'뿐이라는 것이다. 李箱조차 '다다臭'나 '純粹臭'를 수입해 흉내낸 한계성을 보일 뿐라고 김종한은 비판했는데, 이들 선배시인들의 시의 색채가 대체로 일종의 순수성을 내세워 현실로부터의 소외 혹은 초월 등의 문맥들을 담고 있는 것과 무관하지 않다.

'내부의 세계'가 있다고 임화를 평가한 최재서의 견해를 김종한은 수긍하지 못했으며, 임화의 「失題」(문장, 1939.2)의 '벗이여 나는 이즈음 자꾸만 하나의 運命이라는 것을 생각한다'조차 '어찌하리까' 류의 한갓 '감정의 표출'로밖에는 해석할 수 없었다. 김종한의 비판은, 김기림, 임화가 시인이자 비평가였다는 점이 일정 정도 반영된 것일 수는 있을 것이다. 선배시인들이 비평적 식견으로 시인들을 평가, 판단하는 것에 대한 반감일 수도 있고("시인은 그들이 침묵하였을지라도 최고의 비평가이다"),[196] '사변'과 '사상성'을 위해 '기지(지성)주의'를 선택하는 선배시인들의 그것과는 김종한의 시 자체가 퍽 달랐던 점도 요인이었을 것이다. 고전주의적 풍모와 감정적 절제가 특징인 김종한 시의 특징은 비장한 허무를 유지하기 위한 위선보다는 솔직 · 명쾌 · 단순하며 그래서 쉬운 말, 直裁한 센텐

195 김종한, 「시문학의 正道」, 〈문장〉, 1939.10.
196 김종한, 위의 글.

스와 飄逸한 스타일과 悲哀를 機智로 포장하는 기술이 뛰어났[197]다. 그러니 김종한에게는 중견시인들의 '운명'과 '초월'의 시선이 위선과 감정의 책략으로 보였을 수 있다.

(대가급 및 중견) 시인들의 신생면을 시단이 요구하기에는 시간이 너무 촉급하거나, 혹 시간이 주어졌다고 해도 그것은 불가한 것으로 여겨졌다.[198] 기성 시인들의 부활 불가는 시단의 '청춘'의 몰락이며 이는 곧 '시의 부재'라는 관점으로 이어진다. 대가의 몰락, 중견의 부진을 '청춘'의 몰락이라 번역한 김종한의 관점에는 이미 시(단)의 황혼을 진단하는 그의 예언자적 목소리가 깔려있다. 김종한은 이 시단의 황혼을 언급하면서 자기언어를 가진 신세대들에게서 시단의 갱생을 희망했다. 그래서 그는 유치환, 조지훈, 서정주, 박두진, 오장환 등 신진시인들에게 '견식가(見識家)'의 검을 한 자루 쥐어줄 수 있었다. '청춘과 재능으로 솟아난 서정'이 고갈한 이 시점에서 그러니까 선배시인들의 '청춘의 언어'가 고갈된 이 시점에서 그 다음을 책임질 신진시인들의 검법이란 '신세대적 교양과 에스프리'였다.

> 청춘과 재능으로 솟아나는 서정이 沽渴한 다음에도 능히 한사람의 見識家로 독립할 수 있을 교양의 蓄積과 에스프리의 劍法[199]

김종한은 신진시인들에게 '신'의 지위를 부여한다. 신진시인의 이름은 시인이자 비평가이며 미래를 읽는 견식가이다. '견식가'의 이름은 '견자(voyant)'의 이름을 대체한 것이다. 견식가로서 시인은 절대적이고 순

---

197 정지용, 「시선후」, 〈문장〉, 1939.8.

198 김동리, 「신세대의 정신-문단 신생면의 성격, 사명, 기타」, 〈문장〉, 1940.5.

199 김종한, 「詩壇時評」, 〈문장〉, 1941.1.

수한 이념항 한가운데 놓인다. 견식가 시인은 시인이자 비평가의 재능을 가진 자이며 현재의 황폐를 회복된 미래의 시간에 놓아 청춘의 언어를 되찾는 '신'과 같은 존재이다. 늙어서 一如한 비평가가 되지 못한 시인의 시를 후세의 사람들이 안심하고 읽어주지는 못하듯, 젊어서 시인이 아니었던 늙은 비평가에게는 독창적인 비평은 기대할 수 없는 것[200]이 당연한 것 아닌가.

새로운 시형 및 양식적 성찰과 세대론적인 교체에 대한 요구는 필연적인 것으로 보인다. 석경은, '당대(1940.7,8)의 시작 태도에 대해 신세대에 호감을 가지는 것은 단순히 필자의 年少때문은 아니다'고 썼다. 실제로 구세대 시인, 안서, 월탄의 시는 낡은 사조타령 같은 것이었지만, 신세대 시인은 어떤 '태도'를 지향하는 듯보였다.[201] 서인식이 "인제 구세대는 갈데로 갔다. 그들은 불가피적으로 현대를 낡은 입장에서 생각하게 된다"고 썼던 것을 기억한다. 시단이 신진시인들을 중심으로 크게 이동하고 있었던 것은 명백한데 여기서 임화는 '시단이동론'을 제기한다.[202]

'시단이동론'의 대상은 오장환, 이용악, 서정주, 윤곤강, 김광균 등 신진 시인들이며, 그것의 요점은 '자기 예술의 독특한 재산을 축적하라'는 것으로, 이는 시인의 독창성 확립에 대한 요구라기보다는 시인의 정신적 '태도'에 대한 요구에 가깝다. 데카당이든, 퇴폐든, 풍경파적 이미지즘이든, 경향파적인 것이든, 그것은 '현대(역사)'를 뚫고 나오는 정신적 동력에 관한 것이다.[203] 생리적인 고독과 비애의 니힐을 뚫고 나올 수 있는 정신적 동력을 임화는 새로운 서정정신으로 보고, 그것을 '탕란과 질주'라

---

200 김종한, 「詩壇時評」.

201 석경, 「시의 목적-7월 시단평」, 〈인문평론〉, 1940.8.

202 「문학의 제문제 좌담회」, 〈 문장〉, 1941.1.

203 임화, 「시단은 이동한다」, 〈매일신보〉, 1940.12.9-16.

는 가치 개념으로 전환시켰다. 비극적 운명감을 내재한 질주의 정신은 모반의 정신이자 생명의 정신이다. '데카당'의 인식론적 차원이 달라진 것이니 이상의 데카당이 '현대정신'으로 부활한 이유도 여기에 있었다.

저 스스로 '신세대 소설가'인 김동리는, 고갈된 '인간의 개성과 생명의 구경'이 신세대의 신생면에서 현저하다고 썼다. 김동리가 자신과 동류인 신세대 시인들의 성격을 '類別'한 것에서 신세대론의 맥락이 드러난다.

① 생명파적 윤리적 경향-오장환, 유치환, 윤곤강, 이찬, 여상현, 김달진, 서정주, 박두진

② 신비적, 회화적 경향-김종한, 김광균, 馬鳴, 장만영, 박남수, 박종식, 이한직

③ 양자의 절충-김조규, 함형수, 이용악, 박재륜

①에 속하는 것으로 서정주의 「地歸島」, 박두진의 「묘지송」, 유치환의 「내너를내세우노니」, 오장환의 「할렐루야」가, ②에 속하는 것으로 김종한의 「連峯霽雪」, 김광균의 「도심지대」, 이한직의 「羈旅에서」를 꼽았다.

①에 대해 김동리는 다음의 설명을 달아두었다.

> 생명의 구경의 백척간두에 서서 그것의 은총을 향해 비약하느냐, 그 저주의 굴레를 목에 걸고 심연으로 내려박힐 것이냐 하는 데서 徐氏의 「웃음웃는 짐승으로 짐승속으로」가 나오고 吳氏의 「할렐루야」의 역설 같은 것이 쏟아져 나오는 것이다. 그것이 짐승의 길이던 「사탄」의 길이던 그 감정은 종교적 감정이요, 그 광분은 윤리적 광분이

다.[204]

서정주와 오장환의 '악'과 '광분'을 '역설'이라 지칭하면서 이를 종교적이고 윤리적인 태도라 규정하고 있는 김동리의 시선은 임화의 시선과 다르지 않다. 신세대시인들의 '신생면'을 추적하는 관점의 초점은 현저하게 시인의 사명이 무엇인가, 시인의 태도란 어떤 것이어야 하는가 등에 맞추어져 있다는 것이 흥미롭다.

②에 대해서 김동리는 경향문학에 비해 '개성적, 낭만적, 환상적인 것'이라 규정하고 이를 한 마디로 '낭만정신'으로 요약할 수 있으며 이는 인간의 개성과 생명의 고양에 근거해 있다고 보았다. 대체로 '생명'을 강조한 신진시인들의 이름이 등재되어 있다는 것이 흥미롭다. 은총의 비약이냐, 저주의 심연이냐가 시인의 윤리문제로 귀결된다는 것이, 1920년대 초기와는 다른, 이 시기 '데카당'의 새로운 질서이자 목록이었던 셈이다.

'김기림 모더니즘'의 적자처럼 인식되던 김광균의 '신세대론'에 대한 견해는 어땠을까. 그라면 좀 더 중립적인 지대에 있지 않을까? 김광균의 진단은 '시대가 산문정신에 기울어지면서 지성은 피로해지고 과학은 정신을 죽였다'로 요약된다. '황혼'의 시대에 필요한 것이 꿈과 열정과 건전한 문학정신을 부어주는 시임을 김광균이 역설할 때,[205] 그가 염두에 둔 이는 김기림이었을 것이다. 김광균이, 선배시인이자 불세출의 시론가 김기림을 부정할 수 밖에 없었던 이면에는 이 시대가 산문시대라는 것, 역설적으로 곧 황혼의 시대가 도래할 것이라는 인식이 깔려있다.

그는 주지주의시를 주창한 김기림이나 사상(思想) 내용에 치중한 이상

204 김동리, 「신세대의 정신-문단 신생면의 성격, 사명, 기타」, 〈문장〉, 1940.5.
205 김광균, 「김기림론-현대시의 황혼」, 〈풍림〉, 1937.4.1.

과도 악수하지 않겠다는 관점을 피력한다.

> 문단의 大道를 素雜한 소설의 대부대가 혼자 횡보하고, 그들의 오만한 표정과 악취가 출판물의 전부를 차지하고 있는 이때, 오늘 시가 받고있는 학대는 그것이 몇 가지 자기 모순을 가지고 있는 것이라고는 하나 불행한 일과 속에만 固息되어 있는 것은 추측하기 어려운 일이다.[206]

완벽한 시의 궁전은 雲霧 저쪽에서 시인을 기다리고 있다. 그러기 위해 황혼의 십자로에 선 시인은 '모든 것에 관심을 높이하고 그 렌즈 철필에 힘을 주어 시의 영토를 확대해야 한다는 것'이다. 신세대 시인들의 시의 영토는 어디인가? 이 문제의 핵심에 '황혼의 언어'가 놓여있다.

3. '황혼'의 시적 논리와 해석학적 관점

(1) 시적 언어와 산문적 언어

시적 논리와 시적 언어

'신세대론'의 핵심이 '조선말 시'에 대한 언어적 감수성과 '황혼의 양식성'에 대한 신세대 시인들의 자각적 인식에 있다면, 이제 시적인 것이란 무엇인가를 물어야 한다. 구체적인 담론으로부터 '언어일반론', 더 나아가 '시학론'으로 그 지평을 옮겨와야 하는 것이다. '소설의 오락물적 성격'이 당대의 것이라면, 역으로, 시는 더욱 높은 정신과 곧은 태도가 요구된다는 것이 시의 당대적 소명론이었다. 낡은 윤리적 교훈이나 시대착오적

206 김광균, 위의 글.

정치의식과는 다른 그 무엇, 석경은 이를 '목적을 의식하지 않는 것'이라 이름한다.[207] 이를 '순수시론'이라 규정할 수는 없다. 이원조는 '시적인 세계'를 '심정의 세계'라 요약한다. 그는 김기림의 「못」과 「공동묘지」를 평가하면서 이 상징의 언어는 "우리 여러 사람이 다같이 느끼는 세계"라 언급했다. 시적인 언어가 공동체의 언어로 자리매김되는 순간을 이원조는 예민하게도 '상징'의 언어에서 발견했던 것이다.

1930년대 들어 신진시인들이 강조한 것은 시적 논리, 시적 언어의 문제이다. 김광균이 '산문은 읽을 것, 시는 들을 것'[208]이라 언급한 것과 장만영이 정지용의 가치를 조선어 구어체의 정석에 두고자 했던 것에서[209] 논의의 초첨을 잡아본다. 특히, 정지용의 '구어체 음악'을 '정석'에 두는 것은 일종의 지용이즘[210]인데, 시 텍스트의 이해나 시사적 판단의 기준이 어디에 있어야 하는가의 방향성이 그 개념에 있다. '황혼'이라는 주제를 어떻게 '시적 언어와 시적 논리'의 차원에서 해석하고 배치할 것인가가 향후 논의의 중요한 과정이 될 것이다.

'조직론/유파론'을 떠나서 일제말기를 바라보면 신진시인들의 시적 감수성과 새로운 서정정신의 문제가 가시화된다. 1930년대 말기 '사이비 독일풍'의 관념시를 생산한 것과는 다른 차원에서 임화는 '조선어구어'의 미학적 가능성에 관심을 기울인다. 그가 '문화어'·'문학어'를 일반 산문어나 담론어와 구별하고자 한 점은 이를 투영한 것이다. 임화는 '황혼'과 '어

---

207 석경, 「7월 시단평」, 〈인문평론〉, 1940.7.

208 김광균, 『전집』, 336면.

209 장만영, 「내가 시를 쓰기 시작하던 때」, 『전집 3』, 458면.

210 양주동의 '용어'이다. 감각을 가지고 나온 지용의 시가 천하를 풍미한 것, 그래서 신진시인들이 이를 모방한 것을 두고 이른 말. 「춘좌담회-문학의 제문제」, 〈문장〉, 1940.1.

둠'을 말하는 시들에서, 일종의 데카당적 흐름을 발견하고 이를 '현대의 서정정신'으로 읽어낸다. 임화는 거기에서 생리적 슬픔이나 시대적 니힐(Nihil)을 넘어서는 비극적 세계관을 감지할 수 있었다. 경향파의 생경한 진술시나 영혼없는 기교파시로는 감히 근접할 수 없는 경역이었다. 내면성이 시대정신으로 완미하게 이끌어올려진 데는 시인들의 지고한 언어적 감수성이 자리하고 있었다. 그러니까 오장환, 서정주, 윤곤강, 이용악 등의 신세대 시인들의 감수성은 조선어 구어체의 성숙한 진전 이후에 가능했다. '황혼'의 언어가 내면성과 숭고성을 가질 수 있었던 이유다. 니체가 말한 바로 그 '논리나 진술로 주장되지 않는 언어', 즉 '숭고한 언어'는 그렇게 탄생한다. 이 시기 시들이 아름다운 이유가 여기에 있으며 이 시들을 평가한 임화나 김기림의 시선 또한 이를 근거로 하고 있다.

춘원과 동인의 언문일치적 문장의 '다음 단계'를 상정한 이태준이 박태원을 비롯하여 이상, 정지용, 김기림, 이효서 등의 문장을 '개성적인 문장'으로 규정한 것은 1930년대 우리말 문장의 완미한 발전을 평가한 것이다.[211] 이를 문장의 '시적 성숙도'라 할 때, '문자를 수단으로 구어성의 형식과 영향을 재현해 내는 것'이 핵심이다. 김동인은 '신문예 이후 20년의 시간'을 회고하는 자리에서 "초창시대에는 부족하고 또 부족하던 조선어가 인제는 소설술작 등에도 그다지 불편이 없으리만치 늘었으니"라고 언급하고 "문장이 가지는 리듬과 무드는 소설 가치의 절반을 차지한다"고 썼다.[212] 양식의 완전성이 (조선어) '문장'에 있음을 김동인은 간파하고 있었다. 이미 1930년대 문장력의 중심은, 한자문에 겨우 토만 한글로 단 20세기 초의 '언문일치'를 흉내낸 고루한 논설담론 문장, 일본식 한자어로

211 이태준, 『문장강화』, 창작사, 1988.

212 김동인, 「소설학도의 서재에서(6)」, 〈매일신보〉, 1934.3.23.

근대적 관념을 모방한 서투른 한글문장을 떠나, '시적인-음악적인' 문장으로 옮겨가고 있다. 물론 일반대중들의 우리말 문장쓰기는 여전히 난문제였고 그것은 근대 초창기부터 글쓰기를 제약한 조건이기도 했다.[213]

한편으로, 문단 조직론이나 소설론(비평) 중심의 문학사가 드러내지 않는 시적 진실이 '조선어 구어체 음악성' 문제에 잠복돼 있다. 이것은 일제시대 시사를 대(對)현실의 피동적 반응의 결과물로 혹은 소박한 반영론 혹은 속류 문학사회학의 언저리로부터 탈주함으로써 얻어지는 것이다. 억압은 굴종을 낳고 굴종은 체념을 낳고 체념은 '인간'을 포기한다. '밤'의 어두음을 현실의 상황을 알레고리한 것으로 해석하는 것은 지시하는 것 이상의 언어, 시적인 언어의 특성을 고려하지 않는 방식이다. 산문가(담론가)의 언어로써 그렇게 읽는 것은 쉽고 간명한 일이나 시적인 언어는 그렇지 않다. '기호'는 '표상'이지만 시적 기호는 '표상'을 넘어선다. 시인의 언어는 현실을 바로 가리키지 않으며 시인은 억압과 구속을 '밤'의 알레고리로 환원하는 그런 언어의 수동성과 피동성의 존재로 머무르지 않는다.

임화의 표현을 빌자면 시는 '뇌옥 속에서 질주'하는 양식이다. 역설과 모호성과 반어와 아이러니는 시의 언어가 갖는 고유성이자 특권이다. '밤'이 깊어갈수록 인간은 저 태풍이 휘몰아치는 산의 정상에 선 초인을 상상한다. 밤의 깊이가 사유의 질이자 상상의 밀도이다. 밀도가 곧 강도이다. 굳이 상징, 비유 같은 시양식을 함축하는 단어로부터 떠날지라도 우리는 이 '밤'의 이미지가 주는 밀도와 '상징'의 암시를 숙고해야 한다. '밤'의 대척적인 '상징'으로 해석되는 '봄'에 대해서도 말할 수 있다. 그것은 결코 해방이나 자유를 직접적으로 설명하지 않는다. '황혼'이라는 개

213 김동인, 「먼저 조선문의 보급」, 〈매일신보〉, 1935.1.3.

념은 시적언어와 시적 논리의 궤도를 따라 움직인다.

한국시사는 기본적으로 비평사나 소설사의 전개를 좇아가는 경향이 있다. 그에 따라 시사는 담론의 형식으로 환원되거나, 산문적 논리로 서술되거나, 그것들과 유사한 양식적 성격 혹은 해석학적 지평에 따라 유추된다. 애수나 정서를 섬세하게 그리는 것이 산문(소설) 장르에서는 인물의 성격이나 전형의 창조에 방해가 됨으로써 결과적으로 산문정신의 퇴각을 초래한다.[214] 신파적 경향은 곧 신경향파적 자기 환원이다. 작가가 주장하고 강변한다고 해서 '있어야 할 현실'의 작품 내에서의 재현이 성공적으로 구축되지는 않는다. 그것은 '리얼리즘'이 아니라 작가의 센티멘탈리즘의 과도한 후유증을 남길 뿐이다.

그런데, 시는 어떤가. 센티멘탈리즘은 대상을 시인의 자기동일성 안으로 이끌어내기 위한 전제조건이다. 시적인 언어로 그것을 어떻게 조직해내는가의 문제가 '감상주의'와 '이미지즘' 간의 차이를 만들어낸다. 그러니까 '감상성'은 시인의 적(敵)이 아니며 아무리 좁혀서 말해도 시인이 회피해야 할 대상은 굳이 아니다. '밤'이 문제가 아니며 '황혼녘'이 문제인 것도 아니다. 그러한 밤이나 황혼은 부정해야 할 현실이나 사실을 의미하는 기표가 아니다. 그것은 현상이 아니라 심정의 층위이자 영혼의 지평에 관한 문제이다. '상징'의 문제라는 것이다. 쉽게 말하면, '밤'은 '암울한 일제시대'를 상징하지 않는다. '상징'은 절대적인 차원에 있는 것(관념)을 기호화할 때 주로 쓰는 개념이다. '밤'은 어떤 암울한 상황(현실)을 말하기보다는 그러한 극한적인 상황에 놓인 인간의 영혼의 밑바닥(심혼, 무의식)에 자리잡고 있는 실존적 상황을 말한다. 시인의 서정적 · 실존적 조건, 영혼의 상태가 이 '밤'의 이미지에 녹아있다. '밤'은 파토스적인 영

214 「求理知喝」, 〈인문평론〉, 1940.2.

감의 원천이며 비극적 정신의 '코라(Chora)'에 가깝다.

1930년대 중반기 이후 나시 등장하는 '낭민주의 문제'를 산문논리나 문단조직론(카프해체의 심정적 대응)의 차원에서 논의하는 것은 '시적논리'로 보면 적합하지 않다. 이제 시양식의 가장 근본적인 질문을 이렇게 던져본다. 문단사와 비평사로부터 독립된 시사, 산문양식의 동일성으로 환원되지 않는 시양식의 내적 논리를 천착함으로써 우리는 근대시사를 재구축(Deconstruction)하면서 그것의 '진정한 연대기'[215]를 제시할 수 있을 것이다.

시적 언어의 정의

시적인 언어란 무엇인가. 자명한 것이지만 몇 이론가들의 견해를 인용하고자 한다.

먼저, 옥타비오 파스(Octavio Paz)의 논의를 바탕으로 시적 언어에 대한 논의를 정리해 본다.[216] 아래 글은 그의 논의의 요약이다.

우리는 시와 산문 혹은 담론을 구별하는 척도의 하나로 '리듬의 여부'를 든다. 그러나 '리듬'은 우리의 논의에 그다지 도움이 되지 않는다. 리듬은 모든 언어적 형태, 미학적 언어양식에 자발적으로 주어진다. 여기에는 전제가 필요하다. 시는 리듬 없이는 가능하지 않고 리듬만으로는 산문이 될 수 없다는 사실이 그것이다. 리듬은 시의 필수요건이지만 산문의 필수요건은 아니다. 정녕 문제는 담론의 법칙에 시의 리듬을 묶어둠으로써 언어(시적 언어, 문학의 언어)를 소멸시키고 사유를 멈추게 하려는 욕구이다. 파스는 이 같은 경향을 '이성의 폭력'이라 규정한다. 모든 말

215 피에르 부르디외, 『예술의 규칙』, 하태환 옮김, 동문선, 2002, 158면.
216 옥타비오 파스, 『활과 리라』, 86면.

들은 시(詩)로 되돌아가려는 경향이 있는데, 사유가 언어인 한에서는 사유들도 그렇게 시로 돌아가려 하며 따라서 일관성과 개념적 명료성을 추구하고자 하는 산문작가는 이미지로 명시되고자 하는 운율의 숙명적인 흐름에 저항할 수밖에 없다. 모든 언어는 시적인 것으로 회귀하려 한다는 파스의 이 말은 산문어를 언어의 기본적인 조건으로 삼고자 하는 편견이나 시 해석을 산문의 논리로 환원하고자 하는 욕구를 무너뜨린다.

시는 진보나 진화를 무시하며, 시의 기원과 종말은 언어의 기원이나 종말과 혼동된다. 원래 비판과 분석의 도구였던 산문은 언어의 점진적인 성숙을 요구하며 일상어를 길들이고자 하는 일련의 기나긴 노력 뒤에 생겨나는 것이다. 일상어, 산문어는 그만큼 정칙과 안정을 요구하는 까닭에 일탈이나 위반을 허용하지 않는 편이다. 대상(사물)의 새로운 발견과 명명에 의해 유지되는 시적인 언어의 속성과 이것은 얼마나 다른가. 산문의 진척도는 사유가 말을 정복한 정도에 의해 가늠된다. 언어의 자연스런 경향에 대항한 영원한 싸움을 통해 산문의 언어는 성장한다고 파스가 말한 것은 산문의 언어는 논리와 사유를 드러내기 위해 보다 인공적으로 조작된 언어인 점을 말하고자 한 것이다. 리듬의 언어이자 리듬의 결합체인 시적인 언어가 자연스런 리듬과 구어적 자연스러움을 지닌 것과 대응된다 하겠다. 산문의 가장 완벽한 형태는 담론과 예증인데, 거기서 리듬과 리듬의 끊임없는 왕복은 사유의 행진에 자리를 양보한다.[217] 산문언어는 리듬보다 사유가, 음악보다 의미가 우선된다는 뜻이다.

옥타비오 파스의 논의를 도식화하면 다음과 같다.

---

217 옥타비오 파스, 「운문과 산문」, 『활과 리라』, 87면.

시	산문	담론/예증
시원적 형태/모든 시대	후기석 형태	
구형	직선	
닫힘	열림	
교감	이성	⟹
아날로지	삼단논법	
이미지의 흐름	이성적 행진	
춤	행진	

산문언어의 기원이 시(시의 언어)에 있다는 것은 산문작가가 언어의 흐름에 몸을 맡길 때마다 산문의 철칙인 합리주의적 사유의 법칙을 위반하고 시의 울림과 교감의 분위기에 진입하려 하는 데서 분명하게 드러난다.[218] 산문조차 끊임없이 시에 되돌아가려 한다는 뜻이다. 리듬은 그러니까 언어의 숙명이다. 시의 언어는 모든 시대에 속하는 언어라고 한 것은 시가 인간의 내밀한 영혼의 움직임(시혼)을 담고 있다는 뜻이기도 하다. 본질적으로 인간의 '몸'에 내장된 언어라는 것이다. '리듬'이라는 것은 율격이나 기계적인 음격과는 다르다. 시를 품고 있는 소설(산문)이 있고, 운은 맞추어져 있지만 시적 정취가 거의 존재하지 않는 시가 있듯, 시의 핵심이 리듬이라는 것이 단순히 시가 운율들의 집합이라는 것을 의미하지는 않는다. 리듬은 음격, 강세, 음절수에서 발현되는 것이기보다는 이미지와 의미로부터 생겨나 리듬 그 자체로 스스로의 생명을 이어간다. 그래서 '리듬은 양이 아니라 질이고 구체적인 내용이다'라고 파스는 결론짓는다.

파스가 견지한 시의 리듬이라는 개념은 신비주의적인 측면이 있다. '신비스러운 중력의 법칙에 따라 끌어당기고 미는 것'이 시의 말, 곧 리듬

218 옥타비오 파스, 『활과 리라』, 88면.

이라고 설명하는 데서 확인된다. 칠레 시인 네루다의 일화를 담은 영화 〈우편배달부(Il Postino)〉에서 마리오의 입을 통해 정의된 '파도처럼 밀려갔다 밀려오는 것'이란 '은유'의 개념과 이는 정확하게 겹쳐진다. 환상적인 언어로 시·공간을 넘나들고 실재와 환상의 경계를 횡단하는 남미 작가 보르헤스는 '마법적 적확성'[219]이라는 개념을 제시한다. 평범한 단어를 사용하여 그것들을 비범하게 만드는 그런 '시 너머'의 것을 끌어내는 신비한 능력이 시에 있음을 보르헤스는 암시한다.

발레리는 '마술적인 언어표현'이라는 말로 시 언어의 본원적이고도 강력한 힘을 암시한다.[220] 시는 인류의 기원과 함께 했고, 오늘날까지 살아남았다. 산문언어로 논리적으로 설명하고자 했더라면 그렇게 오랫동안 전승되지 못했을 그 '무엇'을 시는 말의 리듬으로 품어 오랫동안 키워왔던 것이다. 시가 창출한 언어는 애초에 의도했던 용도를 넘어선다[221]는 점에서 경제적이자 비경제적이다. 역설적이다.

일제시대 우리 시인들이 근대시의 양식적 특성을 인식하지 못했던 것이 아니다. '모더니즘'·'리얼리즘' 같은 거시적인 담론들이 연구의 주된 흐름이 되면서 이 미세한 '시적 언어'에 대한 당대 시인들의 인식을 우리가 간과하고 있었을 뿐이다. 임화는 '언어의 마술성'이라는 용어를 쓴다. 임화는 '언어의 마술성'이 시적 언어의 특징임을 지적하면서도 한편으로는 시의 언어가 추상성과 모호성에 떨어지는 계기가 이 '마술성'에 있음을 비판하는데, '시적 언어'로 새롭게 '현실'을 구성하고자 한 임화의 논리에서는 지극히 당연했을 것이다.

---

219 보르헤스, 『보르헤스, 문학을 말하다』, 53면.

220 폴 발레리, 『말라르메를 만나다』, 김진하 옮김, 2007, 문학과지성사, 69면.

221 보르헤스, 『보르헤스, 문학을 말하다』, 106-107면.

> 원어('보통 실재(實在)하는 말';임화)로부터 문학이 자기의 말을 구별하는 가장 현저한 영역은 시다. 이곳에서는 각 언어가 독특한 음향적인 고려를 지나 결합되고 어법도 그 시의 고유한 의미내용, 어감, 음향, 구성의 강약 등의 고려 가운데서 분해되고 재결합되어 일상 원어와는 전혀 다른 것같은 외모를 정(呈)하게까지 된다.[222]

임화는 일상에서 쓰이는 말(담론)인 보통어, 일상어를 '원어'라 칭하고 이를 '문학어'와 구별했는데 시는 그러한 '문학어'로서의 가치를 가장 현저하게 구현하는 '마술의 언어'라는 것이다. 임화는 '분해되고 재결합되면서' 고유하게 스스로를 현시하는 시적 언어의 '마술성' 자체를 부정한 것이 아니라 모호성과 불명확성의 심연으로 들어가는 언어의 추상성을 비판한다. '현실성'을 어떻게 '에센스있게 드러내는가'는 시적 언어의 본질을 탐구하는 문제보다 후위에 있는, '표현의 문제'에 속한다는 것이다. 예술지상주의자가 되든, 복고주의자가 되든, 경향문학자가 되든, 그 '이후', 그러니까 표현을 어떻게 하는가, 어떻게 표현하는가의 문제라는 것이다. 통상적으로 '기교'라 부르는 것이 이것이다.

김기림이 말한 '造塑적 정확상', '조소적 명확성'이라는 말도 '시적 언어'의 특징적 개념을 바탕에 깐 것이다.[223] 김기림은, 정지용의 「歸路」와 장서언의 「古花瓶」을 비교하면서 정지용의 시는 청각에 어필하며, 장서언의 시는 아주 명료하고 투명한 회화성을 가진 시각에 어필하는 시라고 설명한다. '고화병'을 간호부와 봄의 화단으로 이미지화함으로써 '조소적 정확상'을 부여하는 장서언과는 달리, 정지용은 우리말의 배치와 고저의 운율을 통해 시인의 영탄을 독창적으로 조직화한다. 주밀하게 선택된 개

---

222 임화, 「언어의 마술성」, 〈비판〉, 1936.3.
223 김기림, 「현대시의 발전」, 『전집 2』, 332면.

개의 말이 가진 특이한 음향의 효과가 정지용 시의 음악적 특성을 보장한다는 것이다. 문학적 대유법은 용어나 관념 사이로 잘 계산된 말의 뉘앙스와 미묘한 음악을 끌어들이는 것인데,[224] 정지용 시에서 조선어의 미묘한 음악성을 느끼는 것은 리듬과 언어 그 자체인 시의 양식적 속성을 정지용의 시가 고유하게 내장하고 있기 때문이다.

'造塑적 정확상', '조소적 명확성'이란 이미지의 투명한 조형성, 이미지의 완벽한 구현을 이르는 것인데, 그 개념은 현실(일상)의 언어(원어)나 또 그 반대편에서의 초월의 언어를 지칭하기 위해 쓰인 것은 아니다. 시적 수사이자 시적 대상을 감싸고 도는 어떤 정신, '가깝지도 않고 멀지도 않은' 아우라 같은 것을 지칭하는 듯하다. 따라서 「고화병」 마지막 절의 '고요히 품는/潭潭한 향기'를 두고 김기림은 이 향기를 희랍 정신에 비유하는데, '전편을 감싸고 있는 부드러운 유머와 냉혹하지 않은 아이러니는 차디찬 지성과 감성의 구각을 감추는 육체'라고 평가한다. 감각과 지성의 조화 속에서 탄생하는 일련의 언어적 절제와 정신의 단련을 통해 시적 대상은 명확하고 투명하게 대상화된다는 뜻이다.

시의 언어를 담론의 논리나 산문의 규칙에 종속시킴으로써 시적 논리 자체를 간과하거나 축소하게 되면 근대시사는 산문 혹은 담론의 질서로부터 배제되기 쉽다. 시의 언어는 '현실'의 언어보다 훨씬 좁거나 혹은 넓다. 더 쉽게 말한다면, 시를 보고서나 신문기사로 읽어서는 그 의미를 온전하게 파악할 수 없다는 뜻이다. 이 말을 역으로 번역해도 동일한 결론에 다다른다. 언어의 본질상 산문을 시의 언어로 읽을 수는 있지만 시를 산문으로 읽는 것은 '이성의 폭력'이다. 시적 논리와 산문적 논리가 다르다는 것은 세삼 언급할 일은 아니다.

---

224 폴 발레리, 『말라르메를 만나다』, 147면.

예컨대 네루다의 시에는 고도의 상징과 알레고리가 내장되어 있다. 그의 시는 인간의 자유와 양심을 옭아매는 현실의 폭력이 긴박하게 읽힌다. 소박하고 평범한 듯 보이는 시어조차 폭발적인 에너지를 품고 있다. 굳이 초현실주의적인 특성을 감안하지 않더라도 그의 시가 뿌리내리고 있는 해석의 지평은 시어가 표명하는 원래적(원어적)인 의도보다 훨씬 넓고 깊다. '상징'의 테두리 내에서 언어가 갖는 의미의 함축성은 현실의 실재 맥락을 넘어서 있다. 그러니 시가 아무리 '현실'에 뿌리내리고 있다 하더라도 그것이 시(詩)인 이상 '현실'의 범주를 넘고 인간 역사의 시간을 넘어선다. 시어의 '마술적 적확성', '조소적 정확상'이라는 개념과 분리되지 않는 특성이라 하겠다.

발레리의 '말라르메론'에서 우리는 다시 '시적 언어란 무엇인가'를 만나게 된다. 왜 산문이나 담화가 아니라 시로 말하는가? 발레리는 그것을 운문(노래)과 반복의 형식에서 찾는 듯하다. 발레리가 말라르메의 시를 빌어 논한 대목을 요약하면 다음과 같다.

일반적으로 시는 인상으로부터 표상에로, 어떤 생각에서 형식으로 나아간다고 알려져 있다. 시적 담론은 일상적인 담화를 생산하는 방식과 전적으로 다른 기제에서 생산된다. 물론 시가 독특한 방식으로 존재한다는 점을 부정하고 산문 · 담론과 같은 것으로 환원될 수 있다고 생각할 수도 있다. 하지만 발화 수단으로 이용하는 산문적 · 담론적 방식과 전혀 다른 방식으로 시가 성립된다는 것을 부정할 때 시는 설명불가능한 것이 된다고 발레리는 본다. 시가 그렇게 되면 당연히 "무엇 때문에 운문으로 말하는가?"를 설명할 수 없게 된다는 것이다. 시인들이 진정으로 시인인 바로 그 순간에도 '사유'는 '노래'와 분리될 수는 없지만 그때 말의 주도권

은 더 이상 '사유'에만 속하지는 않게 된다.[225]

시는 운문(노래)으로 말하면서 의미나 사유가 중심인 산문이나 담론을 넘어 선다. 시적인 것은 고유한 권위를 통해 자신의 말을 신성과 연결시킨다.[226] '언어의, 언어에 의한 빛'은 '시의 빛나는 운문들'의 은유이다. 이 은유는 철학담론이 시적인 언어의 신성성을 해체하고자 하면서도 또 왜 그토록 시의 형식을 빌어 말하고자 했는가를 설명해준다.[227] 시의 언어는 그만큼 원형적인 사유의 근원에 근접해 있고 그래서 시의 언어는 본질적이고 실존적인 양상을 띤다. 모든 언어가 시로 되돌아가려는 경향은 시가 원형적 언어라는 점에서도 설명된다. 시의 가장 깊은 곳에 상징이 있다는 것과 통한다.

시를 시답게 하는 것은 보다 시적인 것으로 언어를 되돌리는 것이다. 발레리는 '운문의 실존'에 대해 말한다. 더 명확하고 확실한 운문이, 더 명쾌하게 음악적인 말이 '의미'보다 앞선다. 그렇다고 '의미'가 배제되지는 않는다. '의미'가 실현되는 방식에서 시와 산문(담론)은 다르다는 투로 발레리는 부기한다. 이해하기 매우 어려운 시구조차 반복하게 되면 의미가 느슨해지면서 이해가 뚜렷해진다는 것이다. "반복은 정신을 어떤 한계로, 완벽하게 규정된 어떤 의미로 지향하도록 만든다." 강력하게 주장되는 것이지만, 시는 언어본질론에서의 차이뿐 아니라 형태 면에도 산문이나 담론의 언어와는 분명한 차이가 있다. 그것은 주로 배단법, 단구법 등으로 실현되는데, 특히 시적인 언어의 특성을 음성적인 형태와 음악에서 찾았던 발레리는 '의미'를 산출하는 데 있어서도 산문의 그것과는 달리

---

225 폴 발레리, 『말라르메를 만나다』, 143-144면.
226 알랭 바디우, 『조건들』, 123면.
227 알랭 바디우, 위의 책, 121-139면.

시는 시적 형태와 문자의 배치에 귀속된다는 점을 강조했다. 일상의 말이 운문화된 말과 다른 것만큼이나 시의 내용은 일상적인 사고와 달라야 하는 것[228]이라 발레리는 결론을 내린다.

시적 언어의 고유성은 통사론적인 차원에서도 설명된다. 산문(담론)의 통사구조는 그 규칙들과 양립할 수 있는 단어 혹은 어구들의 결합을 주로 활용한다. 그런 결합은 단순하고 명료한 의미 창출에 기여한다. 그것은 의식적이기보다는 자동적이다. 따라서 '독자가 언어 자체를 지각하지 못하고 또 목소리의 음색조차 지각하지 못한 채 행간을 재빨리 훑어보고 문제가 되는 것을 알아차리는' 것이 산문의 방식이다. 산문적 언어와는 달리, 시적인 언어는 의미작용과 음향효과, 단어들의 특징, 이 세 요소에 동시적으로 등가의 가치들이 부여되면서 그 의미가 실현된다. "이것들이, 충돌하거나 기교있게 녹아들어서, 전대미문의 광채와, 충만함과, 울림을 띤 시구들을 짜내는 것이다."

시의 한편에는 각운법과 두운법이, 다른 편에는 문채와 전이법과 은유법이 있는데, 그것들은 더 이상 제거될 수 있는 작은 부분이나 장식들이 아니며 오직 작품의 실질적인 속성들이다. '내용'은 더 이상 형식의 '원인'이 아니다. 형식의 '결과'들 가운데 하나이다. 각각의 시구는 자기 존재의 물리적 근거들을 가진 하나의 실체가 된다. 그것은 하나의 발견이고, 우연으로부터 획득한 일종의 내적 진리이다.[229] '상징'의 원인은 내용(의미)에 있다기보다는 오히려 상징의 형식이 내용을 규정한다. 그 내용에는 '현실', '역사'가 놓여있다. 상징은 저 자신의 방식으로 '역사'를, '현실'을 말하고자 한다.

228 폴 발레리, 『말라르메를 만나다』, 105-106면.
229 폴 발레리, 위의 책, 191면.

(2) '황혼'의 이론적 · 해석학적 접근

상징과 묵시의 언어

상징과 묵시록적 언어가 만나는 장면은 리꾀르(Paul Ricœur)의 논의에서 찾을 수 있다.

인간의 오류 가능성은 완전한 경험 속에서 인식되는 것이 아니라 언어를 통해 접근할 수 있다. 인간에게는 선과 악이 공존하므로 악의 고백에 대한 가장 원초적인 표현들인 '자백의 언어'를 탐구함으로써 가능하다는 것인데, 이 언어는 간접적이고 비유적인 방식으로 죄책을 말한다는 점에서 해석을 요구하는 언어이며 그래서 그것은 상징의 언어와 다를 바 없다. 상징으로 구성된 신화에 대한 해석은 철학적 반성과 동일하지 않음에도 신화 해석은 반성을 위한 길을 닦고 상징을 통한 깊은 사유를 가능하게 한다. 해석학은 철학적 반성을 통해 즉 상징적 의미가 지시하는 바를 따라감으로써 인간 실존에 대한 깊이 있는 이해에 도달한다는 것이다.

다양한 형태의 성서양식으로부터 리꾀르는 '시적인 기능'을 찾아낸다. 묵시록이 파국과 절멸의 메시지로 대중들에게 강력하게 각인된 이유도 성서가 가진 시적 언어의 특징 때문이었을 것이다. 리꾀르는 성서언어의 특징을 은유적이라고 말하는데 그러니 시적기능이란 곧 은유적 기능을 의미한다. 텍스트를 현실세계와 분리시킴으로써 텍스트의 '타자성'을 주장하고 있는 텍스트 형식주의 이론을 리꾀르는 비판하는데, 그것은 '무엇에 관하여 말하고자 하는 것' 곧 저자의 의도를 배제한다는 점에서 구조주의와 다를 바 없다는 것이 리꾀르의 주장이다. 언어는 관념적 의미(ideal sense) 즉 무엇을 말하는 것(to say something)과 실재적 지시체(real reference) 즉 무엇에 관해 말하는 것(to say it about something) 양자를 모두 갖

는다는 것이 그의 언어이론, 해석이론, 상징론의 핵심이다.[230]

리꾀르는 '해석학의 최종단계'를 독자가 '텍스트를 전유하는 것'에 둔다. 독자가 자기 자신의 세계를 벗어나 상상적으로, 그리고 강요됨이 없이 텍스트가 지시하는 세계에 '참여'하는 것이 해석의 궁극적 완결지점이다. 이때 독자는 아무런 전이해(前理解)나 존재지평 없이 무조건 텍스트의 세계에 참여하는 것이 아니라, 자신의 삶 속에서 경험하고 느꼈던 이전의 이해지평을 갖고 참여하게 된다. 은유적인 특징을 갖는 성서의 언어는 삶 속에서의 경험을 진술함으로써 우리로 하여금 사물들의 새로운 연관관계를 보도록 해주며, 역사 안에서의 신의 현존의 자취를 해독하게 해준다. 리꾀르가 말하는 성서언어의 특징은 실제적 삶과 밀접하게 연결되어 있는 것이다. 따라서 텍스트와 독자 사이에 시공간적 거리가 있지만 시공간적 그물망이 존재하기 때문에 텍스트의 '지금-여기'는 미래 독자의 '지금-여기'를 암묵적으로 지시하게 된다.[231]

'황혼의 시학'을 구축하기 위해서는 시적 언어와 시적인 논리의 상관성에 대해 숙고해야 한다. '日警의 銃劍' 앞에서 인텔리겐챠 시인으로서 삶의 최후의 조건은 조선어로 시를 쓰는 것이다. 조선어 시쓰기는 신남철의 방법인 '잠언적 저작(咀嚼) 행위'와는 달리 '표현'과 이미지의 구체성을 필요로 한다. 직접 말하는 것은 위험하고 잠언적 논변은 시와 경구의 경계선에서 아슬아슬하게 줄타기를 한다. 어떻게 할 것인가? 이 실존적인 질문 앞에서 시인들은 '황혼의 언어'와 만난다. 황혼의 언어란 '상징'의 언어이며 이 '상징' 의 언어를 우리는 시적 언어, '상징'이 가리키는 것을 시적 세계라 지칭한다. 일제말기 시의 핵심은 시적 언어, 시적 세계로서의

---

230 폴 리꾀르, 『해석학과 인문사회과학』, 29-36면.
231 폴 리꾀르, 위의 책, 2부 참조.

시양식을 이해하는 데 있다.

일제말기 시사를 반영론의 입장으로부터 구하고 거시적 담론의 예증으로 도구화 하는 위험으로부터 벗어나면서 다시 시의 기원, 시적인 언어의 본래성으로 되돌아갈 수 있다. 이 시기 시적 상황을 시단의 논리에 입각해 살펴보고 이 시기 시 텍스트를 시적 논리에 입각해 해석함으로써 시사적 의의를 새롭게 확보할 수 있을 것이다.

무시학 시대, 시인이 발견한 '우리의 현실'

'황혼'의 상징성을 말하기 위해 '시적(인) 언어'라는 개념을 빌어왔다. 이 '시적인 것'은 초월적인 추상성을 뜻하는 것은 아니다. 비록 '초월적인 것'으로 그 시대를 넘고 싶은 욕망이 지대하다 해도 그것은 이미지를 통해 말로 표상된다는 점에서 구체성의 언어를 지향한다.

먼저, '상징'이 초월적인 면모를 드러내는 시를 보기로 한다. 김동명은 〈문장〉에 세 편의 '하늘'을 실었다. 그의 '하늘'은 '瞬間과 永遠' 사이에 있고 '순간'과 '영원'은 '한 모습'이다.(「하늘(其一)」, 문장, 1939.6) 그는 '하늘'의 헤아릴 수 없는 신비에 푸른 향수를 느낀다고 쓰고 스스로를 '大空의 시인'이라 칭한다. '하늘'은 마치 초월을 말하는 시인의 언어를 상징하는 듯하다.

> 하늘
> 아아, 하늘.
>
> 나는 그 헤아릴수 없는 神祕에
> 푸른 鄕愁를 느끼는 大空의 詩人이다.

이제 무엇이 내 마음을 움직이게 할자드뇨
憤怒냐 疑냐 困厄이냐 名譽냐 또한 가난이냐.
내 마음은 이미 작은 새가 되어 저 푸른 하늘에 놀거니
사랑도 幸福도 民族도 또한 주검도 내게는 이제 한낱 異國 方言.

허나 나를 위해서라면 그대들의 하던 이야기를 구태 멈출 필요는 없어
구름의 소군거림을 알아 듣던 날 내 귀는 完全히 절벽이 되었노니.

내 오늘에 작은 憤怒와 또 悲嘆을 가져
하늘의 다함 없이 높은 恩寵을 알았도다.
(「하늘(其三)」, 문장, 1939.8)

'하늘을 나는 작은새'가 이 시의 핵심인데 金東鳴의 목소리는 하늘을 날아가는 '작은새'의 그것으로 대체되어 있다. '憤怒, 疑, 困厄, 名譽, 가난'이나 '사랑도 幸福도 民族도 또한 주검도' 이미 한낱 '異國 方言'일 뿐, 차라리 지상의 귀를 닫으니 하늘의 귀가 열려 이제 '구름의 소군거림을' 알아들을 정도가 된다. '절벽'은 지상과 하늘을 가르는 초월의 경계선이다. '알았도다'는 그 초월적 경계를 건너는 시인의 '작은 분노이자 비탄'을 공명할 따름이다. 「하늘(其二)」(문장, 1939.7)에서 그는 '초월'이 '내 蒼茫한 大氣의 精氣'로 '눈을 씻고' '永遠과 마주 선'자의 정신이자 '浪漫主義者'의 언어라는 투로 말한다. 그러나 '상징'은 초월의 언어가 아니다. 삶을 말하지 않으면서 삶을 배반하지 않는 언어이다.

그렇다면, '낭만주의자의 초월'이 아닌, 삶을 보다 적극적으로 드러내는 자의 언어는 어떤 것인가. 당시 신예(新銳) 시인이었던 박두진의 「蟻」은 '문장 추천시'이다. 개미의 악무한적인 삶의 의지를 그리고 있는데, 그

방향이 김동명의 그것과는 다르다. 개인과 집단, 생의 의욕과 초월 사이에 점근선의 중심을 두고 이 두 시인이 멀어졌다 가까이갔다 하는 격이다.

'벌레 개아미'는 모든 고군분투하는 생명들의 가슴이자 삶에 대한 인간의 적극적 의지를 표상한다.

> 불볕 짜랑 짜랑 내리쪼이는 山기슭 황토에 사흘굵고 허리 졸나맨 버레 개아미떼가 산다
>
> 일천마리 한겨레가 한굴에 살어 입아귀에 제각기 모래알 흙알을 물고 연달아 굴을 드나든다 드나들면 드나드는대로 굴은 작구 깊어지고 굴밖 두던엔 덩그렇게 모랫城이 점점 높아진다
>
> 城쌓고 굴파놓은 그들은 이어 蜿蜿 長陣느리고 불섶으로 나무가지로 모두들 멕이를 찾어 나간다 松蟲이 풍뎅이 비단벌레 땅개비 지렝이 닥치는대로 막드러덤벼 물고 느러진다 물니면 끌고 굴속으로 들어간다 산놈은 산채로 죽은놈은 죽은채로………
>
> 해돋이 이슬이 구슬같이 빛날때부터 밤되어 다시 이슬네리기까지 한 종일내— 그들은 삶을 쌓는다 疑惑 않는다
>
> 굴안엔 女王 날개돛인 개아미가 하이얀 알을 오소소 낳놓고 도글도글 굴리며 만지며 어서까서 색기들이 나오기를 기다리고 앉었으리니라.
>
> (「蟻」, 문장, 1940.1)

'사흘 굵고 허리 졸나맨' 개미, '일천마리 한겨레가 한굴에 살어' 악착같

이 고군분투하는 개미들에서 이미 알레고리가 가리키는 방향은 명백해졌다. 그들은 '삶을 쌓는 것'이니 결단코 '疑惑'을 갖지 않는다. 의혹도 초월도 없는 삶을 향한 노동이 이 집단 개미들의 삶의 목표이다. 오직 그것이다. 마지막 연의 '하이얀 알을 오소소 낳놓고 도글도글 굴리며 만지'고 있는 여왕 개미의 생식력은 끔찍하게 낯설고 공포스러울 정도로 경이롭다. 모든 생명있는 것들을 낳고 기르는 어미(여왕)의 욕망이란 이 처연할 정도로 강력하고 폭발성을 갖춘 '동믈성'의 의지이다. 어미는 생명의 신이자 죽음의 신이며, 모성의 어머니이자 공포의 어머니이기도 한 것이니, 이 강력한 죽음과 강렬한 생명을 품은 개미의 생명성은 결단코 중단되는 일이 없다. 마치 '이빨달린 질'을 가진 모성이 그 생명을 보존하면서 후대에 계승되는 것처럼 말이다. 박두진의 언어는 '확 확 치밀어 오를 火焰을'(「香峴」, 문장 1939.6) 가슴 속에 지닌 자의 것이니, 그의 가슴엔 온갖 벌레가 삶을 절단낼 듯 우글거리고 있다.

김동명과 박두진 '사이'에 존재하는 것은 무엇인가. 밝음과 어둠 사이에 존재하는 것, 또 어둠과 밝음 사이에 존재하는 것을 우리는 각각 '황혼' 혹은 '여명'이라 불렀는데, 이 둘은 본질적으로 '사이'의 시간이자 공간이라는 점에서 동일한 표상이다. 이 끔찍하고도 강렬한 생의 의욕(박두진)을 건너뛴 채 혹은 '이방의 언어'로 소외시킨 채, 저 구름의 소곤거림에 귀기울이며 '하늘'의 은총에 작은 비탄을 흘려보낼 수 있을까(김동명). 이 '붉은 황토', '憤怒, 疑, 困厄, 名譽, 가난'에 찌든 이 붉은 육신의 생을 떠나 '사랑도 幸福도 民族도 또한 주검'도 다 초월한 '하늘'의 언어에 가닿을 수 있을까. 아마 불가능할 것이다. 그런 점에서 일제말기의 시인의 선택이란 윤리적인 것이기보다는 실존적인 것이다. 마치 김동명적인 것과 박두진적인 것 사이에 시인의 선택이 가로 놓여있는 듯 보인다. 시인은 무엇을 기다리고 있는가?

이한직의 「羈旅抄」(문장, 1939.6)은 김동명의 것에 가깝다.

> —전략—
> 童畵 같이 어지러이 덧덮인 山脈에서
> 이제 나는 祖上의 모습을 그려보며
> 그들의 骨格을 생각하다.
>
> 午前 열한時…
>
> 南風은 유달리 미끄러워
> 山마루턱에는 눈부시게
> 五月햇살이 빛나다.
> 이젠 庸劣한
> 市井의 거짓에 겁내지 않으리.
> (「羈旅」 부분, 문장, 1939.6)

한자어 제목이 낯선 그만큼 '사념'적 진술이 공허하게 느껴진다. '동화 같이' 덧덮힌 산맥의 이미지는 불명료하고 이 불명료함에 깃든 초월적 심정으로는 조상의 골격을 구체적으로 그려보기는 힘들 것이며, '용렬한 시정의 거짓'에 맞서기도 어려울 듯하다. 산마루의 눈부시게 빛난다고 느끼는 심정이 이미 초월적 자세를 염두에 두고 있다. 시인의 강한 어조, 예컨대 '-겁내지 않으리'가 비록 격렬한 리듬을 타고 있다 해도 이 설교식 사변이 모든 의지적인 것들을 강력하게 지속시키지는 못할 듯하다. 사상의 깊이를 갖지 못한 진술은 부드러움(감각)의 차원에서도, 형이상학의 차원에서도 다른 것들에 비해 시적 우위를 점하기 어렵다.

유치환은 박두진에 가까이 가려하나 그 의지 자체가 사변적이어서 '붉은 땅'에 뿌리내리지 못하고 가끔은 '허장성세'하듯 공중에 떠있다. 김기림의 지적을 참조할 수 있겠다. 김기림은 유치환의 시가 '리듬의 지나친 포즈'에서온다고 전제하고 '조선말처럼 매우 감각적인 말을 主장 리듬을 통해서만 굿센 선율을 전하려고 할 때 허장성세가 되기 싶다'고 평가했다. '어떤 정신의 써스펜스'를 마주하기 위해 조절되지 않은 리듬의 방류로 그것이 담은 비극감을 전하기도 전에 독자를 강압하고 지치게 한다는 것이다. 적어도 「내너를내세우노니」(문장, 1940.1)에서 김기림의 평가를 확인하게 된다.

> 내 너를 이끌어다 이곳에 내세우노니
>
> 끝없는 陰謀와 迫害에 쫓이어
> 天體인양 萬年을 녹쓸은
> 崑崙山脈의 한 곬자구니에 까지 脫走하야 와서
> 드디어 獰惡한 韃靼의 隊商마저 여기서 버리고
> 호올로 人類를 떠나 즘생같이 彷徨하다가
> 마지막 어느 氷河의 河床밑에 이르러
> 주림과 寒氣에 제 糞尿를 먹고서라도
> 너 오히려 그 모진 生命慾을 버리지 않겠느뇨.
> (「내너를내세우노니」 부분, 문장, 1940.1)

'노라체'의 장중한 리듬감과 설교적인 말의 사설이 길게 늘어져 있는데, 김기림은 이를 '리듬으로 굿센 의지를 전하려 하는 것'이라 비판한다.

이른바 '요설적인 관념성에의 편향'이 문제라는 것인데, 형이상학적인 시를 '자라투스트라적인 기분으로써 구원하려' 함으로써 '자칫하면 설교가 될 우려'가 있다는 것이다.[232]

사념도 아니고, 초월도 아니며, 감각도 아니고, 기분도 아니라면 우리는 이제 다른 관점에서 이 시기 시적 언어의 가능성을 들여다볼 수 있게 되었다. '상징'의 당대적 관점을 보다 구체적으로 확인하기로 한다.

이원조는 '상징'이 갖는 시대적 소명을 김기림의 시에서 찾았다. 이원조는 김기림의 「못」과 「공동묘지」를 두고 '심정의 세계'이자 그것은 '우리 여러 사람이 다같이 느끼는 것'이라 선언한다.[233] 그것은 모더니즘의 구호로부터 오는 것은 아니다. 이 말은 마치 이원조의 인간 김기림론의 요약인, '시보다 시론이 시론보다 대화가 진보적'이라는 말의 수사적인 표현을 대체할 담론인 듯하다.

> 회화(會話)는 우리의 것이고 시는 시인의 물건입니다. 그러컨만 시인이 우리의 회화를 아무리 침범해도 우리가 아무런 불평을 말하지 않는 것은 오로지 우리의 심정이 언제던지 시인에게 통할 수 있기를 바라는 때문입니다. 그러므로 문법의 파괴란 大事實을 一句의 시적 공감과 교환할 때 손톱만큼의 인색한빛을 보히지않는것도 오로지 그것으로서 우리 심정을 달래일 수 있다는 때문이 아니겠습니까?[234]

회화든, 담론이든 그것은 시의 말에 미치지 못한다. 심정적인 것, 그것을 이원조는 시적인 것으로 보았는데, 그것은 언제나 사람들의 마음을

---

232 김기림, 「감각, 육체, 리듬」, 〈인문평론〉, 1940.2

233 이원조, 「시의 고향-편석촌에게 붙이는 단언」, 〈문장〉, 1941.4.

234 이원조, 위의 글.

소통시킨다. 시가 일구(一句)로 시적 공감을 이루어낼 수 있다면 일상의 문법을 파괴하고 회화의 어법을 뒤튼다 할지라도 시에 그 책임을 물을 수 없다. 산문도, 담론도, 논리도 아닌 시의 세계란 심정적인 것이자 심정으로 소통하는 세계이니 논리도 문법도 체계도 넘어 서 있다는 뜻이다. 이런 '시적 허용'이 가능하다고 선언하는 그 '심정'이 이원조의 글에 묻어난다. 이원조가 주지주의의 논리적 이성과 이미지의 범람을 경고하고 오히려 과거의 센티멘탈리즘의 유산을 운문(韻文)의 해조(諧調)에 조화시켜보고자 한 것과 '심정으로 통하는 것'을 강조한 맥락은 연관성이 있다. '상징'은 사람들 사이에서 심정을 소통하는 인류 공통의 코드이다. 그러니 직접 논변할 수 없다면, 에둘러, 공통의 코드로, 심정의 언어를 사용하는 수밖에 없다. 김기림의 「무덤」이나 「공동묘지」가 갖는 내밀한 상징성을 생각하면 이 '심정으로 다같이 느끼는' 시의 세계가 우리에게 흠칫 가깝게 다가온다.

시의 세계와 심정의 세계

시론(산문)과 대화(담론)가 접근할 수 없는 세계가 시의 세계이며 그것만이 당대의 사람들의 심정에 가장 가깝게 다가가는 것이며 실질적인 것이다. '모든 사람이 다같이 느끼는 것'이라는 이원조의 말은 깊은 시의 동굴 속에서 울리는 메아리와도 같이 임화의 '우리의 체험된 현실'이라는 구절을 공명한다. 임화는 "우리는 우리의 현실만을 체험할 수 있다"고 썼다.[235] '우리의 현실'은 항상 '체험된 현실'과는 거리가 있고 그것은 보다 예술적으로 체험된 현실이며 보다 근본적으로 시는 '내면적으로 체험된 현실'을 말한다. 예술이 경험세계와는 분명히 다르고 또 그 '자율성'을

---

235 임화, 「시와 현실과의 교섭」, 〈인문평론〉, 1940.5.

인정한다고 해도 '경험'을 예술과 분리할 수 있지는 않으며, 그러니 이 모순과 아이러니는 필연적인 것이다. 그렇다고 해서 이 아이러니를 이해할 수 없는 것도 아니다.[236] 위기의 시대에는 격언도 경험도 필요 없고 침묵만이 인간의 주위를 감싼다.[237] 그때 '상징'이 온다. 아이러닉하고 모순적인 상황에 처한 임화의 곤경이 충분히 확인되는데 '침묵'의 말 가운데 '상징'이 있고 거기에 '숭고'가 자리잡고 있다. 임화가 말한 '더 많이 내면적으로 체험된 우리의 현실'에 대해 논해야 한다는 것이 바로 이것이다. 하지만 시가 '우리의 체험된 현실'을 말하는 방식은 산문의 그것과는 분명히 다른 것이다. 시와 산문 그리고 담론 가운데 우리가 '시'에 보다 집중할 수 있는 가능성을 여기서 본다.

산문과 담론, 그리고 이들 언어양식과 시의 언어양식은 다르다는 문예언어의 근본적인 양식을 숙고한 시인들의 시각이 현저하게 드러나는 것도 흥미롭다. 〈문장〉의 시 추천의 핵심 역할을 한 정지용은 시의 양식적 성격을 인간학적인 문제, 곧 '청춘 천재의 양식'이라 진단한다. '청춘'에서 '청춘'은 '年齒'의 차원이 아니라 '정신'의 차원인 것은 분명한데 생물학적으로도 '청춘'의 시인이 서정시 양식에 보다 긴밀하고 유기적으로 접근할 확률이 훨씬 높은 것도 사실이다.

> 擊劍 채를 들고 나서듯 팽창하는 자신과 무서운 놈이 누구냐 하는 개성이 서지 못한 까닭이다. 이십 전후에 서정시로 쨍쨍 울리는 소리가 아니 나서야 가망이 적다. 소설이나 논설이나 학문과는 달러서 서정시는 청춘과 천재의 소작이 아닐 수 없으니 꾀꼬리처럼 驕奢한 젊

---

236 아도르노, 『미학이론』, 홍승용 역, 문학과지성사, 1997.
237 자크 바전, 『새벽에서 황혼까지』, 454면.

> 은 시인들아 쩔쩔맬 맛이 없는 것이다.[238]

서정시는 '청춘'과 '천재'의 소산이다. 시란, 조롱 안에서도 견딜만한 사자 같은 시인, 그런 시인들이 하는 '청춘의 운동경기(블랑쇼)'여서 오히려 황혼의 시대에 신진시인들에 대한 기대가 주목될 수밖에 없다. 그들의 언어가 절절한 리리시즘에 머물든, 난해한 상징을 품든 혹은 '침묵과 묵시'의 표상으로 나타나든, 그것은 일종의 '시(시인) 대망론'이 되지 않을 수 없다는 것이다.

〈문장〉이 '나의 작시 설계도'를 기획하고 그들이 추천한 김종한과 이한직을 표표하게 내세우고 거기다 '후견담'을 덧붙인 것은[239] 산문시대를 넘어가는 계기를 시적 논리, 시적 언어에서 찾고자 한 것과 동시적인 것이다. 이 시인들은 '여타 잡지에 투기하듯 원고를 던지는 종류가 아니다'라는 해설까지 달아두고서 정지용은 '청춘을 사는 천재시인들'에 대한 기대를 저버리지 않는다. 그가 〈문장〉의 신인들을 추천하는 선자(選者)의 역할을 마다하지 않은 것도 황혼녘에 선 자신의 초상을 신인들에게서 보았기 때문일지 모른다. 그래서 '選後評'은 단지 추천에 대한 소견 혹은 후일담이 아니라 황혼기의 시론 그 자체로 읽힌다.

신인 김종한은 정지용의 기대에 화답하듯 이렇게 말한다.

> 대저 데모크라시를 연설하든 시로 맑시즘을 연설하고 다시 그것으로 지성을 연설했다고, 諸君은 그런 것을 시자체의 進化라고 생각할 수 있는가? 우리가 시에 요구할 사상성은 본질적으로 그러한 散文으로서도 가능한 관념은 아니다. 그것은 사상이 너무도 생동하는 또는

---

238 정지용, 「시선후」, 〈문장〉, 1939.9.
239 문장사, 「두 신인의 뒤에서」, 〈문장〉, 1939.9.

> 旋律的인 내지는 非反省的인 운동에서만 가능한, 그러한 관념(사상성)이여야만 한다.(바레리이) 다시말하면 산문이 될 수 없는, 그러한 관념을 가진 부분이 시가 된다. 거기서 시문학의 독자성과 자율성이 분화되는 것이다.[240]

최재서의 글('문예연감')에 대한 반론으로 생각되는 이 글의 요점은 시의 관념성과 사상성은 산문에서 가능한 그런 것과는 종류가 다르다라는 것이다. 시는 생동하고 선율적이며 비반성적인 운동경기이다. 마치 발레리가 말라르메론을 통해 시적 언어의 고유성에 다가가듯, 그렇게 김종한은 정지용을 통해 시의 양식적 본질과 시적 언어의 자율성에 접근한다.

이한직은 이지와 의식의 과잉시대(산문시대), 주류가 리얼리즘이자 주지주의임을 선언하면서도 그렇다고 과거(낭만주의)로 되돌아갈 수는 없는 시대가 되었다[241]고 말한다. 낭만주의와 리얼리즘을 동시에 지양하는 시의 새로운 경시를 농경하지 않을 수 없는 심정을 그는 고백한다. 김광균의 '산문정신이 과잉된 시대에 왜 시가 필요한가'를 반복해서 읽고 있다는 느낌이 들 정도이다.

신진시인들이 새로운 시정신을 찾지 못하고 미학적 입장도 준비하지 못한 채 회의와 혼탁을 가로질러가고 있을 때 정지용은 오히려 이 신진시인들의 여백과 함축의 시적기술에서 시의 가능성을 찾았다. 신진대망론 자체가 '無詩學의 시대'임을 역설적으로 입증한다는 것이었다.[242] 이 글은, 같은 호 지면에 특집으로 게재된 「역사와 문학」에서 서인식이 문학의 역사인식을 요구하면서 리얼리즘의 길을 시대적 책무로 인식한 것과

---

240 김종한, 「시에 요구할 사상성」, 〈문장〉, 1939.9.

241 이한직, 「輸」, 〈문장〉, 1939.9.

242 김광균, 「헌사-오장환 시집」, 〈문장〉, 1939.9.

는 질적으로 다르다. 신진 시인들은 과잉된 산문정신과 명랑한 담론 환경을 뚫고 나가는 정신의 지표이자 근거로서 시적 언어의 방향성을 모색한다. 그것은 세대론이기보다는 서정양식이 갖는 양식적 고유성(청춘과 천재의 소작)에 기반한 것이었고, 그 고유성은 상징을 통해 공감되는 황혼기의 시적 현실과 정확하게 조응되는 것이기도 했다.

(3) 文章'保國': '文章'保國—산문과 담론의 논리를 넘어서

일제말기 출판 상황

산문의 언어(논리)와 시의 언어(논리)라는 관점의 배면(背面)에 '현실' : '시'의 관계가 놓였다. 일제말기 우리말 잡지의 장관을 이룬 것으로 평가된 〈문장〉, 〈인문평론〉을 비롯, 〈조광〉, 〈여성〉, 〈신세기〉 등의 잡지를 다시 조명해 봄으로써 이 주제에 접근할 수 있을 듯하다. 〈문장〉, 〈인문평론〉 등의 조선어 잡지의 발행은, 카렐 코지크(Karel Kosik)의 개념을 빌어온다면, '황혼기'를 증언하는 한 '사건(event)'이다. 전쟁 막바지에 이르러 전반적으로 생활물자가 부족하면서 '紙饑饉'이 문화계 전반에 불어닥친다.[243] '용지기근'으로 단행본은 물론 잡지 발행이 난관에 부닥친 사정은 당시 '출판계 소식'의 冒頭를 장식할 정도였는데, 시의 양식적 특성상 지면을 낭비적으로 사용하지 않을 수 없고 그 때문에 '하얀 조희가 무척 비싸지고 귀해지면' 시인들이 원망하는 눈초리로 지폐에 시를 써야 하는 상황이 올지 모르겠다고 김광섭은 썼다.[244] 〈인문평론〉을 간행하던 인문사는 김말봉의 『찔레꽃』 광고에서 "用紙饑饉으로 말미아마 오래동안 品

243 '紙饑饉'이란 용어는 박승극, 「서울이야기」, 〈신세기〉, 1939.11.;「출판부소식」, 〈인문평론〉, 1940.5.

244 김광섭, 「시단월평-5월 시단소감」, 〈인문평론〉, 1940.6.

切된 채로 독자여러분께 需應치못하야 罪悚하던 中 — 그러나 이번에도 多量으로 출판할 수는 없었다”[245]는 설명을 붙이기도 한다.

그럼에도 ‘출판의 융성’이 회자되었다는 사실은 1940년 전후의 출판계(출판자본, 출판인 등 제반 출판상황)를 이해하지 않고서는 설명이 불가능하다. 시집, 소설집, 신문, 잡지 등의 인쇄물 그 자체뿐만 아니라 출판계의 인적·물적·제도적 문제를 전반적으로 살펴볼 필요가 있다. 신문매체만 하더라도 신문사들은 내부적으로 ‘출판부’를 동시에 소유하고 있었고 여기에서 다양한 잡지를 간행하고 동시에 문학전집도 간행했다. 예컨대, 조선일보사는 신문뿐 아니라 〈조광〉, 〈여성〉, 〈소년〉 등 자매지를 발행했고, 『조선문학전집』, 『해외문학걸작선』 같은 전집류를 간행했다. 출판사들 역시 잡지뿐 아니라 전집물을 기획하고 단행본을 꾸준히 출간했다. 여기에 걸출한 편집자들이 있었음은 달리 언급할 필요조차 없다. 임화의 學藝社, 최재서의 人文社, 구본웅의 靑色紙社를 떠올리는 것만으로도 충분할 것이다.

최재서가 주재한 인문사는 〈인문평론〉을 간행하면서 동시에 수많은 기획서들을 출간했다. 임화가 간여한 학예사가 기획한 잡지, 문학 단행본의 가치는 일제말기 조선어가 누릴 수 있는 최고의 호사를 제공했다는 데 있을 것이다. 세계 정세가 급격하게 어려워지는 상황에서 유독 출판계가 ‘名實共히’ 호황을 누린 이유를 확인해 보기로 한다.

당시 단행본 출간은 세가지 유형으로 나뉜다. 자비로, 상업적으로, 그리고 문화운동차원에서. 특히 세 번째 유형은 단순히 선의의 ‘문화적 메세나(Mecenat) 운동’으로 볼 수만은 없다. 그나마 허여된 조건 하에서 ‘최대한 最善한 사업’이 출판사업이었고, 출판사업보다 더 가치있는 일을

245 〈인문평론〉, 1940.6월호 광고면.

하기가 '極難'한 것이 여기에 한몫했다.[246] 더 중요한 가치는 '과거가 남겨 놓은 것을 잘 정리해서 새로운 세네레슌에 잘 유산하자'는 어떤 미래적 책무에 있었다. 당대인의 시각에서 '文化的 機關'을 경영하는 것은 '난관'과 '意義'를 동시에 갖는 것이었다. 〈新世紀〉 창간 당시의 '문화기관'으로서의 가치는 '萬難'을 물리치고 끝까지 지속해야 하는 무언의 책무에 있었다.

> 朝鮮에서 出版文化事業을 한다는 것이 얼마나 어려운 일이며, 또한 그 어려운 일을 克服한다는 것이 얼마나 偉大한가는 나는 잘 안다. 萬難을 물리치고 끝까지 노력하기를 바란다.[247]

당대 최고위 金鑛王이었던 최남주가 학예사를 설립하고 단행본 출간 및 조선고전관련 사업 등의 '위대한 사업'에 뛰어든 것은 출판사업이 미래적 사업이기 때문이었다. 출판사업이란 하늘이 선택한 사람에게 내리는 '선민(選民)의 사업'으로서의 가치를 갖는 것이었다.

> 돈보다 더 富로운 것은 남이 저버린 偉大한 事業을 하는 것일 줄 믿는다. 당신이 있기에 學藝社가 생기고 당신이 있기에 몇 개 朝鮮古典이 여러사람에게 읽히여진다고 自負를 마시고 이 事業은 數萬의 사람 中 에 特히 天恩으로써 내가 홀로 指目받은 사람으로 아시고[248]

'용지기근'의 지극히 어려운 환경에서 왜 출판사업이 호황을 누리는지

246 憂愁散人, 「신문출판계인물인」, 〈신세기〉, 1939.9.
247 呂運亨, 「新世紀에 보내는 말」, 〈신세기〉, 1940.9.
248 南水月, 「路傍人物評」, 〈신세기〉, 1939. 6.

그러니까 당시 정치 경제적 상황으로는 납득할 수 없는 이유가 위의 글에서 확인되는 것이다. 출판사업의 숭고한 소명의식은 이것이 하늘이 내린 것이며 이는 선택받은 자에게만 주어진다(선민의식)는 명제로부터 출발하고 있다. 이 자존감, 이 정신적 우월성은 종교적일 만치 경건하고 숭고하다.

〈문장〉의 물질주의 미학

〈문장〉이 고전주의와 조선적인 것에서 어떤 낭만적 영원성을 회복하고자 한 것은 이미 알려져 있다. 시대와 사회에 대한 확고한 신념도 없이 평론 한줄 조차 쓸 수 없는 무거운 시대의 압력 앞에서[249] 산문쓰기란 시조론이나 고전주석 같은 것에 준할 따름이다. 고독한 심정과 정한과 회한의 세계라 비판받은〈문장〉의 이념은 전통과 고전, 그리고 조선어에 기반하고 있다.〈문장〉창간호는 이 복고적 문화주의에 징식주의가 더해진 것인데, 순수주의의 허망과 정신주의의 '기만성'에도 불구하고〈문장〉의 간행은 현실성이 있다. 물질적 · 구체적 · 현시적 가치에 그 기반을 두고 있기 때문이다.

> 편집이란 문장의 취사만이 아님은 이미 여러분이 상식이실 것을 믿는다. 출판물의 최후 가치를 결정하는 것은 실로 활자 호수에서부터 제본까지를 통제하는 장정으로서, 그 일을 양화가 길진섭友가 담임해 주게 된 것은〈문장〉의 자랑이 아닐 수 없다.[250]

249 「求理知喝」,〈인문평론〉, 1940.4.
250 이태준,「餘墨」,〈문장〉, 1939.2.

장정과 삽화 등을 담당한 길진섭이 자신은 저널리즘과 아무런 연관이 없으며 기존 상업미술과도 다르다는 점을 강조한 것은, 말하자면 '문장으로 문장을 넘는 것'[251]에 있다. '문장보국'(文章報國)의 '현실'(報國)을 '문장'(文章)으로 넘어가는 심혼의 움직임을 이 문맥에서 읽게 된다. '표지를 비롯하여 전지면을 캄바쓰로 가상할 수 있는 점에서만 흑백의 조화를 계획해나갈 뿐'이라고 길진섭은 썼다. 자신의 표지화는 '작품이다'라는 이 예술가의 자의식은 일종의 비극적 허무주의가 가미된 고도의 미학주의가 아닐 수 없다.

〈문장〉 1941년 2월호는 '34인집' 특집으로 꾸며지는데, 필자 이름은 한자로 표기되었으나 모든 문예 지면은 한글로 표기되었다. 신체제하의 문학과 정치의 관계, 생산문학의 필요성 등이 대두되는 시점에서 〈문장〉은 '앞으로 대학 출신으로도 순한글로 된 소설을 읽어낼 수가 있을까'와 같은 의문을 공유하기도 한다. 중학생이나 교육받은 독자들이 조선문학으로 들어오는 경로가 내지문학을 통과하는 경향이 확실히 있는 만큼 문학이 예술로 그 가치를 입증해야 한다는 관점(이태준), 소설에 한자 사용하는 것은 이름 외에는 사용하지 않는 방침을 준수해야 한다는 관점(최정희)[252] 등은 일제말기 '조선어' 문제를 둘러싼 예민한 자의식이 표명된 것이다.

전통, 고전, 예술, 문화 같은 세계는 현실에 곧장 진입하지 않고 우회한다. 그것이 〈문장〉의 이른바 '상상의 제국'이자 상실된 영원성으로서의 '민족'을 향한 '문장보국'이다. '현실적인 것은 이상적인 것이고 이상적인 것은 현실적인 것이다'로 요약되는 헤겔적 사고는 낭만주의 세계관과 정반대편에 있는 듯하지만, 이 헤겔적 사고는 오히려 현실과 이상을 등치

251 길진섭, 「여묵」, 〈문장〉, 1939.2 · 3.
252 「신춘좌담회-문학의 제문제」, 〈문장〉, 1941.1.

시킴으로써 혁명의 낭만주의를 가속화한다. 하지만 가까이 있는 것을 늘 멀게 느끼는 이 감각이야말로 의지적이고 의식적인 자기기만이 아닐 수 없고 이는 냉혹하고 건조한 자기의식의 산물이라는 점에서 혁명적 낭만주의와는 다른 편에 선다. 강렬하지만 고독하고 전체적인 세계로부터 소외되었지만 오히려 정감어린 이 세계는 그 자체로 아득해서 시적인 세계이다.

그러나 지식인적 출판업에 대한 소명의식이 절대선에 이르지는 않았다. 이미 알려져있듯, 일제 식민통치의 선전 · 홍보 수단으로서의 역할이 점차 가중되고 있었기 때문이다. 실증적으로 확인되듯, 〈문장〉, 〈인문평론〉에 황제칙령 구호가 잡지 권두에 고정되고 전시화보 등이 고정적으로 실리게 되며, 그뿐만 아니라 일본어 지면도 점차 증가하게 된다. 기획테마 정도에 할애되었던 일본어 지면은 점차 늘어나 결국 전지면이 일본어로 채워지는 순간을 목도하게 되는 것이다. 신문 · 잡지 발간이란 근본적으로 일제가 의도한 '文章報國'의 논리에 충실하게 순응하는 길이었고 문인들로서는 '문필보국'의 길에 들어서지 않을 수 없는 운명에 처하게 된다.

'문장보국'이란 일본의 식민지 저널리즘 정책에만 국한된 것이 아니라 사회문화전반의 '전환기적 흐름'을 주도한 것으로, 일본 지식인들이 전쟁에 적극적으로 참여하는 논리적 근거로부터 기원했다. '청일전쟁' 시기 종군기자로 전시 일본 국책에 적극 참여하고 후일 〈釜山日報〉 사장까지 지낸 아쿠타가와 타다시(芥川正)의 신문경영 제 1 슬로건이 '文章報國'이었다.[253] 문장보국이 저널리즘적 차원에서 주로 잡지 · 신문 매체의 국가

253 배병욱, 「일제시기 부산일보사장(釜山日報社長) 아쿠타가와 타다시(芥川正)의 생애와 언론활동」, 『석당논총』 Vol. 52, 2012.

적 임무를 뜻한다면. '문필보국'은 문인 개인에게 주어진 국가적 임무를 의미하는 것이었다.[254] 이 같은 전략은 저널리즘이나 문예 분야뿐 아니라 의학(醫療報國),[255] 교육, 상업 등 전방위적으로 집행되었다. 직업(일)의 가치는 전쟁을 효율적으로 수행하기 위한 국가담론의 차원으로 변형되었다. 시대의 교양 역시 국가에 대한 개인의 책임과 운명으로부터 비롯된다는 식의 '문화협동체론'이 부상하고 대동아 신질서의 수립을 위한 문학의 건설적 역할론 같은 '俗論'[256]이 대두했다. 시인의 운명과 미래는 필연적으로 국가담론에 귀속되었다.

그런데 흥미롭게도 '언어행위'의 '保國'은 역설적인 것이었다. '언어'란 원천적으로 '민족'을 등신대적 가치로 환원시키는 물건이다. '언어'는 '민족'과 마찬가지로 탄생 · 성장 · 소멸하는 유기적 존재이다. '문장보국'은 '문장보국'의 논리를 스스로 전도시키는 길이기도 했는데, '문장'이 '조선어'인 한에서 그것은 필연적인 것이었고 '시'를 통한 길이라는 조건 하에서 그것은 '문장보국'이라는 '현실'을 뛰어넘는 운명을 지니고 있었다. 현실은 언어를 배반하지만 그래서 또 언어는 현실을 횡단해서 넘어가는 것이다. 이 역설적 상황이 '황혼기의 시적 논리'에 잠재해 있었다.

'문장보국'과 산문의 논리

말들이 소비되었다. 사변(만주사변)발흥은 놀랄 만한 속도로 '말의 인푸레'가 쏟아져나오는 계기가 된다.[257] 문장보국, 문필보국, 의료보국, 비

---

254 이선희, 「지원병 훈련소에 「『一日入營』記」, 〈신세기〉, 1946.1.

255 엄흥섭의 「인생사막」의 '편집자주'는 이 소설이 '의료보국'에 몸을 바치려는 주인공 세형의 청춘연애를 내용으로 하고 있음을 암시한다. 〈신세기〉, 1940.11.

256 「권두언-문화인의 책무」, 〈인문평론〉, 1939.11.

257 「권두언-말의 인푸레」, 〈인문평론〉, 1940.11.

상시, 신체제, 전시체제, 신질서, 興亞 같은 용어들이 일상적으로도, 저널리즘상에서도 차고 넘쳤다. '전쟁, 非常時, 전시생활, 忍苦克服, 勇進' 등의 단어가 '생활'이자 생활의 중심이 되는 문장보국의 시대가 된 것이다. 박영희는 "작가는 기분 享樂에서 떠나 생활에 직면해야 한다. 近間에 흔히 文章報國, 文藝報國을 말한다는 것은 역시 이러한 의미에서 생긴 말일 줄 안다"고 썼다.[258] 이 '시국적 분위기'에서 이탈한 기성문단의 '멜랑콜리한 정서'는 오히려 '반(反)문장보국적인 것'으로 평가절하되었는데, 박영희는 '그들의 붓은 둔해지고 그들의 想은 만족을 어들 수 업고 제도할 수 업는 「멜린코리」가 低回하고 있'다고 기성문단의 '비시국적인 태도'를 지적했다. 황혼의 조락(凋落)에서 길을 잃은 멜랑코리한 시인의 정서가 그토록 반시국적인 것일 수 있음은 '문장보국'의 생활의 분위기가 강조될수록 더 강하게 반동(反動)의 힘으로 '생활'을 뛰쳐나오는 현상에서 설명된다.

역설적이게도 저널리즘상에서 상투적으로 기획되었던 '文藝評論 어디로 가나' 같은 특집조차 찾아볼 수 없고 그것을 감히 입밖에 낼 용기조차 없는 핍박한 시절이 도래했다. '이런 시국'에 문예평론 같은 것은 '閑事'일 뿐이다.[259] '신체제하의 여성좌담회'는 '爐邊夜話' 수준이었고 기획의 표제와는 달리 '신체제의 여성형'이 어떤 것인지 실제 논의된 것은 없었다.[260] '신체제형의 여성'은 겨우 '온나요 오도꼬오 고마라스나(여자여 남자를 곤란케 하지 마라)' 정도의 정의로 설명될 수 있는 것이었고 그 담론 자체는 '남도여자에 비해 북도여자가 신체제형'이라는 규정 외에 대개는 연애

258 박영희, 「文章報國의 意義」, 〈매일신보〉, 1940.4.25.
259 「求理知喝」, 〈인문평론〉, 1940.4.
260 「邊夜話 신체제하의 여성좌담회」, 〈신세기〉, 1940.11.

론이나 연애경험담에 가까운 잡담에 그쳤다. 문장보국의 강요는 점차 실제적으로 잡지편집계에 영향력을 발휘하게 되는데, 조선문 신문 · 잡지 폐간 이후 겨우 명백을 유지하고 있던 잡지계에 내선일체를 표방하는 일본문 글이 혼재해 실리기 시작한 것이다.

정치인들은 물론이고 심지어 문학가들도 '표어짓기'에 동원되었다. 아무도 책임지지 않아도 되었다. 전시 체제의 시국을 표방하는 어구들이 남용되면서 말의 인플레는 사상의 인플레를 낳았고, 그 말은 책임지지 않아도 되는 '자동기술형' 문장이 되었다. 말은 신뢰되지 않았고 사상은 공허하게 시국의 소란을 에워쌌다. 말의 무거움과 가벼움이 역전된 것이다. 무거운 말, '책임지는 말', '책임질 수 있는 말'은 시인의 내면에서 소비되었다. 시는 상징의 세계로 숨어들었다. 가벼운 산들바람처럼 가벼운 시의 언어들은 '상징'의 세계에 스며들어 가장 무거운 말이 되었다. 소월이 읊었던 '심중에 있는' 가장 깊은 그 말은 곧 '시혼'이자 '상징'의 말이었다.

〈문장〉의 '문장'보국 논리

〈문장〉 창간호 권두언은 '모름지기 筆烽을 무기삼아 시국에 동원하는 열의'를 문인에게 요구한다. '문장보국'의 이념을 논리적으로 서술한 것이다. 〈문장〉 권두언은 지속적으로 황군신민으로서의 문인의 책무를 말했고, 〈문장〉이 폐간되던 1941년에는 보다 직접적으로 '문장보국'이념을 서술한다. 1941년 1월호 권두언의 일절은 다음과 같다.

> 皇紀二千六百一年의 봄이 열린다. 지난 一年을 回顧하면 帝國으로서는 光輝있는 二千六百年의 記念年이기도 하였지만, 안으로 新體制의 組織, 밖으로 日獨伊의 同盟締結, 日支基本條約의 調印等 實로

> 二千六百年來 帝國史上에 特記할만한 一年이였었다.

이 해 4월 〈문장〉이 폐간되니, '帝國史上에 特記할만한 一年(1940)'을 1년 넘어선 '二千六百一年'의 시점에서 신체제의 분위기는 더욱 가속되었을 것이다. 이 글은 말미에 지식인층의 '중차대한 책무'를 다음과 같이 제시한다.

> 이미 新體制가 確立되고, 國論統一된 우에서의 帝國國民으로서의 가질바 思想은 너머나 簡單明瞭하게 提示된 것이다. 우으로 八紘一宇의 聖志를 받들어 政府를 信賴하고, 帝國의 名譽를 報障하고 奉公滅私의 精神만 躬行해나간다면 비록 銃後에 있되 名譽스러운 帝國聖戰의 一戰士일수 있을 것은 어김없는 事實일 것이다.

'半島의 知識層臣民된 者'의 도리가 '文章保國'의 논리에 있다면 이 '文章保國'의 논리에 맞서는 것 역시 '文章保國'일 수밖에 없다. 〈文章〉이 '文章'으로써 '文章保國' 을 뛰어넘는 길을 모색했다면 이때 논리적이고 산문적인 언어로는 현실의 '문장보국'의 논리를 넘어서기 어렵다. 산문의 언어는 진술하고 명시하는 언어로 그것은 권력의 언어를 직접 표상한다. 그 권력의 언어가 〈문장〉을 포함해 당대 잡지들의 '권두언'에 고스란히 명시되어 있다. 모든 지식층은 '八紘一宇의 聖志를 받들어 政府를 信賴하고, 帝國의 名譽를 報障하고 奉公滅私의 精神만 躬行해'야 한다. 산문 언어의 힘은 현실적 권력에 좌우되며, '반도 신민'으로서 제국에 대항하는 길이란 죽음 외에는 존재하지 않는다. '봉공멸사'란 수사가 아니라 현실일 따름이다.

〈문장〉은 '권두언' 외에도 '興亞展望', '銃後保國'이란 제목으로 전선소식이나 '半島銃後의 美談佳話'를 실어 황국신민의 국민정신을 고취하고 신체제, 내선일체 이념을 선전하고 있다. 국외 일본어 잡지에서 번역 발췌한 것들이 많고 필자도 대체로 확인되지 않거나 낯선 이름이 대부분인데, '흥아전망' 류의 단평[261]은 대체로 이름이 명기되지 않았으며 佐藤春夫의 「문화발전의 길-一문학자로서의 對支放策」은 〈信潮〉의 글을, 「흥아건설의 특수성과 보편성」은 '상해 〈興建〉誌 소재' 의 글을 재수록한 것이다. 이들 선전용 글들은 목차란의 제목 상단에 '★'표시를 해서 국내 문인 필자들의 글과 구별해 두었는데, 이 '★' 기호는 〈문장〉 창간호에는 주요 평론이나 학예글에 붙여두었던 것인데 점차 '전선문학' 관련 표제에 붙여져 다른 글들과 구별하는 용도로 쓰였다. 중요 학술평론의 표식기호로는 대신 '◇'를 사용(문장, 1939.5)했고 그마저도 1939년 6월호부터는 사라지고 주로 '★'가 '전선문학' 관련 표제나 '신체제' 관련 글에 붙여졌던 듯하다. '★銃後報國' 같은 것이 한 예다.

〈인문평론〉의 경우는 어떠한가. 창간호의 이념은 '동양신질서의 건설'에 즈음해 '새로운 인간적 가치'를 실현하는 문학의 기능에 근거하고 있는데,[262] '前線에 분투하는 戰士에 뒤처지지 않는 위대한 건설적 행동'이 문학의 핵심 기능이 될 때 그것은 '문장보국'의 논리와 한치도 다르지 않다. 점차 '시국논단'란이 고정적으로 생겨나고 森戶辰男의 「평화의 구조」를 비롯 일본인이 쓴 국책 관련 글들이 轉載(번역)되어 본격적으로 실리는데 이후 이 같은 시국 담론은 점차 늘어난다.

'신체제운동'과 '문장보국'은 동의어가 된다. '신체제 하에서 그 가치와

261 火野葦平의 「꽃과 兵隊」에서 일부 번역, 발췌한 것으로 보임. 「野亞展望」, 〈문장〉, 1940.1.

262 「건설과 문학」, 〈인문평론〉, 창간호, 1939.10.

가성능이 명확하게 조정(措定)된' 문장보국의 논리는 '종래의 불안과 비하(卑下)를 버리고 용분(勇奮)하여 봉공(奉公)에 매진하는 것'[263]을 문필인의 '선(善)' 으로 규정한다. 이 논리의 진전은 자명한 것이다.

그런데 〈인문평론〉 창간호 '권두언'에서 밝힌 잡지 창간의 목적이 문예란에서 실현되었는지는 확인할 사항이다. 진보 · 현실 · 현재 · 변모 · 개척 등의 국책적, 시국적 담론들을 표식하는 단어들이 가장 현대적인 것일지라도,[264] 문화는 현실의 말의 논리와는 다른 것이다. "문화가 늙는다는 말은 인간이 늙는다는 말과는 달라서 늙어갈수록 터가 잡히고 規模가 째이고 귀중한 축적과 유산이" 남는 것이다.[265] 이때 '늙음'이 항구성과 지속성을 뜻하는 것임은 달리 설명할 필요가 없다. 이미 '젊어서 늙어버린 시인'이나 '오래된 미래'같은 '시적인' 용법을 가리키는 말들과 다르지 않다. 그러니까 국책적 담론 · 산문의 논리와 문화(시)의 논리는 평행하지 않다. 박영호가 아무리 신체제 연극의 문제를 지적해도 신체제에 맞는 연극을 수행하기 어려운 이유이다. 그러니까 이 말은, 이 시기 잡지에서 표나게 선언했던 논설의 담론들이 실제 시의 언어에는 침투하기 어려웠거나 시의 논리와는 다른 것임을 설명해준다. 문인의 사명, 국책의 호응, 새로운 시정신의 건설 같은 가장 '현대적'인 담론들은 '늙은 문화(시)'의 언어에 묻혀버렸던 것이다.

〈인문평론〉 창간호 詩欄에는 이용악의 「오랑캐꽃」, 김기림의 「공동묘지」, 임학수의 「漂迫하는 魂」, 오장환의 「푸른열매」가 실려있다. '긴 세월 오랑캐와 산 조상들의 넋을 담은 오랑캐꽃'(「오랑캐꽃」), '입을 봉쇄당한

263 「권두언-문장보국」, 〈인문평론〉, 1940.2.
264 樹州, 「귤쪽을 씹으며」, 〈문장〉, 1941.3.
265 박영호, 「아마추어 정신」, 〈문장〉, 1941.3.

채 묵시록의 나팔소리를 기다리는 무덤'(「공동묘지」), '지도 한 장과 여행 안내서로 휘도는 표박의 혼'(「표박의 혼」), '눈감고 자는 듯이 죽어버린 사나히의 꿈'(「푸른열매」)의 언어들은 새로운 인간성의 창조도, 전투에 버금가는 '전사'로서의 기능도 할 수 없다. 시는 '늙은 언어'로 먼 미래를 말하는 언어인 까닭이다.

새로운 것의 탄생, 새문화질서 창조에 대한 포지티브한 감각이란 궁극적으로 신체제질서의 옹호, 신문화원리의 가담이라는 時局에의 옹호에 이른다.[266] 지나사변(支那事變)이 발발하고 그 뒤 한 해를 넘긴 시점에서 정치의 통제가 강력하게 문화국면에 미치게 되는데 이를 '선택된 문화의 배양작용'임을 강변하는 논리를 마주하면서 '문화의 支柱인 기관 · 인물들'의 지성이나 판단력은 현실의 견딜 수 없는 고통으로부터 점차 헤어나올 수 없는 상황에 이른다. 당국의 통제를 구실삼아 '惰眠的인 현실 추수'만이 그들에게 허락되어 있는 것이다. 時局의 말이 명백하게 규정한 논리, 문장보국의 논리를 넘어서고자 할 때, '게으른 자'의 언어만이, '늙은' 언어만이, '퇴폐적인 사상'만이 그 논리를 뛰어넘을 수 있는 것이다. '국민정서 생활의 고도화'가 문학의 새로운 임무가 될 때, 그것을 거스르는 유일한 언어는 시의 말, '게으른 자'의 말, '퇴폐적'인 말이 된다.

일제말기 새로 창간된 〈신세기〉는 매호마다 잡지 서두에 군인 필자를 내세워 전선소식을 실었고 전쟁담론을 주도해간다. 창간호의 맨 서두에 실린 첫 글은 '육군소좌' 鄭勳의 「皇軍의 聖戰에 대하야」이니, 따로 '권두언' 혹은 '창간사'가 존재할 필요가 없었다. 비화(扉畵)는 정현웅의 그림으로 보이는데, 거기에 실린 글이 창간사의 역할을 하는 듯하다.

266 李章, 「葛秋語」, 〈인문평론〉, 1940.1.

> 문학과 음악을 영화와 미술을 아니모—든예술을 사랑하는 이에게.
> 창공과같이 명랑한 마음과 강철과같이 굳은 육체를 바라는 이에게.
> 현실사회의 이면(裡面)의 검은秘密을 알고 싶어하는 이에게.
> 이성(異性)에게 끝없는 흥미와 매력을 느끼는 이에게.
> 그리고 아직 오지도않은 앞날의 희망에 불타는 이에게.
> 삼가 『신세기』를 바치나이다.[267]

이 글은 명확하고 논리적인 언어로 문장보국의 이념을 설파하고자 하지 않는다. 일종의 에피그람식 문체로 쓰여졌다는 점이 특징적이다. 마치 현실이라는 육체로부터 떠나가려는 듯, 이 잡지의 창간정신은 '모든 예술을 사랑하는 이에게'에 헌정되어 있다. 실제 〈신세기〉는 '문예란의 충실'을 표방하는데, 문학뿐 아니라 음악, 미술, 영화, 무용, 체육 등 모든 예술 장르의 글을 실어 종합잡지에 가까웠다. 정현웅의 글은 상징적이고 암시적이다. '검은 비밀'은 어둡고 내밀하며 신비스런 것이어서 '현실 사회'와는 다른 지층 '밖'(이면)에 있는 것이니 '여기'에는 존재하지 않는다. '희망'은 아직 오지도 않은 것이니 '지금'을 약속하는 것이 아니라 오직 미래를 약속할 수 있을 뿐이며 그러니 그것은 '지금 여기'의 것이 아니다. '알고 싶어해야 하고 불타올라야' 만날 수 있는 '앞날'은 예언적이고 묵시록적인 목소리가 내재돼 있다. 현실의 산문적, 논리적 담론으로는 이 미래를 영속시킬 수 없다.

창간 2주년 '社告'는 이러하다.

> 本誌는 創刊以來 社會諸賢의 熱烈한 後援아래 豫期以上의 發展을

267 〈신세기〉, 창간호, 1939.1.1.

> 하여 今日에이르렀다. 이제 創刊第二年下半期에드러서면서 社勢를 더욱 擴張하며 文章保國에 邁進하려한다.[268]

'성전의 의욕을 고취하는' '문장보국'의 논리는 잡지 지면에 분명하게 드러나지만, 적어도 창간사를 대신한 '에피그람'에서는 찾아보기 어렵다. 일제말기 일경의 총검 앞에 대항하기란 산문의 논리 · 담론의 논리가 아니다. 이론상으로도 그러하고 현실적으로도 그러하다. 이것이 황혼기의 시적 언어의 자명성이다.

〈신세기〉는 1939년 6월호부터 일본인의 일본문 글을 잡지 말미에 한 편씩 싣고 있다. '內地人 諸氏의 글을 싣는 '邦文欄'을 設置'한 이후 지속적으로 일본인의 일본문을 싣던 관행을 더욱 확충함으로써 '내선일체'의 사실을 더욱 공고히 하고자 하는 의도를 담았다.[269] 이들 일본인들의 글은 대체로 전쟁상황을 알려주는 데 목적을 두었는데 그 필자는 대부분 현역 군인이었다.

> 이에 本誌는 從來의 編輯方針인 文章報國에로 邁進할 것은 勿論 新年을 當 하여 左記의 三大方針을 發表하는 바이다.[270]

'3대 방침'이란 '邦文欄의 강화, 女性頁의 확충, 전선 皇軍勇士에게 無代進呈'이었다. 같은 지면에 유진오의 「우수의 뜰」 연재광고가 실렸는데, 『女性』지가 1940년 12월호로 폐간되면서 연재지상을 『신세기』 1941년 2월호로 옮겨온다는 사실을 고지한 것이다. 1941년 1월호부터 〈신세기〉

268 「飛躍前夜의本誌에보내는말」, 신세기, 1940.9.
269 「社告」, 〈신세기〉, 1941.1.
270 〈신세기〉, 1941.1.

는 더욱 노골적인 '신체제'를 선전하는 사고 및 기사를 게재하게 되는데, 그것은 '사회면'(정치면) 란을 신설해 '내선일체관련' 소식들을 전하면서 기존의 신문이 행하던 역할을 대신하는 이른바 '대체매체'로서의 성격을 띠게 되는 상황과 밀접한 연관이 있다. 조선어 신문 · 잡지 대부분이 폐간되면서 '사회면' 기사를 담아낼 지면이 사라지자 문학, 연극, 영화, 음악 등 예술제방면을 망라한 종합예술지로의 문화사업을 표방하던 〈신세기〉가 신문 · 잡지 매체의 '사회면' 역할을 대신하는 역설적인 상황이 전개된 것이다. '내선일체의 史實'을 예술화하는 데 동원되는 예술인들 관련 기사, 문인들의 시국인식강연 소식, 가수 김안나의 황군위문공연소식, 최승희의 귀국기사 등이 '동원된 예술가'라는 제목 아래 실렸다. '사회면' 기사의 대부분이 '신체제'의 선전을 위한 용도로 활용된 것이다.

강물 아래 붉은 꽃잎

역설적으로 사회 정치에 대한 비판은 '時論'이 아니라 '詩論'에서 수행되는 듯한 상황도 목격된다. 정지용의 「詩選後」가 추천작(추천대상)에 대한 견해나 추천의 후일담을 담기보다는 일종의 詩論이자 時論으로 기능했음은 다음 글에서도 확인된다. 정지용은 '글하는 사람으로서의 淸福'에 빗대어 이 '문장보국'의 논리를 이렇게 비판한 바 있다.

> 「七生報國」이라는 말이 있다. 文弱한 사람으로서 이렇게 지독한 文句에 좀 견디기 어렵다. 그러나 일곱 번 「八度還生」하야 나올지라도 글을 맡길 수 없는 者들을 지저븐하게 만나게 된다.[271]

---

271 정지용, 「詩選后」, 〈문장〉, 1940.2.

건조하고 냉혹하게 말하는 '절약언어'의 대가인 정지용의 어조가 글에 그대로 실려있다. '좀' 견디기 어렵나고 한 것은 수사이리라. '지독한 문구'에 그의 모든 분노와 냉정이 다 실려있다. 정지용은 가슴의 불을 얼음으로 냉건시킨다. '문장보국'의 시절을 정지용은 '팔도환생' 한다해도 다 가갈 수 없었다. 이 자명성 앞에서 '글하는 사람'으로서 시인은 가슴에 불을 품었을 것이다. 저널리즘 상에서 신체제 · 국체 · 신질서 등의 말이 옵티미즘(optimism)의 장식 언어로 차고 넘쳐났지만, 그 소비되는 말의 河床 아래 검은 불의 노래가 흐르고 있었다. 강의 수면 아래를 흐르는 것은 강 위의 물결과 달랐다. 강 위를 떠가는 옵티미즘의 꽃잎들과는 다른, 검고 붉은 불칼의 노래였다. 산문의 논리 상에서 저널리즘이 문제삼는 것은 떠 가는 강물 위의 문제, 그러니까 옵티미즘과 명랑성의 꽃잎들 뿐이었다. 오장환은 강 아래 어둠을 견디는 것은 거북이이며 강 아래 흐르는 것은 붉은 꽃잎이라 썼다.[272] 〈문장〉지가 선택한 '시적 세계'란 강 아래 흐르는 불칼의 노래, 그런 유장하게 세월을 인내하는 시의 세계이다.

〈문장〉 창간호의 권두언은 자명한 논리로 현실의 세계, 산문의 논리를 설파하고 있는데, 그 암시된 문맥 사이에 언뜻언뜻 '밤의 얼굴'이 드러난다. 아득하게 그리운 바로 그 아련한 시적 세계를 암시한 것이다.

> 가까워야 할 것이 늘 멀게 생각되고, 사실 먼 거리를 가지고 나가기 쉬운 것이 文筆人과 現實이라 하겠다.[273]

문장의 이 선언은 마치 '되찾아질 영원성과 상실된 영원성' 그 사이에

---

272 「求理知喝」, 〈인문평론〉, 1941.4.
273 「권두에- 시국과 문필인」, 〈문장〉, 1939.2.

있는 어떤 것에 대한 위대한 암시로 읽힌다.[274] '아직 오지도 않은 앞날의 희망'이라는 문맥과 그것은 얼마나 가까이 있는가. 시인들은 오직 〈문장〉지 안에서만 꿈꿀 수 있거나 〈문장〉 자체가 그들의 꿈이었을 것이다. 마치 휘트먼의 아메리카가 그의 시 안에서만 꿈꾸듯이 말이다.[275] 시의 말(이미지) 이 편에는 낱말, 설명, 역사의 세계가 있고, 저편에는 '실재'하는 것들이 있다. '가깝고도 먼 것'의 역설은 현실의 이편과 그 너머(실재에 대한 동경)의 것 사이에서 어른거린다.

'검은 비밀'을 알고 싶어하는 욕망과 '앞날'을 예견하는 '불타는 욕망'이란 '시적인 것'이며 일종의 '검은 도취'의 열망이다.[276] 직설적인 방법으로, 논리적인 방법으로는 도달할 수 없는 인류 천년의 희망과 자유에 대한 부푼 꿈, 이것은 시인의 언어로만이 꿈꿀 수 있고 도달할 수 있는 세계이다. 논리적인 것이 아니어서 진지하지 않으며, 직설법이 아니어서 유희적인 정신, 그것을 우리는 '비진지성의 에스프리' 곧 '검은 도취'의 정신이라 할 것이다.

창간 1년을 마무리하면서 〈문장〉은 그동안 게재된 소설 82편, 시 88편의 양적, 질적 기록을 '물질 희생'이라 불렀는데,[277] 초유의 아이러니인 이 '물질 희생'을 통해 〈문장〉은 어떤 시적이고 영속적인 세계로 진입하고자 했다. '시적인 것'은 바로 '황혼'과 '새벽' 사이에 존재한다. 모든 것을 먼 곳으로 옮겨놓을 때 그것은 시적, 낭만적으로 된다. 여기서 언뜻 〈문장〉의 과거 회귀, 전통회귀 같은 복고주의를 생각하지 않을 수 없는데, 그것은

---

274 알랭 바디우, 『조건들』, 192면.

275 옥타비오 파스, 「휘트먼, 아메리카의 시인」, 『활과 리라』, 390면.

276 밀란 쿤데라, 『사유하는 존재의 아름다움』, 김병욱 옮김, 청년사, 1994, 75면.

277 「여묵」, 〈문장〉, 1939.12.

이 시기 문필인들이 가졌던 통찰력과 운명관과 연결되는 듯하다.[278] '가까워야 할 것이 멀게 생각되는 것'은 마치 '낭만적 아이러니(romantische Ironie)'[279]의 세계관을 옮겨 놓은 듯 보인다. 노발리스(Novalis, 1772-1801)의 '어디에나 있으면서 어디에도 없는 고향', 쎄낭꾸르(Senancour, 1770-1846)의 '모든 것을 원하면서 동시에 모든 것을 참는 마음' 같은 익히 알려진 낭만주의자들의 문장이 떠오른다. 감각의 착취와 자기도취, 무의식적인 자기기만 같은 서구 낭만주의가 완숙되었던 시기의 낭만주의 개념과도 이는 멀리 있지 않다.

이념과 현실, 자아와 세계, 개인과 사회 등의 거리는 결코 회복될 수 없는 간극이 있으며 이 불우한 삶의 한가운데서 문필인은 그 간극을 메우고자 하는 것이 아니라 오히려 그것을 벌린다. 압도적인 현실 속에 무방비로 내던져진 자기 자신을 의식하고 과거 혹은 미래에서 위안을 찾고자 한다는 점에서 그것은 의식된 자기기만, 의지적인 자기기만이다. 이것이 시적인 세계이다.

아득하게 그리운 바로 그 시적인 세계에 깃든 모성의 품을 이미 윤동주의 시에서 보았다. 윤동주는 「별 헤는 밤」에서 '별이 아스라이 멀듯이 이네들은 너무나 멀리 있습니다'라고 '아슬하게 멀리 있으나 그리운' 시적인 세계와 '나'의 '거리'를 운명처럼 노래한다.

> 어머님,
> 나는 별 하나에
> 아름다운 말 한마디씩 불러봅니다

278 아놀드 하우저, 『문학과 예술의 사회사 근세편 (하)』, 백낙청 역, 창작과비평사, 1985, 203-207면.

279 아놀드 하우저, 위의 책, 206면.

소학교 때 책상을 같이 했던
아이들의 이름과 패, 경, 옥
이런 이국 소녀들의 이름과
가난한 이웃 사람들의 이름과
비둘기, 강아지, 토끼, 노새, 노루,
프랑시스 잠, 라이너 마리아 릴케
이런 시인의 이름을 불러봅니다
이네들은 너무나 멀리 있습니다
별이 아스라이 멀듯이
어머님,
그리고 당신은 멀리 북간도에 계십니다
나는 무엇인지 그리워
이 많은 별빛이 내린 언덕 위에
내 이름자를 써 보고
흙으로 덮어 버리었습니다
(「별 헤는 밤」 부분)

'저 별과 나 사이'의 거리란 북간도와 경성의 거리 그것에 유비되며 그것은 그리운 것들로부터 절연된 공간적, 심리적 거리감을 치환한 데서 생겨난 것이다. 〈문장〉이 발간의 동기를 '문필인의 임무'(문장보국)에 두었지만, 실상 〈문장〉은 처음부터 '가까워야 마땅한 이런 것들이 멀게만 느껴지는' 이상과 현실의 거리를 자각함으로써 태동했다. 그것이 그 무엇이 되든 '이름'은 이 별빛, 이 동경 아래서는 존재할 수 없다. '나의 가까이 있는 별빛'이란 수사는 환각일 따름인데 '나'의 이름은 영원히 흙에 묻혀 사멸될 처지에 있고 윤동주가 이름부른 존재들은 '너무나 멀리 있어' 목소리가 그들에게 닿지 않았다. 이 처연한 심정, 이 고독한 내면이 윤동주에게 있기에 그는 그 어떤 여성도 사랑할 수 없었을 것이다. '여성'은 그에게 동경의 대상일 뿐이다. '금잔화 한 포기를 가슴에 꽂고 사라지는' 여자는 마치 그것이 꿈 속에서 본 것인냥 아득하고 아득해서 높고 숭고하게 느껴지는 것이다.(「병원」) '불모의 연애'는 감상적이지도 낭만적이지도 않으며 오히려 건조하고 냉정하다.

윤동주는 오직 여성이 떠난 자리에 고요히, 아득하게 누워볼 수 있었을 뿐이었다.

> 여자는 자리에서 일어나 옷깃을 여미고
> 화단(花壇)에서 금잔화(金盞花) 한 포기를
> 따 가슴에 꽂고 병실 안으로 사라진다.
> 나는 그 여자의 건강이 — 아니 내 건강도
> 속히 회복되기를 바라며 그가 누웠던
> 자리에 누워 본다.
> (「병원」 부분)

의사조차 알지 못하는 이 불명(不明)의 병으로부터 그는 회복되지 못할 것이다. '불명의 병'은 명확하고 지속적인 모든 것을 가치절하하고 부정하는 정신의 표상이며, 일체의 고통스런 현실의 제약과 구속에 대한 혐오에 상응하는 것이다. '불명의 병'은 의지적인 것이며 그것의 치유가능성이 희박하다는 점에서 그것은 의식적인 자기기만이다. 그는 오로지 견디고 있는 것이다. '가까워야 할 것이 늘 멀게 생각되'는 자들의 언어란 그래서 현실의 언어로는 소통되지 않으며 따라서 현실과 이상의 거리는 치유될 수 없다.

정지용은 고통이 가해질수록 이 '편집증적인 질병'으로부터 헤어나기 어렵다고 썼다. 자신의 시집 『백록담』이 일제말기 강압이 극에 달할 때 발간되었다는 것, 그것은 질병의 극한적인 상황에서 다져진 순수한 정신의 산물 같은 것임을 고백했다.

> 이러한 괴로움이 일제 발악기에 들어 〈문장〉이 폐간당할 무렵에 매우 심하였다. 그 무렵에 나의 시집 『白鹿潭』이 주제 주제 가두에 나오게 된 것이다. 『백록담」을 내놓은 시절이 내가 가장 정신이나 육체로 피폐한 때다. 여러 가지로 남이나 내가 내 자신의 피폐한 원인을 지적할 수 있었겠으나 결국은 환경과 생활 때문에 그렇게 된 것이었다.[280]

정지용은 이 편집증적인 질병의 기원이 '생활과 환경' 때문이었다고 술회하고 있거니와, 〈문장〉의 폐간이란 한편으로는 '가깝고도 먼 문필인의 소명의식'이 완전한 결핍을 뜻하는 것이었다. 정지용을 아마 일으켜 세운 것은 '백록담'이었을 것이다. 마치 시적인 것만이 상실된 영원성을 회복할 수 있다는 듯이 그는 편집증적인 병벽을 시적인 것의 회복을 통해 치유하고자 했다.

(4) 현실: 언어—상실된 것: 영원한 것

시는 문장 이상이다

정지용은 일제시대 우리말의 생명력을 지속시켰던 최대의 공헌자였던 점을 다시 생각하게 된다. 특수성이 객관성이 되는 지점에 정지용의

280 정지용, 「조선시의 반성」, 『전집 2 산문』, 266면.

'언어'가 있다. 정지용의 시는 조선어 그 자체이다. 그러니까 정지용의 시는 정지용의 것이 아니라 곧 조선어와 등가가 되어야 한다는 것인데, 〈문장〉의 소명이 이에 근거해 있었고 '시 추천 제도'의 중요한 기능이 여기에 있었다.

정지용의 시관이란 바로 언어관인데, 그 핵심은 '시는 文章 이상이다'로 요약된다.[281] 시와 소설은 언어 표현 자체의 목적이 각각 다르다는 것이다. '말 엮기와 글월 세우기와 뜻을 밝히는데' 치중하는 소설의 목적과, 시의 목적은 근본적으로 차이가 있다는 것이다. 뜻(의미)을 엮는 소설 문장과는 달리, 시는 음성 곧 소리를 엮어 리듬과 음악성을 확보하는 것이 우선적으로 요구된다. 말을 음악적으로 표현하는 것이 노래의 근본 목적이며 말을 이해하는 것은 노래를, 음악을 이해하기 위한 전제조건이다. 청중과 함께 이해할 수 있는 노래로서의 시는 정지용의 시가 최고이며 조선말이 노래부르기에 좋은 것인지 정지용이 시에서 처음으로 알았다는 채선엽의 진술이 이로써 이해된다. 채선엽은 정지용의 시가 "특히 받침에 묘한 음악을 갖는 것이 많아서 음을 성격화하는 데 퍽 효과적"이라고 평가했다. 그는 또 "조선의 시인들이 좋은 가사를 많이 짓고 조선의 작곡가들이 그 가사들을 많이 曲譜化시켜놔야 할 것"[282]이라 주장하기도 한다.

양식상 시와 산문의 차이를 문예비평가들은 형용사적인 표현을 써서 '시적인 것'과 '산문적인 것'이라 이름한다. 이때 '시'와 '산문'의 개념은 '장르적인 것'을 넘어서 있는데, 그러니까 언어는 단순히 글(문장)의 속성을 띤 물적 존재를 넘어 이데올로기가 되며, 방법론이 곧 세계관이 된다.

---

281 정지용, 「詩選後에서」, 〈문장〉, 1939. 4.

282 蔡善葉, 「조선시와 성악」, 〈문장〉, 1939. 4.

문제는, 언어 표현체인 이 양식/장르가 '생활과 환경'에서 선택적 상황에 놓일 때일 것이다. '일제 발악기'로 표현되는 이 '생활과 환경'에서 〈文章〉의 등장과 폐간이 이루어지는데, 정지용은 이 시기를 편집증적인 병벽이 깊어졌던 시기라고 술회했던 것이다. 어떤 경우에도 '생활과 환경은 어느 정도 극복할 수 있'지만, 정작 정지용의 정신과 육체를 피폐하게 한 것은 '시인의 책무'에 대한 괴로움이었다는 것이다. '친일도 배일도 못한 시인'이라 그가 언급한 이 자괴감 넘치는 시적 불능성이 흥미로운 것은 거기에 시인의 운명감이 술회되어 있기 때문이다.

> 친일도 배일도 못한 나는 山水에 숨지 못하고 들에서 호미도 잡지 못하였다. 그래도 버릴 수 없어 시를 이어 온 것인데 이 이상은 소위 〈國民文學〉에 협력하던지 그렇지 않고서는 조선시를 쓴다는 것만으로도 신변의 위협을 당하게 된 것이었다. —중략— 당시의 비정치적 예술파를 자본주의의 무슨 보호나 받아온 것처럼 비난한 것은 심히 부당한 일이었다.[283]

정지용의 말대로, 시를 '써 내놓지 못하고' 시를 논한다는 것은 부끄러운 일이다. 어찌되었든 시에 **'대한'** 논의가 되기 위해서는 구체적으로 시각편을 먼저 내놓을 수 밖에 없다. 시 없이 시를 어떻게 말할 수 있다는 말인가. 두 가지 길이 존재한다. ① 〈國民文學〉에 협력하는 것. ② '조선(어) 시'를 쓰는 것. 이 외에는 존재할 수 없다는 것이다. ①과 ②는 일본어인가 조선어인가의 표현 수단의 차이가 아니라 보다 근본적인 것임을 정지용은 분명하게 제시했는데, ①은 굳이 언급할 가치가 없다면, '조선

283 정지용, 「조선시의 반성」, 『전집 2 산문』, 267면.

인의 자연풍토와 조선인적 정서 감정과 최후로 언어문자를 고수하는 것'이 ②의 핵심이다. 그는 이를 '비정치성의 예술파 시'가 감당해야 할 몫이라고 회고했다. 따라서 일제말기 시의 유약하고 섬약하며 혹는 기지적인 시풍조차 ②라면 수긍할 수 있다는 것이다. '무위칩거한 것을 고고의 덕으로 돌리는' 것은 '생활과 환경'에 처한 시인의 책무를 논할 수 없는 점에서 비윤리적이다. 차라리 ②는 말로써 시인의 책무를 다하는 것, 혹은 양식으로 사회에 맞서는 것이니, 따라서 이 '비정치적 예술파시'를 문학사적으로 수용하는 데 인색할 이유가 없다는 것이다. '최후'로 '조선의 언어문자를 고수'하는 것이 곧 최소한 '위축된 정신이나마' 시를 지키는 전략이라는 것이다.[284] 정지용의 일제말기에 발표된 시들에서 이 시적 언어, 숭고한 정신의 세계를 경험할 수 있는 것은 무리가 아니다.

시적 논리, 정신의 기록

오장환은 시 한편으로 '시적 언어'에 대한 양식적인 정의를 요약해 두었다. 시적 논리와 산문적 논리, 시적 언어와 산문적 언어의 '차이'에 대한 추상적이고 관념적인 논법이 있지만 오장환은 그것을 보다 쉽게 풀어쓴다.

> 나는 시정배(市井輩)와 같이 현실을 모르며 아는 체하였다.
> (「旅愁」 부분, 조광, 1937.1)

시와 현실은 다르다. 시인이 아는 현실은 실재 현실과는 다르다라는 논법으로 일단 이 시구를 이해하기로 한다. 시인이 그리고 있는 현실은

284 정지용, 위의 글.

실재하는 현실이 아니라는 재현(representation)이나 반영론의 문제를 새삼 떠올릴 필요도 없다. 다만 시적 현실과 실재하는 현실을 등가적인 것으로 놓고 이를 반영론의 입장에서 해석하는 것의 위험성을 이 대목에서 점검해보기로 한다.

그렇다면 이 '현실'이란 어떤 것이냐?

> 시와 조화할 수 없는 현실, 바꾸어말하면 육체만이 활약하고 있는 현실이다. 그것은 아름다운 정신과 통할 수 없는 존재일 따름이다.[285]

'현실'과 '시'는 서로 분리되어 있다. 서로 조화할 수 없는 이 피폐한 '현실'이 '육체'라는 말에 숨어있다. 그것은 정신과 분리된다. 이것들이 서로 분리된 '환경과 생활'에 시인의 삶이 놓인 것이다. 그 조화될 수 없는 '현실'을 '시적인 현실'이 메운다. '시적인 현실'은 아름다운 정신과 통할 수 있다. 시적 현실은 실재의 그것(육체만이 있는)으로부터 멀어질수록 더 아름다워진다. '멀수록 가까워지는 것'의 알레고리가 여기에도 숨어있다. 시의 문법은 정치적 담론은 물론이고 산문과 담론을 뛰어넘는 해방의 언어로 작동한다. 시의 언어는 '상상의 공동체'를 구성하는 원인(original factor)으로서가 아니라 즉 기능어로서가 아니라, 그 자체로서 이미 해방의 언어이다. 이른바 '자율적 주체'로서 존재한다. 그것이 일제시대 시의 자리이며 시인의 존재론이다. 이 시기 황혼/어둠/죽음/무덤의 코드를 내재한 시들과 담론들이 이를 증언한다.

흥미로운 것은 일제말기의 비평담론조차 마치 그것이 시인양 시적 언어에 근접해 있다는 것이다. 한식은, '시는 감각적이고 비평은 관념적이

---

285 임화, 「시단은 이동한다」, 〈매일신보〉, 1940.12.9-12.16.

다'라는 장르의 일반적 이념을 부정하고, 비평을 '精神의 記錄'으로 정의내리고자 하는 태도는 '내 자신의 태양을 측정하여 마음속에 그것을 保持하는 것'이라고 설명한다. 그것은 '내 가슴속의 불과 얼음'으로 상징되는데, 시인은 이를 통해 자아를 形成한다는 것이다.[286]

'두고두고 잊을 수 없는 꿈이 차고도 슬픈 넋을 어루만져주는 밤의 세계'가 이헌구가 파악한 시적 세계이다.

> 그러나 나는 실로 이 산장의 하룻밤이 나에게 더 많은 꿈을 가져오기를 무한히 지지하여 마지않았다. 두고 두고 잊을 수 없는 꿈이 이 한밤 내 차고도 슬픈 넋을 어루만져 줄 수는 없을 것인가? —중략— 여기 밤의 어둠 속에 삼켜지는 運命的 未完成의 一片을 지워버리고 말리라.[287]

차라리 한 칸 방에 촛불을 밝혀 시를 읽고 시를 쓰는 것은 마음의 어둠을 걷어내는 일이니 산문가의 일이나 시인의 일이나 그것은 마찬가지로 시적인 언어 활동이 된다. 비평이 밤의 향훈을 풍기는 시와 방불한 것이 어색하지 않은 까닭이 이것이다. 그래서 김광균이 '황혼'의 시대적 징후를 읽고 시 양식에 대한 근본적인 물음을 제기할 수 있었던 것이다.[288]

이효석은 무더운 산문의 시대가 오히려 푸르고 깨끗한 시의 정신을 돋보이게 하고 시를 생각함으로써 산문을 한층 보람있게 한다고 믿었던 것 같다.

> 마음속에 시를 원하면서도 한편 무더운 산문 속에 잠겨보려 함은

286 韓植, 「시와 비평과」, 〈문장〉, 1940. 11.

287 이헌구, 「호반에서」, 〈문장〉, 1940.11.

288 김광균, 「김기림론-현대시의 황혼」, 〈풍림〉, 1937.4.

> 웬일일까. 사실 시심과 산문정신과는 바로 아래 위번 번지에 사는 가장 가까운 일가인가. 마음 속에는 시인과 산문가가 함께 살고있는 것인가. 만주의 도회에서 얻은 얼크러지고 더렵혀진 산문의 페이지를 그늘에서 씻어버리고 헤어버릴 것이다. 시를 생각함으로 산문을 한층 보람있게 할 것이다.[289]

신경, 하얼빈 등지를 돌며 그가 목격한 인간의 천박성과 그로 인한 인간에 대한 멸시 같은 것들은 아이러닉하게도 시를 통한 구원의 문제로 전환된다. 시심과 산문정신은 가장 멀리 있으면서 또 가까이 있다. '무더운 산문' 속에서 그는 시의 정신을 보고, 시를 생각함으로써 오히려 산문을 한참 보람있게 한다고 생각한다. 이효석의 소설은 더렵혀진 산문의 페이지(현실)를 씻어주는 시의 대응적 등가물이었다.

김동리는, '소설을 배반한 소설가' 이효석을 빌어 '새로운 성격의 신의 출현'을 기대한다고 썼다.

> 과학과 산문을 포기할 수 있다면, 그리고 시에의 퇴각과 자연에의 복귀로 이 세기적 매듭을 해결할 수 있다면 이효석의 산과 들이 우리에게 자연에 대한 새로운 내용을 플러스해주지 않아도 된다. 왜? 산문의 폭풍우 속에서 산문을 포기하고 시에 귀의하였다는 그 태도만으로서도 그는 인류의 행진에 공헌이 될 수 있었기 때문이다.[290]

시로 퇴각하는 것, 그것은 새로운 신의 출현에 버금가는 것이다. 이효석은 오직 '시를 향한 퇴각'의 방법으로 그 '쓰레기통 같은 산문'의 거리를

289 이효석, 「산협의 시」, 〈조선일보〉, 1940.7.30.
290 김동리, 「산문과 반산문」, 『문학과 인간』, 민음사, 1997, 37-38면.

뛰쳐나왔다는 것이다. 시에서 산문으로 다시 시로 나아가는 이효석 문학의 여정[291]은 '현실 · 생활 · 리얼리즘'에 대한 피로와 환멸에 촉수를 들이대고 있다. 생활이 없으니 시가 없는 것이 아니라 생활이 없으니 도리어 시를 찾아야 하는 시대, 이효석은 '그 옛날 자신을 키워준 못가의 백양나무 늘어서 떨리노니...' 같은 시를 암송하며 불행한 의식을 달랬다.[292] 예이츠, 셸리, 에머슨, 하이네에 미쳐 있었던 그의 청년시절의 환각이 새로운 신의 출현을 재촉하는 듯했다. 소설의 배반은, 그러니까 '산문의 시화(詩化)'는, 이효석에게 구원의 문제였던 것이다.

4. '황혼'의 이념과 그 표상들

황혼과 기본 개념들을 간략하게 언급하면서 이 장을 마무리하고자 한다. 황혼의 시학이 기대고 있는 일곱 가지 개념을 설명하고자 한다. '황혼과 숭고', '황혼과 고전', '황혼과 울음', '황혼과 무덤', '황혼과 고원', '황혼과 가을', '황혼과 중간인들' 이렇게 일곱 가지 개념을 설정하고 이를 통해 황혼의 시학에 대한 보다 명료한 설명을 제시할 수 있을 것이다.

(1) 황혼과 숭고

'붕괴'의 직전에 발견한 '숭고'

시는 숭고한 예술이다. 시와 종교는 계시적이라는 데 공통점을 갖는다. 다만, 시가 리듬과 이미지를 통해 저 스스로 현현한다는 점이, 이성적

---

291 이효석, 「나의 수업시대-작가의 '올챙이 때' 이야기」, 『전집 5』.
292 이효석, 「시를 찾는 마음」, 『조선문학』, 1937.6.

해석이나 초자연적 힘에 의해 권능을 인정받는 종교와 다른 점이다. 리듬과 이미지로 언어가 재탄생하는 순간은 낯선 것의 체험이며 이는 신성을 체험하는 순간과 동일하다는 점에서 '숭고'는 시의 본질적 특성이 된다.[293]

숭고한 말의 담지체로서 시양식은 근본적으로 '숭고'의 미적 관념에 기대고 있다. 시는 특출하게도 숭고라는 미적 관념을 가장 온전하게 나타낼 수 있는 양식인 것이다.[294] 시에 생명과 영혼을 불러일으키는 '정신의 원칙'을 '숭고'라 할 때, 그것은 언어의 완벽한 표현에 의해 인지되는 영역에 속하기보다는 차라리 상상력의 재현 능력, 곧 직관의 능력에 속한다. 그만큼 시는 예지적이고 계시적인 장르인 것이다. '숭고'의 본질을 현시하는 것은 시적인 언어이며, '숭고'를 특징적으로 온전하게 잘 현시할 수 있는 양식 역시 시이다.[295]

산문의 언어와 시의 언어가 동일한 것이라면 우리는 시와 산문의 양식적 성격을 구별하고, '은유'로 포괄되는 시적 언어의 특성을 산문의 그것으로부터 분리해 굳이 개성화할 이유가 없을 것이다. 일제말기 시인들의 목소리는 붕괴 직전의 세계에서 현실을 시적으로 재구성하는 장엄한 수사적 전략이며 그러니 그 자체로 사회적인 것이다. 일제말기 시사를 '산문적 논리'가 아닌 '시적 논리'로 이해해야 한다는 점은 앞절의 '문장보국을 넘어서는 문장보국'의 논리로 이미 설명한 바 있다. 이는 그동안 이 시기를 대체로 반영론, 역사주의적 · 문학사회학적 관점에서 접근해 왔던 일련의 연구에 대한 반성, 유파 및 조직론 중심의 문학사적 이해에 대한

293 옥타비오 파스, 『활과 리라』, 181-206면.

294 필립 라쿠라바르트, 「숭고한 진실」, 『숭고에 대하여』, 김예령 옮김, 문학과지성사, 2012, 129면.

295 필립 라쿠라바르트, 위의 글.

성찰을 두루 포함한다. 또한, 그것은, '근대성/전근대성' 담론에 치우친 비평 중심의 논리, 담론 중심의 연구 방식을 지양하는 길이기도 하다.

숭고란 모든 것이 붕괴되는 직전에 발견된다. 붕괴되는 순간에 발견되는 공동체, 황혼에 울기 시작한 시인, 와해 직전 떠오른 시, 이것들은 숭고의 미적 아우라를 형성한다. 본질적으로 시(시인)는 총체성을 실현할 수 없다는 그 유명한 루카치의 명언을 기억할 것이다. 비록 그 말이 삶의 속물성과 환멸에 대한 수사적인 저항이라고 하더라도 말이다. 하지만 시가 빛을 발하는 순간은, 가상의 총체성, 그러니까 엔더슨이 말한 '허구적 총체성'이 붕괴하는 바로 그 순간이다. 이 허구적 총체성을 전도시키는 것은 여성적 생명력이다. 신화적인 것, 신비적인 것, 생명력있는 것들이 총체성이 붕괴된 그 터(영토) 위에 새롭게 건축된다.

김동환은 이 순간을 '女人의 말', '女人의 눈물없는 나라'라고 요약하면서 '창세기의 신화'를 끌고 들어온다. '새악씨'를 부르는 시인의 서정은 탄식에 기울어져있고 그 어투는 늘어진 민요조인데, 리듬은 질주하고 목소리는 예언자의 그것으로 되돌아온다. 마지막 연에서 파인은 아예 사설조로 일관한다.

> —전략— 그대 진심으로 배반하고감이 아님을 아는나는 어느날 다시 우리 創世記이을날 있음을 믿으리, 그날은 단오, 가위 아니고 어떻게 백년에한번 천년에 한번 그렇게나 있을 큰 명절이 되어 그날 나는 동대문을 그대는 남대문을 열고 장안골목 가득찬 여러만명 군중을 헤치고서 불덩이같이 서로서로 달려와, 氣盡 할것같이 마구달려와 와아 웃으며 춤추며 마지하오리 인생一代에 가장슬픈날 이미갔으니 이재는 가장 기뿐날 올것아닌가. 아아 이사람아.
>
> (「春愁」, 문장, 1940.3)

가장 슬픈 날은 이미 갔고 이제는 가장 기쁜날이 올 것이다. 온 장안의 문을 통과해 쏟아져 나오는 '여러만명의 군중'들이 불덩이같이 서로 안겨 춤추는 '그날'이 창세기에 버금가는 '명절'이라는 이 사변조의 진술만이 '여인의 말과 눈물없는 나라'의 비극성을 뚫고 나온다. 가장 민요적이고 통속적(센티멘탈리즘적)인 방식으로, 그러나 숭고하게 파인은 붕괴되어 가는 세계에 남겨진 '그날의 불덩이'를 가슴에 품었다. 문자를 뚫고 예언자의 목소리가 살아난다. 이 영탄조 말에 깃든 숭고함은 어디에서 온 것인가.

숭고미가 개념화된 것은 성서의 해석과 깊은 관련이 있다.

> 빛이 있으라 하시자 빛이 생겼다.

서양에서는 이 '말'을 창조를 명령하는 신의 숭고한 말로 기억한다. 지칭하는 말에 선행하는 유일무이한 우주적 말로서 그것은 재현불가능한 우주적 뇌우, 결코 부를 수 없는 이름, 기원으로서의 언어, 언어 전체의 종말을 제시하는 자연 언어라고 성서 해석자들은 언급한다. 이 같은 신의 음성은 범우주적 폭풍, 걷잡을 수 없는 홍수, 거대한 와해를 불러오는 대기의 움직임 같은 것들로 묘사된다.

숭고의 관념과 근원 철학

'바벨탑'에 대한 성서적 해석을 '언어'의 관점에서 해석한 논의가 '숭고의 언어'를 이해하는 데 도움을 준다. 롱기누스는 바벨탑의 건축에서 '숭고'라는 수사학의 개념을 이끌어낸다.[296] 단 하나의 언어로 단 하나의 공

---

296 최소인, 「숭고와 부정성」, 『철학논총』 58, 2009.10.

동체를 건설하고자 했던 바벨탑 건축 프로젝트는 그 말이 여러 갈래로 분해되기 시작하자 결국 와해되기 시작한다. 그러니까 탑은 건축되기 시작하자 바로 붕괴한다는 것이다. '숭고'는 항상 '흩어지는 순간'에야 비로소 발견된다.[297] 시가 예견한 총체성이란 엔더슨이 말한 '허구적 총체성'이 붕괴하는 그 순간에 빛을 발한다.

'숭고'의 개념을 구체적이고 가시적으로 표상한 장르는 미술인데, '숭고'라는 개념의 기원이 종교화에서 비롯되었기 때문이다. 서양의 '풍경화'나 '폐허화'는 '숭고'의 개념이 붕괴와 소멸적 징후에 대한 반응임을 예시적으로 보여준다. 위베르 로베르의 〈폐허가 된 큰 화랑에 대한 상상적 조망〉같은 그림에서 디드로는 이 숭고의 개념을 설명할 수 있었다.[298] 루이 마랭은 푸생의 그림 〈피라무스와 티스베가 있는 풍경〉에서 몰락과 숭고의 관계를 읽어낸다.[299] 폐허가 된 거대한 신전 앞에 놓인 인간은 자신의 쇠락함과 유한한 삶의 조건에 대해 성찰한다. 폐허가 된 신전은 자연의 위대함과 인간의 유한성에 대한 알레고리이다. 이때 숭고의 감정은 우리가 홀로 고독과 침묵 속에 내던져져 있다는 자각에서 싹튼다. 인간을 넘어서는 어떤 것, 불확실성에 대한 공포 및 경외에서 숭고의 감정이 싹튼다면, 숭고는 필연적으로 '부정적인 것(부정성)'이며 동시에 그러함으로 그 미의식은 무한성,영원성, 절대성의 관념과 연계된다.

푸생이 그린 '바벨탑의 피라무스와 티스베의 서사'를 마렝은 다음과 같이 요약한다.

---

297 루이 마랭, 「푸생의 그림 속 바벨탑에 관하여」, 라쿠라바르트, 『숭고에 대하여』, 329면.

298 김선형, 「디드로의 미술비평에 나타난 '숭고'의 미학 연구」, 『프랑스어문교육』 49집, 2015, 266면.

299 루이 마랭, 「푸생의 그림 속 바벨탑에 관하여」, 『숭고에 대하여』.

> 재현 속에서 원인은 이처럼 그것이 불러 올 가장 먼 결과와 동시적으로 일어난다. 이야기 속에서 작동하는 모든 힘들의 연관, 아니 집약은 단 한번의 재현의 계기 속에서, 그 힘들의 드라마틱한 전개와 비극적 결말을 요약하는 단일한 한순간에 이루어진다.[300]

푸생의 그림은 언어(langage)와 개별 언어(langues), 건축과 기념물들, 사회와 문화들, 역사와 이야기들의 기원과 종말이 고전주의적 현대성 안에 태고의 기억으로 남아있음을 증거한다는 것이다.[301] '언어'의 두 가지 층위는 창조신화와 서사(시)를, 건축과 기념물이란 부족 건국을 알레고리한 것이며, 사회와 문화, 역사와 이야기들은 그러한 서사의 내용이 될 것이다. 그러니까 인간을 넘어서는 어떤 것, 불확실성에 대한 공포와 경외가 숭고의 양식에 존재하는 것이다. '숭고'는 붕괴의 한 순간에 태초와 기원을 이야기하는 언어이니만큼 '숭고'와 '고전주의'는 이 지점에서 조우한다.

'숭고'는 미술론, 미술비평론 등에서 주로 참조되고 있지만,[302] 롱기누스로부터 칸트, 하이데거, 벤야민 등으로 이어지는 수사학적, 언어철학적 문제를 제기한다는 점에서 문학, 특히 시와 밀접한 관계를 갖는다. 김기림의 시론에서 자주 언급되는 에즈라 파운드의 '파노포에이아, 멜로포에이아, 로고포에이아' 등의 개념도 기본적으로는 롱기누스의 이론을 바

300 루이 마랭, 「푸생의 그림 속 바벨탑에 관하여」, 337면.

301 루이 마랭, 위의 글, 338면.

302 기정희, 「버크의 철학적 탐구에 나타난 숭고의 관념」, 『한국미학회지, 23집, 2002.;박동환, 「숭고의 미학과 18세기 프랑스 문학;숭고의 미학의 형성과정」, 『한국프랑스학논집』, 28집, 1999.;에드먼드 버크, 『숭고와 미의 근원을 찾아서-쾌와 고통에 대한 미학적 탐구』, 김혜련 역, 한길사, 2010.

탕에 깔고 있다.[303] 역설적이게도 숭고의 미의식은 산문적 현실에서 떠오른다. 낭만과 이상을 시적 현실로 규정한 이효석이나, '시의 장래'에 대한 김기림 · 임화의 예언자적 목소리에 이 숭고의 관념이 드러나 있다. 그들은 '일제 암흑기', '일제 말기'로 표명되는 '정치적 현실' 앞에서 그 현실을 돌파할 수 있는 길을 시인의 비극적 사유로부터 솟아나는 숭고한 말의 아우라에서 찾고자 했던 것이다.

'숭고'를 주목하는 것은 '시는 숭고한 예술이다'라는 명제적이면서 원론적 시학으로 이 연구를 환원하고자 하는 의도가 아니며 수사학적인 차원에서 이를 확인하려는 것도 아니다. '황혼'의 언어에 내장되어 있는 '숭고'의 역사철학적 비전을 확인하는 것이 보다 중요한 목적이다.

근원적이고 신성한 것

일제말기 시인들에게 '외부(현실, 산문세계)'로부터 방어할 '내부'는 있었는가? 내선일체와 대동아공영권의 이념은 내부와 외부의 구분을 무화시키고 기원과 태초의 중심을 일본의 그것으로 환원시킴으로써 조선 민족의 말과 서사의 흔적을 일시에 무화시켜버렸다. '외부'는 이미 전도되었다. 외부는 전도된 내부였을 뿐 아니라 그 전도 자체가 외부와 내부의 구분을 무화시키는 계기가 되었지만, 그렇다고 내부와 외부가 존재하지 않은 것은 아니었다. 외부와 내부, 그러니까 일본 내지와 조선은 결코 하나가 될 수 없다. 전도된 기원과 전도된 말이 있을 뿐이며 전도된 타자들이 내부마냥 버티고 있을 뿐인 것이다. '나'의 고통을 '타자'에게 전가할 수 없다는 것과 다르지 않았다. 이 세상에 존재하는 고통은 결코 타자에

303 미셸 드기, 「고양의 언술—위(僞)롱기누스를 다시 읽기 위하여」, 『숭고에 대하여』, 34면.

게 환원될 수 없다는 점에서 '고통'은 공유되지 않으며 따라서 나의 고통은 죽음의 대리 경험과 방불한 것이 된다.

이 상황을 몸소 맞닥뜨린 시인들은 어떻게 이 난관을 뚫고 나갈 것인가? 가상적 죽음을 말할 것인가. 비명을 지를 것인가? 글(문자언어, 책)의 침묵은 이미 예정되어 있었고, 그 강제와 금제의 상황에서 그것에 맞서 말의 생명을 지속시키는 힘은 말의 근원적 상태(소리)로 돌아가는 것이다. 시는 자신이 가진 숭고한 형식으로 담화를 신성한 것에 인접할 수 있게 한다.[304]

위태로운 현실에 맞서 시인으로서 막다른 골목에 다다른 듯한 위기감이 시인의 고독과 침묵을 낳았다. 김기림의 일제말기 시들, 「못」, 「묘지, 「전별」 같은 시들에서 침묵과 고독이 특징적으로 드러나는데, 이 시들에서 읽히는 것은 비극적 숭고와 장엄함이다. 서정주, 이용악, 오장환, 윤곤강 등의 시인들에게서 나타나는 '데카낭스' 역시 '비극적 장엄함'을 내장한다. '숭고'는 고답적이고 고전적인 감성이기보다는 차라리 '현대적 서정성'이라 임화는 고쳐 부른다. 비극적 감수성을 현대적이라 언급하고 이를 고전주의에 덧입힘으로써 임화는 고답적이고 낡고 인습적인 고전주의로부터 벗어나고자 했던 것이다. 따라서 '숭고'는 '기원'과 '근원'을 동시적으로 잠재하고 있다는 점에서 '고전주의'와 통한다.

허무와 방랑으로 청춘을 낭비하고 청춘의 광기에 휘둘려 있었던 서정주는 겨우 황혼녘에야 귀환할 수 있었다. 그는 모든 사람들이 다 떠나가버린 마지막 잔치상에서 찬 국밥을 한 숟갈 물린 뒤 '잔치는 끝났드라'고 읊었다. '끝났다'가 아닌 '끝났더라'라는 이 간접적이고 수동적인 화법에 우리는 주목한다. 이것은 과거를 직접 경험하고 서술한 자가 아닌 과

---

304 알랭 바디우, 『조건들』, 123면.

거를 건너뛴 자의 언어이다. 그러니까, 과거로부터 이행해온 현재의 시간과 현재로부터 미래로 이행해가는 자의 언어, 그러니까 시간의 선조적 연속성의 관념에 기댄 자의 언어가 아니라 과거를 괄호치고 현재로부터 미래로 곧장 내달리는 자의 언어가 아닐 수 없다. 임화는 이를 가리켜 과거가 없는 자의 '뇌옥 속의 질주'를 감행하는 '모반의식'이라 불렀다.[305] '마지막 잔치'를 스스로 회피함으로써 그것을 부정하고자 하는 욕망은 다시 '처음(기원)'으로 되돌아오고자 하는 욕망이 아닐 수 없다. '뉘우칠 과거'도 존재하지 않기에, 서정주는 미래의 시간을 행진하는 것이다.

> 잔치는 끝났드라. 마지막 앉어서 국밥들을 마시고
> 빠알안 불 사루고,
> 재를 남기고,
> 포장을 거드면 저무는 하늘.
> 이러서서 主人에게 인사를 하자
>
> 결국은 조금 식 醉해가지고
> 우리 모두다 도라가는 사람들.
> 목아지여
> 목아지여
> 목아지여
> 목아지여
>
> 멀리 서 있는 바닷물에선
> 亂打하여 떠러지는 나의 종소리

305 임화, 「현대의 서정정신」, 〈신세기〉, 1941.1.

(「行進曲」, 신세기, 1940.11)

서정주의 시 「행진곡」은 아마도 붕괴의 한 순간을 기록한 절창으로 기억될 것이다. 임화는 '서정주는 과거를 회상할 수 없는 사람인 점에서 새롭다'고 평가하면서 이 시는 '우리 현대 서정시의 가장 의의깊은 곳에 얽매여 있는'것으로 규정했다.[306] 임화가 본 것은 무엇이었을까? 정열의 불이 남긴 '재'가 멀리 바다로부터 시간을 거슬러 올라오는 행진곡으로 변용되는 이 메르크리우스적 변형(becoming)을 임화의 날카로운 시적 감수성은 포착할 수 있었다

조금씩 취해 돌아가야 하는 순간에 저 멀리 바닷가에서 울려오는 거대한 격랑의 파도소리를 서정주는 구원의 종소리로 들었을 것이다. 그런데 '나의 종소리'는 서정주 홀로 들었던 것은 아니다. '나'가 아니라 '우리'가 문제인 것이다. '민족의 발견'이라 김기림이 규정한 바로 그 '우리'를 향해 시선을 돌리는 순간, 그것은 소멸의 조종이 아니라 서막을 알리는 행진곡이 된다. '난타하여 떨어지는' 서막의 종소리는 서정주의 환청이 아니라 축제의 기원으로 되돌아가는 공동체의 노래(합창)가 된다. '끝'은 '기원'으로 되돌아간다. '행진곡'의 욕망은 '기원'의 욕망이다.

이육사는 '일식'의 이미지를 빌어 덧없으나 아름답고 숭고한 순간을 포착했다. '불개가 하나밖에 없는 날(태양, 하늘)을 먹는 시간'(「日蝕」, 문장, 1940.5)은 환영처럼 왔다 사라진다. 소멸과 상실과 붕괴와 덧없음의 순간인데 이육사는 이 허무와 적멸의 순간에 '다른 하늘'과 '이슬젖은 별빛'을 본다.

306 임화, 「현대의 서정정신」, 〈신세기〉, 1941.1.

> 쟁반에 먹물을 담아 햇살을 비쳐본 어린날
> 불개는 그만 하나밖에 없는 내 날을 먹었다
>
> 날과 땅이 한줄우에 돈다는 고瞬間만이라도
> 차라리 헛발이기를 밤마다 정영 빌어도 보았다
>
> 마츰내 가슴은 洞窟보다 어두워 설래인고녀
> 다만 한봉오리 피려는 薔薇 벌레가 좀치렷다
>
> 그래서 더 예쁘고 진정 덧없지 아니하냐
> 또 어데 다른 하늘을 얻어 이슬 젖은 별빛에 가꾸련다
> –xx에게 주는…
> (「日蝕」, 문장, 1940.5)

이글거리는 태양을 사자가 집어먹는 형상이란 영원의 톱니바퀴의 변용이며 그것은 절대적인 생의 구원과 생명의 영원성에 대한 상징이다. 생은 죽음을 통해 갱생한다는 영원성의 염원이 이 '날'을 잡아먹는 '불개의 시간(日蝕)'에 선명하게 살아있다. 그러기에 몰락과 붕괴의 한 순간은 역설적으로 생의 새로운 시작의 초점(初點)이기도 한 것이다. 선명할수록 잔혹하며 잔혹할수록 절대적인 힘을 가지는 것이기에 가혹한 절멸의 상태란 곧 강렬한 생의 근원이 된다. 허무하고 덧없는 순간에 생은 다시 불타오른다. 장미꽃 한 봉오리 피려고 하는데 벌레가 좀치는 이 허무하기 이를 데 없는 개화의 한 순간이 '예쁘고 진정 덧없는 이유'이다. '일식'의 숭고한 의식이 허무한 것으로 그치지 않은 것은 '하늘' 때문이다. 이육사는 덧없는 숭고함의 작업을 '어느 다른 하늘을 얻는' 작업에 대응시킨

다. 그것만이 마치 작열하는 불개의 허무를 요리할 수 있기라도 하듯 말이다. 벌레 때문에 더 덧없고 더 예쁜 이 역설이야말로 '어데 다른 하늘을 얻어 이슬 젖은 별빛'에 가꿀 수 있는 욕망과 의지의 근원이 된다. 고통없이 아름다움도 없고 소멸없이 저 하늘의 별빛은 도래하지 않는다.

그런데 이 마지막 구절은 어딘가 익숙하다.

> ① 또 어데 다른 하늘을 얻어 이슬 젖은 별빛에 가꾸련다(이육사, 「일식」, 문장, 1940.5)
> ② 어데다 무릎을 꿇어야 하나/한 발 재겨 디딜 곳조차 없다.(이육사, 「절정」, 문장, 1940.1)

②에서 ①에 이른 과정이 이육사의 시인으로서의 소명이자 그의 시적 언어의 이행과정일 것이다. 이육사의 삶은 '극한'에서 '동경'으로 이행해 가다 결국 '죽음'에 이르게 된다. 이육사의 시인으로의 삶이 비극적이면서 또 초월적인 이유이다. 이육사의 이 '다른 어데'를 향한 동경은 절대주의적이고 숭고하며, 극한적이고 가혹하고 매섭다. '날과 땅이 한줄우에 돈다는 고瞬間', 이 한순간은 극한의 정신주의이며 정신의 아나키즘이다. 그것이 시인을 칼날지고 매운 바람이 휘도는 어떤 정신의 고원지대로 내몬다.

이육사의 정신은 흥미롭게도 고전주의와 선적(禪的)인 세계에 근접한 조지훈의 세계에 닿아있다. '어데 다른 하늘'은 '한발 재겨 디딜 곳조차 없는 곳'인데 그 '이슬 젖은 별빛'의 세계는 바로 '번뇌는 별빛'인 세계에 맞닿아있다. 고전주의자로서 혁명가로서 그들은 동일하게 극한의 어떤 것에서 숭고한 세계를 발견한다. 그것은 그들이 절대정신의 소유자들이어서라기보다는 그러한 세계를 이 하늘이 아닌 '다른 하늘'에서 찾아야 한다고 믿었기 때문일 것이다. 그래서 '현실'은 발견되자마자 곧 동경의 저편 하늘로 보내지는 것이다. '다른 하늘'을 향한 동경 하나로 그들은 이 현실의 발바닥을 닦는 고통을 감수하고 있었을 것이다. '정신의 절대주의는 현실주의'라는 헤겔의 명제를 여기에 덧붙이는 것이 허락된다면 이 대목일 것이다.

여기서 이육사와 오장환의 시선을 비교해본다. 되돌아오지 않는 시간이란 어떤 것일까? 임화는 '멸하여가는 것은 아름다워짐으로써 다시 회귀하지 못한다'고 단언했다. 어떤 것은 되돌아올 수 있고, 왜 또 다른 어떤 것들은 되돌아올 수 없이 영영 가 버리는가?

> 청춘이여! 지거라
> 자랑이여! 가거라
> 쓸쓸한 너의 고향에…
> (오장환, 「獻詞 Artemis」 부분, 청색지, 1938.11)

> 고운 달밤에
> 상여야, 나가라
> 처량히 요령 흔들며
> -중략-
>
> 상여야 고웁다
> 어두운 숲속
> 두견이 목청은 비에 적시어…
> (오장환, 「喪列」 부분, 시인춘추, 1938.1)

'시대의 종언'은 늙어버린 청춘과 함께 간다. 청춘도 자랑도 멸하여 간다. '청춘이 회한 때문에 있다는 것'[307]은 늙어 죽음에 가까이 간 자의 말이지, 청춘을 구가하는 자의 언어일 수는 없다. 청년들은 청춘을 맞이하기도 전에 늙어버렸고 그러니 회한할 청춘이 없다. 청춘이 죽었으니 고향은 되돌아갈 곳이 아니며 그러니 쓸쓸히 홀로 비애 가운데 죽음으로 사라진다. '상여'는 두견이의 울음을 주검과 함께 실어 돌아오지 못할 곳으로 보내는 '배'이기 때문인데, 임화는 '노래와 꽃의 아름다움이 그를 무덤으로 보내는 것이다'라고 해석한다.[308] 최후의 성장이 곧 죽음에 있으며, 그것은 처음으로 되돌아오지 않기 때문에 아름다울 뿐이다. 모든 사라지는 것들, 소멸하는 것들이 아름다운 이유이다. 의지도, 정열도, 의욕도 한꺼번에 저 무덤으로 보내진다. 그러니 되돌아오기 위한 강렬한 생의 에너지, 황혼의 비명은 존재하지 않으며, 그러니 '상징'의 강력한 파토스보다는 '의태와 허위를 섞지 않은 순수한 슬픔(페시미즘), 화미(華美)하지 않고 순수한 로맨디시즘'이 자리할 수밖에 없다. 이육사는 되돌아오기 위해 동경의 또 다른 하늘을 꿈꾸는데, 오장환은 청춘의 비애 한가운데서 서서히 소멸하고자 하는 것이다. 오장환의 이 운명감은 이육사의 '또 다른 하늘'의 영원회귀와 얼마나 다른가.

그런데 오장환은 '예수'와 시인을 등신대로 놓고 예수의 죽음에서 시인의 숭고한 임무를 본다. 오장환은 스스로 사라지면서 신이 되고자 한다.

> 머리에 형관쓰기를 원하는 청년 예언자는 예수뿐 아니라 시인도 있다. 가장 민감하며 순수하며 심약한 시인들이여! 그대들은 이어 휠덜린이 말한 바 인간이 영위하고 있는 중의 가장 아름다웁고 죄없는

307 임화, 「어떤 청년의 참회」, 〈문장〉, 1940.2.
308 임화, 「시단의 신세대」, 〈조선일보〉, 1939.8.18-26.

일을 행하여왔다.[309]

가장 순수하고 아름답고 죄없는 일이 바로 숭고한 과업이다. 임화가 서정주를 '죄없이 죄인된 자의 운명'을 가진 시인이라 언급한 것과 다르지 않다. 시인은 '숭고한 자'인 것이다. 무너져간 전통이나 잃어버린 정신의 세계나 모든 정신이 무너진 이후의 세계나 그런 것들은 모두 내면적 생활의 대상이 되며 그것은 '十字屋의 역할'을 한다.[310] 그것은 정의의 바다 표면에 일어나는 蓮波나 미풍과 같이 비극적 세계에 빠진 인간을 甘美롭게 위무한다.

오장환은 예수의 가시관을 시인의 초상에 덧씌운다. 굴팜나무 십자가를 진 채 피맺힌 발바닥으로 시꺼먼 뻘을 지나는 예수의 이미지에 오장환은 자신의 초상을 투사하면서 저 스스로 신(예수)이 되었다. 「귀향의 노래」는 황혼이 '나날이 쓸어버린 썰물'의 이미지와 교차해 있다.

> 젊은이는 어데로 갔나, 성황당 옆에…
> ―중략―
> 하늘을 바라보다 돌아오면서
> 해바라기 덜미에 꽂고
> 내 번 듯이 웃음 웃는 머리 위에 후광을 보라
> (「귀향의 노래」 부분, 춘추, 1941.10)

'핍박받는 자'와 '신'은 그대로 '하늘'과 '뻘밭'에 각각 대응된다. 하늘에서 뻘밭으로 시선이 옮겨지는 그 '사이'에 오장환은 스스로 해바라기 신

---

309 오장환, 「방황하는 시정신」, 『전집』, 229면.
310 서인식, 「애수와 퇴폐의 미」, 〈인문평론〉, 1940.1.

이 되었다. '성황당'의 기도나 기독교적 구원의 말이나 다 제몸에 고향을 둔 자의 귀환의 말이 아닐 것인가. 바타이유의 언어를 빌어 올 이유도 없이 오장환은 황혼을 숭고의 이미지에 덧씌움으로써 개성적으로 황혼의 언어를 남기고 있다.

오장환의 「귀향의 노래」에 나오는 '열두꽃송이'는 서정주의 「雄鷄」로 이어진다.

> 赤途해바래기 열두송이 꽃心地
> 횃불켜든 우에 물결치는 銀河의 밤.
> 자는 닭을 나는 어떻게해 사랑했든가
>
> 모래속에서 이러난목아지로
> 새벽에 우리, 기쁨에 鳴咽하니
> 새로자라난 齒가 모다떨려.
>
> 감물듸린빛으로 지터만가는
> 내 裸體의 삿삿이……
> 수슬 수슬 날개털디리우고 닭이 우스면
> 結義兄弟가치 誼좋게 우리는
> 하눌하눌 國旗만양 머리에 달고
> 地歸千年의 正午를 울자.
> (서정주, 「雄鷄(上)」, 시학, 1939.3)

'해바라기 줄거리로 十字架를 엮어/죽이리로다/카인의 새빨간 囚衣를 입고(雄鷄(하))'는 오장환의 그것과 다르지 않다. '카인의식'은 극단적인 정신의 절정에서 타오른다. '카인의식'에 관한 동료 신세대 작가인 김동리의 해석이 있거니와 '종교적 감정이요, 그 광분은 윤리적 광분[311]'이자 생명 구경의 백척간두에 선 것이기에 그것이 사탄의 길이든 짐승의 길이든 숭고하다.

> 보지마라 너 눈물어린 눈으로는……
> 소란한 哄笑의 正午 天心에
> 다붙은 내입설의 피묻은 입마춤과
> 無限 慾望의 그윽한 이 戰慄을
>
> 아아 어찌 참을것이냐 –
> (슬픈이는 모다 巴蜀으로 갔어도)
> 윙윙그리는 불벌의 떼를
> 꿀과함께 나는 가슴으로 먹었노라
>
> 새악씨시야 나는 아름답구나
> 내 살결은 樹皮의 검은빛
> 黃金 太陽을 머리에 달고
>
> 沒藥 麝香의 薰薰한 이꽃자리
> 내 숫가(사?)슴의 춤추며 뛰여 가자
> 우슴웃는 즘생, 즘생속으로 –
> (서정주, 「地歸島–1.정오의 언덕에서」, 조광, 1939.3)

'향기로운 산 위에 노루와 작은 사슴 같이 있을 지어다라는 구약성서 속의 솔로몬 왕의 노래 한 구절이 본문 앞에 인용되어 있다'는 후일의 회

311 김동리, 「신세대의 정신-문단 신생면의 성격, 사명, 기타」, 〈문장〉, 1940.5.

고[312]와는 달리 〈조광〉 발표지면에는 그 본문 앞 구절이 보이지 않는다. '나'는 '황금 태양을 머리에 인 검은 숫사슴(발표문에는 '가슴')이자 성스러운 나무(樹皮)이다. 불벌떼를 꿀과 함께 먹은 이 힘있고 향기롭고 높은 존재는 태양을 먹는 사자와 동일하게 원형적 힘을 가진다. '숫짐승'의 생명이 도약하는 힘은 여기서 나왔다. '모든 비극의 河床 위에 늠름하고 좋은 육신으로 일어서 있는 한 수컷인 신이고자 하는 마음이 태양과 가까운 이 섬을 찾아간 것'이다.[313] 서정주의 방랑벽은 신경증적인 예민함과 허무주의의 비극성에 깊이 침윤된 것이었는데, 그것은 그리스 비극이나 로마 신화의 신들이 가진 육신과 정신의 건전함, 신성한 힘에 대한 동경이라고 시인은 설명한다.

도저한 허무를 달래기 위한 서정주와 함형수의 방랑의 길은 멀고 험했지만, 그들은 그것을 '세상 영문 모르는 跳躍'으로 이해했다. 황혼기에 선 시인의 데카당한 언어란 허무와 절망의 극한까지 타오른 것이며 따라서 그것은 다음의 시작을 위한 '계단'(박영희 · 김수영식 용어)이 된다. '세상 영문 모르는 도약'이란 현실의 언어로 답할 수 없는 그런 생명의 도약을 말한 것이다. '황혼기'의 데카당한 언어조차 그것은 숭고와 어깨를 나란히 하고 있다.

312 서정주, 『미당 자서전』, 민음사, 1994, 62-63면.
313 서정주, 위의 책.

(2) 황혼과 고전

고전주의와 문화주의

붕괴와 몰락의 한 순간에 타오르는 정열이란 한편으로는 '고전주의적 감성'이다. '걸핏하면 현실현실 하던 시대'의 가치와 고전주의적 감성은 대척되는 것이었는데 당대가 내건 가치의 규준이 '현실'과 '현재'와 '현대'에 있었던 탓이다. 과거의 유산은 '툭하면 낡은 과거의 것'이라 치부된다. 진보, 변혁, 개척이 현실의 이데올로기가 될 때, 과거의 것은 삶의 저편으로 밀려난다. 역사진행의 합법성을 주장하는 역사주의와 공식주의가 합리성의 이름으로 횡행할 때, 현대주의에 대한 복고주의, 공식주의에 대한 휴머니즘, 로직(logic)보다는 에틱(ethic)이 지성의 옷을 입고 나타난다. 고전주의는 사상적 교양이자 광신성(狂信性)에 대한 항거이며 형식논리학을 뛰어넘는 문화주의이다.[314]

영구히 변화않는 가치, 고전적 가치는 '꿈'이라 인식된다. 남지어놓은 옷입는 '캐멜레온식' 변모보다는 일월성신 변치않는 돈자구손(豚子狗孫)의 정동(靜動)의 삶이 더 가치가 있다. 그것은 '꿈'의 삶이기 때문이다.[315] 인간은 꿈에서 태어나 꿈에 묻히어 살다가 꿈으로 돌아간다. 과거적인 유산, 곧 '고전'은 '꿈'의 말이자 꿈의 서정이다. 고전을 향한 마음이란 '고전 계승'의 표방 아래 그 그늘 밑에 자취를 숨기고자 하는 심사를 뜻하는 것이 아니다. 도피가 아니라는 것이다. 지상명령과 자아를 지양하려는 나와의 쟁투이자, 의지와 감성 그 사이에서 갈등하는 '급격한 전환기의

314 「좌담;지성옹호와 작가의 교양」, 〈조선일보〉, 1938.1.1.
315 樹州, 「귤쪽을 씹으며」, 〈문장〉, 1941.3.

인간'에게 주어진 몸짓인 것이다.[316] 따라서 '과거적인 것'에 대한 서정이 '배릿하고 나긋나긋한' 센티멘탈리즘을 건드린다고 해도 그것 없는 삶은 심혼을 상실한 가장 비참한 것이 된다. 임화가 말한 '현대적 서정'이 '고전주의적 현대성'을 포회할 수 있었던 요인이다. 태초와 기원을 이야기하는 언어로 '숭고'는 '고전주의'와 이렇게 만난다.

'고전주의적 현대성'이라는 개념으로 우리는 태고적 말과 신화와 서사와 음악에 대한 논의를 시작할 수도 있는데, 이 문제는 1930년대 시단의 언어(조선어)에 대한 신진시인들의 시적 감수성 문제나 고전주의적 태도와도 연관된다.

하나의 참조가 있다. 일본 사기에서 '태고의 말'을 복원하고 거기에 신성성을 부여하는 목적은 일종의 '숭고'의 후대적 전승에 있었다. 그것은 외부의 침입으로부터 내부를 단속하게 위해 철저하게 고대의 말로 회귀하고자 했던 음성중심주의와는 본질적으로 달랐다고 한다.[317] 쓰기(書)가 예부터 전해오는 말(言)이며 그 말은 뜻(義)과 일(事件)을 전하고 있으므로 신성하다는 것인데, '말'과 '뜻'과 '일'의 삼위일체 구도가 일본 고사기를 특권적인 텍스트로 규정하는 욕망의 근원이었다.[318] 문자에서 소리를 추출하는 방법에 대한 고민은 말의 성스러움에 대한 환상과 연결된다. 한자로부터 일본 고유어의 말을 추출하고자 했던 노리나가의 환상도 여기에 근거했다고 한다. 치카마츠 몬자에몬의 신작 죠류리(浄瑠璃)—음곡에 맞추어서 부르는 옛이야기 역시 말과 서사시가 결합된 것이다.

구송되는 말의 생명력과 지속성이 곧 말의 영원성이며 민족의 기원과

---

316 오장환, 「자아의 형벌」, 〈신천지〉, 1948.1.

317 코모리 요이치, 『일본어의 근대』, 정선태 옮김, 소명출판, 2003, 43면.

318 코모리 요이치, 위의 책, 13면.

태초를 후대까지 영속시키고자 하는 숭고한 뜻은 '말'을 망각하지 않음으로써 영속한다. 기억의 조건이 말의 반복을 통한 이야기의 전승에 있기 때문이다. 민족의 기원을 담은 이야기와 그 숭고한 뜻을 후대까지 전승하는 것이 전승되는 말, 기억되는 말의 숭고한 전략인 것이다.

고전주의적 감성이 상징과 만나는 장면을 김기림은 김광섭의 「백합」에서 확인한다. '환상하는 발길', '소녀 같은 시간' 등의 구절은 다소 인위적이고 작위적이다.

> 壁에그린 黃色문이 唐草꽃닙속에서
> 幻影들이 조을며 燈불아래 모을 때
> 少女같은 시간들이 하나하낮 눈을뜨며
> 아릐카의 女神께서 배운말로 입을열어
> 그대 花瓣속에 나의사랑을 密告하면
>
> 밤은 해바라기 기다리는 금빛아침보다도
> 나와 함께 남어서 꿈꾸는 黑檀의搖籃
> 漂浪하는 時間우에 傷함없는 별을 쳐다보니
> 幻想하는 발길아래 銀河가 소리없이 흐르다
> 아 사랑의나라 戀人의꽃, 아름다운百合
> (김광섭, 「백합」, 인문평론, 1940.1)

이 시의 고답적이고 장식적인 장면들은 '묘사'가 아닌 '관념'에서 온 탓이다. 둘째 연의 섬세한 음악처럼 '환상'을 감싸는 '상징'이 첫 연의 고전주의적 장식성과 사변성을 해소하고 있다고 김기림은 지적한다.[319] 시인

---

319 김기림, 「시단월평-감각, 육체, 리듬」, 〈인문평론〉, 1940.2.

이 기다리는 것은 '밤의 상함없는 별'이다. 그것은 신(神)의 것이니, 傷함이 많은 인간(시인)의 별과 대립하는 가운데 비극성이 싹튼다. 고전주의적 향수는 이 비극성의 토양 위에서 자라난다. 고전주의적 교양이 한갓 장식성을 스스로 뛰어넘을 수 있는 것은 상징의 언어 덕이다. 일제말기 상징이 재귀하는 것과 고전주의가 되돌아오는 것은 동시적인 것이다. 시인들이 고전주의적 감수성을 상징의 숲에서 발견하면서 시의 비극성은 더욱 깊이 부조(浮彫)될 수 있었다.

김기림의 고전주의 정신이 분명하게 나타난 것은 「東洋에 관한 斷章」(문장, 1941.4)이다. 이 글은 이원조의 「시의 고향」과 함께 〈문장〉 폐간호에 실린 흥미로운 글 중의 하나일 것이다. 총후신민(銃後臣民), 국책, 신건설, 발전 같은 개념을 동원해 '문장보국'의 임무를 선전하고 획책하고 독려하던 권두언이나 논설 담론류의 논리, 즉 이것을 '빛'과 '명랑'의 논리라 한다면, 이것과는 달리, 김기림의 이 글은 오히려 과서의 섯(고대, 중세)의 문학, 예술로 되돌아갈 것을 권한다. 중세의 어둠과 고전의 동굴로 회귀할 것을 요구한다. 김기림의 논리는 〈문장〉이 옛 고전과 옛 전통에서 시대의 파고를 넘고자 했던 전략과 무관하지 않을 터인데, 중요한 것은 김기림의 이른바 '근대주의사고'가 이 글에서는 거의 발견되지 않는다는 점이다.

김기림은 오히려 고전주의적인 전통으로부터 시대의 활력을, 문학의 새로운 방향성을 찾는다. 제도나 인습의 제약으로부터 벗어나 있으면서 한 집단이나 개인의 창조력을 아낌없이 개방할 수 있는 문학 · 예술의 생명력을 김기림은 고대와 중세의 문학, 예술로부터 모색하고자 한다. 시대의 제약에 갇힌 문학 예술의 조건이 오히려 '위대한 신문화의 탄생'을 이끈다는 김기림의 수사는 '문장보국', '신체제건설'이라는 당대의 '진보적 담론'에 포획되지 않는다. "우리가 비교적 낮은 원시민족의 문화 속에서 어떤 감명을 받는 것"은 그 문학이 갖는 진정성과 생명력 때문이다. 김기림의 근대주의 청산은 '원시민족'에서의 '원시'가 '퇴행적', '야만적'이라는 맥락으로부터 '근원적', '본원적'인 것으로 옮겨감으로써 싹튼 것이다.

임학수의 「東方의 靈山」은 '동양적인 것'의 근원성을 파고든 시편이다. 김기림이 언급한 것과 다르지 않은데, 흥미롭게도 1920년대 초기 서구적인 미적 관념으로부터 정신의 절대주의를 탐구하던 방식과는 분명한 차이가 있다.

> 東方에 한 靈山이 있었다.
> 萬 二千 峰
> 허위 허위 날르는 구름
> 層巖 우에 斷壁, 斷壁 우에 물,
> 그 우에 또 層巖, 푸른 솔, 수리개
> 驟雨 번득 개여
> 깨여 흐르는 보라(菫) 자주.
>
> 東方에 한 靈山이 있었다.
> 萬의 沼가 千의 꽃잎,
> 한줌 흙 한올 풀이
> 이 모다 하늘의 것, 그윽히
> 바람 끝에 걸린 구슬.
> 별조각 구을 제
> 處女들 나려 香衣를 훌 훌 벗고
> 멀리 밤바다의 波濤를 드르며
> 그 빛나는 허리를 조히 싯든 곳.

東方에 한 靈山이 있었다.
골작 마다 묻힌 金銀, 봉오리 마다 쌓인 七寶,
구비 구비 무지개, 杜鵑, 은은한 석경소리……
아 그러나 이제
길에 줍지 아니하든 어진 사람 끊여 없고
이 어인 골 끝에, 錠소리에, 밤에 기는 이리떼에
火光 하늘을 찢고 黑煙 몽몽히
오, 보이나니 불바다, 피 淋漓한 저 戎衣!
어느듯 옛 이야기로 슬어진 그 靈山.
(임학수, 「東方의 靈山」, 인문평론, 1941.4)

동방에 존재했던 한 영산(靈山)을 다시 꺼내 든 심정이야 그것이 훼손되지 않은 '하늘의 것'이기 때문이며 그것이 '어느듯 옛 이야기로 슬어진' 까닭이다. 그 숭고함과 아름다움이 빛나는 장관은 어디로 가버렸는가? 마지막 연의 '아 그러나 이제' 이후가 실상 이 '동방의 영산'을 소환한 이유인 것이다. '火光 하늘을 찢고 黑煙 몽몽히 드러나는 불바다'의 형상은 일종의 묵시록적인 절멸감을 바탕에 깔고 있고 그러니 '피 淋漓한 저 戎衣'의 형벌의식 또한 쉽게 씻어낼 것 같지는 않다. 옛 이야기로 슬어진 '동방의 영산'이 시인의 절멸감과 애상을 위무할 수 있을지는 불확실하다. 그렇다고 '근원'을 포기할 수는 없다. '고전론'이 성행한 것은 오히려 시대정신의 불확실성과 불명료성 때문이다.

기성세대의 고전론

불안의 시대에 이념의 문구화와 방법의 고정화로 대표되는 사상시, 카프시 혹은 주지주의시로는 시의 昏迷를 벗어나기 어렵다. 어떻게 '昏迷'

를 벗어날 것인가. 그 해답이 '고전(크라시크)'에 있다고 직감한 시인들이 있다. 고전론은 일종의 '전통론'이지만 그것은 문학 원본성론(原本性論)과도 밀접한 연관이 있다. '전통'은 '두터운 전통의 안경 속으로' 투사되는 '아버지의 졸음오는 충고'처럼 권태로운 것일 수도 있지만,[320] 고전은 오히려 정신적으로 클래식한 어떤 것이자 정신의 원본성, 절대성의 순수를 지향한다.

'그(시인)가 돌아갈 곳은 어디인가'를 두고 임화는 결국 '그가 출발한 곳'이라 단언했다. 우리 모두 결국은 떠났던 곳으로 다시 돌아올 사람들이다. 붕괴하는(돌아가는) 순간에 언뜻 임화는 빛과 같은 계시(회귀)를 알아차린 것이 아닐까. 임화가 희랍의 고전주의에서 발견한 조선문학의 전통론도 사실은 이 '회귀'의 조건에서 구해진 것이었다.

> 전통이란 전승한 자에 의해 소유된 고전이다. 즉 나의 고전이란 말은 전통에서 성립한다 —중략— 사람은 향가에서 희랍을 볼지 모른다. 그러나 우리는 희랍을 통하여 향가에 들어가지는 않는다. 우리의 향가를 통하여 희랍에 도달할 것이다. 우리의 향가라는 마음은 결국 전통에의 의식이 아닐까?[321]

'향가'에 대한 관심이 증폭된 것은 일제말기 조선어 구어체 시가의 기원이나 조선문화의 원형에 대한 관심과 통하는데 그것은 〈문장〉의 중요 논점 중의 하나였다.[322] 임화에게 '고전'은 곧 '전통'이다. 그는 '전통이란

---

320 함형수, 「개아미와 같이」, 〈인문평론〉, 1940.10.

321 임화, 「고전의 세계」, 〈조광〉, 1940.12.

322 안자산, 「향가와 무사」, 〈문장〉, 1939.11.;「신춘좌담, 문학의 제문제」, 〈문장〉, 1941.1.

전승한 자에 의해 소유된 고전이다'고 요약했다. 임화는 숭고하게도 '향가'의 전통을 들어 '전통'과 '고전'에 다가가는 길을 제시했다. 서구문예사조에서 참조된 우리 근대문학사를 이해하고 정리했던 임화의 입장에서, '희랍'은 중요한 참조이자 콤플렉스였을 것이다. 그것은 우리가 '이식으로서의 근대문학사'의 '이식'을 당대적 활용이나 용도와는 달리 '(탈)식민주의적 담론'으로 읽거나 일종의 부정담론으로 읽는 것과 동궤의 것이다. 임화의 콤플렉스는 현재 우리의 그것이기도 하다. 이 단락에 '이식문학론'의 잔해가 있는 것이다. 얼마나 많이, 또 널리, 또 쉽게 우리는 '희랍을 통해 향가'에 진입하고 있었는가? 상징주의가 없다면, 안서도 박영희도 없고, 일본 구어자유시 운동이 없다면 최남선도 황석우도 존재할 수 없다고 믿어왔다. '향가로부터 희랍으로 들어가기'란, 현재 우리시대도 그러하지만, 임화 시대 역시 얼마나 요원했던 것인지 새삼 확인하게 된다. 그런데 일제밀기 '조선심 운동(국학운동)'과 함께 이 '전통'이 임화의 눈 앞에 불쑥 나타나는데, 그제서야 임화는 '희랍으로부터 향가로'가 아닌 '향가로부터 희랍으로'의 인식론적 전이를 경험할 수 있었다.

황혼기에 무슨 '고전주의론/전통론' 타령인가. 역사의 페이지가 훌쩍 넘어가는 것과 동시에 현재는 파산되었다. 현실의 도피처로서가 아니라 미래에 대한 암시와 새로운 격동의 손을 붙잡기 위해서 고전을 필요로 한다. 이때 '민족'의 이름이 들려온다. 개인적인 편견이나 시대적인 파동을 초월한 민족의 예지에 귀를 기울여야 한다.[323] '고전주의 담론'은 '동양신질서의 건설'이라는 신체제 선전의 대체물로 평가되기도 하지만, 그것은 일면적인 지적일 뿐이다. 양식은 인간의 생애와 역사의 시간에 따라 흘러가지만 반대로 그것들을 거슬러 나아간다. 그러니까 인간과 인간의

323 「권두언, 고전의 재음미」, 〈인문평론〉, 1940.11.

시간과, 양식 스스로의 논리와 양식의 시간 이 양자 사이에서 양식은 진정성의 줄을 타고 오르내린다. 임화의 유명한 논고, '민족정신은 유전되고 시대정신은 습득되고 세대정신은 체험된다'[324]를 원용한다면, 민족(주의, 정신)은 근본주의적이고 원형적인 어떤 문제, 곧 '유전자'의 문제이지 후천적인 습득이나 경험의 유무와는 연관성이 낮다. 따라서 이 '고전주의' 담론이 설령 〈신체제론〉에서 추론된 것이라고 해도, 실제적인 파동력은 신체제와 신질서의 말과 정치적 구호 및 담론을 넘어서 있다. '유전'이자 '원본'이기 때문이다. 오장환이 강물 아래 숨어 흐르는 것은 슬픔[325]이라고 말했을 때 그것은 '찬란한 송화가루같은 것'이 그 시대의 강물 아래 항용 숨어 흐르고 있다는 뜻으로 읽힌다. '슬픔'이자 '송화가루 같은 것'이 유전되는 민족정신이라면 고전주의 또한 그것에 닿아있다.

'높은 위치'와 회색 고향

김광균은 오장환의 시집 『헌사』를 '20대만이 느낄 수 있는 진한 서정'이라고 평가했다. '20대만이 느낄 수 있는 고향의 灰色 공간'을 우리가 공감할 수 있는 것은 고전주의적 숭고 때문인데, 오장환이 어두운 지하에서 낙엽같이 띄워보낸 슬픔이 몇 편의 시를 높은 위치로 올려놓는다는 것이다. 강물 아래 흐르는 가장 낮은 것이 '높은 위치'를 담보하는 것은 그것이 고전주의적인 어떤 것을 향해있기 때문이며 여기에서 숭고한 서정이 싹트고 있다.

> 후면에 누워 조용히 눈물 지우라.

---

324 임화 · 김광균, 「시단의 현상과 희망」, 조선일보, 1940.1.13-17.
325 오장환, 「강을 건너」, 〈문장〉, 1940.7.

다만 옛을 그리어
궂은비 오는 밤이나 왜가새 나는 밤이나
조그만 돌다리에 서성거리며
오늘 밤도 멀리 그대와 함께 우는 사람이 있다.

경(卿)이여!
어찌 추억 위에 고운 탑을 쌓았는가
애수가 분수같이 흐트러진다.

동구 밖에는 청랭한 달빛에
허물어진 향교 기왓장이 빛나고
댓돌 밑 귀뚜라미 운다.

다만 울라
그대도 따라 울으라

위태로운 행복은 아름다웠고
이 밤 영회의 정은 심히 애절타
모름지기 멸하여 가는 것에 눈물을 기울임은
분명, 멸하여 가는 나를 위로함이라. 분명 나 자신을 위로함이라.
(오장환, 「咏懷」, 사해공론, 1938.9)

허물어져가는 향교 기왓장의 광휘가 시인을 울린다. 그리운 것들은 오래된 것, 후면에 있는 것, 멸하여 가는 것들이니 아름다운 것은 위태로운 것이다. '고대를 향하여 켜든 낭만적인 촛불'은 슬프기만 한 것이 아니라 무엇인가 기괴하고 환상적인 분위기가 있다.

> 「咏懷」, 「헌사」, 「무인도」, 「할렐루야」를 일련으로 한 고대를 향하여 켜진 낭만적인 촛불. 독자가 여기서 친할 수 있는 黃衣를 입고 날밤에 출몰하는 내시. 향교의 기왓장 어둠을 뿌리는 망도와 불길한 사족수가 일제히 연주하는 저음의 환상조[326]

이른바 가부장주의적인 것에 대한 저항과 악마주의적 도전으로 요약되는 오장환의 슬픔과 비애의 근원에 고대를 향한 마음이 깔려있다고 김광균은 읽는다. 이 젊은 세대가 띄워보낸 울음과 비애에 우리가 다같이 이야기하고 눈물지을 수 있는 것은 그 슬픔이 고전주의적인 것을 향해 있기 때문일 것이니 그 슬픔은 근원적인 비애의 힘을 갖는다.

아나키즘 사상이 폭풍우처럼 극한까지 밀어올리는 정신의 높이를 이육사는 '또 다른 하늘'이라 이름 붙였지만, 그 '하늘'에서 이육사는 '구름의 백작부인'을 발견한다. '폭풍우'의 정신에서 '여유와 느림'의 미학이 느껴진다. 어조도 스타일도 고전적이고 고답적인데, '蛾眉'라는 고전적인 이미지에 '백작부인'이라는 서구적 이미지를 덧붙여 부제로 쓰고 있다. 흥미롭지 않을 수 없다.

> 향수에 철나면 눈썹이 기나니요
> 바다랑 바람이랑 그 사이에 태어났고
> 나라마다 어진 풍속 자랐겠죠
> 짓푸른 깁장을 나면서 그 몸매
> 하이얀 깃옷은 휘들러 눈부시고
> 정녕 왈츠라도 추실란가 봐요

---

326 김광균, 「헌사-오장환 시집」, 『전집』, 347면.

햇살같이 펼쳐진 부채는 감춰도
도톰한 손결 교소를 거루어서
공주의 홀보다 깨끗이 떨리요

언제나 모듬에 지쳐서 돌아오면
꽃다발 향기조차 기억만 새로워라
찬젓때 소리에다 옷끈을 흘려보내고

촛불처럼 타오르는 가슴속 사념은
진정 누구를 아끼시는 속죄라오
발아래 가득히 황혼이 내려치오

달빛은 서늘한 원주 아래 듭시면
장미 쪄이고 장미 쪄흩으시고
아련히 가시는 곳 그 어딘가 보이오
(이육사, 「娥眉-구름의 백작 부인」, 문장, 1941.4)

이 시는 〈문장〉 폐간호에 실렸다. '모듬에 지쳐서 돌아온' 여성의 발 아래 '황혼'이 가득 내리친다. 상징주의 시대의 서양의 신은 이제 서양과 동양이 혼합된 어떤 여성적 이미지로 변환된 듯하다. 황혼의 그림자를 떨치고 '백작부인'은 아련히 어디론가를 향하고 있다. 폐허가 된 폼페이를 구원하러 온 그라디바(Gradiva)의 발걸음처럼 백작부인은 폐허같은 한 시대를 구원할 수 있을 것인가. 이육사의 구원에 대한 환몽은 동양적이고도 서양적인 것이 기묘하게 결합된 고전주의적 여성을 창안해 내었다. 기묘한 형상을 하고 나타나는 황혼기의 조수들, 중간자(신과 인간 사이의 존재)들처럼 고전적인 것과 서구적인 것이 기묘하게 결합된 '백작부인'이 우리를 구원할 것인가. 이육사의 고전주의는 다소 늙어버린 것처럼 보인다.

그런데 이 시기의 '고전론'에는 어딘가 空虛하고 空然하고 우울한 심사(心事)들, 그러니까 본질적으로 비극적 사유가 내장된 것이다.

고전주의적 비극성

박세영의 「悲歌」는 '고전'을 향한 발걸음은 숭고하나 한편으로는 비극성을 띠고 있음을 보여준다.

> 동백나무 그늘에서 혼자 거닐면
> 물방아만 쿵쿵 이내가슴 찧고
> 낯서툴은 처녀가 토드락 빨내만 한다.
> 시냇가의 딸기넝쿨은 송아지가 짓밟고
> 잣봉산 기슭엔 해도 지는데
> '로화' 그는 내 사랑이었다.
> (박세영, 「비가」, 산제비, 중앙인서관, 1938)

윤곤강은 이 시를 크라시크의 典型을 삼기에 조금의 주저도 없다고 썼다. 시의 혼미 속에서 고뇌의 長夜를 짓씹고 그(박세영)가 돌아간 곳이 크라시크의 세계임을 윤곤강은 직감했다. 말의 함축과 에스프리(시정신)의 발란스가 기존의 시들, 즉 이념과 방법의 고정화에 침몰된 시들로부터 시적 언어를 구출했다고 생각했던 듯하다. 풍경은 고전적인데 토속적인 정감이나 감회에 머무르지 않은 것은 감정을 절제하면서 또 관념을 서술하지 않았기 때문이다. 오직 '로화 그는 내 사랑이었다'에 모든 말이 함축돼 있다. '高踏 · 象徵 · 浪漫 · 古典'이 현대의 가치와는 거리가 멀다

할지라도 현대와 가장 가까운 것은 '크라씨크'임을 윤곤강은 분명하게 선언한다.[327]

김기림은 신석정의 시집 『촛불』(인문사, 1939)에서 고전주의적인 향수를 읽었다. 서구적이고 목가적인 풍경이 묘하게도 서정성 깊은 고전주의를 이끌고 오는데, 그것이 동 · 서양 공히 존재하는 원형적인 인간본성을 향해있기 때문인 듯하다.

> 고요한 시간을 가질 적마다 「메소포타미아」의 어느 풀 숲 속에 우리들의 어머니와 청춘과 꿈을 두고 온 것처럼 문득 생각하곤 하는 것은 현대에 사는 사람들의 공통된 향수인 듯하다. 그러나 夕汀의 세계는 신들의 우울한 기억에 찬 황혼이 아니다. 다만 건강하고 원시적인 말하자면 어린아이의 세계다.[328]

'과거'로 돌아가는 것은 향수의 문제인데, 그것은 '우울한 기억에 찬 황혼'의 회고를 위한 것이 아니라 거기에 어머니와 청춘이 있기 때문이다. 인류 문명의 시원으로 회귀함으로써 우리는 건강하고 원시적인 말하자면 어린아이의 세계를 만난다. '옛날 일 옛 어른들의 일 그것은 어느 허주레한 향토 속에서 무심결에 우리에게 오'고 '햇빛 속에서 금시 튀어나올 것 같은 아이들에게서 그리스의 신들을 발견'함으로써 비극을 견디는 힘을 얻는다.[329] '메소포타미아의 풀숲'은 과거이자 고전이다. 그러니까 '현대인의 향수'란 신비주의적인 것이 아니라 인류사적인 것이며 미래적인

327 윤곤강, 「시와 고전」, 『전집 2』, 327면.
328 김기림, 「촛불을 켜놓고-신석정 시집 독후감」, 〈조선일보〉, 1939.12.25.
329 서정주, 「부랑하는 뒷골목 예술가들 속에서」, 『미당 서정주 전집 7』, 은행나무, 2016, 85면, 100면.

것이다. 고전주의란 공간적이자 시간적인 이마쥬이다. 신석정이 밝힌 '촛불'은 기실 우리시단을 밝혀주는 '횃불'과 같은 것이라 김기림은 평가한다.

'고전주의적인 향수'라는 맥락에서 우리는 다시 무엇인가를 발견하지 않으면 안 될 것이다. 서구문예사조에 따른 시사, 산문 및 담론(문장보국 논리, 신체제론, 동양론)에 함몰되지 않은 고전론의 고대적 향기가 당대 시인들의 복화술적인 언어에 요약되어 있다. 이상이 상징적으로 썼던 '毒花'라는 표현을 빌어와야 할 듯하다.

김기림은 장서언의 「古花甁」을 정지용의 「歸路」와 비교하면서 후자는 청각에 어필하며 전자는 명료하고 투명한 회화성을 가진 시로 시각에 어필한다고 설명하면서, 시적 대상의 고전적 풍모는 시인의 세련되고 질서 있는 감성에서 기인한다고 평가한다.

> 고화병 항아리
> 논물처럼 굽으러진 억개에
> 두 팔이 없다
>
> 파라케 어렷다
> 늙은 看護婦처럼
> 孤寂한 항아리
>
> 愚鈍한 입술로 季節에 어그러진풀을 담뿍 물고
> 그 속에 한울빗을 이즌 한五合 남은 물이
> 山끝을 꿈꾸고 잇다
> 떠러진 花瓣과 함께 깔린 푸른 黃昏 그림자가

> 거북을 타신 모양하고
> 窓을 너머 터덜터덜 너머갈 때
> 고요히 품는
> 淡淡한 향기
> (장서언, 「古花瓶」, 〈카톨릭청년〉 2권 3호)[330]

'화병의 곡선-눈물-구부러진 어깨-차디찬 고체-늙은 간호부'로 이어지는 이미지의 연상이 인상적이다. 거북을 탄 듯 느리게 사멸해가는 황혼의 그림자에 비껴 고화병이 고요히 품은 은은한 향기는 고느적하고 여유로운 고전주의적 감성을 지닌다. '고화병'과 '간호부'와 '봄의 화단'이 결합돼 연상되는 일련의 이미지화 과정을 김기림은 '조소(造塑)적 정확상', '조소적 명확성'이라는 개념으로 설명한다. 이미지스트(사상파)의 분방하려는 '감각'이 고전주의적 '지성'에 의해 적당하게 정돈되어 있는 '조화로움'을 김기림은 '고전주의적 풍모'라 보았다.

지극히 먼 두 대상(화병-간호부)은 한편으로는 이미지즘적인 감성으로, 한편으로는 고전주의적인 지성으로 결합된다. '푸른 황혼 그림자'의 차갑지만 느릿하고 담담한 풍모는 지성과 감각이 결합돼 발산하는 '향기'가 아닐 수 없다. 서정주가 백자항아리의 빛과 선에서 얻은 감각, 정서의 가장 깊은 지점을 관통하는 어떤 무형의 '친근력과 영향력'이라 말한 구절이 김기림의 '향기'라는 말과 서로 반향하고 있다.[331] 혹독한 환경 속에서는 '우거지로 살다가 죽어도 된다'는 신념이 '그대로 삶의 의지가 되는' 순간에 고전주의적인 향기가 온다. 가혹한 현실의 대낮 가운데 언뜻 감각되는 햇빛과 공기의 흐름에서 삶의 의욕이 다시 추스려지기도 하는 것

330 김기림, 『전집 2』, 330면 참조.
331 서정주, 「흑석동시대」, 『미당 서정주 전집 7 자서전』, 은행나무, 2016, 124-128면.

이다.

김기림은 신석정의 시를 키츠의 「나이팅게일에 부치는 賦」와 비교하면서 '향기'를 논한다.

> 「헨더슨」은 일찍이 「키츠」의 「나이팅게일에 붙이는 賦」 속에는 후각까지 나타난다고 말하였지만 사실 「古花瓶」의 최후의 절은 향기까지를 발산한다. 이 皮面的 조화는 외면적인 시형에도 나타나 있다. 「키츠」가 희랍적이라는 의미에서 이 시는 희랍적이라고 할 수 있다. 그 위에 전편을 감싸고 있는 부드러운 「유머」와 결코 냉혹하지 아니한 「아이러니」는 지성과 감성의 圭角을 감추는 미끈한 육체다.[332]

'삶의 비극성'과 예술('형식')의 관계를 논한 루카치의 글에서 인용된 키츠의 「그리스 고병부」를 확인해 보기로 한다.

> 아름다운 청춘이여, 나무들 밑에서, 그대는 그대의 노래를
> 쉴 수가 없구나, 또한 그 나무들도 이파리들을 모두 벗어버릴 수 없네;
> 대담한 여인이여, 그대는 결코 키스를 할 수 없오,
> 비록 승리가 목전에 있다 해도-그러나 슬퍼마오;
> 그녀는 결코 시들리 없네, 비록 그대가 행복을 누리지 못한다 해도,
> 영원히 그대는 사랑할 것이리, 그리고 영원히 그녀는 아름다울 것이리!
> (키츠, 「그리스의 고병부」)[333]

고전주의적인 정신이란 삶의 비극성에서 떠오른다. 임화가 말한 '향가

332 「조선일보 하기예술강좌 문예론」, 〈조선일보〉, 1934.7.12-7.22. 인용은, 김기림, 『전집 2』, 333면.

333 게오르그 루카치, 『영혼과 형식』, 반성완 역, 심설당, 1988, 51면.

의 마음'은 그러한 삶이 사라지는 모든 순간에 그 속에서 제자리를 잡으려는 인간의 유희적이고 숭고한 몸짓을 가리키고 있다.[334] 은은하게 향기를 내뿜고 있는 화병의 시간은, '한번 사라지면 다시는 돌아오지 못할 것'이라는 절멸의 시간을 노래한 이육사의 그것과 얼마나 다른가. 이육사에게 황혼의 창은 푸른 장막(커튼)으로 드리워져 있고 그 커튼을 걷는 순간은 모든 꿈꾸던 세계가 소멸되는 순간이었다. 신석정과 장서언에게서 확인하듯, 이미지즘은 고전주의적인 정신과 결합해 그 자유분방하고 감각적인 이미지를 날려버리고 오히려 지성적이고 상장적인 풍채로 무장하게 된다. 고전주의적 '향기'는 소멸되지 않고 영원한 미(美)를 내뿜는다.

김기림은 백석의 시집 『사슴』을 설명하면서 시집의 외형적 의장미를 동양적인 풍모와 연결한다.

> 表裝으로부터 종이, 활자, 여백의 배경에 이르기까지 그 시인의 주관의 호흡과 맥박과 취미를 이처럼 강하고 솔직하게 나타낸 시집을 나는 조선서는 처음 보았다.[335]

김기림은 백석의 '어두운 동양적 신화'가 주는 표정을 이 시집의 표장(表裝)에서부터 읽어내었다.[336] 백석의 것과 함께, 정지용의 아름다운 어휘, 이상의 이미지와 메타포어의 탄력성, 오장환의 악과 퇴폐에 관한 깊은 통찰 같은 것들이 우리시가 진전해 가는 방향이라 진단했다. 허무와 회의가 깃든 퇴폐조차 성실한 내면생활의 증거가 아닐 수 없다.[337]

---

334 게오르그 루카치, 『영혼과 형식』, 1988, 51-53면.
335 김기림, 「사슴을 안고」, 〈조선일보〉, 1936.1.29.
336 김기림, 「성벽을 읽고」, 『전집 2』, 377면.
337 김남천, 「현대여성미」, 〈인문평론〉, 1940.1.

신세대 시인들의 고전주의적인 감각은 세대론으로 연결된다. '세대론'은 어떤 특별한 '전형기'에 대두하는 인식론적 산물이 아님에도 '황혼기의 세대론'이 문제적인 것은 그것이 고전(주의)에 대한 유토피아적 동경을 동반하고 있다는 데 있다.

형관(荊冠)을 쓴 시인

오장환은 '고전'으로 새로운 시의 정신을 모색하고자 하지만 그것은 불가하다고 썼다. 고전이 부재하기 때문이라는 것이다. 오장환의 '고전부재론'은 '세대론'이면서 '구원론'이다. 청년 시인들은 스스로를 가장 순수하고 민감하고 섬약한 자로 등기한다. 청년시인들은, 형관을 쓰고 아름답고 죄없는 일을 행하고자 한 예수의 형상을 자신의 얼굴에 덧씌운다.[338]

> 고전이 없는 슬픔은 실로 막대하다. 자신까지도 믿을 수 없는 기력 속에서나마, 다만 우리들은 절망에 빠지지 않도록 경계해야만 된다. 피맺힌 발로 무연한 白沙地를 헤매는 청년들이여! 숨막히는 열사 속에서 건강한 육신이 가시 돋구고, 몇 해씩을 벌려 가슴이 무여질 듯 피어나오는 선인장의 빨간 꽃송이, 그 빨간 꽃송이의 꿈을 아끼지 않으려는가.[339]

청년시인들에게 신념의 빛을 주고 시의 모범을 가르쳐 줄 '고전(주의)'이 자신들에게는 존재하지 않는다는 것이다. 일본으로부터 유입된 자유시나, 신변 잡기식 영탄시나, 최정시가 청년 시인들 앞에 놓여있었지만, 거기가 그들이 안주할 곳은 아니며 더욱이 그것이 길을 가르쳐주지

---

338 오장환, 「방황하는 시정신」, 〈인문평론〉, 1940.2.

339 오장환, 위의 글.

도 않았다. 흔히 '시란 젊은이의 운동경기'라고 비유되는 시인의 길에서 청년시인들은 이미 '청춘기의 오류'를 겪었고 그들 스스로는 자신들은 이제 너무 쇠잔했다고 느꼈다. 그대로 절망할 것인가? 서정주는 청년을 향해 "눈 뜨라. 사랑하는 눈을 뜨라... 청년아, 밤과 피에 젖은 國土가 있다"(「바다」, 사해공론, 1938.10)라고 절규했다. '밤과 피에 젖은 국토'에 청년 시인들이 서 있었다. 그들의 시는 그러니까 피로 쓴 밤의 경구이다. 청년시인들은 '몇 해씩을 벌려 가슴이 무여질 듯 피어나오는 선인장의 빨간 꽃송이'와 같은 어떤 것을 찾아 헤맸다. 그것이 무엇인지 오장환은 정확하게 밝혀두지 않았다. 오장환은 단지 이 '빨간꽃'의 꿈을 말하면서 형관을 쓴 시인의 자리를 받아들이고자 했다. '고전'의 자리에 '종교'가 자리잡는 순간, 시인들은 스스로 형관을 쓰고 새로운 서정시의 방향을 향해 나아가지 않으면 안되었다. 형극의 길이 곧 구원의 길이었던 것이다.

고전과 조선어

'전통'에 대한 관심은 조선말 시의 계승 문제로 나타나며, 그것은 전통적인 시(가) 형식에 대한 비판적인 수용 문제와 연계된다. 조선말, 상고사, 민속, 고전문학 양식 등을 고구함으로써 시대적 책무를 모색하고자 한 국학운동의 흐름 한 가운데 고전주의론(전통론)이 놓여있다.

김종한은 전통에서 출발한 조선말 시에 대한 비판정신을 요구한다. 안서 이후, 거의 관심을 두지 않았던 우리 전통시가 양식, 정형시 양식에 대한 관심의 촉구라는 점에서 그것은 유례없는 것이다.

> 신세대의 시인들은 시조나 정형시를 새삼스럽게 모방할 필요는 없는 것이지만, 다만 그러한 전통에서 출발하야 「조선말 詩」에 대한 본

> 질적인 비판을 가지지 못하고서는 예술적인 참의 新世代의 詩는 창작할 수가 없다.[340]

그 동안 모더니즘시, 카프시 등의 외래적인 시 양식의 사조사, 수용사, 산문양식사에 침윤된 근대시사의 흐름에서 이 주장은 단연 의아스런 것이다.

'조선어' 문제는 '조선말 시' 문제로 나아감으로써 본격적인 시양식론의 문제가 제기된다. 임화의 '고전론'은 '향가론'에서 '양식론'으로, 그것은 다시 '조선어' 문제로 진전된다. 양식론은 곧 언어론이니, 임화가 일제말기 '조선어'에 대한 지극한 관심을 기울인 것과 시가양식론은 동일한 인식론적 층위에 속한다.

> 우리의 향가라는 마음은 결국 전통에의 의식이 아닐까?[341]

임화는 상징적으로 우리의 전통을 '향가'에 소급해 놓고 있는데, 미래의 시인(비평가)에게 '우리의 향가라는 마음'이라는 표현을 써서 시간을 뛰어넘어 '고전'과 '전통'이 견인하는 미래를 제시하고자 한 듯하다. '향가'라는 마음을 이어 과거와 현재와 미래가 만난다는 것이다. '고전'은 논리적인 문제가 아니라 마음의 문제 그러니까 '우리 여러사람이 느끼는 심정'의 세계에 속하게 된다. 이 대목에서 임화는 이원조와, 이상과, 그리고 서정주와 같은 시 · 공간에 있다.

340 김종한, 「시문학의 正道」, 〈문장〉, 1939.10.
341 임화, 「고전의 세계」, 『전집 5 평론(2)』, 289면.

> 예술사에 있어 정신적인 것이나 형식적인 것이나 모두 면면히 흘러내려 오는 것이 사실이다. 이것은 단순히 고전과 고전과의 사이를 매개하는 것도 아니요 오히려 고전과의 단속과 독립해서 연속되어 있는 것

'고전'을 바라보는 임화의 입장은 연속성의 차원에 있지 않고 단속성의 차원에 있다. 시대의 황혼과 시의 종언을 뛰어넘고자 했을 때 고전은 그러한 '단절적 영속성'의 논리를 보강해 줄 뿐 아니라 근대문학사를 정초하는 데도 강력한 동기를 제공한다. 고전은 불연속적으로 영속하는 역사 위에서 생을 이어간다. 이 '단절적 영속성'의 논리는 카프 해산기의 그의 개인적 모랄을 지탱해주는 역할도 했을 터인데, 이 무렵(1940년 12월) 그는 전통의 회귀(고대적인 것의 회귀)를 통해 순수한 것, 단일한 것, 가치 있는 것에 도달하고자 했을 것이다. 임화는 '향가라는 마음'으로 미래의 시인들에게 말을 건네는 한편, '조선어 문제'에 몰두한다. 조선어와 양식론, 이 두 문제는 서로 연결되어 있다.

'언어는 수단'이란 명제를 논증하기 위하여 임화는 제작과 예술, 수단과 표현의 문제를 다룬다. 예술의 수단은 순수하고 엄격하다. 문학의 수단은 언어라고 할 때, 이때 '언어'는 일반적이고 추상적인 의미의 언어(langue)가 아니라 일본어, 영어, 독일어 등 '정말 존재하는' 구체적인 언어(parole)이다. 이를 떠난 문학의 수단으로서의 언어란 생각할 수 없다. 이를 고려하지 않은 문학의 존재라는 것을 생각하면 우스운 일이다.[342] 임화는 '일반언어학'의 문제를 말하고자 한 것이 아니라 '파롤'의 차원에서 조선어를 다룬다. '조선어'는 '문학어'이자 '양식론'의 차원에서 다루어진

---

342 임화, 「예술의 수단」, 〈조광〉, 1940.12.

다. 구체적이고 실재하는 언어, 우리가 말하고 사고하고 쓰는 언어로서의 언어, 이를 고려하지 않은 문학의 존재는 생각할 수 없다는 맥락으로 그는 언어 문제를 이해하고 있었다. 신남철 류의 '저작하는' 잠언류의 언어와는 근본적으로 다르다는 것이다.

임화의 '고전'에 대한 관심은 '조선어 구어체 시의 아름다움'에서 '조선어의 미'를 발견하는 것에 이어진다.

> 김기림, 김광균, 황순원, 신석정 등 제씨의 시를 주의깊게 읽은 사람이면 그 사용하는 형용사, 명사 등의 가경할 유사와 그 용어의 대부분이 상용어가 아니며 시어의 구어체로부터의 유리, 그리고 어느 누구를 막론하고 어휘를 통틀어야 백을 넘을둥말둥한 소수인데는 일경(一警)을 금할 수가 없다. 그리고 시 전체를 통하여 외국시의 어조로서 조선어 같은 음율적인 미, '리듬의 고유한 음악성' 등은 간곳없이 추방되어 있다. 이것이 과연 조선어의 예술미적 완성일까? 민요, 동요, 시조나 고가사(古歌詞) 등이 가진 주옥과 같은이 아름다운 조선어의 미는 흔적도 없이 깨어지고 있다.[343]

외국의 방법이나 사어(死語)의 형식으로는 조선민족의 현실적인 생활이나, 언어의 진실한 아름다움을 포착해 낼 수 없다. 시의 屍骸가 형식적인 의미의 '美文學'마저 기대할 수 없게 한다는 것이 임화의 진단이다. 임화는 민요, 동요, 시조, 고가사 등에서 조선어 구어체의 아름다움을 발견하고 이를 '주옥과 같이 아름다운 조선어의 미'라 규정한다. '조선어 구어'에 대한 관심은 '말소리(발성적, 목소리성 요소)'에 대한 관심이다. '아름다운 노들강'은 일본어로, 또 영어로 옮길 수 없으며, '엄마' 소리는 어리

343 임화, 「역사적 반성에의 요망」, 『전집 3 문학사』, 368면.

광이 번진 소리라고 임화는 조선어 구어의 목소리성, 낭영성을 문제삼는다. 문학이란 최초로부터 읽히어질 것을 목표로 즐겁게 읽을 수 있게 그 중에서도 음향이 고운 말을 골라 음악적 리듬으로 건축하여 회화적 형상성을 부여하는 것이라 규정한다.[344]

임화는 지금까지 그가 기대었던 서양이론과 서양사상에서 나와 '조선적인 것'으로 다가간다. '향가를 통하여 희랍에 도달할' 방향성을 그는 모색한다. "우리의 향가라는 마음은 결국 전통에의 의식이 아닐까?"라고 그는 되물었다.[345]

(3) 황혼과 울음

볕살같은, 건조한, 울음

요설이 아니라 침묵이, 웃음이 이니라 울음이 필요했던 시대, 시인은 왜 우는가? 울음이란 무엇인가? 오장환은 '집단적인 종족의 커다란 울음소리나 자랑을 노래할 산문시가 필요하다'고 썼다.[346] '집단의 울음소리나 자랑'을 노래할 산문시가 필요한 시대, '울음'은 개별성을 띠지 않고 '전체성' 띤다. '울음'은 더 이상 개인의 자기몰락이나 절망에 대한 영탄이나 신변잡기의 장식에 그치지 않는다. 〈문장〉 1940년 11월호에는 백석의 「許俊」, 박두진의 「雪岳賦」, 이용악의 「슬픈 일 많으면」이 같이 실려있다. 흥미롭게도 이 시들은 오장환의 말을 증언하기라도 하듯 '집단의 울음(슬픔)을 자랑으로 노래한' 산문시다. 백석의 시는 「남신의주유동박시봉

344 임화, 「조선어와 위기하의 조선문학」, 『전집 4 평론(1)』, 600-601면.
345 임화, 「고전의 세계」, 〈조광〉, 1940.12.
346 오장환, 「방황하는 시정신」, 〈인문평론〉, 1940.2.

방」(학풍, 1948.10), 「힌 바람벽이 있어」(문장, 1941.4), 그리고 산문 「슬픔과 진실」(만선일보, 1940.5.9-10), 「조선인과 요설」(만선일보, 1940.5.25-26)과 동일한 정신적 지평에서 출발하고 있다.

센티멘탈리즘의 원적(原籍)인 1920년대의 낭만주의 시대로부터 '울음'의 시사(詩史)는 급격히 이동한다. 개인에서 집단으로, 센티멘탈리즘의 濕性에서 '볓살같은' '乾性'으로 '울음'의 성격이 변화된 것이다.

그 맑고 거룩한 눈물의 나라에서 온 사람이여
그 따마하고 살틀한 볓살의 나라에서 온 사람이여

눈물의 또 볓살의 나라에서 당신은
이 세상에 나드리를 온것이다
쓸쓸한 나드리를 단기려 온것이다

눈물의 또 볓살의 나라 사람이여
당신이 그 긴 허리를 구피고 뒤짐을 지고 지치운 다리로
싸움과 흥정으로 왁자짓걸하는 거리를 지날때든가
추운겨울밤 병들어누운 가난한 동무의 머리맡에 앉어
말없이 무릎우 어린고양이의 등만 쓰다듬는때든가
당신의 그 고요한 가슴안에 온순한 눈가에
당신네 나라의 맑은 한울이 떠오를것이고
당신의 그 푸른 이마에 삐여진 억개쭉지에
당신네 나라의 따사한 바람결이 스치고 갈것이다

높은산도 높은 꼭다기에 있는듯한
아니면 깊은 문도 깊은 밑바닥에 있는듯한 당신네 나라의

하늘은 얼마나 맑고 높을것인가
바람은 얼마나 따사하고 향기로울 것인가
그리고 이 하늘아래 바람결속에 퍼진
그 풍속은 인정은 그리고 그말은 얼마나 좋고 아름다울 것인가

다만 한사람 목이 긴 詩人은 안다
「도스토이엡흐스키」며 「죠이쓰」며 누구보다도 잘 알고 일등가는 소설도 쓰지만
아모것도 모르는듯이 어드근한 방안에 굴어 게으르는것을 좋아하는 그 풍속을
사랑하는 어린것에게 엿한가락을 아끼고 위하는 안해에겐 해진옷을 입히면서도
마음이 가난한 낯설은 마람에게 수백량돈을 거저 주는 그 인정을 그리고 또 그 말을
마람은 모든것을 다 잃어버리고 넋하나를 얻는다는 크나큰 그말을

그 멀은 눈물의 또 볕살의 나라에서
이 세상에 나들이를 온 사람이여
이 목이 긴 詩人이 또 게산이처럼 떠곤다고
당신은 쓸쓸히 웃으며 바둑판을 당기는구려
(「허준」, 문장, 1940.11)

'당신의 나라'란 어떤 곳인가? 이용악도, 백석도 물었다. 백석은 '그 맑고 거룩한 눈물의 나라', '그 따마(사)하고 살틀한 볕살의 나라'라고 말했고, 이용악은 '모두 어질게 사는 나라', '슬픈 일 많으면 부끄러운 부끄러운 나라'(「슬픈 일 많으면」)라고 답했다. '눈물의 나라' 사람들은 어질고

거룩하며 살틀하니, 그것은 '모든것을 다 잃어버리고 넋하나를 얻는' 자들이며 이 세상 나들이를 온 탓에 탐욕도 명예도 필요 없는 자이다. 이 숭고하고 거룩한 존재는 말하지 않음으로써, 아무것도 모른다는 듯한 웃음으로 '슬픔'을 숭고하게 끌어올린다. 이 '나라의 사람'은 '침묵'으로써 '크나큰 말'을 한다. 슬픔의 나라에서 온 사람들은 시인이며 그들의 슬픔의 말은 곧 시의 말이 아닐 수 없다.

'웃음'과 '요설'이 등가이고 '울음'과 '침묵'이 등가이다. 백석에게 '슬픔의 현실'과 '침묵의 진실'이 혼란스럽게 교차한다. 「슬픔과 진실」(만선일보, 1940.5.9-10)은 원래 박팔양의 시집 『여수시초(麗水詩抄)』에 관한 서평 형식으로 발표된 것이다. 이 글에서 백석은 '시인이란 세상의 온갖 슬프지 않은 것에 슬퍼할 줄 아는 영혼을 지닌 사람'이라고 '시인'을 규정한다. 그 정의는 '역설의 사상'이자 '비극적 사유'에 잇닿아 있다.

> 높은 시름이 있고 높은 슬픔이 있는 혼은 복된 것이 아니겠습니까? 진실로 인생을 사랑하고 생명을 아끼는 마음이라면 어떻게 슬프고 서름차지 아니하겠습니까? 시인은 슬픈 사람입니다. 세상의 온갖 슬프지 않은 것에 슬퍼할 줄 아는 혼(魂)입니다. "외로운 것을 즐기는" 마음도, 세상 더러운 속중을 보고 "친구여!" 하고 부르는 것도, "태양을 등진 거리를 다 떨어진 병정 구두를 끌고 휘파람을 불며 지나가는" 마음도 다 슬픈 정신입니다. 이렇게 진실로 슬픈 정신에게야 속된 세상에 그득찬 근심과 수고가 그 무엇이겠습니까? 시인은 진실로 슬프고 근심스럽고, 괴로운 탓에 이 가운데서 즐거움이 그 마음을 왕래하는 것입니다.[347]

347 백석, 「슬픔과 진실」, 〈만선일보〉, 1940.5.9-10.

'슬픔의 진실'은 '인생을 사랑하고 생명을 아끼는 마음'에서 오는 것인데, 그것이 '슬프고 서름찬' 이유이다. '슬픔의 정신'은 비극적 사유로부터 싹트는 역설의 사상이자 미래의 사상이다. 이 역설만이 '속된 세상에서 슬프고 근심스럽고 괴로운 마음'을 '즐거움'으로 전도시킬 수 있다. '슬픈 것'을 '즐거움'으로 전도시키는 역설에서 '울음'은 '침묵'과 '역설적으로'[348] 만난다. 이 개념과 '평행'하게 '웃음'과 '요설'이 자리한다.

> 조선인의 요설을 나는 안다. 그것은 고요히 생각할 줄 모르는 것이다. 생각하기 실혀 하는 것이다. 가슴에 무거운 긴장이나 흥분이 업는 것이다. 또 무엇인가 悲哀를 가슴에 지닐 줄 모르는 것이다. ―중략― 조선인에게는 이러케 비애와 적막이 업슬 것인가. 분노가 업슬 것인가. 조선인은 이러케 긴장과 흥분을 모르는 것인가 그리고 생각하는 것까지도 일허버린 것인가. 멸망의 究極을 생각하면 그것은 무감한데 잇슬 것이다. 그것은 무감하야 나날이 짓거리고 밤낫으로 시시덕걸이고 인제나 어데서나 실업슨 우슴을 웃고 떠더는데가 잇슬 것이다.
>
> ―중략―
>
> 진지한 염원이 업는 말이란 詐術이다. 허튼 수작이란 더욱 사술이다. 조선인이 허튼 수잣을 즐기는 것을 생각하고 한편 남아 조선인을 가르치 사기적이라 한 것을 생각하자. 이 남의 말을 글타고만 할 수 잇슬 것인가. 요설이란 언제나 실천궁행이 아니다 이것과는 멀리 떨어져 도는 것이다. 게으른 놈의 실행대신의 糊塗다.[349]

---

348 '역설'과 '평행'이란 개념은 에드워드 사이드와 바렌보임의 대담집 『평행과 역설』(장영준 옮김, 생각의 나무, 2003)로부터 빌어왔다.

349 백석, 「조선인과 요설-서칠마로 단상」, 〈만선일보〉, 1940.5.25-5.26.

백석은 "요설인고. 허튼 수작인고. 실업는 우숨인고. 그것은 코춤이요 구역이다"고 단언한다.[350] 요설, 웃음은 코춤이자 허튼수작이고 그러니 그것은, 구역이 날 일이다. 진정한 것은 슬픔이다. 시인의 일이 고귀한 것은 슬픈 일은 물론이고 슬프지 않은 것에서도 '슬픈 혼'을 불러내기 때문이다. 이 '슬픈 혼'이 '울음'이니 '울음'은 소리내는 것이 아니라 '입을 담을고 생각하고' '감격을 광명할 날을 위하여' 침묵 가운데 '진지한 모색'을 하는 것이다.

> 비록 몸에 남루를 걸치고 굶주려 안색이 창백한 듯한 사람과 한 민족에 오히려 천근의 무게가 업슬 것인가. 입을 담으는 데 있다. 입을 담을고 생각하고 노하고 슬퍼하라. 진지한 모색이 잇서 더욱 그러할 것이요, 감격할 광명을 바라보야 더욱 그러할 것이다.[351]

'울음'과 '침묵'은 이렇게 '역설'로 만난다. 슬픔을 알아차리는 것도 어렵고 그것을 감내하는 것도 어려운 일이니 시인이 진실로 높고 고귀한 것은 '슬픔'을 알고 '슬픔의 사상'을 시로 표현하기 때문이다.[352] 울음은 슬픔의 역설로 승화되고 침묵의 사상으로 무르익는 것이며, 반대로 '웃음'은 허튼 수작에 지나지 않고 구역나는 것이다. 시인에게 웃을 일이란 오직 광란에서 오는 것, 서정주는 '어찌하야 자네는 나보고, 나는 자네보고 웃어야하는 것입니까'(「만주에서」)라고 절규했다. 아니면 달관과 초월에서 오는 것("서서우는 눈먼 사람/자는 관세음"(「서풍부」)에 한정되었다. 백석의 '울음'은 김기림의 '침묵'과 다르지 않은데, '침묵'을 통해 조선인의

350 백석, 「조선인과 요설-서칠마로 단상」.
351 백석, 위의 글.
352 백석, 「슬픔과 진실」.

혼을 불러 모으고자 했던 내성의 울림은 '집단의 울음'이었다. 상징이 공유 코드로 소통되는 것과 같은 맥락에서 그 '울음'은 집단적인 소통의 언어였다.

백석이 언급한 '비애, 적막, 분노, 긴장, 흥분, 사유'를 총합한 것이 '침묵'이다. '침묵'은 시대적인 아우라를 띠고 있는 '웅변'의 수사가 아닐 수 없다.[353] 김기림이 일제말기 남긴 「못」, 「무덤」 등의 시에서 이 침묵의 수사는 되살아난다. '죽음'의 이미지가 빚어내는 장엄한 역사의식이 '날카로운 생의 의지'와 모호하게 뒤섞인 혼합된 이미지로 나타나는 것이다.

백석은 '슬픈 정신'에 대해 말한다. 슬픔은 고귀하고 정결한 것이다. 이 역설의 논리는 「남신의주유동박시봉방」, 「힌 바람벽이 있어」 등에서 투명한 시적 이미지로 표상되었다.

서정주의 울음이 주목되는 것은, 그 울음의 색채 때문인데, 시인의 울음은 붉고 붉다고 서정주는 '울음'의 색채를 선명하게 제시했다.

> 못 오실 니의 서서 우는 듯/어덴고 거기 이슬비 나려오는/薄暗의 강물 소리도 없이…/다만 붉고 붉은 눈물이/보래 핏빛 속으로 젖어
>
> (「서름의 강물」 부분, 조광, 1940.4)

울음은 이제 생명의 말이 된다. 붉음은 원초적인 생명의 색깔이니 붉은 울음은 피를 토하듯 우는 뻐국새의 울음과 통하고 그들 울음은 근원에서 생명으로 만난다. 그러니까 '붉은 울음'은 황혼기에 출현하는 비극적 사상이 선명한 이미지로 표출된 것이 아닐 수 없다. 황혼의 울음은 시

---

353 박두진의 「도봉」을 비롯 일제말기 씌어진 시가 '침묵'을 통해 장엄한 역사 의식을 드러내는 점은 조명할 필요가 있다.

대의 현실에 부딪혀 온 정감을 시대의 보편화에까지 높이려는 시인의 가치 있는 목소리가 된다. '암흑한 제야에 위대한 도정에서 넘어지는 비극에 찬 웅대한 낭만적 비가'는 '밤의 울음'으로 구체화된다.[354]

(4) 황혼과 무덤

생명의 시 · 공간

'묘지'는 그 자체로 이미 숭고함을 불러 일으키는 대상이다.[355] 숭고를 시인은 '무덤'의 이미지에 투사한다. 박두진, 김기림 등이 '묘지'에서 '숭고한 정신'을 읊었다. 묘지는 죽음, 소멸, 절멸을 뜻하지만, 상징적으로, 그것은 밥과 삶의 상징이며 재생과 갱생의 생명의 에너지를 잠재한 표상이다. 시간적으로 '무덤'은 과거가 아니라 미래를 향해 있다. 함형수의 '무덤', 박두진의 '무덤'에서 미래를 향한 시인의 숭고한 목소리를 듣는다.

박두진의 「묘지송」에서 '무덤' 속에 핀 촉루는 눈부시고 향기롭다.

> 북망(北邙)이래도 금잔디 기름진데 동그만 무덤들 외롭지 않으이.
> 무덤 속 어둠에 하이얀 촉루(髑髏)가 빛나리. 향기로운 주검의 내도 풍기리.
> 살아서 섧던 주검 죽었으매 이내 안 서럽고, 언제 무덤 속 화안히 비워 줄 그런 태양만이 그리우리.
> 금잔디 사이 할미꽃도 피었고 삐이 삐이 배, 뱃종! 뱃종! 멧새들도 우는데, 봄볕 포근한 무덤에 주검들이 누었네.
> (「묘지송」, 문장, 1939.6)

354 임화, 「진보적 시가의 昨今」, 『전집-평론 1』, 740-741면.
355 김선형, 「디드로의 미술비평에 나타난 '숭고'의 미학 연구」, 『프랑스어문교육』 49집, 2015.

무덤이 둥근 것은 그것이 태양이기 때문이다. 그래서 무덤은 언제나 빛과 함께 한다. '봄볕 포근한 무덤에 주검들이 누웠다'고 시인은 썼다. 김동리가 '생의 구경'이라 요약한 이 관점[356]에서 박두진은 서정주와 오장환과 함께 있다. 박두진의 '무덤'의 향그러움과 하이얀 촉루의 빛은 서정주의 사향냄새나는 숫사슴의 활기(「지귀도」)와 오장환의 눈이 따갑도록 바알간 장미 같은 뱀의 감촉(「할렐루야」)에 겹쳐진다.

박두진의 '어두운 무덤 속에서 빛나는 하이얀 촉루'는 '꽃구름 속에' 든 '화안한 빛'으로 변용된다. 그러니 '무덤'은 '꽃구름'이었던 것이다.

> 꽃바람 꽃바람
> 마을마다 훈훈(薰薰)히
> 불어오라
>
> 복사꽃 살구꽃
> 화안한 속에
> 구름처럼 꽃구름 꽃구름
> 화안한 속에
>
> 꽃가루 흩뿌리어
> 마을마다 진한
> 꽃향기 풍기어라
>
> 치위와 주림에 시달리어
> 한겨우내ㅡ움치고 떨며

356 김동리, 「신세대의 정신-문단 신생면의 성격, 사명, 기타」, 〈문장〉, 1940.5.

살아 나온 사람들……
서러운 얘기
서러운 얘기
다아
까맣게 잊고

꽃향에 꽃향에
취하여
아득하니 꽃구름 속에
쓸어지게하여라
나비처럼
쓸어지게하여라
(「꽃구름 속에」, 문장, 1941.4)

'꽃향기에 취할 자격'은 '치위와 주림에 시달리'다 움치고 떨며 살아나온 사람들에게 주어진다. 이 사람들이 들려주는 '서러운 이야기'는 오장환과 서정주에게서 얼마나 익숙한 구절이었던가? 그런데 이 '꽃향기의 취함'이 눈부신 것은 '절멸'을 말하기 때문이다. 박두진은 '절멸'을 경쾌하면서도 숭고하고 축약적이면서도 아름답게 처리하고 있는데, '나비'를 이끌고 들어온 까닭이다. 말이 생략되고 그 생략을 반복이 감당하며 이미지는 축약되지만 의미는 확산되고 확장되는 신비를 박두진은 이 '나비처럼 쓸어지게 하는'에 숨겨두었다. 모든 것은 꽃 구름 속에서 스러지는데, 꽃향기에 취해 스스로 절멸한다. '나' 또한 나비처럼 그렇게 우아하고 숭고하게 사라진다.

1.

부여안은 치맛자락 하얀 눈바람이 흩날린다. 골이고 봉우리고 모두 눈에 하얗게 뒤덮였다. 사뭇 무릎까지 빠진다. 나는 예가 어디서 저 北極이나 南極 그런 데로도 생각하며 걷는다.

파랗게 하늘이 얼었다. 하늘에 나는 후 — 입김을 뿜어 본다. 스러지며 올라간다. 고요 — 하다. 너무 고요하여 외롭게 나는 太古! 太古에 놓여 있다.

2.

왜 이렇게 자꾸 나는 山만 찾아 나서는 겔까? - 내 영원한 어머니 …… 내가 죽으면 白骨이 이런 陽地짝에 묻힌다. 외롭게 묻어라.

꽃이 피는 때 내 푸른 무덤엔 한포기 하늘빛 도라지꽃이 피고 거기 하나 하얀 山나비가 날러라. 한마리 멧새도 와 울어라. 달밤엔 杜鵑! 杜鵑도 와 울어라.

언제 새로 다른太陽 다른太陽이 솟는날 아침에 내가 다시 무덤에서 復活할것도 믿어본다.

3.

나는 눈을 감어본다. 瞬間 - 번쩍 永遠이 어린다. …… 人間들! 지금 이땅우에서 서로 아우성치는 數많은 人間들 — 人間들이 그래도 滅하지 않고 오래 오래 世代를 이어 살아갈것을 생각한다.

우리族屬도 이어 자꾸 나며 죽으며 滅하지 않고 오래 오래 이 땅에서 살아갈것을 생각한다.

언제 이런 雪岳까지 왼통 꽃동산 꽃동산이되어 우리가 모두 서로 노래하며 날뛰며 진정 하로 和暢하게 살어볼날이 그립다. 그립다.
(「雪岳賦」, 문장, 1940.11)

'그립다, 그립다'의 반복이 얼마나 말의 촘촘한 밀도와 강력한 속도를 만들어내는지는 '순간'에서 '영원'을 가르는 그런 섬광, 수많은 인간들의 아우성 속에 번득이는 생명력에서 충분히 확인된다. '우리族屬도 이어 자꾸 나며 죽으며 滅하지 않고' 같은 산문적 어법조차 작위성없이 '노래'의 리듬으로 바꾼 것은 박두진의 구어체적 감각(장만영)에 기인할 것이다. '거룩한 눈물의 나라에서 온 목이 긴 시인'을 읊은 백석의 「許俊」과 '모두 어질게 사는나라래서 슬픈 일 많은 사람'을 읊은 이용악의 「슬픈 일 많으면」이 같은 지면에서 산문시로 '집단의 울음'을 울었다는 해석과 박두진이 산문조로 '무덤'의 빛을 읊었다는 해석이 별개의 것이 아니다.

'언제 새로 다른太陽 다른太陽이 솟는날 아침에 내가 다시 무덤에서 復活할것도 믿어본다'가 이 시의 핵심일 것이다. 이육사가 본 '또 다른 하늘'은 박두진에게서 '또 다른 태양'으로 부활하고 있다. '순간'을 통한 '영원'을 종교적인 모럴이나 초월적인 정신에 기대지 않고 '이땅우에서 서로 아우성치는 數많은 人間들'을 향한 모럴에 기대고 있다는 점이 놀랍다. 박두진의 「雪岳賦」를 두고 '박두진처럼 안심하고 읽을 수 있는 신인은 없다. 절망을 건강화할 수 있는 수법은 인간적 크기에서 나온다'고 김종한이 썼을 때,[357] 이 '절망을 건강화하는 힘'은 숭고의 정신이다. 김종한 스스로도 '담배와 생각의 피로에 지친 육체가 돌처럼 던져져 있을 때 찾아온 황혼에 느끼는'(김종한, 「돌」) 숭고함을 27세의 早老한 청년의 육체에 彫

357 김종한, 「詩壇時評」, 〈문장〉, 1941.1.

刻시키기도 했다.[358]

숭고함 속에서 '아득히 꽃구름 속에 쓸어지는 것'들은 언젠가 영원회귀하듯 되돌아올 것이다. 이는 마치 임화가 발견한 이용악의 '어둠 속의 꽃씨'와 상동적이다. '꽃구름'은 '원광'이자 '원환'이며 태양과 같고 황금수레와 같다. '무덤'은 '꽃구름'과 같다. '치위와 주림'의 서러운 이야기는 '무덤'으로 갔다 다시 '하늘'로 되돌어간다. 이 영원회귀의 질서 가운데 시인의 노래가 영속한다. '무덤'은 '白日에 서늘없고 푹은히 젖'은 나무처럼 하늘로 돌아간다. 나무는 생명수이다. 박두진을 '森林에서 풍기는 식물성의 것'이라 평가한 것은 정지용의 예민한 감각이었다.[359] 뱀이나, 개미나, 죽음이나, 슬픔까지가 다 식물성의 숭고한 육체를 갖는데 이 식물성의 육체가 잔인하고 폭압적인 동물성의 육체, 정치적 현실에 대응한다.

검은 도취의 황홀

이육사는 「子夜曲」(문장, 41.4)에서 '노랑나비도 오지 않는 이끼만 무성한 무덤'의 고향을 그리고 있다. 박두진의 '나비'는 꽃구름 속에서 혼을 잃지 않고 장렬한 죽음을 맞는데 이육사에게는 나비조차 오지 않는다. 하지만 이 두 시편이 〈문장〉 폐간호를 장식하고 있다는 것은, 오장환의 회상을 고려하면, 주목할 사건이다.

> 수만호 빛이래야할 내 고향이언만
> 노랑나비도 오쟎는 무덤우에 이끼만 푸르리라.

---

358 김광섭, 「시단월평-五月 시단소감」, 〈인문평론〉, 1940.6.

359 정지용, 「시선후」, 〈문장〉, 1940.1.

슬픔도 자랑도 집어삼키는 검은 꿈
파이프엔 조용히 타오르는 꽃불도 향기론데
연기는 돛대처럼 날려 항구에 들고
옛날의 들창마다 눈동자엔 짜운 소금이 저려
바람 불고 눈보래 치쟎으면 못살이라
매운 술을마셔 돌아가는 그림자 발자최 소리

숨막힐 마음속에 어데 강물이 흐르뇨
달은 강을 따르고 나는 차디찬 강맘에 드리라

수만호 빛이래야할 내 고향이언만
노랑나비도 오쟎는 무덤우에 이끼만 푸르리라.
(이육사, 「子夜曲」, 문장, 1941.4)

이육사의 '무덤'은 오장환과 서정주 사이에 있다. 이끼만 푸른 무덤이 있는 고향은 낡고 정체된 시간 위에 있다. 고향에 대한 상념은 향기롭지만 그것은 과거의 것이다. 시인의 파이프 위에 타오르는 상념의 불꽃은 얼마나 도취적인 아름다움을 품고 있는가. 하지만 현실은 숨막히는 것이니, 비애가 시인의 황홀한 상념을 빼앗아 가버린다. '바람 불고 눈보래 치잖으면 못'사는 그런 역설의 감정이 시인을 눈물짓게 한다. 숨막히는 현실에서 어떻게 시인의 마음속에 강물이 흐를 수 있을 것인가. 강물의 흐름과 심지어 얼음 언 강물 아래 흐르는 도화꽃 향기까지 그릴 수 있었던 오장환에 비해 이육사의 강이란 얼마나 단절적이고 극한적인가.

오장환의 강물은 두꺼운 얼음장 아래를 흐른다. 두꺼운 얼음장 아래에 흐르는 것은 강물이 아니라 '우리네 슬픔'이었다. 그 '숨어 흐르'는 슬픔과 함께 송화가루가 눈부시게 떠간다. 박두진의 '무덤 속 촉루같이 하이얀 빛'은 '송화가루 같이 떠가는 눈부신 슬픔'이 아닐 수 없다. 강물은 비극적 세계관의 표상이다. 그런데 이육사의 마음의 강물에는 아무것도 떠오르지 않으며 숨어서 흐르는 어떤 흔적을 찾기도 어렵다. 이육사는 '내 마음 속 강은 흐르지 않는다'고 썼다. 대신 이육사는 그 차디찬 강의 마음에 자신을 놓았다. 무덤 위에는 '빛'이 사라진 지 오래다. 노랑나비가 오지 않는 것은 죽은 자의 '혼'이 상실되었다는 뜻이며 더 이상 '생명'의 빛을 예감할 수 없다는 뜻이리라. 고향에 돌아갈 수 없다는 절망감 혹은 회환인지, 폐결핵을 앓았던 심약의 증거인지 알 수는 없지만, 죽음을 거느리고 있는 이육사의 초상이 이 구절에 겹쳐진다. 숨막힌 강물, 차단된 강물, 영혼을 실어갈 나비조차 오지 않는 강물! 이육사가 그린 극한의 고원마냥 강물은 영혼을 집어삼킬 정도로 깊고 검다. '검은 도취'의 황홀감이 무덤 위에 있지만 그것은 적막하고 쓸쓸하고 차다.

이육사의 '매운 술을 마셔 돌아가는 그림자 발자취 소리'는 서정주의 '취해 돌아가는 사람들'(「행진곡」)에 대응된다. 임화는 '돌아갔던 사람들은 곧 돌아올 사람'이라 주석을 붙였거니와, 그 돌아가는 사람들의 '숨막힐 마음'은 이육사의 것이다. 오장환의 마음이 곡선적인 것이자 영원회귀적인 것이라면 이육사의 그것은 직선적이며 일회적이다. 서정주가 되돌아올 사람들의 음성을 환청으로 듣고 있다면, 이육사는 되돌아올 사람들의 환영을 더 이상 보지 않는다. 아나키스트였던 이육사의 행로와 무관하지 않은 것이다. 이육사는 서두의 두 행을 마지막에 다시 반복하면서 그런 닫힌 행로, 다시는 회귀하지 않는 역사의 얼굴을 환각처럼 보고자 했는지 모른다.

장식과 우울의 묘혈

윤곤강의 '무덤'은 '방안'에 꾸며둔 것인데, 윤동주의 「또 다른 고향」에 나오는 '백골이 누운 방'의 이미지와 닮아있다. '백골'이 '나'와 함께 가지런히 누워있던 윤동주의 방이 여기서는 '그림자와 함께 누운 것'으로 대체되었다. 방안에 무덤을 꾸미고 주검처럼 누운 것은 '마음을 재우려는' 의도이다.

> 문을 닫어 방안을 무덤으로 꾸미고
> 그림자와 함께 등잔밑에 누운 것은
> 죽은듯 그속에 마음을 재우랴 함이엇만,
> 쏴 – 쏴 – 산기슭을 도는 바람이
> 소나무가지와 뜻모를 푸념을 외이고
> 늙은 밤나무가 늘어선 울뒤에서
> 청승마께 부엉이가 이밤을 운다
> 얼어붙은 하늘에 아마달이 떴나부지,
> 사 – ㄱ 사 – ㄱ 댓닢을 훑는 소리
> 부 – 흥 부 – 흥 창자를 긁어내는 소리
> 깊은 산 이 마을에 무엇 찾어
> 바람은 일고 새는 우는가,
> 이런 밤이면 낡은초롱에 불을 켜들고
> 나를 찾어 누가 올것만 같어
>
> 마음 괘 – 니 설네기만 하는데,
> 오양간 송아지는 콩깍지를 되씹고
> 추녀밑 비둘기 잠을놓처 구구운다. – 詩集 「洞窟」에서

(「山家」, 신세기, 1939.2)[360]

왜 죽은 듯 마음을 재워야 하는가? 시인을 향해 있는 것은 절멸의 고독뿐이니 차라리 죽은 듯 잠들어 있는 편이 나을지 모른다. 그런데 시인은 잠들기는커녕 그의 모든 귀는 자신의 내부가 아니라 외부로 열려있고 자연이 내는 모든 소리가 그의 귀에 걸려있다. 시인의 잠은 결코 무덤 속으로 들어가지 못한다. 그때 '깊은 산 이 마을에' 누구인가 찾아올 것이라는 설레는 기대가 마음 한 구석에 들어선다. 송아지가 콩깍지를 되씹고 비둘기가 운다. 무엇인가 새로운 날이 시작될 조짐이다. 시인의 마음은 다시 내부로부터 흥성거리고 있다. 그러니 시인의 방안에 있는 '무덤'은 잠들기 위해서가 아니라 깨어있기 위해서, 다시 새날을 맞기 위해서 '꾸며진 것'이다. 윤곤강은 차라리 장식적인 고답풍의 무덤을 그의 방안에 들여두었던 것이다.

조벽암의 「憂鬱한 墓穴」은 '황혼'과 '묘혈'의 상징적 관계를 시사한다.

지축에 淵着하야
운명에 유혹되고

세기에 추방되어
침묵에 정화되다

전통에 潛航하야
習俗에 냉정하고

360 윤곤강, 「山家」, 〈신세기〉, 1939.2.

> 황혼에 초조하야
> 우울에 침묵하다[361]
> (「憂鬱한 墓穴」, 조선문학, 1939.3)

그토록 정형시적 형식률에 반감을 보이던 조벽암이 이 시에서 저 멀리는 한시 율시체를, 가까이로는 개화기 창가양식을 선택하고 있다는 점이 흥미롭다. 그는 황혼의 세기에 음유시인이 되어 묵시록적인 예언서를 썼다. 습속과 전통 사이에서 방황하면서 세기로부터 추방되었다는 자의식이 운명적인 어떤 것을 생각하게 한 모양이다. 임화가 '운명이 그립다'(「失題」)고 말한 그 내면적 자의식과 동류의 것이다. 조벽암은 예언서를 씀으로써 세기로부터 추방당한 시인의 운명을 말하고자 했던 것같다. 침묵할 수 없어서 그는 예언의 노래를 읊은 것이 아닐까. 박두진의 '향기롭고 환한 무덤'과 이 '우울한 묘혈'은 얼마나 다른 지점에 있는가.

죽음은 원환회귀적인 것이기에 무덤 앞에서 시인은 과거의 회환을 토로하지 않고 오히려 미래의 시간을 예언한다. '생활의 문학'으로서 만주를 '피의 기록'이라 정의한 현경준은 圖們에 있던 함형수를 두고 '舞에서 有를 보고 明日 아닌 明日을 보는' 시인이라 칭했다. 함형수는 미래의 예언서를 이렇게 썼다.

> 나의 무덤 앞에는 그 차가운 비(碑)ㅅ돌을 세우지 말라
> 나의 무덤 주위에는 그 노오란 해바라기를 심어달라
> 그리고 해바라기의 긴 줄거리 사이로 끝없는 보리밭을 보여달라
> 노오란 해바라기는 늘 태양같이 태양같이 하던 화려한 나의 사랑이라고

---

361 조벽암, 『조벽암 詩 전집』, 이동순 엮음, 소명출판, 2004, 245면.

> 생각하라
> 　푸른 보리밭 사이로 하늘을 쏘는 노고지리가 있거든 아직도 날아오르는 나의 꿈이라고 생각하라
> 　(「해바라기의 비명」, 시인부락, 1936.11)

무덤 주위를 밝히는 해바라기는 태양같이 화려하게 빛난다. 거기서 청춘의 사랑은 과거의 것이 아니라 푸른 하늘로 솟아오르는 꿈으로 비상한다. 무덤은 태양이자 노고지리이며 빛이자 꿈이다. 이 은유의 대상들은 최상의 것이자 절대의 것이며 원환회귀하는 생명의 근원이다. '-라' 종결체는 아직 도래하지 않은 미래의 시간을 미리 불러내 죽음의 비극성을 무화시킨다. 죽음의 징표인 무덤 앞의 '빗돌'이 필요없음은 이로써 설명된다. 오장환의 「푸른열매」(인문평론 창간호, 1939.4)와 비교해볼 수 있는데, 오장환의 '石碑'가 있는 '무덤'은 투명한 이미지즘의 대상이 될 뿐이다. 이국적인 것의 '동경(푸른열매)'에 그치고 있어 '무덤'에 아무리 꽃을 던져도 '무덤'은 빛을 내지도, 말하지도, 일어서지 않는다. 이국적인 것만큼 추상적이다.

김기림의 '무덤'은 어떤가. 아마도 일제말기 시인 김기림의 생애는 '모더니즘의 구호'도 '반센티멘탈리즘의 선언서'도 지운 그 자리에서 다시 시작될지 모른다. '선언'을 앞세우고 그 이념에 복종하거나 증명하기 위해 시를 써 나가는 아방가르드적인 정신의 후예로서의 소명을 일제말기 들어 벗어던지고 김기림은 자신의 내면에 울리는 침묵의 목소리에 귀를 기울였던 것같다. '문단에 참여하지 않겠다'던 그의 명확한 개인주의는 종말을 고하고 대신 '집단의 음성'에 그는 자신의 목소리를 얹었다. 김기림에게 예리한 논평을 부친 이원조를 굳이 인용하지 않더라도 이 같은 김기림의 변화는 '상징적인 사건'으로 기억될 것이다.

> 일요일 아침마다 양지 바닥에는
> 무덤들이 버섯처럼 일제히 돋아난다
>
> 상여는 늘 거리를 돌아다 보면서
> 언덕으로 끌려 올라가곤 하였다
>
> 아무 무덤도 입을 벌리지 않도록 봉해 버렸건만
> 묵시록의 나팔 소리를 기다리는가 보아서
> 바람소리에조차 모두들 귀를 쫑그린다
> 호수가 우는 달밤에는
> 등을 일으키고 넋없이 바다를 굽어본다.
> (「공동묘지」, 인문평론, 1939.10)

모든 주검들은 언덕으로 끌려 올라와 무덤에 묻힌다. 무덤은 입이 봉해진 채 누워있다. 절멸되도록, 침묵하도록 그렇게 봉쇄되어 있다. 그런 무덤들이 일제히 일어서는 것은 일요일 아침이다. 이는 아마도 종교적 구원과 연관이 있는 듯하다. '묵시록의 나팔소리를 기다리는가 보아서'라고 시인은 읊었다. 먼 미래에서 들려오는 구원의 음성이 바람에 실려 오기라도 한다는 것일까. 그러기에 무덤은 등을 일으키고 바다를 굽어본다. 이 둥글게 완만한 무덤과 넋없이 바다를 바라보는 시인의 이미지가 장엄한 형상으로 서로 겹쳐있다. 마치 설산의 정상에 서서 인간을 내려다보는 초인의 이미지가 거기에 있다. '무덤'은 몰락기의 황혼녘에 역사의 장엄한 순간을 기다리는 인간의 모습을 닮아있다.

(5) 황혼과 고원

청년이 눈 뜨는 시간

시인들의 적멸과 고독의 정신은 '고원지대'를 달려나간다. 육신을 극한 공간에 묻어둠으로써 정신은 생명을 얻고 되살아난다. '暗담한 진창에 가친 鐵壁같은' 절망의 광야에서부터 바람 한 점 나뭇가지 하나 흔들지 못하는 극한의 고원지대까지 시인들은 '독을 찬 심정'으로 탈주하고 있다. 그러니까 '고원의 사상'은 탈주의 사상이다.

서정주는 만주로 탈출했으나 거기엔 적막만이 있었다. '무에서 유를 보고, 명일 아닌 명일을 보는 시선'(현경준, 「만주인상기」)이 서정주에게는 아직 준비되어 있지 않았던 것일까. 서정주는 몇 천년을 흘러 살아온 만주의 하늘에는 아무것도 없고 오직 광란만이 쉬운 것이라 썼다.

> 참 이것은 너무많은 하늘입니다. 내가 말린들 어데를 가겠습니까. 紅柿와 같이 미치기는 시웁습니다. 멫千年을, 오 - 멫千年 혼자서 늘고온 사람들이겠습니까.
>
> 鐘보담은 차라리 북이있습니다. 이는 멀리도 않들리는 어쩔수도없는 奢侈입니까. 마지막 부를이름이 사실은 없었습니다. 어찌하여 자네는 나보고, 나는 자네보고 웃어야하는것입니까.
>
> 바로말하면 하르삔市와같은 것은 없었읍니다. 자네도나도 그런 것은 없었습니다. 무슨 처음 복숭아꽃내음새도, 말소리도, 病도 아무것도 없었습니다.
>
> (「만주에서」, 인문평론, 1941.2)

그 광활한 황야에서 청년 서정주는 이름조차 하나 부를 수 없었던 모양이다. 서정주가 '눈을 뜨라, 사랑의 눈을 뜨라, 청년이'(「서름의 江물」)라고 읊었던 목소리가 완전 소멸되어 있다. '복숭아꽃 내음새 풍기는' 꽃의 황홀도, '말소리'의 장엄함도, 청춘의 질병도 그곳엔 없다. 무(無)다. 향기도, 말소리도, 병조차 없는 적막 공간은 극한의 고원지대와 같다. 서정주는 오직 절멸의 웃음만 웃을 뿐인데, 마치 그것은 격리되고 소외된 '25시의 웃음'을 변용한 듯 낯설다.

유치환의 '광야'(「曠野에 와서」, 인문평론, 1940.7)는 '자학과 절망' 사이에, '암담과 철벽' 사이에 있다. 호흡할 곳도 사념의 하늘도 보이지 않으니 시인은 탈주하지 못하고 진창같은 절망에 갇혔다고 썼다.

> 興安嶺 가까운 北邊의
> 이 廣漠한 벌판 끝에 와서
> 죽어도 뉘우치지 않으려는 마음우에
> 오늘은 일헤째 暗愁의 비 내리고
> 내 막난이에 본받아
> 花투장을 뒤치고
> 담배를 눌러 꺼도
> 마음은 속으로 끝없이 울리노니
> 아아 이는 다시 나를 過失함이러뇨
> 이미 온갖을 저버리고
> 사람도 나도 접어주지 않으려는 이 自虐의 길에
> 내 열번 敗亡의 인생을 버려도 좋으련만
> 아아 이 悔悟의 앓임을 어디메 號泣할 곳 없어
> 말없이 자리를 일어나와 문을 열고 서면
> 나의 脫走할 思念의 하늘도 보이잖고

停車場도 二百里밖
暗담한 진창에 가친 鐵壁같은 絶望의 曠野!
(「광야에 와서」, 인문평론, 1940.7)

유치환의 '광야'에는 '자학'과 '패망'과 '회오'만이 있다. '절망의 길'이자 '자학의 길'이다. 이육사의 「喬木」(인문평론, 1940.7)은 유치환의 철벽에 갇힌 절망에 비해 훨씬 극한적인 지대에 선 자의 인생을 다루고 있으나 '역설적인 지성'이 있다. 그것은 차라리 모든 것을 부정하고 무로 되돌리는 심정으로부터 얻어진 것이다.

푸른 하늘에 다을드시
세월에 불타고 웃둑 남아서서
차라리 봄도 꽃피진 말어라.

낡은 거미집 휘두르고
끝없는 꿈길에 혼자 설레이는
마음은 아예 뉘우침 안이리.

검은 그림자 쓸쓸하면
마츰내 湖水속 깊이 거꾸러져
참아 바람도 흔들진 못해라.
...S.S에게....
(「喬木」, 인문평론, 1940.7)

이 완고한 부정성만이 생명을 말할 수 있었던 것 같다. 생명의 원리, 삶의 순환을 부정하듯이 시인은 否定의 서술어, '봄도 꽃피진 말어라', '아예 뉘우침 없어라', '바람도 흔들진 못해라'라고 단호하게 최후의 말을 건네는데 그것은 극한 정신의 지대에까지 끌어 올려진 비극적 세계관에서 싹튼 것이다. '끝없는 꿈길에 혼자 설레이는' 심정은 황혼녘에 선 자의 검은 도취의 심정이니, 그런 역설, 그런 극한의 도취만이 철벽과 같고 진창과 같은 '敗亡의 삶'을 처음으로 되돌릴 수 있는 것이다. 세월에 불타고 남은 정신이란 최저 지점의 뿌리로부터 물을 뽑아 올려 저 극한의 하늘까지 밀어 올리는 나무의 사상, 탈주하는 시정신이 아닐까.

독을 품는 것

극한 정신을 '毒'에 비유한 김영랑의 마음은 고원에 선 자, 고원의 마음을 가진 자에 대한 헌사가 된다.

> 내 가슴에 毒을 찬지 오래로다
> 아직 아무도 害한 일 없는 새로 뽑은 毒
> 벗은 그 무서운 毒 그만 흩어버리라 한다
> 나는 그 毒이 벗도 선뜻 害할지 모른다 위협하고,
>
> 毒 안 차고 살어도 머지 않어 너 나 마주 가버리면
> 屢億千萬 世代가 그 뒤로 잠잣고 흘러가고
> 나중에 땅덩이 모지라져 모래알이 될 것임을
> 「허무한듸!」 毒은 차서 무엇하느냐고?
>
> 아! 내 세상에 태어났음을 원망 않고 보낸
> 어느 하루가 있었던가, 「허무한듸!」 허나
> 앞뒤로 덤비는 이리 승냥이 바야흐로 내 마음을 노리매

> 내 산체 짐승의 밥이되어 찢기우고 할퀴우라 네 맡긴 신세임을
>
> 나는 毒을 품고 선선히 가리라,
> 마금날 내 깨끗한 마음 건지기 위하야
> (김영랑, 「毒을 차고」, 문장, 1939.11)

짐승의 밥이 되어 찢기우고 할퀸 육체가 위안받는 방법은 바로 독을 품는 것이다. 오직 독을 품는 마음은 '깨끗한 마음을 건지기 위한 것'이라 김영랑은 요약하고 있다. 허무한 마음 너머, 원망없이 하루도 살 수 없었던 원한의 시간을 너머, '독'은 생명의 혈액처럼 우리 몸을 흐르고 있다. 독을 찬 사람들을 '누억천년' 이어주면서 시간은 그렇게 무심하게, 무염하게, 잠자코 흘러가고 있다. 생명에의 의지, 미래를 향한 시간의 견인이 없다면 어떻게 이 광활하고 적막한 고원의 삶을 이어갈 수 있을 것인가.

(6) 황혼과 가을

세기의 그랜드 오케스트라

'황혼'의 노래는 가을의 노래이다. '겨울'은 상징적 코드가 되기 어렵다. '가을'은 곧 '어둠(밤)'을 몰고 올 '황혼'이며 그것은 깊은 심혼의 세계이자 미래의 시간을 예견하는 침묵의 시공간이다.

왜 몰락기에는 가을의 음울한 음악이 울려퍼지는가? '우울'은 일제시대 도심의 거리를 산책하는 근대인을 설명하는 개념으로서 작동하기 보다는 가을 황혼녘에 선 시인, 철학자를 설명하는 언어로 자리한다. 가을에 우리는 '새로운 세기의 시정신이 그랜드 오케스트라와 같이 귀를 울리

며 걸어오는'[362] 시간을 약속할 수 있다.

젊은 시인들은 길 위의 현자처럼, 산상의 철인처럼 비장하고 엄숙한 목소리로 물었다. 길은 무엇인가? 길은 또 어디인가? "그렇다, 길은 멀고 해 이미 저물었다. 어느덧 가을 날씨마저 험하구나"라고 임학수는 읊었다. '내 막대기가 가르키는 방향을'이라고 그는 그 막막한 심정을 알레고리했다. '어디로 갈 것인가?' 추풍령 정상에 올라 북방을 바라보며 홀로 산상에 오른 고독한 철인의 심정으로 방향을 물었다. 그때 저 북쪽 하늘에서부터 들리는 소란한 음성은 그 길을 알려주는 구원의 목소리가 된다.

> 그리고 생각하라,/ 東이건 西건 씩식하게건 卑怯하게건/이제는 너 스스로/이 廣漠한 天地에/너의 나어갈 길을 찾어야 할 것을
>
> (「秋風嶺에 올라 北方을 바라며」 부분, 문장, 1940.12)

連山을 헤치고 아득한 雲烟을 헤치며 홀로 가야 할 목적지를, 가야할 방향을 재촉해야 한다고 시인은 비장하게 발걸음을 뗐다.

황혼녘 정처 없는 발길 어디를 향할지 모르고 아직 젊은 사나이의 심장에 비장한 울음이 타오른다. 그렇게 황혼녘의 붉은 햇살은 눈이 부시게 아름다운 소멸의 장관을 연출한다. 그 무심하면서도 황홀한 황혼녘의 장관을 이하윤은 우울한 언어로, 그러나 눈부시게 아름다운 시간의 약속으로 읽어낸다.

오늘도

362 장만영, 「젊은 모더니스트에게」, 『전집 3』, 756면.

맥없는젊은이 어두운 방속에 그시절추억만
꽃다운꿈 한이없든 그시절추억만
널은무장야로 오락가락하누나
우울에 함뿍잠긴오후
기운인들 추스랴 풀조차죽어서
덧없이 해만거듭하는 설음에 문득 눈밑이 뜨거워지거니
하소할곳없어 휘파람 혼자불며
정처없는 발길 어디를 거니랴
아직도 젊은사나이라
비장한 울음 터서오르것만
붉은햇살무심타 눈이부시게 누엿누엿 서산을 넘어가려누나
(이하윤, 「우울의 오후」, 조광, 1937.2)

'비장한 울음'은 '아직도 젊은 사나이'에게 허여된다. 황혼녘에 서서 젊은이는 눈부신 미래를 예감한다. '설음에도 문득 눈밑이 뜨거워지는 이유'가 있었던 것이다.

어제는 이미 세기의 어둠이 샘켜가고
오늘이 이제 茫茫한 未來에 連했으니,
眞理는 어느視野에 나붓기든 傳說이든고
—중략—
나는 해저무러 든 나그네
一切의 否定도
悔恨의 倫理도
고닲은 理性이 이미 감당치 못하거니,
(김교환, 「제5運命頌」 부분, 문장, 1939.3)

오늘은 세기의 어둠이 삼킨 어제와 망망한 미래에 연해있고, 진리는 전설이 되어 버렸다. 이 불안하고 어두운 시대를 시인은 베토벤 교향곡 5번의 이름을 딴 듯 '제 5운명의 세기'로 비유하고 있다. 가장 추진력 있고 완벽하게 밀어붙인 작품이면서도 마지막 4악장 엔딩부분에서 차마 떠날 수 없어 서성대었다[363]는 베토벤의 이미지가 겹쳐진다. 지독한 정열이 만들어내는 지고의 叡智만이 허망을 누르고 세기의 등불을 피워올릴 수 있을지 모른다. 일체의 부정도 불가하고 이성은 어떤 회한도 감당할 수 없다. 이 절멸을 소거할 수 있는 것이란 오직 지독한 자신의 운명을 한 편의 위대한 교향곡과 바꾼 베토벤의 정열을 되새김하면서 정열의 이면에 존재하는 도저한 허무를 체감하는 것에 있지 않은가. 역사의 뒷길에 던져진 나그네의 마음이란 그러한 '제 5의 운명'을 맞선 자의 고독과 다를 바 없다.

(7) 황혼과 중간인들

조수들의 밤

'문장보국'의 논리는 '모범적인 삶'에 대해 말한다. 그것은 힘의 논리를 설파한다. 이 담론의 논리를 뚫고 나온 것은 죽음과 공포 가운데 우리의 어떤 삶이 가능한가라는 주제이다. '지금 여기에서 어떤 신념이 영원히 가능한가'[364]라는 문제는 '묵시록적 선택'의 표지이다. '침묵'은 이 묵시록적 미래를 이념화하고 철학화한다. '침묵' 가운데 미래 세계에 대한 시선이 열린다.

363 에드워드 사이드, 『말년의 양식에 대하여』, 33면.
364 알랭 바디우, 『사도 바울』, 현성환 옮김, 새물결, 2008, 63면.

카프카는 이렇게 질문했다. "그들에게 희망은 있는가?"라고 말이다. "우리가 사는 세계는 신의 언짢은 기분, 기분이 나쁜 날일 따름이다." 그렇다면, "우리 밖의 어떤 세계, 우리 외부에 희망은 있을까?" "충분히 있으나 다만 그것이 우리를 위한 희망이 아닐 뿐이다." 카프카는 쉽사리 구원을 약속하지 않는다. 다만 그는 구원으로 가는 길목에 이상하고 기묘한 존재를 배치한다. 그것이 바로 신과 인간 사이에 놓인 '중간인', '조수'들이다. 난장이, 곱사등이, 괴물, 조수, 기형적 존재 등이 이들이다. 미완성 상태의 존재이자 미숙한 피조물인 이들 존재들은 완전히 낯설지 않고 또 어느 인물군에도 속하지 않는다. 마치 고대 벽화 속의 하이브리드 동물처럼 그들은 어떤 종에도 분류되지 않으면서 조물주를, 신을, 천국을 대신한다. 그러니까 이 '기형적 존재' 이른바 하이브리드 괴물들은 인간들 사이에서 '使者'(신의 대리인)로 존재한다. 카프카는 '희망'이 우리에게 있는 것이 아니라 이 미숙하고 시툰 존재를 위해 있는 것처럼 말한다. 이 '음울한 사자'들을 지배하고 있는 법칙은 이렇다.

> 그 어느 것도 확고한 지위나 대치될 수 없는 확고한 윤곽을 갖고 있지 않다. 그들은 모두 상승하거나 전락할 찰나에 있다. 그들은 모두의 적이나 이웃과 교체될 수 있다. 나이가 찼으면서도 그들은 모두 성숙하지 못한 채로 있다. 완전히 기진맥진한 상태에 처해 있으면서도 이제야 비로소 오랜 존재의 출발점에 서 있는 것처럼 보인다. 어떤 질서나 위계질서에 대해 논한다는 것은 여기서는 불가능하다.[365]

그들의 세계는 어떤 질서도, 위계도 존재하지 않는다. 그 어떤 것도 확

---

365 발터 벤야민, 「프란츠카프카」, 『발터벤야민의 문예이론』, 민음사, 1983, 69면.

고한 지위를 가지고 있지 않으며 확고한 윤곽을 가지고 있지 않다. 이것도 저것도 가능한 세계이나 이것에도 저것에도 확고하게 그에 맞는 이름을 붙일 수 없는 세계가 이 조수들, 중간인의 세계이다. 역사가 신비화, 추상화되고 순수한 질문 속으로 사라져갈 때 신적인 성스러움의 세계가 인간들 사이에 내려와 구체화된다. 곱사등이, 난쟁이, 뒤틀린 삶의 기생물은 어린아이와 같다. 종말이 오면 그들에게 희망이 주어질 것이다. 시인 또한 이들의 존재와 다를 바 없는데, 그들은 신의 언어의 번역자 내지 계시의 일꾼들, 조력자들이다.[366]

현실의 비참함에 대한 인식으로부터 혁명과 사랑이 싹튼다. 현실(구세계의 파괴)과 사랑의 군림은 동시적이다. 이 주제는 〈신들의 황혼〉의 테마를 반향한다. 비극적 서사의 인물 난장이 알베르히는 신도 아니고 인간도 아닌 그런 중간인적인 존재로서 '신들의 황혼'과 '세상의 구원'을 요약한다.

박두진의 시에 잠재된 것은 '계시적인 음성'이다. '언제 무덤 속 화안히 비춰줄 태양(「묘지송」)', '언제나 틔어올 그 찬란한 크낙한 아침(「연륜」)', '다섯 뭍과 여섯 바다에 일제히 인류가 합창을 부르는 날(「장미의 노래」)', '장차 너희 솟아난 봉우리에 엎드린 마루에 확 확 치밀어오를 화염'처럼, '장차' 올 날은 '언제나', '일제히', '다섯 뭍과 여섯바다의 전인류'가 노래하고 기다리는 것이어야 한다. 기독교적인 것이든, 메시아의 기적을 구하는 것이든[367] 이 '계시'의 음성은 전인류의 것이다. 성서나 원죄 없이 신에 도달할 수 없는 것처럼 우리의 비참함을 알지 못하고서는 구원에 다가갈 수 없다. 스스로 비참함을 알지 못하고 신을 아는 사람들은

366 아감벤, 『세속화 예찬』, 49-52면.

367 김동리, 「자연의 발견-三家 시인론」, 『문학과 인간』, 민음사, 1997, 55-56면.

신이 아니라 자기를 찬양할 뿐이다.[368]

백석은 「夕陽」에서 '중간인적' 세계를 그리고 있다. 백석은 장날의 수다스러움을 뚫고 어슬렁거리며 나타나는 '영감들의 세계'를 그로테크스한 이미지로 그려내고 있다. 이 어수선한 일상의 세계가 요약된 '장날'에 '영감들'이 등장한다는 것이 경이롭고 흥미롭다.

> 거리는 장날이다
> 장날 거리에 영감들이 지나간다
> 영감들은
> 말상을 하였다 범상을 하였다 쪽재피상을 하였다
> 개발코를 하였다 안장코를 하였다 질병코를 하였다
> 그 코에 모두 학실을 썼다
> 돌체돋보기다 대모체돋보기다 루이도돋보기다
> 영감들은 유리창 같은 눈을 번득거리며
> 투박한 북관(北關)말을 떠들어 대며
> 쇠리쇠리한 저녁 해 속에
> 사나운 짐승같이들 사라졌다
> (「夕陽」, 삼천리문학, 1938.4)

기묘한 '영감'들의 세계, 마치 카프카가 말하는 '중간인들의 세계', '괴물들이 움직이는 세계'처럼 영감들이 그려진다. 그들은 '쇠리쇠리한' 힘을 가진 존재들인데 힘과 의지를 가진 존재의 표상처럼 보인다. 영감들은 장날의 난장을 즐기러 온 자들이 아니다. 그들은 등장했다 다시 사라진다. 백석은 마치 환영처럼, 영감들이 장날 거리를 '지나갔다'가, '사나운

---

368 바디우, 『사도 바울』, 96면.

짐승들같이' '사라졌다'고 썼다. 카프카의 중간인들, 그러니까 곱사등이, 난쟁이처럼 '영감들' 또한 뒤틀려 있으나 그들은 한결같이 기이한 힘을 지닌 존재이다. 이 '사나운 짐승'은 '동물의 순결한 의지'와 연관되어 있다는 점에서 그것은 백석이 즐겨 그린 '당나귀'의 이미지에 연결된다.

불완전한 것, 뒤틀린 것들은 우리들이 신국에 있지 않다는 것의 보증이다. 책상 아래로 포노그라피를 건네준 동료나, 우리에게 자신의 맨몸(나체)을 보여준 친구는 조수들이다. 그들은 우리의 충족되지 않은 욕망이며 스스로에게 고백하지 않은 욕망이다. 군림한다는 것은 모든 것을 다 성취한다는 뜻이 아니라 여전히 성취하지 못한 것이 남아있다는 뜻이다. 종말이 오면 그들, 이 뒤틀린 것들에게 희망이 주어질 것이다. 윤동주, 박두진 등의 시인들의 기독교적 세계인식이 가능한 이유이며 김기림이 '무덤'에서 묵시록적 구원의 목소리를 듣고자 한 이유이다.

불완전한 것은 망각된 것이나 그것이 존재하지 않는다는 뜻은 아니다. 임화, 김기림, 김광균은 '운무'의 비유를 써서 이 '중간적인 것'의 미래를 말한다.[369] '운무 가운데 오는 미래'라 이름 붙일 수 있을 것이다. 완벽한 시의 궁전은 雲霧 저쪽에서 시인을 기다리고 있다.[370] 복고적 또 지상적인 기교주의 시가의 운무를 헤쳐버림은 그리 어려운 일이 아니다.[371] 시의 궁전은 운무 저편에 있다는 이 묵시록적인 기대는 마치 김기림이 동북제대시절 '仙臺'에서 들은 포화의 소리에 실려온 聖歌 〈안젤라스〉와 다를 바 없는 경건하고 종교적인 색조를 띠고 있다.

369 김기림, 「시의 장래」;임화, 「진보적 시가의 작금」.

370 김광균, 「김기림론-현대시의 황혼」, 1937.4.1.

371 임화, 「진보적 시가의 작금-프로시의 걸어온 길」, 〈풍림〉, 1937.1.

> 이 해 저믈음에 어두운 太平洋이 굽어보이는 언덕 위에서 듣는 안젤라스는 「나치스」의 잡음까지 섞여서 별로 음산하다[372]

'책광'이었던 김기림의 옆구리에 에브리만문고본 『플라톤』이 끼워져 있었지만 김기림은 정녕 플라톤은 커녕 소크라테스도, 아리스토텔레스도 만날 수 없었다. 김기림은 어두운 숲에서 길을 잃었다고 썼다. 책도, 지성도, 철학도 '해 저믈음(황혼녘)'의 우울을 거두어가지 못했다. 저 멀리서 혹은 가까이서 들리는 포성 소리와 라디오에서 들려오는 '나치스의 잡음' 이 우울을 더욱 음산하게 몰아갔다.

'방공연습'의 '空襲警報'의 싸이렌이 연일 울려대는 일상이 더 이상 살려고 하는 의욕도, 다음 계절에 대한 기대도 다 거둬가버렸을 때 김동인은 오직 숙명의 불가항력만을 믿을 수밖에 없다는 결론에 이르렀다고 고백했다.[373] 신을 믿지 않았고 저 스스로 신이 되고자 했던 김동인의 생에 대한 단념은 비장하기 그지없다. 이 절멸을 넘어서는 길은 춘원식의 '더 좋은 것'을 찾거나 숙명에 도달하는 것이 있고, 다른 하나는 '현재를 오래된 미래'의 사상으로 견인하는 것이다. 후자는 종교적인 것이다. 그때 묵시의 관악협주처럼 '안젤라스송'이 울렸다. 포성의 현실로부터 벗어날 수 있는 오직 하나의 길이 구원의 음성이었을지 모르겠다. 종교 이야기를 하는 것이 아니라 종교적인 심성으로 이 황혼의 강가를 서성일 수밖에 없었던 심정을 말하는 것이다.

372 김기림, 「殊方雪信」, 〈조선일보〉, 1936.12.23-24.
373 김동인, 「신변잡기」, 〈문장〉, 1939. 2.

시인, 황혼녘의 산책자

'황혼의 십자로'에서 서성이던 김광균은 '시인이란 모든 것에 관심을 높이하고 그 '렌즈' 철필에 힘을 주어 시의 영토를 확대해야 한다'고 썼다. '겨울 하늘을 날카롭게 쪼르고 서 있는 성당 첨탑의 빼빼마른 종루에서 황혼이면 들려오는 종소리'는 지극히 건조하고 결핍된 육체적 형상을 하고 있는데, 시인은 거기서 일종의 종교적 심성을 갖게 되었던 것이다. 어떤 영웅주의적인 숭고한 감정[374]이 황혼기를 산책하는 시인들의 목소리에 묻어났다.

'가까이 있으나 돌아가지 못하는 공간'인 '고향'의 사정은 오장환이 이미 확인해 주었다. 김종한은 '마을이 영원히 冬眠하는' 환영 속에서 비로소 고향의 공간을 기억한다.

> 地圖의 靜脈처럼 電線은
> 하이얀 山脈을 기어 넘어가오
>
> 첫눈을 밟고 와야할 配達夫
> 오지않아 그런줄없이 기달려지는데
> 총소리에 놀라 깬 마을이
> 돌아누워 다시 冬眠하오
>
> 고향은 아니었소.....그것은
> 茶房 壁에 걸린 風景畵였소
>
> 마을은 永遠히 冬眠하는데

374 임화, 「진보적 시가의 昨今」, 〈풍림〉, 1937.1.

> 配達夫는 永遠히 오지 않는데
>
> 뻬여나 빛나는 하이얀 山脈을
> 電線은 永遠히 기어 넘어가오
> (김종한, 「連峯霽雪」, 문장, 1940.2)

그 '총소리'만이 실재하는 마을의 풍경에 다가가는 것인데, 그때야 비로소 '마을'의 풍경이 움직임(돌아눕는다)을 보여준다. '총소리'가 시인의 인상을 그토록 강력하게 지배한 이유이다. 이 풍경을 더 상세하게 묘사하지도 발설하지도 않으니, 구원이나 초월의 목소리도 '눈'과 함께 동면한다. '빼여나 빛나는' 눈으로 뒤덮인 마을이란 한갓 풍경화일 뿐 실재의 고향 풍경은 아니며, 환영 속에서 떠오른 것이기에 사라져갈 뿐이다. '영원한 동면과 소식 부재'가 '고향'의 기억을 환기시켜 줄 뿐이라는 것이다. 부재함으로써 존재하는 것, 다방 벽 한 귀퉁이에 걸린 풍경화의 환영으로써 존재하는 것이 '고향'의 공간감이니 저 거친 산맥을 넘어가는 오직 하나의 생명체란 '전선'이라는 무채색의 움직임이다. 적막도 부재도 고독도 다 허무의 끝에서 나온 것이다. 김수영은 후일 이 시를 가리켜 한국적 애수의 해체를 시도한 시초의 작품이자, 안서풍의 시와 전쟁(6.25) 이후의 모더니즘을 잇는 가교적인 작품으로 평가했다.[375] 로컬적인 애수에 빠지지 않는 그러한 기교의 힘은 황혼을 넘어가는 시인의 내적 의지에서 왔다. 황혼의 시인은 통곡하지 않으면서도 깊은 울음을 운다.

김종한은 '황혼'과 '구원'과 '침묵'을 한 장면 안에 그려두었다. 그는 '황혼녘 인간'을 침묵한 채 길을 가는 그림자 사내의 이미지로 묘사했다. 황

375 김수영, 「예술 작품에서의 한국인의 애수」, 이영준 엮음, 『김수영전집 2 산문』, 민음사, 2018, 428면.

혼을 등지고 소를 몰고 귀가하는 사나이의 의지는 그의 것이 아니다. 오솔길이, 그림자가, 황소가 그 사나이를 이끌고 간다. 무념무상의 정신이 아니라 무의지의 정신을 그는 그렇게 묘사했다. 그 사나이가 원한 것은 김기림이 구하고자 한 구원의 '안젤라스 송'과 동류의 것이 아니었을까.

> 말없이 걸어가는 그림자외다
> 말없이 걸어가는 황소외다
> 말없이 걸어가는 사나이외다
> ―황혼의 그림자는 왜 길다랄가요
>
> 사나이는 황소를 따라가고
> 황소는 그림자를 따라가고
> 그림자는 오솔길을 따라가고
> －안젤라스의 종소리는 들려오지않으나
> 오솔길이 그림자를 이끌고갑니다
> 그림자가 황소를 이끌고갑니다
> 황소가 사나이를 이끌고갑니다
> (김종한, 「歸路」, 문장, 1939.4)

김기림이 동북제대 유학 시절 저 멀리서 들리는 총포의 소리에 놀라 가슴을 진전시키며 환각으로 들었던 '구원의 성가' '안젤라스'를 김종한이 이 시에서 불러내고 있다. 정지용은 이 시의 先後感에서 '경쾌한 코댁 취미가 시의 미술적 소부분에 지나지 않다'고 언급하고 '명암이 명확한 회화'라고 평가했다.[376] '비애(悲哀)를 기지(機智)로 포장하는 기술'이 이 한

376 정지용, 「시선후에」, 〈문장〉, 1939.4.

점 회화적 이미지에 녹아있다는 뜻일 것이다. 김종한의 '사나이'의 이미지에는, 우물 속에만 존재해 있는 모든 계절과 추억과 시간을 가진 그리운 사나이, 윤동주의 '사나이'가 겹쳐진다.

> 산모퉁이를 돌아
> 논가 외딴 우물을
> 홀로 찾아가선
> 가만히 들여다봅니다
>
> 우물 속에는
> 달이 밝고
> 구름이 흐르고
> 하늘이 펼치고
> 파아란 바람이 불고
> 가을이 있습니다
>
> 그리고 한 사나이가 있습니다
> 어쩐지 그 사나이가 미워져 돌아갑니다
>
> 돌아가다 생각하니
> 그 사나이가 가엾어집니다
> 도로 가 들여다보니
> 사나이는 그대로 있습니다
>
> 다시 그 사나이가 미워져 돌아갑니다
> 돌아가다 생각하니 그 사나이가 그리워집니다

> 우물 속에는
> 달이 밝고
> 구름이 흐르고
> 하늘이 펼치고
> 파아란 바람이 불고
> 가을이 있고
> 추억처럼 사나이가 있습니다
> (윤동주, 「자화상」)

번번이 사나이의 발길을 되돌리게 하는 것은 무엇인가. 단지 그의 하늘에는, 그리고 그 하늘을 이고 있는 우물은 투명하기 그지없다. 시간의 흐름이 멈춘 곳에는 진공 상태의 투명함만이 존재한다. 어떤 역사도 그 존재성을 부정당한다. 이런 자기연민만이 시간을 증명할 수 있다는 것인지, 이런 추억만이 삶의 그리운 시간들을 우물 밖 현실로 되돌릴 수 있다는 것인지 윤동주는 암시의 한 구절도 남기지 않았다. 단지 늘 원점으로 처음 출발한 곳으로 되돌아오는 사나이의 발걸음을 그려두고 있을 뿐이다. '역사의 진공상태'만이 윤동주의 하늘을 말할 수 있다. 새로운 역사의 '처음'으로 회귀할 수 있는 윤동주의 하늘은 시인의 하늘이었다. '운무(雲霧)' 너머 그러한 투명한 하늘이 그들, 황혼기의 시인들에게 다가왔다. 묵시의 침묵 속에서, 詩人의 말 가운데서 말이다.

3부

황혼기의 시인들

황혼이라
새들도
떼지어서
제집을
찾아드는걸

나만혼자
먼길을
해저무는
먼길을
걸어가는가

황혼이라
새들도
떼지어서
제집을
찾아드는걸

—〈여성〉, 1938.10

견자, 대리인, 혹은 신이 된 시인

임화는, 암흑의 정신은 청년의 정신이자 영웅의 정신이며 생명의 정신이자 봄의 정신이라고 썼다. 그리고 우리는 이 책의 '서론'에서 이 시기 시인의 언어를 '울음'과 '황혼'이라는 개념어로 설명할 필요가 있다고 했다. 이 개념으로부터 우리는 '숭고'라는 미학이념을 이끌고 들어올 수 있었다. 롱기누스는 바벨탑의 건축에서 '숭고'라는 개념을 이끌어낸다. 단 하나의 언어로 단 하나의 공동체를 건설하고자 했던 바벨탑 건축의 프로젝트는 그 말이 여러 갈래로 분해되기 시작하자 결국 와해되었다. 그러니까 탑은 건축되기 시작한 순간 바로 붕괴되기 시작한다는 것이다.

'황혼'은 한 세계가 무너지고 또 다른 세계가 발견되기 직전의 시간이며, '숭고'는 항상 '흩어지는 순간'에야 비로소 발견된다.[1] '붕괴되는 순간에 발견되는 공동체', '황혼에 울기 시작한 시인', '와해 직전 떠 오른 시'가

---

1 루이 마랭, 「푸생의 그림 속 바벨탑에 관하여」, 『숭고에 대하여』, 문학과 지성사, 2012, 392면.

이 '숭고로서의 시'를 설명해 준다. 그렇다면, 한 세계가 무너지는 순간, 한 공동체가 소멸되기 시작하는 순간에 시인들은 각자 무엇을 발견했던 것일까. 그리고 그들이 궁극적으로 말하고자 했던 것은 무엇일까. 3부에서 우리는 김광균, 이용악, 오장환, 서정주, 윤곤강, 백석, 김기림 등 7인의 시인의 목소리에 귀 기울일 것이다. 개인의 울음이 아닌 집단의 울음, 불안과 죽음의 시가 아닌 생명과 숭고의 시, 종언이 아닌 새로운 시작으로서의 미래를 말하는 시인의 목소리를 듣게 될 것이다. 그들은 각자 홀로 울었지만 그 울음은 집단 전체의 울음으로 그 시대를 공명했다.

김광균; '황혼'을 움직이는 반가(反歌)의 산책자

시인의 눈부신 꿈

날카롭게 '황혼'의 시대를 진단한 이가 있었다. 『와사등』의 시인 김광균이다. 시인과 화가가 운명 공동체로 살았던 그 시대, 1930년대의 황혼이 찾아들던 그 순간,[2] 김광균이 등장한다. 그의 시가 주목되기 시작한 것과 그의 시가 '황혼'에 몰입하면서 고유성을 획득했다는 것은 등가적이다. 인간은 열 때문에 죽는 것이 아니라 빛 때문에 죽는다는 우나모노의 말이 진실이라면, '차단한('찬') 등불'이라는 구절에서 보듯 그 가혹하고도 냉혹하며 그래서 명료한 불빛만이 시인의 삶을 지탱해주었는지 모른다. 김광균의 시에 '황혼'과 '차단(찬)한 등불'이라는 시어가 얼마나 많이 쓰였는지 계량할 필요조차 없다. 말 그대로 그는 '차단한 황혼'의 산책자다. 그의 시는 '황혼녘' 그의 산책의 산물이며 서서히 밀려드는 어둠 속에서 '차단한 등불'을 친구삼아 고독하고 건조하게 그려낸 사색의 산물이다.

황혼의 시대가 곧 시의 시대임을 선언하는 김광균의 목소리는 강렬하기보다는 장엄한 편이다.

> 시대가 산문정신에 기울어지고, 지성은 피로한 규성에 목쉬고, 과학은 정신적 태양을 죽이고 인간생활 위에 절망적인 황혼을 가져오면 가져올수록 영원히 피로를 모르는 격렬한 정조와 눈부신 꿈을 부어주고 건전한 문학의 정신을 부어주는 것은 시일 것이다.[3]

2 김광균, 「30년대의 화가와 시인들」, 『전집』, 482-483면.

3 김광균, 「김기림론-현대시의 황혼」, 『전집』, 337면.

김광균의 선언은 그 누구보다 웅변적이고 그러면서도 예지적이다. 시대가 산문정신에 기울어졌다. 지성의 목소리는 제 음성을 발성하기 어렵고 과학은 더 이상 인간의 정신생활에 기여하지 못한다. 인간의 삶이 절망적인 황혼녘에 서 있으면 있을수록 삶은 강렬하고 꿈은 눈부시며 이상은 절대적인 것이 된다. 황혼은 인간을 꿈꾸게 하고 건전한 문학의 정신을 일깨운다. 김광균의 이 선언은 '절망의 시대에 시는 어떻게 오는가'를 말하고 있다. 그것은, 다른 말로 하면, '황혼의 언어'를 어떻게 번역(해석)할 것인가에 대한 진지한 물음이기도 하다.

김광균의 언어는 '황혼의 페이소스'에 깊이 침윤되어 있는데, 김광균의 많은 시들이 '황혼'을 배경으로 하고 있다는 것은 우연이 아니다.

> 黃昏이면 그 찬란한 노을을 몰고 오던
> 한쌍의 金孔雀이 날아간 뒤에
> (「少年思慕」 부분)

황혼에는 '한쌍의 金孔雀이 찬란한 노을을 몰고' 온다. 여기에 금빛 피리도 하나 추가할 수도 있다. 이 황혼녘의 세계는 장중한 금빛 피리소리와 함께 찬란하게 불타오르면서 내일의 시간을 준비한다.

> 산비탈엔 들국화가 환─하고 누이동생의 무덤옆엔 밤나무 하나가 웃둑 서서 바람이 올 때마다 아득─한 공중을 향하야 여윈 가지를 내어저었다.
>
> 갈길을 못찾는영혼같애 절노눈이감긴다. 무덤옆엔 적은시내가 銀실을긋고 등뒤에 서걱이는 떡갈나무숲을 앞에 차단─한碑石이 하나 노을에 저저있었다. 흰나비처럼 여윈모습아울너 어느 無形한공중에 그體溫이젖어버린 후 밤 낮으로 차저주는건 비인墓地의물소래와바람소레뿐. 네가슴우에 비가나리

> 고 눈이싸히고 적막한황혼이면 별들은 이마우에서 무엇을속삭였는지, 한줌 흙을헤치고 나즉—히부르면 함박꽃처럼눈떠올것만같애 서러운생각이옷소매에숨였다.
>
> (「水鐵理」, 인문평론, 1941.1)

'빈 묘지'와 '물소래'와 '바람소레'는 오직 공허하고 적막할 뿐이다. 누이동생의 묘지가 꿈틀거리는 때는 '황혼녘'이다. 별들이 하늘에서 내려와 시인의 이마 위에 내려앉는다. 갈길을 잃고 떠돌던 누이의 영혼이 별이 되어 이제 '나'의 이미 위에 내려앉아 작은 휴식을 취하고 있는 것이다. '나'는 가만히 누이의 이름을 불러본다. 그때 누이의 영혼은 한줌 흙을 헤치고 함박꽃처럼 나에게 온다. 서러움이 잠깐 숨어든 '옷소매'는 가늘고 긴 여운을 남기는데 이 이미지는 얼마나 짙고 환상적이며 시적인 아우라를 내비치고 있는가.

'문학의 정신대'를 부르짖고 '문학의 명랑화'를 강조하는 산문들로부터 시단(詩壇)의 말들은 적어도 분리되어 있는 듯하다. 냉담하거나 서럽거나 그것도 아니면 아예 침묵할 뿐이다. 김광균의 위 시와, 신석정의 「대숲에 서서」, 이육사의 「독백」이 같은 호에 실렸다. '한사코 서러워 좋은' 신석정이나, '어데 하난들 끝간델 아리'라는 이육사나 다 서럽기는 마찬가지다. '황혼'의 비애와 애상은 '신체제 국민생활'에 적당치 않고, '암흑면의 노출'은 '당국이 요청하는 문학의 건설적 기분'에 부합하지 않은 '불미스런 것'[4]이다. 신체제와 건설의 명랑한 분위기가 강조될수록 전형기를 타고 넘는 시의 임무는 장엄한 것이 되었다. '명랑한 신체제 국민생활'의

---

4 「문학정신대」, 「작품의 명랑화」, 〈인문평론〉, 1941.1.;「문학에 生氣動하다」, 〈인문평론〉, 1941.2.;「문화부에 望함」, 〈인문평론〉, 1941.3.

반대편에 서서 '황혼'은 '어둠'의 메시지를 던지고 저 스스로 서러워 낯을 뒤로하고 돌아앉는다.

'황혼'의 부재가 어떤 것인지, 무엇을 의미하는지 김광균은 암시적으로 밝혀놓었다.

> 금빛 피리와 오색꿈을 잃은 나의 少年은
> 스미는 안개 속에 고개를 들고
> 구름 사이를 새어나오는
> 고달픈 바람 소리에 눈을 감았다
> (「少年思慕」 부분)

황혼이 없다는 것은 무엇인가. 금빛피리와 오색꿈을 잃는 것이며 그것은 곧 미래의 시간을 눈감는 것이다. 시인은 아예 '나의 소년'은 부재한다고 쓴다. 눈감은 채 과거를 회고하지 않는다. 과거를 회고하지 않는 것이 청년 시인의 시대적 소명이다. 김광균 시에 주로 드러나는 '부재'와 '소멸'과 '공백'의 이미지는 황혼이 소거되는 시점에서 발생한다. 황혼이 없으면 모든 것들은 차단된다. 모든 것이 소거되는 시점에서 안개는 사념의 틈 사이를 파고든다. 고달픈 바람 소리에 눈을 감는 것과 동시에 주위의 모든 것들이 침묵한다. 시인이 눈을 감아버리니 빛은 존재하지 않는다. 모든 빛을 차단하니 사념이 시인을 찾아온 것이다.

시인의 사념은 차고 건조하다. 그러니 주위의 모든 것들이 온기를 잃고 식어있다. 시인은 등불 없고 찬 공간에 홀로 던져져 있고 꿈은 텅 빈 채 내버려져 있다. 등불이 있어도 그것은 열을 뿜지 않으며 공간이 텅 비어있으니 적막하며 부재와 적막이 시인의 주위를 냉담한 울타리로 감싼다. '등불없는 空地에 밤이 나리다'(「空地」), '여윈 갈대와 차단한 산맥'

(「소년사모」), '차단한 등불이 하나 비인 하늘에 걸려있다'(「와사등」). 빛이 없으니 숨결은 가파를 수밖에 없으며('자욱―한 어둠에 숨이 잦으다'(「空地」)), 꿈이 차니 그 어떤 것도 품을 수 없을 지경이다.('차단―한 내 꿈 우에'(「燈」)).

황혼이 부재한다는 것은 빛도 꿈도 없음을 의미한다. 그러니 '황혼'에서 '어둠'으로 다시 '여명'으로 이어지는 황혼의 산책은 존재할 수 없다. 황혼의 부재가 시인은 헐떡이게 하고 숨가쁘게 한다. 이 숨가쁨이 삶을 헐떡이게 한다. 시인은 스스로 늙어버렸으나 시단은 그를 '늙은 시인'으로 쳐주지 않는다. 숨가쁨 속에, 삶의 헐떡임 속에 시간은 시인의 '청년'을 가둔다. 이것이 1930년대 전반기부터 활동한 시인을 '신인처럼 취급한'[5] 이유일지도 모른다. '황혼'이 시인을 산책하게 하고 사색하게 한다.

김광균에게 '황혼'이란 개인적인 경험으로부터 시작해 시대정신까지 관통하는 힘을 가진 것이었고 그래서인지 김광균 시에는 '황혼'의 다양한 상징들이 펼쳐져 있다.

> 황혼에 이 길을 걷고 있으면 어디서 젊은 여인의 깨어질 듯한 웃음소리와 고요한 음악의 선율이 더 한층 먼-것을 느끼게 한다. ―중략― 적은 잔디에 흩어진 이름없는 꽃들이 고요히 고개 숙이고 , 길 위에 지나가는 이들의 나지막한 이야기 소리가 물 위에 떠있는 별빛에 섞여 흘러가 버린다. 황혼에 있는 물소리는 늘 서글픈 기억의 가지를 가져온다. 죽은 누이가 살아있을 때 하얀 지등에 불을 켜고 고모의 집을 찾아가느라 몇 번이나 이 천변을 지나가면서 어두운 물살 속에 떠 있는 슬픈 이야기를 생각해보았다. ―중략― 손(孫)군이 페를 앓고 정양하던 산에서 내려와 있을 때, 둘이서 황혼이면 이 천변을 거닐면

5 김기림, 「시단의 동태」, 〈인문평론〉, 1939.12.

> 서 아무 말없이 시간을 보냈다.[6]

황혼의 기억에 일찍 죽은 누이와 기악을 전공했던 손군의 죽음과 重傷한 이모부의 죽음의 그림자가 어른거린다. 황혼의 애상은 閒雅하고 고독한 풍경을 낳는데, 그것은 일찍이 石川啄木식 수풀 감상에 경도되었고 문학소년기의 페이소스적 감상에 깊이 침윤된 김광균의 천성과도 배치되지 않았다. 김광균은 그 누구보다 '황혼'의 시대적 예지에 열려있었던 것처럼 보인다. 시집 『와사등』의 앞 부분에 실린 「午後의 構圖」, 「해바라기의 感傷」, 「鄕愁의 意匠」, 「蒼白한 散步」 등에서 주요 배경은 '황혼'이다.

그런데 김광균의 애수 가득한 '황혼'의 감상이 시대적 예지를 뚫고 나오는 장면을 목도한 것은 임화였다. 임화는 김광균의 「광장」을 언급하면서 「광장」 이후의 시에 대한 전망이 열려있다고 썼다. 실제 김광균의 저 유명한 시집 『瓦斯燈』을 열면 「午後의 構圖」가 맨 앞에 나온다.

> —전략—
> 긴-뱃길에 한 배 가득이 薔薇를 싣고
> 黃昏에 돌아온 작은 汽笛이 부두에 닻을 나리고
> 蒼白한 感傷에 녹슬은 돛대 우에
> 떠도는 갈매기와의 날개가 그리는
> 한줄기 譜表는 적막하려니
>
> 바람이 올 적마다
> 어두운 커—튼을 새어나오는 보이얀 햇빛에 가슴이 매어

6 김광균, 「풍물일기」, 『전집』, 331면.

> 여윈 두 손을 들어 창을 나리면
>
> 하이 - 헌 追憶의 벽 우엔 별빛이 하나
> 눈을 감으면 내 가슴엔 처량한 파도소리뿐
> (「와사등」 부분, 조선일보, 1938.6.3)

황혼녘에 서 있는 고독한 시인의 모습이 어른거린다. 시인이 그리는 황혼녘의 사물들은 녹슬어 있거나 정지해 있다. 감상은 창백하고 譜表는 적막하다. 추상적인 것들(감상)에 표정(창백)을 덧씌우고 사물에 감정을 이입하는 것은 이미지즘의 특장일 것이다. 센티멘탈리즘과 다른 점이 이것이다. 시인이 애상에 젖지 않고도 스스로 애상적일 수밖에 없는 것은 모든 사물을 정적인 것으로, 죽음 직전의 것으로 고정시키는 황혼 때문이다. 시인은 황혼 너머의 것을 내다보기보다는 그것을 가리기 위해 창을 내린다. 모든 추억은 시인의 가슴속에 잠든다. 존재하는 것은 눈을 감으면 떠오르는 파도 소리에 대한 환상뿐이라는 것일까. 바람에 실려오는 고통스런 추억뿐이라는 것일까. '황혼'은 추억의 소멸과 고통의 차단을 위해 설정된 시간처럼 그려진다. 돛도 추억도 다 황혼에 찾아드니, '보이얀 햇빛' 한 줄기조차 가릴 수밖에 없다. 그러니 앞을 내다보기 어렵다.

「향수의 의장」의 첫 시 '黃昏에 서서' 역시 과거의 시간에 대한 노스텔지어이다. 황혼은 '슬픈 기억의 장막 저편'에 존재하는 것이어서 내일을 위한 찬가일 수 없다. 향수는 과거를 불러오지만, 그것은 부재로 가득차 있다. 김광균의 추억은 창백하고 적막하다. 그에게 추억은 언제나 '하이—헌' 색이다. 텅비고 창백한 혹은 허무와 적멸로 가득한 그러한 추억. 임화가 김광균의 고독을 가리켜 '순결한 심혼'에서 온 것으로 평가한 데는 이 '백색'의 허무가 자리하고 있다. 하지만 '허무와 고독'의 동어반복이 김광균에게 새로운 서정정신을 영구히 보장해줄 수는 없었을 것이다.

생활과 현실의 문제

'황혼녘'은 어둠으로 들어가는 통로이기는 하지만 그 어둠의 깊이를 헤아릴 수 없기에 고독의 깊은 심연에서 비애를 되새김하는 시간의 문이기도 하다. 거기에는 생활이나 현실의 문이 존재하지 않는다. 하지만 시인은 가끔 그 현실과 생활의 지층으로 들어가는 유사한 문을 발견하기도 하는데, 「향수」가 김광균이 발견한 그 문을 슬쩍 보여준다.

> 저므러 오는 高架線 우에
> 한줄기 황망한 汽笛을 뿌리고
> 반듸불만한 람프를다른 貨物車가지나간다
>
> 깨줄모르는 고흔꿈같이 하날이푸르고
> 停車場도 주막집도 허러진 나무다리도
> 온一겨울 눈속에파무처 잠드는고향
>
> 산도 마을도 포프라나무도 고개숙인 채
> 호젓한 낮과밤을 마지하고
> 그곳에
> 언제 꺼질지모르는
> 조그만 生活의촛불을 에워싸고
> 해마다 가난해가는고향사람들
>
> 낡은 비오롱 처럼
> 바람이부는날은 서러운고향

고향사람들의 한줌 희망도
진달내빛 노을과함께
한번가고는 다시못 오기

저므는 都市의屋上에 기대어서서
내 생각하고 눈물지움도
한떨기 들국화처럼 차고서글프다
(「鄕愁」, 인문평론, 1940.4.1)

조선시인으로서는 누구나 한번은 건드려 보는 주제인 '향수'에 관한 시다.[7] 고향을 생각하면 서러워지는 이 '비애'가 단지 페이소스에 그치지 않는 것은 朝鮮만이 가진 특수한 사정에 기인한다. 김광균의 서정적 영감은 주로 일몰에 찾아오며, '향수' 역시 그러하다. '저무는 도시의 옥상에 서서' 시인은 도시 풍경을 바라본다. 아마도 그를 옥상까지 이끌고 온 것은 하나는 황혼이며, 다른 하나는 '소리'인데, 김광균의 시적 영감을 깨우는 것은 무엇보다 '소리'이다. 주로 기차의 기적소리나 화물차, 자동차의 바퀴소리나 기계소리가 그의 신경을 깨우는데, 여기서는 화물차의 기적 소리, 갈매기의 울음소리, 낡은 비오롱처럼 애잔한 바람 소리이다. '소리'의 예리한 움직임에 기민하게 움직이는 김광균의 재능은 소리를 모양으로, 색채로 감각해내는 데서 구체적으로 확인된다. 이것을 '모더니즘'이라 해석하는 것은 말할 필요도 없이 자명해서 달리 언급할 가치가 별로 없다.

황혼녘의 '차단한 풍경'과 고독에 휩싸여 자신의 내면으로 침잠해가던 그런 '내성'(임화, 「진보적 시가의 작금」)에서 벗어나 이 시의 시선은 고향과 고향사람들을 향한다. 그것은 생활과 현실의 문제이다. 임화는 '고

7 임화, 「시와 현실과의 교섭」, 〈인문평론〉, 1940.5.

향'을 향해있다는 것은 심정의 문제가 아니라 시간의 문제로 본다. 이를 '일보 현실로 다가선' 진전으로 평가할 수 있지만 그것이 어떤 '독창적인 진리'를 담고 있지는 않다고 임화는 평가한다. 김광균의 위치는 변함이 없고 그는 여전히 정지된 지점에 머물러 있다는 것이다. 생활과 현실은 김광균에게 언제나 얼어있거나 김광균 스스로 냉담한 시선으로 그것으로부터 자신을 차단시킨다. 그가 서 있는 곳은 '옥상'이다. '생활과 현실'로 일보 나아가기 위해서는 그가 서 있어야 할 곳이 차고 비어있는 '옥상'이 아니라 열기로 뜨겁고 군중으로 가득 찬 '거리'여야 하지 않은가. 그러니 그의 시간 역시 미래로 일보 나아가지 못한다. 김광균은 과연 '광장'으로, 거리로 나갈 수 있을 것인가.

앞의 시들과 유사하게 향수와 고독의 정조를 띠고 있지만 '고향 사람들'을 향해 일보 다가선 것으로 평가된 시도 있다. 「荒凉」(문장, 1940.9)이다.

> 취적벌 자갈밭엔 오늘도 바람이 부는가
> 창망한 하늘가에
> 구름이 일고 지는 덕적산 넘어
> 벌떼처럼 초록별 날아오는 초가 지붕밑
> 희미한 燈盞 아래 어머니 얼굴
> 밤 – 꽃이 나려쌓는 驛路 가까이
> 노래를 잊어버린 어린애들의
> 비인 눈동자에 스미는 노을
> 허공에 걸려 있는 한낮 서러운 등불처럼
> 어두운 地坪 한끝에 깜박거리는 옛마을이기
> 목메는 여울가에 늘어선

> 포플라나무 사이로 바라다뵈는
> 한 줄기 신작로 넘어
> 항시 찌푸린 한 장의 하늘 아래
> 사라질 듯이 외로운 고향의 산과 들을 향하여
> 스미는 嗚咽 호올로 달램은
> 내 어느날 꽃다발 한 아름 안고
> 찾아감을 위함이라
> (「荒凉」, 문장, 1940.9)

일몰의 시간에 들어서야 시인의 서정은 펼쳐진다. 시간은 여전히 과거에 머물러 있고, 시인의 고독은 여전히 깊은 심연에 머물러 있으며 생활의 '신작로'는 여전히 '넘어'에 있다. 어린애들은 시선을 갖지 않으며, 그러니 노래를 알 리 없다. "노래를 잊어버린 어린애들의/비인 눈동자"라고 시인은 읊고 있다. 부정과 부정의 언어는 여전히 이 시의 전반적인 정조를 지배한다. 마지막 구절이 흥미로운 것은 이 '부정의 언어'가 한 번의 전도를 약속하기 때문이다. '목메인 울음을 홀로 달래는' 이유를 시인은 암시적으로 밝혀놓았다. "꽃다발 한 아름 안고/찾아감을 위함"이라는 설명조의 해설을 붙여 둔 것이다. 앞의 구절들이 시적이라면 뒤의 이 구절은 충분히 친절하고 사려깊은 산문조의 진술이다. 앞 구절에서 내내 울음과 비탄을 밀도있게 감내하던 시인이 마지막 구절에 와서 긴장을 놓쳐버렸다. 그가 여명을 본 것일까. 김광균이 고정된 자신의 위치로부터 벗어나 '밖'으로 향할 것인가 하는 문제가 이 마지막 구절에 암시되어 있다.

임화는 「광장」(비판, 1938.9)을 들어 김광균의 '밖'을 향한 적극적인 의지를 예리하게 읽어낸다. 역사가 끝난(역사의 종언)시기의 시의 방향성이 잠복돼 있다는 것이 핵심인데, 임화는 역사가 한 개의 커다란 轉機에 임했다는[8] 것은 '황혼의 예배종을 조종으로 바꾼 것'이며 결국 모든 논의는 '십자로 위의 인간정신의 문제'[9]라고 말한 바 있다.

> 비인 방에 호올로
> 대낮에 體鏡을 대하여 앉다
>
> 슬픈 都市엔 日沒이 오고
> 時計店 지붕 우에 青銅 비둘기
> 바람이 부는 날은 구구 울었다
>
> 늘어선 高層 우에 서걱이는 갈대밭
> 열없은 標木 되어 조으는 街燈
> 소리도 없이 暮色에 젖어
>
> 엷은 베옷에 바람이 차다
> 마음 한구석에 벌레가 운다
>
> 황혼을 쫓아 네거리에 달음질치다
> 모자도 없이 廣場에 서다
> (「廣場」, 비판, 1938.9)

대낮 빈방에서 시인은 '體鏡'을 마주 대하고 홀로 앉는다. 2연부터 일몰의 도시 풍경이 그려진다. 그러니 1연과 2연 사이에는 시간의 비약이 있고 4연과 5연 사이에는 행위의 비약이 있다. 그 사이에 시인이 위치해

8 임화, 「최근 10년간 문예비평의 주조와 변천」, 〈비판〉, 1939.5-6.
9 임화, 「조선문화와 신휴머니즘」, 〈비판〉, 1937.4.

있는 공간도 바뀌어 있다. 4연은 시인이 방을 나와 가로에 나선 뒤의 풍경이 묘사되어 있다. 밖은 이미 기온이 차다. 서사적 논리성이나 일관성이 필요하지 않으므로 이 '비약'을 상상의 혹은 이미지의 산물로 설명해도 오류가 없다. 마지막 연은 이 시인이 왜 밖으로 나왔는지가 설명이 된다. 시인은 '황혼을 좇아 네거리에 달음질' 쳤던 것이다. '황혼'이 그를 집 밖으로 불러낸 것이다.

'체경(體鏡)'에 자신의 얼굴이 반조된다. 어둠 속에서 언듯언듯 나타났나 사라져가곤 하던 얼굴과 동일한 것이다. 체경을 마주 대하지 않았던들 황혼을 좇아 거리로 나서는 것은 어쩌면 불가능했을지 모른다. 체경에 비찬 얼굴에서 시인은 문득 황혼의 시대를 걸어가는 시인의 초상을 무겁고도 진중하게 읽어낼 수 있었다. '소리조차 모양으로 번역하는 기이한 재주를 가진' 김광균이었기에 이 '모양(회화)' 속에 '자신의 소리없는 흐느낌 소리'[10]를 묻어누었을지 모른다. 적막은 늘어선 고층마냥 창백하고 고독은 가등만큼 열없으며 비애는 청동 비둘기상처럼 차니, 추상적인 것을 구체적으로, 심정을 모양으로 형상화하는 김광균의 재주가 예리하게 드러난 구절이다. '이미지즘'으로 불리는 김광균의 회화성 짙은 언어는 '동요 속에서 안정을 찾고 혼돈으로부터 有와 질서를 구하고자 하는' 예술의 근본적인 형상작용과도 조화롭게 맺어졌다. 김광균이 오장환과 더불어 신세대 시인으로 선정된 것은 단순한 언어의 문양때문이 아니라 그들의 시에 '시대의 정서생활의 흔적'이 남아있기 때문이다.[11]

한 세계가 소멸하는 시점에서 '황혼'을 마주하고 울음을 삼키는 것(1938)과, 시대의 한 가운데 서서 혁명적 열기를 가시화하는 것(1929),

10 김기림, 「시단의 동태」, 〈인문평론〉, 1939.12.

11 김기림, 위의 글.

이 둘은 어떻게 다를까. 이 양자간의 '차이'에서 시대적 맥락을 읽을 수 있을까. '황혼'을 분노하기보다는 그것을 '울음'으로 대체하는 이 무겁고 진중한 김광균의 시대로부터 시간을 거슬러 올라가면, '혁명'의 열기를 전적으로 가시화하는 시대와 마주할 수 있다. 이찬의 「황혼비낀 대관정(大觀亭)에서」(동아일보, 1929.12.6)를 김광균의 시와 비교하면서 읽어 보기로 한다.

> 늦은 황혼의 붉은 빛 羅荷亭 벌에 무르녹아
> 이웃 峯 벼랑 끝에 나릿히 깃숨는데
> 홀로 앉은 영덕산 대관정 들보 우에
> 외갈마귀 와 갸갸 울어—
> 왜 이리 이때 이 자리 내 애를 끊는가!
> —중략—
> 아아 황혼은, 이른 가을의 황혼은
> 더욱이 그이의 끌려간 귀 홀로 맞는 이 자리의 황혼은
> 그이의 두 주먹에 바르르 떨든 쇠사슬처럼
> 쌍고동 남기고 간 줄 끄을며
> 하염없이 굽이 돌아 떠나든 호송차처럼—
> —중략—
> 이를 악물고 두 주먹을 불끈 쥐고
> 머리를 번쩍 들고 두팔 벌려 가슴을 헤치고
> 동편 하늘을 향하야
> 부르르 떨 때
> 하늘도 땅도 눈앞에 깨여져 허물어질 듯
> —
> 아아 언제나 그날이 오냐

(「황혼비낀 大觀亭에서」, 동아일보, 1929.12.6)

'그날'이 언제올 것인지 반문하지만 시인은 분노를 버리지 않는다. '이를 악물고' 쥔 주먹을 부르르 떨며 시인은 이미 '그날'의 시간을 확인하고 있다. '—', 한 행을 생략함으로써 시인은 그 모든 말을 하고 있다. '생략'은 그러니까 침묵의 말이다. 문자화된 말보다 더 크고 강력한 목소리를 담은 '목소리'의 언어적 표지이다. '하늘도 땅도 눈앞에 깨여져 허물어질 듯' 한 이 단호한 다짐 가운데, 이 결의에 찬 의지 가운데 '그날'은 명확한 얼굴을 하고 시인 앞에 나타나 있다. 시인은 '황혼'의 한 가운데 서 있는 것이 아니라 '황혼'에 비껴서서 '그날'의 얼굴을 본다. '광장'으로 나와서도 어디로 갈지 몰라 방황하는 김광균의 '황혼'의 서성임과 이 결의에 찬 이찬의 선언은 얼마나 다른 것인가.

임화는 「광장」의 마지막 연을 인용하면서 이렇게 썼다.

> 그는 틀림없이 십자로 상에 나온 것이다. 방향의 결정이 그의 박두의 운명이 아닐까? 심연으론가? 광장으론가? 그것은 아무도 모르는 비밀이다.[12]

김광균 스스로 '십자로'를 시의 본질적 기능의 발휘와 영토의 확장을 위한 시인의 시대적 사명의 한가운데 놓기도 했다.[13] 임화는 황혼녘 십자로 상에 선 김광균의 운명을 '광장'과 '심연'의 양 갈래 길에 세워두었다. 이 십자로에 서기까지 김광균은 두 가지 길을 걸어왔다는 것이다. 하나

---

12 임화, 「시단의 신세대-교체되는 시대조류」, 『전집 3 문학의 논리』, 402면.

13 김광균, 「김기림론-시의 황혼」, 『전집』, 340면.

는 「와사등(瓦斯燈)의 길이며, 다른 하나는 「공지(空地)」의 길이다. 시대의 막다른 골목에서 방향을 잃고 서성이는 시인의 표정이 「와사등」에 함축돼 있다. 「와사등」의 1절 "차단—한 등불이 하나 비인 하늘에 걸려있다/내 호올로 어델 가려는 슬픈 신호냐"에서는 '淸白한 燈光도 교란될 한도가 있는 법'이니 시인은 더 이상 와사등에 기대어 창백한 표정을 지을 수만은 없게 되었다.

「空地」에는 '부정(否定)'과 '부정(不定)'의 시간에 대한 노스텔지어가 있다. '오지않는 행복'이기에 그것의 기다림은 허망한 것인데, '어느 곳 지향없는 지각(地角)'을 향한 발걸음은 미래가 없으며 그러기에 '끝없는 어둠'의 심연은 결단코 해소될 것 같지 않다. '긴 하품을 씹는 것'은 이 막연하고 지루한 삶의 지속 때문이다.

「공지」 마지막 대목은 이러하다.

> 아—내 하나의 신뢰할 현실도 없이
> 무수한 연령을 낙엽같이 띄워 보내며
> 무성한 追懷에 그림자마저 갈갈이 찢겨
> (「空地」 부분, 비판, 1938.5)

「공지」는 '고독에 대한 인내력도 종언하려 하고 정열을 숨겼던 靜謐도 찢어지'려 하는 심정을 그린 것이다. 임화가 김광균이 보여주는 이미지즘의 '미묘한 회화'를 적극적으로 평가한 이면에는, 시가 '전대의 근소한 생존자의 하나로 잔존하게 되었다'는 엄연한 사실에 있다. 몰락의 상황에서 시가 급박한 생존을 지탱하게 되었으니 사소한 무엇 하나 버리기 힘든 것이다. 그 사소함이란 소멸과 위태롭게 등대고 있는 것이어서 눈물겹게 장엄한 것이다.

김광균 시의 이미지는 순전히 소복(素服)을 입고 있다고 할 정도의 창백한 것이다. 임화는 이를 '豊多性의 소멸'이라 지칭하고 이것이 시인의 '심혼의 순결성'이라 평가한다. 훤소(喧騷)를 피하고 오탁(汚濁)을 두려워하는 심정이 시인을 산책으로 이끈다는 것이다. 「오후의 구도」, 「해바라기의 감상」, 「향수의 의장」, 「창백한 산보」, 「지등」, 「山上町」 등에서 보여주는 '고요하고 단정한 산책'은 '금일 시정신의 불가피한 생활 윤리'에 다름 아니다. 시인은 고독을 이기기 어렵고 따라서 비애로부터 자유로울 수 없다. '산책'은 시인의 순결한 심혼에서 온다. '회한의 熱炎'이 다시 새로이 불타오르려는 때 김광균은 '광장'으로 내달리게 된다. 문제는 '광장의 질주' 그 이후의 시간이 보장되지 않는다는 것이다.

'광장', 이후의 길

「와사등」이나 「공지」는 결국 한 시대의 종언을 지켜보는 시인의 막막함을 그린 것이다. 그럼 이제 어떤 가능성이 김광균에게 놓여있다는 것인가. 임화는 김광균의 '광장' 이후의 비밀이 「雪夜」에 있다고 지적한다.

> 이 비밀을 위태로이 위태로이 곱게 싼 시 1편이 김군의 가작으로이 최후에 실린 「설야」리라.[14]

어디로 갈 것인가? 갈 곳은 있는가? 길을 잃은 자가 갈 수 있는 곳은 자신의 심연 아닌가. '광장 이후의 길'이 「설야」 한 편에 있다고 본다면 김광균 시의 비밀은 보다 쉽게 그 비밀을 드러낼 것이다. 모든 풍경이 '풍다성(豊多性)'을 상실하고 '소복(素服)'으로 전일화 하는 곳에 '雪夜'의 문제성이

14 임화, 「시단의 신세대-교체되는 시대조류」, 〈조선일보〉, 1939.8.18-26.

있다면 그것은 심연으로 나아가는 길 가운데 있는 것이지 그 이외의 것으로는 진전되기 어렵다. 그래서 시인은 '네 거리에서' 광장으로 질주하지 못하고 자신의 심연으로 나아간다. 이것이 시인의 윤리이다.

> 어느 먼―곳의 그리운 소식이기에
> 이 한밤 소리 없이 흩날리느뇨.
>
> 처마 끝에 호롱불 여위어가며
> 서글픈 옛 자췬양 흰눈이 나려
>
> 하이얀 입김 절로 가슴에 메어
> 마음 허공에 등불을 켜고
> 내 홀로 밤 깊어 뜰에 나리면
>
> 먼―곳에 여인의 옷 벗는 소리.
>
> 희미한 눈발
> 이는 어느 잃어진 추억의 조각이기에
> 싸늘한 追悔 이리 가쁘게 설레이느뇨.
>
> 한 줄기 빛도 향기도 없이
> 호올로 차단한 衣裳을 하고
> 흰눈은 나려 나려서 쌓여
> 내 슬픔 그 우에 고이 서리다.
> (「雪夜」, 조선일보 1938.1.8)

김광균 시에는 여러 범주의 부재가 있다. '열 없고', '색 없고', '모자 없고', '빛깔 없고', '향기 없고', '방향 없고', 또 '공감'이 없다. 임화가 말한 그대로 '풍다성'이 없으니, 감각이 부재한다. 실제 '부재'하기 보다는 시인 스스로 '부재하듯' 느낀다는 것이다. 고독과 적막을 시인은 이 '감각 없는' 표현으로 대체한다. 고독하고, 열 없고, 색 없는 이 창백하면서도 순백한 산책을 '생활의 윤리'라고 말한 임화의 평가가 날카로운 것은 이 '부재'를 '윤리'라 지적하고 있다는 데 있다. 차단되고 고독한 의상이, 그러니까 그는 겨우 자신의 몸 하나 간수할 만한 그런 공간이 그의 심연의 집인 것이다. '황혼'의 부재는 빛의 부재와 소리의 부재를 가져온다. 황금 공작이 황금 피리를 불며 몰고오는 찬란한 '황혼'을 시인은 더 이상 기대하지 않는다. 임화가 '풍다성의 소멸'이라 지칭한 것은 결국 역사적 전망의 부재가 시인의 윤리로 떠올랐다는 의미가 아닐까.

시징주와는 날리, 물결을 되돌리는 역사의 종소리를 김광균은 더 이상 발견할 수 없었을 것이다. 그러니 오직 등불은 '마음의 허공'에 켜진다. 시인의 슬픔은 고이 서려있을 뿐 입술 밖으로 새어나오지 못한다. '부정과 부정'의 언어는 시인의 고독을 지속적으로 감싸고 돈다. 고독과 비애에서 자유로울 수 없는 시인이 최후의 수단인 이지(理智)로 그 울음을 감내해 내고 있는 형국이다.

시인은 끝까지 울음을 참는다. 그는 '건조주의자'이기 때문이다. 그는 차고 날카로운 언어의 칼로 예리하게 자신의 심장의 열을 냉각시킨다. 그는 비명을 지르지도 외부의 소음에 환호하지도 슬픔을 토해내지도 않는다. '차단한'은 그가 가장 즐겨쓴 형용사인데,[15] 그것은 그가 울거나 비

15 '차단한'은 '찬(차다)'의 개성방언이다. 개성에서는 일상적으로 즐겨쓰는 단어라고 한다. 유족들의 회고('김광균 시의 풍경' 출판기념회(2018.10.17).

명을 지르거나 분노하거나 등의 감상적 오류에 빠지는 것을 막는 장치이다. 시의 장미를 가꾸는 것은 열이 아니라 빛이며 정열의 입술이 아니라 가시의 혀이다(김광섭). 적어도 시인의 윤리에서는 그러하다.

「長谷川町에 내리는 눈」에서 김광균은

> 빈포켓에 손을 찌른 채
> 나는잠자코 눈을 맞는다
> 나리는 눈발이 속삭어린다
>
> 옛날로가자 옛날로가자
> (「長谷川町에 내리는 눈」 부분, 문장, 1941.3)

시인이 손을 포켓에 찌르고 있으니 울 수가 없다. 쿤데라(Kundera)가 말한 "젖은 눈보다는 마른 눈을, 심장 위에 놓인 뜨거운 손보다는 주머니 속의 손을…!"을 인용한다면, '젖은 눈'이 아니라 '마른 눈'을 시인이 선택한 까닭이다. 마른 눈이니 그는 울기보다는 건조하고 냉담하게 서걱거리며 속삭일 수 있는 것 아닌가. 그렇다면 시인의 다음 선택은 무엇인가. '과거'로 돌아가는 길일까. 그 해답을 임화는 「설야」에서 찾았던 것이다. 「광장」의 네 갈래길에 선 김광균이 '다음'을 선택할 수 있다면 그것은 '데카당'의 길이다. 「설야」의 애절한 리시시즘을 '최고의 퇴폐'로 꼽을 때,[16] 퇴폐조차 그것은 '물러서지 않고 오직 일직선으로 독한 꽃의 붉은 색채를 발할 수 있는 가혹한 시대정신'으로 규정될 만한 것이었고, 그것은 일제말기에 신세대 시인들이 발견한 경이로운 '현실의 자태'가 아닐 수 없었다.

---

16 임화, 「현대의 서정정신」, 〈신세기〉, 1941.1.

황혼녘에 갈길을 잃었고, '광장'의 네거리에서 어디를 향할까 방황했던 김광균의 흥미로운 선택을 보여주는 시는 「반가(反歌)」이다.

> 물결은 어디로 흘러가기에
> 아름다운 목숨싣고 갔느냐
> 먼—훗날 물결은 다시 되돌아오리
> 우리 어디서 만나 손목 잡을까
> (「反歌」 부분, 조광, 1942.12)

비애도 고독도 적막도 존재하지 않는, 냉담하면서도 건조한 시다. 김광균으로서는 보기 드물게 그의 전 시대를 지배해온 비애와 고독의 페이소스를 드러내지 않았다. '부정의 언어'조차 가시고 없다. 시인은 울지않기로 한 것일까. 건조주의자가 되기로 한 것일까. 지금까지 김광균이 보여준, '차단된 상황'을 만들고 그 상황에서 정적으로 존재해 있는 '부재'의 존재들을 그리던 방식과는 거리가 있다.

물결은 아름다운 목숨을 싣고 흐른다. 물결은 어딘가 미래로('먼 훗날') 흐른다. 시간은 미래를 향해 있다. 지속적이고 미래적이며 생명력이 있는 움직임을 우리는 이 시에서 본다. 물결은 그러한 생명의 유연함과 부드러움을 싣고 흐른다. 그러니 역사로부터 물러설 수 없고 생활은 절멸될 수 없다. 그 '물결'은 먼 훗날 '다시 되돌아' 올 것이다. 역사의 물결이 되돌아오는 시간에 대한 비유는 낯선 것이 아니다. 우리는 이미 「행진곡」에서 서정주가 유사하게 말했던 것을 기억하고 있다.

> 결국은 조끔 식 醉해가지고
> 우리 모두다 도라가는 사람들.

> —중략—
> 멀리 서 있는 바닷물에선
> 亂打하여 떠러지는 나의 종소리
> (서정주, 「行進曲」 부분)

서정주의 시는 '모두 도라가는 사람들' 그러니까 역사의 뒤안길로 사라져가는 사람들과 그 시간에 대한 송가(頌歌)로 쓰였다. 그 다음은 '기원(祈願)'에 대한 시다. '목아지여!'라고 서정주는 정확하게 세 번을 반복했다. 마치 역사를 초혼함으로써 생명력을 보증하고자 하듯이 말이다. 김광균은 서정주의 「행진곡」(신세기, 1940.11)에 답하듯, '먼—훗날 물결은 다시 되돌아오리'라고 서정주의 '멀리있는 물'을 역사의 맨 앞으로 끌어당기고 있다. 황혼의 시간에 밀려간 물결은 일종의 메아리처럼 잔향을 남기며 머물다가 시인에게 와서 다시 소리의 여명을 여는 것이다. 미래의 해후를 기대하며 김광균은 이 시에 '반가(反歌)'라는 제목을 붙였다. '반노래'로써 '노래'를 소멸시키고 '새로운 노래'를 부른다는 뜻이다. '부정'으로써 '부정'을 제거한다. 그러니까 김광균은 일제시대 내내 자신의 노래를 부정하기 위해 노래했는지 모르겠다. 이 시가 그의 무덤가를 지키는 '시비'에 새겨져 있다는 것은 그래서 상징적이다. 조선어 잡지로서의 명맥을 거의 잃어버리게 되는 이 시기 1942년 12월 〈조광〉에 실렸다는 것 또한 김광균이 견지한 '건조한 사상'의 무게를 더한다.

이용악; '황혼'에 나는 등곱새와 미래의 꽃씨

가슴속의 꽃씨

'황혼녘'에 '광장'에 서서 물결을 되돌리는 역사를 쓰고 있는 김광균에 이어 역사의 물결에 서정적 시선을 실어보내는 이용악에게서 두 시인의 공통된 관심사를 확인하게 된다.

일제말기 이용악 시의 중요한 키워드는 '꽃(씨)', '물결', '불'이다. 「별 아래」(매일신보, 1940.12.30)에서 이용악은 생명의 붉은 기운을 바다와 바다가 물결치는 얼굴로 묘사한다. "밤마다 붉은 얼굴엔 바다와 바다가 물결치리라" 같은 구절은 암시적이다. 체경에서 자신의 고독과 냉담을 읽어낸 김광균과는 다소 다른 점이다. 이용악은 정열에 찬 생명의 붉은 얼굴로 크게 웃는다. 이때의 웃음이란 '헛되이 웃어도' 값진 것이다.

시산의 강물을 따라, 개울을 따라 흘러가는 마음의 시간은 시간의 신비와 현실의 비밀을 찾으려는 모색의 과정이다. 이용악은 「해가 솟으면」(인문평론, 1940.11)에서 그 비밀의 문을 여는 어려움과 절박감을 '날이 갈수록 새로이 닫히는 무거운 문'이라고 암시한다. 이용악의 시 「밤이면 밤마다」를 평가하면서 김광섭이 '紙背에 현실의 고민이 암시되어 있다'[17]고 쓴 것을 보면 '무거운 문'의 맥락이 설명되기도 한다. '무엇이고자 찾아지고 불러지고 있'는 시인으로 이용악을 평가한 임화의 안목을 빌어 이용악이 밤마다 무엇을 찾고자 했는지 들여다보게 된다.

「해가 솟으면」의 깊은 울림은 '『낡은 집』에 대한 서정보다도 "숱한 꽃씨가 가슴에서 튀어나오는" 아름다운 밤에 대한 사모가 면면' 한 데서 비롯된다. '낡고 소멸할 듯한 누옥'의 문제가 아니라 '밤의 꽃씨'가 문제라는

---

17 김광섭, 「시단월평-8,9월호 시단인상」, 〈인문평론〉, 1940.10.

것이다. 그것은 과거를 향해 있지 않고 미래를 준비하는 '종자'이기 때문이다. 임화는 '닥쳐올 시대의 種子에 대하여 생각하는 것은 오늘날의 모든 시가 들어앉아 있을 수 있는 세계요 또한 금년의 시단이 이동하면서 발견한 첫째의 세계다'라고 부연했다.[18] 임화가 말한 '시대의 종자'라는 말은 생명의 불이 이 작은 '종자'로부터 미래의 시간으로 이행해 가면서 강렬하게 불타오르는 것임을 암시하는 것이 아닐 수 없다.

이용악은 역사의 무거운 문 앞에서 '욕된 나날이 숨가쁘다'고 썼다. 날마다 '새로운 문'이 '열리는 것'이 아니라 날이 갈수록 '무거운 문'이 '닫힌다'고 그는 막막한 심정을 토로한다. 김광균이 즐겨 쓴 '차단된 등불'의 시나리오와 이는 얼마나 흡사한 것인가. 어떤 '라파엘적 인간'도 단절과 고독 앞에 눈을 감지않고는 못이겨 낼 그런 심정을 그들은 동일하게 그린다. 역사 앞에 선 인간은 등이 굽었다. 이마를 적실 샘물 하나 없는 그런 막막한 '등곱새'의 운명이 시인에게 오버랩된다. 난장이들, 기형적 존재들, 중간인적 존재자들은 자연의 아이들이자 거대한 생명체의 표상이며, 그 생명있는 것들만이 역사의 파고를 타고 그 역사를 넘어갈 수 있다. 카프카의 조수들이, 아도르노의 뼈 부러진 존재들이, 바그너의 알베르히의 형상이 떠오른다.

생명을 다한 새(제비, 독수리, 까마귀)는 샘물 한 모금 얻어 새 생명을 얻기 위해 저 몸을 불태우듯 뜨겁게 타오르는 태양을 향해 날아오르지 않으면 안된다. '절멸'이 '생명'의 근원인 것이다. 시인은 역사의 산맥을 넘어 새로운 '시작'을 염원했을 것이다. 비극적인 것 가운데 새로운 세계가 열리기를 염원하면서 말이다. 그것은, 서정주나 김광균이 염원했던 것처럼, 밀려오는 파도소리, 난타하는 종소리, 모든 사람들의 박수소리

---

18 임화, 「시단은 이동한다」, 〈매일신보〉, 1940.12.9-12.16.

등 청각적 환영(幻影) 가운데 시작된다.

> —전략—
> 조고마한 자랑을 만날지라도
> 함부로 푸른 하늘을 대할지라도
> 내사
> 모자를 벗어 반갑게 흔들어주리라
>
> 숫한 꽃씨가 가슴에서 튀여나는 깊은 밤이면
> 손뼉소리 아스랗게 들니는 손뼉소리………
> 멀어진 모—든 사람들의
> 이름을 불으며 호을로 거리로 가리
>
> 욕된 나날이 정영 숨가뿐
> 등곱새는 등곱새는
> 엎디여 이마를 적실 샘물도 없어
> (「해가솟으면」 부분, 인문평론, 1940.11)

'모자'가 없거나 안개에 가려져 있다는 것에서 역사의 막막함이 투영되어있던 김광균 시와의 비교가 이 시를 이해하는 데 도움을 줄지 모른다. 나의 존엄성을, 역사의 존귀함을 찾을 길 없어 막막했던 심정을 김광균은 '차단된 모자'의 이미지에 겹쳐두었다. 「광장」에서 시인은 '모자도 없이 廣場에' 섰다고 썼고, 「SEA, BREEZE」에서는 '나는 안개에 젖은 帽子를 쓰고'라고 썼다. 「都心地帶」(인문평론, 1939.12)에서는 '모자없는 포스트, 그림자없는 가로수, 흐로도없는 전차'가 삭막하고 황량한 도심지대에 노출된 풍경을 그렸다. 그것은 만주제국영사관 지붕의 '노란깃발'이나

로타리 분수의 '우산'과 얼마나 선명하게 대조되는 것인지, '모자없이' 시인은 전적으로 세상에, 도심에, 광장에 노출되었다. 자신을 가려줄 어떤 방패막도 없이 시인은 세상에 홀로 내던져진 것이다. '목쉰 스피커 마냥' 울려대는 시대의 황혼이 유리컵 너머로 환몽처럼 찾아드는 풍경을 김광균은 그저 냉담하게 지켜볼 수 있을 뿐이었다.

그런데 이용악은 '모자를 쓰고' 있고 또 세상 사람들과 만나 모자를 벗어들고 반갑게 인사를 나눈다. '멀어진 모든 사람들의 이름을 부르며' 이용악은 거리로 나선다. 무거운 역사의 문을 밀어제치는 동력을 이용악은 적요한 개인의 내면에서 나와 추잡한 거리로 나서면서 발견했던 것 같다. 그는 '거리'에서 비로소 어둠의 꽃씨를 발견한다. 그것은 '집단'의 이름이다. 그는 '숫한 꽃씨'라고 썼다. 그 꽃씨 속에 숱한 사람들, 모든 사람들의 이름이 있다. 사람들의 손뼉소리, 환영의 몸짓들('모자를 흔들어주리라')은 환타지처럼 그렇게 시인의 가슴에서 튀어나온다.

'꽃씨'가 '꽃가루'로 변형되는 경우도 있다. 「꽃가루 속에」(매일신보, 1941.7.25)에서 시인은 '꽃가루 속에' 은닉된 어떤 솟아오르는 힘과 명명되는 이름들의 역동적 움직임을 포착한다. '숨가쁘게 마구 웃으며 달려가는' 힘들이 나와 너의 상호 호명 가운데 흩어지고 있다. 그것은 달려가는 힘만큼이나 역동적이고 긍정적인 생명의 힘을 내장한 것이다. 그래서 임화는 이 시의 한 구절, "숫한 꽃씨가 가슴에서 튀여나는 깊은 밤이면/ 손뼉소리 아스랗게 들니는 손뼉소리"에서 시대정신의 절정을 볼 수 있었다. '환청'은 묵시록적인 예징처럼 보인다. 그것은 서정주의 '먼 바다에서 들려오는 푸른 종소리'나 김광균에게서 '되밀려오는 물결소리'에서도 확인되었던 것이다. 그런 축제적인 울림, 그런 미래적인 환희는 깊은 어둠 속에서나 볼 수 있다는 것이 시대적 운명감이었을 것이다. '숱한 꽃씨'

는 이 깊은 밤에 우리의 가슴에서 튀어나온다. 이 장엄하고 엄숙한 순간을 임화는 '닥쳐올 시대의 종자'라고 이름붙였던 것이다. 그 '씨앗'은 "모든 시가 들어앉을 수 있는 세계이며 근년의 시단이 이동하면서 발견한 첫째의 세계"이다. 임화의 이 황홀한 목소리는 해가 솟으면 생명의 샘물에 이마를 적셔 부활과 갱생의 혼을 다시 얻는 새의 신화적 이미지에 깃들어 있다. '욕된 나날'은 가고 생명수 한 모금으로 새로운 시작을 염원할 수 있을 것이다.

절멸의 불, 불의 비늘

깊고 어두운 밤에 홀로 타오르는 불빛은 금세 사라지기도 한다. 「술에 잠긴 세인트 헬레나」에는 깊은 페시미즘이 투영되어 있다.

> 타올라 빛빛 타올라
> 내사 흩어진다
> 서글피 흔들리는 흔들리며 꺼지는 등불과 등불
>
> 돌다리래두 있으면 돌층계를 기어내려
> 짚이랑 모아 불 질으고 어두워지리
> 흙인듯 어두워지면 나의가슴엔 설레이는 구름도
> 구름을 헤치고 솟으려는 소리개도 없으리
>
> 멀리 가차히 사람은 사람마다 비틀거리고
> 나의 쎈트헤레나는 술에 잠겨
> 나어린 병정이
> 머리 숙이고 쑥스러히 옆을 스친다

(「술에 잠긴 세인트 헬레나」, 인문평론, 1940. 4)

타오르는 순간의 빛은 눈부시게 강렬하면서 또 열정적이다. 등불이 꺼진 이후는 '흙인 듯' 캄캄하다. 스스로 어두워진 탓이다. '짚을 모아 불 지르고' 어두워진 탓이다. 그 '어둠'은 피동적이지 않고 능동적이다. '설레이는 구름도/구름을 헤치고 솟아나려는 소리개도 없'는 이같은 절멸과 단절이 왜 필요한 것일까. 여기에 대해 임화는 이런 해석을 달아두었다.

> "엎드려 이마를 적실 샘물"도 없었으며 "구름을 헤치고 솟으려는 소리개도 없으리"라는 것도 한 가지로 뛰어나올 수 없는 페시미즘의 세계다. '찾아질' 무엇이라는 것은 여기에서 오직 불러지고 있을 따름이다. 그러면서도 그가 오장환과 다른 것은 현대에 있어서만 그것이 찾아지는 것이요 그 외의 세계에 대하여 그가 사모의 정을 피력하기를 경계하기 때문이며, 서정주와 구별되는 것은 데카당스 가운데로의 탐닉으로부터 솟아나오려는 노력 때문이다. 그것은 심히 미약하나마 다른 정신적 태도의 하나다.[19]

이용악은 그것을 현대에 있어서만 찾으려 한다는 점에서 전통과 현대의 혼유 가운데서 무엇인가를 찾고자 한 오장환과 다르며, 데카당스 가운데로 탐닉하는 서정주와 달리 그것으로부터 솟아나려는 노력을 보인다는 점에서 이용악의 데카당스는 서정주의 그것과는 구별된다고 임화는 결론짓는다.[20] 당시 촉망되는 시인으로 평가받던 이용악에 대한 평가는 『낡은 집』 이후 「해가 솟으면」(인문평론 40.11)에서 한 획을 긋고,

---

19 임화, 「시단은 이동한다」, 『전집 5 평론(2)』, 269면.
20 임화, 위의 글.

「술에 잠긴 세인트헤레나」에서 회절점을 갖는다. 임학수가 「술에 잠긴 세인트헤레나」 같은 시는 '쓰지 말아야 하는 시'로 평가하기는 하지만,[21] 이 시의 '페시미즘'의 색채에도 불구하고 시인의 정신적 태도를 포착한 이는 임화이다. '그 무엇'이 불려지고만 있다 하더라도 그것을 과거에서가 아니라 현대에서 찾고자 하는 노력이 임화에게 보였다면, 임학수에게는 그 '무엇'이 어둡고 캄캄한 '초기적 영탄'의 세계로밖에 보이지 않았을 수도 있다.

김종한에게서도 이용악의 데카당주의는 안이하고 영탄적인 것으로밖에 보이지 않았다.

> 개성이 없는 언어로 많은 작품을 발표한 시인으로는 이용악도 크게 활약했다. 이용악의 시를 가장 친절하게 이해하려한 김광섭의 시풍과 더부러 이 경향의 『슬픈표정』이란 것은 예술가의 심리적 성장과정에 있어서는 매우 안이한 초기적인 영탄이라고 나는 생각한다.[22]

영탄과 페시미즘을 어떻게 읽을 것인가의 견해 차이가 당대 평론가들의 논점에서 드러난다. 임화는 영탄이나 페시미즘 그것 자체가 아니라 그것 너머에 무엇이 있는가를 물은 탓에 이용악의 시를 높이 평가할 수 있었었다. 어둠 속의 '꽃씨'에서 임화는 다음 시대를 여는 '공동체의 종자'를 찾고자 했다. 「해가솟으면」에서 보여준 '숫한 꽃씨가 가슴에서 튀어나는 깊은 밤'에 들리는 '손뼉소리'가 어떤 공동체의 환희와 연결되어 있다는 점은 이용악의 「노래끝나면」에서도 확인된다.

---

21 임학수, 「치욕의 1년」, 〈문장〉, 1940.12.

22 김종한, 「詩壇時評」, 〈문장〉, 1941.1.

> 누구나 한번은 자랑하고 싶은
> 모든 사람의 고향과
> 나의 길은 황홀한 꿈 속에 요요히 빛나는 것
> (「노래끝나면」 부분, 춘추, 1942.2)

'자랑도 눈물도 없이'(「밤이면 밤마다」), '자랑도 부끄러움도 아닐바에'(「구슬」) 같이, 자랑도 부끄러움도 눈물도 없는 삶이란 극한의 것인데, 「노래끝나면」에서 그것은 '모든 사람의 고향'에서 한번은 자랑하고 싶은' 대상이 된다. 그것은 '밤'의 황홀한 꿈 속에서 요요히 빛난다. 앞서 서정주, 김광균이 보았던 혹은 들었던 '찬란한 물소리'의 환청은 우리 다함께 부르는 노래이자 우리 다함께 치는 '손퍽소리'의 그것이다. 그런 축제적인 것에의 황홀이 페시미즘의 비통한 우울을 뒤로하고 꿈속에서 황홀한 불을 밝히고 있는 것이다.

1941년 전후 이용악은 고답적이면서도 숭고한 이미지의 언어를 구사한다. 「비늘하나」, 「불」, 「꽃가루 속에」, 「벌판을 가는 것」 등의 시들은 깊은 상징성을 갖는다.

> 몇 백년 지난뒤 깨여났음이뇨
> 나의 밑 다시 나의 밑 잠자는 혼을 밟고
> 새로이 어깨를 일으키는 것
> 나요
> 불길이요
>
> 쌓여 쌓여서 훈훈히 썩은 나뭇잎들을 헤치며
> 저리 환하게 열린 곳을 뜻함은

세월이 끝나는 날
오히려 높디 높았을
나의 하늘이 남아있기 때문에
내 거닐는 자욱마다 새로운 풀쑥 하도 푸르러
뒤돌아 누구의 이름을 부르료

이제 넓다란 벌판을 혼자서 가는 것
바람도 비도 눈보라도 번가러 지나가버린 벌판을
저렇게 많은 단 하나에의 길을 가는 것
나요
끝나지 않은 세월이요
(「벌판을 가는 것」, 춘추, 1941.5)

어투 자체가 의고문투의 흉내를 내고 있다. 차라리 과거의 시간 속으로 들어가 잠들고 싶은 심정을 그는 고문투에 실어두었는지 모른다. 그런 의고투의 잠을 깨우는 것은 비록 그것이 허무한 다짐에 지나지 않을지라도 일종의 자기마법처럼 삶의 의욕을 다지게 된다. 모든 것들이 썩고 모든 험난한 시간이 지난 뒤 새로운 날이 열린다고 시인은 진술조로 쓴다. 그 맹세만이 나의 길이자 오직 단 하나의 길이라는 것이다. 가슴 속의 불길이 내 '밑'에서 잠자고 있고 또 그 밑에서 잠자고 있는 '혼'을 밟고 또 다른 불이 일어난다. '불길'은 곧 '나'다. '불'을 가진 자에게 시간은 늘 처음으로 되돌아온다. 그러니 몇 백 년의 잠에서 깬 자에게 하늘은 태초의 시간을 여는 불길을 준다. 원환적인 시간의 궤도 위에 하늘은 언제나 새하늘이며 높디 높을 수밖에 없는 최후의 하늘이다. 원환의 수레바퀴의 궤도를 돌며 시간은 결코 정지하는 법이 없다. 늘 '새로운 풀쑥'이 푸르게 돋아나는 이유이다. 가슴에 불을 품은 채 몇 백 년의 잠을 깬 자에게 하늘은 늘 숭고한 미래를 준비하고 있는 것이다. 어둠 속에서 뛰쳐나오는 꽃씨의 역동적인 생명력과 이 극한적이면서 원환적인 하늘은 얼마나 닮아 있는가.

모든 '노래'가 끝난 다음에 타오르는 것은 가슴의 불이며 빛이다. '소리'의 환청이 '불'로 변용되어 가슴에 타오르는 이 숭고한 제의는 얼마나 황홀한 것인가.

> 모든 것이 잠잠히 끝난
> 다음에도
> 당신의 벗이래야 할것이
>
> 솟아 오르는 빛과 빛과 몸을 부비면
> 한결같이 일어설 푸른 비늘과 같은
> 아름다움
> 가슴마다 피어
>
> 싸움이요
> 우리 당신의 이름을 빌어
> 미움을 물리치는것이요
> (「불」, 매일신보, 1942.4.5)

어둠 속에서 솟아오르는 것은 불이다. 불은 아름답게 가슴마다 타오른다. 미움을 물리치는 마음조차 그 정화된 불꽃 속에 타오른다. 황홀감의 극치를 '빛과 빛과'로 중첩해둔 것은 시인의 무의식이 작용한 탓이다. 급기야 '불'은 '푸른 비늘'이 된다. '불'이 '푸른 비늘'이 되는 황홀한 시적 변용의 순간에 이용악의 시는 다시 한 번 비상을 준비한다. 생명력 있는 것들은 서로가 서로의 몸을 빌어 비상하는 법이고 그것은 이름을 빌어 미움을 물리치는 싸움이다. '분노'는 숭고한 상징의 이름으로 '불'로 스며든다. 그것은 생명의 '물고기'이자 생명의 '불'이다. 불은 꽃이며 물이고 물은 곧 물고기다. 이 아름다운 변용의 순간을 위해 이용악은 다른 상징을 하나 준비한다. 「비늘하나」가 이 암시를 증거할지 모르겠다.

> 파도소리가 들려오는게 아니요
> 꽃향기 그윽히 풍기거나
> 따뜻한 뺨에 볼을 부비는 것이 아니요
> 안개 속 다만 반짝이는 비늘 하나
> 모든 사람이 밟고 지나간 비늘 하나
> (「비늘하나」, 매일신보, 1941.7.30)

서정주나, 김광균이 품었던 '파도소리'도 아니고, '꽃씨' 속에서 솟아난 향기도 아니고, '고향사람들'과 살을 부대끼며 뺨에 볼을 부비며 나누었던 인사도 이 시편에서는 부정된다. 모든 부정은 '비늘 하나'를 모색하기 위해 준비된다. 앞길은 안갯속이다. 그 예측불가능하고 희미한 시간을 넘어 다만 존재하는 것은 '비늘'이다. 생명을 달구고 움직이는 '푸른 비늘'이다. 빛나면서 영속적인 것이다. 이 사소하나 황홀하게 빛나는 '비늘' 이미지에 얼마나 많은 말들이 숨어있는가. 이 '푸른 비늘' 위에 장구한 역사와 인간의 흔적이 숨쉬고 있다. '푸른 비늘'은 영구한 '생명'의 물고기다. '모든 사람이 밟고 지나간' 흔적인 그 '비늘' 하나가 물고기로 비상하는 순간을 시인은 약속하고자 했을 것이다.

흥미로운 것의 또 하나는 '바다로 휘정 휘정 내려가는 것'이라는 구절에 숨어있다. 「뒷길로 가자」(조선일보, 1940.6.15), 「항구에서」(매일신보, 1942.10.20)가 그러하다. 「뒷길로 가자」에서는 검은 하늘과 병든 몸과 캄캄한 내면이 드러나 있는데, 거기에 세계와 맞설 수 없는 개인의 부끄러움과 운명감이 포개져 있다. 하늘은 캄캄하고 어두우며 그래서 '우러러 받들 수 없'다. 시인은 과거에 갇혀 있으며 그 과거조차 시인의 후면에서 겨우 피동적으로 따라온다. "숨어서 희정 휘정 뒤ㅅ길을 거를라치면/지나간 모든 날이 따라오리라"고 이용악은 썼다. 역사의 뒷골목에서야 시인은 웃음을 웃을 수 있다. 그 웃음은 차고 비어있다. 한 시대의 풍습과 윤리에 저항하나 결국 미래를 혼란스럽게 꿈꿀 수밖에 없는 사람의 시선으로 이용악은 미래를 기대한다. '꽃씨'는 역동적인 생명력을 내장하고 있었고, '푸른비늘'이 신비한 원환의 상징을 품고 있었다면, '휘정거리는 발걸음'은 적멸과 허무의 심정이 진하게 내장되어 있다.

「항구에서」는 다소 종교적인 분위기와 적멸의 분위기가 같이 있다.

> 영원과 같은 그러한 것이 아득히 바라뵈는 그러한 꿈길을 끝끝내 돌아온 나의 청춘이요 바쁘게 떠나가는 검은 기선과 몰려서 우짖는 갈매기의 떼
>
> 구름 아래 뭉처선 흩어지는 먹구름 아래 당신네들과 나의 어깨에도 하늘은 골고루 머물러 얼마나 멋이었습니까
>
> 꽃이랑 꺾어 가슴을 치레하고 우리 회파람이나 간간히 불어보자요 훨훨 옷깃을 날리며 머리칼을 날리며 서로 헤어진 말고먼 바닷가에서 우리 한번은 웃음지어 보자요

그러나 언덕길을 오르나리면서 항상 생각난것은 친구의얼골들이 아니었음니다 갈바리의 산이요 우뢰소리와 함께 둘로 갈라지는 갈바리의 산

희망과 같은 그러한것이 가슴에 싹트는 그러한 밤이면 무슨 즘생처럼 우는 뱃고동을 들으며 바다로 보이지 않는 바다로 휘정 휘정 내려가는 것이요
(「항구에서」, 매일신보, 1942. 10.20)

'-같은 그러한 것'이라는 미지칭의 술어가 인상적이다. '영원과 같은 그러한 것'은 '영원'이 아니며, 또 '희망과 같은 그러한 것'은 '희망'이 아니다. 그것은 그러한 미래에 대한 일종의 거리두기이자 낯설음이다. '영원', '희망' 같은 술어에 대한 확신조차 시인에게는 없다는 것일까. '갈보리의 기적'으로나 '희망같은 그러한 것'을 꿈꿀 수 있다는 것일까. 가장 최소한의 희망, 가장 연약한 희망이 시인을 짐승처럼 울부짖게 한다. '바다'는 있되 그러나 그것은 보이지 않는 바다이다. 그것은 돌아올 수 없는 역사의 파도소리만큼이나 절망적이다. 그 보이지 않는 바다를 향하는 시인의 발걸음을 이용악은 '휘정휘정'이라 묘사해 두었다.

라파엘류의 '이 세상을 초월한 환희에 잠긴 사람들'이 '휘정휘정 걸어가는 사람'의 이미지에 숨겨져 있다. 그러니 그는 환희에 빠질 수는 없는데, 창조적인 인간은 그 어떤 순간에도 양심의 가책으로부터, 죄의식으로부터 자유롭지 못하다. 그가 친일 · 반일의 윤리에 갇혀서가 아니라 이미 그는 그 윤리로부터 벗어난 자이다. 그가 고민하는 것은 그의 자유로움으로부터 기인한 개인의 죄가 공동체의 죄로 귀속되는 것에 대한 것이다. 자신은 악하고 또한 자신은 죄인이다. 그는 영원도, 희망도 말할 수 없다. 그런 공동체의 이상을 꿈꿀 수 없는 그는 이미 죄인이다. 죄를 짓지 않았는데 죄인이다. '영원과 같은 그러한 것', '희망과 같은 그러한 것'에

서 '그러한 것'은 모호성이라기보다는 냉소적이고 위악적인 어떤 것이다. 이 가혹한 위악성이 이미 그가 죄인임을, 도덕에 반한 자임을 증거한다. '휘정휘정 걸어가는 자'의 이미지가 숭고하면서도 비장한 아우라를 풍기는 것은 이 때문이다.

그가 품었던 '집단'을 향한 '꽃씨'들은 종국에는 세상을 향해 개화의 꽃망울을 터뜨렸는가?

> 배추밭 이랑을 노오란 배추꽃 이랑을
> 숨가쁘게 마구 웃으며 달리는 것은
> 어디서 네가 나직이 불르기때문
> 배추꽃 속에 살며시 흩어놓은 꽃가루 속에
> 나두야 숨어서 너를 부리고 싶기 때문에
> (「꽃가루 속에」, 매일신보, 1941.7.25)

배추꽃 이랑을 숨가쁘게 마구 달리는 이 환희의 열망은 개화의 열망이자 생명의 열망이다. 숨어서, 배추꽃 속에 살면서 미래를 기다리는 자들에게만 '네가 부르는' 이 나지막하게 귀에 울리는 묵시적 음성이 들릴 것이다. 그런 자들에게 미래에 대한 희망이 주어질 것이다. 임화가 '데카당스 가운데서 솟아나려는 움직임'을 이용악에게서 본 것이 바로 이것이다.

오장환; 어둠 속 푸른 불을 품은 거북

시'나' 쓰는 행위

서정시의 새로운 계승은 오장환에게서 찾아진다.[23] 오장환의 시정신은 절멸의 충동으로부터 타오른다. 그는 "내 노래가 끝나는 그날 내가슴에 아름다운 꽃이 피리라"(「나의 노래」)라고 읊었다. '끝나야 피는 것'의 옥시모론(Oximoron)은 그의 시정신의 극한을 이룬다. 끝이 아니면 살 수 없고 불이 아니면 장미를 불러오지 못한다. 불은 비극적이고 종말론적인 세계관의 심장 한가운데서 타오른다. 가슴의 불이 곧 시의 장미이니, 오장환에게 '상징'은 천성적인 것이다. 로맨티시즘의 향수조차 오장환에게는 과거의 소멸된 불로써가 아니라 무너져가는 미래를 향해 타오른다.[24] 묵시록적인 상징이 오장환의 시에는 본질적으로 존재한다.

오장환의 시가 평범한 시어와 낯익은 이미지로 가득 차 있다고 해도 그것이 상징적인 언어행위의 산물임을 시인 스스로 믿고 싶어 한다. 그는 산문에서조차 시적인 언어로 말한다고 피력한 바 있다. "시나 쓰리라. —중략— 더 쓰고 싶어도 어디 나같이 흥분하기 쉬운 청년이야 더욱이 긴 글을 쓸 수 있으랴"[25]라고 썼다. 시는 청년들의 운동경기이며 청년기의의 충동 자체가 시의 생명의 원천(코라)인 것이다. '긴 글', 이는 '산문'을 뜻한다고 보이는데, 길이의 장단을 의미하기보다는 글의 원천적 특성에서 '시'와 대립되는 양식을 가리킨다고 보아야 할 듯하다.

오장환은, '산문가'의 글을 마치 혐오하듯이, '퀘퀘한 산문가 나부랭이

---

23 이하윤, 「乙卯詩壇메모」, 〈문장〉, 1940.1.
24 김기림, 「시단의 동태」, 〈인문평론〉, 1939.12.
25 오장환, 「팔등잡문」, 『전집』, 244면.

모양'은 쓰고 싶지 않다고 썼다. 어떻게 보면, 오장환의 산문은 그 자체로 아이러니와 반어가 있는 시의 세계, 더 정확하게 말하면 '진술하지만 시 양식인 그런 중간적 양식'을 택하고 있는 것 같다. 마치 투르게니에프의 산문시처럼 그의 산문적인 양식의 글조차 상징과 충동의 언어로 가득 차 있다. 오장환의 시가 주로 산문시적인 양식에 속해있음이 우연이 아니다. 그래서 오장환의 글은 한편으로는 '노래'가 되고 또 한편으로는 묵시의 언어가 된다. '긴 시'들이 대체로 '-노라'의 종결형으로 잠언적 진술을 대체하는 것과도 무관하지 않다.

「방황하는 시정신」에서도 그의 상징의 언어는 붉게 빛난다. '피맺힌 발로 무연한 백사장을 헤매는 청년들'과 '몇 해씩을 벌려 가슴이 무여질 듯 피어나오는 선인장의 빨간 꽃송이'는 그 자체로 이미 선명한 상징성을 띠고 있다.

> 피맺힌 발로 무연한 白沙地를 헤매는 청년들이여! 숨막히는 열사 속에서 건강한 육신이 가시 돋구고, 몇 해씩을 벌려 가슴이 무여질 듯 피어나오는 선인장의 빨간 꽃송이, 그 빨간 꽃송이의 꿈을 아끼지 않으려는가.[26]

시와 산문의 차이를 오장환은 굳이 구분하지 않는다. 구분할 필요가 없을 정도로 그의 글은 상징과 연계되어 있다. 오장환에게 상징이 필요했던 것은 '유유히 배회할 수 없는 시점'의 현실 때문이었을 것이다.[27] '피맺힌 현실'이 오히려 백사장을 헤매는 청년 시인의 언어를 보석처럼 연

26 오장환, 「방황하는 시정신」, 『전집』, 232면.
27 오장환, 위의 글.

마할 수 있는 문을 열어주었다. 정지용만큼 감각을 투명하게 연마할 수 없다면, 최소한 언어의 '아름다운 꿈'을 붉게 꽃피울 수 있는 가능성이 '상징'에 있다고 그는 믿고 싶었는지 모른다. 투명하게 탈속한 정지용의 시와 고답적인 상징의 아우라가 깊이 내재된 오장환의 시는 본질적인 차이가 있는데[28], 오장환이 시적 언어의 상징성에 몰입한 것이 이 '차이'를 낳은 듯하다. 오장환이 김광균과 더불어 신세대 시인으로 선정된 것은 단순한 언어의 문양 때문이 아니라 그들의 시에 '시대의 정서생활의 흔적'이 남아있었기 때문이다.[29] 그러니 '상징'은 '시대정신'이다.

김기림은 오장환이 보여주는 세계를 우리시사의 전통 속에서 찾고자 한다.

> 우리 시는 분명히 자랐다. 지용에게서 아름다운 어휘를 보았고, 이상에게서 이미지와 메타포어와의 탄력성을, 백석에게서 어두운 동양적 신화를 찾았다. 「城壁」 속에서 그러한 여러 餘音을듣는 것은 우리 시가 한 전통 속에서 꾸준히 자라고 있다는 반가운 증거다.[30]

오장환이 일제말기에 신세대 시인으로 부상한 계기가, 김기림이 말한, 지용의 어휘, 이상의 이미지와 메타포, 백석의 동양적 신화에 이어지는 오장환 특유의 시적 고유성 때문인 것이다. 김광균은, "우리 서정시의 선수(選手) 장환의 『獻詞』, 이 52엽(頁)으로 짜여진 꽃다발은 젊은 시인의 희망과 불행을 갖추어 난만히 개화했다"[31]고 평가했다. 20대만이 느낄 수

---

28 오장환, 「지용사(師)의 백록담」, 〈예술통신〉, 1947.1.8.

29 김기림, 「시단의 동태」, 〈인문평론〉, 1939.12.

30 김기림, 「성벽을 읽고」, 『전집 2』, 377면.

31 김광균, 「신간평 헌사」, 『전집』, 347면.

있는 '고향의 灰色 공간'을 우리도 같이 공감할 수 있는 것은, 조그만 생활 摸索의 촉수, 부단히 변색하는 자기 위치와 가치관에의 회의와 自笑, 상실한 이데아에의 향수 같은, 시인이 '지하에서 낙엽같이 띄워보낸 것 같은 슬픔'이 젊은 세대를 넘어 전 세대에게 공감을 주기 때문이라는 것이다.

오장환은 줄곧 공감, 부르짖음, 느낌, 심정 같은 말들을 '의미'보다 상층에 두었다. 그것은 '의미'로 육박하는 것이 아니라 '공감'으로 다가오는 것이니, 이때 인간은 상징의 언어를 통해 '무엇을 다시금 느끼고 찾으려 한다'는 것이다. 시의 '상징'은 그에게 '언어의 기술적(技術的)인 측면'이기보다는 우리 시사의 전통 속에서 가꾸어진 어떤 '역사'를 내재하고 있다. 의지와 감성 사이에서, 운명과 현실 사이에서 갈등하는 전환기의 인간이 기댈 수 있는 곳이 '고전'이다. 오장환이 소월이라는 '고전'에 기대를 건 것은 운명감과 절박감을 넘어서고자 하는 '몸짓'[32]이었다. 우리가 느끼고 공감하는 세계가 소월시에 있었고 오장환은 소월시를 '상징'의 언어로 읽어낸다. 오장환의 '황혼'이 '고향의 회색 공간'에 잇닿은 어떤 지점들을 건드리고 있다면, 오장환은 소월의 시에서 오장환 특유의 상징의 메세지, 전세대를 아우르는 공감의 지대를 찾을 수 있었기 때문이다.

'황혼'의 붉은 기운을 얻어 그 다음 단계의 '어둠' 속으로 들어가면서도 항상 희망섞인 미래(여명)를 간취할 수 있는 것은 아니다. 오장환은 '황혼'의 시간에 들어 권력적 의지를 상실한다. 오장환은 "어두워지는 황혼 속에서, 아무도 보는 이 없는, 보이지 않는 황혼 속에서, 나는 힘없는 분노와 절망을 묻어버린다."(「황혼」, 성벽, 1937)라고 썼다. 황혼은 타태와 무기력과 함께 온다. 황혼에 존재하는 것은 오직 타태와 무기력으로 병

32 오장환, 「조선시에 있어서의 상징」, 〈신천지〉, 1947.1.

든 개인뿐이며, '제 집을 향하는 거리의 군중들'의 대하(大河)에 개인은 짓밟힌다. 길게 절망의 그림자를 늘어뜨리고 있는 가로수는 검푸른 황혼에 갈길을 잃은 '나'의 초상이다.

'나'의 이미지가 처연하게 투영되어 있는 대상이자 그런 '나'와 교감하는 대상은 '가로수' 이외에도 '학', '비둘기' 같은 것이 있다. '학'은 「황혼」, 「구름과 눈물의 노래」 등에, '비둘기'는 「황혼」, 「비둘기 내 어깨에 앉으라」 등에서 지속적으로 '나'를 투영하는 이미지로 나타난다. 「비둘기 내 어깨에 앉으라」(춘추, 1942.7)에서 '비둘기'는 '노래의 샘이 막히고 그래서 아무도 내 노래에 귀를 기울이지 않는' 시대에 시인의 이미에, 뺨에, 목에, 가슴에 입맞추는 존재이다. 아무도 귀를 기울여주지 않기에 노래할 수 없는 시대에 시인은 비둘기로부터 사랑을 구한다. 비둘기는 유일하게 시인의 목소리를 지켜주는 존재이다. 노래가 부재하는 시대, 노래를 부를 수 없는 시대의 시인은 자신의 노래를 오직 가슴에 묻을 수 있을 뿐이다.

'병든' 학에서 '비상'하는 학으로

「황혼」에서 '학'은 병들어 있다. 날마나 야위어 가는 학은 그러니 날 수 없다.

> 직업소개에는 실업자들이 일터와 같이 출근하였다. 아모 일도 안하면 일할 때보다는 야위워진다. 검푸른 황혼은 언덕알로 깔리어 오고 가로수와 절망과 같은 나의 긴 그림자는 군집의 대하에 짓밟히었다.
>
> 바보와 같이 거물어지는 하늘을 보며 나는 나의 키보다 얕은 가로수에 기대어섰다. 병든 나에게도 고향은 있다. 근육이 풀릴 때 향수는 실마리처럼 풀

려나온다. 나는 젊음의 자랑과 희망을, 나의 무거운 절망의 그림자와 함께, 뭇사람의 웃음과 발길에 채우고 밟히며 스미어오는 황혼에 맡겨버린다.

제집을 향하는 많은 군중들은 시끄러이 떠들며, 부산히 어둠 속으로 흩어져버리고. 나는 공복의 가는 눈을 떠, 희미한 노등(路燈)을 본다. 띠엄띠엄 서 있는 포도 위에 잎새 없는 가로수도 나와 같이 공허하고나.

고향이여! 황혼의 저자에서 나는 아리따운 너의 기억을 찾어 나의 마음을 전서구(傳書鳩)와 같이 날려보낸다. 정든 고삿. 썩은 울타리. 늙은 아베의 하—얀 상투에는 몇 나절의 때묻은 회상이 맺혀 있는가. 우거진 송림 속으로 곱—게 보이는 고향이여! 병든 학(鶴)이었다. 너는 날마다 야위어가는……

어디를 가도 사람보다 일 잘하는 기계는 나날이 늘어나가고, 나는 병든 사나이. 야윈 손을 들어 오랫동안 타태(墮怠)와, 무기력을 극진히 어루만졌다. 어두워지는 황혼 속에서, 아무도 보는 이 없는, 보이지 않는 황혼 속에서, 나는 힘없는 분노와 절망을 묻어버린다.

(「황혼」, 『성벽』)

'바보와 같이 거물어지는 하늘'에서의 '바보같은 하늘'이라는 구절은, '바보같'을 정도로 직설적이거나 산문투의 작위적인 문장법이다. 시인의 '하늘'은 음울하다못해 깊은 자괴감을 거느리는데 시인이 그 자괴감을 다스릴 수 없어 저절로 튀어나온 말법이 이 산문적인 문장일 것이다. 황혼은 청춘, 젊음, 희망, 자랑을 일시에 소거해 버린다. '황혼의 저자에서'야 '나'는 아리따운 고향의 기억을 떠올려보지만, 실재하는 것은 '타태(墮怠)'와 '무기력'이며 그러니 '황혼 속에서' '나'는 힘없는 분노와 절망을 묻어버린다. 이 '소멸'의 의지조차 없다면 이 시는 지나치게 진술적이고 직접적이어서 공감하기 어려웠을 것이다. 그러나 이후의 시에서 보다 시적인 상징들이 나타난다.

어딘가에 '묻어버리'니 그것은 보이지 않을 뿐 존재하지 않는 것은 아니다. 그것은 현재는 보이지 않으나 얼음 아래, 땅 아래, 물 아래 계속 흘러가고 있다. 미래의 어떤 한 순간을 위해 그것은 몸을 숨기고 있다. 흥미로운 것은 시인이 '황혼은 보이지 않는다. 아무도 황혼을 보지 않는다'고 썼다는 점이다. '황혼녘'에 시인은 서 있으나 그 황혼의 맨얼굴은 아무에게도 드러나지 않았던 것이다. 시인은 아직 '황혼'의 맨얼굴을 보지 않았다. '나'의 분노와 절망이 숨겨진 그곳에 '황혼'이 있다. '황혼'이 떠오르면 분노나 절망도 언어의 지표 위로 떠오를 것이고 미래의 말도 묵시의 표지처럼 부상할 것이다.

그런데 '고향'을 '병든학'과 대응시킨 것은 다소 소박하고 일원적인 발상이기는 하지만 시인에게는 일종의 계보학적인 시적 전통을 가진 것이었다. 「황혼」에서 병들었던 '학'은 「FINALE」에서 희고 쓸쓸한 날개를 펴고 말없이 날아간다.("외롬에 하잔히 적시운 희고 쓸쓸한 나래를 펴, 말없이 카오스에서 떠나가는 학") 해방 후에 그 '학'은 순백의 날개를 퍼득이며 고향의 하늘로 복귀할 것인데, '학'이 떠났다 돌아오는 과정은 그래서 경이롭기까지 하다. 그러니 전근대적인 세계에 대한 환멸과 전통의 부정으로 귀결된다고 평가되는 오장환 초기 시는 그 핵심이 다른 데 있을지 모른다. '그 다른' 곳은 '나사는 곳'이 아니라 '지향없는 사람의 原病, 생활하지 않는 사람의 原罪'[33]가 존재하는 곳이다. 그러니까 『성벽(1937)』, 『헌사(1939)』 시대는 아직 오장환이 시의 영토를 개토하기 이전의 시대인 것처럼 보인다. '황혼'이 분노와 절망을 묻어버리고 있다는 점에서 그러하다.

---

33 오장환, 「팔등잡문」, 『전집』, 243면.

시인 오장환의 얼굴은 '황혼'에 갇혀 아직 보이지 않는 것이다.

김광균의 논의를 참조할 만하다. 김광균은 『헌사』를 이렇게 평가한다.

> 눈물과 한숨으로 장식한 한줄기 보석이 빛나는 것도 인간이 호흡이 끝나는 날까지 계속될 청춘의 감상에서 오는 광채와 매력 때문이겠으나, 20대만이 느낄 수 있는 이 조그만 고향의 회색공간에서만은 우리들은 그와 함께 이야기하고 눈물지을 수 있다.[34]

『헌사』는 『성벽』에 이어 여전히 회의와 혼탁의 길에서 벗어나지 않았다. 오장환은 '고향의 회색 공간'을 회상하며 정신방랑의 길에 서 있다. 김광균은 이를 '無詩學의 시대'라고 평가한다. 어떤 위기 앞에 내던져진 시인이 어떤 경구나 격언도 말할 수 없는 심정을 김광균은 '무시학의 시대'라는 말로 요약했던 것이다. "자라투스트라가 지어낸 바의 노래, 영원한 귀향의 노래인 정신방랑의 家鄕인가 혹은 흑인 관노장의 아련한 이역의 꿈인가"[35]라는 오장환의 선언은 그래서 아직은 선명하지 않다. 그는 아직 그가 부르는 '노래'의 내용도, 의미도 분명하게 알 수 없었던 것이다.

오장환의 '방랑'은 여전히 절망과 탄식에 깊이 침윤되어 있었는데, 이를 '데카당'을 통해 발견한 '새로운 현실'이라 적극적으로 평가한 것은 임화이다. 임화는 김광균, 서정주, 오장환, 이용악, 윤곤강 등의 신진시인들의 시를 어떤 측면에서 새롭게 해석하고 평가함으로써 '프로시' 이후의 근대시사의 계보를 잇고자 한 것 같다. 상징주의시로부터 프로시의 맹아를 탐색하던 임화의 논리가 오장환을 평가하는 대목에서도 동일하게 적

34 김광균, 「헌사-오장환 시집」, 〈문장〉, 1939.9.

35 오장환, 「제 7의 꿈」, 『전집』, 228면.

용되고 있다. 시인이자 문학사가였던 임화의 이력이 여기서도 빛난다.

'다시 현실을 발견할 이유가 무엇인가'에 대해 임화는 '허망 가운데 實有가 있고 절망 가운데서 희구를 찾을 수 있기 때문'이라는 투로 말한다. 현대에 이르러 데카당의 相貌를 뭍할 수밖에 없는 이유는 그것이 '퇴폐이기 때문이 아니라 현실에 대한 왕성한 의욕과 인생에 대한 不絶한 호기심의 불가피한 결과'이기 때문이다.[36] 오장환의 시를 평가해야 할 이유가 바로 '그 새로 현실을 발견하려는 눈물겨운 퇴폐의 정신'에 있었다. 여기서 '퇴폐'는 '질주'와 '모반'의 정신과 교통한다.

오장환이 발견한 '새로운 현실'은 밤의 강물 속에 감추어져 있고 그 비밀은 사슴같이 고운 눈을 한 소년들의 가슴속의 '푸른 불'과 연결되어 있다. 아름답기 그지없다.

> 강물이 강물이
> 급한 벼랑을 도는 소린 숨이 가쁘다
> 뭇 짐승이
> 땅거미와 어둠을 따라 모조리 깊은 잠이 들을 때
>
> 머무르거라 어두운 밤이여,
> 조그만 목선도 나눗배오 할 수 없고나
> 굽이굽이 흐르는 시꺼먼 강물에
> 끝없는 밤으로 무한량 떠내려가는 사람이 있어.....
>
> —중략—

36 임화, 「시단은 이동한다」, 〈매일신보〉, 1940.12.9-12.16.

가차움도 멀어지는 어둠이노라
깊은 속, 마음에서 마음에 흐르는 모든 사랑이
여울이여, 아
이다지 그대 숨결은 재재바른가

—중략—

사슴 모양 고운 눈 하고
소년들 가슴 속에 푸른 불이 뛰고 노는 것
끝끝내 보기만 하였노라, 떠내려간다
몸짓만이 몸짓만이 움켜 쥔 날개털을 생각게 할 뿐……
—중략—
어둠을 밟으며 어둠을 헤이며
다만 검은 우단 속에 몸을 맡기어
잠자는 시신이여! 시내를 좇아……강을 좇아……
이제는 끝없는 회상만이 외로운 마음의 어깨를 짚어……
(「강물을 따라」 부분, 인문평론, 1940.8)

'보이지 않는 시대(현실)의 속을 흐르는 것'이 무엇인가에 대한 모색과 사모가 이 시에는 있다. 임화는 이것이 어두운 밤에 흐르는 강물은 시간이요 현실의 비밀일 수 있다고 날카롭게 요약했다. 시간의 신비와 현실의 비밀을 시인이 모르는 것은 아니다. "소년들 가슴 속에 푸른 불이 뛰고 노는 것"을 시인은 안다. 그래서 강물을 보는 것 자체가 숨을 가쁘게 한다. 김광균이 「소년사모」에서 소년의 시간을 적막과 고독 가운데 소거하고 있던 것과 대조적이다. 오장환의 시에서 흐르는 모든 것은 다 생명을 거느린다. 밤의 어둠, 강물, 불, 사랑 같은 것이 그러하다. 강물이 흐르듯 어둠도 흐르고 그리고 그 흐름은 이내 마음속 깊이 흐르는 사랑이 된다는 것을 시인이 모르는 것이 아니다. 문제는 '끝끝내 보기만 하였던 것'인데, 그러니까 그러한 신비와 사랑을 '끝끝내 보기만 하였'던 데서 시인의 회한이 생겨난다.[37] 회한을 느끼는 것이 문제가 아니라 시인의 사랑이 어떤 세계를 향해 있는가라고 물어야 한다. 임화의 질문은 그래서 더욱 흥미롭다.

「鄕土望景詩」의 '고향 가차운 주막' 혹은 '누룩 뜨는 냄새 진동하는 전나무 우거진 마을'인지, 아니면 이 「강물을 따라」의 '강물을 따라 어둠을 밟으며 가는 이 외로운 세계'인지 임화는 오장환에게 그곳이 어디인가를 묻고 있다. 전자를 통해 후자를 말하고 싶었던 것임은 이것이 시간의 질서 속에서 구축된 꿈이기 때문이다. 그러니까 과거(고향)을 통해 '미래(강물)'를 건축하고자 하는 시대적 책무를 임화는 말하고 싶었을 것이다. 임화는, 전통과 현실이 혼유되는 이 이중 체험이 시대적 특징이자 시대정신이며 따라서 현실의 비밀도 지나간 시대라는 것도 결국 전통 가운데 생겨나는 것임을 강조한다. 오장환은 '상징'을 통해 현실을 다시 쓰고 싶어했던 것이다. 「강물을 따라」가 발표된 시점(인문평론, 1940.8)이 〈동아일보〉, 〈조선일보〉가 폐간되던 시기(1940.8.10)와 겹쳐있다는 것이 흥미를 더한다.

오장환의 시학의 영토가 본격적으로 開土되는 시기는 오히려 '시대의 황혼'이 그의 시야를 붉게 물들인 이후이다. 그의 청춘의 방랑과 눈물을 일시에 거두어 간 것은 흥미롭게도 우리말 글과 문자로 된 시를 발표할 가망성이 사라지는 순간이었던 것이다.

---

37 임화, 「시단은 이동한다」.

> 편중의 일부분은 만가(輓歌)—즉 『문장』이 폐간되던 그 호에, 『조선일보』가 폐간되던 그날에 —이밖에는 우리의 모든 기관이 정지되어 지상에 발표라는 가망도 없을 때, 다만 암첨(暗瞻)하고 억눌리는 공기에도 나를 사랑하는 선배와 친지들을 보이기 위하여서만도 쓴 것이었다.[38]

이를 참조한다면 오장환의 1940년 혹은 1941년의 시력은 더욱 빛을 발한다. 「FINALE」(조선일보, 1940.8.5)와 「여정」(문장, 1941.4)이 오장환의 시력에 중요한 변곡점을 가져다 준 시로 이해해도 무방하다. 모든 것이 사라지는 순간에 아름다움과 따스함이 발견되다니, 오장환의 시선이, 그의 상징의 시가 깃든 언어의 숲이 경이로운 것은 이 때문이다. 애잔하고 쓸쓸하고 고독했던 비둘기는 이제는 '다수의' 비둘기의 무리에 섞여든다. 군집한 비둘기들이 아름다움과 따스함을 어깨에 지고 하늘과 바다로 비상한다. '다른 하늘'이 '무수한 비둘기'들에게 열린다. 그러니까 이 카오스의 공간을 떠나는 것은 '다른 하늘'이 여는 축제의 시간을 위한 것이다.

> 驚異는 아름다웠다. 모두가 다스한 숨결. 비둘기 되어 날아가누나. 하늘과 바다. 자랑스런 슬픔도 고운 슬픔도. 다 삭은 이정표. 이제는 무수한 비둘기 되어.
>
> 그대 섰는 발밑에. 넓고 설운 강물은 흘러가느니…… 사화산이여! 아. 이 땅에 다다른 왼 처음의 산맥. 내 슬픔이 임종하노라. 내 보람 임종하노라. 내 먼저 눈을 다 가린다. 나의 피앙세—

38 오장환, 『『나사는 곳』의 시절』, 『전집』, 622-623면.

영영 숨을 모으는 그의 머리맡에서, 내 먼저 눈을 가린다. 즐거이 부르던 네 노래 부를 수 없고. 고운 얼굴 가리울 희디흰 장미 한 가지 손 앞에 업서……

자욱-한 안개. 지줄지줄 지줄거리는 하늘 밑에서. 학처럼 떠난다. 외롬에 하잔히 적시운 희고 쓸쓸한 나래를 펴, 말없이 카오스에서 떠나가는 학.

두 줄기 흐르는 눈물. 어찌 다 스며드느냐. 한철 뗏목은 넓고 설운 강물에 흘러나리어 위태로운 기슭마다. 차고 깨끗한 니마에 한 줄기 고운 피 흘리며 떠나는 님을 보내며. 두 줄기. 슴이는 눈물. 어찌라 어찌라 나 홀로 고향에 머물러 옷깃을 적시나니까.

(「FINALE」, 조선일보, 1940.8.5)

희고 쓸쓸한 날개를 가진 학의 이미지는 차고 깨끗하다. '차고 깨끗한 니마에 한 줄기 고운 피 흘리며 떠나는' 학은 '넓고 서른' 다른 강물을 준비하고 있다. '홀로 고향에 머물러 옷깃을 적시'는 모습이 경건한 것은 이 때문이다. 「황혼」에서 보여준 '학'의 이미지에 투영된 시인의 시선에 비해, 시인의 시야는 훨씬 깊고 넓게 열려있다. 시인의 시간은 저 후대의 시간, 그러니까 또 다른 하늘을 꿈꾸며 저멀리, 하늘로, 바다로 열려있는 것이다.

새 길, 새로운 시작

〈문장〉 폐간호에 실린 「여정」은 집을 떠나온 자의 목소리를 담은 것인데, 왜 홀로 집을 버리고 떠나야했는지를 스스로에게 묻지만 그것은 답이 필요해서가 아니다. '새 집'을, '새 길'을, '새로운 시작'을 말하기 위한 것이다.

> —전략—
> 찾어온 발길이 아주맥히는 바닷가에서
> 그때, 나의 떠나온 道程이 무엇인가를 생각해보자.
> 新開地 비인터전에
> 새로히 포장치는 曲藝團의 쇠망칫소리.
> 내가 무에라 흐렁 흐렁 울어야하는지,
> 우두머지 그저 우두머니
> 밤과 낮, 둘밖에 없는 世上에
> 으째서 나 홀로 집을 버렸나. 집을 버렸나.
> (「旅程」 부분, 문장, 1941.4)

늘상 떠나기 위해 항구를 찾았던 오장환의 발걸음은 이제 그 항구가 있는 바닷가에서 '아주 맥힌다'. 길이 사라졌다는 이 단절감으로 시인은 떠나온 도정을 스스로에게 물어본다. '기계와 같이 돌아가는 계절 가운데' 고향 강기슭 얼음장 깨지는 소리 들린다. 곡예단도 새로 시작할 공연을 위한 포장을 다시 치고 있다. 서정주의 곡예단이 떠나간 그 자리에 오장환의 곡예단이 다시 들어온 것이다. 길이 아주 맥힌 바닷가에서 오장환은 자신이 집을 버린 이유를 우리에게 묻고 있다. 시인의 심정은 '고아'의 심정이나 그 고아는 스스로 집을 떠나온 자이자 홀로 집을 버린 자의 것이니, 그에게 애초부터 '집'이 없었던 것이 아니다. 떠나온 자는 언젠가는 돌아가는 자이니, 다시 천막을 치는 곡예단의 귀향처럼 그의 귀향도 언젠가는 이루어질 것이다. 그러니 '여정'은 귀환을 위한 하나의 '계단'일 뿐이다. 언 강물 아래 거북이가 숨쉬고 도화꽃이 흐르듯, 오장환의 '여로'

는 언제나 '귀환'을 약속하고 있다. 「황혼」에서 '근육처럼 풀린다'고 했던 오장환의 '향수'가 이 시에서 메마르게 단단하고 얼음처럼 냉정하게 단련되어 있다.

'노래' 부르기와 미래의 구원

오장환의 시들은 한편으로는 종교적인 구원과 한편으로는 건강하고 순결한 미래의 시간에 대한 암시로 가득 차 있다.

> 不吉한 四足獸의 날개와 같이 망 또는 어둠을 뿌리고
> 저기 한줄기 외로운 江물이 흘러, 깜깜한 속에서 차디찬 배암이 흘러, 사탄이 흘러,.....눈이 따겁도록 바알간 薔薇가
> (「할렐루야」 부분, 조광, 1939.8)

차디찬 배암, 빠알간 장미 같은, 무엇인가 역동적인 것들이 어둠 속에 흐르고 있다. 이 어둠의 힘은 '사탄'과 같은 악마적인 것이자 '날개를 가진 四足獸'와 같이 무엇인가 불길한 기운을 가진 것인데, 당시 '신세대'의 선두에 서서 '생명의 구경'을 갈구하던 김동리는 이 신진 시인의 목소리를 '역설'로 정의한다. 그것이 짐승의 길이든 사탄의 길이든 종교적 감정이자 윤리적 광분이라는 것이다. 김동리의 글을 다시 인용한다.

> 생명의 구경의 백척간두에 서서 그것의 은총을 향해 비약하느냐, 그 저주의 굴레를 목에 걸고 심연으로 내려박힐 것이냐 하는 데서 徐氏의 「웃음웃는 짐승으로 짐승속으로」가 나오고 吳氏의 「할렐루야」의 역설 같은 것이 쏟아져 나오는 것이다. 그것이 짐승의 길이던 「사탄」의 길이던 그 감정은 종교적 감정이요, 그 광분은 윤리적 광분이

나.[39]

'은총을 위한 비약'과 '저주의 심연'은 동일한 것이다. 그러니 종교적 감정과 윤리적 광분은 동전의 앞 · 뒷면처럼 구분하기 어렵다. 강물 아래 흐르는 것은 '귀향'에 대한 열망인데, 오장환은 '환몽'으로 현실을 대체하면서 새로운 강물을 기다리고 있다. '현실을 여행으로, 여행을 환몽으로' 대체하면서도 오장환은 '아름다운 꿈'에 대한 동경을 놓지 않으려 한다. 어떤 비참한 상황에서도 버리지 않는 늙은 흑인 노예의 連綿한 향수와 한 인간으로서 가지는 아름다운 꿈에 대한 이야기를 오장환은 『이란국인의 편지』를 들어 설명한 바 있다.[40] '천고미증유인 현실의 폭주' 앞에서 시인은 고독하게 강건한 정신적 태도를 유지하려 애쓰고 있는 것이다.

> 아무 데로나 떠나려는 마음, 아무 데로나 가보려는 마음. 이것밖에, 내게는 이게 피하려는 길인지 찾으려는 길인지 알아볼 기력도 없다.[41]

아무 데로나 떠나려는 마음, 아무 데로나 가려는 마음은 이미 '동경'에 도착한 것이나 다름없다. 떠나는 것이 도착하는 것이듯, 꿈꾸는 것은 찾으려는 것이다. 황혼녘에 오장환은 종교적 심정으로 밀려갔다 되돌아오는 강물을 기다리고 있다. 오장환은 자신의 노래가 밤의 노래, 영원한 귀향의 노래가 되기를 꿈꾼다. 그의 고향은 노래로써 부르는 정신방랑의 가향(家鄕)이 아닐 수 없다는 것이다. 종교적 광분이 윤리적 감정의 이면이라는 김동리의 말을 빌자면, 「귀향의 노래」(춘추, 1941.10)는 종교적

39 김동리, 「신세대의 정신-문단 신생면의 성격, 사명, 기타」, 〈문장〉, 1940.5.
40 오장환, 「제 7의 고독」, 『전집』, 226면.
41 오장환, 「여정」, 『전집』, 234면.

상징을 통해 생명에 이르는 과정을 그린 것이다. 바닷물은 밀려가 있고, 돛단배들은 떠나갔으며, 먼 조상은 귀양가서 돌아오지 않고 있다. 해바라기의 열두 꽃잎이나 빛이 종교적인 구원의 메시지를 던지고 있음은 익히 확인된다. "해를 쫓는 두터운 화심(花心)에 피는 잎이니 피맺힌 발바닥으로 무연한 뻘 지나서 오라" 이 마지막 연은 종교적이면서도 서정적인 깊은 울림이 있다. 귀향의 길은 극한적이고 탐미적이다. 깊은 어둠이 무연한 뻘밭으로 변용된 것도 흥미롭다. '귀향'은 '피맺힌 발바닥으로' 무연한 뻘을 헤치고 가는 것이다. 종교적 '구원'조차 그냥 오지 않는다. 고독하지만 성스럽고 뼈에 사무칠 정도로 깊은 회한 다음에 온다.

'암첨한 시절'의 꼭지점을 찍은 것이 〈조선일보〉, 〈동아일보〉, 〈문장〉 등 우리말 매체의 폐간이었다. 이후 오장환의 시는 '쓴 것'이 아니라 '노래한 것'이다. 노래란 미래의 시간을 위한 것이다. '노래'는 마치 산 정상에서 울려 퍼지는 초인의 목소리처럼 과거에서 미래로 시간을 건너뛴다. 시인은 극한의 지점에서, 어둠이 깃든 산 정상에서, 노래한다. 그러니 노래는 현재의 독자를 위한 것이 아니라 미래의 시간을 선험적으로 내다보는 예지의 관객을 향한 것이다. 어둠 속에서 정신은 절정의 비약을 준비한다.

1939년부터 1943년까지 신문 · 잡지에 실린 오장환의 시가 미래를 예감하는 노래로 이루어졌음은 경이로운 것이다. 그는 이 시기에 '노래'를 불렀던 것이다. 시는 문자와 문자매체의 구속 아래서 시공간을 타고 넘기 어려우나 '노래'는 영원한 생명의 말로 전승된다. '노래'는 하계의 신 하데스(플루토)조차 굴복시킬 수 있으며 죽음조차 넘어설 수 있다.[42]

「초봄의 노래」, 「밤의 노래」, 「구름과 눈물의 노래」, 「절정의 노래」,

---

42 지젝 & 돌라르, 『오페라의 두 번째 죽음』, 이성민 역, 민음사, 2010, 30-40면.

「길손의 노래」, 「산협(신생)의 노래」, 「노래」, 「봄노래」, 「귀향의 노래」 같은 것들은 제목에 '노래'를 붙인 것인데, 그는 시를 '쓴' 것이 아니라 말의 노래를 '불렀던' 것이다. 오장환은 후일 "이슥한 밤늦게까지/온 마음이 시원하게/쿵, 쿵, 쿵, 쿵, 가슴을 헤치는 소리가 있다// 이것이 노래다"(「노래」, 예술, 1945.12)라고 '노래'를 규정한 바 있는데, 그러니까 '노래'란 '밤늦게까지 온 마음이 시원하게 가슴을 헤치는' 심장의 고동과 같은 것이다. '노래'란 어둠 속에서 더 빛나는 것이며 어둠 속에서 더 선명한 울림을 주는 것이다. 노래는 심장의 꽃이니 '무연한 뻘밭에서' 피어오르는 화심(花心)의 태양이다.

> 나의 노래가 끝나는 날은
> 내 가슴에 아름다운 꽃이 피리라.
>
> 새로운 묘에는
> 옛 흙이 향그러
> (「나의 노래」 부분, 시학, 1939.3)

극한의 지대에서 노래는 더욱 빛나며 그것은 죽음의식과 연대한다. 절멸의 긴박감과 극한의 긴장감이 '아름다운 꽃'으로 귀환하는 세계가 바로 '노래의 시학'이다. 묘지의 흙은 향기로우며 종다리는 하늘 꼭대기까지 빠르게 차오른다. 에우리디체의 탄원이 하계의 신 플루토(하데스)의 관용과 자비를 얻어내듯이 그렇게 죽음은 '노래'의 힘을 빌어 생명으로 되돌아오는 것이다. 「영창」 역시 구원의 목소리가 내재해 있다. 시의 이미지는 서구적이고 모던한데 시인의 정신은 달관과 초월과 유장의 현자의 그것이다. 그는 읊고 부름으로써 '천사'를 불러모으고 있는지 모른다.

오장환의 '노래'가 천 년 혹은 이천 년 후의 미래의 시간과 독자를 향해 있음을 보여주는 시는 「정상의 노래」이다.

> 탑이 있다.
> 누구의 손으로 쌓았는가, 지금은 거칠은 들판
> 모두 다 까맣게 잊혀진 속에
> 무거운 입 다물고 한없이 서 있는 탑 ,
> 나는 아노라. 뭇 천백 사람 ,미지와 신비 속에서
> 보드라운 구름 밟고
> 별과 별들에게 기울이는 속삭임.
>
> 순시(瞬時)라도 아, 젊은 가슴 무여지는
> 덧없는 바래옴
> 탑이여 ,하늘을 지르는 제일 높은 탑이여!
> 언제부터인가
> 스사로 나는 무게, 아득한 들판에
> 흘로 가없는 적막을 누르고……
>
> 몇 차례나 가려다는 돌아서는가.
> 고이 다듬는 끌이며 자자하던 이름들
> 설운 이는 모두 다 흙으로 갔으나
> 다만 고요함의 끝 가는 곳에
> 이제도
> 한층 또 한층 주소로 애처로운 단념의 지붕 위에로
> 천년 아니 이천년 발돋움하듯
> 탑이여 ,머리 드는 탑신이여, 너 홀로 돌이여!

어느 곳에 두 팔을 젓는가.
(「정상의 노래」, 춘추, 1943.6)

〈춘추〉(1941.2-1944.10) 잡지에서 한글시 게재가 가능했던 시기를 확인할 필요가 있겠으나, 이 시는 한글로 시가 실릴 수 있었던 거의 마지막 단계에서 발표된 듯하다. 〈춘추〉에는 이 외에도 김기림의 몇 편의 시들이 한글로 표기된 시의 마지막을 장식하고 있다. 「못」(1941.2), 「연륜」, 「청동」(1942.5)이 실려있음이 확인된다.

'탑'은 '하늘을 지르는' 제일 높은 곳에 있다. 모든 것들이 흙으로 돌아간 뒤 탑은 고요함의 끝을, 적막의 끝을 밝히며 홀로 서 있다. 이 시의 제목을 '절정의 노래'로 개명한 것은 시사적인데, '절정'이란 소멸의 궁극적 지점, 곧 회귀를 위한 변곡점이 아닐 것인가. '돌'은 천 년, 아니 이천 년 뒤의 역사를 증거하는 물질적 질료이다. 그것은 죽었으되 살아있어 생을 영속시키는 '철학의 돌'과 다르지 않다. 「영창」의 '천사'의 날개가 여기서는 두 팔로 젓는 '탑신'의 풍채로 변용된다. 적막 가운데 달관과 장엄과 숭고가 있다.

어둔 밤에 흐르는 강물의 노래

「신생의 노래」, 「연화시편」은 어둠 속에서 눈부신 미래를 내다보며 쓴 견자의 예언서와 다르지 않다.

—전략—

눈보라 휘날리는 벌판에
통나무 장작을 벌겋게 지피나

아 일찍이 지난날의 사랑만은 따스하지 아니하도다.

배낭에는 한 줌의 보리 이삭
쓸쓸한 마음만이 오로지 추억의 이슬을 받아 마시나
눈부시게 훤한 산등을 내려다 보며
홀로이 돌아올 날의 기꺼움을 몸가졌노라.

눈 속에 싸인 골짜기
사람 모를 바위틈엔 맑은 샘이 솟아나고
아늑한 응달녘에 눈을 헤치면
그 속에 고요히 잠자는 토끼와 병든 사슴이.

한겨울 내린 눈은
높은 벌에 쌓여
나의 꿈이여! 온 산으로 벋어 나가고
어디쯤 나직한 개울 밑으로
훈훈한 동리가 하나
온 겨울, 아니 온 사철
내가 바란 것은 오로지 따스한 사랑.

한동안 그리움 속에
고운 흙 한 줌
내 마음에는 보리 이삭이 솟아났노라.
(「신생의 노래」('산협의 노래'로 개제) 부분, 인문평론, 1940.1)

이 시에는 세 가지 핵심적인 것이 있다. 하나는 생명을 얻는 것, 다른 하나는 미래를 내다보는 것. 또 다른 하나는 사랑을 얻는 것. 이 중 궁극석인 목표는 세 번째, '따스한 사랑'을 구하는 것에 있다. '운명감'에 속하는 것[43]은 비극성을 간직하며 그렇기에 그것은 콕토의 機智나 보들레르의 퇴폐미와는 다르다. 비애를 더 이상 늘이지 않는 감정적 절제가 센티멘탈리즘의 과잉과 흥건한 눈물을 제거한다. 오장환은 이를 '고독의 황량한 광야에 있으면서도 능히 귀족적인 냉대를 잃지않는' 광기라 불렀다.[44] 임화의 「네거리의 순이」, 오장환의 「병든 서울」 같은 시보다 오히려 「The Last Train」이 해방 이후 안목 있는 독자들에게 은근히 인정을 받았다는 김수영의 회고[45]는 오장환의 시의 '이상한 향수'가 물기(감정, 애수)가 아닌 건조한 어떤 것에서 기원한 것임을 증언한다. 이 극도의 건조주의, '귀족적 냉대'가 고독한 현실의 강을 건너는 자의 지성을 놓지 않는다. 석경은 「강을 건너」와 함께 「신생의 노래」를 읽을 때 '우리는 무엇이나 느끼고 수긍한다'고 썼다. 얼음장 밑에서 슬픔은 흐르고 있으나 시인은 끝내 울지 않는다. 얼음장이 녹듯 역사의 시간은 훤한 등성이를 드러내며 시인의 눈 앞에서 빛나고 있다. 시인은 어둠 속에서 '사랑'을, '온기'를, '꿈을' 그리워한다. 그것만이 인간을 구원할 수 있다는 듯이.

「연화시편」은 불교적인 상징이 깊이 잠재되어 있는데, 어둠 속에서 미래를 견뎌내는 생명들의 힘을 아름답게 그리고 있다. 시꺼먼 시궁창 속에서 '차고 쓸쓸한 꽃잎 하나 줄기에 붙지 않은 채' 얼음장 밑을 지키는 연잎이나, '두꺼운 얼음장 밑'에서 '깜깜한 어둠' 속에서 '구정물을 마시며' 옥살이하듯 겨울을 견디는 거북은 장엄하고 숭고한 이미지가 있다.

---

43 김기림, 「감각, 육체, 리듬」, 〈인문평론〉, 1940.2.

44 오장환, 「제 7의 고독」, 『전집』, 224면.

45 김수영, 「예술 작품에서의 한국인의 애수」, 『전집 2 산문』, 436면.

—전략—

한때는 그 넓은 이파리에 함촉 이슬을 받아들였을 연잎조차 잠자는 미꾸리와 거머리의 등을 덮는 것이나, 두 눈 감고 깊은 생각에 잠기인 거북이의 등 위엔, 거북이의 하늘 위엔 살얼음이 가고 그것이 차차로 두꺼워질 뿐.

까만 머리 따 늘이는 밤하늘에도 총총하던 별 한송이, 별 한송이 비최지 않고 희부연 얼음장에는 붉은 물 든 감잎이 끼어 있을 뿐.

한겨울은 다시 얼어붙은 웅덩이에 눈싸리를 쌓아 얹으나 어둠 속에 가라앉은 거북이는, 목을 늘여, 구정물 마시며, 반년 동안 밤이 이읏는 아라사의 옥창(獄窓)과 같이, 맛없는 울음에 오! 맛없는 울음에 보드라운 회한의 진흙 구덩이 깊이 헤치며 뜯어먹는 미꾸리와 거머리.

두꺼운 얼음장 밖으로 연이어 연이어 깜깜한 어둠이 흐른다 해도, 구름 속에 상현달이 오른다 해도 거북이의 이고 있는 하늘엔 희부연 얼음장이 깔려 있을 뿐, 한 사리 싸락눈이 쌓여 있을 뿐.

(「蓮花詩篇」 부분, 삼천리, 1941.4)

연잎이 지고 있다. 눈이 쌓이고 얼음장은 점차 두꺼워 간다. 그 얼음장 밑으로 거북이가 구정물을 마시며 숨을 쉬고 있다. 두꺼운 얼음장 밖으로 별 한송이 비치지 않은 하늘이 있고, 그것과 등가적으로 그 어둠 속 어름장 아래 거북이가 '아라사의 옥창'에 갇히듯 갇혀있는 것이다. '미꾸리'와 '거머리'를 뜯어먹는 거북의 식욕은 '탐욕'과 '허기', 그 사이에 있는 듯한데, 그것이 무엇이든간에 생의 강렬한 충동과 의지가 있다. 얼음장이든 싸락눈이든 언젠가 얼음이, 눈이 녹고 나면 거북은 그것들을 뚫고 수면 밖으로 나올 것이고 연은 꽃을 피울 것이다. 시인은 네러티브(서사)를 가져와 하나의 에피그람을 쓰고 있다. 시궁창 속에서 피는 연꽃이나 옥살이하듯 진흙 속에 숨어있는 거북으로부터 시인은 역사의 시간을 달래고 싶었는지 모른다. 「푸른열매」(인문평론, 1939.10)에서도 거북이는 '海

底'에 존재하는 시간처럼 그려진다. 임화는 오장환의 '어두운 밤에 흐르는 강물은 시간이요 현실의 비밀'이라 썼다.[46] 강물 아래, 한 줄기 어두운 강물 아래 '깊은 밤이 흐르고, 은하수가 흐르고, 푸른 별이 흐르고 다시 푸른 하늘이 흐른다'[47]고 쓴 것은 신석정이다. 이들 시인들의 시선, 견자의 시선은 강물 아래 미래를 보고 하늘을 예감한다. 강 아래가 '못 견디게 어두운 것'은 태양이 닿을 시간을 숨기고 있기 때문이다. 빛은 어둠이 가장 강렬할 때를 기다려 제 빛을 내는 법이다.

'거북'은 아직 역사의 시간에 전면적으로 나서지 않는다. '한 개의 태양과 해바라기와 양귀비꽃'을 품고 느릿하게 죽은 듯 흐르는 물결의 흐름에 몸을 기대고 있다. '눈감고 자는 듯 죽은 사나히의 꿈'에 '푸른 열매'가 맺혀있다고 오장환은 썼다. 시간은 언제나 수면 아래 흐르고 꿈같이 느릿하게 흐르고 있지만 그것이 멈춘 것은 아니다. '푸른 열매'의 꿈이 맺혀 있다는 것이다.

해방이 되자 오장환 '어이없다'고 비명을 질렀다. '나 사는 곳'에 이런 날이 올 줄 차마 기대할 수조차 없었음을 고백한 '비명'이었지만, 그 '비명'은 '거북'처럼 어둠 속에서 시간을 달래고 견뎌내는 것을 포기하지 않았던 자의 황홀감 바로 그것이기도 했다.

46 임화, 「시단은 이동한다」, 〈매일신보〉, 1940.12.9-16.
47 신석정, 「어느 지류에 서서」, 〈문장〉, 1941.3.

서정주; 마왕 '루시퍼'(Luciper)의 교의(教義)로부터 '브륀힐데'(Brynhildr)의 구원으로

'모순'을 은닉하는 황혼

1941년 벽두에 들어 신진시단의 최고의 기대주로 선택된 인물은 서정주였다. 임화는 "그 음향의 높이로써, 그 색채의 농심(濃深)으로써, 또한 그 인상의 선명과 박력의 긴급을 겸함으로써, 우리 젊은 시단에서 씨와 어깨를 겨눌 사람은 그리 많지 아니하"고 그래서 "우리 젊은 시단 제 일류의 시인"이라 평가했다.[48] 서정주 시의 특성으로 임화는 새로움과 고유함을 들었는데, 이 일반론은 너무나 자명한 까닭에 새삼 논할 바는 못되었다고 판단했기 때문이었는지, 임화는 전자(새로움)는 비교상의 의미이고 후자(고유함)는 가치상의 의미라 덧붙여두었다. '어느 육체적 眞率을 그냥 담은 듯 무엇인지 징그러울만치 육박해오는 것이 있다'는 박용철의 평가[49]는 임화의 평가에 비해 서정주 시의 언어 자체의 에너지와 활력에 대한 평가라 할 것이다.

'비교상'의 맥락에서 서정주는 유치환, 조지훈, 박두진, 오장환 등과 함께 새로운 시의 선두주자였다. 김종한은 "자기의 언어를 가진 신인은 유치환, 조지훈, 서정주, 박두진, 오장환 다섯 사람뿐"이라 평가한 바 있다.[50] 프로평단의 비평가 임화와, 관조와 달관의 미학에 심취했던 김종한은, 서로 출발점이 다른데도 불구하고 '서정주'라는 신진을 가운데 두고 서로 가까워지고 있음이 확인된다. '서정주'는 그 두 다른 시선이 맞부딪

---

48 임화, 「현대의 서정정신-서정주 단편」, 〈신세기〉, 1941.1.

49 박용철, 「丁丑年 詩壇回顧」, 『박용철 전집 2』, 현대사, 1982, 119면.

50 김종한, 「시단시평」, 〈문장〉, 1941.1.

히는 접근선의 중심이었던 것이다. 이는 이 시기 시사를 읽고 해석하는 핵심일 것이다. '모순을 은닉할 수 있는 것은 황혼뿐'이라는 수사가 허용된다면,[51] 서정주는 말하자면, 황혼의 시학이 이 시대의 시를 읽어내는 키워드가 되어야하는지를 비춰주는 스펙트럼인 것이다.

대부분 시인들이 과거를 회상함으로써 현대의 용기와 오늘날의 희망이 되고자 한 데 비해 유일하게 오장환과 서정주만이 '회상'하지 않았다. 그들은 '회상할 수 없는 사람'이라는 것인데, 그 둘에게는 '뉘우칠 과거도 없다는 것이 유일한 실존'이다. 임화의 평가는 특히 「행진곡」에 맞춰져 있다는 점에서 문제적이다. 이 시가 '역사의 종언'을 선언하는 시로 기억될 것임은 앞에서 이미 밝혔다. '카인을 만나면 목놓아 울리라'는 오장환의 통곡이 '에호바에의 의식, 구원의 동경'인 바로 그것인 만큼 서정주의 이 시는 '마왕 루시퍼의 교의'가 더 많이 울려있다고 임화는 썼다. 이 두 시인 사이는 실제 '예호바'와 '루시퍼'의 거리만큼이나 먼 것처럼 보이지만, 실제 그들은 '고독의 번민의 방향을 자기에게로밖에 향할 곳이 없'는 시인이라는 점에서 그 '거리'는 무화된다고 임화는 보았다. 오장환의 종교가 서정주의 퇴폐이며, 오장환의 구원이 서정주의 악이 된다. 이 역설과 모순이 가능한 것이 '황혼'이며, 이를 읽을 수 있는 틀은 '상징'의 깊이밖에 없을 것이다.

서정주 시의 비밀(고유성)은 서정시의 가장 깊은 곳에 자리하고 있다. 임화는 여기에 '유폐의 정신' 또는 '절망의 도주', 혹은 '뇌옥 속에서의 질주'라는 명칭을 붙였다. 서정주의 이 서정 넘치는 시에서 임화는 역설과 아이러니의 수사학을 겹쳐둔다.

---

51 미셸 슈나이더, 『슈만, 내면의 풍경』, 김남주 옮김, 그책, 2017, 21면.

잔치는 끝났드라, 마지막 앉어서 국밥들을 마시고
빠알안 불 사루고,
재를 남기고,

포장을 거드면 저무는 하늘.
이러서서 主人에게 인사를 하자
결국은 조끔 식 醉해가지고
우리 모두다 도라가는 사람들.

목아지여
목아지여
목아지여
목아지여

멀리 서 있는 바닷물에선
亂打하여 떠러지는 나의 종소리
(「行進曲」, 신세기, 1940.11)

'돌아갈 곳은 출발한 곳'이며 '조금씩 취해가지고 떠났던 곳으로 모두 다 돌아올 사람들'이라는 임화의 예지적 해석력은 여기서 빛을 발한다. 가는 것이 오는 것이고 뛰는 것은 멀어지는 것이다. 임화는 반역의 정신을, 모반의 질주를 서정주의 역설과 아니러니의 수사에서 읽는다. 서정주의 「행진곡」은 그 점에서 이상의 「종생기」와 함께 있다. 이상은 「종생기」에서 날마다 살기 위해 날마다 죽었고, 평생 동거하면서 날마다 이별하는 '절름발이' 부부의 모델을 건조하게 그려냈다. 그런데 이상의 아이러니가 서정주 시의 마지막 행에서 다시 반복되고 있음을 임화의 예지가 알아차린 것이다.

'투명하다는 의미에서는 본격적'이라 김종한이 평가한 것도 서정주를 읽는 데 참조가 된다. '수사 중에서도 반어 · 역설의 수사가 가장 곤란한' 데 서정주는 투명한 방법으로 그 역설과 아이러니를 구사했음을 평가한 것이다.[52] '반어 · 역설의 수사'가 요설에 떨어지는 경우를 이상에게서 찾는다 하더라도 당대 평자들이 이상과 서정주가 함께 있는 풍경을 역설과 아이러니라는 이 시적 수사에 상정하고 있다는 점은 흥미롭지 않을 수 없다.

서정주의 고유한 가치가 더욱 빛을 발한 것은 서정주가 탐색한 '현대의 정신'이다. 그것은 그의 수사학이 펼쳐둔 것과 동일한 궤도에서 움직인다. 현대밖에 살 곳이 없다는 절박함에도 불구하고 시인은 언제나 현대로부터의 별리(別離)를 꿈꾼다. 살아야 하나 살 수 없음, 떠나야 하나 결국 돌아옴, 이 모진 역설이 시인의 유목의 정신이자 모반의 정신의 근원이며 퇴폐의 징후이다. 무슨 일을 하든 시인들은 인간이 영위하고 있는 것 중 가장 아름답고 죄없는 일을 해왔다.[53] 서정주의 시는 광란(狂亂)과 탕란(蕩亂) 가운데 고매한 정신이 함축되어 있어 그것은 그 자체로 이미 현실에 대한 하나의 준엄한 심판이 된다. 언어는 그 자체로는 결코 현실에 맞설 수 없다. 언어가 현실에 맞서 현실을 배반하는 방법은 현실의 언어를 위반하고 현실의 상황을 비트는 방법밖에 없다. 서정주는 현실의 시간을 거스름으로써 그 현실을 모반하는데, 그것이 바로 광란과 탕란의 언어로 현실과 간격을 벌리는 방법이다.

---

52 김종한, 「詩壇時評」, 〈문장〉, 1941.1.

53 오장환, 「방황하는 시정신」, 〈인문평론〉, 1940.2.

서녘에서 불어오는 바람 속에는
오갈피 상나무와
개가죽 방구와
나의 여자의 열두발 상무 상무

노루야 암노루야 홰냥 노루야
늬 발톱에 생채기와
퉁수 ㅅ 소리와

서서 우는 눈먼 사람
자는 관세음

서녘에서 불어오는 바람 속에는
한바다의 정신ㅅ병과
징역 시간과
(「서풍부」, 문장, 1940.10)

서정주의 '한바다의 정신병과 징역 시간'이란 노복(奴僕)에게 주어진 것과 같이 가책한 것이다. 현실과의 거리가 이 '징역의 시간'이라는 어구에 함축되어 있다. 이 가혹하고 단호한 규정은 '카인을 만나면 목놓아 울리라'는 오장환의 냉혹하고 드라마틱한 비명을 떠올리게 하는데, 인간으로서의 온갖 노역과 생의 비참에도 불구하고 '그칠줄 모르는 아름다운 꿈'에 대한 의욕을 잃지 않는 흑인 관노장에 오장환이 자신의 초상을 겹쳐둔 심사와 유사하다. '죄인', '형벌', '영어', 이 모든 갇힌 자로서, 체포된 자로서의 존재성은 시인이 저 스스로에게 내린 형벌이다. 고독을 '값있고 향내나게'[54] 하기 위해서 말이다.

데카당스, 의지의 승리

데카당스가 '정신의 승리에 대한 예언'이기 위해 시인은 새로운 현실을 발견해야 한다. 피동성에서 능동성의 관점으로, 그러니까 '하지 않으면 안 된다'에서 '해야만 한다'로 관점을 이동시키면서[55] 시인은 '암흑의 정신'을 탐구해야 한다. 검은 밤의 도취와 수심 가득한 향수(쿤데라)가 그 암흑의 정신 한가운데 있다. 시인의 음성은 마치 계시자의 음성처럼 현재의 시간을 유보하면서 미래의 시간을 견인한다. 언뜻 저 서역에서 불어오는 바람(西風)이 그러한 현실의 시간들을 거두고 미래를 이끌고 온다고 시인은 믿고 싶었을 것이다.

서정주는 '식민지 소명사의 밥벌이 노릇'을 견디게 한 것은 '뿌리깊은 어떤 힘'인데 그것은 애상과 회환과 허무를 넘어서는 '굵직하고 단단하며 거센 의지', 그러니까 비극적 의지로부터 솟아난 것이다.[56]

> 밤이 깊으면 숙아 너를 생각한다. 달래마늘같이 쬐그만 숙아
> 너의 전신을,
> 낭자언저리, 눈언저리, 코언저리, 허리언저리,
> 키와 머리털과 모가지의 기럭시를
> 그속에서 울려나오는 서러운 음성을

---

54 오장환, 「제 7의 고독」, 〈조선일보〉, 1939.11.2-3.
55 임화, 「창조적 비평」, 〈인문평론〉, 1940.10.
56 서정주, 「부랑하는 뒷골목 예술가들 속에서」, 『미당 서정주 전집 7』, 은행나무, 2016, 84-95면.

서러운서러운 옛날말로 우름우는 한 마리의 버꾹이새.
그굳은 바윗속에, 황토밭우에,
고이는 우물물과 낡은시계ㅅ소리 시계의바늘소리
허무러진 돌무덱이우에 어머니의 시체우에 부어오른 네 눈망울우에
빠앍안 노을을 남기우며 해는 날마닥 떳다가는 떨어지고

오직 한결 어둠만이 적시우는 너의 오장육부, 그러헌 너의 공복.
뒤안 솥밭의 솔나무가지를,
거기 감기는 누우런 새끼줄을,
엉기는 먹구름을, 먹구름먹구름속에서 내이름ㅅ자 부르는 소리를,
꽃의 이름처럼 연겊어 연겊어서 부르는 소리를,

혹은 그러한 너의 절명 絶命을,
혹은,
혹은,
혹은,
여자야 너또한 쪼껴가는 사람의 딸, 껌정거북표의 고무신짝 끄을고
그 다 찢어진 고무신짝을 질질질질 끄을고
엉새풀닢 욱어진 준령을 넘어가면
하눌밑에 길은 어데로나 있느니라,
그 많은 삼등객차의 보행객의 화륜선의 모이는 곳
목포나 군산등지. 아무데거나
그런데 있는 골목, 골목의 수효를,
크다란 건물과 적은 인가 人家를, 불켰다불끄는 모든 인가를,
주식취인소를, 공사립금융조합, 성결교당을, 미사의 종소리를,
밀매음굴을,
모여드는 사람들, 사람들을, 사람들을,

결국은 니의 자살 우에서—
철근콩크리트의 철근콩크리트의 그 무수헌 산판알과 나사못과
치차를 단 철근 콩크리트의 밑바닥에서
혹은 어느 인사소개소의 어스컹컴한 방구석에서
속옷까지, 깨끗이 그 치마뒤에 있는 속옷까지 베껴야만하는 그러헌 순서.
깜한 네 열 개의 손톱으로 쥐어뜨드며 쥐어뜨드며
그래도 끝끝내는 끌려가야만하는 그러헌 너의 순서를.

숙아!
이 밤속에 밤의 바람벽의 또밤속에서
한 마리의 산 귀똘이와 같이 가느다란 육성으로 나를 부르는 것
충청도에서, 전라도에서, 비나리는 항구의 어느 내외주점에서,
사실은 내 척수신경의 한가운대에서,
씻허연 두줄의 잇발을 내여노코 나를 부르는 것,
슬픈 인류의 전신의 소리로서 나를 부르는 것.
한 개의 종소리와 같이 전선과 같이 끊임없이 부르는 것.

뿌렉, 뿔류—의 바닷물과 가치, 오히려 찬란헌 만세소리와 가치
피와 가치,
피와 가치,

내 칼 끝에 적시여 오는 것.

숙아, 네 생각을 인제는 끊고
시퍼런 단도의 날을 닥는다.
(인문평론, 1940.5)

죽음과 관능과 구원이 급박한 호흡으로 얽혀있는 시다. 서사가 있지만 축약되어 있고, 행은 길지만 급박한 리듬이 요설의 위험을 차단한다. 쉼표는 쉬기 위한 표지가 아니라 급박하게 질주하면서도 사색하는 시간을 갖기 위한 표지이다. 문장을 서술어로 종결하지 않는 것, 마침표 · 쉼표 혹은 말줄임표로 시구나 시행을 마무리하는 것이 이 시의 긴장감과 속도감의 근원이다. 리듬은 말과 말 사이, 어구와 어구 사이에 있고, 그 '사이'에 있는 것은 '쉼표'도 '휴지'도 아니다. '질주'와 '사색'이다. 그러니 호흡은 불안정하며 시인(독자)은 숨을 몰아쉬며 시행이 끝날 때까지 질주해야 한다. 그것이 임화가 말한 대로, '광분과 탕란의 질주'이다. 김광섭이 "그(숙) 생각을 안타까이 끊고저 하는 심경이 새 운율의 힘으로 내재율이 되고 또 인상화되야 향토가 도시에 나온 슬픔이 새로운 사회시적 형성을 하고 있다. 당연히 새시인의 시같고 또 *浮游*한 글자의 수가 거진 없다"[57] 고 평가했을 때, '새로운 내재율의 사회시적 형성'이나 '부유한 글자의 수가 거진 없는 것'이란 거침없는 질주의 정신을 리듬화했다는 의미로 읽어야 할 것이다. '정형시'만 리듬을 가진 것이 아니다.

'숙'은 그런 절명과 절박의 순간에 부르는 모든 것들을 축약한 이름이다. '나'는 '숙'의 목소리를 듣는다. 그것은 사실은 내 척수신경의 한가운데서 '씻허연 두줄 이빨을 드러내고' 나를 부르는 소리이다. 이 날것의 목소리가, 괴수와 같은 목마름이 이 '이름'의 정체이다. 내가 듣는 목소리는 나로부터 나와 나에게 이른다. 그 '소리'의 근원은 '쥐어뜯으며 끌려가면서 가느다란 육성으로' 절명과 참극의 이름으로 나를 부르던 '숙'의 목소리에 있으나, '숙'은 이제 비참과 절명과 참극에서 비롯된 모든 것들의 이름이 된다. 개인의 목소리는 이제 집단의, 군중의 목소리가 되고 급기야

57 김광섭, 「시단월평-五月 시단소감」, 〈인문평론〉, 1940.6.

는 인류 전체의 목소리로 비약한다. 서정주는 '숙'의 이름에서 어떤 집단(전체성)의 목소리를 발견했던 것이다. 급기야 '슬픈 인류의 전신(全身)의 소리'로서 '나를 부르는 것'이라 시인은 요약한다. 서정주의 상상력은 이 대목에서 긴장력있게 말을 비약하면서 공간을 건너간다. 그는 문득 이렇게 소리친다.

> 한 개의 종소리와 같이 전선과 같이 끊임없이 부르는 것.

이 구절은 어딘가 낯익다. 그는 「행진곡」에서 술취해서 돌아가는 사람들의 어깨너머 멀리서 들려오는 구원의 종소리를 들었다. 서정주는 이 깊고 어둔 밤의 깊이를 '밤속에 밤의 바람벽의 또밤속에서'라고 이중 · 심중의 막을 둘러쳤다. 그런데 깊고 적막한 밤의 흐름 속에서 '전선과 같이 끊임없이 부르는 것'이라는 '전파적 상상력(radiowave imagination)'을 끌고 들어와 구원의 목소리를 크게 확장시키고 있다. '전기적 감각'은 개인의 신경조직을 모든 인류와 통합적으로 전체적으로 소유할 수 있게 해준다.[58] '전선'이라는 단어가 주는 기묘한 긴장력과 강한 파동력이 종소리의 울림과 크기와 얼마나 잘 맞아떨어지고 있는가. 그리고 이 강렬한 '전기적 에너지'가 인간의 목소리를 얼마나 강렬하게 증폭시키고 있는가.

「행진곡」에서 서정주는 '난타(亂打)'라는 말을 썼다. '목아지여'가 세 번이나 반복되어 그 파동의 확장성과 긴장력의 힘을 강조하기도 했다. 미세한 음의 떨림이 서정의 진폭을 확장하면서 소리의 영역을 뚫고 나오는 순간을 우리는 상상한다. 이 전파적 상상력에서 생명이 펄럭인다. 시인이 바닷물 소리를 만세 소리와 겹쳐 듣게 되는 것은 전기적 확장이

58 마셜 매클루언, 『미디어의 이해』, 박정규 옮김, 커뮤니케이션북스, 2001, 293면.

자 소리의 확장이다. 서정주 시의 강렬한 아우라는 지극히 자연스럽고 또 논리적이다. 절명과 그것의 초극을 통한 구원이라는 점에서 그러하다. 모든 소리들이 귀결되는 것은 '나' 자신이다. "내 칼 끝에 적시여 오는 것." 서정주는 이 행을 따로 비워두고 호흡을 가다듬었다. 그러고 그 이유를 서술한다. 칼 끝에 서서 시인이 선택한 길이란 '칼을 닦는 것'이다. '숙에 대한 생각을 끊는 것, 그것은 시퍼런 단도의 날을 닦는 것'과 동일하다. 모든 판단중지의 순간에 절명이 있다. '숙'이라는 이름이 '슬픈 인류의 전신의 소리'인 이유를 알겠다.

마지막 순간에 시인은 '가슴'보다는 '머리'에서 나온 문장을 서술해 두었다.

> 숙아, 네 생각을 인제는 끊고
> 시퍼런 단도의 날을 닦는다.

이 앞부분 시행은 대체로 명사(형)로 끝난다. 거기에 마침표, 반점, 말줄임의 문장표식을 시인은 구태여 해 두었다. 종결체 서술어로 완결되지 않은 문장들은 사유를 위한 것이 아니라 질주하기 위한 것임을 확인한다. 리듬으로 말한다는 것은 몸으로 말한다는 것이니, 이 마지막 두 행을 제외하고 서정주는 몸으로 시를 쓴 것이다. 몸으로 말(언어, 문장)을 달린 것이다. 질주하다 시의 마지막에 와서 절체절명의 순간에 그는 '시퍼런 단도'를 자신의 면상(面相)에 들이밀고 외쳤다. '나는 죽음을 선택하겠다.' 그러니 서술어를 완벽하게 갖춘 문장이 자리를 잡게 되는 것이다. 서정주에게 몸은 체언에 있고, 사유는 서술어에 있다고 비유적으로 말할 수 있을 것이다.

임화는 어둠 속에서 단호하게 서술어로 말한 이 마지막 문장을 '구원'의 문제로 읽는다.[59] 현실로부터 유폐된 자의 "단도다!"라는 이 불길하고 긴급한 절규만이 유일한 구원이라고 해석했다. '암울한 노래의 작자'로 임화는 누구보다 먼저 서정주를 꼽았다. 서정주는 그 누구보다 '피할 수 없이 절박한 어떤 심정'을 노래한 시인이라는 것이며, 그 점에서 오장환이나 자신을 뛰어넘은 시인이라는 것이다. 인정할 수 없는 현실을 기피하고자 하나 그럴수록 시는 현실에 더 육박한다. 서정주는 이를 한 마디로 '징역시간'이라고 선언한다. 따라서 어떤 선택지도 존재할 수 없는 상황에서 이 가혹한 절멸의 정신('단도다!')은 데카당스의 독한 꽃을 피우고 그 꽃은 붉은 색채를 발한다. 광란과 탕란은 그것 자체로 현실에 대한 하나의 준엄한 심판이 된다. 임화는 서정주의 암울한 현실에 피워올린 독한 꽃의 정체를 '데카당스'의 그것에 견주면서 미래의 시간을 선취하고자 했던 것이다.[60] 어둠 속의 구원이 '관능'을 애써 외면하고 있는 형국이다.[61]

거북의 시간; 오장환과의 비교에서

두 번 언급할 필요도 없이 서정주와 가까이 있었던 시인은 오장환이라 할 것이다. 임화, 김동리, 김종환 등 이 시기에 시비평을 담당했던 평론가들의 관점에서 서정주의 '반려(伴侶)'는 오장환이었다. 그들 시의 어떤 점이 이들을 그토록 가까이에 두게 했을까. 서정주와 오장환은 「귀촉도」와 「귀촉도-廷柱에 주는 詩」(춘추, 1941.4)를 사이에 두고 서로 안부를 주고 받은 바 있다. 오장환은 집을 떠나고 권속을 뿌리치고 만주에서 '일급

59 임화, 「시단은 이동한다」, 〈매일신보〉, 1940.12.9-12.16.
60 임화, 위의 글.
61 알랭 바디우, 『바그너는 위험한가』, 102- 103면.

칠십원야의 샐러리와 죄그만 STOOL' 하나로 버티고 있는 서정주의 안부를 물었다. 이역에서의 방랑의 길이 파촉으로 가는 죽음의 길이자, 웃음이 피울음이 되는 사정은 그들이 공히 이 제어할 길 없고 멈출 수 없는 카인의 후예들인 까닭일 것이다. 오장환은 「귀촉도-정주에 주는 시」에서 '검은 하늘에 상기도 날지 않는 너의 꿈은 새벽별 모양 반짝일 수 있는 것일까'라고 읊었다. 그들의 청춘과 우정은 어둠의 하늘 아래서 익어갔던 것이다.

「귀촉도」(서정주)와 「귀촉도-廷柱에 주는 詩」(오장환)의 거리는 「거북이」(서정주)와 「연화시편」 및 「The Last Train」(오장환), 「지귀도」(서정주)와 「할렐루야」(오장환), 「雄鷄」(서정주)와 「귀향의 노래」(오장환)의 거리와 같다. 그들은 공통적으로 어떤 꿈을 꾸었던가. 그들의 목소리는 개별 시인의 목소리가 아니라 황혼의 어둠을 뚫고 솟아난 '집단의 목소리'로 서로를 반향하고 있었던 것은 아닌가. 푸코의 말대로, 시인은 사라지고 있다. 노래를 불러야 하는 이는 누구인가? 그러니 시인은 없고 또 시인은 있다. 시인은 사라지면서 또 존재하며 그들은 동일자이되 동시에 개별자인 것이다.

> 거북이여 느릿 느릿 물ㅅ살을 저어
> 숨 고르게 조용히 갈고 가거라.
> 머언데서 속삭이는 귀ㅅ속말 처럼
> 물니랑에 네리는 봄의 꽃니풀,
> 발톱으로 헤치며 갔다 오느라.
>
> 오늘도 가슴속엔 불이 일어서
> 내사 얼골이 모두 타도다.

기우는 햇살일래 기우러 지며
나어린 한마리의 풀버레 같이
말없는 四肢만이 떨리는도다.
거북이여.
구름 아래 푸르른 목을내둘러
장고를 처줄께 둥둥그리는
설ㅅ장고를 처줄께, 거북이여.

먼山에 보라ㅅ빛 은은히 어리이는
나와 나의兄弟의 해질무렵엔
그대 쇠먹은 목청이라도
두터운 甲옷 아래 흐르는 피의
오래인 오래인 소리 한마디만 외여라.
(서정주, 「거북이」, 춘추, 1942.6)

둔중하고 느린 '거북'에게서 가파르고 모진 역사의 흔적이나 역사의 움직임을 알 수 없는 것은 아니다. 가슴 속에 타는 불은 뜨겁다 못해 얼굴을 태울 지경인데 두터운 갑옷 아래 붉은 피가 흐르기 때문일 것이다. 감춰진 목을 내밀고 오래인 오래인, 천 년, 만 년 전의 노래를 부르는 '거북이'는 영원한 생명을 지닌 존재이다. 거북의 소리를 받쳐주는 '둥둥거리는 장고'의 울림은 태초와 근원과 생명과 구원을 말하는 종소리, 북소리에 버금간다. '보랏빛 은은히 어리는' 해질 무렵, '나와 나의 형제의 해질 무렵'에 거북이의 노래는 울려나온다. 그것은 은은한 보랏빛 색의 노래마냥 아련하고 갑옷처럼 단단하면서도 깊다. 깊으니 강한 생명력으로 '오래인 시간'을 견딘다. 거북의 '소리'는 아련하고 짧지만 강하고, 거칠고 느리지만 영구한 생멱력을 가진 것이다.

서정주의 시 「거북이」에, 「연화시편」과 「The Last Train」에서 '거북의 시간'을 예언했던 오장환의 목소리가 겹쳐져 있다.

> 한때는 그 넓은 이파리에 함촉 이슬을 받아들였을 연잎조차 잠자는 미꾸리와 거머리의 등을 덮는 것이나, 두 눈 감고 깊은 생각에 잠기인 거북이의 등 위엔, 거북이의 하늘 위엔 살얼음이 가고 그것이 차차로 두꺼워질 뿐.
>
> 까만 머리 따 늘이는 밤하늘에도 총총하던 별 한송이, 별 한송이 비최지 않고 희부연 얼음장에는 붉은 물 든 감잎이 끼어있을 뿐.
>
> 한겨울은 다시 얼어붙은 웅덩이에 눈싸리를 쌓아얹으나 어둠 속에 가라앉은 거북이는, 목을 늘여, 구정물 마시며, 반년 동안 밤이 이읏는 아라사의 독창(獄窓)과 같이, 맛없는 울음에 보드라운 회한의 진흙구덩이 깊이 헤치며 뜯어먹는 미꾸리와 거머리.
>
> (오장환, 「연화시편」 부분, 삼천리, 1941.4)

> 저무는 역두에서 너를 보냇다.
> 비애야!
>
> 개찰구에는
> 못 쓰는 차표와 함께 찍힌 청춘의 조각이 흐터저 잇고
> 병든 역사가 화물차에 실리여 간다.
>
> 대합실에 남은 사람은
> 아즉도
> 누굴 기둘러
>
> 나는 이곳에서

> 카인을 맛나면
> 목노하 울리라.
>
> 거북이여! 느릿느릿 추억 실고 가거라
> 슬픔으로 통하는 모든 노선이
> 너의 등에는 지도처럼 펼처 잇다.
> (오장환, 「The Last Train」, 비판, 1938.4)

오장환의 '거북이'는 비애의 청춘이자 인고의 시간을 상징한다. 윤곤강이 '병든 사념'과 '회한'에 젖어 "非情의 범람으로 나의 청춘은 풍화된 바윗돌"(「待夜抄」, 인문평론, 1940.3)이라 읊은 것에 비해, 오장환의 청춘에는 부드럽고 유연한 생명력이 내재돼 있다. '살얼음이 가고 그것이 차차로 두꺼워'지는 시간만큼이나 얼음장 아래 두꺼비의 시간도 천천히 흘러간다. 얼음장 아래 흐르는 것은 인고의 시간이자 추억의 시간이다. 거북이는 추억을 싣고, 병든 역사를 싣고 간다. 거북이의 길은 비애의 그것인데 슬픔은 거북이가 가는 모든 노선을 관통하고 있다. 흥미롭게도 거북이의 느린 시간을 보상하는 것은 가슴 속의 타오르는 불길이다. 서정주에게서 보았던 '오래인 오래인 소리 한마디'의 외절규가, 오장환의 '보드라운 회한의 진흙구덩이 깊이 헤치며 뜯어먹는' 탐식성과 '카인을 맛나면 목노하 울리라'의 악무한적 죄의식이 함께 이 광란의 불길을 휘감고 타오른다. 가슴속에 흐르던 절박감은 이 느리고 착한 거북이의 혈관을 이제 타고 흐른다. 서정주든, 오장환이든 그들 공히 '거북'에게서 느리지만 유유히 흘러가는 역사의 시간을 읽는다. 거북은 한 세계의 종언을 서두르지 않고 조급해하지 않으면서 가슴속 불을 달래며 기다리고 있다.

임화가 오장환과 서정주에게서 공통적으로 포착했던 것도 '신의 축복도 없이 세상에 나온 생명'이 '죄없이 불의에 번뇌하는 것'이라는 점이었다.[62] 그러니 사탄의 길이든, 짐승의 길이든 그것은 종교적이고 윤리적인 것이다. 오장환과 서정주를 잇는 길에 김동리도 동참했던 것이다. 김동리는 서정주의 「지귀도」와 오장환의 「할렐루야」를 같은 자리에 올려둔다.

보자마자 너 눈물어린 눈으로는
소란한 哄笑의 正午 天心에
다불은 내입술의 피묻은 입마춤과
無限慾望의 그윽한 이戰慄을…

아 – 어찌 참을것이냐!
슬픈 이는 모다 巴蜀으로 갔어도
윙윙거리는 불벌의 떼를
꿀과 함께 나는 가슴으로 먹었노라

시악시야 나는 아름답구나

내 살결은 樹皮의 검은 빛
黃金 태양을 머리에 달고

沒藥 麝香의 薰薰한 이꽂자리
내 숫사슴의 춤추며 뛰여가자

우슴웃는 짐생, 짐생 속으로

62 임화, 「현대의 서정정신」, 〈신세기〉, 1941.1.

(「地歸島」, 조광, 1939. 3)

곡성이 들려온다 인가에 인가가 모이는 곳에
날마다 떠오르는 달이 오늘도 다시 떠오고

누런 구름 쳐다보며
망토입은 사람이 언덕에 올라 중얼거린다
날개와 같이
불길한 사족수의 날개와 같이
망토는 어둠을 뿌리고

모든 길이 일제히 저승으로 향하여 갈 제
암흑의 수풀이 성문을 열어
보이지 않는 곳에 술 빚는 내음새와 잠자는 꽃송이

다만 한 길 빛나는 개울이 흘러....
망토 위의 모가지는 솟치며
그저 노래 부른다

저기 한 줄기 이러운 강물이 흘러
깜깜한 속에서 차디찬 배암이 흘러...사탄이 흘러…
눈이 따갑도록 빨간 장미가 흘러…
(「할렐루야」, 조광, 1939.8)

서정주의 감각은 모든 짐승의 감각을 아우른 것처럼 열려있는데, 서정주는 이를 '무한욕망의 전율'이라고 썼다. 극한의 불과 극한의 허기와 극한의 탐식과 극한의 관능과 극한의 질주가 이 '무한욕망의 전율' 한 구절에 있다. '내입설의 피묻은 입맞춤', '윙윙거리는 불벌의 떼를 꿀과 함께 나는 가슴으로 먹었노라', '수피의 검은 빛', ' 몰약 사향의 꽃자리' 같은 것들은 강력하고 원시적이며 본능과 관능의 힘을 표상한다. 서정주는 관능의 힘에서부터 어떤 원형적인 것으로의 회귀를 준비한다.

오장환의 「할렐루야」는 바로크적인 공포[63]가 있다. 이미지의 명확한 한계나 제한이 없고 이미지들은 각각 서로 스며들고 교통하면서 무한한 어떤 순환의 고리들에 연결되어 있는 듯한 인상을 준다. 거기에 입체적이고 카오스적인 공감각적인 깊이와 공간의 밀도가 형성된다. 그것은 회화적인 것이기보다는 청각적인 것이다. '불길한 사족수의 날개와 같은 망토', '차디찬 배암', '눈이 따갑도록 빨간 장미', '술 빚는 내음새와 잠자는 꽃송이' 같은 이미지는 극한의 그로테스크적 미학을 보여준다. 혼돈스럽고 역동적이며 입체적이다. 모든 감각이 통합된 이 이미지는 '극한'의 에너지와 생명력을 품고 있으며 이미지의 변형과 순환 가운데 모든 감각은 서로 열리고 관통된다. 서정주에게서도 오장환에게서도 향기는 시각, 촉각, 청각으로 동시에 느끼는 것인데 그것은 '어둠'처럼 깊이를 가진다. 깊이는 부피이자 밀도이다. 그것은 시각에서 촉각으로 다시 청각으로 서로 섞여들면서 공명한다. '생명의 구경'이라는 관점에서 '신세대론'을 펼쳤던 김동리는 이 혼돈의 이미지를 '역설'로 읽었다.

> 생명의 구경의 백척간두에 서서 그것의 은총을 향해 비약하느냐, 그 저주의 굴레를 목에 걸고 심연으로 내려박힐 것이냐 하는 데서 徐氏의 「웃음웃는 짐승으로 짐승속으로」가 나오고 吳氏의 「할렐루야」

---

63 아놀드 하우저, 『문학과 예술의 사회사 근세편(상)』, 192-196면.

> 의 역설 같은 것이 쏟아져 나오는 것이다. 그것이 짐승의 길이던 「사탄」의 길이던 그 감정은 종교적 감정이요, 그 광분은 윤리적 광분이다.[64]

광란과 탕란 그것을 신세대적인 데카당의 면모로 읽은 임화의 해석에, 종교적이고 윤리적인 것으로 읽은 김동리의 그것이 겹쳐진다. 시인이든, 평론가든 혹은 소설가든 상관없이 그들은 다 같이 '이리처럼' 시대를 달려나갔던 것이다.

김종한은 서정주를 '정신의 적극성'이라는 개념으로 해석한다. 다소 형이상학적인 포즈에 가깝게 느껴지는 유치환에게서와는 달리, 서정주에게서는 적극적이고 구체적인 시적 형상이 포착된 데 따른 것인데, '짐승의 시간'이라는 동물적이고 퇴폐적인 구체성이 '적극성'을 대신하고 있다 하겠다.

> 한 때 용어작난을 좋아하던 평론가들에게 '메타피지컬'이란 推讚을 받던 유치환은 도오데의 정원을 엿보다 다시 「絶島」로 귀환한 듯하나 이리처럼 달려드는 정신의 적극성을 서정주에게 빼앗기고 만 것[65]

서정주는 자신에게 더욱 채찍을 휘갈겨 '짐승의 시간' 속으로 더욱 몰입해 들어가게 된다. '피묻은 입술로 웃는 웃음'이 이토록 절박한 이유이다. 서정주에게 '정신의 적극성'은 '온몸으로 피흘리는 순교자'적인 것이다. 정신의 치열성이 클수록 그 피흘림의 강도 역시 클 것임은 마땅한데 '데카당 정신(윤리적 광분)'이 퍼올리는 종교적 경건성이 이토록 눈부시

---

64 김동리, 「신세대의 정신-문단 신생면의 성격, 사명, 기타」, 〈문장〉, 1940.5.
65 김종한, 「詩壇時評」, 〈문장〉, 1941.1.

게 빛나는 경우는 이 시기 이후로는 찾기 어려울 듯하다. 얼음 장의 깊이가 두꺼울수록 그 얼음장 밑에서 숨쉬는 거북이의 가슴이 뜨겁게 불타오르는 이유를 이 적극성의 정신에서 찾게 된다. '일제말기' 시의 정신이란 이처럼 적극적이고 능동적이다.

생명과 구원의 노래

오장환에게 청춘은 없다. 청춘을 실은 열차가 비애와 함께 떠나버린 탓이다. 그러니 마을의 젊은이들이 다 사라져버린 것 아닌가. '황혼'은 '나날이 쓸어버린 썰물'의 이미지와도 교차해 있다. 「귀향의 노래」에서 시인은 '성황당 옆에'라고 말을 줄여두었다. 「귀향의 노래」 한 구절은 이렇다.

> 젊은이는 어데로 갔나, 성황당 옆에…
> —중략—
> 하늘을 바라보다 돌아오면서
> 해바라기 덜미에 꽂고
> 내 번 듯이 웃음 웃는 머리 위에 후광을 보라
> (오장환, 「귀향의 노래」 부분, 춘추, 1941.10)

'하늘'에서 '뻘밭'으로 이동하는 길은 '핍박받는 자'에서 '신'이 되는 길이기도 하다. 하늘에서 뻘밭으로 시선이 옮겨진 그 찰나적 시간의 틈에서 시인은 스스로 '해바라기 신'이 되었다. 샤머니즘적 주술과 기독교적 구원의 차이는 여기서 무화된다. 오장환은 황혼을 구원의 이미지에 덧씌움으로써 '어둠' 이후의 세계를 들여다 볼 수 있었다.

서정주의 「雄鷄」에서 '열두송이 꽃심지'는 오장환의 「귀향의 노래」에 나오는 '열두 형제는 노란 꽃잎알'의 기원인 듯하다. 어쨌든, 종교적인 구원과 연관되어 있다.

> 赤途해바래기 열두송이 꽃心地
> 횃불켜든 우에 물결치는 銀河의 밤.
> 자는 닭을 나는 어떻게해 사랑했든가
>
> 모래속에서 이러난목아지로
> 새벽에 우리, 기쁨에 嗚咽하니
> 새로자라난 齒가 모다떨려.
>
> 감물듸린빛으로 지터만가는
> 내 裸體의 삿삿이……
> 수슬 수슬 날개털디리우고 닭이 우스면
>
> 結義兄弟가치 誼좋게 우리는
> 하눌하눌 國旗만양 머리에 달고
> 地歸千年의 正午를 울자.
> (「雄鷄(上)」, 시학, 1939.3)

태초에서 기원한 생명력과 수탉의 생식력이 강렬하게 결합된 이 시는 근본적으로 기독교적 구원의식과 '카인의 죄의식' 사이에서 시적 긴장도를 높인다. 신(神)을 향한 의지와 속죄의식 그 극한적인 것 사이에서 시인의 정신은 오르내린다. '언어의 원추'를 상정할 때 상징의 깊이가 원추의 바닥과 꼭지점 사이를 오르내리는 경우와 같다. 「雄鷄」의 '下篇'에서는 '해바라기 줄거리로 十字架를 엮어/죽이리로다/카인의 새빨간 囚衣를 입고(雄鷄(하))'로 이어진다. '카인의식'은 극단적인 죄의식을 댓가로 한 정신의 절정에서 타오른다. 궁극적으로 서정주의 죄의식은 근거가 없다. 그것이 존재한다면 오직 죄를 지음으로써 구원에 이르기 위한 것일 뿐인데, 그 구원이란 바로 '사랑'을 가리키고 있다.

> 愛鷄의生肝으로 매워오는 頭蓋骨에
> 맨드램이만한 벼술이 하나 그윽히 솟아올라….
> (「雄鷄(下)」 부분)

맨드램이처럼 타오르는 생식력은 '애계의 생간', 그러니까 원초적인 것, 날것, 생의 극단으로부터 구해진 것이다. '두계골'이란 그것 자체가 이미 생명력의 근원이다. 생은 아담의 두개골에서 나오고 아담은 이브의 몸에 그 뿌리를 댄 것이다. 그러니 두개골이란 생의 처음이자 마지막이며 원환회귀의 원점이다. 수탉의 벼슬은 생의 근원부터 죽음의 극단까지 갔다 온 것이기에 그것은 결코 소멸하지 않을 것이다. 서정주는 마지막 이 극단의 절정을 못이겨 호흡을 참았다. 그것이 바로 이 침묵의 부호(……)가 아닐 것인가.

'종'이 아니라 '북'이어도 상관없고 그것이 무엇이든 오직 '사치'가 될 뿐이니 구원의 동경마저 무화된다. 서정주의 만주에서의 삶이 그러했다.

> 참 이것은 너무 많은 하늘입니다. 내가 달린 들 어데를 가겠습니까. 紅布와 같이 미치기는 쉬웁습니다. 멫千年을, 오 ─ 멫千年을 혼자서 늘 고운 사람들이겠습니까.
> 鐘보담은 차라리 북이있습니다. 이는 멀리도 안들리는 어쩔수도업는 奢侈입니까. 마지막 불을 이름이 사실은 없었습니다. 어찌하야 자네는 나보고 나는 자네보고 웃어야하는것입니까.

바로 말하면 하르삔市와같은 것은 없었습니다. 자네도 나도 그런 것은 없었습니다. 무슨 처음의 복숭아꽃 내음새도 말소리도, 病도, 아무것도 없었습니다.

(「만주에서」, 인문평론,1941. 2)

'너무나 많은 하늘'이란 수평선조차 찾을 수 없는 무한광변의 그것이 아닐 수 없다. 그 무한 위에 시인은 서 있다. 그 적막감이, 그 고독이 어떠했으리라는 것은 '아무것도 없었다'는 결말 부분에 이미 표명되어 있다. '종'이 아니라 '북'이다. '종'에 대해 우리는 이미 「행진곡」에서 그 깊은 아우라를 말한 바 있는데, 확장되고 전염되어가는 소리의 공간성과 확장성과 되돌아옴에 대해 말했다. 종소리는 되돌아오는 것이니 그것은 구원과 동경의 소리이다. 그런데 이 시에서는 어디인들 달려가도 사람 하나 없는, '홍포'의 깃처럼 나부끼는 적막과 고독만이 만주벌판을 가득 채우고 있다. '북' 그것마저 이미 사치다. 종소리에 실어 '목아지여, 목아지여, 목아지여' 부르던 이름은, 이 마지막 이름은 만주벌판에서는 없다. '마지막 불을 이름이 사실은 없다'는 이 사실만이 실재한다. 이를 마주한 '너와 나'의 웃음이 얼마나 공허하고 얼마나 허허로운 것일지는 충분히 짐작할 수 있다.

절멸만이 만주에 있었다. 북소리마저 침묵이 되는, 바로 블랙홀처럼 모든 소리를 빨아들이는 적멸 앞에 서정주는 서 있었다. 만주벌판은 모든 것을 무로 되돌려 놓았다. 이 철저한 고독이 '아무껏도 없는' 만주시절의 서정주를 표상한다. 관능성(복숭아꽃 내음새)도, 관계성도(말소리도), 개인의 고독(병)도 무로 되돌리는 그런 극단의 환경이 서정주 앞에 놓여 있었던 것이다. 시인의 말 가운데 이 극단의 현실감이 불쑥불쑥 튀어 올라왔다. '―사실은 없었습니다'의 '사실은', '바로 말하면 하르삔市와같은

—'에서의 '바로', 이 같은 말들은 산문가의 말이지 시인의 말은 아니다. 그러나 그것들은 사족이거나 첨언이 아니라 시인이 맞닥뜨린 현실의 리얼리티 바로 그것에 대한 시인의 종교적 방언(方言), 무의식적 주문(呪文)이었다. 서정주는 절멸의 상황을 샤먼의 주문처럼 그렇게 내뱉고 있었다. 서정주가 만주를 찾은 동기란 바로 이것 때문이 아니었을까. 침묵과 절멸.

능금같이 익어간 시간들

일제말기 서정주는 극한의 위험지대에서 그의 모반의식을 달구면서 청춘의 시간들을 견뎠다. 만주에서 조선으로 복귀하는 시점에서 그에게 무슨 일이 일어났던가. 호흡은 여유를 되찾았고, 그는 질주하는 것이 아니라 이제 '걸어가보자'고 썼다. 걸어가면서 서정주는 하늘을 본다. 생명력을 분출할 수 없어 절규하던 그의 들끓던 피는 이제 '하늘'에서 능금처럼 아름답게 익어갔다.

> 바람뿐이드라. 밤허고 서리하고 나혼자뿐이드라.
> 거러가자, 거러가보자, 좋게 푸른 하늘속에 내피는 익는가. 능금같이 익는가. 능금같이 익어서는 떨어지는가.
> 오 - 그 아름다운 날은…. 내일인가. 모렌가. 내명년인가.
> (「斷片」, 화사집, 1941)

서정주의 '능금같이 익어간 그 시간들은 더 이상 지속되지 않았다. 서정주가 조선으로 복귀하면서 그에게는 '안'의 위기가 아니라 '밖'의 위기가 닥쳤다. 그는 '문장보국, 문필보국'의 길로 직설적으로 달려간다. 코스츔과 구역이 나는 그 길. 그것은 요설과 선언과 포고문으로 가득 찬다.

'세계 상징'의 언어는 더 이상 그의 것이 아니었다.

서정주에게 주어진 것은 낯익은 수사들과 선언의 말들로 장식된 구호였다. 시는 생식력을 잃고 생명력을 소실했으며, 상징성을 포기한 댓가는 '문필보국'의 함정으로 아슬아슬하게 그를 몰아갔다. 시가 상징성을 잃는 순간 시는 언어를 잃고 양식으로서의 가치를 잃는다. 시는 산문과 담론에 가까이 간다. 시와 담론의 경계에서 그의 언어는 자연스럽고 손쉽게 문필보국 · 문장보국의 임무를 수용하게 된다. 시의 말과 세속의 말 사이에 끼어있던 시인이, 역사의 정면에서 등을 돌리고 뒤돌아앉아 신과 인간 사이에서 어릿광대 놀이하던 시인이, 그 어릿광대 놀이를 멈추고 역사의 전면에 나서야 하는 시기가 도래한 것이다. 건강하고 명랑한, 대낮의 얼굴을 서정주는 드러내지 않을 수 없었다.

「航空日에」(국민문학, 1943.10), 「獻詩」(매일신보, 1943.11.16), 「無題 — 사이판 섬에서 전원 전사한 영령을 맞이하며」(국민문학, 1944.8), 「송정오장송가」(매일신보, 1944.12.9) 등의 시들은 경박하며 직설적이다. 광란도 질주도 탕란도 없다. 죄의식도 구원의식도 존재하지 않는다. '천황'이 살아있으니 그 어떤 부채의식이 있을 수 있겠는가. 일본이 지배하는 백년의 시간이 예정돼 있으니 묵시가 예정될 이유도 필요도 없다. 「항공일에」에 대해 서정주 스스로는 '옥쇄부대의 최후의 비행과 종말의 정신'에 대해 쓰고 싶었노라고 말하지만, '종말의 정신'은 어둠 가운데 비극의 정신 가운데 타오르는 법이고, 시양식은 인간의 삶과 역사를 거스르면서 인간의 시간과 질서에 저항하는 법이니, 단순하고 직설적인 시의 말에 어떤 숭고와 장엄이 숨어있겠는가. 일찍 천재시인으로 세상에 나왔고, 모든 비평가들이 그의 시뻘겋게 달아오른 '웅계'와 같은 날카롭고 아슬아슬하게 날서 있는 그의 언어에 매료당했다는 데 서정주의 '원죄'의 근원이 있다.[66] 그러니 그의 '친일'은 시의 운명이 인간의 질서에 속해있지 않음을 증거한다.

'상징'은 말의 '의미' 너머에 언어가 살 수 있도록 한 최소한의 영토였고, '문필보국'의 현실의 시간 저 너머에 존재하는 언어의 집이자 실존의 집이었다. 일제시대 상징의 언어가 스스로 빛나는 대목이 바로 이것이다. 말은 세상에 나오는 순간, 자신의 힘으로 자신의 운명을 개척해간다. 직설적 언어와 산문 및 담론의 언어는, 상대적으로, 그렇지 않다. '신들의 황혼'에 인간이 구원되고 시대의 황혼에 시가 구원된다. 몰락하는 인간을 대신해 시는 먼 미래의 시간을 말한다. 황혼기에 시인의 목소리가 그토록 절창인 것은 그리고 그 시가 그토록 아름답게 빛나는 이유를 이것 외에는 달리 설명할 길이 많지 않다.

---

66 서정주, 「창피한 이야기들」, 『전집 7』, 154-155면.

윤곤강; '황혼'의 풍경화와 '별떼'의 축제

캄캄한 길

윤곤강은 지상에서도 하늘에서도 빛을 찾지 못했고 등불이 있어도 길을 찾지 못했다. 지상의 등불은 도깨비불처럼 어지러웠고 하늘의 별빛도 달빛도 빛을 품지는 않았다. 그는 "나의 넋이 밟고 갈 길은 하나도 보이지 않는다"(「우러러 바뜰 나의 하늘」, 인문평론, 1940.11)라고 썼다. 그러니 "나는 모른다 캄캄한 나의 앞길에"라는 독백이 가능한 것이다. 단지 "달려야 한다"(「밤차」, 문장, 1941.3)의 당위만 있을 뿐이다. 흥미롭게도 윤곤강은 이 두 시에 시와 시인의 말(촌평)을 구분해 두었다. 「밤차」에서는 "―누가 좋와서만 가고 온다드냐?/ ―대체 그게 모두 어쨌단 말인가"라고 행의 서두 부분을 들여쓰기 하면서 줄표(―)를 표식해 두었고, 「우러러 바뜰 하늘」에서는 "(어머니! 우러러 바뜰 나의 하눌은 없습니까?)"라고 시의 말미에 괄호를 쳐두고 설명조의 질문을 붙였다.

시인은 할 말이 있었던 것이다. 그것도 많았던 것이다. 무엇인가 절실했기 때문이다. 이 진술의 말들은 시가 아니다. 시 앞부분에 있었던 모든 시적 이미지와 정서는 단절돼 버리고 리듬의 신호는 여기서 길을 잃는다. 시의 리듬은 더 이상 행진하지 않는다. 그가 정작 하고 싶은 말은 시의 '밖'에 있었던 것이다. 시인은 '고통없는 하늘, 우러러 받들 하늘'을 꿈꾸었지만, 그것이 시(서정시)의 '안'에서는 다 말해지지 않는다고 느꼈을지 모른다.

윤곤강은 1930년대 후반기에 네 권의 시집을 내놓았다. 『大地』(1937.4), 『輓歌』,(1938. 6), 『동물시집』(1939.7) 그리고 『氷華』(1940.8)다. 1937-40년 사이에 이 네 시집을 펴냈으니 그의 시력의 속도를 예견할 수 있다. '자기의 명확한 한 언어를 가지지 못한 시인, 양적으로 많은 작품을 발표한 신인, 단시 · 장시 등 여러 시형식을 실험한 시인'이라는 평가가 윤곤강의 이름 뒤를 따라다녔다.[67] '기성시인'처럼 돼 버린 그의 시력에도 불구하고 '신진시인군'에 그가 속할 수 있었던 것은 그 시들이 지향하는 어떤 '풍경' 때문이었다.

> 땅밑에서 솟아난 어둠이
> 뭉치고 뭉치어
> 가시처럼 뻗친 찬 정기
> 푸른 별떼를 불러오고
>
> 마음 절로 미처
> 발길 가벼히 들에 나리면,
>
> 빛은 말도없이 어둠과 손잡고
> 밤의숨결 이슬되어 귀에 젖다
>
> 숲기슭에 번지는 도깨비불처럼
> 호올로 어둠속에 서글피 웃는 밤.
> (「夜景」, 인문평론, 1939.11)

어둠에 매혹되어 밤길을 나서는 시인의 심정이 차고 날카롭게 빛나는데, 그것은 땅을 치고 올라온 어둠의 정기가 저 하늘에까지 닿은 탓이다. 어둠은 언제나 빛과 손잡고 이슬은 밤의 숨결이 되어 시인의 귀에 내려

67 김종한, 「詩壇時評」, 〈문장〉, 1941.1.

앉으니, 그것은 어눔의 밀이지 빛의 맏이기도 하다. 그 풍경은 쓸쓸하고 적막하며 황홀하고 또 날카로운 것이다. 깊이 뭉친 어둠만이 빛과 부드럽게 손잡을 수 있다는 듯이, 그 밤의 언어만이 시인의 귓가에 맴도는 노래가 될 수 있다는 듯이, 시인은 어둠의 혼을 저 푸른 별떼와 손잡게 한다. 비관도, 감상도, 눈물도 없이 말이다. 그런데 흥미로운 것은 이 시의 제목을 제외하고는 한자로 표기된 단어가 없고, 한자어도 오직 '정기'뿐인데 그것마저 한글로 표기되어 있다는 점이다. 이는 표기의 효율성이나 이념적인 문제이기보다는 한글 구어시의 정착과정에 깊이 연관되어 있다.

같은 잡지에 실린 「待夜抄」(인문평론, 1940.3)가 사념과 관념에 치우쳐있고 그 관념성(주제)을 한문어 문장의 진술적 표현으로 대체하면서 한자 표기가 중심이 된 것과 비교하면 이 문제는 보다 명료하게 설명될 수 있다. 상징성과 이미지성을 살린 시들은 대체로 시의 완성도(詩性)가 높고 그 시들의 문장은 대체로 한자어보다는 순수 고유어휘로 이루어진 것이 많다. 그러니 한자어휘마저 한자로 표기하기보다는 한글로 표기하는 경향이 있다. 신진시인들의 시에 한자어가 점차 사라지는 것은 우리말 구어체 문장이 보다 미학적 완결성을 띠는 것과 관련이 있는데, 이미지즘적이고 묘사적인 시가 자리를 잡는 것과도 이는 무관하지 않다.

> 한낮의 꿈이 꺼질때 바람과 황혼은
> 길 저쪽에서 소리없이 오는것이었다
>
> 목화꽃 히게 히게 핀 밭고랑에서
> 삽사리는 종이쪽처럼 암닭을 쫓고있었다

숲이 얄궂게 손을 저어 저녁을 뿌리면
가느디 가는 모기우름이 오양간 쪽에서 들리는것이었다

하늘에는 별떼가 은빛 우슴을 얽어놓고
은하는 북으로 북으로 기울어지는것이었다
詩集『氷華』에서
(「마을」, 조광, 1940.7)

「마을」뿐 아니라 비슷한 시기(1940.8) 〈조광〉에 발표된[68] 「海嘯音」, 「茶房」 등은 대체로 한글 문장, 한글 표기가 두드러진 시인데, 윤곤강 시에서 한글표기가 두드러진 것과 윤곤강의 '言文의 記述'에 대한 고심은 평행적인 것이다. 윤곤강은 누구보다 자유시 양식 문제, 조선어구어체 시의 음악성 문제, 聲調 문제, 우리말 용어문제 등에 관심을 기울였다.[69]

안서는 윤곤강의 「마을」에 대해 '한폭의 풍경화다. 실감 그대로의 淳朴을 담아놓은 것'이라 평가한다. 그러니까 안서에게 음조미를 자연스럽게 살린 문자의 선택은 실감과 아름다운 시상을 위한 것이다. '가장 쉬운 말로 가장 아름답게 표현된 시'에서 '쉬운 말'은 구어체를, '아름답게 표현된' 은 자연스러운 음조미를 살린 표현이라는 문맥적 의미가 있다. 이것이 우리말 시가의 구어체적 음률의 개척(실현)임은 말할 것도 없다. 명료하게 이미지가 떠오르고 그 이미지가 단숨에 그림처럼 읽히는 것이 우리말 구어체 문장이다. 1930년대 이미지즘의 완숙도와 우리말 구어체 문장의 음악적 효과는 거의 동시에 달성된다. 신진시인들의 문자(말, 어휘)의

68 '詩稿集『氷華抄』에서'라는 주석이 붙어있다.
69 「技巧」, 「丙子詩壇의 回顧와 展望」, 「感情을 感情하는 사람」, 「聲調論」, 「詩精神의 低徊」, 「創造의 動機와 表現」 등 대부분의 산문들에 걸쳐있다.

감수성과 음악적 감각이 고도화된 데 따른 것이다. 인시의 詩歌作法이란 '문자'를 고도로 상징화하고 음악화하는 노래의 작법이니, 조선말의 음조미에 그토록 그가 민감했던 이유도 여기에 있었다.

그러니까 일제말기 신진시인들이 시의 한글문체, 한글 표기에 관심을 기울였던 것은 일제말기 '민족어'로 등치된 언어의식의 발로였을 것인데, 시인들은 그 연장선상에서 외래어나 외래적 사고에 대한 반성적 자각을 보여주기도 한다.[70] 하지만 보다 본질적으로는 한글 구어체 시(노래)의 계승에 대한 인식론적인 시각과 이는 무관하지 않은데, 구태(舊態)한 것으로 여겨졌던 시조 장르를 조운이 부활시킨 것에 대해 적극적으로 평가할 수 있었던 것[71]도 조운의 시조가 그 이전 시조와는 다른 '산말'로 우리말의 새로운 음악적 가치를 발견한 데 따른 것이다.

윤곤강은 '자유시의 반성'으로부터 '노래체(운문체)' 시의 계승 문제를 천착한다.

> 우리가 자유시라고 불러온 시란 실상 시인의 한낱 감흥의 문자화 기술화에 불과한 것으로 그것은 베일을 쓰고 운문과 산문의 중간을 蟹처럼 橫步한 것이 別名일지 모른다. 그것은 물론 뒷날 소위 「산문시」라는 것의 자극을 받아 여러 가지 모습으로 변모하였고 그에 따라 시인도 확연히 운문세계를 청산한 것처럼 행세하여왔다. 그러나 시로부터 운문의 청산을 문자그대로 「청산」하여버린 사람들은 마침내 산문의 유혹에 빠지고 말게 되었다. 다시말하면 그들은 「운문」의 청산이라는 것을 아무런 새로운 반성과 자각 내지 발견도 없이 내어버리고 만 것이다. 거기에는 색다른 것의 발견과 탐구와 획득이 미처 있을 수 없

70 윤곤강, 「문학과 언어」, 『전집 2 산문』, 334면, 175- 176면,
71 윤곤강, 「創造의 動機와 表現」, 『전집 2』, 182면,

> 었다. 단여 그들에게는 부지불식간에 그들을 압도하게 된 「산문의 위력」과 「굴종」이 있을 뿐이었다.[72]

'자유시'로 포괄되는 이념시 · 사상시 · 주지시(主知詩)의 부정이 이 문맥에 존재하지 않는다고 볼 수는 없다. 익숙하게 논의되어 왔던 관점, 이념상 · 경향상의 문제, 리얼리즘의 문제로 이 글이 환원될 가능성이 있으므로 시사상(詩史上)의 '문체론'이라는 프리즘으로 이 문제를 들여다보기로 한다.

윤곤강은 시의 회복을 주문한다. '자유시'라고 불리워 온 '산문'과 다름없는 시양식을 그는 시의 산문에 대한 '굴종'이라 비판한다. 시도 아니고 산문도 아닌 '산문과 운문' 중간의 '게걸음'같은 시의 橫步를 중단할 것을 요구한다. '노래(운문)'를 청산하고 보니 우리시는 '자유시'라는 미명 아래 시도 아니고 산문도 아닌 어중간한 언어로 게걸음을 횡보하고 있었다는 것이다. 윤곤강은 우리시의 노래(운문)를 찾아야 한다고 주장한다. 이 문제는 근대초기부터 제기돼 온 자유시 양식의 무분별한 답습에 대한 비판과 맥을 잇고 있다. 윤곤강의 시는 바로 이 지점에 놓여있다.

시를 산문으로부터 분리하면서 시의 시성(詩性)을 절대화할 수 있는 표지는 시가 '음악'을 지향할 때, 그러니까 시의 문장이 '음악적 문장'일 때이다. 윤곤강은 '언어가 음악적인 문장일 때, 다시 말하면 언어에 참된 율동과 선율이 있는 문장에는 의미에도 또한 반드시 거기에 심원한 멋이 숨어있는 것이다'라는 카알라일의 문장을 인용하고 내용과 형식의 참된 融和點에서만 훌륭한 예술이 生誕될 수 있다는 뜻이 카일라일의 문장에 숨어

72 윤곤강, 「聲調론」, 『전집 2』, 79면.

있다고 고쳐쓴다.[73] 윤곤강은, 시란 '감정의 문자화'가 아니라 '감정을 감정하는 것'[74]이니 '언어 이전의 활자 나열'[75]에 그친 '감정나열'은 곧 '활자작난'에 불과하다고 쓴다. 감정을 직접 진술하는 것이 시가 아니고 보다 고도한 방법으로 감정을 조직하는 것이 시라는 뜻이다. '소박한 허상구를 생긴 그대로 질서없이 나열하는 자유시의 아류'보다[76]는 '고도화된 문자형태'의 시[77]를 강조한다. 「마을」이 단순한 이미지즘적인 시의 모범형으로서가 아니라 우리말 구어체의 음악을 살린 시형으로 평가되어야 하는 이유를 윤곤강의 시양식과 그것에 적합한 시적 문장에 대한 진술에서 확인하게 된다.

윤곤강은 스스로, 권환 등의 '뼈다귀시로부터 탈출하는 계기'를 마련하고 양식과 시인의 主觀 사이의 시야를 넓히고 있다. 윤곤강 시의 '낭만적인 경향'이 감정의 회고적 낭만화에 편향되거나 추상적이고 비적극적인 영역으로 시적 '현실'을 이동시킴으로써 '비관적 낭만주의'로 몰입될 가능성도 있지만 그것은 '시가 상의 현상이 급변하고 있는 사회적 압력의 일반영'에서 온 것이지 윤곤강 시의 본질적인 측면은 아니었다.[78]

실제 윤곤강의 시에 대한 평가는 그렇게 관용적인 것은 아니었다. 『만가(輓歌)』(1938.6)를 '지나간 혹은 지나가는 시대와 함께 소멸되는 자기에의 송장'이라 언급한 것은 임화이다. '자기에의 죽음을 애도하는 장송곡'이라는 것이다. 오장환이 신문·잡지의 폐간을 즈음해 쓴 시들이 '장송곡'이자 '만가'인 것은 현실을 보는 시인들의 사고가 '만가'에 내재되어 있

73 윤곤강, 「技巧」, 『전집 2』, 171면.
74 윤곤강, 「감정을 감정하는 사람」, 『전집 2』, 322면.
75 윤곤강, 「技巧」, 『전집 2』, 171면.
76 윤곤강, 「丙子詩壇의 回顧와 展望」, 『전집 2』, 303- 304면.
77 윤곤강, 「聲調론」, 『전집 2』, 80면.
78 임화, 「진보적 시가의 작금」, 〈풍림〉, 1937.1.

음을 뜻하는데, 임화는 일단 윤곤강의 『만가』의 시들이 추상적이면서 또 비현대적이라 비판한다.

> 『만가』에선 위선 題名이 말하듯 지나간 시대에의 혹은 그 시대와 함께 지나가려는 자기에의 송장의 곡이었고 나아가서는 새시대라는 것도 드디어는 물러가리라는 암시를 통하여 작자는 역사라는 것을 통하여 현실을 보는 듯한 사고의 흔적이 있었다. 그러나 이러한 견지가 추상적이라는, 비현대적이라는 것은 우리의 공통으로 느낀 것이며 따라서 현대에서 무엇인가를 발견하는 것이 생사의 과제가 되었을 때 작자를 구한 것은 『동물시집』(1939.7)을 통해서 볼 수 있는 아이러니와 패러독스였다. ―중략― 현대와의 아이러니컬한 교섭은 시를 추상성이나 비현대성으로부터 구하는 최선의 길은 아닐지라도 가능한 최량의 노선의 하나가 되기에 충분하였다.[79]

임화의 '과거와 현대의 교섭'이라는 문제는 '역사라는 것을 통해 현실을 보'고자 하는 의욕을 뜻하는데, 『만가』가 암시하는 '역사의 종언'과 '자기부정'은 추상적인 것이기는 하지만 일종의 '시대정신'으로 이해된다. 『만가』가 가진 시대정신의 추상성과 비현실성을 넘어 선 것이 『동물시집』(1939.7)이라는 것이다. '아이러니와 패러독스'는 생사의 극단에 선 자의 언어이며 윤곤강은 『동물시집』에서 '현대와의 아이러니컬한 교섭'을 통해 시를 추상성과 비현대성으로부터 구해낸다. 패러독스와 아이러니를 통해 현대와 현실의 심부를 내려다볼 수 있으며 그것으로부터 시인은 자기의 고유한 세계를 향유할 수 있다.

---

79 임화, 「시단은 이동한다」, 〈매일신보〉, 1940.12.9-12.16., 인용은, 『전집 2 평론(2)』, 271-272면.

극한적인 생사의 전선에 아슬하게 발디디고 서 있어야 하므로 시인에게는 엄격하고 긴장된 정신이 요구된다. 『빙화』(1940.8)에 이르러 윤곤강의 시 세계는 이미지즘의 요소 곧 풍경화풍으로 변한다. 윤곤강의 '풍경시'가 고독과 애수에 젖은 시인의 마음을 그린 '감상시편'은 아닌데, 거기에는 '현실의 풍경들'이 놓여있기 때문이다.

윤곤강의 「언덕」은 다소 계몽적인 차원에 있고 '언덕'을 '늙은 어머니의 어깨'에 비유하는 정도의 일차원적인 수사가 없지 않다.

> 언덕은 늙은 어머니의 어깨와 같다
>
> 마음이 이토록 외로워 언덕에 서면
> 가슴을 치는 슬픈 소리가 들렸다
>
> 언덕에선 넓은 들이 보였다
>
> 먹구렝이처럼 다라나는 기차는
> 나의 시름을 실고 가버리는것이었다
> 언덕엔 푸른 풀 한포기도 없었다
>
> 들을 보면서 나는 날마다 날마다
> 가까워오는 봄의 화상을 찾고있었다
> (「언덕」, 인문평론, 1940.6)

앞의 세 행을 지적하면서 석경은 '이 석줄 속에 생활이 노래되어 있고 그것은 어머니의 잔등과 마을의 언덕이 우리에게 그립기 때문'이라고 썼다.[80] 이육사는 「언덕」은 애송하고 저운(싶은) 시[81]라 평가하기도 한다. '언덕'의 이미지에서 어머니의 어깨를 느끼는 것은 그렇게 난해한 사고의 과정이나 공감의 시간을 필요로 하지 않는다.

핵심적인 것은 다른 데 있다. 그 언덕이 외로움도 시름도 달래줄 수 없는 불모의 모성인 것이 핵심이다. '푸른 풀 한포기 자라나지 않는' 그런 언덕이, 그런 모성이, 그런 늙은 어머니의 언덕이 '생활'인 것이 문제일 뿐이다. 임화는 '우리에게 있어 괴롭고 슬픈 기록이나 시대에 있어서는 뒷날에 우리로 하여금 그리 명예롭지 못하게 되는 정서가 아닌가' 하고 이런 '슬픔과 애수'에 가득 찬 시인의 자세에 의문표를 달아두었다. '슬픔'에 구속당하고 '어둠'에 눈가리고 어둠 속에서 어떤 소리도 들을 수 없는 그런 '부정의 시간'들을 임화는 '명예롭지 못한 것'이라 칭했다. 환각으로만 찾을 수 있는 '봄의 화상'이기에 '봄'의 진심을 쉽게 찾을 수 없다는 것이 문제라는 것이다. 임화의 윤곤강에 대한 평가는 다소 소극적이다. 게다가 한자를 사용하지 않는 윤곤강의 면모는 보다 적극적으로 평가해야 한다. '화상'은 '花像' 혹은 '畵像'이라 한자어로 표기되어야 하는데 그렇게 하지 않았다는 것은 흥미로운 문제로 보인다.

「분수」, 「MEMORIE」(「황혼」, 「湖水」, 「마을」) 등이 보여주는 '풍경'에서 '화상'의 실재를 확인할 수 있다. 이 시편들은 단지 애수와 고독의 감상을 그리지는 않았다. 임화는 '회백색의 고요한 풍경화' 속에서 현대의 가장 아름다운 '퇴폐'에 속하는 서정을 본다. '퇴폐'의 현대성에 대해 임화는 말하고 있는 것이다.

---

80 석경, 「6월시단평」, 〈인문평론〉, 1940.7.

81 이육사, 「신간평-윤곤강 시집 빙하 기타」, 〈인문평론〉, 1940.11.

풍경시의 생명력

「MEMORIE」는 세 편의 작은 시들로 구성된 시다.

> 1.황혼
> 구름은 감자밭 고랑에
> 그림자를 놓고가는 것이었다
> 까마귀는 숲넘어로
> 울며 울며 잠기는것이었다
> 마슬은 노을빛을 덮고
> 저녁자리에 눕는 것이었다
>
> 나는 슬픈 생각에 젖어
> 어둠이 무든 풀섶을 지나는 것이었다.
>
> 2 湖水(생략)
>
> 3.마을
> 한낮의 꿈이 꺼질 때 바람과 황혼은
> 길 저쪽에서 소리없이 오는 것이었다
> 목화꽃 희게 희게 핀 밭고랑에서
> 삽사리는 종이쪽처럼 암탉을 쫓는 것이었다
> 숲이 얄궂게 손을 저어 저녁을 뿌리면
> 가늘 디 가는 모기울음이 오양간 쪽에서 들리는 것이었다
> 하늘에는 별떼가 온빛 온빛
> 웃음을 얽어놓고
> 은하는 북으로 북으로 기울어지는 것이었다

(「Memorie」, 시집 『氷華』, 조광(1940.7)에는 「2.호수」까지만 실림)

'1.황혼'은 황혼녘에 대한 시간적 정의에 가깝다면, '3. 마을'은 '황혼' 그 자체의 본질적 성격을 언급한 것이다. '1. 황혼'에서 시인은 황혼의 풍경을 회상함으로써 그것에 대한 정의를 내리고 싶었던 것처럼 보이는데, '方法의 固定化, 槪念의 文句化'[82]에 대한 그의 관심이 드러나는 시편이기도 하다. 황혼의 '기억'이란 모든 것들이 그림자를 내리며 대지로 내려앉는 '침전'의 시간에 대한 기억이다. 구름과 가마귀와 마을과 나가 차례차례로 대지에 눕는다. 시선의 조망이 점차 땅 아래로 깔리는 어둠과 함께 대지로 내려앉는 것이 문제적이다. 구름은 그림자를 놓고 잠기고 가마귀는 숲 너머로 잠기고 마을은 노을에 잠기고 나는 어둠에 잠긴다. 그 이미지들의 진전은 너무나 황홀하지만 그 풍경들이 실제로는 형체도 없이 사라져버린 탓에 마치 찰나의 환각처럼 느껴진다.

어둠 속에서 시인은 단지 슬픈 생각에 젖어있다. 다가올 어둠에 대해 생각할 시간이 시인에게 필요했는지 모른다. 그러한 생각의 당위성을 스스로에게 확인하고 그것의 긴박감을 말하기 위해 시인은 '것이었다'를 반복했을 것이다. 마치 확언이라도 하듯이 말이다. '것이었다'를 연발하면서 시와 자신과의 일정한 거리를 유지하고 생각하는 여유를 가지고 읊어본 것'[83]이라는 이육사의 평가가 도움을 준다.

'2.분수'의 시간을 거쳐 어둠은 서서히 마을로 내려온다. '3.마을'을 주목해 본다. 시인은 '황혼'을 한낮의 꿈이 꺼질 때 '길 저쪽에서 소리없이 오는 것'이라고 정의하고 있다. '1'의 '황혼'을 대하는 시인의 감상적이면

82 윤곤강, 「시와 고전」, 〈맥〉, 1938.12.

83 이육사, 「신간평-윤곤강 시집 『빙하』 기타」, 〈인문평론〉, 1940.11.

서도 '낮은' 자세가 '3'에 이르러서는 역전된다. 무엇인가 생동적이고 비약적인 꿈틀거림이 암탉을 쫓는 삽사리와 모기울음 우는 외양간 풍경과 은빛 웃음을 얽어내는 별떼의 자리바꿈에서 느껴진다. 이 시편들이 김광균의 풍경시들과 유사한 대목이 없지 않다는 점에서 '풍경시'로 평가할 수도 있을 것이다. 석경은 '초콜레잍이트 상자에서 볼만한 그림'이라 평가했다. 바람만 불어도 날라가고 비만 와도 뭉개질 위태로움을 가진 것이며 그래서 그 풍경이 장엄 · 雄深한 맛이 없이 사치하고 맵시만 바르려해서 탈'이라는 것이다.[84] 어쩐지 임화의 평가와는 어긋나 있는데, '황혼녘'에 흥청거리는 마을의 풍경들에서 생명의 힘을 간취하는 예리한 시선이 결핍된 탓에 나온 평가가 아닐까.

윤곤강의 풍경시는 궁극적으로 생동감과 생명력을 가진 것이다. '황혼'이 몰고오는 '어둠'은 땅밑에서 치솟아 올라 가시처럼 뻗친 정기로 별떼를 불러모은다. '푸른 별떼'의 힘과 역동성은 데카당의 아름다움을 뛰어넘는다. '어둠'은 절망적인 삶과 그것의 몰락을 뜻하지 않는다. 비극은 어둠 속에서 싹트며 비극적 사유를 통해 미래의 시간은 견인된다. '별떼'는 그 집단적이고 군집적인 힘과 생명력을 가진 영혼의 상태를 뜻한다. 정지용이 「백록담」에서 보여준 '별떼'가 화문(花紋)이 되는 그 축제의 황홀경과 다르지 않은데 따라서 '별'이 소녀취향의 '낭만'과 '감상'의 소재일 수 없는 이유가 이것이다.

> 땅밑에서 솟아나 어둠이
> 뭉치고 뭉치어 밤이 된다

84 석경, 「시의 목적-7월 시단평」, 〈인문평론〉, 1940.8.

가시처럼 뻗친 찬 정기
푸른 별떼를 불러오고

마음 절로 미처
밤길 가벼히 들에 나리면

빛은 말도없이 어둠과 손잡고
밤의 숨결 아슬되어 귀에 젖다
숲기슭에 번지는 도깨비불처럼
호올로 어둠속에 서글피 웃는 밤
(「夜景」, 『氷華』, 1940.8)

땅 밑에서 솟아난 어둠은 힘과 생명력을 가지고 있다. 이것이 바로 '밤'이며 '어둠'이다. 그러니 어둠은 솟아나 저 은하수의 별무리를 불러 모을 수 있다. '가시처럼 뻗친 정기'에서 역동성과 생명력이 느껴진다. 하늘과 대지가 어떻게 이어져있는지, '어둠'은 생명의 은하수를 어떻게 가꾸는지를 이만큼 날카롭게 드러낸 시도 흔하지 않다. 그러니 마음은 광란으로 분출될 수밖에 없는 것 아닌가. 시인이 '미친' 것과 발걸음이 '가벼운' 것은 동시적이다. '경쾌한 황홀'이 어둠에서 떠오른다. '미처' '밤길 가벼히' 들에 나서는 것이다. 대지가 하늘에 이어지고 어둠이 별을 불러 모으듯, 빛은 말도 없이 어둠과 손잡고 있다. 어둠은 그렇게 빛과 조우하는 것이다. 어둠을 불러모으는 '황혼'이 고독과 애수로 낭비될 수 없고 그러니 슬픔에 젖어 방황하는 영혼은 황혼 속에서 다시 빛을 기다리는 것이다.

임화는 윤곤강이 '시인의 생사의 과제'로 놓인 어떤 문제를 천착하고자 했다고 보고 이것이 『대지』로부터 『만가』와 『동물시집』을 거쳐 『빙하』에 이르는 시인의 일관된 문제의식이라 해석했다. 윤곤강의 문제의식은 식물적인 것으로부터 동물적인 것에, 대지적인 것으로부터 천상적인 것에, 정적인 것으로부터 동적인 것에 이르기까지 어떤 생명력의 교환과 전이를 통해 진전되고 성숙한다. 임화는 「별과 새에게」를 시집 『빙화』의 압권이며 '우리의 시대가 남기는 시 가운데 으뜸'이라 평가한다. '동물시집이후 장족의 발전'[85]을 이루었다는 평가는, 1940년 전후 신진시인 윤곤강의 위치와 무관하지 않다.

> 만약 내가 속절없이 죽어
> 어느 고요한 풀섶에 묻히면
>
> 말하지 못한 나의 기쁜 이야기는
> 숲에 사는 작은 새가 노래해 주고
>
> 밤이면 눈물어린 금빛 눈동자 별떼가
> 지니고 간 나의 슬픈 이야기를 말해주리라
>
> 그것을 나의 벗과 원수는
> 어느 작은 산모롱이에서 들으리라
>
> 한 개 별의 넋을 받어 태어난 몸이니
> 나는 울지 마라 슬피 울지 마라
> 나의 명이 다―하여 내가 죽는 날 나는 별과 새에게 내 뜻을 싣고 가리라
> (「별과 새에게」, 『氷華』, 1940.8)

85 임학수, 「치욕의 1년」, 〈문장〉, 1940.12.

『대지』나 『만가』에서 보이던 감상성이 사라졌다. ‘『빙하』 가운데 압권이며 극진히 아름답고 고운 노래’라는 임화의 평가[86]는 이 시의 진경(眞境)을 뚫은 것이다. 이 시는 ‘묘비명’의 일종이다. 사자(死者)를 추억하는 후손을 위해서가 아니라 미래의 나의 주검을 위해 남겨둔 노래이다. 선언서이자 예언서인 것이다. ‘나’의 미래는 곧 죽음인데 시인이 이 시간을 끌어 당겨두었다. 그러니 모든 종지형은 미래형이거나 명령형이며 시인의 어조는 의지적이고 예언적이다. ‘노라체’가 쓰인 것이 우연이 아닌 것이다. ‘만가’는 ‘묵시의 노래’가 된다. 나는 ‘한개 별의 넋을 받아 태어난’ 고귀한 혈족이니 죽어서 다시 별과 새에게 돌아갈 존재이다. 운명적인 것이다. 그러니 울어서는 안 된다고 시인은 자신을 타이른다.

돌의 인고와 질주

임화는 시인의 이 고조된 목소리로부터 ‘자라나는 어린 정이 체험할 두려운 방황을 구원’하는 시대의 음성을 듣는다. 이 풍경화적인 소묘와 아름다운 정서를 ‘우리 시대의 시가 남겨놓아야 할 의무’라고 임화는 썼다.

윤곤강 시는 궁극적으로 절멸과 질주로 귀결되는 것처럼 보인다. ‘질주’의 끝에 ‘별’과 ‘돌’이 있다.

> 번개 발밑에서 해바래기처럼 빛나고
> 우레 허공에 화약처럼 터져나갈 때
> 물고기마냥 바위의 품안을 더듬어
> 맨 꼭대기 메뿌리우에 두발 세우니,

---

86 임화, 「시단은 이동한다」, 〈매일신보〉, 1940.12.9-12.16.

햇빛 산허리에본서 바람 빰에 친데
따의 숨소리 머ㅡㄹ어 들리지 안코,

메기 파먹고간 크고 적은 바윗그늘에
번개와 바람만 들어서 이야기한다

...와지끈, 뚝, 딱....
... 뚝, 딱, 와지끈...

비바람이 갉어먹은 바위의 병풍밑
눈아플듯 치솟은 늙은 잣나무가지다

산 그서슬에 이름모를 짐승되어
주린 사자처럼 소리치며 내어달리고,

두려움에 떠는 가슴 머리칼과함께
별이 떨어져 돌이되는 □□기로 달리다
(「돌산」, 동아일보, 1939.7.2)

마치 우주가 열리는 듯한 그날의 장엄함과 산 정상에 두 발로 선 자의 절명감과 숨소리 하나 들리지 않는 천지자연의 작막감이 반조하고 있다. 절정에 있는 것들은 제 생명에 못이겨 밖으로 터져나오는 법이다. 절멸하는 순간에 타오르는 생명의 불꽃처럼 말이다. 번개는 해바라기처럼 빛나고, 우레는 허공에 화약처럼 터진다. 시인은 땅의 숨소리 하나 들리지 않는 산 정상에 선다. 번개와 비바람만이 바위에 부딪히는 그런 절대적 고독을 뚫고 늙은 잣나무가 서 있다. 우리는 이 태초의 적막과 성스러움이 깃든 고독과 절멸의 광야를 이육사에게서 보았다. 어떤 생명도 숨쉬지 않는 산 위에 잣나무 가지 하나 서 있다니, 그것은 마치 초인처럼, 미래의 예지자처럼 세상을 굽어본다.

윤곤강의 '돌'은 '사자'였던 것이다. 식물적인 것이 동물적인 것으로 그것이 다시 광물적인 것으로, 이 모든 것이 '사자의 질주'에 귀결된다. 시인은 '주린 사자처럼 소리치며 내달린다'고 썼다. 그의 허기는 육신으로부터가 아니라 정신으로부터 왔다. 그러니 질주는 아마 별이 떨어지는 속도만큼이나 가속되었을 것이다. 주린 사자처럼 내어 달리는 그의 폭풍 같은 질주가 죽음에 대한 막연하나 절박한 두려움을 없애지는 못했을 것이다. '두려움에 떠는 가슴 머리칼'과 함께 달리는 시인의 질주는 어느새 '별의 돌'과 일체가 된다.

땅 밑에서 솟아나 하늘의 별떼를 불러모으던 정기는 한편으로는 잣나무 모양 달관의 자세로 세상을 관조하는 자세가 되었고, 다른 한편으로는 여전히 그 분출하는 힘을 제거하지 못한 데카당의 광분을 몰고 왔다. 그 맞부딛혀 서로 퉁겨 나오는 힘은 '돌이 된 별'의 정적 속에서 빛나고 있다. 눈부시게 빛나는 천상의 별이 땅에 떨어져 돌이 되었다. 이 찰나적인 순간에 별은 그 물성을 완전히 거둬가버린다. 오직 무연한 암흑, 거칠고 단단한 돌의 정적만이 질주의 후면을 장식한다. 순결하게 빛나던 은빛의 별떼와 생명력으로 펄럭이던 푸른 별떼의 그 찬연함과 장엄함과 성스러움이 돌의 거친 표면 속에 갇혔다. 그 단단한 표면을 뚫고 나오기 위해서는 극한의 인고와 정신력이 필요할지도 모른다.

> 밤길따라 옮기는 마음이
> 잔디우헤 팔개펴고 누우면

다만 나의 물소리뿐
자는 듯 고요한 하늘엔
먼빛 바람에 금밧 때별

별이 하나 소리업시 흘러
화살처럼 흘러 슬어젓다
검고기픈 어둠의 장막 속으로
나의 가슴에 피는 불꽃처럼
(「별이 흐르는 밤」, 매일신보, 1941.8.5)

'별떼'가 이제 황금의 신화 속 황금 밧줄처럼 시인의 마음속에서 흐르고 있다. 별무리에서 이탈한 별 하나가 화살처럼 흘러 사라진다. 그 별은 시인의 가슴속 불꽃이었다. 그러니까 돌처럼 굳은 별은 시인의 가슴 속에서 불로 타오른다. 땅의 어둠이 별이 되었다, 다시 그 별이 돌이 되었고 그것은 다시 가슴의 불꽃이 된다. 윤곤강은 어둠 속에서 별을 키웠다. 어둠은 별을 키워 꽃이 되게 한다. 한 알의 보리이싹을 가슴속에서 틔워내던 오장환의 영혼이 여기에 겹친다. 그러니 시인들의 어둠은 사라지지 않는다. 아니 그들에게 '어둠'이란 시대의 한낮을 대면하기 전의 시간, 생명을 품고 생명을 먹여살리면서 한 시대의 한낮을 기다리는, 결코 절멸되거나 사라질 수 없는 시대의 자궁이었던 것이다. '황혼'은 시대의 자궁을 여는 입구였던 것이다.

백석; '슬픔'의 질문에서 '침묵'의 성스러움까지

침묵의 힘

'침묵'은 '힘'을 표상한다. 그러나 그 '힘'의 표징은 담론의 그것과는 다르다. 신문 · 잡지의 '언론보국'의 논리와, 〈문장〉 · 〈인문평론〉의 권두언에서 내세운 '문장보국'의 논리와, 이 '침묵'의 '힘'은 질적인 차이가 있다. '담론의 논리'를 뚫고 나온 '침묵'의 논리는, 말 그대로, 시적인 것이며 실존적인 것이다. '침묵'은 죽음과 공포 가운데 우리의 삶이 가능한가? '지금 여기에서 어떤 신념이 영원한가' 라는 문제와 직결되어 있다.[87] '침묵'은 묵시록적 선택의 표지이며 그것을 이념화 하고 철학화 할 임무는 오직 시인에게 맡겨진다. 시인은 신의 언어의 번역자 내지 계시의 일꾼들, 조력자들, 곧 중간자들인 까닭이며, 삶을 근원과 생명으로 회귀시키는 존재이다.[88]

역사가 신비화 · 추상화되고 그러면서 순수한 질문 속으로 사라져갈 때 신적인 성스러움의 세계가 인간들 사이에 내려와 구체화된다. 성서나 원죄 없이 신에 도달할 수 없는 것처럼 우리의 비참함을 알지 못하고서는 구원에 도달할 수 없다. 스스로 비참함을 알지 못하고 신을 아는 사람들은 신이 아니라 자기를 찬양할 뿐이다. 바디우는 '신들의 황혼'에서야 비로소 인간은 비극적 심정으로 자신의 심연을 내려다 본다는 투로 썼다.[89]

백석이 이 중간자들을 '영감들'의 이미지로 그려 낸 것은 흥미롭게도 「석양」에서이다. '황혼의 무게'가 흥청거리는 장날의 영감들에게서 묻어

87 알랭 바디우, 『사도 바울』, 63면.
88 아감벤, 『세속화 예찬』, 49-52면.
89 알랭 바디우, 『사도 바울』, 96면.

나온다. 영감들의 이미지는 추하면서도 숭고하고 소란스러우면서도 침묵의 장엄을 느끼게 하는 무거움이 있다. 이때 역설과 아이러니는 서정의 가장 깊은 곳을 건드린다.

> 거리는 장날이다
> 장날 거리에 영감들이 지나간다
> 영감들은
> 말상을 하였다 범상을 하였다 쪽재피상을 하였다
> 개발코를 하였다 안장코를 하였다 질병코를 하였다
> 그 코에 모두 학실을 썼다
> 돌체돋보기다 대모체돋보기다 로이도돋보기다
> 영감들은 유리창 같은 눈을 번득거리며
> 투박한 북관(北關)말을 떠들어 대며
> 쇠리쇠리한 저녁 해 속에
> 사나운 짐승같이들 사라졌다
> (「夕陽」, 삼천리문학, 1938.4)

'장날'은 '혼돈의 뇌옥'처럼 우주가 열리는 그런 분위기를 띤다. 그 거리를 사나운 짐승과 같은 형상을 한 영감들이 통과해간다. 꿈 속의 세계처럼, 그로테스크한 영화의 한 장면처럼 통과해 나가는 그런 느릿한 움직임은 동적이면서도 정적이다. 무성영화 시네마코프의 느린 움직임은 얼마나 공포스럽고도 또 환상적인가. 기묘한 '영감'들의 세계는, 마치 카프카가 말하는 '중간인들의 세계', '괴물들이 움직이는 세계'와 다르지 않다. '유리창 같은 눈을 번득이며 북관말을 떠'드는 그들에게서 '힘'과 '의지'가 느껴진다. 그 낯선 표상과 이국적인 북관말은 그들이 이 세계의 존재가 아니라 저 세계의 존재들이며 그들이 이 세계를 잠깐 둘러보듯이 왔다가는 존재임을 증명하는 듯하다. 그들은 '쇠리쇠리한 저녁 해' 속에 사라진다. 이 '쇠리쇠리한 황혼' 속으로 사라지는 영감들에게서 '사나운 짐승'의 형상이 신비하게 겹쳐진다. '검은 도취'의 신비한 아름다움을 거느리고 영감들은 황혼 가운데 사라져 간다. 이 영감들의 이미지는 낯선데도 신비하다.

'황혼 속으로 사라지는 사나운 짐승들'은 '힘'과 '의지'를 표상한다. '짐승'들은 곱사등이, 난쟁이, 뒤틀린 삶의 기생물과 같은 존재들이다. 카프카의 어리숙하면서도 기이한 조수들이 바로 이 사나운 짐승들이다. 불완전한 것, 뒤틀린 것들은 우리들이 신국(神國)에 있지 않다는 것을 보증하는데 그들에게는 어떤 중요한 임무가 주어져 있다.[90] '석양(황혼녘)'의 쇠리쇠리한 기운으로 장날거리에 나타났다 사라져버리는 사나운 영감들이나 온순하고 순결한 '당나귀'는 동일하게 그 자체로 비극적 세계의 운명을 홀로 감당하는 존재들의 표상이다. 백석의 '짐승'들의 선한 의지는 침묵의 상황에 놓여있다. 그들은 침묵으로 말하고 침묵으로 비극적 세계의 운명을 감당한다.

슬픔을 담는 것

1940년을 전후로 백석의 선택은 그의 문학의 터전인 경성(서울)에도 그의 육친의 고향인 정주에도 있지 않았다. 그는 낯선 곳 함흥과 만주 지역을 떠돈다. 백석은 그곳에서 주로 이방인으로서 이방인적인 삶을 조명하는 시를 쓴다. 저 스스로 이방인으로서 이 낯선 공간들을 주유했기에 그에게 그 전까지 보이지 않던 세계, 깊숙한 혼의 세계가 목도되었을 것

---

90 알랭 바디우, 『사도 바울』, 49-52면.

이다. 조상들의 세계로부터 심혼의 목소리를 끌어올린 그는 이제 동양의 세계에 눈뜸으로써 어둠에 머물던 선한 생명들을 초혼할 수 있었다.

> 생각이 이 곳에 밋칠 때 우리는 놀나 두렵지 안을 수 잇슬까 우리는 동양과 서양을 가려본다. 그리고 서양보다 동양이 그 혼이 무겁고 깁픈 것을 예찬하고 이것에 심취한다. 동양은 무엇을 가졌는가. 동양에 무엇이 잇서서 그러하는가.[91]

'향토색'으로부터 '모더니즘'을 추출하는 백석에 대한 수많은 담론들이 무화되는 순간을 우리는 이 장면에서 확인한다. 뿌리로부터 치고 올라오는 백석의 무겁고 깊은 동양의 혼들을 이른바 '모더니즘의 담론'들이 담아낼 것 같지는 않다. 완두빛 더블 브레스트와 바람머리로 특징지워지는 백석의 면모는 백석을 모더니즘적인 인물임을 증거하는 데 바쳐져왔다. 댄디와 코스츔의 외양이 그의 '인간'은 아니고 더더욱 그의 시의 외면적인 특질이 될 수도 없다. 그것은 지나치게 스캔들적인 접근에 가깝다.

1940년 전후로 경성을 떠나 함흥으로 만주로 주유했던 백석은 '아득한 세월과 오랜 지혜'를 그의 시에 담아내었다. 백석은 '木具'를 들어 "구신과 사람과 목숨과 있는것과 없는것과 한줌흙과 한점살과 먼 녯조상과 먼 훗자손의 거룩한 아득한 슬픔을 담는것"이라 읊은 바 있다. 슬픔 가운데 시간은 무화되고 삶은 영속하며 세대는 되돌아와 또다시 되돌아 나가는 무한영겁회귀의 운명을 지속한다.

> 내손자의손자와 손자와 나와 할아버지와 할아버지의 할아버지와 할아버

91 백석, 「조선인과 요설」, 〈만선일보〉, 1940.5.25-26.

> 지의 할아버지의 할아버지와…… 水原白氏 定州白村의 힘세고 꿋꿋하나 어질고 정많은 호랑이 같은 곰 같은 소 같은 피의 비같은 밤같은 달같은 슬픔을 담는것 이슬픔을 담는 것
> (「木具」 부분, 문장, 1940.2)

그 숱한 영겁의 시간들을 말로 표현해낼 수는 없다. 말줄임표(…)에는 얼마나 많은 생이 돌고돌아 들어오고 또 나가고 있는가? 그 원환궤도 위에서 생은 신비하게도 모든 것들의, 모든 우주의 몸이 된다. 우주 만물의 모든 생명을 닮은 피를 가졌으니 그것은 강력하고 부드러우며 착하면서 또 힘센 것이다. 고향의 폐허 위에서 족보의 희미한 글자 아래서 백석은 '거룩하고 아득한 슬픔'의 심연을 들여다볼 수 있었으며, 그 속에서 백석은 신비하세도 '비같고 달같은' 여성적 부드러움의 힘과 또 '호랑이같고 곰같은' 상력하고 남성적인 힘을 지닌 조상(역사)의 두 얼굴을 모순되지 않게 겹쳐볼 수 있었다.

'만주인들의 풍경 중 가장 볼만한 것'인 수박씨 호박씨를 '교묘히 까 먹는 솜씨'[92]를 모티프로 삼은 「수박씨, 호박씨」(인문평론, 1940.6)는 무한 회귀하는 동양의 시간의식을 다루었다. 석경은, "철없고 어리석은 그들 마음 가운데서 밝고 그윽한 무엇—아득한 세월과 오랜 지혜를 발견하였다는 것은 이 시인의 직관력이 범상치 않음을 증명한 것이며 이는 최근 백석의 쾌작"[93]이라 평가했다.

> 어진 사람이 많은 나라에 와서
> 어진 사람의 즛을 어진 사람의 마음을 배워서

92 李雲谷, 「만주의 인상」, 〈문장〉, 1939.6.
93 석경, 「6월 시단평」, 〈인문평론〉, 1940.7.

수박씨 닭은것을 호박씨 닭은것을 입으로 앞니빨로 밝는다

수박씨 호박씨 입에 넣는 마음은
참으로 철없고 어리석고 게으른 마음이나
이것은 또 참으로 밝고 그윽하고 깊고 무거운 마음이라
이마음안에 아득하니 오랜 세월이 아득하니 오랜 지혜가 또 아득하니 오랜 人情이 깃들인것이다
泰山의 구름도 黃河의 물도 옛님군의 땅과 나무의 덕도 이마음안에 아득하니 뵈이는것이다

이 적고 가부엽고 갤족한 히고 깜안 씨가
조용하니 또 도고하니 손에서 입으로 입에서 손으로 올으날이는 때
벌에 우는 새소리도 듣고싶고 거문고도 한곡조 뜯고싶고 한 五千말 남기고 函谷關도 넘어가고싶고
기쁨이 마음에 뜨는 때는 히고 깜안 씨를 앞니로 까서 잔나비가 되고
근심이 마음에 앉는때는 히고 까만 씨를 혀끝에 물어 까막까치가 되고

어진 사람이 많은 나라에서는
五斗米를 벌이고 버드나무아래로 돌아온 사람도
그 녚차개에 수박씨 닭은것은 호박씨 닭은것은 있었을 것이다
나물 먹고 물마시고 팔베개하고 누었든 사람도
그 머리 맡에 수박씨 닭은것은 호박씨 닭은것은 있었을 것이다.
(「수박씨, 호박씨」, 인문평론,1940.6)

같은 호 지면에 노천명의 「望鄕」, 이찬의 「싼타루치야」, 윤곤강의 「언덕」이 실렸음을 기억해야 할 것이다. 백석이 찾은 '어진 것들'의 나라란

'그곳에서만이 오직 비극적 삶을 견뎌낼 수 있는 나라'라는 뜻인지 모른다. '참으로 철없고 어리석고 게으른 마음'이 곧 '참으로 밝고 그윽하고 깊고 무거운 마음'이니, 이 '마음안에서만이' 시간은 영속되고 지혜도 영속되고 인정도 영속되며 그러니 인간도 그 삶을 영원히 지속할 수 있다. 아득한 시간 속에서 인간은 무연(無煙)하게 생을 들여다보고 그 아득함을 미래의 시간으로 끌어올리면서 단일적이고 유한한 자신의 생을 무한으로 되돌릴 수 있다.

1941년 4월 〈문장〉이 폐간된다. 백석은 1941년 4월에 「국수」, 「흰바람벽이 있어」, 「촌에서 온 아이」(이상, 〈문장〉, 1941.4)를, 「조당에서」, 「두보나 이백같이」(이상, 〈인문평론〉, 1941.4)를 발표했고 그 비슷한 시기에 「귀농」(〈조광〉, 1941.4), 「북방에서」(〈문장〉, 1940.7) 등을 발표한다. 이것들이 해방 이전에 발표된 작품으로서는 거의 마지막의 것들이다. 속악한 삶(현실)과 고결한 인간(시인)의 대립적 변주가 이 시들의 전체적인 테마이며, 이 거대한 간극을 뛰어넘는 것은 고귀한 정신밖에 없다는 것이 핵심적인 주제이다. 세상이 속악할수록 시인의 언어는 더 깊은 심혼의 영역에 도달하므로 근본적으로 역설과 아이러니에 갇히게 되고 그럼으로써 시인은 비애로부터 자유로울 수 없다. 이 시편들에 깊은 슬픔이, 진한 비애가 드리워진 이유이다.

> 눈이 많이 와서
> 산엣새가 벌로 날여 멕이고
> 눈구덩이에 토끼가 더러 빠지기도하면
> 마을에는 그무슨 반가운것이 오는가보다
> 한가한 애동들은 어둡도록 꿩사냥을 하고
> 가난한 엄매는 밤중에 김치가재미로 가고

마을을 구수한 즐거움에 사서 은근히니 흥성 흥성 들뜨게 하며
이것은 오는것이다

이것은 어늬 양지귀 혹은 능달쪽 외따른 산녑 은댕이 예데가리밭에서
하로밤 뽀오햔 힌김속에 접시귀 소기름불이 뿌우현 부엌에
산멍에같은 분틀을 타고 오는것이다
이것은 아득한 옛날 한가하고 즐겁든 세월로 부터
실같은 봄비속을 타는듯한 녀름 볓속을 지나서 들쿠레한 구시월 갈바람속을 지나서
대대로 나며 죽으며 죽으며 나며 하는 이 마을 사람들의 으젓한
마음을 자나서 텁텁한 꿈을 지나서
집웅에 마당에 우물둔덩에 함박눈이 푹푹 싸히는 어늬 하로밤
아배앞에 그어린 아들앞에 아배앞에는 왕사발에 아들앞에는 새끼사발에 그득히 살이워 오는 것이다
이것은 그 곰의 잔등에 업혀서 길여났다는 먼 녯적 큰마니가
또 그 집등색이에 서서 자채기를 하면 산넘엣 마을까지 들렸다는
먼 녯적 큰 아바지가 오는것같이 오는것이다

아, 이 반가운것은 무엇인가
이 히수무레하고 부드럽고 수수하고 슴슴한것은 무엇인가
겨울밤 쩡 하니 닉은 동티미국을 좋아하고 얼얼한 댕추가루를 좋아하고 싱싱한 산꿩의 고기를 좋아하고
그리고 담배내음새 탄수내음새 또 수육을 삶는 육수국 내음새 자욱한 더북한 삳방 쩔쩔 끓는 아르궅을 좋아하는 이것은 무엇인가
이 조용한 마을과 이마을의 으젓한 사람들과 살틀하니 친한것은 무엇인가
이 그지없이 枯淡하고 素朴한것은 무엇인가
(「국수」, 문장, 1941.4)

시인은 '그것'을 곧 '국수'라 직접 말하지 않는다. 우회하고 우회하면서 한참을 돌려놓는다. '이 히수무레하고 부드럽고 수수하고 슴슴한' 이것, '흰빛'을 가진 것은 모태이고 근원이며 태초의 시간과 공간을 통칭한 것이니 신성하고 숭고하다. 그것은 길고 긴 생명을 탯줄삼아 '녯적'으로부터 살아와 오늘 여기에 이르렀다. '국수'라 인간의 언어로 한정해서 이름할 수 없는 이유이다. 대신 시인은 '이것은 무엇인가'라고 끊임없이 질문한다. 국수가락의 그 긴 길이만큼이나 그 질문은 끝나지 않을 태세다. '대대로나며 죽으며 살며'하면서 아버지와 아들 앞에 같이 살아있는 것이니 그 인간의 역사만큼이나 그것은 오래고 강한 생명력을 갖는다.[94]

백석은 먼 옛적 신화시대의 등장인물들을 현재의 풍습 가운데 되살려 놓음으로써 현실 세계의 고통과 좌절을 근원적으로 넘어서고자 한다. '수정없는 방언'으로 '서슬이 선 돌 생명의 본원과 접근해' 있는 것과 '冷然한 신문적인 포—즈'를 취하고 있는 것은 등가적인데 그것은 '母語의 위대한 힘'으로부터 오는 강력한 힘을 표상한다.[95] 백석은 신화적이고 고대적인 것의 회귀를 통해 삶의 지속과 영원성을 말하고자 한다. 당시 〈문장〉, 〈인문평론〉에 실린 시들은 대체로 고담하고 소박한 인간(마을 사람들)의 운명에 대해 말하고 있는데, 거기에는 만주에서의 불행한 삶은 물론이고 〈문장〉, 〈인문평론〉 폐간호의 운명 또한 묵시적으로 겹쳐져 있다. 이는 단순히 시가 인간의 역사를 시의적절하게 닮아가면서 혹은 반영하면서 얻게된 결과는 아닐 것이다. 인간의 운명과 시의 운명이 공통으로 지향하는 것이 있다면 그것들이 가리키는 시간이 '미래'라는 것이다.

94 "무슨 府使의 공적비니 무슨 防察使의 기념비니 하는 것들이 국수집 구석의 木枕같이 꽤 많이 널려 있었다"는 회고를 참조할 수 있다. 유창선, 「殉節碑」, 〈문장〉, 1941.3.

95 박용철, 「백석 시집 『사슴』 評」, 『전집 2 평론집』, 121-123면.

하늘은 가장 천하고 비루한 것들을 사랑하니, 삶이 이토록 가난하고 비참한 것은 그가 순수하고 귀한 존재임을 반증하는 것이며 그가 신의 나라에 속한 존재임을 보증하는 것이다. 이 종교적이리만치 엄숙하고 경건하리만치 신비로운 백석의 인간론은 일제말기 그의 시학의 형이상학이 된다. 임화가 '빈자(貧者)의 천국행'을 들어 '인생의 복음서의 사상'[96]이라 비판한 이 같은 '어둠의 복지론'은 일제말기 시인들의 '비극적 존재론'의 중심시학이 된다. 시인의 소명은 이 운명론적인 비극성에 깊이 침윤된다.

「함남도안」(〈문장〉, 39.10)에서 읊은, "七星고기라는 고기의 **쩜벙쩜벙** 뛰노는 소리가/**쨋쨋하니** 들려오는 호수까지는"은 '해정한 소리', '투명한 소리'에 대한 날카롭고 역동적인 말의 감각이 살아있다. 그것은 어둠을 넘어 슬픔을 넘어 역사의 강을 건너간다.

1940년 전후해 백석은 만주 신경으로 떠난다. 만주 시절 백석의 면모에 대해서는 고재기의 증언과 화가 김병기의 회고가 있다. 당시 조선 내 언론 출판 상황이 악화되자 만주는, 보다 자유로운 언어생활과 출판 환경을 찾던 문인들에게 일종의 '해방구'가 된다.[97] 백석은 만주 시절 '슬픔'과 '침묵', '높고 귀한 혼'에 대한 사색을 시로, 산문으로 남겼다. 그는 〈만선일보〉 경제부에서 활동하면서 두 개의 산문을 남겼는데, 그것이 「슬픔과 진실」(〈만선일보〉, 1940.5.9-10), 「조선인과 요설」(〈만선일보〉, 1940.5.25-26)이다. 이 두 글은 만주에서의 백석의 사상이 어떻게 무르익고 성숙해갔는가를 보여준다.

「슬픔과 진실」은 앞에서 이미 언급했듯, 박팔양의 시집 『여수시초(麗水

96 임화, 「암흑기의 문예는 융성하는가?」, 〈조선문학〉, 1936.11.

97 정진석, 『언론과 한국현대사』, 커뮤니케이션북스, 2001.

詩抄』에 관한 서평형식의 단평으로, 만주 시절 백석의 문학적 지향이나 사상이 드러나 있다. 「북방에서」, 「남신의주유동박시봉방」 같은 시와 정서적으로 등가적인 것인데, 백석은 높고 참되고 아름다운 일 한 가지를 오랫동안 힘써 행하는 것은 지극히 높고 귀한 것이라 썼다. 그런 일을 하는 것도 어렵거니와, 그것 아니면 안심되지 않고 그것 없이는 입명하지 못하고 즐겁지 않으니, 밖으로는 큰 고통과 간난이 시인에게 따른다. 속된 세상에서 가난하고 핍박을 받고 처량한 경우가 바로 이것이다. 그러니 높은 슬픔과 시름이 있는 것은 역설적으로 높고 귀한 혼을 타고난 것임을 반증하는 것, 즉 복된 것이다.

> 진실로 높고 귀한 것이 무엇인지를 알고 이것이 마음을 제사들오어 이것이 아니면 안심하지 못하고 입명(立命)하지 못하고 이것이 아니면 즐겁지 않은 때에 밖으로 얼마나 큰 간난(艱難)과 고통이 오는 것입니까? 속된 세상에서 가난하고 핍박을 받어 처량한 것도 이 때문입니다. ―중략― 높은 시름이 있고 높은 슬픔이 있는 혼은 복된 것이 아니겠습니까? 진실로 인생을 사랑하고 생명을 아끼는 마음이라면 어떻게 슬프고 서름차지 아니하겠습니까? 시인은 슬픈 사람입니다. 세상의 온갖 슬프지 않은 것에 슬퍼할 줄 아는 혼(魂)입니다. "외로운 것을 즐기는" 마음도, 세상 더러운 속중을 보고 "친구여!" 하고 부르는 것도, "태양을 등진 거리를 다 떨어진 병정 구두를 끌고 휘파람을 불며 지나가는" 마음도 다 슬픈 정신입니다. 이렇게 진실로 슬픈 정신에게야 속된 세상에 그득찬 근심과 수고가 그 무엇이겠습니까? 시인은 진실로 슬프고 근심스럽고, 괴로운 탓에 이 가운데서 즐거움이 그 마음을 왕래하는 것입니다.[98]

98 「슬픔과 진실」, 〈만선일보〉, 1940.5.9-10.

백석이 말하고 싶었던 것은 '시인의 일'이다. 시인은 '슬프지 않은 것에 슬퍼할 줄' 안다. 시인은 본질적으로 슬픈 사람이며 슬픈 혼을 알아차리고 공감할 수 있는 존재기에 그의 혼은 높고 귀하고 진실되다. 진실로 슬프고 근심스럽고 괴로운 탓에 이 가운데서 즐거움이 시인의 마음을 왕래한다는 것이다. 슬픔은 시인에게서 나와 다른 사람들의 마음을 왕래하는 공감과 공유의 능력이다.

시인의 일

진실되고 높고 귀한 이유가 이것이다. 이를 '슬픔의 역설'이라고 한다면, 이것이 극적으로 이미지화 된 것이 「남신의주유동박시봉방」인데 '아내도 없고, 그 아내와 같이 살던 집도 없어진' 1942년경 만주 안동시절 백석의 쓸쓸하고 고독한 삶이 그려져 있다.[99]

> 어느 사이에 나는 아내도 없고, 또, /아내와 같이 살던 집도 없어지고,/그리고 살뜰한 부모며 동생들과도 멀리 떨어져서,/그 어느 바람 세인 쓸쓸한 거리 끝에 헤매었다.//
> (「남신의주유동박시봉방」 부분, 학풍, 1948.10)

'冷然하고 泰然'한 포즈 뒤에 가려진 '처치할 수 없는 안타까움'이 백석이 품은 '슬픔'의 본래적 진실일지 모른다.

> 이 시인의 포-즈에는 冷然하고 泰然하랴는 점이 보인다. 눈물과 眞情에 대한 過重評價로 눈물을 誇示하고 眞情을 파는 데까지 이르

99 윤범모, 『백년을 그리다』, 한겨레 출판, 2018, 168-169면. 백석은 화가 문학수의 여동생 문경옥과 결혼해 일년 정도 살다 이혼한 것으로 알려져 있다.

> 렀던 反動으로 현대인이 感傷을 폭로시켜 嘲笑의 對象되기를 싫어하는 것이 또한 당연한 일인지 모른다. 이 시인의 冷然한 포-즈 뒤에서 오히려 얼굴을 내여미는 처치할 수 없는 안타까움까지를 味到하지 않는다면 우리는 이 시집의 半을 넘어 잃어버린다 할 것이다.[100]

'눈물'과 '진정' 너머에서 '슬픔'을 냉연과 태연한 포즈로 '건조'시킨 것을 박용철은 평가한다. 슬픔과 고독의 역설은 일제말기 일종의 비극적 사상으로 체화된 듯하다. '고독한 사람은 언제나 선인(善人)이었고 그는 죽어서 좋은 데 간다'는 사상은 스스로를 다독이는 내적 의지가 된다. 정인택은 그 부류에 이상과 함께 자신을 포함시키기도 했다.[101]

백석이 「슬픔과 진실」에서 보여준 '슬픔의 역설'이 보다 논리적이면서도 비판적인 담론으로 구체화된 것이 「조선인과 요설」인 것이다. 이 글은 '一家言'이라는 '부제(副題)'격의 타이틀이 붙어있는데, 이는 '자기의 일정한 견해나 학설'을 뜻한다. 서정적이면서 감각적이고, 향토적이면서 모던한 백석의 시들과는 다른 논리적 지평이 드러나 있으며, 이 시기 산문에서 보여주는 백석의 철학적 사색은 이 시기의 백석의 시들에서 구체적으로 형상화되었던 자기의식과 동일하다.

'슬픔의 역설'은 「조선인과 요설」에서 변용되고 또 무르익으면서 '침묵의 사상'이 된다. 백석은 당대 조선 민족이 처한 상황에서 '요설'이 가당하기나한가를 질문하고, '분노와 모색'을 위해 침묵하라고 역설(力說)한다. '말'은 정열이자 계몽이며 그 점에서만 '진리'를 담아낼 수 있다. 그렇지 않은 말은 '요설'이다. 당시 만주로 이주한 조선인들 사이에 심각하게

---

100 박용철, 「병자시단의 일년성과」, 『전집 2』, 105-106면.

101 정인택, 「고독」, 〈인문평론〉, 1940.11.

대두되었던 반목과 갈등과 쟁투에 대해 고통스런 심정을 담아 백석은 이 글을 썼던 것이다. 조선인이 요설에 빠진 것은 '가슴에 무거운 긴장이나 흥분이 없는 것, 무엇인가 悲哀를 가슴에 지닐 줄 모르는 것'이 그 원인이다. '조선인에게는 비애와 적막과 분노가 없는 것인가. 긴장과 흥분을 모르는 것인가. 그래서 생각하는 것까지도 잃어버린 것인가'라고 백석은 재차 물었다.

> 조선인의 무엇으로 말이 만을 것인가. 무엇으로 그러케 요설하지 안흘 수 업는 것인가. 무엇이 그렇게 차고 넘치는 것이 잇는가. 무엇이 그러케 글허울흐는 것이 잇는가. 조선인은 그 무거운 자성과 참회와 속죄의 염으로 해서라도 오늘 누구를 계몽한다 한 것인가. 무엇을 천명하고 어떠케 비판한다 할 것인가. 조선인에게 진실로 침통한 모색이 잇다면 이 요설이 헛된 수작과 실업은 우슴이 어떠케 잇을 것인가. 더욱히 조선인이 진실로 광명의 대도를 바라본다면 이 큰 감격과 희열로 해서라도 어떠케 참으로 이러케 요설일 수 잇슬 것인가.
>
> —중략—
>
> 조선인이 스스로 말하야 천만가지 자랑이 잇다한들 헛된 말이다. 몬저 잇슬 것은 자랑과 희망이 아니다. 무엇인가. 謹愼과 분노와 비애다. 심각한 고통이다. 이것들이 조선인의 혼을 꽉 붓잡는 것이다. 조선인이 고난 속에 잇다는 것은 거짓말이다. 그들이 요설인 동안 이것은 거짓말이다.
>
> —중략—
>
> 비록 몸에 남루를 걸치고 굶주려 안색이 창백한 듯한 사람과 한민족에 오히려 천근의 무게가 업슬 것인가. 입을 담으는 데 있다. 입을 담을고 생각하고 노하고 슬퍼하라. 진지한 모색이 잇서 더욱 그러할

> 것이요, 감격할 광명을 바라보아 더욱 그러할 것이다.[102]

우선 필요한 것이 근신 · 분노 · 비애 · 고통 같은 것이다. 비애와 근신과 분노 등은 무엇인가 긴장과 흥분과 연결되어 있다. '비애'는 사유하는 자들의 언어이다. 조선의 억압적인 현실을 피해 만주까지 이주해 온 조선인들의 만주에서의 삶은 적막하고 또 비참했다. 만주인 · 일본인 · 중국인 · 러시아인 · 조선인 등을 묶는 이른바 '5족 협화 정책'을 교묘하게 펼치는 일본 식민정책의 틈바구니에서 조선인들이 받는 고통은 극심했는데 특히 조선인들 자체 내에서 겪는 갈등이 더 문제였다. 스스로 비참을 자각하지 못하고 만주의 조선인들끼리 반목하고 질시하던 당대의 상황이 '요설'에 대한 비판에 집약되어 있다.

'요설'은 곧 '웅변'이고 기지이며 그것의 대응적 어법이 '침묵'이다. '침묵'은 시대적인 아우라를 띠고 있는데 김기림이 일제말기 남긴 몇 편의 시에서 이 침묵의 수사는 되살아난다. '죽음'의 이미지가 빚어내는 장엄한 역사의식이 '날카로운 생의 의지'와 모호하게 뒤섞인 혼돈의 이미지로 구체화되는데 '침묵'은 '죽음'과 등을 맞대고 시대의 비극적 황홀을 끌고 들어온다. 이상과 김기림의 '機智'는 1930년대 말기에는 더 이상의 가치를 갖기 어렵다. 이상의 기지인, 다다취나 순수취는 우리말 시에 맞지 않은 모방의 한계성을 드러낼 뿐이며, 기림의 시('동방기행시')는 20세기 시가 아니라 19세기 기관총에 유사한 것이다. 서양인에게는 일상적인 '機智'도 조선사람에게는 부자연스럽고 의아한 것이다.[103]

기지나 해학이나 명랑성이 우리말 시에 맞지 않다는 이 진실은 비극적

---

102 백석, 「조선인과 요설-서칠마로 단상」, 〈만선일보〉, 1940.5.25-26.

103 김종한, 「시문학의 正道」, 〈문장〉, 1939.10.

사유가 일제말기에 어떻게 무르익어갔는가를 보여준다. '기지'의 자리를 대체하고 있는 것이 침묵의 사상이라면, 그 침묵을 언어로 기표화한 것이 상징이다. '침묵'이라는 '역설'로 말하지 않으면 안 되는 시대, 비극적 사상은 절멸과 고독의 한 가운데 서 있던 시의 '상징' 속에서 익어갔다.

백석의 흔적을 다시 찾을 수 있다면 「당나귀」(〈每新寫眞旬報〉, 통권294호, 1942.8.11)에서이다.[104] 내용은 간단하다. '어떤 길손'이 작은 마을에 당도한다. 길손은 싸리단을 내려놓고 잠시 쉬고 있다. 그런데 이 길손은 인간이 아니라 '긴 귀와 껌언 눈과 짤분 네다리를 하고 있는' 당나귀이다. 당나귀가 곧 주연이니 당나귀의 주인이 존재할 이유가 없다. 이 풍경에서 '인간'은 오직 착하고 순한 동물을 괴롭히고 학대하는 존재일 뿐이다.

> 마른나무에 사지를 동여매이고 그발바닥에 아픈 목을 들여 백끼우면서서도 천연하야 움지기지안코 아이들이 돌을 던지고어른들이 비웃음과 욕사설을 퍼부어도 점잔하야 어지러히하지안코 모든 것을 다 가엽시 녁이며 모든 것을 다 밧어들이며 모든 것을 다 허믈하거나 탓하지 안흐며 다만 홀로 넓다란 비인 벌판에 잇듯시 쓸쓸하나 그러나 그마음이 무엇에 넉넉하니 차잇는 이손은 이 아츰 싸리단을 팔어 량식을 사려고 먼 장으로 가는 것이엇다.
>
> 날은 맑고 바람은 따사한 이아츰날 길손은 또 새로히 욕된 신을 신고 다시 싸리단을 질머지고 예대로 조용히 마을을 나서서 다리를 건너서 벌에서는 종달새도 일쿠고 눕에서는 오리떼도 날리며 홀로 제 꿈과 팔자를 즐기는 듯이 또 설어하는 듯이 그는 타박타박 아즈랑이 낀 먼 행길에 작어저갓다.[105]

104 조영복 「당나귀, 숭고한 동물 혹은 힘의 의지」(근대서지 1, 2010.3)의 글을 정리한 것임.

105 백석, 「당나귀」, 〈매신사진순보〉, 1942.8.11.

온갖 혼돈을 겪고 정신적 깨달음을 얻는 '당나귀'의 이미지가 이 소품에 투영되어 있다.[106] 아이들은 당나귀에게 돌을 던지며 괴롭히고, 어른들은 비웃음과 욕설로 당나귀를 능욕한다. 그러나 당나귀는 그런 인간들을 허물하거나 탓하지 않고 모든 것을 순순히 받아들이면서 오히려 그 인간들을 가엾이 여긴다. 그러면서 마음에 무엇인가 넉넉히 차 있는 스스로를 느끼며, 제 꿈과 팔자를 즐기면서 또 조금은 서러워하는 듯이 길을 떠난다. 따스한 대지에 머무르지 않고 낯설고 찬 이방의 하늘 아래서 당나귀는 하룻밤의 휴식을 구한다. 홀로 쓸쓸히 빈 들판을 지키며 서 있는 당나귀는 초인과 같은 힘의 의지를 보여준다. 슬픔의 역설과 침묵의 사상은 비극적 삶에서 태동하고 그것으로 인해 익어간다. 당나귀의 형상은 비극적이면서 종교적이고 숭고하면서도 경건한데, 백석은 이 고통받고 학대받는 당나귀에게서 일종의 구원의식을 담아낸다.

'당나귀'는 시인의 자기 동일자적인 시선을 가진 존재이다. 가난과 고난은 고귀함과 정결함의 증거라는 사유, 특히 동물이나 사물을 의인화하면서 자신의 내면을 투사하는 방식은, 백석의 다른 글에서도 자주 나타난다. 가난하고 쓸쓸한 삶에서 백석을 정신적으로 지탱시켜 주는 것은 당나귀와 같은 작지만 고귀한 영혼을 지닌 존재들이다. '가장 귀하고 사랑스런 것들은 오히려 쓸쓸하고 외롭게 살도록 운명지워진 것'이라는 일종의 역설적 운명론이 일제말기 가난하고 고독했던 백석을 지켜주었던 정신적 힘이다. 그러한 '작은 존재'들은 정신적 의지의 동물적 표상들이다. 특히 함경도 영생 고보 시절의 글이나 만주 방랑 시절의 글에서 이 같은 고행과 역설의 운명론은 두드러지게 나타난다. 「가재미, 나귀」(조선일보, 1936.9), 「선우사」(조광, 1937.10), 「나와 나타샤와 흰 당나귀」(여

106 최정은, 『동물, 괴물, 엠블럼 중세의 지식과 상징』, 휴머니스트, 2005, 158면.

성, 1938.3), 「흰 바람벽이 있어」(문장, 1941.4)는 백석이 좋아했던 동물들인 가재미, 넙치, 당나귀와 같은 동물들이 등장하는데, 이들은 착하고 순하며 높고 고귀한 존재이다. 가난과 고독의 극한이 이들 착한 동물들, 순결한 음식들에 혼을 입히고, 그럼으로써 시인의 유년시절의 혼이 불려나오고 그 착하고 순수한 '어린아이의 세계'에서 시인은 위안을 구할 수 있었다.

「가재미, 나귀」에서 백석은, '한없이 착하고 정다운 가재미만이 흰쌀밥과 빨간 고추장과 함께 가난하고 쓸쓸한 내 밥상에 한끼도 빠지지 않고 오른다'고 썼다. 「흰 바람벽이 있어」에서는 '가난하고 외롭고 쓸쓸하니 그리고 언제나 넘치는 사랑과 슬픔 속에 살도록 만드는 것이다/ 초생달과 바구지꽃과 짝새와 당나귀가 그러하듯이/ 그리고 또 '프랑시쓰 쨈'과 도연명과 '라이넬마리아릴케'가 그러하듯이' 라고 썼다. 초생달, 바구지꽃, 짝새, 당나귀, 프란시스 잠, 도연명, 라이너마리아 릴케는 모두 가난하고 외롭고 쓸쓸한 삶의 이미지를 반추하는데, 시인은 '고귀한 자'로서의 자신의 영혼을 그들에게 투사한다. 그것은 남루하고 간난한 현실을 견디는 힘의 의지이다.

「당나귀」가 궁극적으로 보여준 것은 세상을 향해 보내는 순교자적 자기 고행과 희생의 메시지이다. 세상으로부터의 멸시와 비웃음에 개의치 않고 싸리단을 짊어지고 고행의 길을 떠나는 당나귀는 그 자체로 정결하고 숭고한 존재의 표상이 아닐 수 없다. 그 고행의 무게가 무거울수록 서정적 공명감은 크고 울림 또한 깊다. 지나친 결벽증과, 세속적이고 물질적인 삶으로부터의 도피를 꿈꾸었던 백석의 전기적인 사실이 뒷받침하듯, 이 글 또한 그 반경 내에 있다.

가난과 고통을 인내하는 조선민족에게 천근의 무거움으로 다가오는 것이 '침묵'이라 백석은 썼다. 침묵하고 나서 생각하고 노하고 슬퍼하는 것, 그것은 모색하는 것이자 광명의 미래를 바라보는 시선이다. '슬픔의 역설'과 '침묵의 사상'은 등가적인 것인데 '미래의 담론'이라는 점에서 그러하다. 인도의 푸른 빛에서, 일망무제 몽고초원에서 백석은 침묵의 사상이 어떻게 '생명의 발광'인지를 깨우친다. 침묵은 생명의 적멸이자 그 장중한 무게를 띤 것이기에 그 자체로 숭고하다. 서정주가 끝없이 펼쳐진 만주의 들녘에서 '아무것도 없음'을 깨우친 것이 적멸이며 적멸에서 서정주는 숭고한 생명의 발광을 본다. 그것은 광야의 적막 속에서 태초의 시간을 질주하던 이육사의 극한정신(「광야」)과 다르지 않다. '침묵의 사상'은 '적멸의식'과 '생명의식'이었으며, 그것의 근원은 '슬픔'이자 '슬픔의 역설'이었다. 백석의 사상은 만주 벌판의 적멸과 처절한 고독 속에서 익어갔다. 백석에게도 서정주에게도 이육사에게도 '슬픔'은 감정의 결정체가 아니다. '슬픔'을 건조하게 내면화함으로써 슬픔의 비극성은 '비애'를 넘어 말의 심연에서 무르익는 '사상'이 된다. 시인들은 하나같이 '슬픔'을 '침묵의 사상'이라 불렀다.

김기림; '어둠'을 빨아들이는 청동 그릇의 향훈(香薰)

심정으로 다가가는 세계

이원조는 김기림의 「못」과 「공동묘지」를 두고 '심정의 세계'이자 그것은 '우리 여러 사람이 다같이 느끼는 것'이라 선언했다.[107] 김기림을 마치 '모더니즘의 선구자이자 전파자'로 아해하고 있지만 이원조의 이 말은 김기림을 이해하는 것이 '모더니즘의 구호'로부터 오는 것이 아니라는 뜻으로 들린다. 이원조는 '인간 김기림론'을, '시보다 시론이 시론보다 대화가 진보적'이라는 단 한 문장으로 요약하지 않았던가. 이는 시론(산문)과 대화(담론)가 접근할 수 없는 세계가 시의 세계이며 그것만이 당대의 사람들의 심정에 가장 가깝게 다가가는 것이며 실제적인 것이라는 뜻으로 읽힌다. 「못」과 「공동묘지」의 세계는 하나의 '사건'이다. 김기림의 '모더니즘론'의 그 찬란한 웅변과 합목적성의 논리가, 유례없을 정도로 논리적이고 합리적이었던 이원조에게서 부정되는 흥미로운 사건이 아닐 수 없다는 뜻이다. 이원조는 '심정'을 말했다. 그것은 백석이 말했던 '혼'의 세계에 닿아있고 오장환의 '씨앗'과 윤곤강의 '별떼'와 유사하다.

이원조의 논의에 이어져 있는 김종한의 논의도 흥미롭다. 김종한은 시의 언어와 양식론을 문제삼았는데, 이념과 사상성이 산문양식에서가 아닌 시양식에서 어떻게 가능할 수 있는가를 묻고 구체적으로 우리 시의 방향성을 문제삼았다. 산문에 요구할 사상성과 시의 그것은 다르며 시의 목적은 사상의 도구가 아니라는 것이다. 시의 究極은 크로포트킨의 명연설문 「청년에게 주노라」에 있지 않으며 따라서 '주제를 가진 길다란 시'는 시적언어에 미치지 못하며, 기림의 『기상도』가 지용의 「伐木丁丁」에

107 이원조, 「시의 고향-편석촌에게 붙이는 단언」, 〈문장〉, 1941.4.

미치지 못하는 이유란 이토록 자명하다는 것이다. 시인은 찰나의 순간, 최고의 순간의 인상의 기록을 배열하면 그만이고 그래서 시는 '적은' 형태를 가질 수밖에 없다. 이 같은 시에는 저절로 축약과 암시와 배열과 조화가 이루어진다. 핵심은 시의 '단순미'이다. 1920년대 초반의 형태성과 음악성이 중시되던 근대시의 기획이 어떻게 1930년대 후반기에 와서 반복되는가는 흥미로운 주제인데, 김기림과 정지용을 어떻게 평가할 것인가의 문제는 논외로 하더라도, '좋은' 근대시의 규준은 항상 이들, 두 선배 시인들의 '노래'를 버리지 못했던 작은 시편들, 정형시체로부터 시작되었다는 점이 중요한 것이다.[108]

이한직은 이지와 의식의 과잉시대(산문시대)의 주류가 리얼리즘이자 주지주의임을 선언하고, 그렇다고 과거(낭만주의)로 되돌아갈 수 없는 시대가 되었다고 말한다. 투기사, 기술사, 요술사란 말로 이 리얼리즘, 주지주의의 대가들을 공격한 뒤, 스스로 이 시대의 피로한 '요설'에서 자중해야 한다고 썼다.[109] 이 대목에서 백석과 서정주가 동시에 겹쳐진다. 요설이 이르게 될 최종 목적지가 직설과 담론으로 가는 길이라면 그것은 '문장보국' · '문필보국'에 쉽게 적응하고 동화되는 길일 수 있다. 그것을 회피하기 위해서도 '시'가 필요한 것이다.

'산문시대'의 위기는 시인들에게 상징의 깊은 동굴 속으로 더욱 몸을 숨기는 계기가 되었다. 김광균은 '과학과 산문의 시대'에 '영원히 피로를 모르는 격렬한 정조와 눈부신 꿈을 부어주'는 것은 시라고 썼다.[110] 네루다가 말한 그대로, 인간의 거리에 절망적인 황혼이 드리울 때, 그때 시가

---

108 김종한, 「나의 作詩 설계도-시에 요구할 사상성」, 〈문장〉, 1939.9.

109 이한직, 「輸」, 〈문장〉, 1939.9.

110 김광균, 「김기림론-현대시의 황혼」, 〈풍림〉, 1937.4.

시인에게 다가온다.

김규동의 회고

하나의 경험을 이야기해야겠다. 2006년, 김기림의 경성고보 제자인 김규동을 인터뷰 하면서 '김기림 시 중에서 기억에 남는 시'가 무엇인지 질문한 적이 있다. 당시 예상을 깨고 김규동은 이렇게 대답했다.

> 「못」, 「공동묘지」 같은 시가 김기림 시의 원형이라고 생각한다. 그 시들은 릴케, 말라르메, 발레리 등의 시에 근접해 있다. 지적 수준이나 이미지, 기법 등에 있어서 그러하다. 상징적이면서도 고요한 지적 관찰이 있는 것이다. 이 시들은 경성에 있을 때 씌어졌는데,[111] 실제 경성에 가면 「못」, 「공동묘」에 나오는 장소인 실제 현장이 있다. 경성의 과수원 옆에는 못이 많이 있다. 그리고 바다 가까운 곳에 공동묘지가 있는데, 저녁에 걸어가다보면 공동묘지가 일어나서 바다를 내려다보는 그런 느낌을 준다. 그 곳엔 '노고지리가 하늘로 솟아 올라가는—' 구절로 된 함형수의 시비도 있다. 아마 김기림이 흰 명주저고리를 입고 달밤에 고독한 산보를 하면서 이 시상을 떠올렸을 것이다. 일제시대 말기의 조선 지식인의 고뇌, 어디 하소연할 수 없는 고뇌가 이 시에 있다고 생각한다.
>
> 〈國都新聞〉에 발표된 「哭 백범선생」 같은 작품은 보기 드물게 모더니즘 기법의 언어가 가미된 것인데, 백범이 가장 현대적인 인간의 영상으로 그려져 있는 작품이어서, 백범에게는 영광이 아니겠는가.

김규동의 대답에 대해 다음과 같은 맥락의 논평을 부쳤던 것이 기억난

---

111 「공동묘지」(인문평론, 1939.10), 「못」(춘추, 1941.2)등의 발표 연도를 보면 「공동묘지」는 고향 성진으로 낙향 한 후에 쓴 것으로 보기 어렵다.

다.[112]

「못」, 「공동묘지」에는 '묵시록적이고 예언자적인 목소리와 역동적인 생명의 움직임'이 겹쳐져 있는데, 발레리와 릴케 등에게서 볼 수 있는 신선한 이미지와 상징에 접근해 있다는 김규동의 증언을 눈여겨 볼 필요가 있다. 「못」과 「공동묘지」 등은 일제말기 김기림의 내면적 고뇌가 비장하고 예리한 이미지로 제시된 시들인데 '모더니즘 시인'의 수식어로 김기림을 '재단'하게 되면 이 시의 상징적 깊이를 읽어내기 어렵고 그만큼 김기림의 일제말기 시의 본연에 다가서기 어렵다. 김규동은 김기림의 「哭 백범선생」에 대해 모더니즘적 방법으로 현실과 역사에 참여한 것이라 평가했다. 지적이고 절제된 언어로 백범의 죽음을 그리고 있을 뿐 아니라, 백범의 죽음을 넘어 조국의 미래를 건설하고자 하는 시인의 견자적 시선을 드러내고 있기 때문이다.

「못」, 「공동묘지」 등의 시는, 김기림 시의 고유한 특질로 알려진 경쾌한 수사와 이미지즘적 기법이 드러나 있는 이른바 '모더니즘 시'들에 비해 잘 주목되지 않았다. 연구자들이 「못」과 「공동묘지」에 대한 적극적 평가를 하지 않던 시기에 김규동 선생이 이 시들에 대해 극진한 평가를 하고 있음이 흥미롭다. 김기림과 한 시대를 같이 했던 김규동의 회고에서 특별히 이 두 시편이 언급되는 것이 인터뷰어(interviewer)로서 무척 낯설었던 기억이 있다. 김규동이 당대적 시선으로 김기림을 평가하는 시선과 현재 김기림을 보는 우리의 시선, 이 사이의 간극은 일제말기 시인(시)을 어떻게 해석할 것인가, 시사의 흐름에서 이 일제말기를 어떻게 평가할 것인가 하는 문제와 연동되어 있다.

김규동의 김기림에 대한 인상은 1940년 조선일보 폐간 뒤 경성으로 낙

112 조영복, 『문인기자 김기림과 1930년대 '활자-도서관'의 꿈』, 살림, 2007 참조.

향한 이후의 김기림과 연관되어 있는데, 특히 「못」과 「공동묘지」는, 발표 시기와 경성으로의 낙향 사이에 작은 간극이 있기는 하지만 경성의 공간과 깊이 연관되어 있음이 확인된다. 이 두 대상으로부터 그들은 공통된 내면적 공간을 확보했던 것이며 그렇기에 이 두 시의 상징의 언어를 김규동은 투명하게 포착할 수 있었던 것 같다.

이 두 시를 중심으로 이 시기 김기림 시의 두 가지 '개념'[113]을 상정해 본다면 아래와 같은 도식이 가능하다.

> 못(호수)—부동의 거울과도 같은 것. 시인의 견자적 시선 안에 존재하는 그 모든 기억(태고적 근원성 · 총체성)을 상징.
>
> 무덤—와해 · 붕괴 · 죽음 등의 관념과 비극적 숭고 · 재현불가능한 폭풍(붕괴)의 시간을 상징. 현재를 알레고리하는 것.

이 두 개념을 떠받치고 있는 것은 '상징'이다. 김기림이 생각한 '상징'은 해방 이후에야 비로소 분명한 맥락의 옷을 입고 가시화된다. 이병철과의 서면 대담에서 이것이 구체화 되어 있다. 서면을 통한 이들의 대담은 일종의 '세대론'의 표정을 띠고 있지만 그것은 당시 시의 기능과 시인의 운명에 대한 자기 의문이자 그것에 대한 답이다. 앞의 2부에서 논한 것인데, 요약하기로 한다.

이병철의 '편지'가 1947년 3월에 쓰인 것을 고려하면, '상징'에 대한 질문은 1946-47년 경의 당대의 관점이 투영돼 있다고 볼 수 있다. 1946-1947년 김기림은 여전히 신문기자로 일하고 있었다. 〈예술통신〉

---

113 이는 들뢰즈(G. Deleuze)의 '개념'과 그 '개념'을 떠받치고 있는 '구도(판)'로 설명된다. G. Deleuze, 『철학이란 무엇인가』, 현대미학사, 1995.

(1946.7.22 창간 후 〈문화일보〉로 개명(1947.3.11))의 편집고문, 〈현대일보〉(1947.3.25-1948.11)의 편집국장 등으로 일했는데, 이병철은 〈문화일보〉 (1946.4.22-26) 에 김기림, 이용악, 오장환, 설정식, 김광균, 조벽암 등의 시인들에 대한 글을 썼다.[114] 이병철과 김기림이 서로 주고 받은 편지형식의 이 글들도 이들 경력의 연장선상에서 이해된다.

미군정기 언론 · 출판 검열이 강화돼 작가들이 이를 해결하기 위한 수단을 강구했던 것을 확인할 수 있는데, 이병철은 이 상황에서 세 가지 문제를 지적하고 있다. 하나는 상징기술의 재등장 가능성, 두 번째는 상징이 대중화 방향에 미칠 영향, 세 번째는 상징이 아니라면 어떤 표현기술이 필요한가의 문제 등이 그것이다. 시간상 해방공간에서 일제말기로 역산을 해보면, '상징'이 해방공간의 출판물의 검열 상황에서 효과적인 표현방법으로 쓰였다는 것, 이는 '일제말기'의 시적 상징에 대한 평가와 해석을 다시 되돌아보게 만든다.

해방공간에서 이른바 '나라만들기'의 구호 아래 시의 임무와 기능은 그 이전, 혹은 일제말기와는 비교가 안 될 정도로 변화된다. 더 이상 '상징'의 동굴 안에서 황혼의 울음을 울 필요가 없었다. '새나라만들기'의 구호와 선전이 시인의 역할이자 시의 임무라면 그것은 대중화 방향에 대한 고민과 직접 연결되었다. '상징'이 아니라면 도대체 시의 표현은 어떻게 해야 하는가? 그러니까 또 다른 검열의 억압에서 '상징'이 아닌 시의 언어란 어떤 것이어야 하는가? 조선어 자체가 불용이자 금기이던 일제말기의 조선어의 위치와 해방 이후 조선어의 위치는 근본적으로 달라져 있었다. 여전히 검열의 억압적 상황이 지속됐지만 조선어의 자유는 이미 주어진 것이었다. 대중을 향한 노래와 계몽과 설득이 필요했지만, 그것은 산문이 아

114 정진석, 『전쟁기의 언론과 문학』, 소명출판, 2012, 55-56면.

니라 시여야 한다는 조건이 이들 시인들의 운명을 붙잡고 있었다. 이병철의 질문은 바로 이 지점에서 출발한다.

김기림의 대답에서 핵심적인 내용은 '새로운 시는 명료, 단순, 소박하게'이다. 해방 이후 시의 세계는 '새로운 경지'에 들어섰고 그 환경에서 옛날의 수법으로 되돌아갈 수는 없다는 것이 김기림의 판단이다. 옛 수법, 곧 '상징'이란 '예술의 세계에서 조탁하는 것'이자 '난삽하고 혼매'한 것이니, 이같은 곤란한 정세에서 시인은 '새로운 시의 세계'를 위해 '딴 것'을 모색해야 한다는 것이다. '상징'은 명료 · 단순 · 소박과는 층위가 다른 난삽 · 혼탁 · 조탁하는 것에 가까운 기술이다. 해방 이후 '상징'이 더 이상 쓸모가 없어진 배경에는 '선언'과 '구호'의 '새나라만들기'의 계몽적 이상이 내재되어 있다. '선전과 계몽'을 위해서는 '모호'가 아니라 '명료', '복잡'이 아니라 '단순', '조탁'이 아니라 '직설'이 필요하다는 뜻이다. 해방공간에 쓰인 김기림의 시들, 「새나라송」, 「길」, 「우리들의 악수」, 「새해앞에 잔을 들고」 등의 시들은 직설적이고 명료하다. 일제말기에 필요했던 '상징'의 그 몽롱하게 빛나던 생명은 해방 이후 그 빛을 잃어갔다. '대낮'의 양식이 시인들을 기다리고 있었다.

'눈물'의 부정에서 '민족의 울음'으로

일본 예술대학 유학 후 귀국한 김기림은 조선일보 사회부 기자로 활동하면서 조선이 처한 실재의 현실을 목도한다. 「어둠의 흐름」은, 「간도기행」, 「시체의 흘음」, 「간도유벌」 등의 시와 함께 기자로서의 김기림의 취재 경험이 바탕이 된 것이다. '어둠'은 정지되어 있지 않고 물처럼, 강처럼 흐른다. '어둠의 흐름' 가운데서 김기림은 찢어진 영혼(심장)과 너덜해진 생활의 파편들 사이에 찡겨진 자신의 얼굴을 읽을 수 있었다. 언뜻언뜻 지식인의 양심이 시의 상징을 뚫고 기표 위로 올라오는 순간을 그는 환영처럼 그려냈다. 김기림의 '어둠'에 대한 관심은 그의 지식인으로서의 글쓰기의 시작(「어둠의 흐름」)이었고, 그의 시쓰기의 종결점(「못」, 「공동묘지」)이기도 했다. 일제말기 다시 그는 시인으로서 이 '어둠'이 갖는 심연의 호흡과 카오스적인 생명력에 집중하기 때문이다.

「어둠의 흐름」의 판본은 몇 가지로 나뉜다. 세 가지 혹은 네 가지의 서로 다른 텍스트를 검토해봄으로써 이 문제에 다가가보기로 한다. 실증적인 '차이'는 '의미형성' '차이'이자 그것을 낳게 한 시대의 '흔적'이다.[115]

먼저, 서지적인 차원에서 판본의 차이를 확인하기로 한다.

① 「어둠의 흐름」(신여성 7-11호, 1933.11) '검열 흔적이 없는 것'
② 「어둠의 흐름」(신여성 7-11호, 1933.11) '시중 핀매본'
③ 「어둠속의 노래」(시집 『태양의 풍속』(학예사(조선문고 시리즈) 1939.9.6)
④ 「어둠 속의 노래」(심설당 판, 1988)

①과 ②의 차이는 검열의 문제에서 왔다. ③은 일제말기에 발간된 탓인지 ②에서 검열로 삭제된 부분이 빠져있다.[116] ④는 현대본으로 편집된 것이어서 기본적으로는 ③과 동일하다. 그러나 ①과 ②의 차이는 서지상의 문제뿐 아니라 '김기림'을 해석하고 평가하는 기준이 될 수 있다는 점에서 중요하다. 결국 차이는 ①과 ②에 있다.

---

115 김기림, 「시단의 동태」, 『전집 2』, 69면.
116 이와 관련된 내용은, 조영복, 「상상된 인간 혹은 광대의 줄타기」, 『근대서지』 5, 2012.

①과 ②는 행갈이 등의 차이는 있으니, 핵심적 차이는 아래 두 구절의 존재 여부이다. 즉 두 구절이 ①에는 있으나 ②에는 없는 것이다.

> 空氣를 찟는 챗죽 아래서
> 밥알을 다토아먹는 산양개와 나와

②에는 11페이지 한 줄이 시커멓게 그어져 있고 위쪽에 '此間二頁略'이라 도장이 찍혀있다. 검열된 흔적으로 판단된다. 그러니까 '밥알을 다토아먹는 산양개와 나와'의 부분이 사라져 버린 것이다. 그리고 ②에는 찢어진 흔적이 있는데, 그러다보니 이 시의 제목과 시인이 이름이 기재된 10페이지와 그 상대 면인 9페이지가 찢어져서 사라져 버렸다. 당연히 '空氣를 찟는 챗죽 아래서'의 구절이 소실돼 있다. 찢어진 9 페이지 역시 문제적이다. 조영출의 「고민」이 실린 면인데, **'XX—' 같은** 복자의 존재나 내용으로 보아 검열 가능성이 있다. 김기림 시의 이 두 구절 때문인지, 조영출의 시 때문인지는 알 수 없으나 두 시 다 검열의 가능성은 존재한다. 김기림만 집중해 보기로 한다.

왜 찢어진 채 시판되었을까? 〈신여성〉이 신문지 법에 적용되는 잡지라면, 잡지 출간 후 검열 문제로부터 비켜가지 못했을 것이다. 이 문제는 면밀하게 검토할 부분이다. 다만 여기서 논하고자 하는 것은 이 시기의 김기림 시관의 성격에 관한 것이며, 이 시기 '모더니스트 김기림'의 실상에 관한 것이다. 김기림이 조선일보에 입사한 뒤 '간도 5.30 사건' 취재차 갔던 간도 지역을 돌아보고 쓴 기행문 「간도기행」(1930.6.12-30)에서도 검열의 흔적은 발견된다. 민족주의적인 성격과 반제국주의적 시각을 우회적으로 드러낸 글인데, 이 「간도기행」과 「시체의 흘음」, 「간도유별」 간의 상관성이나 이 글들에서 공통적으로 추출되는 민족주의적이고 현실주의적인 성격도 지적할 수 있다. 이 시기 일련의 시들은 '명랑성'과 '기교'보다는 어두운 내면과 침묵의 여백이 짙게 나타난다. 1934-5년까지 김기림이 견지했다는 '낮의 논리', 그러니까 '오전의 시론'으로 요약되는 김기림의 '명랑성'과 '기교파적 모더니즘'의 실체에 대해서는 꼼꼼한 검토가 필요하다는 뜻이다.

「어둠의 흐름」은, 제목에서 이미 나타나듯, '어둠'의 상징성을 강하게 띠고 있다. 일제말기 「못」, 「공동묘지」 등 상징적이고 묵시록적인 성격을 보여주는 시들과 유사하다. 김기림의 묵시록적인 사유는 어둡고 캄캄한 심연의 이미지와 연결되는데, 그의 말대로 하면 '게르만적 방탕과 카오스의 세계이며, 격렬하게 움직이는 세계'이다.

「어둠의 흐름」 서두는 이렇게 시작한다.

> 책상과 나와 「칼렌다」의 막장과 燈불과 –

일제말기에 쓰인 「시단의 동태」(인문평론, 1939.12)에 이 '칼렌다 막장'의 의미가 제시돼 있다. 일제말기 김기림의 정신은 회화적인 것에 기운 김광균의 『와사등』보다는 청각적인 것에 가까운 오장환의 『헌사』에 기울어져 있었다. 김기림은 김광균이 '30년대 전반의 마음'을 본질적으로 가지고 있다고 썼다. 회화적인 것보다는 청각적인 것에 김기림의 마음이 훨씬 기울어져 있었던 것이다. '음악적인 것, 그것은 사라져가는 것 · 불안한 것 · 동요하는 것이며, 회화적인 것, 그것은 영속하는 것 · 고정하는 것이다.'

> 희랍적 명확에 대한 「게르만」적 방탕이고 「카오스」다. 「瓦斯燈」보다는 몇층 더 어둡고 캄캄한 심연이다. 그것보다도 훨씬 더 젊어서 따라서 격렬하게 움직이는 세계다. 오씨의 특이성은 이렇게 현대인의 정신적 심연을 가장 깊이 체험하고 그것에 적응한 형상을 주었다는 점에 있다. 따라서 우리의 정신사의 계열을 좇아서 본다면 「瓦斯燈」의 시인보다도 더 가까운 세기에 속한다. 김광균 씨의 마음은 30년대 전반의 마음을 많이 남겨 가지고 있다느니 보다는 근본적으로는 그 시기의 마음이다. 그러나 오장환씨의 마음은 바로 이 순간. 이 장소, 그 중에서도 청년의 마음이다.[117]

오장환의 마음은 '바로 이 순간, 이 장소'를 위한 것이며 '청년의 마음에 속한 것이다. 그러니 오장환의 『헌사』를 두고 멸해가는 것에 대한 영탄이라 해석하는 것은 '외모'에 지나지 않는다. 평면적인 해석이라는 것이다. 『헌사』의 '영탄'과 '로맨티시즘'은 '무너져가는' 미래를 향한 것이며 그것에 대한 영탄이지 '어제의 영광'에 대한 영탄은 아니다. 회고적 감상이 아닌 것이다. 그것은 '칼렌다의 마지막 장을 떼버리고 나서 다시 더 제껴야 할 장이 없어서 거기 무명과 허무의 심연에 직면하는 시간의 심정'이다. '더 어둡고 캄캄한 심연' 속에서 시인은 무너져 가는 미래의 시간을 본다. '칼렌다의 막장'에는 심연의 카오스에서 움직이는 예언자로서의 시인의 목소리가 깔려있다. 이 카오스적인 호흡과 격렬한 열정이 '칼렌다의 막장' 이미지에 있고 그것을 김기림은 '1930년대 말기의 마음'이라 해석했다.

「어둠의 흐름」의 2연은, 회색의 전야와 시체와 손상된 육체 등 죽음의 이미지가 짙다. 그것은 시대적인 어둠을 미래의 시간으로 견인하는 가능

117 김기림, 「시단의 동태」, 〈인문평론〉, 1939.12.

성과 생의 무한성을 표상한다. 그 뒤 낱장이 찢어지면서 존재가 사라져 버린, '空氣를 찢는 챗죽 아래서'가 등장하고, 그 다음은, 행이 삭제된 문제의 그 구절, '밥알을 다토아먹는 산양개와 나와'가 이어진다. '산양개와 나'의 탐식은 사티로스적인 죽음의 상징을 갖는다. 살육의 메타포는 시대를 견디어내는 정신의 힘이며 생명의 교향악이다. 이 격렬한 '죽음/생의 충동'이 검열의 이유가 아니었을까.

「어둠의 흐름」에는 시대정신이 만들어낸 내면적 우울과 시대의 어두움을 음유하는 시인의 호흡이 있다. 명랑과 기교의 '낮의 논리'가 아니라 밤의 논리, 미명을 기다리며 '황혼'을 나는 '미네르바의 논리'가 거기에 있다. 김기림이 등단 초기부터 견지하고 있었던 시대를 초월해 존재하는 '절대가치로서의 모더니즘 정신'은 '기교'의 문제가 아니라 '부정'과 '창조'의 힘을 의미한다. 원본 「어둠의 흐름」이 발굴되면서 이 같은 판단이 보다 명징하고 합리적인 것임이 확인된다. 텍스트의 실재성은 '형식주의자이자 관념론자인 김기림'이라는 해석보다 훨씬 근본적이며, 기교나 시적 장치(device)로 시인을 진단하고 평가하는 논리보다 훨씬 심층적인 것을 작동시킨다.

일제말기에 오면 김기림 모더니즘시론의 핵심인 '건강하고 명랑한 모더니즘'은 적어도 그의 시편에서 반향되지 않는다. 이미지즘적인 선명성과 회화성을 후반기 시들에서는 기대하기 힘들다. 『기상도』에서 보여주는 바와 같이 '측후소의 기상예보같은 시집을 활자화함으로써 자위하던 시인'[118]으로서의 면모도 찾아보기 어렵다. 김기림의 시들은 어떻게 보면 의고적인 상징을 담고 있고 또 어떻게 보면 어둡고 묵시록적인 언어들로 가득 차 있다. 「전별」(여성, 1939.9), 「요양원」(조광, 1939.9), 「공동묘지」

118 이한직, 「翰」, 〈문장〉, 1939.9.

(인문평론, 1939.10), 「산양」(조광, 1939.9), 「겨울의 노래」(문장, 1939.12), 「힌 장미같이 잠이드시다」(인문평론, 1940.4), 「못」(춘추, 1941.2), 「새벽의 아담」(조광, 1942.1) 「연륜」(춘추, 1942.5), 「청동」(춘추, 1942.5) 등이 일제말기에 남겨진 시편들이다. 장만영은 「요양원」, 「공동묘지」, 「못」 등이 자신에게 적지 않은 영향을 주었고 새로운 방향을 개척할 수 있게 해준 시편이라 언급한 바 있다.[119] 과거와 신시대 사이의 분기점에서 방황하던 신세대 시인들에게 새로운 방향을 선택할 수 있는 '등대'와 같은 작품이었다는 것이다. 1930년대 이른바 모더니즘적인 시들이 아니고 상징적인 면모가 있는 시들이 신진시인들에게 인지되었다는 점이 핵심인데, 이는 우리말 구어체의 시에 대한 신진들의 관심과 무관하지 않다. 김기림의 이들 시편들의 공통된 특징은 이른바 '오전의 시'로서의 밝고 명랑한 '기지'가 아닌 무겁고 짙은 '상징'의 아우라이다.

'지루한' 것으로 표현된 일제말기의 삶은 김기림에게 극심한 피로감을 형성했던 것 같다. 그는 순한 양처럼 '갑자기 무엇이고 믿고 싶다'는 열망(「산양」)에 사로잡히기도 하고, 순교자적 의식에 눈뜨기도 한다. 일제말기를 사는 시인이자 지식인으로서 그가 느꼈을 당혹감과 비애를 추측할 수 있다. 일제말기 시편들은 어둡고 우울한 이미지들로 가득 차 있지만, 침묵한 채 고여 있던 내면의 목소리가 어두운 상념을 뚫고 솟아난다. 그것은 절망의 목소리이기보다는 묵은 역사와 결별하려는 적극적인 삶의 의지이다.

「요양원」은 인생에 대한 성찰이 '지리한 역사의 임종을 고대'하는 내면의 피로와 혼합되어 있으며, 「공동묘지」는 '아무 무덤도 입을 벌리지 않도록 봉해 버렸지만, 묵시록의 나팔소리를 기다리는 귀를 쫑그린다'는 시

119 장만영, 「내가 좋아한 시인군(群)」, 『전집 3』, 463면.

인의 예언자적 목소리를 전하기도 한다. 「청동」에서는 '도도히 흘러온 역사를 담을 청동그릇 하나를 꿈꾸면서' 역사에 대한 전망을 피력하기도 한다. 「새벽의 아담」에서 순교자적 의식은 '청초한 수선화 향기'를 머금고 온다. 이 시에서 묵은 역사와의 결별하겠다는 의지는 분명하게 '또 다시 어둠 우에 떠오르는 희망의 태양을 맞이하는' 청춘의 훈장을 달고 온다. '지루하면서도 묵은역사'에 대한 결별의 의지와 '새로운 역사에 대한 전망'을 상징적으로 드러낸 것이다. 김기림은 이를 '청춘의 훈장'이라 부른다.(「새벽의 아담」)

'아득한 허무'와 절망의 내면들을 토로하면서도 김기림은 '역사의 경영에 어느 구석 일흠없는 돌멩이고자'(「흰 장미같이 잠이 드시다」[120])하는 역사의 전망을 내비친다. 시의 장래를 민족이라는 집단의 발견에 두되, 그것은 미래적인 것이라 단언했던 그 불확실성과 불안이 비극적 신념에 고스란히 내재되어 있다. '피상적인 모더니스트', '시인으로서의 자질 부족'이었던 그는 '상징'의 언어를 통해 시의 심연에 다가갈 수 있었다.

'역사'의 지루함 혹은 종언

「요양원(療養院)」은 '역사의 종언'을 이야기한다. 개인의 '인생'이 '역사'라는 단어로 대체된 것인데, 그 역사는 가볍고 간사하고 우연적이어서 인간을 매달고 끊임없이 질주한다.

> 저마다 가슴속에 癌腫을 기르면서
> 지리한 歷史의 臨終을 苦待한다.

120 임화는 이 시가 '우리의 현실이란 것의 풍모를 규지(窺知)케 한 것'이며 김기림에게는 특이한 '동양적인 幽玄한 세계'가 있다고 평가한다. 임화, 「시와 현실과의 교섭」, 〈인문평론〉, 1940.5.

그날 그날의 動物의 習性에도 아주 익어버렸다.
標本室의 착한 윤리에도 아담하게 固定한다.

人生아 나는 용맹한 포수인 체 숨차도록
너를 쫓아다녔다.

너는 오늘 간사한 메추라기처럼
내 발 앞에서 포도독 날아가 버리는구나
(「療養院」, 조광, 1939.9)

역사는 마치 간사하고 경박한 '메추라기'를 닮았다. 그런 역사를 붙들고 견디는 삶이란 암종(癌腫)과 같은 것이다. 눈물을 지운 채 건조한 어조로 김기림은 역사 허무주의를 말한다. 인간이 쫓아다닌 그 인생이란 습성에, 착한 윤리에 익숙해지는 것, 고정되는 것이다. 인간은 '용맹한 포수인 채' 하고 역사를 좇아다니지만, 그것을 따라잡을 수는 없다. '癌腫'과 같은 그러한 지루한 역사의 임종을 고대하는 심정이 김기림의 시혼을 강력하게 붙잡고 있다.

「山羊」은 역사에 대한 지루함과 그 지루함에 고단해진 육체의 데카당이, 김기림답지 않은, 다소 악무한적인 허무감이 깃든 어휘('홀로 자빠져')에 실려있다.

홀로 자빠져
옛날에 옛날에 잊어버렸던 찬송가를 외워보는 밤
산양과 같이 나는 갑자기 무엇이고 믿고 싶다.
(「산양」 부분)

이 시의 '폭력성'은 시인의 절망적 심연의 등가물이다. 그것은 일종의 역사 허무주의를 띠고 있는데, 궁극적으로 종교적인 구원의식에 닿아있다는 것이 주목된다. 기댈 데 없어 적막해진 심정을 기독교적 구원의식으로 달래보고자 한 것이다. '산양'과 같은 착하고 순한 존재로 그는 '신의 품안'에 기대고 싶어한다.

「흰 장미같이 잠이 드시다—遺骸를 모시고」는 역사허무주의와 종교적 구원의식이 교차하는 지점에서 생의 의지를 확인하는 시인의 심정이 노출돼 있다. '내 청춘의 황혼 속에 빛나는' '당신'의 주검 앞에서 시인은 과거와 현재, 망각과 기억, 생의 열정과 허무 그 사이의 간극과 또 그것들의 영속성을 떠올린다. '황혼에 멈춰선' 순간에야 그것들이 떠오른다. '騷亂한 世紀의 우지짐' 앞에서 허무를 초극하는 '당신'의 자세에서 시인은 '일흠없는 돌멩이로' 역사의 새로운 經營을 도모하는 의지를 피력한다.

> 흰 薔薇처럼 싸늘하게
> 내 靑春의 黃昏속에 빛나는 얼골
> 들뜬 손뼉소리 —꾸지람—휘황한 눈짓에도
> 당신의 心臟은 다시 뜨거워지는 일이 없을 것이다
>
> 騷亂한 世紀의 우지짐은
> 한갓 당신의 귀면을 스치는 먼 바람결
>
> 악착한 우숨 소리 아우성 소리에도
> 얼골빛 하나 찡그림없이
> 아득한 虛無 앞에 당신은 合掌을 하셨읍니다

당신은 지금 뭇소리와 빛 밖에
泰然히 눈을 감으시고
힌 薔薇처럼 잠이 드섯습니다

虛妄한 生의 行列에 총총히 왔다가는
이윽고는 실없는 나그네처럼 잊어버리워진다 합니다

記憶은 가장 믿기 어려운 그림자
다만 역사의 經營에 어느 구속 일흠없는 돌멩이고저
(「힌 장미같이 잠이 드시다 – 遺骸를 모시고」, 인문평론, 1940.4)

'소란한 세기의 우지짐'이란 '한갓 귀몃을 스치는 먼 바람결' 마냥 가볍고 허망하게 사라진다. '당신'은 '흰 장미'와 같이 차고 냉혹하게 오직 '내 청춘의 황혼' 속에서 빛난다. '들뜬 손뼉소리, 꾸지람, 휘황한 눈짓' 같은 세기의 소란스러움, 세기의 혼돈을 앞에 두고도 당신은 냉정하고 경건하며 얼굴빛 하나 찡그리지 않는다. '아득한 허무' 앞에서도 초연한 '당신'은 '흰 장미처럼' 순결하고 눈부시다. 그 소란 앞에서도 동요하지 않는 '당신'은 아마 다음에 올 시간을 위하여 잠들어있는 듯 보인다. 그것이 '흰 장미처럼 잠드는 당신'의 역사의 경영 방법이다. 그러니 '허무한 생의 행렬에서 왔다가는 것'도, 그것의 기억도, '나그네처럼' 망각된다. '장미같이 순결한' 당신의 의지앞에서 시간은 중지되고 역사는 새로 열리는 것 아닌가. '역사의 어느 한 구석' 이름없는 돌멩이로 살아갈 수 있는 이 초라함과 참루함이 이토록 경건하고 숭고한 이유가 바로 당신이 경영하는 역사의 시간을 믿기 때문이 아닌가.

일제말기 조선미술사의 대가이면서 화가였던 인물들, 이여성 · 김용

준, 그리고 양재하 · 이태준 등과의 교유 속에서 가지게 되었던 '조선적인 것'에 대한 김기림의 관심은[121] 정적이고 폐쇄적인 조선시대 예술에 대한 반성과 함께 한다는 점에서 '고전론'의 한 지류를 관류하는데, 이 시 또한 그 범주에 있을지 모른다. 일제말기 〈조선일보〉 학예부장이었던 김기림은 조선일보의 폐간을 이미 알고 있었다. 김기림은 '청춘의 황혼'을 감지한다. 언뜻언뜻 어른거리는 '당신'의 얼굴에서 김기림은 어떤 전통에 뿌리박고 있는 역사의 길을 찾아내었던 듯하다. 임화가 평가한 대로,[122] '소란한 세기'로부터 '유현한 세기'로 이행하기 위한 '금후(今後)'의 과제가 무엇인지 시인 스스로 묻고 답해야 했던 것이다. '역사의 經營에 어느 구속 일흠없는 돌멩이고저' 하는 그것은 '시인의 사업'이었다.

돌멩이의 침묵

김기림은, 동아일보, 조선일보가 폐간된 이후 〈춘추〉지에 발표한 시 「못」(1941.2), 「청동」(1942.5), 「연륜」(1942.5)과 수필 「분원유기」(1942.7) 등에서 '침묵'을 상징적으로 드러낸다. 이 글들은 서울에서의 기자 생활을 접은 이후 발표된 것으로, '일제말기를 침묵으로 지냈다'는 세간의 평가에 기댄다면, '침묵'을 시의 말로 대신한 것이라 할 만하다.

한편으로, 이 글들은 김기림이 1939년에 발표한 「침묵의 미」(1939. 5.8)와의 연장선상에서 살펴볼 만하다. '대자연의 신비 앞에 선 인간이 할 수 있는 일은 결국 침묵하는 것'이라는 일견 신비주의적 태도와 카르

121 김기림, 「동양에 관한 단장」(문장, 1941.4), 「분원유기」(춘추, 1942.7) 등에 이 정황이 축약되어 있다.

122 임화, 「시와 현실과의 교섭」, 〈인문평론〉, 1940.5.

납과 비트겐슈타인의 언어 이론을 혼합한 내용이지만, 궁극적으로는 시정의 요설에 대한 비판과 묵묵히 주어진 일을 하고 싶다는 열망을 피력한 것이라는 점에서 백석의 '슬픔과 침묵'의 담론인 「조선인과 요설」, 「슬픔과 진실」과 다르지 않다.

김기림의 '침묵하는 말'은 그의 후기 시론들이 보여주는 시의 '예언자적 임무'를 반향한다.

> 묵묵히 일을 하고 싶다. 일의 완성이라는 것은 반드시 우리 당대에 잇서야 할 일도 아닐 것 갓다. 서투른 솜씨에 하는 일이 무엇이 그리 신통하랴? 「다른 사람으로 하여금 와서 이일을 더 잘하게 하라」[123]

'묵묵히 일을 하고 싶다'의 선언은 얼마나 단순하고 또 무거운 것인가. '다른 사람으로 하여금 그 일을 하게 하는 것'이라는 미래를 약속하는 예언자의 목소리가 깊은 울림을 준다. '일의 완성'이 당대에 이루어지는 것이 아니라 다음 세대에 이루어질 것이라는 전언은 그가 「시의 장래」에서 주장한 '새로운 시대의 전령'이라는 문맥과 이어진다. 당대에 할 일이란 '묵묵한 과업'의 씨앗을 던지는 것일 뿐이니, 이 '과업'은 일제의 '조선어 금지' 정책과 '신문 잡지의 폐간'이라는 시대적 암흑기에 생명의 빛을 미묘하게 던진다. 「낙화」(1940.5.10)에서는 세대론적 임무가 낙화와 죽음의 이미지를 통해 미묘하게 반추된다. '한 두 사람이 퇴장할지라도 살어잇는 사람들의 살어잇는 활동만은 끝업시 뒤를 니어간다', '과거 우에 눈물을 뿌리는 것을 구지 그만두라고는 하지 않는다. 미래를 위하여 현재를 살리는 것 그것바께는 길이 업다'는 결말은 장엄하기까지 하다. '낙화'

123 김기림, 「침묵의 미」, 〈조선일보〉, 1939.5.8.

의 이미지에서 시간의 지속을 읽는 김기림의 시선은 일제말기의 어두운 현실과 정세의 불안을 뚫고 솟아나는 '생명'의 숙연한 움직임이 있다. 당대의 '침묵'은 역사의 한 세기를 종언하고도 유유히 흘러가는 생명의 지속을 향한 정신적 고투의 움직임이다.

'침묵'의 상황을 백석이 날카롭게 읽었던 사실은 앞에서 이미 언급했다. 김기림의 '침묵'의 수사는 백석이 '침묵'을 통해 조선인의 혼을 불러 모으고자 했던 내성의 말의 시적인 반응이다.

> 입을 담을고 생각하고 노하고 슬퍼하라. 진지한 모색이 잇서 더욱 그러할 것이요. 감격할 광명을 바라보야 더욱 그러할 것이다. ―중략― 무엇인가 謹愼과 분노와 비애다. 심각한 고통이다. 이것들이 조선인의 혼을 꽉 붓잡는 것이다. 조선인이 고난 속에 잇다는 것은 거짓말이다. 그들이 요설인 동안 이것은 거짓말이다.[124]

'침묵'은 '분노'와 '웅변'의 전도(顚倒)이며 진지한 모색과 감격할 광명의 시선, 그러니까 예언자적 시선으로부터 나온다. 침묵의 수사가 되살아나는 것이 일제말기라는 점이 '황혼의 시'를 이해하는 데 핵심적인 사안이다.

공감과 심정의 세계

일제말기 김기림에 대한 평자들의 인상을 지배했던 것은『기상도』도, 「오전의 시론」도 아니었다. 앞에서 언급했던 김규동의 경우도, 함께 신문기자 생활을 했던 이원조의 경우도 그들은 김기림의 「공동묘지」(인문

---

124 백석, 「조선인과 요설-서칠마로 단상」, 〈만선일보〉, 1940.5.25-26.

평론, 1939.10), 「못」(춘추, 1941.2)에서 시대를 꿰뚫어보는 김기림의 시혼을 읽는다. 이 두 시편들은 김기림의 이 시기 '상징시편'의 정석(定石)을 보여준다.

김기림의 시선의 변화를 누구보다도 빨리 눈치 챈 것은 그의 신문사 동료이자 후배 평론가인 이원조였다. 이원조는 일찍이 김기림의 '인간'을 날카롭게 간파한 바 있다.[125] 이원조는, 김기림의 시인으로서의 고향은 모더니즘의 '군호'가 아닌 여러 사람이 다 같이 느끼는 '심정의 세계'에 있음을 날카롭게 지적한다.

> '씨네마 풍경'이니 '손풍금'이니 '삐드 大佐'니 무수한 현대적 지식, '건방진 굴뚝' '튜립 같이 밝은 대합실' 등등의 한없는 綺語 가운데서 수족과 같이 경쾌하던 형의 풍금이 또 언젠가 '못'가에서 약간의 흥분 그러나 초췌한 얼골로 변한 것을 보았을 때, 나는 나 스스로 옳지 편석촌이 시의 고향으로 돌아왔나부다 했습니다.
>
> 편석촌 형! 시의 고향은 형이 앞서 부르짖던 모더니즘의 군호가 아니라 우리 여러 사람이 다 같이 느끼는 이 심정의 세계-거기는 '공동묘지'이기도 하고 '못'가이기도 한가 봅니다.[126]

프랑스 문학을 전공한 이원조는, 앙드레 지드의 「파류드」, 「유리앙의 여행」, 「탕자의 귀가」를 예로 들어 김기림의 '고향'이 새삼 어디인가를 묻고 있다. 모든 인습과 전통을 버리고 떠난 여행에서 탕자는 아무 것도 얻지 못한 채 갖은 고난과 편력을 다하게 된다. 허무와 피로만을 가지고 돌아 온 탕자의 귀향처럼 김기림의 현대시를 찾아 떠난 편력 또한 뚜렷하

---

125 이원조,「김기림 제 2시집 태양의 풍속」, 〈조선일보〉, 1939.12.15.
126 이원조, 「시의 고향-편석촌에게 붙이는 斷言」, 〈문장〉, 1941.4.

게 눈에 보이는 성과가 없다는 것이다. 김기림은 장시 「기상도」 등에서 현대 문명의 병적인 징후를 우울의 감정을 섞어 진단하고 또 지성적으로 현대 문명을 비판 · 풍자하는 시선을 보여주지만, 그 시적 의장 자체가 날카롭고 예민한 시의 정신에서 배태된 것으로 보기는 어려웠다. '씨네마 풍경', '손풍금', '삐드 大佐' 와 같은 현대적인 지식이나 정보를 담은 어휘, 서구적인 풍물과 관련된 어휘가 '현대적인' 감각을 대신할 수는 없다는 것이다. '건방진 굴뚝', '튜립 같이 밝은 대합실' 과 같은 비유의 경박성과 단순성이 시취(詩趣)를 제거해버리는데, 이원조는 이를 '한없는 기어(綺語)'라고 비판했다.[127] 저널리즘의 언어가 시인의 언어는 아니며[128], '시가 시인의 물건'인 것은 그것으로서 우리의 심정을 달래일 수 있어야 한다.[129] 그 빛나던 '모더니즘의 언어'가 시효를 다하고 퇴색해버린 그런 시대의 감각이 이원조의 비평에 묻어있다.

'시의 고향'은 더 이상 모더니즘의 구호로 찾아지는 것이 아니며 그러하기에 『기상도』의 세계는 정작 김기림이 돌아갈 '고향'은 아니었다. 『기상도』의 세계가 소재 차원이든 주제 차원이든 다른 시인들이 시도하지 않았던 측면이 있다고 하더라도, 다른 산문 영역의 담론, 예컨대 철학가나 외교전문가가 이 소재나 주제를 다룬 것에 비해 더 전문적이고 더 정밀한 것이었는지는 의문의 여지가 있다는 것이다. 문제는 시영역의 우선권을 주장할 수 있는가 하는 것이며, 더 근본적으로는 외부적 정세를 대

127 조영복, 『문인기자 김기림과 1930년대 '활자-도서관'의 꿈』, 살림, 2007.

128 김동석의 '김기림의 자본주의 비판은 본격적인 비판이 아니고 신문기사를 가지고 몇 번 재주를 넘은 유희적 비판이다'는 지적을 다시 한번 상기할 수 있다. 김동석, 「금단의 과실」, 『예술과 생활』, 백문출판사, 1947, 43면.

129 이원조, 「시의 고향-편석촌에게 붙이는 단언」.

하는 시인 자신의 태도와 관련된 것이다.[130] 박용철은, 이론적으로는 미래를 긍정적으로 묘사할 수 있다해도 실제로는 '태양의 노래'를 부를 수 없고 그러니 '너무 일즉 救援의 손이 오는 데서는 「올빼미의 노래」는 그 진정한 깊이에 다다르지 못한다'고 지적했다.

차라리 '시적 공감과 심정의 공유'를 가능하게 하는 세계, 약간의 흥분과 焦췌로 다가가는 시의 고향은 「못」이나 「공동묘지」의 세계, 상징의 세계이다. '흥분과 焦췌'란 바로 무겁고 어두운 탕자의 내면('공동묘지')과 '낭만적 동경'으로서의 심정의 세계('못가')가 융통해 있는 세계이다. 심정으로 우리를 달래주는 것, 즉 시혼의 공감을 가능하게 하는 세계가 시의 세계였다. 이원조의 글이 〈문장〉 폐간호(1941.4)에 실려있다는 데서 이원조가 말하고자 하는 '우리 여러 사람이 다같이 느끼는 이 심정의 세계'가 갖는 심연의 광활함과 서정적 깊이와 시대의 예지를 짐작할 수 있다.

> 日曜日아츰마다 陽地바닥에는
> 무덤들이 버섯처럼 일제히 도다난다
>
> 喪輿는 늘 거리를 돌아다보면서
> 언덕으로 끌려올라 가군한다
>
> 아모무덤도 입을 버리지않도록 봉해 버렸건만
> 黙示錄의 나팔소리를 기다리는가 보아서
> 바람소리에조차 모다귀를 쫑그린다
>
> 湖水가우는 달밤에는

130 박용철, 「병자시단의 일년성과」, 『전집 2』, 110-111면.

등을이르키고 넋없이 바다를 구버본다.
(「共同墓地」, 인문평론, 1939.10)

「공동묘지」에 나타나는 무덤의 이미지는 묵시록적인 예언자의 목소리를 깔고 있을 뿐 아니라 역동적인 생명의 움직임을 내재하고 있다. '늘 돌아다 보면서 끌려 올라가는 상여'의 이미지는 폭력적이고 강압적인 힘에 끌려가는 피동성과 죽음의 이미지를 거느린다. 입을 벌리지 못하도록 강제당한 무덤의 이미지에는 강제성과 굴욕성이 있다. 그러나 그 무덤은 '묵시록의 나팔 소리'에 귀를 쫑긋하는 내적 에너지와 생명력을 가진 것이다. 무덤은 미래의 시간을 위해 귀를 세운다. 호수가 우는 달밤에 등을 일으키는 무덤은 신비적이고 미묘한 분위기를 아우른다. '넋없이 바나를 굽어보는' 무덤 이미지에는 예언자의 시선이 깔려 있다. 예언자적이고 엄숙한 '죽음'은 일제 말기를 살면서 시의 장래를 예견하고 우리말의 운명을 조심스럽게 낙관했던 지식인 김기림 목소리를 반향한 것이다. 그것은 '주검'인 동시에 '생명'이며 그래서 시인은 침묵하면서도 웅변한다.

김기림의 예언자적인 지성은 「못」(춘추, 1941.2)에서 날카로우면서도 묵시록적인 '침묵'에 닿는다. 발표시기로 본다면 더욱 암울한 상황이 도래했음을 짐작할 수 있는데, 그럼에도 시인의 역사에 대한 전망이 보다 예리하게 빛나고 있다는 것은 주목할 만하다.

모-든빛나는 것 아롱진 것을 빨아버리고—
못은 아닌밤중 지친瞳子처럼 눈을감었다.

못은 수풀한복판에 뱀처럼 서렸다.
못 호화로운것 찬란한것을 녹여삼키고—

> 스스로 제 沈黙에 놀라 소름친다.
> 밑모를 맑음에 저도몰래 오슬거린다.
>
> 휩쓰는 어둠에서 날(刃)처럼 흘김은
> 빛과 빛갈이 녹아엉키다못해 식은 때문이다.
> 바람에 금이가고 비빨에 뚫렸다가도
> 상한곳하나없이 먼동을 바라본다.
> (「못」, 춘추, 1941.2)

친일적인 담론이 주를 이루는 〈春秋〉 창간호에 실린 시다. 이 시기 〈춘추〉에는 〈문장〉, 〈인문평론〉에 비해 체제 옹호 담론이 훨씬 늘어났고 그것 대부분이 국책에 호응하는 논설들이었다. 주요한의 「青年 二題」가 '너 자신을 바처라, 너 자신을 희생하라'는 투의 직접적인 언술이 일제가 내건 국책적인 담론에 접근해가는 것과는 달리, 김기림의 「못」은 뛰어난 상징성으로 그 직접성의 언술을 횡단한다. '못'은 빛과 어둠, 뜨거움과 식힘, 냉철함과 열기를 동시에 소유한다. 깊은 심연의 '어둠'과 소름끼칠 정도의 '맑음', 모든 것을 삼켜버릴 '뜨거움'과 모든 것을 녹여버릴 '차가움(식음)', 어둠 속에서의 날카로운 시선과 관조적 명상, 이 양가성과 모순성이 '못'의 고유한 성격이 된다. '모든 빛나는 것, 아롱진 것'을 빨아버리고, '호화로운 것, 찬란한 것을 녹여 삼'키는 능력은 못의 강력하고 역동적인 힘이며, 뱀처럼 날카로우면서도 밑을 모를 정도로 맑은 '시선'은 시인의 견자적 시선에 다름 아니다.

휩쓰는 어둠 속에서 '눈'은 날카롭게 빛난다. '빛과 빛깔이 녹아 엉키가 못해 식'은 것은 이 못의 '시선(흘김)' 때문이다. 모든 것이 녹아내릴 정도의 강력한 열(힘)은 사실 '식은(냉각된)' 것에서 온다. 이 '열'과 '얼음'의 옥시모론적 역설은 뱀의 시선처럼 흘기고 있는 날카롭고 냉혹한 시인의 시선과 만난다. '흘김'은 무너져가는 역사의 시간을 '정면'이 아닌 '측면'에서 보고있음을 뜻한다. 그러니 더 날카롭고 유심하게 '먼동'을 바라볼 수 있다. 그것은 유례없을 정도로 강하고 역동적이다. 김기림은 '못'에서 미래의 시간을 보고자 했을 것이다. 현재를 견딤으로써 미래의 시간을 사는 시인의 시선을 그는 '못'의 상징성을 통해 그려내고자 했다. 그 '침묵'이 얼마나 날카롭고 예리한 것인가는 '저 놀라 소름치는' 구절에 이미 투영되어 있다.

마지막 두 행은 다소 고답적인 앞의 행들과는 다른 방향에 서 있고, 다소 설명적이고 상투적인 대목이기는 하지만 결정적이고 핵심적인 이미지를 각인한다. '바람에 금이 가고 비빨에 뚫려도 상한 곳 하나 없이 먼동을 바라보는' '못'이 시인의 곁을 지키고 있다. 시인은 '못'에서 자신의 그림자를 본다. 그 힘으로 그는 '시굴(경성)'에서의 지루하고 고독한 삶을, 일제말기의 심연을 헤쳐나가고 있다.

> 바람에 금이 가고 비빨에 뚫렸다가도
> 상한 곳 하나없이 먼 동을 바라본다
> (「못」 부분)

이 마지막 두 행과 「공동묘지」의 마지막 두 행을 비교해본다. 흥미로운 공통점이 발견된다.

> 호수가 우는 달밤에는
> 등을 일으키고 넋없이 바다를 굽어본다.
> (「공동묘지」 부분)

'바라본다'와 '굽어본다'에 시인의 궁극적 시선이 가 닿는다. 산 정상에 선 '초인'만이 먼 동이 터오는 아침을 바라보면서, 또 바다를 굽어보면서, 언제 태양의 사자(使者)가 저 수평선 위로 떠오를지 예견할 수 있다. 견자적 시선은 역사의 시간을 뛰어넘어 미래에 가 닿는다.

모든 '빛나는 것 아롱진 것'을 내장하고 '뱀처럼' 몸을 웅크리고 있는 '못'은 숭고하고 장엄한 역사의 에너지를 저장하고 있다. '밑이 모를 정도의 맑음'과 '어둠 속에서' 선연하게 빛나는' 못은 어떤 절대적인 경지에 다가 서 있는 정신의 에너지가 아닐 수 없다. 강렬하고도 냉혹한 에너지를 저장한 시선이 그런 것들이다. 이 모순적인 수사법(옥시모론)이야 말로 김기림이 당대를 헤쳐 나갔던 절대 정신의 경지를 대변해 준다. 김기림은 '녹아 엉키다 못해 식은', '밑모를 맑음'이라고 이 경지를 말해 놓았다. 바람에 금이 가고 비빨에 뚫렸다가도 '상한 곳 하나 없이 먼동을 바라본다'고 시인은 썼다. '시의 장래'는 이 절대성과 온전성의 차원('상한 곳 하나없이')에서 묵시록적으로 승화되어 있다.[131]

해방직전의 어둠과 침묵

〈조선일보〉 폐간 이후 기자생활을 접은 뒤 고향 경성으로 낙향하면서 교사로서의 삶을 꾸려가고 있던 김기림의 선택은 그가 지식인으로서 줄기차게 좇아갔던 '역사'를 부정하는 길이었다. 시인이자 시론가이며, 문인이자 언론가였던 김기림에게 '지식인으로서의 사회적 책무'는 그가 평생을 '사회(역사)'에 빚진 자로서의 삶을 산 동인이었다. 그 역할과 책무는 어찌보면 그의 청춘을 함께했던 글쟁이로서의 삶이 마감되는 시점에서 종결되었다. 그것이 민간신문 폐간(1940.8.10), 그리고 〈문장〉, 〈인문평론〉

131 조영복, 『문인기자 김기림과 1930년대 '활자 도서관'의 꿈』 참조.

폐간(1941.4)[132]이었던 것이다. 그런 일련의 역사적 사건들이 이 시기 김기림이 쓴 '상징의 시편'들에서 일정한 흐름으로 이어지고 있는 것이다.

〈춘추〉에 실린 두 편의 시는 해방이전 김기림의 상징적 시편의 거의 마지막을 장식한다.

> 문어지는 꽃이파리처럼
> 휘날려 발 아래 깔리는
> 서른나문해야
>
> 구름같이 피려던 뜻은 날로 굳어
> 한 금 두 금 곱다랗게 감기는 年輪
>
> 갈매기처럼 꼬리 덜며
> 珊瑚 핀 바다 바다에 나려앉은 섬으로 가자
> 비취빛 하늘 아래 피는 꽃은 맑기도 하리라
> 문어질 적에는 눈빛 파도에 적시우리
>
> 초라한 經歷을 陸地에 막은 다음
> 주름자피는 年輪마저 끊어버리고
>
> 나도 또한 불꽃처럼 熱烈히 살리라
> (「年輪」, 춘추, 1942.5)

종말은 언제나 축제처럼 온다. 축제는 화려한 폭죽마냥 불타오른 뒤 식

132 〈인문평론〉의 경우, '폐간'이라 보기 어려우나 '조선어문장'의 종언을 의미한다는 점에서 〈문장〉의 폐간과 함께 묶어 논하기로 한다.

은 재처럼 사그라든다. 우리는 이 축세의 종말을 이미 서정주에게서 보았었다. '서른나문해'는 '무너지는 꽃이파리처럼 휘날려 발 아래 깔린다.' 눈부시게 피어올랐다 소멸되는 이 역사의 장관을 '휘날리다 깔리는 꽃잎파리'에 겹쳐두었다. '서른나문해'란 무엇인가? 그것은 '초라하고 쥬름잡히는 것'이다. 1908년생인 김기림의 인생이 떠오를 수도 있고 일제식민지가 시작되었던 '1910년'의 역사적 사건이 생각나기도 한다. 하지만 그런 역사적, 인간적 연대기로 그 '서른나문해'를 정의하는 것은 지나치게 협소하거나 고립된 해석이다. 「요양원」에서 그 힌트를 찾는다면, 그것은 '人生'이 좇아가야하는 그런 역사의 무게이다. 그 '역사'의 시간에 일제말기의 역사적 사건들이 개입되어 있다. 〈문장〉, 〈인문평론〉 폐간 이후 〈신세기〉, 〈춘추〉 등에 실린 조선어 텍스트들은 김기림의 '최후의 언어행위'이자 '최후의 텍스트들'이 아닐 수 없다. 일제말기 '조선의 운명'을 '조선어의 운명'에 중첩켜 그 비극적 국면을 뚫고 나가고자 한 심리적 등가물이 이 최후의 텍스트에 녹아있다. 그것은 비극적 세계관에 근거한 것인데, 역사의 부정은 역사를 종결지음으로써 새로운 미래의 시간을 예정하는 길이었다. 마치 신들의 황혼이 신의 몰락 이후 인간의 시간을 예정하는 것과 다르지 않다.

'年輪'이 나려앉는 곳은 '산호 핀 바다에 나려앉은 섬'이다. 산호는 붉고 정열적인 생명을 이어갈 것이며, 그 바다 한가운데 떠 있는 섬은 고독하지만 자유로운 시간을 가져다 줄 것이다. '무너질' 때조차 '눈빛 파도에 적시우'는 삶이란 얼마나 선연히 아름다운가? 이런 단호하면서도 낭만적 동경을 담아 김기림은 '서른나문해' 이후의 경력을 그 전 시간으로부터 단절해버린다.

초라한 經歷을 陸地에 막은 다음

> 주름자피는 年輪마저 끊어버리고
> (「年輪」 부분)

'육지'에서의 그 '초라한 서른나문해'의 경력을 막은 뒤 '주름자피는' 연륜마저 끊어버렸다. 육지의 시간과 그렇게 단절된 그의 '섬'에서 그는 자유롭게 불타오르는 삶을 희구한다. 아마 김기림의 '내일'은 이 불꽃처럼 열렬히 불타는 생의 의지에 내려앉고 있었을 것이다. 김기림의 역사허무주의는 묵시록적, 견자적 시선을 거쳐 그가 조선어로 글을 쓸 수 있었던 거의 마지막 단계에서는 낭만적 동경으로 변화하면서 그의 생의 의지를 달구게 했을 것이다.

김기림은 「청동」에서는, 여러 역사를 산 듯 어두운 빛을 허리에 감은 청동 그릇 하나를 앞에 두고 여러 가지 꽃향기를 담을 미래의 시간을 그려본다. 시대의 깊은 어둠 속에서 김기림은 예민하게 역사를 후각화한다.

> 녹슬은 靑銅그릇 하나
> 어두운 빛을 허리에 감고
> 현란한 世紀의 골목에 물러앉아
> 흡사 여러 歷史를 산 듯하다
> 도도히 흘러온 먼 歲月
> 어느 여울 가에 피었던
> 가지가지 꽃香氣를
> 너는 담았느냐
> (「靑銅」, 춘추, 1942.5)

낡고 녹슬은 '청동 그릇 하나'에 모든 역사가 담겨있다. '현란한 세기의 골목'이 주는 시대의 혼란과 격변의 정세와 출구없는 불안이 '청동 그릇'의 허리에 감긴 '어두운 빛'이다. 「年輪」과 마찬가지로 김기림은 시 후반부에서 '꿈'을 말한다. 청동 그릇은 낡고 녹슬었으나 도도하게 내뿜는 꽃향기를 품고 있다. 그 '薰香'은 면면히 흘러온 시간만큼이나 오래도록 사라지지 않을 듯하다.

김기림이 일제말기에 남긴 시들은 모더니스트 시인이자 시론가로 알려진 그의 인상과는 다르다. 특히 『기상도』에서 보여주었던 '재치와 풍자'의 어법은 거의 찾기 어렵다. 문단초창기, 그가 일본 유학에서 돌아와 조선일보에서 사회부 기자의 자격으로 간도지방 조선인들의 삶을 취재한 뒤 거기서 시적 영감을 얻어 썼던 시들은 '모더니즘류'의 시들보다 김기림 시의 근본적인 자질을 보여준다. 이 초기 시의 '어둠'의 흐름은, 도시를 산책하면서 느낀 시들에 깔린 '우울'을 거쳐 일제말기의 묵시록적 사유로 이어지고 있다. 그에게 '어둠'은 비극적 사유의 한 끝을 쥐고 있다. 이 같은 관점에서 그의 일제말기 시들을 다시 읽어보아야 하지 않을까.

따라서 김기림의 면모는 근대시사에서 모더니즘 · 기교파의 카테고리에서 그의 이름을 일단 지우는 바로 그 지점에서 다시 드러날 것이다. '영도의 지대'가 시인이 자신의 '시인'을 출발시키는 자리라면 시인 김기림의 진정한 출발은 일제말기 시에서 찾아질 것이다. 완숙하게 나이를 먹고 자신의 연륜을 양식에 투사하는 것이 잘 늙어가는 시인의 일이기도 하지만, 반대로, 황혼기에 역사의 등에 위태롭게 올라타 긴장되고 조화롭지 않은 방식으로 '역설과 옥시모론'의 정신지대를 통과하면서 아직 오지않은 '꽃향기'를 노래하는 것이야말로 진정한 시인의 길인지도 모른다. 시는 그때 현실을 부정하고 현실에 저항하면서 저 스스로의 길을 개척한다. '황혼의 시학'이란 이런 것이다.

에필로그

누구가 청년의 가슴속에 자라나는 영웅의 정신을 죽음으로써 막겠는가
암흑인가? 폭풍인가? 뇌명인가?

— 임화,「암흑의 정신」중에서

Epilogue

'황혼의 시학'과 시의 주권(主權)

김기림이 동북제대 시절 포화 속에서 들었던 안젤라스 송을 다시 꺼내 든 것은 김종한이다. 김종한은 〈인젤라스 송〉을 들으며 황혼의 귀가길을 준비한다.

> 말없이 걸어가는 그림자외다
> 말없이 걸어가는 황소외다
> 말없이 걸어가는 사나이외다
> ㅡ 황혼의 그림자는 왜 길다랄가요
>
> 사나이는 황소를 따라가고
> 황소는 그림자를 따라가고
> 그림자는 오솔길을 따라가고
> ㅡ 안젤라스의 종소리는 들려오지않으나
> 오솔길이 그림자를 이끌고갑니다
> 그림자가 황소를 이끌고갑니다

황소가 사나이를 이끌고갑니다
(「歸路」, 문장, 1939.4)

사나이의 황혼녘 귀가길이다. '그림자' · '황소' · '사나이'는 실상 셋이자 또 각각 하나이다. 침묵한 채 길을 가는 이 사나이는 황소와 겹쳐지고 그것은 그림자로 이미지화 된다. 무겁고 긴 여운이 '황혼의 이 길다란' 형상에 투영돼 있다. 그것은 무겁고 비장한 말을 축약한 이미지이자 여운의 짙은 향훈을 내재한 것이다. 이 세 형상이 각자 앞서가고 서로 따라가면서 각각의 이미지가 교차되고 겹쳐질 때 이 시는 공감의 절정을 이룬다. '사나이'는 저 스스로의 의지로 길을 가는 것이 아니라 황소를 따라 아니 황소의 그림자에 의지해 길을 더듬어 가는데, 그것은 차라리 '그림자'의 길일 수는 있으나 인간의 길은 아니다.

마지막 연에서 시인은 앞 연의 말을 받아 명백하게 '사나이는 이끌려가고 있음'을 보여준다. 오솔길이 그림자를, 그림자가 황소를, 황소가 사나이를 이끌고 가고 있다. 이 '이끌려가는' 수동성의 인간은, 초인적인 목소리를 담아 그 수동성에 저항하고자 했던 이상화의 '마돈나 나의 침실로'를 복기한 것과 다르지 않다. 이상화는 마지막 문장에서 툭 던지듯이 '끄을려 가지말고'라고 그 수동성의 허무와 죽음이 주는 여운을 막았다. 그런데 이상화의 장중하고 단호한 선언이 김종한에 와서는 거의 '침묵'과 '절멸'의 상태로 잦아들고 마는 것이다. 구원의 '안젤라스 종소리'의 환청이 김종환의 '귀로'를 위무하고 있었던 것이다.

황혼은 이미 1930년대 초엽부터 시대의 조종을 알리며 시인들의 품안으로 스며들었다. 만주에서 아나키스트의 길을 걷고 있던 이육사는 예민하게도 황혼녘에 이방의 커튼 사이로 스미는 죽음을 보고 있었다.

내 골방의 커튼을 걷고
정성된 마음으로 황혼을 맞아들이노니
바다의 흰 갈매기들 같이도
인간은 얼마나 외로운 것이냐

황혼아 네 부드러운 손을 힘껏 내밀라
내 뜨거운 입술을 맘대로 맞추어 보련다
그리고 네 품 안에 안긴 모든 것에
나의 입술을 보내게 해다오

저 십이 성좌의 반짝이는 별들에게도
종소리 저문 삼림 속 그윽한 수녀들에게도
시멘트 장판 위 그 많은 수인들에게도
의시 가지 없는 그들의 심장이 얼마나 떨고 있는가

고비 사막을 걸어가는 낙타 탄 행상대에게나
아프리카 녹음 속 활 쏘는 토인들에게라도
황혼아 네 부드러운 품 안에 안기는 동안이라도
지구의 반쪽만을 나의 타는 입술에 맡겨 다오

내 오월의 골방이 아늑도 하니
황혼아 내일도 또 저 푸른 커튼을 걷게 하겠지
암암히 사라지긴 시냇물 소리 같아서
한번 식어지면 다시는 돌아올 줄 모르나 보다
(「황혼」, 신조선, 1935.12)

'황혼'을 맞이하는 이육사의 자세는 사막을 건너는 캐러반이 마치 여신을 맞이하는 듯한 관능적 경건함이 있다는 점에서 다소 마조히즘적이다. '고비사막'과 '종소리 저문 삼림 속'과 '아프리카 녹음 속 토인들'과 '푸른 커튼' 같은 이국적 풍경이 그려지고 있는데 이것의 배경에는 그가 만주 등지를 떠돌면서 축적해 둔 아나키즘적 열정과 낭만성의 경험이 자리하고 있다. 하지만 그 '낭만성'과 '동경'보다는 '시멘트 장판 위 그 많은 수인'의 비극적 세계관이 오히려 이 시의 핵심일 것이다. '의지 가지 없는' 수인이 꿈꿀 일이란 현재를 미래로 유예시키는 그 찰나적 월경 외에 무엇이 있을 수 있겠는가? 이육사는 딱딱한 감옥의 시멘트 바닥에서 '심장이 뛰는' 소리를 계시처럼 듣고자 했다. 하지만 아직 시간이 일렀던(1935) 탓인지, '시냇물 소리'는 한번 식어지면 다시 돌아오지 못할 듯 그렇게 암암히 사라져갔다.

그런데 일제말기 장만영은 「마음 山으로 갈 때에」에서 불꽃의 삶을 장미의 삶으로 변형시켜두고 '황혼'의 비극적 세계를 종교적이면서 미학적인 차원으로 끌어올린다.

> 어느 깊은 山으로 가겠노라
> 가서 산새들과 함께 오랴오래 살겠노라
> 꾹꾹이 우는 嶺에서 嶺으로
> 한종일
> 짐승과 같이 으르렁거리며 뛰어 다니겠노라
> 山에 오래 있으면
> 나는 거기 산새들과 對話를하고
> 어질고 어린 動物들을 친할수 있으리라
> 장미꽃이
> 장미밭에 피었다 지듯이

그렇게 살다 나홀로 죽겠노라
그때 산새들은 나를 찾어 오리라
그리고 고요히 미사를 불러 주리라
山아!
내 무엇을, 그무엇을 바라랴
山으로 가겠노라 가서 오래 오래 살겠노라
(「마음 山으로 갈 때에」, 인문평론, 1941.2)

장미꽃의 절멸이 눈부시다. 시인의 비장한 묘지명에 투영된 이 황홀한 꽃의 죽음이 〈인문평론〉 끝자락에 실려 노래되고 있다는 것이 경이롭지 않을 수 없다. '장미꽃이 장미밭에 피었다 지듯이' 그렇게 살다 죽는 것이 시인의 삶이라는 것이다. 얼마나 소박하면서도 자연스런 죽음인가. 이런 것이 가장 온전하고 자연스런 생명 아닌가. 역설적이다. 무염하고 무욕하며 무상한 절멸의 죽음의식은 비극적 황홀의 절정에 위치한다. 그것은 '짐승의 시간'이라 할만치 탐미적이고 또 강렬한 생명력을 품고있다.

'짐승과 같이 으르렁거리던' '불꽃'의 삶은 장미밭에 피었다 홀로 시드는 '장미'의 삶으로 변형된다. 홀로 사라지는 순간에 새들의 미사가 찾아든다. 비극적 세계는 미학적 세계이자 종교적 세계인 것이다. 무엇인가를 실현되지 않은 것을 말한다는 것은 궁극적으로 계시의 임박성을 지시한다는 점에서 종교적인 것이며 그것은 가상적인 세계에 대한 동경이라는 점에서 미학적인 것이다. 이 명민한 시인이 시종 장중하고 엄숙한 '노라체'로 문장을 종결하고 시행을 마무리한 것은 우연이 아니다.

궁극적으로 '황혼의 언어'가 비극적 세계를 뚫고 솟아나 시인에게 미래의 시간을 보증할 수 있을까. 이육사에게 황혼의 시간은 홀로 감당할 수 있는 것이 아니었다. '1935년'이라는 시점을 다시 한 번 상기해 본다. 시인의 전망은 시 후반으로 갈수록 자세 식이버린다. '황혼'은 '식어지면 다시는 돌아올 줄 모르'는 것이었다. 암암히 사라진 시냇물 같은 것이어서 그는 미래를 기대할 수 없다고 생각했던 것 같다. 그 아득한 시간만큼이나 차디차게 식어버린 황혼의 열기들을 그는 오직 골방에서야 아득하게 품어보았을지 모른다. 골방의 아득함은 금세 눈을 뜨면 사라질 환각일 따름, '저 푸른 커튼'을 열 황혼은 그 푸른 빛만큼이나 차고 냉혹하게 사라져버릴 것이다. 역사가 저 일몰 속으로 사라진 뒤 그 역사가 새로운 인간의 역사로 되돌아오기에 이육사의 시간은 너무 일렀던 것이다. 황혼녘이 될 때까지 더 인고의 시간이 필요했던 것인데, 일제말기에 와서야 '황혼'은 '집단의 언어'로 그 절멸과 소멸의 시간을 감당할 수 있는 시학이 되었던 것이다.

황혼의 부엉이가 날아오를 때까지 신들이 황혼의 말을 선언하기까지, 태양은 빛을 사멸시키며 저녁의 기운을 향해서 기울어야 했고 어둠은 조금 더 짙어져야 했다. 장엄하고 숭고한 비극적인 세계는 그렇게 새로운 인간의 시간을 향해 열리고 있었다. 윤동주는 그 시간과의 해후를 '위안의 악수'이자 '최초의 악수'라 이름 붙였다. 시인은 황혼기에 신들의 언어로 말하는 '최후의 인간'이자 새로운 시간을 여는 '최초의 인간'이다. 황혼기의 시가 빛나는 이유가 이것이다.

그리고 근 80년의 시간이 흘렀다. 이제 이 저서도 최종적인 지점에 와 있다. 이 저서의 부제, '1940년, 누가 시를 보았는가?'의 질문에 대한 답을 해야할 시간이 된 것이다.

아무도 시를 말할 수 없었다. 오직 시인의 침묵 속에서 시는 스스로 말할 수 있었을 뿐이다. 일제말기의 '조선어 금지'가 오히려 시의 품위를, 조선어의 숭고와 존엄을 지킬 수 있었다는 역설을 우리는 확인한다. '금지'

가 오히려 침묵의 말을 하게 했다고 알레고리적인 말법으로 말해야 할 것이다. '황혼의 양식'이란 결핍과 부재의 공동(空洞)에서 저 스스로 불타올라 빛을 내는 시양식의 최후의 실존이다. 시는 말하지 않음으로써 말하는 양식이다. 그러니 시를 '본' 자가 누구인가를 묻는 것은 불필요하다. 누가 말한들 무슨 상관인가. 누가 보았던들 무슨 문제인가. 시 스스로에 의해 말해진 것일 뿐.

황혼의 '상징'이란 시가 한갓 기록이기를 멈추고 소극적으로 '현실'을 반영하기를 중지하면서, 지시하지 않아도 말하는 '최후의 양식(Lateness)'으로서 시의 존재성을 보증한다. 시의 말은 인간에 저항하고 역사의 파고를 타고 넘으면서 저 스스로 나아간다. '되돌아오기' 위해 시는 역사의 공동(空洞) 속에서 행진한다. 저 '파장의 천막'을 걷고 돌아가는 자들은 언젠가 돌아올 자들이다.(서정주, 「행진곡」) 일제말기, 무너져 가는 시대의 '황혼' 속에서 '난타하여 떨어지는 종소리'는 역사의 공동 가운데, 말의 침묵 가운데 저 홀로 불타면서 빛나는 시의 주권을 웅변하고 있다.

참고문헌

〈동아일보〉, 〈조선일보〉, 〈매일신보〉

〈문장〉, 〈인문평론〉, 〈풍림〉, 〈비판〉, 〈백광〉, 〈신세기〉, 〈삼천리〉, 〈여성〉, 〈조광〉, 〈매일신보〉, 〈장미촌〉, 〈조선문학〉, 〈조선춘추〉, 〈태서문예신보〉, 〈만선일보〉, 〈춘추〉

『권환 전집』, 황선열 편, 신생, 2002.

『김광균 문학전집』, 오영식 엮음, 소명출판, 2014.

『김기림 전집』, 김학동 편, 심설당, 1988.

『김동석평론집』, 정복희 편, 토지, 1989.

『김수영전집』, 이영준 엮음, 민음사, 2018.

『박영희전집』, 이동희 · 노상래 편, 영남대학교출판부, 1997.

『박용철 전집』, 현대사, 1982.

『백석 전집』, 김재용엮음, 실천문학사, 2001.

『백석문학전집』, 김문주 외 엮음, 서정시학, 2012.

『미당 자서전』, 민음사, 1994.

『미당 서정주전집』, 은행나무, 2016.

『윤곤강 전집』, 송기한 외 엮음, 다운샘, 2005.

『윤동주 전집』, 권영민 편, 문학사상사, 2017.

『이용악전집』, 이경수 외 엮음, 소명출판, 2015.

『이육사 전집』, 김용직 편, 깊은샘, 2004.

『이찬전집』, 이동순 · 박승희 편, 소명출판, 2003.

이태준, 『無序錄』, 서음출판사, 1988.

『이효석 전집』, 이효석문화재단 편, 서울대출판문화원, 2016.

『임화문학예술전집』, 임화문학예술전집편찬위원회 편, 소명출판, 2009.

『오장환 전집』, 김재용 엮음, 실천문학사, 2002.

『장만영 전집』, 장만영전집간행회 엮음, 국학자료원, 2014.
『정지용 전집』, 김학동 편, 민음사, 1995.
『정지용 시 126편 다시 읽기』, 권영민 편, 민음사, 2004.
『정지용 전집』, 권영민 편, 민음사, 2016.
『조벽암 詩 전집』, 이동순 엮음, 소명출판, 2004.
『조영출 전집』, 장유정 외 엮음, 소명출판, 2013.
정진석 편, 『일제시대 민족지 압수기사 모음』, LG상남언론재단, 1998.

기정희, 「버크의 철학적 탐구에 나타난 숭고의 관념」, 『한국미학회지』 23, 2002.
김동리, 『문학과 인간』, 민음사, 1999.
김선형, 「디드로의 미술비평에 나타난 '숭고'의 미학 연구」, 『프랑스어문교육』 49, 2015.
김윤식, 『임화와 신남철』, 역락, 2011.
_____, 『기하학을 위해 죽은 이상의 글쓰기론』, 역락, 2010.
김현 엮음, 『미셸푸코의 문학비평』, 문학과지성사, 1989.
박동환, 「숭고의 미학과 18세기 프랑스 문학;숭고의 미학의 형성과정」, 『한국프랑스학논집』 28, 1999.
배병욱, 「일제시기 부산일보사장(釜山日報社長) 아쿠타가와 타다시(芥川正)의 생애와 언론활동」, 『석당논총』 Vol. 52, 2012.
백철, 『문학자서전』, 박영사, 1976.
승계호, 「철학으로 읽는 니체와 바그너」, 석기용 옮김, 반니, 2006.
윤범모, 『백년을 그리다』, 한겨레 출판, 2018.
음악지우사 편, 『바그너』, 김홍언 · 홍승연 옮김, 음악세계, 2008.
임종국, 『친일문학론』, 평화출판사, 1963.
정진석, 『전쟁기의 언론과 문학』, 소명출판, 2012.
조선일보사 사료연구실, 『조선일보사람들』, 랜덤하우스 중앙, 2004.
조영복, 『넘다 보다 듣다 읽다-1930년대 문학의 경계넘기와 개방성의 시학』, 서울대출판문화원, 2013.

______, 『문인기자 김기림과 1930년대 '활자-도서관'의 꿈』, 살림, 2007.
______, 「기교파라는 권력과 기교파이지 않을 권리」, 『상허학보』 47, 2016.6.
______, 「노래와 '-노라체'—조선어 구어의 파롤적 실현과 시가양식의 종결체에 대하여」, 『한국시학연구』 52, 2017. 11.
______, 「당나귀, 숭고한 동물 혹은 힘의 의지」, 『근대서지』 1, 소명출판, 2010.
______, 「김기림, 침묵과 웅변의 중간지대 혹은 맞섬」, 『근대서지』 2, 2010.
______, 「상상된 인간 혹은 광대의 줄타기」, 『근대서지』 5, 2012.
최정은, 『동물, 괴물, 엠블럼 중세의 지식과 상징』, 휴머니스트, 2005.

Adorno, T.W., 『말러, 음악적 인상학』, 이정하 옮김, 책세상, 2004.
___________, 『미학이론』, 홍승용 역, 문학과지성사, 1985.
Agamben, Giorgio, 『불과 글』, 윤병언 옮김, 책세상, 2017.
________________, 『세속화 예찬』, 김상운 옮김, 난장, 2010.
Badiou, Alain, 『조건들』, 이종영 옮김, 새물결, 2007.
___________, 『사도바울』, 현성환 옮김, 새물결, 2008.
___________, 『바그너는 위험한가』, 김성호 옮김, 북인더갭, 2012.
Barzun, Jacques, 『새벽에서 황혼까지 1500-2000』, 이희재 옮김, 민음사, 2006.
Benjamin, Walter, 『발터벤야민의 문예이론』, 반성완 편역, 민음사, 1983,
Borges, J.L., 『보르헤스, 문학을 말하다』, 박거용 옮김, 르네상스, 2003.
Bourdieu, Pierre, 『예술의 규칙』, 하태환 옮김, 동문선, 2002.
Burke, Edmund, 『숭고와 미의 근원을 찾아서-쾌와 고통에 대한 미학적 탐구』, 김혜련 역, 한길사, 2010.
Deleuze, Gilles, 『니체, 철학의 주사위』, 신범순 · 조영복 역, 인간사랑, 1993.
____________, 『철학이란 무엇인가』, 이정임 외 옮김, 현대미학사, 1995.
Hauser, Arnolt, 『문학과 예술의 사회사』, 백낙청 옮김, 창작과비평사, 1985.
Horsley, R.A., 『서기관들의 반란-저항과 묵시문학의 기원』, 박경미 옮김, 한국기독교연구소, 2016.

Jung, C.G., 『꿈에 나타난 개성화 과정의 상징』, 융 저작번역회 옮김, 솔출판사, 2002.
Kundera, Milan, 『사유하는 존재의 아름다움』, 김병욱 옮김, 청년사, 1999.
Lukacs, Georg, 『영혼과 형식』, 반성완 역, 심설당, 1988.
McLuhan, H.M., 『미디어의 이해』, 박정규 옮김, 커뮤니케이션북스, 2001.
Monsaingeon, Bruno, 『글렌굴드- 나는 결코 괴짜가 아니다』, 임동현 옮김, 모노폴리, 2009.
Nancy, J.L., 『숭고에 대하여』, 김예령 옮김, 문학과지성사, 2012.
Nietzsche, F.W., 『자라투스트라는 이렇게 말했다』, 최승자 역, 청하, 1984.
____________, 『아침놀』, 박찬국 옮김, 책세상, 2004.
____________, 『바이로이트의 리하르트 바그너, 유고』, 최문규 옮김, 책세상, 2005.
Paz, Octavio, 『활과 리라』, 김홍근 외 옮김, 솔, 2001.
Ricoeur, Paul, 『해석학과 인문사회과학』, 윤철호 옮김, 시광사, 2003.
__________, 『해석이론』, 김윤성 옮김, 서광사, 1998.
Said, Edward, 『말년의 양식에 관하여』, 장호연 옮김, 마티, 2012.
__________, 『평행과 역설』, 장영준 옮김, 생각의 나무, 2003.
Schlaffer, Heinz, 『니체의 문체』, 변학수 옮김, 책세상, 2013.
Schneider, Michel, 『슈만, 내면의 풍경』, 김남주 옮김, 그 책, 2017.
Standage Tom, 『소셜 미디어 2000년-파피루스에서 페이스북까지』, 노승영 옮김, 열린책들, 2015.
Valery, Paul, 『말라르메를 만나다』, 김진하 옮김, 문학과지성사, 2007.
Zizek & Dolar, 『오페라의 두 번째 죽음』, 이성민 옮김, 민음사, 2010.

찾아보기

1. 작품, 글

3

ㄱ

ㅁ

ㅂ

ㅅ

ㅇ

ㅈ

ㅊ

ㅌ

ㅍ

ㅎ

M

S

T

2. 정기간행물

ㄱ

ㄷ

ㄹ

ㅁ

ㅂ

ㅅ

ㅇ

ㅈ

ㅊ

ㅋ

ㅌ

ㅎ

3. 시집, 단행본

ㄱ

ㄴ

ㄷ

ㄹ

ㅊ

ㅌ

ㅍ

ㅎ

4. 인명, 용어

1

ㄱ

ㄴ

ㄷ

ㄹ

ㅁ

ㅂ

ㅅ

ㅇ

ㅈ

ㅊ

ㅋ

ㅌ

ㅍ

ㅎ

시의 황혼

1940년, 누가 시를 보았는가?

1판 1쇄 발행 2020년 4월 20일

지 은 이 | 조영복
펴 낸 이 | 김진수
펴 낸 곳 | 한국문화사
등 록 | 제1994-9호
주 소 | 서울특별시 성동구 광나루로 130 서울숲 IT캐슬 1310호
전 화 | 02-464-7708
팩 스 | 02-499-0846
이 메 일 | hkm7708@hanmail.net
홈페이지 | hph.co.kr

ISBN 978-89-6817-866-5 93810

· 이 도서의 국립중앙도서관 출판예정도서목록(CIP)은 서지정보유통지원시스템 홈페이지 (http://seoji.nl.go.kr)와 국가자료공동목록시스템(http://www.nl.go.kr/kolisnet)에서 이용하실 수 있습니다(CIP제어번호: CIP2020013990).

· 이 저서는 2015년 정부(교육부)의 재원으로 한국연구재단의 지원을 받아 수행된 연구임 (NRF-2015S1A6A4A01009755)